LA
FRANCE COLONIALE

HISTOIRE — GÉOGRAPHIE — COMMERCE

OUVRAGE PUBLIÉ SOUS LA DIRECTION DE

M. Alfred RAMBAUD

Professeur à la Faculté des Lettres de Paris

AVEC LA COLLABORATION DE MM.

Le commandant **L. Archinard**, de l'artillerie de marine
le capitaine **A. Bouinais**, le lieutenant **V. Nicolas**, de l'infanterie de marine
Pierre Foncin, inspecteur général de l'instruction publique
Dutreuil de Rhins, **Charles Lemire**, **Paul Soleillet**, explorateur
A. Paulus, **Jacques Tissot**, **Henri Deloncle**, **Gabriel Marcel**, géographes,
Brétignère, **Béraud**, négociants à la côte de Guinée
Isaac, sénateur, **Hurard**, député
Jacob de Cordemoy, **A. Goupil**, membres des conseils coloniaux
Jules Léveillé, professeur à la Faculté de Droit de Paris
Chargé d'une mission à la Guyane

AVEC 12 CARTES EN TROIS COULEURS

QUATRIÈME ÉDITION

PARIS
ARMAND COLIN ET Cie, ÉDITEURS
1, 3, 5, RUE DE MÉZIÈRES

—

1888

Tous droits réservés.

LA

FRANCE COLONIALE

10339. — BOURLOTON. — Imprimeries réunies, A, rue Mignon, 2, Paris.

PRÉFACE

Nous ne manquons pas de livres traitant des colonies françaises en général, et, dans le nombre, il y en d'excellents [1]. Cependant le sujet est si vaste et si complexe que la compétence d'un homme, si étendue qu'on la suppose, ne semble pas pouvoir suffire à une telle tâche. Il lui manquera toujours de n'avoir pas vécu dans toutes les colonies, de n'avoir pas une impression personnelle sur l'état actuel de chacune d'elles, car il ne peut, en l'année 1885 ou 1886, s'être trouvé au Tonkin et au Sénégal, à l'île de la Réunion et à la Guyane.

Ce qu'un seul ne peut faire, plusieurs peuvent le tenter : de là, l'idée de confier la description de chaque colonie à un écrivain qui l'ait étudiée sur place, autant que possible à l'époque la plus récente, et qui ait d'ailleurs toute la compétence requise pour la décrire scientifiquement.

C'est cette idée que nous avons mise à exécution, et, comme nos premiers travaux datent du mois de mars 1885, nous espérons qu'on ne pensera pas que nous avons marché sur les brisées d'autrui.

Un tel livre ne peut s'établir aussi rapidement qu'un livre ordinaire. Pour arriver à réunir toutes ces notices, il a fallu une vaste correspondance, et l'entreprise à dû être traversée par de nombreux incidents. Tel écrivain, au moment où il venait de nous promettre sa collaboration et de commencer son travail, a été obligé, par sa situation officielle, de partir subitement ou pour le Sénégal, ou pour le Congo, ou pour Madagascar, ou pour le Tonkin. Telle promesse de concours, contractée à

---

[1]. Nous avons plaisir à citer ceux de M. Gaffarel, *Les Colonies françaises*, 1880, de M. Louis Vignon, *Les Colonies françaises*, 1886, etc., sans parler d'ouvrages plus anciens, mais d'une haute valeur, comme celui de M. Duval, *Les Colonies et la politique coloniale de la France*, 1864.

Cherbourg, n'a pu se réaliser que dans un manuscrit daté de Majunga. La *copie* n'a pas exécuté seulement, à Paris, les voyages obligés du bureau de l'éditeur à l'imprimerie, mais parfois aussi la traversée de l'Océan.

Si ces difficultés ont retardé l'apparition du présent ouvrage, il aura, sur toute publication similaire, l'avantage de se présenter avec plus de méthode, de coordination, d'unité, et il bénéficiera d'informations plus récentes [1]. Il arrive à un moment où par la réorganisation de l'administration tunisienne, par les actes européens qui nous assurent la paisible possession du Congo, par le traité de paix avec la reine des Hovas, par le vote des crédits du Tonkin, par l'organisation du protectorat sur l'Annam, la politique coloniale de la France est entrée dans une période normale, relativement pacifique, et où ses traits essentiels peuvent être considérés comme définitivement fixés.

Il sera plus complet qu'aucun de ses devanciers puisque nous ne nous sommes pas bornés à y comprendre les *colonies* proprement dites, celles qui dépendent du ministère de la marine, mais aussi l'Algérie, mais les protectorats, qui relèvent du ministère des affaires étrangères.

Il nous reste à présenter au lecteur nos collaborateurs.

L'ALGÉRIE a été confiée à M. Pierre FONCIN, inspecteur général de l'Instruction publique, secrétaire général de l'Alliance française, chargé plusieurs fois de missions en Algérie par le ministère de l'instruction publique, et bien connu par ses travaux géographiques;

La TUNISIE à M. Jacques TISSOT, qui a vécu longtemps dans l'Afrique du Nord, et qui, en particulier, a pu étudier de très près l'établissement récemment fondé dans la Régence;

Le SÉNÉGAL, ses DÉPENDANCES, le SOUDAN FRANÇAIS à M. le commandant ARCHINARD, de l'artillerie de marine, qui, pendant quatre années, sous les ordres du colonel Borgnis-Desbordes, a pris part aux campagnes sur le Haut-Sénégal et le Haut-Niger et à la construction des forts de Kita, Bafoulabé, Badombé, Koundou et Bammako;

La GUINÉE DU NORD à M. BRÉTIGNÈRE, de la maison Verdier, de la Rochelle, son représentant à la Côte-d'Or, et à M. Médard BÉRAUD, de la maison Daumas Béraud et Cie, de Paris, son représentant à la Côte des Esclaves, et qui, comme agent consu-

---

1. Celles que fournissent, par exemple, les *Notices coloniales*, publiées à l'occasion de l'exposition d'Anvers, par le ministère de la marine, et qui donnent le dernier état de nos colonies.

laire de France, a joué un rôle important dans les négociations pour l'établissement du protectorat sur Porto-Novo [1] ;

L'OUEST AFRICAIN (Gabon et Congo français), à M. DUTREUIL DE RHINS, ancien officier de la marine française, ancien commandant dans la flotte du roi d'Annam, l'un des compagnons de Savorgnan de Brazza dans l'exploration du Congo et auteur d'importantes publications sur les pays visités par lui [2] ;

L'ÎLE DE LA RÉUNION à M. JACOB DE CORDEMOY, membre du conseil général de cette île;

MADAGASCAR ET LES ILES VOISINES à M. Gabriel MARCEL, de la Bibliothèque nationale (service de la géographie), qui a fait de « la France orientale » une étude particulière et qui a tenu cependant à faire revoir son travail par M. Alfred GRANDIDIER, si connu par son exploration de Madagascar et ses études sur l'île [3] ;

Les établissements de la mer Rouge, OBOCK et CHEÏK-SAÏD, à M. Paul SOLEILLET, le célèbre explorateur africain, qui a fait plusieurs voyages dans ces régions, et à qui la France doit l'acquisition des ports et rades de Sagallo [4] ;

L'INDE FRANÇAISE à M. Henri DELONCLE, attaché au ministère des affaires étrangères, auteur de publications estimées sur les colonies actuelles et les anciennes colonies de la France, et qui a séjourné dans l'Indoustan.

L'INDO-CHINE FRANÇAISE à M. le capitaine BOUINAIS, de l'infanterie de marine, premier aide de camp de M. Le Myre de Villers (alors gouverneur de la Cochinchine), aujourd'hui membre de la commission franco-chinoise de délimitation des frontières au Tonkin, et à M. PAULUS, son collaborateur dans ses principales publications sur la péninsule indo-chinoise [5] ;

L'ARCHIPEL DE TAHITI à M. A. GOUPIL, habitant Papeete depuis

1. Auteur d'un Rapport au ministre des affaires étrangères sur le royaume de Dahomey et inséré dans le *Bulletin de la Société de géographie*, novembre 1866.
2. *Le royaume d'Annam et les Annamites*, journal de voyage, Plon, 1869. — *Le Congo français*, Dentu, 1885, etc.
3. *Bulletin de la Société de géographie*, octobre 1867, avril, août 1872. — *Revue scientifique*, mai 1872. — Ses rapports à l'Institut, 1867, 1868, 1872. — Surtout son grand ouvrage sur la faune de Madagascar.
4. Voyez Jules Gros, *Les voyages et découvertes de Paul Soleillet dans le Sahara et dans le Soudan, racontés par lui-même*, avec une préface de M. Levasseur, de l'Institut, Dreyfous, 1881. — Paul Soleillet, *Voyages en Éthiopie*, Rouen, 1886.
5. *La Cochinchine française contemporaine*, Challamel. — *L'Indo-Chine française contemporaine*, 2 vol. in-8, Challamel, etc.

dix-huit ans, président de la Chambre d'agriculture, membre du Conseil privé, membre du Conseil colonial, consul du Chili aux îles Tahiti[1];

La NOUVELLE-CALÉDONIE, les TUAMOTOU, les MARQUISES et autres archipels océaniens à M. LEMIRE, qui a parcouru à pied toute la Calédonie et a publié sur nos îles d'importants travaux[2];

TERRE-NEUVE, SAINT-PIERRE et MIQUELON à M. le lieutenant NICOLAS de l'infanterie de marine, qui y a longtemps séjourné;

La GUADELOUPE et ses DÉPENDANCES à M. ISAAC, sénateur de la Guadeloupe;

La MARTINIQUE à M. HURARD, député de la Martinique;

La GUYANE à M. Jules LÉVEILLÉ, professeur à la faculté de droit de Paris, bien connu par ses articles dans le journal *le Temps*, et qui revient d'un long voyage dans cette colonie, entrepris dans le but d'y étudier toutes les questions relatives au régime pénitentiaire et à la déportation des récidivistes.

Nous avons pensé que la description de chacune de nos colonies par un écrivain qui en a fait son étude particulière offrirait au public des garanties incomparables d'exactitude, de sincérité et en même temps de vivacité d'impressions. Chacun de nos collaborateurs a eu d'ailleurs la liberté la plus entière de louer ou de critiquer tel ou tel système de colonisation, et la vérité peut sortir de la diversité. Les récits d'hommes qui ont accompli des voyages d'études, qui ont fait la guerre, administré, trafiqué aux colonies ou qui les représentent au parlement, qui aiment et qui connaissent la France d'outre-mer, présenteront assurément un plus grand intérêt pour le public que l'ouvrage le plus savant et le mieux combiné, rédigé d'après les documents les plus exacts et les plus récents, mais, enfin, conçu dans le cabinet et écrit par un homme seul, et qui n'aurait pas vu de ses yeux.

A. R.

---

1. A publié et rédigé, de 1883 à 1885, *l'Océanie française*.
2. Chez Challamel : *La colonisation française en Nouvelle-Calédonie et ses dépendances.* — *Guide de France en Calédonie et en Australie*, par Surz. — *Guide de France en Calédonie et à Tahiti*, par les deux caps. — *Voyage à pied en Calédonie.* — *Description des Nouvelles-Hébrides.* — *L'Australie contemporaine comparée à la France*, etc.

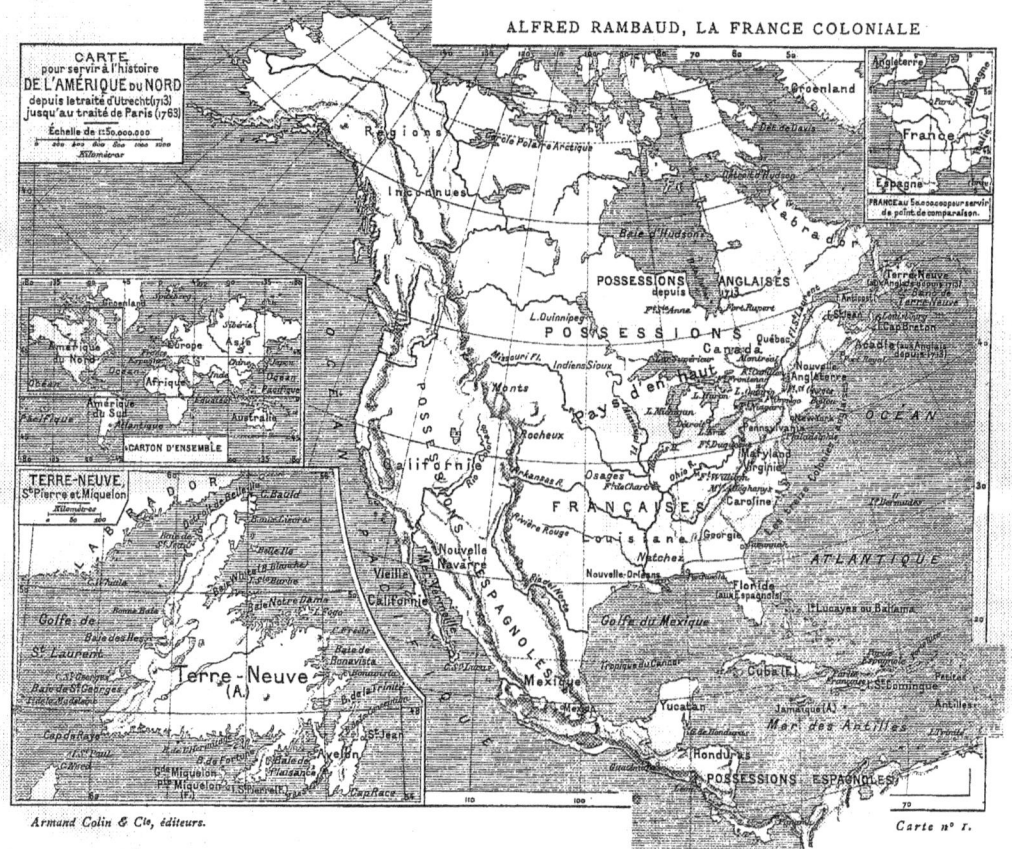

INTRODUCTION HISTORIQUE

La France, en essayant de reconstituer un empire colonial n'a fait que reprendre une des plus vieilles et l'une des plus profitables traditions de son passé. Depuis près de quatre cents ans, c'est-à-dire depuis que notre patrie a pris conscience de sa force, depuis qu'elle a une marine et des forces militaires. elle a essayé de prendre sa part des mondes nouvellement découverts. Quand les rois ont failli à ce devoir, l'initiative privée s'est substituée à la leur; avec ou sans eux, les armateurs, les aventuriers, les négociants de France, ont travaillé à étendre au delà des mers la puissance, le commerce et la langue de la patrie. Quand la fausse politique des Bourbons eut compromis les résultats acquis, quand notre premier empire colonial, fondé par François Ier, Henri IV, Richelieu, Colbert, eut été perdu par les fautes de Louis XIV et de Louis XV, on s'est mis immédiatement à l'œuvre pour en reconstituer un second ; et, quand le second eut été en partie détruit à la chute de Napoléon, on a travaillé à en reconstituer un troisième. C'est celui-ci que la République actuelle a augmenté d'importantes acquisitions, au point d'en quadrupler l'étendue.

I. — JUSQU'A HENRI IV.

Les plus anciens explorateurs français. — Nous avons peut-être précédé tous les autres peuples, même ceux qui s'y sont fait le nom le plus glorieux, dans la voie des découvertes. Nos pêcheurs du pays basque, lancés à la poursuite de la baleine dans les mers du Nord, ont peut-être, dès le neuvième siècle, cinq cents ans avant Christophe Colomb, mis le pied sur le continent américain. Nos marins de la côte normande, les Dieppois, les Rouennais, se sont montrés sur les rivages du Sénégal et de la Guinée, et dans les îles voisines, peut-être avant les Portugais eux-mêmes. Vers 1365, ils avaient fondé en Guinée des établissements dont les noms sont assez caractéristiques : le Petit-Paris, le Petit-Dieppe, la Mine. Ils en rapportaient des gommes, de l'or, des défenses d'éléphants. C'est de cette époque que date la grande industrie dieppoise : le travail de l'ivoire. En 1402, Jean de Béthencourt, un seigneur normand, chambellan de Charles VI, débarqua dans les îles Canaries, en opéra la conquête dans l'espace de deux ans, y fit prêcher le christianisme et s'en déclara le souverain. C'est le premier colonisateur français, pour ne point parler des croisades, dont le nom nous ait été conservé.

Jean Cousin. — Vient l'époque des grandes explorations maritimes, le siècle de Colomb et de Gama. Un Français a peut-être disputé à ces deux héros l'honneur de leur double découverte. Dieppe était resté et resta longtemps encore une pépinière de hardis marins et le point de départ des entreprises aventureuses. Or, un Dieppois, Jean Cousin, partit de ce port en 1488 à la recherche des Indes Orientales : il y revint en 1499. Qu'avait-il fait pendant ces onze années ? D'après une tradition constante à Dieppe, mais que malheureusement ne confirme aucun monument écrit, il aurait d'abord cinglé vers les Açores ; de là, un courant de mer l'aurait emporté au loin vers l'ouest ; il aurait débarqué sur une terre inconnue, près de l'embouchure d'un grand fleuve. Après avoir fait acte de possession sur ces rivages, il aurait repris la direction du sud-est ; il aurait alors abordé sur la côte d'Afrique, près de la pointe appelée depuis cap des Aiguilles, et, remontant le long du Congo et la Guinée, serait revenu dans sa patrie, chargé de denrées des tropiques. A-t-il vraiment, avant Vespuce, avant Colomb, vu le continent américain, près de l'estuaire de l'Amazone ou de la Plata, et, avant Gama, vu la pointe méridionale de l'Afrique ? Un doute, malgré les arguments et les probabilités accumulés par nos historiens, plane encore sur la question[1].

---

1. On a remarqué que le lieutenant de Cousin, dans cette mystérieuse expédition, est un Castillan nommé Pinçon, c'est-à-dire du même pays et du même nom que les trois frères Pinçon, qui accompagnèrent Colomb à son premier voyage. On sait que des relations fréquentes et cordiales s'étaient établies entre les marins normands et les marins castillans, qui avaient monté la flotte du roi de France

Jamais on ne saura à quel moment précis nos Dieppois, nos Rouennais s'établirent pour la première fois sur les côtes de l'Amérique. Loin de revendiquer la gloire de ces voyages, ils les dissimulaient soigneusement. Il n'y avait pas alors d'Académie des sciences ou de Société de géographie dont ils eussent à éveiller l'attention ; mais il y avait des concurrents espagnols, portugais, anglais, auxquels ils avaient intérêt à cacher leurs découvertes et les lieux où ils s'approvisionnaient. La plupart de leurs expéditions furent donc secrètes.

Paulmier de Gonneville. — Le premier voyage français en Amérique qui soit certifié par des documents écrits n'est donc sans doute pas le premier qui ait été effectué. C'est celui de Paulmier de Gonneville, un autre Normand qui, en juin 1503, partit de Honfleur sur le navire *l'Espoir*, passa l'Équateur, et aborda sur une terre où les indigènes, vêtus de manteaux en nattes, en peaux, en plumes, lui firent un accueil hospitalier. Les perroquets y étaient en si grand nombre que Gonneville donna à ce pays le nom de « Terre des Perroquets ». Il en prit possession, le jour de Pâques de 1504, en y plantant une grande croix, qui fut saluée de décharges d'artillerie et de mousqueterie, en donnant un festin aux natifs et en leur distribuant des cadeaux. Lorsqu'il repartit pour la France, un roi du pays lui confia son fils, nommé Essoméricq. Gonneville, n'ayant pas eu occasion de retourner en ces contrées, adopta cet enfant, lui accorda plus tard la main de sa fille, et c'est de lui que descendent les Gonneville des siècles suivants. Telle fut la première prise de possession du Brésil par les Français. Elle eut lieu onze ans après l'arrivée de Colomb aux Antilles, six ou sept ans après l'apparition d'Americ Vespuce sur les côtes du continent, trois ans après la prise de possession du Brésil, au nom du roi de Portugal, par Alvarès Cabral.

Les Ango et le groupe dieppois. — A Dieppe avait commencé la fortune des Ango, qui, enrichis par le commerce d'Amérique et d'Afrique, fondèrent comme une dynastie d'armateurs. Le premier des Ango avait réuni autour de lui un groupe de hardis capitaines, parmi lesquels figurent Jean Denis, de Honfleur ; Gamart, de Rouen ; Thomas Aubert, de Dieppe. Son fils, Jean Ango, put ajouter à ce groupe héroïque de nouvelles recrues : Pierre Mauclerc, Pierre Crignon, Jean et Raoul

---

pendant la guerre de Cent Ans. Dès lors, non seulement Cousin peut avoir précédé Colomb, mais les renseignements recueillis par celui-là ont pu guider celui-ci.

Parmentier, de Dieppe; Giovanni Verazzano, de Florence, le seul d'entre eux qui fût étranger[1].

Or, parmi tous ces capitaines français, deux surtout ont laissé un nom dans l'histoire des découvertes. Denis de Honfleur est signalé comme ayant pris pied, en 1504, dans la baie de Bahia au Brésil. Il y fut suivi, en 1508, par Thomas Aubert, et, en 1509, sept indigènes brésiliens furent amenés à Rouen. En 1525, Jean III, roi de Portugal, ordonna de couler les navires français qui navigueraient dans les eaux du Brésil : en représailles, les Français détruisent en 1530 l'établissement portugais de Fernambouc et capturent plus de trois cents bâtiments. Puis, Jean Ango, à la tête d'une vingtaine de navires, vient bloquer l'embouchure du Tage, remonte le fleuve jusqu'en vue de Lisbonne et oblige le roi à demander la paix[2].

Dans d'autres mers, cette fois sur les traces de Vasco de Gama, Jean Parmentier, qui avait aussi navigué au Brésil, explora, vers 1529, Sumatra, les îles des Moluques, l'archipel des Maldives, Madagascar. Il mérita le nom que lui donna l'historien vénitien Ramusio : *Il gran capitano francese*.

Les compagnons français de Magellan. — Les Français sont si bien mêlés à toutes les hardies entreprises du temps que, sur les quatre vaisseaux avec lesquels Magellan accomplit le premier tour du monde et, en 1520, découvrit le détroit qui porte son nom, on trouve une douzaine de nos compatriotes : Jean Baptiste, de Montpellier; Petit-Jean, d'Angers; Jean, de Rouen; Bernard Calmet, de Lectoure; Simon, de la Rochelle; Prieur, de Saint-Malo, etc.

Remarquons qu'à cette époque les Anglais, ces dominateurs actuels des mers, étaient bien loin de pouvoir rivaliser avec les marins de race latine, Français, Espagnols, Portugais, Italiens. Ces insulaires ne s'étaient pas encore risqués sur les vagues de l'Atlantique. C'est seulement dans la seconde moitié du siècle que leur Francis Drake commence ses expéditions de piraterie contre l'Amérique espagnole; son fameux voyage autour du monde ne date que de 1576 (cinquante-sept ans après celui de

---

1. Un curieux monument du grand rôle de Dieppe à cette époque, c'est la frise de l'église Saint-Jacques, construite dans cette ville entre 1525 et 1530; elle représente des indigènes de tous les pays visités par les bâtiments normands : nègres de l'Afrique, Indiens de l'Indoùstan, Brésiliens, etc.

2. Sur tout ceci, voyez Gaffarel, *Histoire du Brésil français au seizième siècle*

Magellan et de ses compagnons français). Leur autre grand navigateur, John Hawkins, le premier Anglais qui ait fait la traite des nègres, est de la même époque.

François Iᵉʳ. — Jusqu'alors tout s'était fait chez nous par l'initiative privée, sans le concours et presque à l'insu de la royauté française. C'est ce qui explique pourquoi nos *découvreurs*, à qui leur gouvernement ne fournissait pas, comme l'Espagne à ses aventuriers, des flottes imposantes et des troupes de débarquement, durent se borner à explorer et à commercer, tandis que les Espagnols conquéraient le Mexique et le Pérou et que les Portugais couvraient de leurs établissements les côtes du Brésil, de l'Afrique et de l'Indoustan.

François Iᵉʳ est le premier de nos princes qui de l'expansion au dehors ait fait une *affaire du roi*. En 1537, il fondait la *Ville françoise* (Franciscopolis ou le Havre). Il eut sa flotte de la Méditerranée, sous son amiral du Levant, et sa flotte de l'Océan, sous son amiral du Ponant. Il demandait qu'on lui montrât l'article du testament de notre premier père qui aurait adjugé le monde aux Espagnols et aux Portugais, à l'exclusion des Français. Il résolut de se faire à lui-même sa part.

Les Français dans l'Amérique du Nord : Jacques Cartier à Terre-Neuve et au Canada. — Il chargea un des lieutenants d'Ango, Giovanni Verazzano, d'une expédition dans l'Amérique du Nord : celui-ci, entre les années 1520 et 1527, explora toute la côte, de la Géorgie actuelle jusqu'au cap Breton, c'est-à-dire du 33ᵐᵉ au 47ᵐᵉ degré, sur une longueur de près de trois cent cinquante lieues [1], et découvrit Terre-Neuve.

Verazzano s'était borné à suivre les rivages. Jacques Cartier, de Saint-Malo, pénétra dans l'intérieur des terres. Entre les années 1534 et 1535, il entra dans le fleuve Saint-Laurent, cette grande artère de la région nouvelle, ce fleuve large comme un bras de mer, déversoir de cinq grands lacs qui sont comme autant de petites mers. Si Cartier ne pénétra pas jusqu'aux lacs, il remonta du moins le fleuve jusqu'à une cataracte qui fut appelée le *Saut Saint-Louis*. C'est l'endroit où s'élève aujourd'hui Montréal.

Entre les années 1541 et 1542, Jacques Cartier et le seigneur de Roberval, qui était chargé de conduire sur ce sol vierge, comme premiers colons, un convoi de condamnés, créèrent

---

[1]. Poirson, *Histoire du règne de Henri IV*, t. III. — Lescarbot, *Histoire de la Nouvelle France*, Paris, 1618, in-8°. — Le R. P. Charlevoix, *Histoire de la Nouvelle France*, Paris, 1744. 3 vol. in-4°.

deux établissements : l'un au cap Breton, l'autre dans l'île d'Orléans, que baigne le grand fleuve. En même temps, le Saintongeois Alphonse découvrait le Labrador.

Toute la région du Saint-Laurent prit le nom de Canada : ce nom venait du mot indien *Kanata*, qui signifie cabane. Un autre nom, plein de promesses, tendit à se substituer à celui-là : celui de **Nouvelle-France**. Et, en effet, dans cette Europe nouvelle qui se constituait par delà l'Atlantique, avec une nouvelle Espagne, un nouveau Portugal, bientôt avec une nouvelle Angleterre et une nouvelle Hollande, la vraie place d'une France nouvelle était marquée là. C'était là, dans la région du grand fleuve et des grands lacs, sur une terre fertile, sous un climat qui rappelle le nôtre, avec le stimulant nécessaire du travail et la récompense certaine de celui-ci, au milieu de peuplades assez peu nombreuses pour ne pouvoir ni entraver la colonisation, ni altérer par leur mélange le vieux sang gaulois, que notre race semblait appelée à grandir, à faire prévaloir sa langue et ses lois, à créer une France transatlantique.

Malheureusement les rois du seizième siècle ne le comprirent pas ainsi. Écrasés de dépenses par les besoins croissants de l'armée et de l'administration modernes, ruinés par les fêtes de leur cour et le luxe de leurs bâtiments, réduits à se faire croupiers de la loterie royale, faux-monnayeurs, banqueroutiers, ce qu'ils demandaient aux terres nouvelles, c'était de l'or et de l'argent. Ils dédaignèrent les pays qui pouvaient produire des nations pour ceux qui produisaient des piastres. La colonisation du Saint-Laurent et des grands lacs leur parut une œuvre ingrate, qui ne payait pas les avances d'argent qu'elle exigeait. De François Ier à Henri IV il n'est presque plus question du Canada.

Les entreprises de Coligny[1]. — D'autres tentatives furent faites pour nous mettre en possession de notre part d'héritage dans le Nouveau Monde. Elles se firent, non dans la région du nord, mais dans les *terres chaudes*; non plus sous l'action d'une volonté royale, mais presque uniquement, comme autrefois, par l'initiative des sujets. Il se trouva alors un bon patriote, un grand Français, l'amiral Gaspard de Coligny, celui-là même dont l'assassinat devait être plus tard le premier acte de la Saint-Barthélemy.

---

1. Tessier, *Étude sur l'amiral de Coligny*. — Gaffarel, *Histoire de la Floride française*. — Id., *Histoire du Brésil français au seizième siècle*.

Villegagnon au Brésil. — Coligny conçut le projet de fonder au Brésil une colonie où pourraient se réfugier les protestants inquiétés en France pour leurs opinions religieuses. Il en chargea Nicolas Durand de Villegagnon, gentilhomme de Provins. Le choix n'était pas heureux, car Villegagnon était d'humeur fantasque et despotique. Quoiqu'il affectât pour pour complaire à Coligny des idées de tolérance religieuse, il était d'un catholicisme ardent et d'esprit sectaire. Pourtant, sur ses deux vaisseaux, prirent place à la fois des protestants et des catholiques. Pour compléter le noyau de la future colonie, il obtint de faire une tournée dans les prisons de Paris et d'y choisir ceux des détenus « qui n'estoient trop vieils ni caduques ». En tout, il emmenait 600 personnes.

L'expédition partit du Havre le 2 juillet 1555. Elle aborda dans une baie immense que les Portugais avaient prise pour l'embouchure d'un fleuve et qu'ils avaient baptisée *rivière de janvier :* Rio de Janeiro. Les Portugais s'y étaient fait exécrer des indigènes : les Français y furent accueillis avec enthousiasme. Ils occupèrent d'abord une île que les Brésiliens appellent encore aujourd'hui *isla de Villagañhon :* ils y élevèrent le fort Coligny, assez solide pour avoir résisté plus tard à un long siège.

Malheureusement les éléments de la nouvelle colonie étaient assez défectueux : il y avait là des gentilshommes, des marins, des forçats, mais pas de laboureurs et fort peu d'artisans. Aucune femme n'était venue de France, et Villegagnon défendait les unions avec les femmes indigènes. Enfin, les émigrants avaient apporté de France la maladie régnante, c'est-à-dire la manie théologique : il y eut là aussi des *huguenots* et des *papistes.* Cette fâcheuse disposition s'accrut lorsque Calvin, à la prière de Coligny et de Villegagnon, eut envoyé là-bas, en 1556, quatorze de ses Genevois. Le chef donna cours à son humeur impérieuse et intolérante. Une partie des protestants français et des colons genevois l'abandonnèrent. Trois autres Genevois furent par ses ordres décapités. Dès lors l'immigration protestante d'Europe, qui aurait fait la fortune de la colonie, fut arrêtée net. Villegagnon lui-même repartit précipitamment pour la France. Après son départ, l'établissement du fort Coligny fut attaqué par les Portugais ; les colons furent massacrés ou emmenés comme esclaves ; mais une partie d'entre eux, réfugiés dans les bois, continuèrent contre l'envahisseur, avec le secours de leurs alliés indigènes, les **Tupinambas**, une longue guerre de boucaniers.

L'impéritie de Villegagnon avait compromis une tentative dont les résultats s'étaient d'abord annoncés comme magnifiques. Léry, un de ses compagnons, qui fut ensuite l'historien de l'expédition, raconte que des personnages considérables du parti protestant en France avaient envoyé des agents fidèles pour reconnaître le pays, et que plus de dix mille colons se préparaient à passer l'Océan. Simon Renard, ambassadeur du roi d'Espagne Philippe II, lui montrait en 1556 les Français « armant bateaux en Bretagne et Normandie » et tout près de « conquester les Indes ».

Si les desseins de Coligny avaient été mieux exécutés, si ces immenses régions du Brésil, que les Portugais occupaient alors si faiblement, avaient passé sous les lois françaises, si une vaste France brésilienne, une **France antarctique** comme l'appelait déjà Villegagnon, s'était élevée de l'autre côté de l'Atlantique, combien l'histoire des deux mondes aurait été tout autre aux siècles suivants !

Cependant, malgré le premier échec, Coligny ne perdait pas de vue le nouveau continent.

Jean Ribaud et Laudonnière à la Floride. — En 1562, il confie à Jean Ribaud, marin de Dieppe, deux petits navires, qui sortent de Dieppe le 2 février. Le but de l'expédition, ce n'est plus le Brésil, mais la *Floride*. Ce nom de Floride, la « terre fleurie », qui est limité aujourd'hui à un seul État de l'Union américaine et à la seule presqu'île floridienne, avait alors une signification bien plus étendue. La Floride du seizième siècle s'allongeait sur cent cinquante lieues de côte, entre les 30° et 36° degrés, et comprenait la Géorgie actuelle et les deux Carolines. Les Espagnols étendaient sur toutes ces terres leurs prétentions, qui, si nous l'avions bien voulu, eussent été impuissantes. Jean Ribaud emportait avec lui, pour la planter sur ces rivages, une colonne élégamment sculptée et portant les armes du roi de France. Le capitaine dieppois reconnut la côte, donna à tous les cours d'eau des noms français : la Seine, la Somme, la rivière de Mai, la rivière Basse, le Chenonceaux, le Jourdain, et, au confluent de ces deux derniers, éleva le fort Charles. Tout le pays prit, du nom de Charles IX, celui de *Caroline*, qui depuis cette époque, en souvenir de l'expédition française, lui est resté.

Chez les indigènes, même haine contre les Espagnols qu'au Brésil contre les Portugais : même accueil sympathique aux Français.

Ribaud revient en Europe pour rendre compte de sa découverte; mais une tempête le jette en Angleterre et là il apprend que la guerre civile a éclaté en France. Ceux de ses compagnons qu'il a laissés à la garde du fort Charles viennent le rejoindre. Et c'en est fait de la Caroline. En France, le Havre, cette création de François Ier, a été livré aux Anglais par les protestants.

La paix d'Amboise ramène l'attention sur l'Amérique; catholiques et protestants sont allés reprendre ensemble le Havre; Coligny, rentré dans sa maison, ne songe qu'à une chose : « Je regarde, écrivait-il, à trouver moyens par lesquels l'on pourra trafiquer et faire son profit aux pays estrangers, et j'espère en peu de temps faire en sorte que nous ferons le plus beau trafic qui soit en la chrétienté. »

N'ayant plus Ribaud sous la main, il charge un des compagnons de celui-ci, le Poitevin Laudonnière, d'une nouvelle expédition à la Caroline. Celui-ci part du Havre, avec trois vaisseaux, le 22 avril 1564, aborde le 22 juin sur le rivage floridien, y retrouve la colonne de Ribaud dont les indigènes ont fait un objet de leur culte et qu'ils ont pieusement entourée de feuillages. Seulement il abandonne le fort Charles et, plus au sud, sur la rivière de Mai, fonde le fort Caroline.

L'Espagne était fort inquiète de ce nouvel établissement. Son ambassadeur à Paris, Chantonnay, l'avertissait que, si l'on ne se hâtait de le détruire, ce serait bientôt impossible: car « il y a plus de quarante mille hommes en France, desquels il est besoin de décharger le pays ».

Coligny comprend le danger qui menace sa colonie. Il équipe en toute hâte à Dieppe sept nouveaux navires et les confie à Jean Ribaud. Celui-ci arrive, en mai 1565, au fort Caroline.

A ce moment apparaît la flotte espagnole, commandée par Pedro Menendez. En pleine paix, quand les deux cours de Madrid et de Paris affectaient de vivre en bonne amitié, les Castillans venaient attaquer un établissement français. Ribaud croise avec ses navires pour empêcher le débarquement de Ménendez; mais une tempête survient et disperse sa flotte. Alors les Espagnols débarquent et surprennent le fort Caroline : la garnison et les colons sont massacrés, même les malades et les blessés, à l'exception des femmes et des enfants au-dessous de quinze ans; encore beaucoup de ceux-ci sont-ils égorgés dans la première fureur de l'assaut. Laudonnière et quelques autres réussirent à s'échapper à travers les bois et furent recueillis par un des vaisseaux de Ribaud. Quant à Ribaud lui-même, jeté à la côte par la tempête, ayant perdu quatre de ses navires, il essayait de regagner le fort Caroline, dont il ignorait la prise, lorsque lui-même rencontra les forces supérieures des Espagnols. Il dut capituler non loin de San-Agustino. Les Espagnols lui avaient promis la vie sauve; ils lui tranchèrent la tête, coupèrent son corps en quatre morceaux qu'ils plantèrent sur des piques aux quatre coins du fort, et rasèrent sa barbe pour l'envoyer au roi d'Espagne. Des quelques centaines d'hommes qui accompagnaient Ribaud, un petit nombre seulement se déclarèrent catholiques et furent épargnés; tous les autres, gentilshommes, soldats, matelots, ouvriers, furent froidement égorgés. Leurs cadavres furent brûlés sur des bûchers ou pendus aux arbres du voisinage. Sur le lieu du massacre, Menendez fit dresser cette inscription : « Pendus, non comme Français, mais comme luthériens ».

Dans le double massacre de la Caroline et de San-Agustino, neuf cents Français avaient péri; une centaine erraient dans les bois; d'autres réussirent à atteindre les vaisseaux épargnés par la tempête et revinrent en Europe.

Il se produisit en France un véritable soulèvement de l'opinion quand y parvint la nouvelle des massacres. Une « Requeste présentée au roi Charles neuvième, en forme de complaincte, par les femmes veuves et enfants orphelins, parents et amis de ses subjets qui furent tués audit pays de Floride » fut imprimée et répandue à milliers d'exemplaires. Puis il sembla que la seconde guerre civile, signalée par la meurtrière bataille de Saint-Denis et terminée par la paix de Longjumeau, eût lavé le sang de Floride sous de nouveaux flots de sang français, et l'on commença à oublier[1].

---

1. Un homme, un simple particulier, se souvenait. De Gourgues, gentilhomme de Mont-de-Marsan et catholique, se chargea de venger les huguenots de Ribaud. Il partit de Bordeaux, le 2 août 1567, avec trois méchants petits navires, montés par deux cents hommes. En avril 1568, il débarquait sur la côte de Floride. La nouvelle se répandit avec une incroyable rapidité parmi les sauvages : le jour même, il en eut plusieurs centaines autour de lui; le lendemain, il en eut plusieurs milliers, aussi animés que lui contre les tyrans de l'Amérique. On se mit en marche à travers les bois; les soldats passaient les rivières avec de l'eau jusqu'au cou, en élevant les poires à poudre au-dessus de leurs têtes; on arriva à l'improviste devant le fort Caroline. Les Espagnols finissaient à peine de dîner, « ils se curaient encore les dents », dit la *Relation*, quand l'assaut commença. Pas un des quatre cents Espagnols ne put échapper. Tout fut tué ou pris (27 avril). Quant aux prisonniers, Gourgues, après leur

De Gourgues tira de l'attentat de Menendez une vengeance éclatante, mais la Floride n'en était pas moins perdue pour nous. Huit guerres civiles consécutives, l'assassinat de Coligny en août 1572, l'ineptie de Henri III, la fureur des haines religieuses, le déchaînement des passions anarchiques et démagogiques, firent oublier l'empire d'outre-mer et délaisser la marine. Il périt sur des champs de bataille maudits vingt fois plus de vaillants hommes qu'il n'en aurait fallu pour conquérir sur les Espagnols et les Portugais et pour coloniser à fond les deux Amériques. Pendant que les Français s'entr'égorgeaient à propos de dogmes qu'ils comprenaient fort mal, le Nouveau Monde leur échappait[1].

II. — JUSQU'AU TRAITÉ D'UTRECHT (1713).

Projets et entreprises de Henri IV. — Il fallut que Henri IV eût rétabli l'autorité royale et fait prévaloir, par l'édit de Nantes, les principes de la tolérance religieuse, pour que l'on tournât de nouveau les yeux vers l'Atlantique.

Un écrivain de l'époque, Lescarbot, s'attache à montrer la haute valeur du lot qui nous est encore réservé dans l'Amérique du Nord. A ceux qui ne veulent entendre parler que de mines d'or et d'argent, il répond ces sages paroles : « La plus belle mine que je sache, c'est du blé et du vin, avec la nourriture du bétail. Qui a de ceci, a de l'argent. Des mines nous n'en vivons point, et tel souvent a belle mine qui n'a pas beau jeu ».

Une autre idée encore inspire les explorateurs, une idée de propagande religieuse. Convertir les sauvages à la religion chrétienne, en faire des Français par le droit de cité que confère le baptême, tel est l'autre but qu'ils se proposent. Désor-

---

avoir rappelé leur cruauté et la violation de la parole jurée à Ribaud, les fit pendre aux mêmes arbres auxquels ils avaient pendu les Français. Il retourna la planche sur laquelle Menendez avait fait graver son injurieuse légende et y inscrivit ces mots : « Pendus, non comme espagnols, mais comme traîtres, voleurs, et écumeurs de mer. » Puis il fit sauter le fort Caroline et repartit pour la France. Le 6 juin, il rentrait à la Rochelle.

1. En revanche, l'établissement fondé en 1520, sur les côtes de la régence d'Alger, par une Compagnie française, au lieu appelé Bastion de France ou Bastion du Roi, pour la pêche du corail, était en pleine prospérité.

mais aux chercheurs d'or vont succéder, dans l'Amérique française, les agriculteurs et les missionnaires.

Les Français à la Guyane. — Dans l'Amérique du Sud, un cadet de Gascogne, Adalbert de la Ravardière, reconnaît la Guyane et en prend possession au nom de Henri IV : il a la prétention de fonder là une « France équatoriale ».

Colonisation de la Nouvelle-France : Champlain. — Mais c'est surtout vers l'Amérique du Nord, vers la Nouvelle-France, que se porte le principal effort.

L'expédition malheureuse de La Roche, en 1598, et les molles tentatives de Chauvin, à partir de 1599, ne méritent pas de nous arrêter.

En 1598 Henri IV nomma lieutenant général, dans l'Amérique du Nord, de Chastes, gouverneur de Dieppe. Celui-ci forma une compagnie de commerce, dans laquelle entrèrent des gentilshommes et des négociants de Rouen et de la Rochelle. Il confia le soin d'explorer le cours du Saint-Laurent à deux capitaines de la marine royale, du Pont-Gravé, de Saint-Malo, et Samuel de Champlain, né à Brouage [1]. Dans un premier voyage (1603), ils relevèrent plus exactement que ne l'avait fait Cartier les deux rives de l'immense estuaire du Saint-Laurent; mais, pas plus que lui, ils ne remontèrent le fleuve au delà de la cataracte de Montréal. Ils n'en avaient pas moins reconnu 450 lieues de pays et rapportaient des renseignements précis sur le climat et les productions, plus un précieux chargement de pelleteries.

Chastes eut pour successeur le sieur de Monts. Dans les lettres patentes qui nommèrent celui-ci et qui sont de 1603, on voit que le roi ne revendique que les régions au nord du 40me degré, c'est-à-dire ce qui forme aujourd'hui l'Amérique anglaise et la partie septentrionale des États-Unis jusqu'à Philadelphie. Il renonce à la Floride et à la Caroline, réoccupées par les Espagnols, et à la Virginie, où se sont établis les Anglais et qu'ils ont ainsi appelée du nom de leur souveraine, la *Reine-vierge* Élisabeth.

Dans un second voyage, Pont-Gravé, Poutrincourt et Champlain fondèrent Port-Royal en Acadie (1605). Ils reconnurent les points du rivage américain où s'élèvent aujourd'hui les florissantes cités de Portland, Boston, Providence, et New-York avec ses douze cent mille habitants. Là, il n'y avait alors

---

[1]. *Voyages du sieur de Champlain ou Journal ès découvertes de la Nouvelle France*, 2 vol. Paris, 1830.

que des tribus errantes de Peaux-Rouges, avec lesquelles ils contractèrent des alliances. Ils leur firent défricher de vastes terrains, où ils semèrent du blé et plantèrent de la vigne. Enfin, Champlain, le 3 juillet 1608, sur la rive gauche du grand fleuve, jeta les fondations de la ville de Québec, la future capitale du Canada, qui compte aujourd'hui 60 000 habitants.

En 1609, à l'occasion d'une guerre entre les Algonquins nos alliés, et les Iroquois, Champlain remonta la rivière des Iroquois, et découvrit le lac qui porte son nom. En 1611, il bâtit un fort auprès du Saut Saint-Louis et commença à défricher le sol où s'éleva depuis la cité de Montréal (ou Mont-Royal), qui ne fut réellement fondée qu'en 1661 et qui compte aujourd'hui 120 000 habitants. Enfin, dans les années 1614 à 1615, il découvrit successivement les grands lacs du nord ; d'abord le Nissiping, auquel il attribuait vingt-cinq lieues de long sur huit de large ; les lacs Huron, Michigan, Supérieur, qui s'étendent sur près de trois cents lieues et qu'il appela la mer Douce ; l'Ontario, qui a quatre-vingts lieues de longueur sur vingt-cinq de large.

Grâce à Champlain et à ses compagnons, Henri IV, en mourant, léguait à la France un empire américain de seize cents lieues de long sur cinq cents lieues de large, où des villes se fondaient, où un commerce actif avait commencé avec les Peaux-Rouges, et que jalousaient déjà les Anglais et les Hollandais.

Il avait voulu faire à la France sa part dans l'océan Indien comme dans l'Atlantique. En 1604 il avait constitué une compagnie pour le commerce de l'Indoustan, mais, comme la marine royale n'était pas encore assez puissante pour protéger nos marchands, dans ces mers lointaines, contre les violences et les pirateries de nos concurrents anglais, hollandais et portugais, notre trafic indien prit peu de développement sous ce règne.

François Ier et Coligny n'avaient guère fait que des tentatives : Henri IV a donc été vraiment le premier fondateur de notre empire colonial.

Projets et entreprises de Richelieu. — Le second fu Richelieu. Il a exprimé aussi nettement ses vues sur la politique maritime que ses vues sur la politique à suivre, en France, à l'égard des féodaux et des protestants et, en Europe à l'égard de la maison d'Autriche

« Il semble, a-t-il écrit dans son *Testament*, que la nature ait voulu offrir l'empire de la mer à la France par l'avantageuse situation de ses deux côtes, également pourvues d'excellents ports, aux deux mers Océane et Méditerranée ». En même temps, Richelieu constate les progrès qu'ont accomplis depuis peu, et déjà à nos dépens, nos voisins d'Outre-Manche. Il cite aussi l'exemple de la Hollande, « qui n'est qu'une poignée de gens disputant à l'Océan leur coin de terre et qui, cependant, se sont élevés à l'opulence : exemple frappant et preuve incontestable de l'utilité du commerce ». Enfin, il regrette de voir nos hardis marins aller chercher de l'emploi hors de France, « n'en trouvant pas en leur pays ».

Richelieu, après avoir aboli la charge de grand amiral, lequel n'était le plus souvent qu'un marin de cour, prend le titre de « chef et surintendant général de la marine, navigation et commerce de France » : titre un peu long, mais qu'il s'étudia à justifier de tous points.

Le Canada repris aux Anglais. — En Amérique, les Anglais, profitant de la faiblesse de la régente Marie de Médicis, avaient, en pleine paix comme naguère les Espagnols à la Floride, brûlé Port-Royal et ravagé l'Acadie. Puis, en 1628, ils avaient attaqué le Canada. Champlain, une première fois, défendit avec succès Québec; mais, en 1629, les Anglais revinrent en force, tandis que notre *découvreur* n'avait reçu de France aucun renfort : cette fois il fut obligé de capituler et la chute de Québec entraîna celle du Canada (1629). De retour en Europe, il n'eut pas de peine à convaincre Richelieu que l'honneur et l'intérêt du roi étaient engagés à la reprise de la colonie. Le cardinal en réclama énergiquement la restitution, arma des vaisseaux, menaça l'Angleterre et la contraignit, par la paix de Saint-Germain, en 1632, à rendre le bien volé. Champlain, qui mourut en 1635, eut la consolation de voir son œuvre en bonne voie. Comme le dit le R. P. Charlevoix, le vieil historien du Canada, Champlain « peut être à bon titre appelé le père de la Nouvelle-France ».

Les Français dans la mer des Antilles. — Dans l'Amérique du Centre, en des régions où les Espagnols prétendaient exercer leur souveraineté, D'Énambuc et d'autres prirent possession, de 1625 à 1635, de Saint-Christophe, de la Martinique et de la Guadeloupe, ainsi que des petites îles qui dépendent de celle-ci (Marie-Galande, les Saintes, la Désirade). Les boucaniers français occupèrent l'île de la Tortue et s'établirent dans Saint-Domingue. A la Guyane, la ville de Cayenne fut fondée. Ainsi la colonie que Coligny avait rêvé d'installer en Floride ou au Brésil se reconstituait, mais cette fois, pour la plus grande part, en dehors du continent : dans la région des Antilles.

Les Français au Sénégal. — Sur la côte ouest de l'Afrique, nos Français retrouvèrent la trace des Dieppois du quatorzième siècle. Dès 1582, les Normands de Rouen, pillés et chassés de la Guinée par les Portugais, avaient formé une compagnie et occupé fortement l'île Saint-Louis au Sénégal. En 1626, Thomas Lombart était directeur de la Compagnie.

Les Français dans la mer des Indes. — Dans l'autre océan, Richelieu avait fait occuper l'île de la Réunion et jeté les yeux sur Madagascar. « La Providence, a-t-il écrit dans son *Testament*, veut aussi que nos colonies se dressent en face des possessions de l'Angleterre dans la mer des Indes orientales, afin de faire contrepoids à sa toute-puissance maritime, dans l'intérêt du monde entier ». Cinq mois avant sa mort, le 24 juin 1642, il avait fait signer à Louis XIII l'acte qui constituait une Compagnie des *Indes orientales*.

Ainsi Richelieu avait reconquis sur les Anglais la Nouvelle-France, reconstitué dans les Antilles la France équinoxiale, et jeté la première base de notre domination dans les eaux de Madagascar.

La Nouvelle-France sous Colbert. — Près de dix-neuf ans sont encore perdus dans les misères d'une nouvelle régence. Alors apparaît Colbert. C'est le troisième fondateur de l'empire colonial français.

Dans la Nouvelle-France, l'Angleterre avait profité des troubles de la Fronde pour intervenir encore et s'emparer, en 1654, de l'Acadie. Elle dut la restituer au traité de Bréda (1667).

En 1662, la Compagnie des Cent-Associés, qui trafiquait dans ces parages, fut dissoute : le gouvernement royal reprit possession de la Nouvelle-France, et celle-ci, qui n'avait été jusqu'alors qu'un comptoir pour le trafic des pelleteries et une mission pour la conversion des sauvages, devint une possession de la couronne. Toutefois le monopole du commerce du Canada ne fut pas aboli : il fut attribué, en 1664, à la Compagnie des *Indes occidentales*.

Colbert envoya dans la Nouvelle-France un vieillard énergique, le marquis de Tracy, qui fit une guerre d'extermination aux Iroquois, nos ennemis acharnés, perpétuellement excités contre nous par les Anglais, et qui se faisaient un jeu de scalper les colons, les missionnaires et les néophytes indiens. Il leur imposa la paix, en 1666, et en débarrassa pour près

de vingt ans la colonie. Au marquis de Tracy furent adjoints, comme gouverneur, De Courcelles et, comme intendant, Talon
Talon était le plus habile administrateur qu'on pût envoyer dans le Nouveau Monde. En fait de commerce, il avait des idées plus modernes que Colbert : il réclama et obtint l'abolition du monopole, le rétablissement de la liberté du trafic. Il insista pour qu'on envoyât au Canada le plus grand nombre possible de colons. Après la guerre contre les Iroquois, Colbert décida que tous les hommes du régiment de Carignan qui voudraient se fixer dans le pays obtiendraient leur congé. Ce régiment s'était signalé, en 1664, à la bataille de Saint-Gothard (Hongrie) contre les Turcs. C'est de ces vaillants soldats que descend la majeure partie de la population canadienne d'aujourd'hui. En même temps que l'Acadie et le Canada, on colonisait Terre-Neuve. Dès 1656, Jean Bourdon avait découvert la baie d'Hudson et, en 1663, Després-Couture avait élevé des forts dans cette vaste région. De hardis aventuriers poussaient jusqu'aux montagnes Rocheuses, dans le *Far-West* américain. La population de la Nouvelle-France quadrupla. Elle était, vers 1661, de 2500 Européens; elle atteignit, vers 1688, le chiffre de 11 249 habitants.

Cavelier de la Salle ; le Mississipi, la Louisiane. — Le fait le plus considérable de l'histoire de la Nouvelle-France dans la seconde moitié du dix-septième siècle, c'est la découverte du Mississipi par Cavelier de la Salle et la fondation de la Louisiane.

Au Canada, on avait achevé la reconnaissance des grands lacs et établi sur tous les points importants des forts destinés à contenir les sauvages. On avait découvert les sources de l'Ohio, de l'Illinois, du Wisconsin, affluents du Mississipi; mais personne ne soupçonnait encore l'importance capitale de ce grand fleuve qui a pour bassin plus de la moitié des États-Unis actuels; on ignorait même qu'il eût son embouchure dans le golfe du Mexique[1].

Sous la lieutenance générale du comte de Frontenac, l'intendant Talon imagina que l'un des cours d'eau qui avoisinaient les grands lacs et descendaient vers le midi, pourrait bien conduire un explorateur jusqu'à la « mer du Sud », c'est-à dire

---

1. Margry, *Découvertes et établissements des Français dans l'ouest et le sud de l'Amérique septentrionale* (1614-1691); *Mémoires et documents inédits* : I. *Voyages des Français sur les grands lacs et découverte de l'Ohio et du Mississipi.* — II. *Lettres de Cavelier de la Salle.* — III. *Recherches des bouches du Mississipi.* — 3 vol., 1879.

à l'océan Pacifique. Il pensait que le Mississipi, ou la *rivière Colbert*, comme on l'appelait alors, se jetait dans la mer Vermeille ou golfe de Californie, et qu'il pouvait mettre la Nouvelle-France en relations directes avec la Chine et le Japon.

Il confia le soin de vérifier cette conjecture à un hardi explorateur, Louis Jolliet. Celui-ci, en l'année 1673, accompagné du Père Marquette et de cinq autres Français, passa d'un affluent méridional du lac Supérieur, en faisant porter sa barque, dans le Wisconsin. Le Wisconsin le conduisit dans le Mississipi, qui l'étonna par la largeur de son cours et la splendeur de ses rivages. Jolliet constata que le fleuve, ayant une direction presque constante du nord au sud, ne pouvait l'amener, comme l'avait espéré Talon, dans la mer Vermeille, et qu'il avait probablement son embouchure dans le golfe du Mexique. Il s'arrêta donc au 33° degré, c'est-à-dire vers le confluent avec l'Arkansas, et revint sur ses pas.

Cavelier de la Salle, né à Rouen en 1640, s'était déjà signalé dans l'exploration des grands lacs. A deux reprises, en 1671 et en 1679, il avait atteint le Mississipi, la première fois en descendant l'Ohio, la seconde fois en suivant l'Illinois. En décembre 1681, il descendit de nouveau cette dernière rivière, atteignit le Mississipi et entreprit de l'explorer jusqu'à son embouchure. Il avait avec lui vingt-trois autres Français et vingt-cinq sauvages, dont sept femmes. Il s'embarqua sur des canots faits d'écorce de bouleau. Il reconnut successivement l'embouchure du Missouri, celle de l'Ohio, celle de l'Arkansas, s'arrêtant tous les soirs près du rivage pour la nuitée, fumant le calumet avec les sauvages qu'il rencontrait, parfois essuyant leurs volées de flèches; vivant des hasards de la chasse et de la pêche, mangeant même du crocodile, du corbeau blanc et du cuir de bœuf. Il arriva enfin dans un pays inondé et constata que l'embouchure du fleuve « s'avançait beaucoup en mer, faisant de chaque côté une chaussée » : tel en effet est l'aspect du delta formé par le Mississipi. Sur la rive, la Salle planta une croix et au-dessous de la croix enterra une plaque de plomb avec cette inscription : « Au nom de Louis XIV, roi de France et de Navarre, le 9 avril 1682 ». — « On chanta le *Vexilla regis* au plantement de la croix, puis le *Te Deum*, et l'on fit trois décharges de mousqueterie. » Du nom de Louis XIV, le pays s'appela la *Louisiane*.

La Salle ne pouvait songer à regagner la haute mer avec des canots d'écorce; dès le lendemain, il remonta le fleuve pour revenir au Canada. C'est seulement en 1687 qu'il retrouva par mer l'embouchure du Mississipi, qu'il avait découverte en descendant le fleuve[1], et c'est dans cette nouvelle expédition qu'il périt assassiné.

Autres colonies françaises sous Colbert. — Dans cette même période, à nos possessions des Antilles, s'ajoutaient Grenade, Sainte-Lucie, Saint-Martin, Saint-Barthélemy, Sainte-Croix, la Dominique, Tabago. Colbert prenait sous la protection du roi les flibustiers français établis à Saint-Domingue et enlevait aux Espagnols toute la partie occidentale de l'île, où Ogeron de Boire fondait une colonie modèle.

Madagascar, possession de la Compagnie des Indes, puis colonie de la couronne, prend alors le nom d'*île Dauphine* et de **France orientale**. Cette époque est surtout signalée par les

---

1. Cette contre-épreuve était d'autant plus nécessaire que les envieux et les incrédules dénigraient les résultats de son voyage. Une lettre du temps constate que « la Louisiane n'a pas eu grande vogue » en France et que « quelques-uns doutent de la vérité de ce qu'il dit ». D'autres le traitent de « visionnaire ». Seignelay, fils et successeur de Colbert, avait à cœur d'achever l'œuvre commencée sous son père. En 1684, il met à la disposition de La Salle un vaisseau de guerre, *le Joly*, commandé par M. de Beaujeu, et trois petits navires. Entre La Salle et Beaujeu s'élevèrent, même avant l'embarquement, des discussions sur leurs pouvoirs respectifs : elles s'aggravèrent pendant la navigation. Beaujeu débarqua La Salle près d'un étang du Texas, à l'ouest du Mississipi, en janvier 1687. Cinq semaines se passèrent à chercher l'embouchure du fleuve. Un des petits navires, la flûte *l'Aimable*, qui devait rester au service de La Salle et qui portait des vivres, des munitions et quatre pièces de canon, coula par la faute du pilote. Le capitaine du *Joly*, alléguant la nécessité de mettre son vaisseau en lieu sûr, n'en reprit pas moins la mer avec le reste de la flottille. La Salle s'établit à terre avec cent vingt ou cent trente hommes. Les privations qu'ils éprouvèrent pendant un campement de plus de deux mois sur les marécages du fleuve, les aigrirent bientôt contre leur chef. Dans les excursions pénibles, à travers les bois, qu'il leur imposa pour retrouver le chemin du Canada, plusieurs de ses hommes conspirèrent sa mort. L'un d'eux l'abattit d'une balle dans la tête; ils dépouillèrent le cadavre et lui ôtèrent jusqu'à sa chemise ; puis, raconte un de ses compagnons, Joutel, « ils le traînèrent dans des halliers, où ils le laissèrent à la discrétion des loups et autres bêtes sauvages » (19 mars 1687). Telle fut l'unique sépulture accordée à l'homme qui venait de découvrir tout un empire, tout un monde, qui eût fait de la France la première puissance coloniale du monde, si elle avait su le garder, et qui constitue aujourd'hui la force et la richesse principales de l'Union américaine.

essais colonisateurs de Pronis et de Flacourt[1]. La Compagnie des Indes, reconstituée en 1665, prend pied dans l'Indoustan.

Situation de notre empire colonial à la mort de Colbert. — En résumé, pendant l'administration de Colbert (1661-1683), la Nouvelle-France a été colonisée d'une manière suivie et s'est agrandie d'une annexe immense, la Louisiane; la France équinoxale s'est étendue dans les Antilles; la France orientale a été rattachée plus étroitement à la métropole.

A sa mort (1683) cet empire colonial, le premier que nous avons possédé, celui auquel ont travaillé avant lui François Ier, Coligny, Henri IV, Richelieu, est à son maximum de puissance. Ce qui caractérise ce premier empire colonial, c'est qu'il était principalement établi en Amérique, où nous n'avons plus aujourd'hui que des possessions de faible importance. En négligeant nos établissements en Afrique, et même nos établissements à la Guyane et aux Antilles, on peut dire que nos possessions comprenaient la presque totalité de l'Amérique du Nord. Elles étaient bornées au sud-ouest par le Texas et la Californie, alors espagnols; mais l'immense territoire triangulaire qui commence au nord de ces deux provinces était à nous, à l'exception de la Floride qui était espagnole et des treize petites colonies anglaises, alors resserrées entre les monts Alléghanys et la mer : nous les enveloppions, au nord, par le Canada et par l'Acadie, à l'ouest, par la Louisiane qui comprenait alors tout le bassin du Mississipi. Malheureusement, ni le Canada ni surtout la Louisiane n'étaient assez fortement colonisés pour que nous pussions enfermer les colonies britanniques dans une frontière inflexible. Déjà les Anglais de la Nouvelle-Angleterre commençaient à disputer à la Nouvelle-France la région des grands lacs; ils arrivaient encore par la baie d'Hudson, où, contre tout droit, ils faisaient concurrence à notre commerce de pelleteries, mais où nous étions impuissants à surveiller une si vaste étendue de solitudes. On peut dire cependant que les pays sur lesquels l'Angleterre elle-même ne contestait pas ouvertement les droits de la France comprenaient la totalité de l'Amérique anglaise d'aujourd'hui et les neuf dixièmes du territoire actuel des États-Unis, c'est-à-dire un pays vingt-cinq fois plus étendu que la France, qui est peuplé actuellement de trente-cinq millions d'âmes et qui en comptera plus de soixante millions vers le milieu du siècle prochain.

---

1. Henry d'Escamps, *Histoire et géographie de Madagascar*, 1884.

La Nouvelle-France attaquée par les Anglais. — À
la fin du règne de Louis XIV, cet empire français subit une première mutilation. Pendant les deux dernières grandes guerres de ce règne, les Anglais insultèrent toutes nos colonies. Ils s'attaquèrent surtout à celles de la Nouvelle-France et le firent avec plus de succès; car leurs possessions de la Nouvelle-Angleterre étaient beaucoup plus peuplées que les nôtres, et à nos quinze ou vingt mille colons canadiens ils pouvaient déjà en opposer près de deux cent mille. Dans la guerre de la ligue d'Augsbourg, qui eut pour épisode en Amérique la première guerre *intercoloniale*, les Français conçurent le projet d'enlever New-York et les Anglais celui de nous enlever Québec. Ceux-ci éprouvèrent, en 1690, une défaite sous les murs de Québec, et Louis XIV fit frapper une médaille pour perpétuer le souvenir de cette victoire. Le traité de Ryswick (1697) laissa les choses en l'état.

Pendant la guerre de la succession d'Espagne, les Anglais nous enlevèrent l'Acadie, mais échouèrent encore contre le Canada, énergiquement défendu par le marquis de Vaudreuil. Nos revers en Europe avaient été trop grands : ils amenèrent une paix désastreuse dont notre colonie fit les frais.

Le traité d'Utrecht. — Au traité d'Utrecht (1713), Louis XIV
dut, en effet, céder l'île de Terre-Neuve, l'Acadie et les immenses territoires de la baie d'Hudson. Les Anglais prenaient donc position sur trois côtés du Canada ; celui-ci était comme démantelé, car ces trois provinces étaient comme ses bastions.

III. — JUSQU'AU TRAITÉ DE PARIS (1763).

Progrès du Canada et de la Louisiane. — Dans les années
qui suivirent, on chercha à réparer ces pertes. De 1713 à 1744, le nombre de colons canadiens s'éleva de 25 000 à 50 000. La Louisiane commença à se peupler : la Nouvelle-Orléans fut fondée en 1717 ; Saint-Louis ne devait l'être qu'en 1764. Sur l'Ohio, dont le bassin mettait en communication le bassin du Saint-Laurent, c'est-à-dire le Canada, et le bassin du Mississipi, c'est-à-dire la Louisiane, on établit une ligne de forts pour arrêter l'invasion des colons anglais qui aurait coupé en deux l'Amérique française. En 1741, les Anglais prirent Louisbourg ; mais ils durent le restituer en 1748, à la paix d'Aix-la-Chapelle.

L'Île de France. — Dans la mer des Indes, nous avions
occupé une île qui constitue une position de premier ordre.

Les Hollandais la possédaient depuis 1598 et l'avait appelée *île Maurice*, en l'honneur d'un de leurs princes, Maurice de Nassau. Ils l'abandonnèrent en 1712. Puis nous l'occupâmes, en 1721, et lui donnâmes le nom d'*Ile de France*. En 1722, le roi la concéda à la Compagnie des Indes orientales. Un des gouverneurs nommés par cette compagnie, Mahé de la Bourdonnais, commença, en 1734, à la mettre en valeur. Il y créa des villes, des ports, des cultures. Il en fit la principale station militaire de l'océan Indien, le centre d'où notre influence rayonna à la fois sur Madagascar et sur l'Indoustan, l'imprenable citadelle de la puissance française, d'où nous avons pu, au milieu des guerres les plus désastreuses de la République et de l'Empire, tenir en échec toutes les forces de l'Angleterre.

Premiers établissements dans l'Indoustan. — Dans l'Inde, pendant la même période, on jeta les fondements d'un grand empire. D'abord notre Compagnie française des Indes s'y trouva sur le même pied que les compagnies rivales fondées par les Anglais, les Hollandais et les Portugais. L'Indoustan obéissait à un puissant empereur, le Grand-Mogol, qui était alors Aureng-Zeb. Il n'aurait pas permis aux Européens de jouer dans ses États un autre rôle que celui de trafiquants. Nous n'y occupions que des postes précaires, par concession du souverain, et en payant, à lui et aux souverains ses vassaux, une sorte de tribut. Quand Aureng-Zeb mourut, en 1707, ses successeurs n'eurent plus qu'une autorité nominale. Son empire se morcela en une infinité de petits États, gouvernés par des soubadars, nababs, soubabs, rajahs, etc. Tous les aventuriers de l'Inde et des pays voisins, tous les chefs indous ou afghans qui pouvaient entretenir une bande de mercenaires, même des chefs de brigands, s'y taillèrent des principautés. Les marchands européens firent de même; c'est alors que la Compagnie française et la Compagnie anglaise s'essayèrent à devenir des puissances territoriales, et presque aussitôt elles entrèrent en conflit. Dans le Bengale, en face de la ville anglaise de Calcutta, nous avions Chandernagor, fondé en 1673; sur la côte de Coromandel, en face de la ville anglaise de Madras, Pondichéry, fondé en 1674-1683. D'autres comptoirs moins importants furent constitués : Surate, en 1668; San Thomé, vers la même époque; Mazulipatam, en 1724; Mahé, en 1726, par Mahé de La Bourdonnais; Karikal, en 1759; Yanaon, en 1750.

Dans l'Inde, nos premiers ennemis ne furent pas d'abord les Anglais, mais les Hollandais. Ceux-ci nous enlevèrent San-Thomé en 1674 et Pondichéry en 1689. Ils restituèrent leurs conquêtes à la paix. Puis, à mesure qu'ils s'affaiblirent, les Anglais prirent leur place en face de nous.

Gouvernement de Martin et de Dumas. — Pendant longtemps, notre Compagnie ne sortit pas de son rôle de société de négoce. Sans doute elle fortifiait ses comptoirs, mais c'était avec l'autorisation des souverains du pays, et uniquement pour se défendre contre les concurrents européens ou les brigands du pays. Martin, un de nos premiers gouverneurs, qui se défendit héroïquement dans Pondichéry en 1689 et qui y rentra après la paix de Ryswick, agissait surtout auprès des indigènes par la persuasion : souvent les princes indous le prenaient pour arbitre dans leurs différends. Son successeur Dumas prit une attitude plus impérieuse : quand Ragoghi, chef des brigands mahrattes, vers 1739, envahit les royaumes du Dekkan et du Carnatic, Dumas donna asile dans Pondichéry à la famille princière du Carnatic. Rogoghi n'osa attaquer cette forteresse, défendue par une artillerie imposante. Dumas est le premier de nos gouverneurs qui soit devenu un prince indou pour le compte de la Compagnie : le Grand-Mogol lui conféra le titre de nabab et le droit de lever 4500 soldats.

A ce moment encore, la Compagnie n'affecte pas une politique conquérante. Il ne semblait pas possible à nos marchands, pas plus qu'à ceux d'Angleterre ou de Hollande, d'affronter, avec le peu d'Européens dont ils disposaient, les grands États indous de leur voisinage.

Gouvernement de Dupleix. — L'homme qui osa rêver de donner à la France un empire dans l'Inde et qui trouva les moyens de réaliser son rêve, ce fut Dupleix, né à Landrecies en 1697. Les services qu'il avait rendus, depuis 1730, comme directeur du comptoir de Chandernagor, le firent nommer en 1741 gouverneur général, en résidence à Pondichéry.

Les Anglais eux-mêmes lui font honneur d'avoir trouvé avant eux les deux moyens qu'ils ont employés depuis sur une vaste échelle et qui leur ont valu la domination sur 250 millions d'Indous. Le premier consistait, pour suppléer au petit nombre de nos soldats européens, à dresser à la discipline européenne des *cipayes* ou soldats indigènes. Le second consistait à intervenir dans les guerres entre souverains indous, à aider tantôt l'un, tantôt l'autre, à profiter des dépouilles du vaincu et à se faire récompenser par le vainqueur.

Prise de Madras. — Dès le temps de la guerre de la succession d'Autriche, quand Français et Anglais se trouvèrent aux prises, aussi bien dans l'Inde qu'en Amérique et en

Europe, Dupleix montra que la Compagnie française était devenue une puissance militaire. Sur ses ordres, La Bourdonnais, gouverneur de l'île de France et son subordonné, lui amena des renforts, assiégea Madras, la ville anglaise, et s'en empara (1746). Après la victoire, les deux chefs ne purent s'entendre : le gouverneur de l'île de France refusa l'obéissance à son supérieur hiérarchique. Il dut être rappelé en France.

Bataille de San-Thomé. — Les Anglais, pour rentrer en possession de Madras, excitèrent le soubadar du Dekkan à reprendre cette ville. Ce prince vint assiéger Madras avec cent mille hommes, des chars de guerre, des éléphants et une artillerie formidable. De Pondichéry, Dupleix ne put envoyer contre lui que deux cents hommes, sous la conduite d'un officier nommé Paradis. Paradis trouva l'armée indoue dans une forte position, protégée par une rivière, puis par une ligne de retranchements. Sous le feu de l'ennemi, il passa la rivière et escalada les retranchements. En quelques minutes, cette immense armée fuyait dans toutes les directions, abandonnant toute son artillerie et d'immenses richesses (1747).

Cette affaire, qu'on a appelée la bataille de San-Thomé, décida, pour plusieurs siècles peut-être, du sort de l'Inde. Jusqu'alors les Européens avaient redouté les princes indous et s'étaient soumis à certaines obligations parfois humiliantes. Mais quand on vit que deux cents Européens dispersaient cent mille indigènes, le secret de la faiblesse des Indous éclata à tous les yeux. Les rôles changèrent, et bientôt les plus puissants princes de la péninsule tremblèrent devant le moindre commis d'une Compagnie de marchands. Bien que la bataille ait été gagnée sur un allié des Anglais, ceux-ci rendent hommage à Dupleix pour cette révolution inattendue qui un jour devait leur valoir un empire : « Nous ne devons pas oublier, nous autres Anglais, dit l'historien Malleson, que tout le mérite en appartient uniquement et entièrement à cette grande nation française, à laquelle nous disputâmes plus tard la suprématie dans l'Indoustan et qui ne remporta pas la dernière victoire. »

Pourtant ce sont les mêmes Indous qui, disciplinés à l'européenne, pourront, sous les drapeaux de Dupleix, résister même aux Anglais. C'est avec une garnison composée en partie de cipayes que l'année suivante, Dupleix, assiégé à son tour dans Pondichéry par une armée anglaise, la contraignit à ever le siège[1].

1. Malleson, *Histoire des Français dans l'Inde.* (Trad. française.) —

Traité d'Aix-la-Chapelle. — Louis XV, qui faisait « la paix en roi et non en marchand », consentit, au traité d'Aix-la-Chapelle (1748), à restituer Madras. Il se bornait à exiger la restitution du cap Breton, dont les Anglais s'étaient emparés pendant la guerre.

Guerre pour la succession du Dekkan et du Carnatic. — Dupleix en éprouva un vif chagrin. Il trouva l'occasion de se dédommager ailleurs. Deux des plus grands États de l'Indoustan étaient en proie à la guerre civile : le Dekkan et le Carnatic. Dans chacun de ces États, les Anglais se déclarèrent pour l'un des concurrents ; dans chacun, Dupleix se déclara pour l'autre concurrent. Tandis que la paix régnait en Europe entre la France et l'Angleterre, Anglais et Français se battaient dans l'Indoustan. Sous les noms des prétendants Nazir-Djung ou Mirzafa-Djung, Anuar-ed-din ou Chanda Saeb, ils se livraient de sanglants combats.

Dans la nuit du 15 décembre 1750, La Touche, lieutenant de Dupleix, osa, avec 800 Français, 300 cipayes et 10 canons, attaquer, auprès de Gingi, le soubadar du Dekkan, Nazir-Djung, qui amenait 100 000 fantassins, 40 000 cavaliers, 700 éléphants, 350 canons. Il remporta une première victoire et se disposait à poursuivre ses avantages, lorsqu'il apprit que le soubadar venait d'être tué par un des siens, et qu'on promenait sa tête plantée sur une pique, au milieu des acclamations en l'honneur du candidat français, Mirzafa-Djung. La diplomatie de Dupleix était venue en aide à la bravoure téméraire de La Touche : dans le camp même de l'adversaire il avait fomenté la conspiration qui renversa celui-ci. Mirzafa revint à Pondichéry faire ratifier par Dupleix son titre de soubadar, et alors celui-ci se trouva, sous le nom de son protégé, maître de près d'un tiers de la péninsule.

Il fallut bientôt soutenir Mirzafa contre les intrigues des Anglais qui avaient suscité contre lui un certain Ghazdiousin, avaient obtenu pour celui-ci du Grand-Mogol le titre de soubadar du Dekkan et lui avaient assuré le concours des Mahrattes, puissante confédération de montagnards. Dupleix confia à Bussy la mission de défendre notre protégé : il crut suffisant de lui donner 300 Français, 1000 cipayes et 10 canons. Bussy marchait déjà contre les Mahrattes, lorsqu'une nouvelle

Barchou de Penhoën, *Histoire de la domination anglaise dans les Indes*. — Saint-Priest, *Études historiques, la perte de l'Inde sous Louis XV*. — T. Hamont, *Vie de Dupleix*.

conspiration, semblable à celle qui avait donné à Mirzafa l'empire du Dekkan, lui ôta en même temps la couronne et la vie. Bussy ne se laissa pas arrêter pour si peu : il remplaça immédiatement Mirzafa par un de ses oncles, Salabat, qui alla également chercher l'investiture à Pondichéry. Puis il continua sa route et, dans trois batailles, écrasa la formidable cavalerie des Mahrattes et leur imposa un traité d'alliance avec nous.

Disgrâce de Dupleix. — Dupleix, qui devait déjà au Grand-Mogol le titre de nabab, obtient de Salabat les cinq provinces de Goudamir, Mustaphanagar, Ellora, Radja Mundri et Tchicacoli : c'était tout un royaume qui occupait la côte d'Orissa et dont Mazulipatam était la capitale.

Ainsi, par ces acquisitions nouvelles, par son protectorat sur les deux souverains du Carnatic et du Dekkan, par son alliance avec les Mahrattes, Dupleix était maître de presque toute la partie péninsulaire de l'Inde : au milieu de nos possessions, Madras, restitué aux Anglais, n'était plus qu'un îlot.

L'Angleterre s'émut; elle exigea de la cour de Versailles le rappel de Dupleix. Louis XV n'eut pas honte de sacrifier l'homme qui lui avait donné un empire au désir de maintenir une paix que les Anglais allaient outrageusement violer deux années après. D'ailleurs la Compagnie française des Indes entendait la politique comme pouvait l'entendre une association de marchands timides et à courte vue. Dupleix fut rappelé, passa dix ans à disputer les débris de sa fortune à ses créanciers et mourut misérablement, le 10 novembre 1764. Les Anglais devaient un jour lui rendre plus de justice : ils ont placé son buste, à Calcutta, parmi ceux des grands hommes qui ont fait de l'Inde une terre européenne.

Traité Godeheu. — Son successeur Godeheu avait signé avec les Anglais, le 11 octobre 1754, un traité par lequel les deux compagnies rivales s'interdisaient d'intervenir dans les affaires de l'Indoustan et renonçaient à toute possession antérieure à la dernière guerre du Carnatic et du Dekkan. Les Anglais n'avaient rien à abandonner; mais les Français se trouvaient renoncer à tout un empire. « On conviendra, dit, non sans ironie, l'écrivain anglais Mill, que peu de nations ont jamais fait à l'amour de la paix des sacrifices d'une importance plus considérable. »

Rivalité des Français et des Anglais dans l'Indoustan, aux Antilles et dans l'Amérique du Nord. — A peine les Français avaient-ils signé ce déplorable traité que les prétensions des Anglais se manifestèrent partout avec un redoublement d'audace.

Dans l'Inde, ils soutenaient Clive, qui, sans souci du traité de 1754, commençait la conquête du Bengale

Dans les Antilles, ils disputaient aux colons français les îles Sainte-Lucie, Tabago, la Dominique et Saint-Vincent.

Dans l'Amérique du Nord, ils essayaient de couper les communications entre les bassins du Saint-Laurent et du Mississipi, c'est-à-dire entre nos deux grandes colonies du Canada et de la Louisiane. Ce qu'ils convoitaient, c'était surtout la vallée de l'Ohio, cet affluent du Mississipi. Là, Français et Anglais étaient déjà aux prises, mêlant à leurs querelles les Indiens, qui scalpaient tour à tour les colons des deux nations. On nomma des commissaires pour résoudre cette question : c'est alors qu'eut lieu l'assassinat de Jumonville, l'un des commissaires français (1754).

La guerre de Sept ans. — Le gouvernement français protesta, mais Louis XV espérait encore garder la paix. Alors l'amiral anglais Boscawen, toujours sans déclaration de guerre, se mit à courir sus à la marine française, enleva 300 navires marchands, portant pour 30 millions de marchandises et montés par 10 000 matelots.

Louis XV fut bien obligé de reconnaître que c'était la guerre. La nation accepta avec enthousiasme la lutte contre l'Angleterre. On eut d'abord, sur terre et sur mer (1756), deux éclatantes victoires : la prise de Minorque et la défaite de la flotte de secours amenée par l'amiral Byng.

Malgré l'incapacité du gouvernement royal, la France était donc assez forte pour punir l'Angleterre et reprendre tout ce qu'elle avait dû abandonner, soit en Amérique, au traité de 1713, soit dans l'Inde, au traité de 1754. Pour cela, il aurait fallu concentrer tout l'effort du pays sur la guerre maritime et coloniale.

Or, à ce moment même, Louis XV s'engageait dans une guerre entre la Prusse et l'Autriche qui se disputaient la Silésie. Il lui parut plus important de savoir si Breslau resterait à Frédéric II ou à Marie-Thérèse que d'assurer à la France ces deux vastes empires de l'Inde et de l'Amérique du Nord. Toutes les armées, tous les trésors dont on pouvait disposer furent prodigués dans la guerre d'Allemagne; l'Angleterre eut les mains libres en Amérique et en Asie ; le Canada et l'Indoustan furent presque abandonnés à eux-mêmes.

Perte du Canada. — Dans l'Amérique du Nord, les Anglais

commencèrent par exiger de tous les habitants de l'Acadie, cédée en 1713, le serment de fidélité au roi d'Angleterre. Les Acadiens étaient des Français : ils refusèrent. Alors on les enleva en masse à leurs maisons, à leurs terres; on les entassa pêle-mêle sur des vaisseaux anglais, si bien que des familles furent séparées et qu'un vieux notaire mourut du chagrin de ne pouvoir retrouver ses enfants. C'était une population de 7000 âmes qui était, en masse, punie de la déportation. Les maisons, les terres et les bestiaux des Acadiens furent distribués à des colons anglais.

Le marquis de Vaudreuil[1], gouverneur du Canada, appela aux armes nos colons; on battit le général Braddock et Washington qui avaient attaqué le fort Duquesne; on leur tua 800 hommes sur 1200 (1755). Puis, quand le marquis de Montcalm eut amené des renforts de France, on enleva aux Anglais les forts Ontario et Oswégo, où l'on prit 1640 hommes et 115 canons (1756). La Nouvelle-Angleterre fut attaquée à son tour et un millier de colons britanniques furent massacrés par nos alliés les sauvages. L'année suivante, on enleva le fort Georges sur le Saint-Sacrement. Alors les Anglais, réduits d'abord à la défensive, portèrent leurs forces à près de 80 000 hommes, tant soldats anglais que miliciens anglo-américains. La colonie semblait hors d'état de résister à ce déluge d'hommes; car nous n'avions pas alors 6000 soldats sous les armes et toute la population canadienne ne s'élevait pas à 65 000 âmes. Montcalm écrivait cependant: « Nous combattrons, nous nous ensevelirons, s'il le faut, sous les ruines de la colonie. »

On continua à combattre. En 1758, les forts de Louisbourg et de Frontenac succombèrent; mais celui de Carillon, défendu par Montcalm, résista aux efforts de 20 000 Anglais et leur infligea une perte de 5000 hommes. A Paris, « la victoire de Carillon » fut célébrée par un *Te Deum*.

L'année suivante, 1759, se produisit la crise finale. En juin, le général anglais Wolf remonta le Saint-Laurent jusque sous les murs de Québec avec vingt vaisseaux, 30 000 soldats ou matelots et une formidable artillerie. Malgré l'infériorité de nos forces, il fut repoussé une première fois. Le 13 septembre, en vue de Québec, sur les hauteurs d'Abraham, s'engagea la bataille décisive. Montcalm n'avait pas plus de 4500

---

1. Fils de celui qui avait défendu le Canada pendant la guerre de la succession d'Espagne.

hommes à opposer aux 20 000 hommes de Wolf: et cependant les Français osèrent monter à l'assaut des positions anglaises. On se battit avec acharnement: les deux généraux furent blessés à mort: Wolf expira le jour même, et Montcalm le lendemain. Sa dernière parole fut: « Au moins je ne verrai pas les Anglais dans Québec ». Ses soldats lui donnèrent pour tombe le trou creusé par une bombe. L'armée française se retira sur la rivière Jacques Cartier et le lendemain Québec capitula. Dans la campagne de l'année 1760, MM. de Lévis et de Burlamaque défendirent, l'un après l'autre, les forts qui nous restaient: l'Europe fut étonnée de tant de ténacité; mais à la fin les derniers défenseurs du Canada succombèrent[1].

Perte de l'Indoustan. — Dans l'Inde, Godeheu avait eu pour successeur Lally-Tollendal, né à Romans en Dauphiné, mais originaire d'Irlande. Il était d'une bravoure héroïque et avait pris pour devise: « Plus d'Anglais dans la péninsule ». Malheureusement il était violent et obstiné. Il obligea les Indous, sans distinction de caste, brahmanes ou parias, à s'atteler aux chariots de munitions, et par là s'aliéna complètement ces utiles alliés. Il rappela Bussy qui, depuis Dupleix, avait continué à se défendre dans le Dekkan. Par ses maladresses, il jeta la division parmi les Français. Enfin la métropole ne lui envoyait ni renforts ni munitions. Il mit cependant le siège devant Madras; mais l'arrivée d'une flotte de secours l'obligea à enclouer ses canons et à se retirer dans Pondichéry. Le brave Bussy fut fait prisonnier au combat de Vandavachi (1760), qui ouvrait aux Anglais la route de Pondichéry. Notre capitale fut à son tour attaquée, et, après deux mois de siège, n'ayant que pour un jour de vivres, Lally dut capituler (15 janvier 1761). Chandernagor, moins facile à défendre, avait succombé dès 1757. Trois mois après la prise de Chandernagor, Clive avait livré au nabab du Bengale la bataille de Plassey, où 1000 Anglais et 2000 cipayes dispersèrent une armée de 60 000 Asiatiques. Désormais les Anglais étaient maîtres au Bengale comme sur la côte de Coromandel; Clive occupait la place restée vide après Dupleix, reprenait toutes ses traditions diplomatiques et militaires et inaugurait cette série de grands capitaines ou d'habiles administrateurs qui ont rendu l'Angleterre maîtresse d'un des plus grands empires du monde, presque égal en étendue et en population à l'Europe entière.

---

1. Garneau, *Histoire du Canada*. — Dussieux, *Le Canada sous la domination française*. — Bonnechose, *Montcalm et le Canada*.

Ainsi, pour avoir voulu soutenir une double guerre, en Allemagne, contre la Prusse, sur mer, contre l'Angleterre, on était vaincu à la fois en Allemagne, en Amérique et en Asie. A la honte de Rosbach s'ajoutait la perte du Canada et de l'Inde. L'héroïsme de Montcalm et de Lévis, de Lally-Tollendal et de Bussy, ne put suppléer à l'incapacité d'un gouvernement de courtisans et de favorites.

Traité de Paris (1763). — Au traité de Paris, les Anglais rendirent bien Chandernagor, Pondichéry et trois autres villes de l'Inde, mais démantelées et privées de toute influence sur l'intérieur de la péninsule. En Amérique, on leur céda le Canada et la moitié est de la Louisiane; et, comme notre alliée l'Espagne avait perdu la Floride, en dédommagement, on lui céda, l'année suivante, la moitié ouest de la Louisiane. Aux Antilles, les Anglais obtinrent la plupart des îles contestées: Saint-Vincent, la Dominique, Tabago; en Afrique, ils gardèrent le Sénégal et ne nous rendirent que l'îlot de Gorée.

Ainsi la guerre de Sept ans et le traité de Paris ont complété la ruine de cet empire colonial, commencée au traité d'Utrecht; les Anglais ont hérité des découvertes et des travaux des Jacques Cartier, des Champlain, des Talon, des La Salle, en Amérique; des Martin, des Mathieu Dumas, des La Bourdonnais, des Dupleix, des Bussy, dans l'Inde. De ces immenses territoires, vingt ou trente fois grands comme la France, il nous restait des bribes : sur la côte de Terre-Neuve, deux îlots; dans les Antilles, la Guadeloupe et ses dépendances, la Martinique, Sainte-Lucie et la partie ouest de Saint-Domingue; dans l'Amérique du Sud, la Guyane; sur la côte du Sénégal, l'îlot de Gorée.

Chose étrange, on ne parut même pas se douter alors de l'étendue de ces pertes et de l'immensité du désastre. Voltaire, à propos des territoires contestés dans la vallée de l'Ohio, parlait de « quelques arpents de neige au Canada ». Quand M. de Bougainville, en 1759, vint réclamer à Versailles des secours pour le Canada, le ministre de la marine le reçut fort mal : « Eh! Monsieur, s'écria le ministre, quand le feu est à la maison, on ne s'occupe pas des écuries. » — « On ne dira pas du moins, Monsieur, repartit le héros, que vous parlez comme un cheval. » Choiseul, en cédant le Canada aux Anglais, se vantait de les avoir *attrapés*, car il prévoyait que les colonies anglaises, n'étant pas tenues en respect par le voisinage de la France, feraient défection à la Grande-Bretagne[1].

1. Bancroft, *Hist. des États-Unis.* — Barbé-Marbois, *Histoire de*

IV. JUSQU'A L'ÉPOQUE PRÉSENTE.

Découvertes des Français sous Louis XVI. — Il ne fut pas donné à l'ancienne monarchie de réparer ses fautes. Louis XVI était passionné pour la marine, pour la géographie, pour les découvertes. Sous ses auspices, de hardis marins parcoururent les mers et les archipels encore à peine connus de l'Océanie. Bougainville, en 1768, reconnut les îles Pomotou, les îles Tahiti, les îles des Navigateurs, les Nouvelles-Hébrides, l'archipel de la Louisiade, les îles Salomon, la Nouvelle-Irlande, la Nouvelle-Guinée, et sur plusieurs points devança Cook, le célèbre capitaine anglais. La Pérouse, en 1787, découvrit les îles des Amis, les îles Norfolk, aborda à Botany-Bay sur le littoral même du grand continent australien, et alla périr sur les récifs des îles Vanikoro. D'Entrecasteaux, envoyé, en 1791, à la recherche de La Pérouse, parcourut les mêmes archipels, reconnut la côte sud-ouest de l'Australie et aborda à l'île de Van Diémen. La découverte de ces îles et de ces peuplades aux mœurs étranges émut profondément les Français du dix-huitième siècle, et inspirèrent à nos philosophes d'ingénieuses réflexions sur la morale et les religions, mais n'ajoutèrent pas un îlot aux possessions coloniales de la France. Ni sur les archipels océaniens, ni sur la Nouvelle-Guinée, ni sur l'île de Van-Diémen, ni sur le grand continent australien, la seule terre qui, à cette époque, eût pu, quoique bien imparfaitement, nous indemniser de la perte du Canada, personne ne songeait à arborer le drapeau blanc aux trois fleurs de lis.

Madagascar et l'Indo-Chine. — Sur deux points seulement, il y eut pendant le règne de Louis XVI quelques efforts sérieux : à Madagascar et dans l'Indo-Chine.

A Madagascar, c'est la tentative du comte Beniowski; dans l'Indo-Chine, c'est le traité d'alliance ménagée par l'évêque Pigneau de Béhaine avec l'empire d'Annam[1].

La guerre d'Amérique et le traité de Versailles (1783).
— Quand Louis XVI commença la guerre pour l'indépendance américaine, non seulement il ne songea pas à reprendre le

---

la Louisiane, 1829. L'auteur estime que les Espagnols auraient mieux fait de céder gratuitement la Floride, sans même réclamer la Louisiane. — Voir aussi Raynal, *Histoire philosophique du commerce des Européens dans les deux Indes.*

1. Voyez, ci-dessous, les chapitres consacrés à Madagascar et à l'Indo-Chine.

Canada, mais il se laissa imposer par ses nouveaux alliés, par ces trois millions de colons anglo-saxons qui ne pouvaient attendre leur salut que du secours de la France, une condition qui consacrait une fois de plus le désastre de 1763. Dans le traité d'alliance, il « renonce pour jamais à la possession d'aucune partie du continent de l'Amérique septentrionale qui est à présent ou qui a été récemment sous le pouvoir du roi et de la couronne de la Grande-Bretagne ». Ainsi les Américains faisaient consacrer, cette fois comme nos alliés, la spoliation qu'ils avaient aidé, comme alliés et sujets des Anglais, à exercer contre nous. Le même peuple dont les milices avaient, en 1754, pris part au meurtre de Jumonville, traitant avec le petit-fils de Louis XV, exigeait et obtenait que la Nouvelle-France fût à jamais séparée de la France.

Dans l'Inde, on aurait pu profiter de cette nouvelle guerre avec l'Angleterre pour reprendre nos possessions. Les Français de l'Indoustan, aux premières nouvelles de la rupture, s'étaient armés et avaient soudoyé des cipayes; mais le gouvernement les laissa écraser; toutes nos villes, mal fortifiées, tombèrent presque sans coup férir aux mains des Anglais. Hyder-Ali, roi de Mysore, qui avait couru aux armes en attendant notre secours, se trouva lui-même en péril. C'est seulement trois ans après la déclaration de guerre que le bailli de Suffren, un des plus grands hommes de mer de l'époque, fut envoyé dans les parages des Indes. Le 17 février 1782, il remporta en vue de Madras, une brillante victoire navale, reprit Pondichéry, entra en relations avec Hyder-Ali. « Les Anglais ont enfin trouvé leur maître, lui dit le vaillant roi de Mysore,... je veux qu'avant deux ans il n'en reste plus un seul dans l'Hindoustan. »

Peu s'en fallut que cette parole ne se réalisât : Hyder-Ali marchait sur Madras; Bussy, celui que les Indous appelaient « le demi-dieu », alors vieux et perclus de rhumatismes, reparut sur le théâtre de ses exploits; Suffren pour la cinquième fois battait la flotte anglaise. Il allait tenter un grand effort sur Madras lorsqu'une frégate lui apporta la nouvelle de l'armistice. A la paix, on abandonna le roi de Mysore à la vengeance des Anglais et l'on renonça dans l'Inde, comme on avait fait dans l'Amérique, à redevenir une grande puissance coloniale.

Par cette paix, signée à Versailles en 1783, les Anglais restituaient ce qu'ils avaient pu nous prendre pendant la guerre d'Amérique et quelques-unes des conquêtes de la guerre de Sept ans : parmi celles-ci, Tabago et le Sénégal. Ils rendirent la Floride à l'Espagne. Mais qu'étaient-ce que ces résultats en comparaison de ceux qu'aurait produits une guerre conduite avec persévérance contre les Anglais et, pour la première fois, sans qu'une guerre continentale vînt diviser nos forces?

Les colonies pendant la Révolution. — Pendant la Révolution, la France, assaillie sur toutes ses frontières, dut abandonner à elles-mêmes ses colonies. Elles se défendirent vaillamment. Sous la Convention, Victor Hugues, de Marseille, envoyé par Jean-Bon Saint-André, trouva nos Antilles occupées en partie par les Anglais : avec quelques centaines d'hommes, il enleva tous leurs forts de la Guadeloupe, força Prescott et Graham à capituler, et reconquit l'île entière; puis il chassa les Anglais de Sainte-Lucie et des îles voisines. Non-seulement nos îles de l'océan Indien, Maurice et la Réunion, se maintinrent, mais, jusque dans les dernières années de l'Empire, elles firent une guerre de corsaires qui anéantit presque le commerce britannique dans ces parages.

C'est l'Assemblée législative qui, en 1792, accorda pour la première fois à nos colonies une représentation dans le Parlement de la métropole. « Considérant que les colonies font partie intégrante de l'empire français », elle leur attribua trente-quatre représentants[1].

Malheureusement les décrets de la Convention relativement à l'abolition de l'esclavage, grâce aux résistances des planteurs, eurent pour conséquence le soulèvement des noirs dans les Antilles. Des mesures impolitiques de réactions allaient compromettre la possession des petites îles et préparer la perte de Saint-Domingue.

Les colonies sous le Consulat et l'Empire. — Une des grandes ambitions de Bonaparte, et l'une des plus constantes, ce fut de relever la puissance maritime de la France. Général du Directoire, il désigna l'Égypte comme le point d'où l'on pourrait attaquer les Anglais dans les Indes; à peine maître du Caire, il écrivit à Tippo-Saeb, fils et successeur d'Hyder-Ali, pour se mettre en relations avec lui et lui annoncer sa prochaine arrivée dans l'Inde; mais, presque dans le même temps où Bonaparte était obligé d'abandonner l'Égypte, Tippo-Saeb succombait les armes à la main.

Devenu premier consul, Bonaparte négocie avec l'Angleterre. Si l'armée française d'Égypte avait pu s'y maintenir plus

---

1. Savoir : à Saint-Domingue, 18; à la Guadeloupe, 4; à la Martinique, 3; à la Réunion, à l'Ile de France, à l'Inde française, chacune 2; à Sainte-Lucie, à Tabago, à la Guyane, chacune 1. — Décret du 22 août 1792.

longtemps, si Kléber n'avait pas été poignardé ou si Menou eût montré plus de capacité, la Grande-Bretagne aurait fini par consentir à nous abandonner la vallée du Nil. Du moins, à la paix d'Amiens (1802), elle restitue à la France toutes les conquêtes qu'elle a pu faire dans nos colonies pendant les guerres de la Révolution. La paix signée, Bonaparte travaille avec une fiévreuse activité à reconstituer notre domination coloniale, au moins dans les Antilles.

Par le traité de Bâle, en 1795, sous la Convention, l'Espagne nous avait rétrocédé la partie espagnole de Saint-Domingue; Bonaparte obtint encore d'elle, en 1800, la cession de la Louisiane espagnole, puis une promesse de cession de la Floride. Or, avec les Antilles françaises, la Louisane, la Floride, l'île de Saint-Domingue en totalité, nous étions maîtres du golfe du Mexique. Bonaparte avait encore à faire accepter son autorité aux insurgés de Saint-Domingue : il s'y prit mal, voulut rétablir l'esclavage et provoqua une résistance désespérée; puis les fièvres décimèrent les troupes envoyées contre eux. Enfin une nouvelle rupture avec l'Angleterre étant imminente, Bonaparte dut liquider cette entreprise coloniale : il abandonna Saint-Domingue à ses destinées, laissa la Floride à l'Espagne et vendit la Louisiane aux États-Unis pour une somme de quatre-vingts millions.

Bonaparte fit peut-être sagement, car tous ces territoires auraient été une proie pour l'Angleterre. Il ne pouvait même plus défendre contre celle-ci les colonies qui restaient à la France. Pendant que Napoléon, après la destruction de sa marine, cherchait à atteindre l'Angleterre en battant ses alliés sur le continent ou à se frayer une route vers les Indes en détruisant la Russie, l'Angleterre avait les mains libres sur toutes les mers. Toutes nos colonies, l'une après l'autre, tombèrent en son pouvoir. L'Ile de France succomba la dernière et, par sa capitulation de 1810, ne put que réserver l'usage des lois et de la langue française.

Traité de Paris (1814). — Il semblait qu'à la fin de l'ancien régime notre empire colonial ne pût être réduit: et cependant les guerres de la Révolution et de l'Empire le laissèrent encore plus petit. A la vérité, au traité de Paris en 1814, l'Angleterre nous rendit la plupart des colonies que nous possédions au temps de Louis XVI; mais elle gardait, dans les Antilles, Sainte-Lucie et Tabago; dans l'océan Indien, l'Ile de France; l'insurrection des noirs nous avait fait perdre même la partie française de Saint-Domingue.

L'empire colonial français fut alors à son minimum d'étendue ou plutôt il ne méritait plus le nom d'empire, car nous tombions au dernier rang des peuples colonisateurs, à un moment où l'Espagne possédait encore ses immenses vice-royautés d'Amérique, où le Portugal conservait cette colonie du Brésil dont il ne connaissait pas les limites, où la Hollande, même après la perte du Cap et de Ceylan, restait une puissance respectable et où l'empire anglais s'était démesurément accru, notamment dans l'Indoustan.

Les colonies mêmes que nous restituait l'Angleterre, nous paraissions à peine comprendre leur valeur : ce n'est qu'en 1817 qu'on envoya *la Méduse* prendre possession du Sénégal et le tragique naufrage de cette frégate ajourna encore la rentrée des Français dans le pays. Quant à acquérir de nouvelles colonies, personne n'y songeait alors. Il paraît que l'Angleterre, très entichée alors de l'abolition de la traite, offrit en 1814, de nous céder la Trinité si nous voulions nous associer à elle pour cette œuvre philanthropique : on lui fit une réponse évasive; plus tard la traite n'en fut pas moins abolie chez nous, et la Trinité lui resta.

C'est de ce degré extrême d'insignifiance que notre empire d'outre-mer s'est peu à peu relevé, qu'il s'est accru de nouvelles possessions et qu'il est parvenu au point de puissance relative où nous le voyons aujourd'hui. Depuis la chute de Napoléon, aucune nouvelle catastrophe comme celles de 1713, de 1763 et de 1814, ces trois dates néfastes de notre histoire maritime, ne s'est produite. Nous n'avons dû, malgré de cruelles épreuves, renoncer à aucune de nos possessions d'outre-mer; elles se sont accrues, lentement, il est vrai, mais elles n'ont pas décru; et, comme si tous les Français, à quelque parti qu'ils se rattachent, devaient être solidaires dans cette grande œuvre, il n'est pas un seul des gouvernements qui se sont succédé depuis 1815 qui n'ait ajouté à nos possessions. La monarchie légitime, la royauté de Juillet, le second Empire, ont apporté leur pierre au monument. Au premier de ces régimes, nous devons Alger; au second, la conquête de l'Algérie et l'occupation des archipels océaniens; au troisième, les premiers agrandissements du Sénégal, l'acquisition de la Nouvelle-Calédonie et la conquête de la Cochinchine.

La République a travaillé plus énergiquement et plus heureusement à cette œuvre qu'aucun des gouvernements qui l'ont précédée en ce siècle. Depuis moins de dix ans, l'Algérie s'est agrandie de plusieurs oasis dans le sud, de toute la

Tunisie, et, par là, nos possessions de l'Afrique du Nord se sont accrues de plus d'un tiers, comme étendue et comme population. Du côté du Sénégal, nos possessions ont plus que doublé et, du bassin de ce fleuve, nous avons pénétré dans celui du Niger, qui nous promet une extension indéfinie vers le centre du continent. Notre colonie du Gabon, insignifiante il y a quelques années, est devenue le point de départ d'un établissement qui présente une étendue supérieure à celle de la France. Nous avons fait valoir nos droits sur Madagascar, une île qui est également supérieure en superficie au territoire français. Dans l'Indo-Chine, les provinces conquises sous le second Empire ne forment plus que le cinquième de nos possessions actuelles et la population des pays placés sous notre domination ou notre protectorat a été portée de 2 millions à 18 millions d'âmes.

Nous n'entrerons pas dans le détail de notre histoire coloniale au dix-neuvième siècle. Les colonies dont nous aurions à parler sont encore des colonies françaises : nos collaborateurs, dans les chapitres consacrés à l'Algérie, à la Tunisie, au Sénégal, à la Guinée, au Congo, à Madagascar, à Obock, à l'Indo-Chine, à l'Océanie, auront à traiter cette histoire. Dans les monographies qui vont suivre, on verra quels titres ont acquis à la reconnaissance du pays, pour l'Algérie, Bugeaud et ses émules ; pour la Tunisie, le consul Roustan, le général Forgemol et ses compagnons d'armes ; pour le Sénégal, Faidherbe, fondateur et sauveur de Médine, les colonels Pinet-Laprade et Valière, le colonel Borgnis-Desbordes, conquérant du Haut-Niger ; pour le Congo, les explorateurs Savorgnan de Brazza et Ballay ; pour Madagascar, l'amiral Pierre ; pour le Tonkin, Francis Garnier, le commandant Rivière, l'amiral Courbet, et tant d'autres vaillants officiers et soldats des armées de terre et de mer.

Ce qui nous reste des colonies perdues. — Dans les régions où nous avons pénétré autrefois en conquérants et où nous n'étions qu'une minorité imperceptible au milieu des masses énormes de population indigène, dans l'Indoustan par exemple, presque rien n'a subsisté de nous après que notre domination y eut pris fin. L'Inde est restée l'Inde, après que le drapeau français eut fait place dans le Dekkan ou dans la Carnatic au drapeau britannique. Le fond même de la vie indienne est resté intact, et, le jour où la domination anglaise disparaîtrait de ces contrées, elle n'y laisserait guère plus de traces que la nôtre.

Il n'en est pas de même dans les pays où nous avons été

non des conquérants, mais les premiers colons européens et où, grâce au peu de densité des populations indigènes, la race française a été vraiment implantée. Ces pays-là sont restés français malgré le changement de domination.

Parmi ces épaves de notre ancienne colonisation, en première ligne il faut citer le Canada. Dans la vaste région située au nord des États-Unis, qui est baignée par les deux océans, l'Atlantique et le Pacifique, et qui est connue sous le nom d'Amérique anglaise, de *Dominion of Canada* ou de Confédération canadienne, il faut distinguer entre les territoires qui ont été primitivement colonisés par la race française et ceux qui, dans le même temps ou presque aussitôt après, ont été colonisés par la race anglaise.

Les premiers furent surtout le Bas-Canada, qui s'appelle aussi la province de Québec, et l'Acadie. On sait par quels procédés les Anglais ont réussi, au dix-huitième siècle, à extirper la race française de la petite presqu'île acadienne. Ils ne pouvaient songer à les employer contre 65 000 colons français qui peuplaient le Canada au moment de sa cession à l'Angleterre. Ils leur laissèrent leurs terres, leur langue, leur religion, qui était le catholicisme, et leur loi civile, qui était alors la Coutume de Paris. La colonisation anglaise se porta sur d'autres points et notamment sur le Haut-Canada, ou province d'Ontario, sur le Nouveau-Brunswick, la Colombie britannique, etc.

Or, ces 65 000 colons français du dix-huitième siècle se sont multipliés. Bien qu'aucune nouvelle émigration, venue de France, ne soit venue les renforcer, presque uniquement par la fécondité de leurs mariages, ils ont fini par atteindre le chiffre de 1 298 929 âmes (recensement de 1881). Ces sujets français de la Grande-Bretagne sont répandus dans presque toutes les provinces de la confédération canadienne; mais c'est surtout dans le Bas-Canada, leur pays d'origine, et dans le Manitoba, une petite province située sur la frontière des États-Unis, qu'ils sont en masse compacte.

A ces 1 298 929 Français qui habitent l'Amérique anglaise il faut en ajouter 450 000 répandus dans les États septentrionaux de l'Union américaine. En sorte que nos 65 000 colons du dix-huitième siècle ont donné naissance à une population de 1 750 000 Français.

C'est un exemple de fécondité que n'offre aucune race, même la race britannique. Les familles de douze enfants sont communes au Canada français et celles de vingt n'y sont pas une rareté. Il s'ensuit que bien que le chiffre des colons britanniques, dans l'Amérique anglaise, soit pour le moment supérieur au chiffre des colons français (environ 2 millions 1/2[1] contre environ 1 500 000), les deux races se font sensiblement équilibre et les chances d'accroissement paraissent plutôt en faveur de la nôtre. Si donc le *Dominion of Canada* devait compter dans un siècle, comme l'estiment certains statisticiens, une population de 50 millions d'âmes, 20 millions au moins seraient d'origine française. C'est toute une France qui grandit sur les bords du Saint-Laurent, à l'ombre du drapeau britannique.

Les Franco-Canadiens ont conservé non seulement leur langue, mais l'amour de la France. Sans doute ils sont de loyaux sujets de l'Angleterre, et la protection britannique est une de leurs garanties contre les ambitions de la République américaine. Comme drapeau national, à côté du drapeau britannique, ils ont le drapeau français : non celui de l'ancienne monarchie, mais celui de la France de 1789. Dans leurs fêtes nationales, ce sont les pavillons et les oriflammes tricolores qui pavoisent les monuments, et c'est le drapeau tricolore qui flotte dans les manifestations publiques. Plus d'une fois déjà, dans la guerre du Mexique, dans la guerre de 1870, de nombreux volontaires canadiens sont venus partager nos dangers.

Sur un autre point du continent américain, à l'embouchure de ce Mississipi que découvrit Cavelier de La Salle, dans notre ancienne colonie de Louisiane, autour des villes de Saint-Louis et de la Nouvelle-Orléans, notre langue s'est maintenue également dans la descendance d'une poignée de nos anciens colons : elle compte aujourd'hui environ 200 000 âmes.

Dans la partie ouest de Saint-Domingue, celle qui était autrefois la partie française de l'île et qui forme aujourd'hui la République Haïtienne, une nombreuse population, environ 550 000 habitants, dont les neuf dixièmes sont des hommes de couleur, a conservé la langue et les sympathies françaises. Il en est de même à la Dominique, où la presque totalité de la population (27 000 âmes) a gardé notre langue et dans plusieurs des Antilles aujourd'hui anglaises.

L'île de France, bien qu'elle ait cessé d'appartenir à la France,

---

[1]. 2 538 514, d'après le recensement de 1881 ; et encore les Anglais proprement dits ne comptent dans ce chiffre que pour 881 301, les Irlandais étant au nombre de 957 403, les Écossais de 699 865 et les Gallois de 9947.

et que son ancien nom ait été changé officiellement en celui d'île Maurice, n'en est pas moins restée française. Notre langue, dans laquelle Bernardin de Saint-Pierre a écrit *Paul et Virginie*, est celle que parlent tous les habitants de l'île, de race blanche ou gens de couleur, à l'exception de quelques fonctionnaires ou militaires anglais et des coolies indous. Elle n'est pas la langue officielle cependant, car les Anglais ont violé sur ce point la capitulation de 1810, et, en 1861 encore, la reine Victoria a refusé d'autoriser l'usage du français dans les tribunaux. Cependant, comme on a dû laisser aux Mauriciens leurs lois nationales, c'est-à-dire le Code Napoléon ; les conquérants ont imaginé cette fiction : c'est la traduction anglaise du Code Napoléon qui doit en être considérée comme le texte officiel, le texte original.

De même que les Canadiens ont fourni parfois des volontaires à nos armées, les Mauriciens sont un appui sérieux, presque autant que leurs frères de la Réunion, pour nos projets sur la grande île de Madagascar.

Tels sont les principaux groupes d'hommes qui ont maintenu la France dans les colonies mêmes d'où son drapeau a été retiré. On voit que ces anciennes colonies ne sont pas entièrement des *colonies perdues*.

Il en est de même d'autres groupes de population française qui se sont établis sous des lois étrangères : quelques-uns se rencontrent précisément sur les points où parurent autrefois nos premiers explorateurs. Dans l'Amérique du Sud, celui qui réalise le mieux le rêve d'une France antarctique, formé au seizième siècle par Coligny, c'est notre colonie de la République Argentine : elle compte déjà 153 000 Français.

Toutes ces colonies, à des degrés différents, d'une part, le Canada, la Louisiane, Saint-Domingue, Maurice, d'autre part les groupes français de la République Argentine, du Brésil, du Pérou, du Chili, des États-Unis (qui comptent 107 000 Français nés en France), ajoutent quelque chose à notre influence dans le monde ; elles étendent le domaine de la langue française et la clientèle de nos littérateurs ; elles manifestent une préférence marquée pour les produits de notre industrie ; elles conservent avec nous une communauté de goûts et d'habitudes, sous les climats les plus divers, elles vivent plus ou moins de la vie française.

Alfred RAMBAUD.

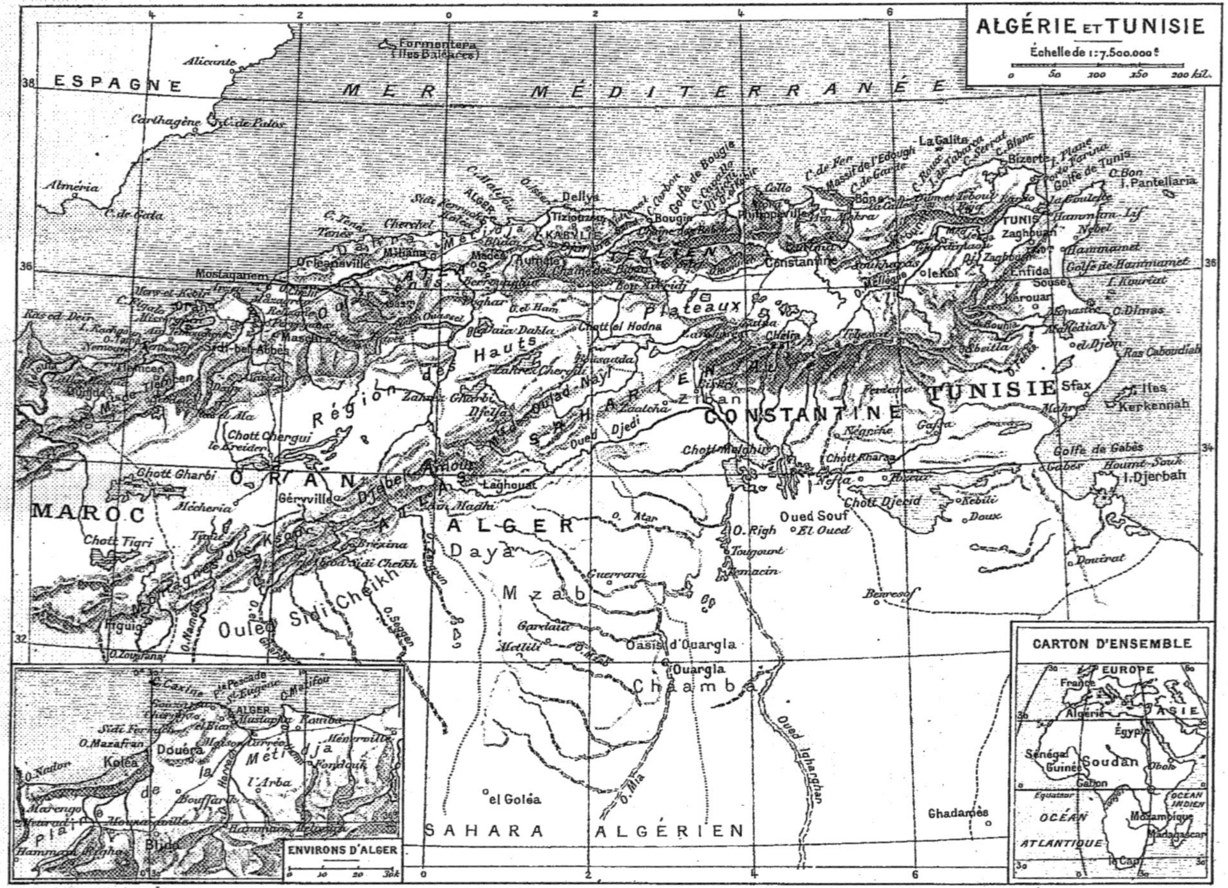

ALFRED RAMBAUD, LA FRANCE COLONIALE

ALGÉRIE ET TUNISIE

Carte n° 2.

LA FRANCE COLONIALE

L'ALGÉRIE

PARTIE HISTORIQUE

CHAPITRE PREMIER

JUSQU'A LA PRISE D'ALGER (1830)

La Berbérie. — Il est en Afrique une petite Afrique ou *Afrique mineure*, sorte de grande île à demi continentale, baignée à l'est et au nord par la Méditerranée, à l'ouest par l'océan Atlantique, séparée du Soudan au sud et de la grande Afrique par le désert du Sahara. C'est la Berbérie ou pays des Berbères, que les Arabes appellent *Maghreb*, c'est-à-dire Couchant, et que nous pourrions nommer aussi Atlantide ou région de l'Atlas. Trois fois grande comme la France, elle forme un tout compact et homogène, dont toutes les parties, presque symétriques, conservent d'un bout à l'autre les mêmes caractères et ont eu à peu près les mêmes destinées. Politiquement, elle se divise en trois Etats dits barbaresques : à l'extrémité orientale, la *Tunisie*, placée depuis 1881 sous le protectorat de la France; à l'extrémité occidentale, le *Maroc* dont nous sommes les alliés naturels et qu'il est de notre devoir de protéger contre toute agression extérieure; entre les deux, l'*Algérie*, terre française depuis 1830, qui occupe en Berbérie et au sud du bassin occidental de la Méditerranée une position prépondérante et centrale.

Temps primitifs. Maures et Numides (Berbères). — Il est difficile de savoir quelles races primitives ont, sous le nom général de Berbères, peuplé le nord de l'Afrique. Avant les temps historiques, elle fut visitée par des peuples constructeurs de dolmens, arrivant de la Gaule et de l'Espagne. L'historien romain Salluste mentionne les *Libyens* et les *Gétules*, ceux-là habitant sur le rivage, ceux-ci dans l'intérieur. De leur mélange partiel avec des conquérants venus d'Asie seraient issus les *Maures* (dans la *Mauritanie* ou Maroc actuel) et les *Numides* (dans l'Algérie et la Tunisie).

Il paraît certain que, dès une époque lointaine, tous ne formaient en réalité qu'un même peuple, et que la véritable distinction entre eux n'était pas tant la race que le genre de vie : les uns sédentaires (Maures?)[1], fixés dans les villes ou cultivant le sol; les autres nomades (Numides?), parcourant les pâturages et vivant du produit de leurs troupeaux; d'ailleurs tous agiles, intrépides, durs à la fatigue et combattant déjà comme les Kabyles et les Arabes de nos jours, excellents cavaliers, prompts à l'attaque, plus rapides encore dans la fuite, d'humeur inconstante et farouche, déchirés entre eux par de continuelles discordes. Les anciennes cités de *Theveste* (Tebessa), *Cirta* (Constantine) et *Auza* (Aumale) furent probablement fondées durant cette période anté-historique.

Domination carthaginoise. — De leur côté, les Phéniciens ou Puniques, de race sémitique comme les Juifs et les Arabes, mais appartenant à la branche *chananéenne*, avaient exploré les côtes de l'Afrique, comme toutes celles de l'ancien monde, et y avaient créé des comptoirs. Ils

---

1. « Aamaur », en kabyle, signifie massif montagneux, d'où « iaamuaren », montagnards.

fondèrent Carthage sur le golfe de Tunis. La domination des *Carthaginois* n'a pas laissé de traces appréciables, au moins en Algérie. Il semble que l'aristocratie punique se soit contentée d'exploiter la Numidie par le commerce et les Numides en leur empruntant des cavaliers mercenaires.

Conquête romaine (200 av. J.-C. — 43 ap. J.-C.). — Tout autre fut l'ambition de Rome, dont l'œuvre civilisatrice est pour nous, maîtres et éducateurs actuels de l'Algérie, le plus précieux des enseignements. Il y a aujourd'hui cinquante-cinq ans que nous avons mis le pied en Afrique, et déjà l'Algérie est soumise, la Tunisie est placée sous notre protectorat. Si notre tâche ne paraît point terminée, et si même, dans les deux pays conquis, nous sommes exposés à des accidents qu'il faut toujours prévoir, l'exemple de Rome est bien fait pour calmer nos impatiences et pour nous inspirer cette ténacité dans les desseins, cette persévérance dans l'action qui seules assurent le succès et marquent le caractère des peuples colonisateurs.

Sait-on combien il a fallu de temps aux Romains pour réduire tout entière à l'état de province la Berbérie actuelle? Il leur a fallu **deux cent quarante-trois ans**, et cette prudente lenteur de leur conquête en explique la solidité relative et la durée[1].

---

1. L'an 200 avant le Christ, Scipion l'Africain est vainqueur d'Annibal, il est aux portes de Carthage : le Sénat se contente d'imposer à Carthage un traité humiliant et onéreux et de donner à Massinissa cette Numidie que Syphax avait entraînée dans la guerre. — En 146, Carthage est détruite par Scipion Émilien : le Sénat se borne à occuper les villes du littoral et à constituer solidement la petite province romaine d'Afrique ; il abandonne à Utique, son alliée, le reste du territoire punique. — En 107, le Numide Jugurtha oblige Rome à la guerre ; il tient en échec pendant plusieurs années les meilleurs généraux de la république, Métellus, Marius et Sylla ; enfin il est livré par son beau-père Bocchus, roi de Mauritanie ; il orne le triomphe du vainqueur et il est jeté dans un cachot où il meurt de faim : cependant le Sénat consent à peine à agrandir la province romaine d'Afrique, il laisse à son indépendance la plus grande partie de la Numidie qu'il partage entre Hiempsal et Bocchus. — Ce n'est qu'en 46 que Jules César, vainqueur de Juba, fils d'Hiem.

La conquête romaine comparée à la conquête française. — Les Romains avaient sur nous plusieurs avantages. Tandis que nous avons attaqué l'Algérie *de front*, nous heurtant aux murailles parallèles de l'Atlas qui en défendent les terrasses et les plaines, obligés de franchir à chaque expédition de dangereux défilés, Rome, une fois maîtresse de Carthage, avait dans le nord-est du massif de l'Atlas une excellente base d'opérations, et, par les vallées *longitudinales* qui s'ouvrent sur les rivages carthaginois, elle pouvait pénétrer jusqu'au cœur de la Numidie et en tourner les retranchements naturels. En second lieu, elle n'avait pas à vaincre l'*hostilité religieuse* des habitants, dont les croyances polythéistes pouvaient s'adapter aisément au vieux culte latin. Enfin, déjà maîtresse de presque tout le monde méditerranéen, elle n'avait aucune *puissance rivale* à ménager, et elle était libre de diriger ses meilleures forces en Afrique. De notre côté, nous l'emportons sur nos prédécesseurs romains par les moyens perfectionnés dont nous disposons pour l'attaque et la domination : le tir rapide et la longue portée de nos armes à feu, la célérité de nos transports par eau ou par terre et de nos communications télégraphiques. Mais tous ces engins, qui assurent notre supériorité matérielle, pourraient se retourner contre nous : il n'y a qu'une sécurité véritable pour le vainqueur, c'est de régner dans le cœur du vaincu.

Administration romaine : elle n'assimile pas les Berbères. — Un fait hors de doute nous est attesté par l'importance des ruines romaines en Algérie : c'est le nombre et la prospérité des colonies fondées par Rome :

psal, qui avait embrassé le parti de Pompée, se décide à réduire la Numidie en province romaine. — Ce n'est qu'en 32 que l'empereur Auguste fit une province de la Mauritanie; encore l'abandonna-t-il bientôt au Numide Juba II, et ce n'est qu'en l'an 43 après Jésus-Christ, sous le règne de Claude, qu'elle forma définitivement deux provinces romaines, les deux Mauritanie Césarienne et Tingitane. Ainsi, depuis l'an 200 avant J.-C. jusqu'à l'an 43 après J.-C., pendant 243 ans, les Romains ont poursuivi lentement mais sûrement la conquête de l'Afrique septentrionale. Comment nous étonner qu'en cinquante-cinq ans nous ne l'ayons point encore achevée?

Lambèse, résidence de la 3ᵉ légion Auguste et centre militaire de la région ; *Cæsarea* (Cherchell), dont l'antique emplacement est dix fois supérieur à celui de la ville actuelle ; *Theveste*, aujourd'hui Tebessa, dont le cirque pouvait contenir 7000 spectateurs ; Constantine, l'ancienne *Cirta ; Russicada*, qu'a remplacée Philippeville, et tant d'autres villes. Les temples, aqueducs, portiques, arcs de triomphe, voies publiques montrent partout leurs débris, malheureusement trop peu respectés par nos colons actuels.

Les provinces correspondant à l'Algérie de nos jours étaient : la **Numidie**, depuis Tabarca jusqu'au fleuve *Ampsagas* (Oued el Kebir), avec Cirta pour capitale ; la **Mauritanie Sitifienne**, dont le centre était à *Sitifis* (Sétif) ; la **Mauritanie Césarienne**, la plus étendue des trois, qui allait des environs de *Saldæ* (Bougie) jusqu'à l'embouchure de la *Malva* (Moulouïa), et qui avait *Iol* ou *Césarée* pour capitale. Elles étaient, aussi bien que l'Afrique propre, les greniers de Rome. Nous connaissons enfin des Africains illustres, tels que l'empereur Septime-Sévère, le pape Victor, Tertullien, saint Cyprien, saint Optat et saint Augustin, dont les noms seuls attestent la fécondité intellectuelle de l'Afrique romaine. Mais ni l'histoire, ni les monuments épigraphiques ne nous éclairent exactement sur le sort des indigènes ; il semble que la plupart, dépossédés de leurs propriétés, aient continué à les cultiver en qualité de serfs, pour le compte de leurs maîtres romains ; que d'autres, comme les Kabyles du Djurjura, aient conservé leur autonomie, ou qu'ils aient plié sous le joug de chefs indigènes investis par Rome d'une puissance légale ; que bien peu, en somme, aient pu s'élever au rang de citoyens romains. Ainsi, malgré leur patience et leur habileté, en dépit de leur réseau savant de colonies qui enveloppaient tout le territoire, les Romains n'auraient pas réussi à s'assimiler la population africaine ; peut-être même n'y auraient-ils pas songé[1].

---

1. Les Romains n'avaient pas su imposer leur langue aux indigènes, puisque, au début du cinquième siècle, saint Augustin propo-

Résistance sourde et révoltes des Berbères. — Géographiquement, la domination romaine n'atteignit jamais les limites de la nôtre et laissa à leur indépendance et à leur barbarie de nombreuses tribus. S'ils s'avancèrent jusqu'à Biskra, au sud de l'Aurès, ils n'occupèrent pas les hauts plateaux situés à l'ouest du Chélif et dépassèrent peu *Pomaria* (Tlemcen), dans l'Ouest oranais. La *paix romaine*, il est vrai, dura plus de trois siècles. Après l'insurrection de Tacfarinas et des Musulans sous Tibère, après celle de la Mauritanie sous Caligula, et enfin après la tentative du propréteur Macer pour se rendre indépendant, à la mort de Néron, pendant 336 ans la Berbérie entière est tranquille. Mais, dès la fin du troisième siècle, dès que la force matérielle de l'Empire est affaiblie, les révoltes recommencent. Sous Dioclétien, l'Afrique proclame empereur Aurélius Julianus, et il faut que Maximien, après avoir battu et tué l'usurpateur, combatte les Maures et en transplante une partie en diverses contrées; sous Valentinien Ier, nouvelle insurrection des Maures avec Firmus, que la bravoure et l'habileté du général Théodose ont peine à dompter; puis usurpation du féroce Gildon. Ainsi se prépare l'effondrement de la puissance romaine en Afrique. D'autres indices semblent indiquer la désaffection profonde qui n'aurait cessé de couver dans le cœur des Africains. Nous voulons parler de leur empressement à embrasser le christianisme pour s'en faire une arme de protestation contre l'Empire, tant qu'il est païen ; de leur impétuosité à se précipiter dans le schisme et l'hérésie, aussitôt que l'Empire est devenu catholique. C'est l'histoire de Tertullien et de son zèle implacable; c'est aussi celle des farouches *Donatistes*, bientôt surpassés par les *Circoncellions* et leurs sanglants excès.

Caractère de l'œuvre romaine. — En résumé, Rome a été admirable dans sa conquête, qu'elle a poursuivie

---

sait à l'évêque Crispinus de faire traduire leurs sermons « en langue punique », afin d'être entendus des habitants de *Colama* (Guelma), ville située en plein territoire romain (en 402).

avec constance pendant deux siècles et demi ; la conquête achevée, elle a su maintenir la paix matérielle en Afrique pendant plus de trois siècles, et ses colonies y ont atteint une brillante prospérité ; mais elle est demeurée impuissante à s'assimiler les Africains, à fonder une nation africo-romaine. Aussi la civilisation qu'elle avait apportée a-t-elle été balayée du sol de la Numidie avec une extrême rapidité, et les indigènes, doublement rebelles contre l'Église et contre l'Empire, avaient déjà commencé eux-mêmes l'œuvre de destruction lorsque les Vandales parurent. Le problème que les Romains n'ont pu résoudre subsiste pour nous : notre civilisation ne sera pas plus solidement implantée en Afrique que la leur, tant que nous n'aurons pas réussi à rallier les indigènes et à constituer en Berbérie une véritable France africaine.

Dominations diverses. — Les Vandales. — La suite de l'histoire algérienne jusqu'au débarquement de nos troupes en 1830 ne nous offre qu'un intérêt secondaire, puisque, après les Romains et avant nous, aucun peuple européen n'a tenté sérieusement de s'établir en Afrique.

Les Vandales, qui étaient chrétiens, mais qui professaient l'hérésie arienne, arrivant en 429 par le détroit de Gibraltar avec Genséric, n'eurent pas de peine à soumettre un pays déjà désorganisé et moralement détaché de Rome. Ils démantelèrent les villes, saccagèrent les églises catholiques, puis, séduits par la beauté du climat, s'établirent à demeure et s'essayèrent à gouverner au moyen d'une sorte de féodalité. Mais ils étaient grossiers, ignorants, peu nombreux, et ils n'ont modifié d'une façon appréciable, ni dans son organisation, ni dans sa race, le vieux fonds berbère.

Les Byzantins. — Les Byzantins, ou Grecs de Constantinople, qui se prétendaient les héritiers de l'ancien Empire, abordèrent à leur tour en Afrique avec Bélisaire, le célèbre général de Justinien, et, à la bataille de *Tricaméron*, en 533, ils mirent fin d'un seul coup à la domination des Vandales. Ils se montrèrent plus avides et ne furent pas plus heureux que leurs devanciers. La dureté de leur fisc acheva de ruiner les villes romaines. L'insurrection des indigènes, devenue permanente, porta de tous côtés la désolation. Ni Bélisaire, ni ses successeurs Salomon et Jean Troglita ne parvinrent à rétablir l'ordre. L'historien Procope affirme qu'en vingt ans la population diminua de cinq millions d'habitants. Au bout d'un siècle, personne n'eût reconnu l'Afrique romaine. De véritables déserts parcourus par les nomades avaient remplacé en maintes contrées les cultures et les villes.

Première invasion arabe. — Au milieu du septième siècle, nouvelle invasion, celle des Arabes : le fondateur de Kérouan, le fameux Okba, dont les os reposent près de Biskra, dans le plus ancien monument musulman de l'Algérie, un peu plus tard Hassan, soumettent au Coran la Berbérie qui prend dès lors le nom de *Maghreb*. Les Grecs et les derniers Romains disparaissent. Les habitants de l'Aurès s'étaient défendus quelque temps dans leurs montagnes, ayant à leur tête la *Kahina* ou prophétesse. La majorité des Berbères n'en accueille pas moins sans répugnance la foi islamique, la considérant peut-être comme une revanche suprême contre la tyrannie et l'orthodoxie byzantines. Mais bientôt ils s'aperçoivent qu'ils n'ont fait que changer de maîtres, ils se jettent dans l'hérésie avec une ferveur nouvelle, ils deviennent *ouahbites* et *chiites* comme ils avaient naguère embrassé le *donatisme*. Enfin ils se séparent des Kalifes de Cordoue, ils absorbent une fois encore leurs conquérants asiatiques et ils fondent à l'ombre du Croissant des dynasties nationales.

Dynasties berbères : du huitième au onzième siècle. — Une partie de l'Algérie, ou *Maghreb-el-Ouassath*, c'est-à-dire « couchant du milieu », fut ainsi gouvernée, dans la seconde moitié du huitième et pendant tout le neuvième siècle, par les *Restamites* ouahbites. Leur capitale était *Tiaret* (Tagdempt en berbère), centre stratégique protégé par le massif de l'Ouarsenis et qui commande à la fois le Tell et les hauts plateaux. Ils furent les contemporains des Édrissites de Fez et des Aglabites de Kérouan.

Pendant le dixième et au commencement du onzième siècle, l'Algérie fut comprise dans l'empire des *Fatimites*, fondé par le chiite Obéid Allah et qui s'étendit jusqu'à l'Égypte. A la fin du onzième siècle, elle suivit dans leur rébellion les chefs berbères *Zirites* qui, en haine de leurs maîtres du Caire, adoptèrent le rite orthodoxe *malékite*, suivi encore de nos jours par la plupart des indigènes algériens.

Seconde invasion arabe et nouvelles dynasties berbères. — Les Fatimites se vengèrent en déchaînant sur le Maghreb une invasion d'Arabes autrement terrible que celle du septième siècle : plus de *deux cent mille nomades*, véritables brigands, dévastèrent les campagnes et forcèrent la population agricole à se réfugier dans les montagnes. Vers le même temps, arrivèrent du Sahara occidental et du Maroc des Berbères voilés, semblables aux Touareg actuels qui, sous le nom d'*Almoravides* ou *Morabethin* (marabouts, liés à Dieu), poussèrent de tous côtés jusqu'au Nil et jusqu'au Guadalquivir leurs rapides conquêtes. Après les Almoravides, au douzième siècle, surgirent les *Almohades* ou unitairiens, qui les remplacèrent. Cette dynastie de race berbère assura près d'un siècle et demi de tranquillité et d'éclat à l'Espagne méridionale (c'est le temps d'Averroès, c'est alors que fût construite la Giralda de Séville); mais elle ne parvint pas à réprimer complètement dans l'Afrique du nord l'anarchie qui y régnait depuis la seconde invasion arabe.

Les Zianides de Tlemcen. — Après la dissolution de l'empire almohade, les Beni-Zian ou *Zianides*, établis à Tlemcen en 1248, ne furent guère plus heureux. Ils se rendirent maîtres, il est vrai, d'Oran, d'Alger et d'une portion notable de l'Algérie. Leur capitale Tlemcen, assise au bord d'un plateau frais et ombreux, protégée par les montagnes contre le vent du Sahara, devint par ses palais, ses mosquées, ses jardins, ses écoles, son université, son industrie, son commerce et sa population de 125 000 âmes, la première ville de tout le Maghreb. Cependant ils furent impuissants à réprimer les dévastations des nomades; ils eurent peine eux-mêmes à se défendre contre leurs voisins, les Mérinides du Maroc et les Hafzides de Tunisie; Alger leur échappa; Tlemcen fut étroitement bloquée, et l'on voit encore les ruines du camp ou plutôt de la cité militaire (Mansourah) construite à ses portes par les assiégeants. Au seizième siècle enfin, les Espagnols, irrités par les pirateries des villes maures du littoral, s'emparèrent d'Oran et de Bougie. La dynastie des Zianides n'en avait pas moins duré deux siècles et demi, lorsqu'elle fut renversée par les Turcs. La race berbère avait prouvé qu'elle n'était incapable ni d'organisation politique, ni de travail fécond, ni de développement intellectuel. Le géographe Ibn Batouta et l'historien Ibn Khaldoun, qui vivaient au quatorzième siècle, sont tous deux des Berbères.

Entre la Tunisie et le Maroc, l'Algérie s'était constituée et avait trouvé à peu près ses limites actuelles.

Domination turque. — Deux aventuriers habiles et énergiques, Aroudj et Khaïr-Eddin Barberousse, établirent alors (1510) en Algérie une oligarchie militaire connue sous le nom de l'*Odjak*.

Cette milice fanatique, recrutée surtout parmi les Turcs, commandée par des chefs électifs ou *deys*, solidement établie dans les ports et dans quelques villes de l'intérieur, leva des tributs sur les indigènes, organisa une puissante marine et s'enrichit par la piraterie et la traite des blancs. Pendant trois siècles et demi, elle brava l'Europe et, en dépit des expéditions de Charles-Quint (1541), de Duquesne (1682-83), de lord Exmouth (1817), continua à exercer impunément son odieuse industrie. La domination turque eut du moins cet avantage de donner à l'Algérie une *capitale définitive*, l'ancien *Icosium* des Romains, le port berbère d'*Al-Djezaïr* (les îles), la ville d'ALGER.

Ainsi, à la veille de la conquête française, les Berbères d'Algérie, fils des anciens Maures et Numides, à peine modifiés par les Romains, effleurés par les Vandales et les Byzantins, en partie arabisés, mais à la surface seulement, par deux invasions, par une conversion plus ou moins profonde à la foi musulmane, par l'adoption (sauf dans le

Djurjura et l'Aurès) de la langue arabe, demeurés intacts sous le régime turc, se retrouvaient après quatorze cents ans en face d'un conquérant civilisé et allaient lui opposer le même esprit de résistance obstinée et farouche.

CHAPITRE II

DEPUIS LA PRISE D'ALGER

Conquête d'Alger par les Français (1830). — La France était dans le cas de légitime défense lorsqu'elle attaqua les Turcs en Algérie. Les comptoirs qu'elle possédait près de *la Calle* depuis 1520, et pour lesquels elle payait une redevance annuelle, avaient été maintes fois saccagés. A la suite de contestations élevées au sujet de cette redevance et du payement d'une fourniture de blés faite naguère à l'armée d'Égypte par deux Juifs algériens, le dey Hussein avait insulté publiquement notre consul, M. Deval, en le frappant à trois reprises du manche de son chasse-mouches. Enfin, depuis trois siècles, nos navires, comme ceux des autres puissances, étaient constamment exposés aux rapines des forbans algériens. En déclarant la guerre aux Turcs, nous ne vengions pas seulement nos intérêts et nos droits outragés, mais ceux de tout le monde civilisé.

Le gouvernement de la Restauration hésita néanmoins pendant trois années avant de prendre un parti décisif. Enfin une flotte commandée par l'amiral Duperré débarqua (15 juin), à *Sidi-Ferruch*, un corps expéditionnaire de 37 000 hommes dont le chef était le général Bourmont. Les Anglais avaient cherché en vain à nous intimider et à entraver l'expédition : Charles X avait eu le bon sens de ne point s'arrêter à leurs intrigues et à leurs menaces. En cinq jours de combat le plateau de *Staouéli* fut occupé par nos troupes; le fort *l'Empereur* fut emporté (4 juillet). Alger était tourné, le dey capitula. Nous étions les maîtres du centre politique et militaire de la Régence.

Occupation du littoral algérien (1830-1834). — La révolution de 1830 détourna tout d'abord du grand événement qui venait de s'accomplir en Afrique l'attention de la France. Puis on se heurta à de telles difficultés que le nouveau roi Louis-Philippe songea un instant à abandonner notre récente conquête, et, plusieurs fois par la suite, nos affaires en Algérie furent compromises par l'hostilité ou la parcimonie d'une partie de la Chambre. Le député Desjobert s'illustra dans le genre du ridicule en répétant sans cesse, nouveau Caton, à la fin de chacun de ses discours, qu'il fallait évacuer l'Algérie.

Notre plus grand tort était de ne pas la connaître. A peine nos colonnes essayèrent-elles de sortir d'Alger qu'elles furent accueillies à coups de fusil. L'administration improvisée après le départ des Turcs était livrée au désordre et au gaspillage. Cependant on occupa les ports d'Oran et de Bône. Clauzel, successeur de Bourmont, tenta une pointe hardie dans l'intérieur : Médéa à peine pris dut être évacué, et nous ne pûmes garder que Blida. Ensuite arriva Berthezène qui occupa la Metidja, Mostaganem et Bougie. Savary, duc de Rovigo, crut aisé de régner par la terreur : il ne réussit qu'à irriter davantage les indigènes. Voirol, au contraire, sut se faire estimer et aimer, mais fut bientôt aussi remplacé. On allait ainsi à l'aventure, usant cinq chefs militaires en quatre ans, gouvernant sans principes, sans plan arrêté, compromettant chaque jour davantage une situation qui aurait pu être tolérable dès le début, devenir bonne peut-être, si l'on avait d'abord étudié le pays, si l'on avait toujours agi avec discernement, prudence, fermeté et justice. Toutefois, par la force des choses, obéissant à son insu à la configuration géographique du terrain, on avait pris pied dans le Sahel, dans les plaines littorales, dans les ports, en face des premières crêtes de l'Atlas Tellien; on campait devant les avant-postes de la grande forteresse berbère. Comment s'arrêter désormais et ne pas monter à l'assaut?

Zouaves et Bureaux arabes. — L'expédition infructueuse de Médéa avait montré les difficultés de l'attaque. Instinctivement on inventa pour cette guerre future d'un genre nouveau des moyens nouveaux d'offensive, deux corps véritables d'éclaireurs. Les *zouaves*, ainsi nommés des « Zouaoua », tribu kabyle dans laquelle ils furent d'abord recrutés, formèrent sous Clauzel des bataillons indigènes qui peu à peu devinrent tout français, mais qui, empruntant aux Africains une partie de leur costume, plus approprié au climat que notre uniforme, furent chargés de marcher à l'avant-garde, de sonder le terrain, de déjouer les embuscades et, de fait, entraînèrent l'armée par leur impétueuse bravoure. Mais ce n'était pas tout que d'aller à l'ennemi, il fallait d'abord le connaître. Les *bureaux arabes*, dus au chef d'état-major Trézel, furent composés d'officiers qui eurent mission d'entrer en rapports directs avec les indigènes, d'apprendre leur langue, d'étudier leurs usages, leurs croyances, de surveiller leurs agissements et aussi de les administrer, mais surtout de *renseigner* le général en chef sur leurs forces, leurs mouvements et leurs secrets projets. Tel fut le début de cette institution excellente pour l'état de guerre en Afrique, et qui n'est devenue abusive, par la suite, que là où elle a survécu aux circonstances qui la rendaient utile.

L'Atlas Tellien. Abd-el-Kader. — Les Romains n'avaient guère dépassé le Tell ou région fertile des plaines et des vallées septentrionales, fossés naturels qui s'ouvrent entre les escarpements de l'Atlas, en avant des hauts plateaux. C'est là qu'ils avaient combattu Jugurtha ; c'est là que nous rencontrâmes notre ennemi le plus redoutable, Abd-el-Kader. Nulle part les montagnes du Tell ne forment un massif plus enchevêtré et d'accès plus difficile que dans l'*Ouarsenis*, « l'œil du monde », suivant l'expression arabe. Il se prolonge au delà de la Mina par le relief qui porte la plaine d'Egris et la ville de Mascara. Abd-el-Kader naquit près de cette ville dans la tribu de Hachem. Dès son enfance il contempla ces murailles puissantes de roches à demi effondrées qui plus tard lui servirent de place d'armes centrale : le jour où il en fut chassé, il était vaincu d'avance ; mais il fallut pour le vaincre treize ans de combats acharnés.

Abd-el-Kader maître de la province d'Oran (1833-1836). — Abd-el-Kader était de taille moyenne, élégante et bien prise, sec, nerveux, l'œil ardent, l'air sérieux, avec une simplicité austère dans la tenue, aussi habile que brave, très instruit, capable de générosité par élan et de férocité par calcul, éloquent, fanatique, ambitieux. Fils de marabout et considéré comme un descendant du Prophète, il fit le pèlerinage de la Mecque et à son retour ne tarda pas à acquérir sur les indigènes de Mascara un ascendant extraordinaire. Desmichels, qui commandait alors à Oran, manqua de clairvoyance : il crut possible de faire d'Abd-el-Kader un ami utile à notre cause et signa avec lui un traité (février 1834) qui livrait à l'émir le gouvernement de la plupart des tribus de la province et qui n'eut d'autre résultat que d'accroître son influence aux dépens de la nôtre. Puis, irrité de ses progrès et de son arrogance, l'imprudent général l'attaqua, lui livra bataille dans les marécages de la *Macta* (juin 1835) et y éprouva une sanglante défaite. Il fallut, pour venger cet affront, envoyer en Afrique le maréchal Clauzel avec le duc d'Orléans. Mascara fut détruit ; Tlemcen, qui était à nous et que menaçait Abd-el-Kader, fut ravitaillé. Malheureusement l'émir ne tarda pas à reprendre l'avantage : il bloqua dans Rachgoun nos soldats trop peu nombreux, les repoussa sur les bords de la *Tafna*, dès qu'ils voulurent tenir campagne, assiégea de nouveau Tlemcen et, sauf trois ou quatre ports, se trouva bientôt maître de toute la province d'Oran. C'est à ce moment critique que débarqua en Algérie le futur vainqueur d'Abd-el-Kader, le général Bugeaud.

Les deux sièges de Constantine (1836-1837). — Tandis que la province d'Oran menaçait de nous échapper, nous n'étions pas tout d'abord plus heureux dans celle de Constantine. Un bey turc, le féroce Ahmed, régnait toujours dans cette ville, ancienne capitale des Numides, véritable nid d'aigles que le Rummel et des rochers à pic de 500 et 600 mètres isolent, sauf à l'ouest, des plateaux voisins. En novembre 1836, le maréchal Clauzel dirigea, avec des moyens insuffisants et dans une saison très défavorable, une première expédition contre Constantine. Vaincu surtout par la pluie, le froid, le manque de munitions et de vivres, il fut contraint à la retraite.

L'année suivante, nouvelle expédition, cette fois décisive, à laquelle prit part le duc de Nemours. Malgré des pluies torrentielles, le siège commence ; une batterie de brèche est ouverte par le général Valée ; l'ennemi riposte avec acharnement : un boulet emporte Damrémont, le général en chef ; enfin l'assaut est donné et, après une série de combats sanglants livrés dans les rues et les maisons, la ville est prise (13 octobre 1837).

Bugeaud et Abd-el-Kader. Traité de la Tafna (1836-1839). — Le général Bugeaud, esprit indépendant et original, caractère énergique soutenu par une confiance absolue en lui-même, arrivait pendant ce temps dans l'Ouest oranais avec tout un nouveau système de guerre. Il se proposait d'alléger le soldat, de l'habituer à vivre sur le pays, de le rendre assez rapide en ses mouvements pour surprendre à volonté son adversaire ou lui échapper. C'est ainsi que dès son arrivée il ravitailla Tlemcen, attira Abd-el-Kader sur les bords de la *Sikka* (juillet 1836) et le battit. Malheureusement, trop impatient d'obtenir la paix, qu'il savait désirée à la cour, et sans doute aussi séduit par les façons chevaleresques du grand chef musulman, il signa avec lui le traité de la *Tafna* (30 mai 1837), lui livrant d'un trait de plume et sans conditions sérieuses le gouvernement des provinces d'Oran, de Titeri (Médéa) et d'Alger ; il ne réservait à la France que la possession des ports et de leur banlieue, avec une portion de la Métidja. Abd-el-Kader triomphait : il s'empressa de profiter de la paix inespérée qu'on lui accordait pour former une *armée régulière*, pour soumettre les tribus qui lui refusaient obéissance, pour organiser l'administration du pays, pour créer des arsenaux et fortifier des places, pour s'établir solidement enfin dans l'Ouarsenis, dont *Miliana* et *Thaza*, au nord, *Mascara* et *Saïda*, à l'ouest, *Médéa* et *Boghar*, à l'est, *Tagdempt* (ancienne capitale des Restamites), près de Tiaret, au sud, étaient les bastions, tandis que *Tlemcen* et *Sebdou*, sur la lisière du Maroc, et *Biskra*, à la porte du désert, en étaient les avant-postes. Quand il eut tout préparé, quand il se crut invincible, il envahit la Métidja, en massacra les colons et dénonça le traité de la Tafna (novembre 1839).

Conquête du Tell et des hauts plateaux (1839-1843). — Le maréchal Valée était alors gouverneur général et il venait de faire une promenade militaire de Philippeville à Constantine, Sétif et Alger. Se retournant contre Abd-el-Kader, il le repoussa de la Métidja, lui enleva Médéa en forçant le col de *Mouzaïa*, et occupa Miliana. En même temps, le capitaine Lelièvre et 123 hommes de la 16e compagnie du bataillon d'Afrique s'immortalisaient en défendant MAZAGRAN, près de Mostaganem, pendant cinq jours, contre dix ou quinze mille indigènes. Sur ces entrefaites Bugeaud fut nommé gouverneur général. Occuper fortement le littoral, s'appuyer sur cette base d'opérations pour marcher résolument à la conquête des places fortes du Tell, de là s'avancer jusqu'aux postes extrêmes du Sud pour couper la retraite à l'ennemi : tel était son plan. Il l'exécuta jusqu'au bout, guéri cette fois de toute illusion sur la bonne foi africaine. En 1841, il ruine Thaza, Boghar, Tagdempt, il jette une garnison dans Mascara. En 1842, il occupe Tlemcen et détruit Sebdou. Les approches de l'Ouarsenis étant libres, il y pénètre et attache à ses flancs le poste d'*Orléansville*. Débusqué désormais de tout abri, abandonné par les tribus que déroutent la rapidité foudroyante des coups frappés par notre armée, accablé par la perte de sa *smala* (avril 1843), Abd-el-Kader aux abois se résigne à une retraite au moins momentanée et il se réfugie sur le territoire marocain. Le plan de Bugeaud avait réussi : l'Ouarsenis forcé, le Tell était conquis.

Guerre du Maroc et soumission d'Abd-el-Kader (1845-1847). — L'empereur du Maroc Abd-el-Rahman ne tarda pas à se laisser entraîner par son hôte à des hostilités contre nous ; mais Bugeaud occupa la ville d'Oudjda, puis, sur les bords de l'*Isly*, mit en déroute complète l'armée marocaine (août 1844), tandis qu'une escadre allait bomharder les ports de *Tanger* et de *Mogador*. Le Maroc fut alors obligé de signer la *paix de Tanger* et d'abandonner la cause d'Abd-el-Kader. Cependant l'Algérie n'était pas soumise. En 1845, le marabout Bou-Maza souleva les Berbères du Dahra, domptés bientôt par une répression implacable. De son côté Abd-el-Kader reparut; il attaqua Nemours, massacra à *Sidi-Brahim* le capitaine Géreaux et presque toute sa compagnie, provoqua une prise d'armes générale. Puis, poursuivi sans relâche par nos colonnes, mal accueilli chez les Kabyles, traqué jusque dans le Sahara, repoussé par l'empereur du Maroc, il finit par s'avouer vaincu et se rendit au colonel Lamoricière, le 23 décembre 1847. Envoyé d'abord à Toulon, puis à Pau et à Amboise, il fut mis plus tard en liberté, se retira en Syrie, et garda sa promesse de rester désormais l'ami de la France. Il est mort en 1883.

Extension de la conquête. — Soumission du Sahara algérien (1848-1885). — Si nous avons débarqué à Alger en 1830, c'est en 1847 seulement que commence la prise de possession définitive du territoire algérien. Encore, en ces trente-huit dernières années, notre domaine n'a-t-il cessé de s'étendre, chaque insurrection aboutissant forcément à une conquête nouvelle. En 1847, soumission de l'*Aurès* et de *Biskra*. En 1849, prise de l'oasis de *Zaatcha* par le colonel Canrobert, après un combat des plus meurtriers. En 1852, expédition de *Laghouat*. En 1854, occupation de *Tougourt*. En 1857, campagne décisive en *Kabylie* dirigée par le général Randon et construction au cœur du pays de Fort-Napoléon (aujourd'hui Fort-National).

Alors l'Algérie proprement dite peut être considérée comme conquise. Reste la soumission du Sahara. En 1859 châtiment des tribus pillardes, voisines de la frontière marocaine. En 1864, soulèvement des *Ouled Sidi Cheikh* avec Si-Lala et massacre de la colonne du lieutenant-colonel Beauprêtre dans le Djebel-Amour; l'insurrection se propage dans l'Ouarsenis ; il faut cinq ans pour rétablir provisoirement l'ordre dans le Sud oranais. En 1870.

expédition du général de Wimpfen sur l'*oued Guir*. En 1871, insurrection du grand chef Mokrani et de toute la *Kabylie;* après une campagne de cinq mois, châtiment sévère du pays. En 1879, mouvement dans l'*Aurès*, bientôt réprimé. En 1881, insurrection du marabout Bou-Amama, puis de Si-Slimam dans le Sud oranais, expédition du général Négrier dans les Ksour, construction de postes fortifiés et création du chemin de fer stratégique de la Mecheria. En 1881, massacre de la mission du colonel Flatters par les Touareg¹. En 1882, occupation du *M'zab*.

Sécurité actuelle. — Moyens de la maintenir. — En résumé notre domination, assise en Algérie depuis *vingt-huit ans* (conquête de la Kabylie, 1857), n'a pas été dès lors sérieusement compromise. Chaque révolte n'a fait que la consolider. L'établissement de notre *protectorat en Tunisie* couvre notre frontière à l'est. Au sud, nos avant-postes s'étendent assez loin dans le Sahara pour mettre la colonie à l'abri de toute incursion des nomades, en attendant que nous vengions Flatters et que nous fassions la police dans le Grand Désert. A l'ouest, nos bons rapports avec le Maroc nous permettent de poursuivre jusque sur son territoire les tribus remuantes qui seraient tentées de s'insurger encore. Il faut reconnaître toutefois que notre frontière a été fort mal tracée de ce côté en 1845. L'histoire aussi bien que la géographie commandaient d'adopter le cours de la *Moulouïa* comme *barrière naturelle* entre les deux pays; une rectification du tracé actuel s'imposera tôt ou tard. Dans l'intérieur de l'Algérie, l'extension rapide du réseau des chemins de fer rend tout soulèvement de plus en plus difficile et assure au contraire à la répression des moyens d'action tout-puissants. En résumé, la soumission matérielle de l'Algérie est un fait accompli. Il reste à prévoir les attaques qui pourraient venir du dehors. Quant à la conquête intellectuelle et morale des indigènes, qui seule fondera réellement une France nouvelle en Afrique, elle est à peine commencée : il s'agit de *réussir* là où Rome a *échoué*.

1. En mars 1886, le lieutenant Palat a été encore assassiné par les Touareg sur la route de Tombouctou, à l'oued Plissen, à deux jours de marche d'Insabah.

PARTIE GÉOGRAPHIQUE

CHAPITRE PREMIER

GÉOGRAPHIE GÉNÉRALE

Situation, limites et superficie.—L'Algérie s'étend en face de l'Espagne, de la France, de l'Italie sur une *largeur* de 1100 kilomètres environ, entre 4° 40' de *longitude* O. et 6° 30' de long. E. Elle est traversée et partagée en deux moitiés inégales par le méridien de Paris qui passe à l'O. de Port-Vendres, à travers les Baléares, à l'ouest d'Alger, de Laghouat et d'El Goléa et suit à peu près le cours supérieur du Chélif. En *latitude*, elle est comprise entre 37° et 30° au nord de l'Équateur, comme la Syrie, le Japon et la Californie.

Ses limites sont les suivantes. Au *nord*, la Méditerranée. Au *sud*, le Sahara. A l'*ouest*, du côté du Maroc, une ligne conventionnelle, fixée en 1845, qui part de la baie d'Adjeroud, laissant au Maroc l'embouchure de la *Moulouïa*, remonte l'oued Kiss, coupe l'ouest Isly, passe à l'est d'Oudjda, traverse le Chott er Gharbi et abandonne au Maroc l'oasis de *Figuig* ; ensuite elle est indéterminée. A l'*est*, du côté de la Tunisie, la frontière part du cap Roux, à l'est de la Calle, laisse à la Régence la *Khroumirie*, coupe la Medjerda et le chemin de fer de Constantine à Tunis à l'ouest de Ghardimaou, puis, suivant à peu près le 6° de long. E., coupe l'oued Mellègue et passe à l'est de Tebessa, enfin traverse le Chott Rharsa et aboutit à Berresof, où elle se perd dans le Sahara, laissant toutefois à la Tripolitaine l'oasis de *Ghadamès*.

Sa *superficie* de 670 000 kilomètres carrés est égale à celle de la France (529 000), de la Belgique, de la Hollande et de la Suisse réunies ; mais sur ce vaste territoire il n'y a que 450 000 kilomètres qui soient occupés réellement. Sa *profondeur* du nord au sud est de 800 kilomètres depuis la côte de la Méditerranée jusque dans le Sahara. La *distance* entre la France et l'Algérie est de 190 lieues ; on va en 50 ou 56 heures de Marseille à Alger.

Relief général du sol : les montagnes. — Deux grandes vagues terrestres, à peu près parallèles, dirigées du sud-ouest au nord-est, largement écartées dans la région marocaine, se rapprochant et se touchant dans la région tunisienne, distantes de 200 à 100 kilomètres en Algérie, tel est l'Atlas dont le relief constitue la Berbérie : il est le nœud de sa puissante unité. Le *plissement septentrional*, le plus épais et le plus compact des deux et qui borde le rivage de la Méditerranée, est l'*Atlas Tellien*, ainsi appelé de la région du *Tell*, dont il forme en grande partie l'ossature. Le *plissement méridional*, très inégal dans son épaisseur et ouvert par des brèches nombreuses, est l'*Atlas Saharien*, voisin du *Sahara*. Entre les deux s'étendent les *Hauts Plateaux*, sorte de grande terrasse dont l'Atlas forme le double parapet. Chacun des grands plissements de l'Atlas se compose lui-même de rides ou crêtes secondaires s'élevant graduellement à partir de la mer ou du Sahara vers la terrasse intérieure dont elles sont comme les gradins.

De l'oued Méla à Alger s'étend une première chaîne littorale qu'on pourrait appeler le *Sahel* (rivage), et qui est séparée du reste de l'Atlas Tellien par la Sebkha d'Oran, la vallée du Chélif et la plaine de la Métidja.

Les principaux massifs telliens sont les monts de *Tlemcen* et de l'*Ouarsenis*, du *Djurjura* (point culminant, *Lella Khedidja*, 2308 mètres), des *Babor* et des *Biban*.

Les principaux massifs sahariens sont les monts des *Ksour*, le *Djebel Amour*, les monts des *Oulad-Nayl* et l'*Aurès* (*Chelia*, point culminant de toute l'Algérie, 2312 mètres).

Aperçu géologique. — Les mouvements de l'écorce terrestre qui ont dressé vers le ciel les crêtes de l'Atlas appartiennent principalement à l'âge *secondaire*. Ce sont d'une manière générale des masses épaisses de *grès* dans le Sud, de *craie*, de *calcaire* et surtout de *marne argileuse* dans le Nord. Les eaux dans leurs déplacements violents ont ensuite modifié cette structure première, approfondi les vallées longitudinales (c'est-à-dire dirigées avec l'Atlas tout entier de l'ouest à l'est), ouvert et creusé des vallées transversales, véritables défilés orientés du sud au nord, déposé dans les plaines les *terrains tertiaires*. A l'époque *quaternaire* enfin se sont formés les alluvions des rivages, les berges des cours d'eau actuels, les sables, les lacs, les dunes du Sahara. Le terrain *houiller* fait malheureusement défaut à l'Algérie, sauf un gisement très mince découvert en 1881 à Bou Saada. Les *granits*, *gneiss* et *schistes* ne forment que de petits massifs isolés émergeant çà et là dans la région du littoral, notamment à l'ouest de Bône. Les tremblements de terre sont assez fréquents, mais beaucoup moins violents que sur les côtes voisines d'Espagne et d'Italie.

Le littoral : caps, golfes, îles. — Peu de côtes ont été aussi profondément sculptées par la mer que celles de l'Algérie. A l'ouest, elle a détruit la chaîne du Sahel jusqu'au cap *Figalo*, n'y laissant pour témoin que l'île de *Rachgoun*; elle continue à ronger les falaises argileuses du golfe d'*Oran*; elle a pratiqué dans le Sahel la vaste échancrure du golfe d'*Arzeu*; elle assiège le massif plus résistant du *Dahra*, dont la pointe principale est le cap *Tenès*. A l'est de la rade d'*Alger*, elle a supprimé entièrement la chaîne littorale. A partir d'Alger, en effet, le rivage, orienté précédemment du sud-ouest au nord-est, parallèlement aux montagnes bordières, prend une direction générale de l'ouest à l'est, si bien que les crêtes telliennes, se projetant au nord-ouest et comme de biais dans les flots, offrent aux navires des abris plus sûrs que les arcs de cercles trop ouverts des rades occidentales.

Le cap *Carbon*, prolongement du Djurjura, couvre au nord-ouest le golfe de *Bougie*, comme le cap de *Garde*, prolongement du Babor, protège celui de *Bone*. Quant au *Cap de fer*, pointe nord-est de l'Edough, il est, comme tout ce massif, de formation volcanique, ce qui explique pourquoi il s'avance en sens inverse de la direction normale des autres chaînes. Quelques récifs sans importance, notamment l'île *Pisan* et l'île *Collo*, sont des débris du rivage ancien de la côte orientale dont le seuil sousmarin se prolonge au nord-est de la Calle jusqu'à l'archipel tunisien de *la Galite*.

Les cours d'eau telliens. — L'Algérie se divise en trois grands bassins hydrographiques : le bassin ou versant *méditerranéen* qui comprend le Tell; le bassin *intérieur* des hauts plateaux; le versant *saharien*.

Les cours d'eau qui aboutissent au nord à la Méditerranée, la *Tafna*, la *Macta*, le *Chélif*, l'*oued Isser*, l'*oued Sahel*, l'*oued el Kébir*, la *Seybouse*, coulent dans les vallées longitudinales formées par les plis de l'Atlas ou franchissent les défilés transversaux qui les unissent comme le petit *oued Agrioun*, qui s'est ouvert le passage infernal du *Chabet el Acra* dans les Babor. Ils changent ainsi fréquemment de direction par des coudes brusques et de niveau, par des rapides ou des chutes, comme celles du *Rummel* à Constantine. Ce sont de véritables torrents tourmentés, capricieux, roulant des masses d'eaux troubles pendant les orages et les pluies, plus ou moins à sec pendant le reste de l'année.

Un seul de ces torrents, le *Chélif*, prend sa source dans les hauts plateaux et les traverse du sud au nord, avant de parcourir dans le Tell une large vallée longitudinale qui aboutit à la Méditerranée.

Les chotts. — A part cette exception, les hauts plateaux constituent un *bassin fermé* sans écoulement vers la mer ; ils se divisent en un certain nombre de cuvettes intérieures appelées *chotts* ou lacs salés : le *chott Chergui*, les deux *Zahrez*, le *chott el Hodna*. Ces vastes lagunes reçoivent en hiver une mince couche d'eau que leur apportent les petites rivières de leur pourtour ; elles se dessèchent en été et se couvrent alors d'efflorescences salines d'une blancheur éblouissante. C'est là que les voyageurs observent le plus fréquemment le phénomène bien connu du *mirage*.

Les eaux du versant saharien. — Ces eaux coulent vers le Sahara, mais ne tardent pas à s'y perdre sous les sables, où elles forment des nappes souterraines que vont atteindre et que font jaillir nos *puits artésiens*. Ce versant se divise lui-même en deux bassins dont nous ne connaissons bien d'ailleurs qu'une faible partie. A l'ouest, dans la province d'Oran, les eaux s'écoulent suivant une pente dirigée vers l'océan Atlantique. A l'est, dans les provinces d'Alger et de Constantine, les eaux convergent vers le chott *Melghir*, réservoir atrophié d'une vaste étendue lacustre qui s'écoulait autrefois dans la Méditerranée.

En résumé, l'Algérie est pauvre en eau et cette sécheresse s'explique surtout par le climat.

Caractère général du climat. — L'Algérie occupe une situation intermédiaire entre la zone tempérée proprement dite et la zone équatoriale. Son climat n'est pas sensiblement influencé par l'océan Atlantique dont la séparent les massifs compacts et élevés du double Atlas marocain. Il obéit à l'action alternée et contradictoire de la Méditerranée, d'une part et de l'autre du Sahara. Mais l'écran multiple des chaînes telliennes empêche l'influence méditerranéenne de se propager fort loin dans l'intérieur, si bien que le littoral seul jouit d'un climat véritablement *marin* ou *méditerranéen*. La majeure partie du pays, au contraire, a un climat *continental*, et l'Atlas saharien, qui est loin de former au sud, surtout dans les monts des Ksour, une muraille continue, ne le défend que fort mal contre le voisinage du Sahara. Or la surface de la mer s'échauffant lentement, se refroidissant de même, exerce une action modératrice sur le climat des régions qui la bordent, tandis que les vastes étendues de terres, surtout lorsqu'elles sont dénudées, s'échauffent très vite sous un soleil presque tropical et se refroidissent très vite aussi. Il résulte de là que les brusques changements de température sont fréquents en Algérie, et qu'une bonne hygiène commande de les prévoir. Aussi les indigènes sont-ils toujours habillés de laine et depuis longtemps les Européens y ont adopté la flanelle comme le plus sûr et le meilleur des vêtements.

Vents et brises. — C'est du Sahara que soufflent à d'assez longs intervalles et surtout en hiver, heureusement, les vents brûlants du sud-est et du sud-ouest connus sous le nom de *siroco ;* ils dessèchent les plantes, fatiguent les hommes et les animaux, crevassent le sol, répandent dans l'atmosphère une poussière ténue qui colore le ciel de teintes rougeâtres. Les vents de mer, au contraire, qui soufflent du nord-est, du nord, de l'ouest et surtout du nord-ouest, rafraîchissent l'air et apportent la pluie. Ils sont l'antidote du siroco. Sur tout le littoral et principalement en été, la *brise de mer* pure et salubre qui se lève vers dix heures du matin alterne avec la *brise de terre* qui souffle pendant la nuit, toute chargée d'âcres parfums.

Pluies et brumes. — Durant la saison humide, qui s'étend des mois de septembre ou octobre jusqu'aux mois d'avril ou mai, de violents *abats d'eau* tombent par accès irréguliers et souvent trop rares, inondent tout à coup les vallées, en ravinant les flancs des montagnes. Alors aussi les hauts plateaux et les cimes les plus élevées de l'Atlas se couvrent de neige qui d'ailleurs ne persiste jamais longtemps ; la neige est accueillie avec joie par les cultivateurs de l'intérieur, car elle humecte profondément, elle fertilise les champs de céréales. Les pluies se répartissent inégalement entre les trois provinces ; plus abondantes dans celle de Constantine qui est la plus accidentée et la plus boisée, elles vont en diminuant d'intensité jusqu'à la frontière marocaine, au delà de laquelle commence à se faire sentir l'influence océanique. Elles sont plus rares aussi à mesure qu'on s'éloigne de la mer : dans le Sahara il ne pleut presque jamais. En été, surtout pendant les longues sécheresses, les rosées sont très abondantes et suppléent en partie à la pauvreté ou à l'absence de pluies. Durant la même saison, des *brumes* intenses couvrent parfois les rivages et entravent la navigation. Dans les vallées et les plaines basses, on observe aussi, le matin, des *brouillards* fréquents qui ne tardent pas à se dissiper aux premiers rayons du soleil.

Température. — Elle est inégale suivant la saison, la direction des montagnes, l'exposition et l'orientation des plaines et des vallées, l'altitude, la proximité ou l'éloignement de la mer. Alger est une **station hivernale** de plus en plus recherchée par les malades et par les étrangers, à cause de l'égalité remarquable de sa température. Le thermomètre y descend rarement à $+3°$ ou $+5°$, se maintient en moyenne à $+20°$, ne s'élève guère en été au-dessus de $+35°$ ou $+40°$. *L'hiver y est délicieux* et ressemble à nos meilleurs printemps. Plus on s'avance vers le sud, plus il y a d'*écart* entre les extrêmes, ombre et soleil, nuit et jour, été et hiver. A Biskra, la chaleur atteint en été un maximum de $+50°$ et même de $+52°$, tandis qu'elle descend en hiver et pendant la nuit à zéro ou un peu au-dessous de zéro.

Lumière. — Le ciel brumeux et bas des contrées du nord de l'Europe ne peut donner aucune idée de la transparence, de l'éclat, de la profondeur du ciel algérien. Sauf pendant les orages et les averses qui sont toujours de courte durée et ne surviennent que pendant quelques mois d'hiver, à part quelques brouillards locaux et passagers, le soleil ne cesse de luire, et sa lumière répand sur toute chose un sourire éblouissant qui est la fête perpétuelle des yeux. La blancheur aveuglante des murailles des villes et des moindres chapelles musulmanes, la verdure intense des bois et des plus maigres taillis, les colorations violentes des plus simples fleurs, les teintes tranchées des rocs les plus ordinaires, l'âpre silhouette des profils les plus lointains, le bleu sombre du firmament, tout contribue à frapper, à illuminer le regard, à l'enivrer d'une inoubliable émotion. C'est là surtout qu'est l'attrait puissant de l'Afrique, capable d'y fixer à jamais ceux qui la visitent et d'y ramener toujours ceux qui l'ont quittée après l'avoir vue.

Salubrité. — L'Algérie n'est pas moins salubre que les autres pays méditerranéens. Si dans les plaines humides et encaissées, dans les vallées basses et marécageuses, la fièvre est à craindre pendant les saisons chaudes, tout comme en Italie, en Corse ou en Languedoc, les progrès de la culture et des plantations diminuent chaque année l'étendue du fléau. Sur le littoral, sur les flancs et les sommets des montagnes, sur les hauts plateaux, dans la majeure partie du Sahara, il n'y a point de fièvres Aucun climat n'est aussi agréable que celui de la côte; à Alger, Bougie, Philippeville, la chaleur estivale même est supportable. Cependant l'humidité y est parfois excessive et la douceur même de la température pourrait à la longue y énerver les Européens, qui ont besoin de se retremper de temps en temps par un séjour de quelques semaines dans un air plus vif et plus frais. Les hauteurs du Tell, avec leurs hivers plus rigoureux, leurs étés plus courts, mais plus chauds, les séjours charmants de Tebessa, Tlemcen, Médéa, Miliana, conviennent mieux à notre race. Le climat plus extrême encore des hauts plateaux, battus par des vents violents, mais salubres comme à Sétif et à Constantine, est *vivifiant* par sa rudesse même. Quant au Sahara, dont Biskra est le type climatérique le plus visité, torréfié par des étés de six et sept mois, avec des écarts de 45° de température entre midi et minuit, il n'est pas malsain, sauf dans les oasis fiévreuses, comme celles de Ouargla ou de Tougourt, mais il n'est pas fait pour nous, et si les blancs peuvent y séjourner impunément, il est difficile de croire qu'ils puissent réellement s'y acclimater. Le Tell, les hauts plateaux avec certaines parties de l'Atlas saharien, comme le Djebel Amour ou l'Aurès, offriront longtemps encore à nos colons un champ d'activité assez vaste, sans qu'il soit besoin de prévoir leur expansion au delà des limites naturelles de l'Atlas et de la Berbérie proprement dite.

Situation centrale de l'Algérie. — L'Algérie, flanquée à l'ouest par le Maroc et à l'est par la Tunisie, n'a pas la même orientation que ces deux pays. En Algérie, les vents dominants viennent du nord; les rivières algériennes (et géographiquement la Moulouïa en est une) coulent vers le nord; c'est du nord que l'Algérie reçoit les pluies qui la fécondent. C'est la Méditerranée qu'elle regarde, et non pas toute la Méditerranée, mais seulement ce *bassin occidental de la Méditerranée* qui est compris entre l'Espagne, la France et l'Italie. Elle est donc orientée *vers la France*, et il était naturel que la France en fît la conquête et y implantât sa civilisation. Le Maroc au contraire est largement ouvert aux vents d'*ouest*, exposé à l'influence prépondérante de l'*Atlantique*; ses fleuves, le Sebou, le Tensif, l'Oued Draa, sont des tributaires de l'Océan. La Tunisie, de son côté, tournant le dos au Maroc, regarde vers le *bassin oriental de la Méditerranée*. Ce sont surtout les vents d'*est* librement développés de l'ancienne Tyr à l'ancienne Carthage qui lui apportent ses pluies; c'est vers l'est que s'épand la fertile Medjerda, le principal de ses cours d'eau. Entre ces deux directions divergentes, l'Algérie obéit à une *direction moyenne*, elle tient la Berbérie en équilibre, elle en est le nœud et le *centre*. Qui est maître de l'Algérie domine forcément la Berbérie tout entière.

Imperfection des régions naturelles de l'Algérie. — Les larges plaines qui sont arrosées par un même fleuve et ses affluents, et qui présentent dans toute leur étendue les mêmes caractères, constituent de grandes régions naturelles faciles à déterminer. Il n'y a rien de pareil en Algérie, puisqu'elle n'est que la portion médiane d'un épais massif montagneux bordé par la Méditerranée. A vrai dire, le seul grand *bassin hydrographique* de l'Algérie, c'est la Méditerranée elle-même. Quant aux bandes longitudinales du Tell, des hauts plateaux, du Sahara algérien, elles ne forment pas des régions indépendantes. Ces zones, purement climatériques et botaniques, se retrouvent à peu de chose près dans tous les pays de montagnes et sont étroitement solidaires entre elles : le berger va, suivant la saison, des pâturages d'amont aux prairies d'aval; le bûcheron de la zone forestière jette ses bûches dans le torrent qui les porte à la rivière, au fond de la vallée; l'habitant de la vallée, placé au bas et comme au débouché de la montagne, vit des produits de la montagne tout entière. La véritable *région naturelle* dans nos Alpes ou nos Pyrénées, c'est la *vallée*, image du grand bassin hydrographique, Rhône ou Garonne, auquel elle aboutit. Il en est à peu près de même en Algérie : les nomades conduisent leurs troupeaux en été sur les hauts plateaux, mais ils hivernent dans le Sahara, au pied du versant des monts; les agriculteurs et les industriels du Tell écoulent leurs produits par les ports du littoral. Malheureusement il n'y a point en Algérie comme dans nos montagnes françaises de vallées proprement dites : les cours d'eau n'y sont que des *torrents temporaires*, barrés par les chaînes de l'Atlas, étranglés par des défilés, détournés par de brusques ressauts et de longs coudes de leur direction normale vers la Méditerranée. Les régions naturelles n'y sont qu'*ébauchées*, elles n'y sauraient exister que grâce à l'*industrie humaine*.

Les régions naturelles complétées par les chemins de fer. — En dépit de ses crêtes longitudinales, l'Algérie tout entière est orientée transversalement vers la Méditerranée, son unique *bassin naturel* et sa route maîtresse. Par la Méditerranée elle reçoit avec ses colons tous les instruments de travail, toutes les denrées qui lui font défaut. Vers la Méditerranée, et par le chemin le plus court, doivent s'écouler tous ses produits. Aussi les voies ferrées dites *de pénétration*, dirigées du nord au sud, des ports de la côte vers l'intérieur du pays, sont-elles indispensables à l'Algérie. Complétant la nature, perfectionnant le travail inachevé des eaux, atténuant les seuils par des courbes, des rampes ou des lacets, débridant les cols, perçant les murailles de roc par des tunnels, elles tendent à créer des vallées non pas artificielles, mais *rectifiées par l'art*. Ainsi naissent et se développent sous nos yeux, avec les progrès de la colonisation et ceux des travaux publics, des régions nouvelles, mais pourtant vraiment naturelles, puisqu'elles sont déterminées par la communauté des intérêts agricoles, industriels et commerciaux dont le chemin de fer n'est que l'expression matérielle. Comme les grandes communes de la Corse, ces régions se prolongent en longues bandes étroites de la mer à la montagne.

Les trois provinces. — La division de l'Algérie en trois provinces n'est l'effet ni du caprice, ni du hasard. Leurs limites, cherchées sous les Romains, ébauchées pendant la longue période des États berbères, ont été fixées sous les Turcs et adoptées par nous. Si elles n'ont rien d'absolument immuable, elles répondent dans leur direction générale à des différences naturelles. Dans la province d'Oran, la zone tellienne est étroite; la zone des hauts plateaux est très large, très plate, très dénudée, d'aspect désertique; l'Atlas saharien est ouvert par de nombreux passages. Dans la province de Constantine, la zone tellienne, très large, se confond par de hautes plaines cultivables avec l'Atlas saharien qui forme, sous le nom d'Aurès, un véritable Tell méridional, très épais et d'accès difficile. A l'ouest, le Sahara empiète sur le Tell; à l'est, le Tell empiète sur le Sahara. La province occidentale, véritable bouche du désert, sorte de *carrefour*, est largement ouverte aux communications, aux échanges; son port d'Oran est déjà le plus actif de toute l'Algérie. La province orientale, surtout agricole, forme un large pâté montagneux qui s'abaisse au nord sur la mer, à l'ouest sur la vallée de l'oued Sahel et le bassin du Hodna, au sud sur le Chott Melghir, à l'est sur les vallées tunisiennes de la Medjerda et de l'oued Mellègue. C'est par excellence le *grenier* de l'Algérie. Entre les deux, la province d'Alger participe aux caractères de chacune d'elles et leur sert de *lien*. Plus ouverte que sa voisine de l'est, moins exposée à l'influence saharienne que sa voisine de l'ouest, elle communique avec la première par la vallée inférieure du Chélif qui tourne le massif du Dahra, avec la seconde par les vallées de l'oued Isser et de l'oued Sahel qui tournent le massif du Djurjura; elle possède en majeure partie sur les hauts plateaux la route naturelle du haut Chélif, la seule rivière qui les traverse de part en part; elle aboutit dans le Sahara algérien vers Laghouat, au dos de pays qui sépare les deux versants de l'Atlantique et de la Méditerranée. Sa *situation centrale* n'est donc point artificielle et correspond à la réalité des choses.

Alger, centre naturel et capitale de l'Algérie. — On s'est demandé si l'Algérie avait réellement un centre naturel. Pour n'être pas indiqué aussi clairement que Paris pour la France ou Bordeaux pour le bassin de la Garonne, ce *centre* n'en est pas moins tout désigné en ce sens qu'il est le seul possible : c'est *Alger*. Jusqu'au seizième siècle, l'Algérie avait été attaquée de flanc, du côté de l'est par les Romains, les Byzantins, les Arabes; du côté de l'ouest par les Vandales et les Berbères marocains. Ses dominateurs se trouvaient ainsi dans de mauvaises conditions pour choisir une capitale, et cependant l'adoption de Cherchel par les Romains comme tête de la Mauritanie césarienne était déjà une indication pour l'avenir ; car Cherchel est très voisine d'Alger. Arrivant par mer, par la grande plaine méditerrranéenne, abordant l'Algérie *de front*, les Turcs n'hésitèrent point dans leur choix, c'est à Alger qu'ils se fixèrent. Située à peu près à égale distance de chaque frontière, au point où la chaîne côtière occidentale s'arrête et disparait sous les flots, en face du littoral français, abritée au fond d'une large baie, adossée aux massifs pittoresques du Sahel qu'enveloppe l'admirable plaine de la Metidja, Alger occupe le bord d'une sorte de delta fortement retranché par les chaînes telliennes, mais auquel peuvent aboutir par des issues naturelles toutes les routes du pays. A l'est, le col des Beni-Aïcha conduit en Grande Kabylie; les gorges de Palestro mènent, d'une part, à la Petite Kabylie, de l'autre, par les Biban, à Sétif, à la province de Constantine et en Tunisie. Au sud, les gorges de la Chiffa ouvrent l'accès de Médéa, de Boghar, du Chélif supérieur, des hauts plateaux et du Sahara par Laghouat. A l'ouest enfin, au pied de Miliana se déroule l'immense vallée du Chélif inférieur, qui débouche plus loin vers Oran et le Maroc. Qu'un réseau de chemins de fer, déjà en grande partie tracé, se ramifie dans toutes ces directions, et la ville d'Alger sera véritablement au cœur de l'Algérie. Le jour où la suprématie d'Alger cesserait d'être reconnue par les Algériens, l'Algérie cesserait d'être un corps organisé et vivant, solidement rattaché à la France. Capitale indispensable à l'Algérie, *trait d'union* nécessaire avec la mère patrie, Alger seule peut devenir un jour la métropole de toute la Berbérie. Cependant Alger sortirait de son rôle s'il aspirait à être plus que le centre militaire, politique, intellectuel et moral de l'Algérie, s'il prétendait absorber à son profit le développement matériel du pays. Il ne faut pas que les vallées et les voies ferrées longitudinales, principaux instruments de sa grandeur, fassent perdre de vue l'importance des *vallées transversales* et des chemins de fer de *pénétration*, qui assureront l'autonomie économique et la prospérité des régions de chaque province.

CHAPITRE II

LES INDIGÈNES

Berbères et Arabes. — La race prédominante en Algérie est l'antique race indigène qu'on est convenu d'appeler *berbère*, et qui a réussi jusqu'à ce jour à absorber presque en totalité ses conquérants. Où sont les Phéniciens, les Carthaginois, les Romains eux-mêmes? Disparus. Où sont les Vandales et Byzantins? Effacés. On retrouve bien çà et là des traits rappelant l'effigie des vieilles monnaies impériales; on a pu noter aussi en Kabylie et dans l'Aurès des types blonds dont on fait honneur à la descendance des soldats de Genséric. Ce sont là de rares exceptions. D'une manière générale, tous les éléments ethniques étrangers introduits en Berbérie pendant l'antiquité et pendant les premiers siècles du moyen âge ont été emportés, noyés dans le torrent du sang berbère. Les Arabes ont mieux résisté en apparence; il est probable qu'ils n'ont pas beaucoup mieux résisté en réalité. Leur langue est prépondérante et continue à s'étendre sous nos yeux[1]; mais la langue ne constitue pas la race : les Normands de Normandie, qui parlent français, ne sont pas tous de souche gallo-romaine ou française. Une autre cause d'erreur pour nous, c'est qu'on a pris l'habitude d'appeler Arabes tous les nomades algériens. Il y avait pourtant des nomades à l'époque de Salluste, et les Arabes, en ce temps-là, ne songeaient pas encore à envahir l'Afrique. Si quelques tribus paraissent avoir conservé, surtout dans le Sahara, le type arabe pur, elles sont clairsemées et peu nombreuses. En réalité, il n'y a plus en Algérie que des Berbères *arabisés* (2 millions environ) et des Arabes *berbérisés* (800 000). Quant aux Maures, aux Turcs, aux nègres, ils sont représentés par des échantillons de minime importance et tendent à s'effacer. Les Juifs seuls se maintiennent et s'accroissent, comme partout. En résumé, il est temps de considérer les indigènes algériens comme appartenant à *une même race*, mêlée d'apports très divers, mais persistant avec les mêmes caractères, à travers les âges. Comme aux temps les plus reculés, les indigènes, suivant leur distribution géographique, ont adopté une manière de vivre, des mœurs et des institutions assez différentes. La distinction essentielle à établir tout d'abord entre eux, c'est que les uns sont *nomades* et les autres *sédentaires*.

Les indigènes sédentaires. — La Grande Kabylie. — L'un des types les mieux conservés et les plus connus de la race berbère est celui des **Kabyles**. Ce petit peuple a été protégé contre toutes les invasions par ses montagnes du Djurjura, dont les pics aigus, étincelants de neige en hiver, se profilent à quarante lieues à l'est d'Alger. Une large *percée* que parcourt l'oued Sebaou divise le pays en *deux massifs* : l'un, maritime, a pour port Dellys ; l'autre, plus épais, s'appuie à la chaîne du Djurjura proprement dit, qui se termine brusquement au sud par des escarpements gigantesques sur les fossés profonds où coulent l'oued Isser et l'oued Sahel. Un enchevêtrement inextricable de talus verdoyants et de murailles nues, de

---

1. Nous avons même contribué à la répandre en Kabylie.

vallées opulentes et de crêtes sinistres, de jardins ombreux et de blocs stériles, peu d'eaux courantes, peu de sources, partout des cultures et des villages, une population active, bourdonnant comme une immense ruche, telle est la *Grande Kabylie*.

Les Kabyles. — Le Kabyle, costume à part, ressemble à beaucoup de nos paysans du massif central. Il est lourd de formes et d'allures, il a la tête carrée. Il s'habille misérablement : bras nus, jambes nues, il porte une calotte de laine, une chemise grossière et un ou deux burnous. Les femmes ont un capuchon serré à la tête par des mouchoirs : leur tunique flottante, agrafée sur chaque épaule, est retenue à la taille par une ceinture. Tous, sauf les plus riches, sont extrêmement sales. Ils se nourrissent de lait, de fruits, de pain grossier et de galettes arrosées d'huile, de figues sèches et quelquefois de viande. Leur plat national est le *couscous*, farine granulée de froment, d'orge, de sorgho ou même de gland, que l'on place dans un vase en terre percé de trous et que cuit lentement la vapeur d'une sorte de pot-au-feu. Une sauce très pimentée accompagne toujours le couscous, que l'on sert sur un grand plat où chacun puise avec sa cuiller. La sobriété des Kabyles est extrême, mais à l'occasion leur gloutonnerie n'est pas moindre. Ils sont surtout pauvres ou économes jusqu'à la rapacité. Leurs maisons sans fenêtres et sans cheminées, où ils couchent sur des nattes à côté de leurs bestiaux, sont sordides et malsaines. Leurs rues étroites sont encombrées d'immondices. Mais leurs villages blancs aux toits rouges à demi cachés dans une corbeille de verdure et de fleurs sont, de loin, charmants et pittoresques.

Agriculture et industrie des Kabyles. — Les Kabyles sont des *cultivateurs* intrépides, ingénieux et têtus. Comme leur population est *très dense*, très serrée, ils ont soin de ne rien laisser perdre dans leurs montagnes. Ils profitent des moindres parcelles de terre, et l'on en voit, attachés avec des cordes, ensemencer ou moissonner le rebord de quelque précipice. C'est aussi pour économiser le sol arable et par mesure de défense qu'ils ont construit leurs habitations sur les cimes rocheuses et stériles. Des chemins muletiers, tout juste assez larges pour le passage d'un animal chargé, suivent les crêtes, longent les flancs des vallées, unissent économiquement entre eux tous les villages. Outre les diverses céréales, ils cultivent les courges, les melons, les tomates et divers légumes, tels que fèves, haricots, artichauts. Ils ont beaucoup de figuiers, des poiriers, pruniers, abricotiers, grenadiers. Ils fabriquent, mais par des procédés grossiers, une huile qui pourrait être excellente. Ils ne font pas de vin, mais récoltent le raisin pour le manger. Ils donnent à leurs bestiaux les feuilles des frênes. Ils élèvent des volailles, des abeilles. Ils sont habiles à irriguer leurs champs, à maçonner leurs murailles, à forger leurs outils, à préparer leurs peaux dont ils font des outres, des selles, des courroies, des tabliers de cuir. Leurs femmes tissent les vêtements de toute la famille. Ils fabriquent encore des bijoux, des poteries, des fusils, de la poudre et même autrefois ils fabriquaient de la fausse monnaie. Comme tous les montagnards, ils descendent volontiers dans la plaine, se font colporteurs, louent leurs bras pour les moissons, ou s'engagent, moyennant une paye, comme soldats dans les corps indigènes.

Institutions des Kabyles. — *Kébaïl*, d'où nous avons fait le nom de Kabyles, signifie confédération, tribu. L'élément essentiel de chaque tribu kabyle est le village ou *taddert*. C'était autrefois une sorte de petite république autonome, divisée en quartiers ou *karouba*, administrée par la *Djemâa*, véritable conseil communal composé des *Amîn* ou pères de famille, et qui jugeait d'après la coutume ou *kanoun*. Un esprit étroit de solidarité unit les habitants de chaque village; le pauvre est secouru fraternellement. L'hospitalité est un devoir non moins sacré que la charité. La promesse de secours, la protection jurée même à un étranger, l'*anaïa*, n'a jamais été violée. Mais la vengeance est un droit, comme chez les Corses, et parfois elle s'exerce terriblement: c'est la *rebka*. Les femmes jouissent d'une certaine liberté, se montrent à visage découvert, ont de l'influence dans la famille.

Des dissensions perpétuelles troublent les communautés kabyles : il est rare que le moindre hameau ne soit point partagé en deux camps, en deux partis ennemis ou *çofs*. Les chefs de ces çofs sont d'ordinaire des chefs de familles d'origine noble, dont la clientèle est nombreuse et puissante. Les *marabouts* ou chefs religieux exerçaient aussi autrefois une grande autorité qui décline aujourd'hui, et dont la décadence profite malheureusement aux progrès des confréries religieuses. Il y a donc chez les Kabyles un bizarre mélange d'institutions disparates qui rappellent notre moyen âge et ne semblent avoir réussi jusqu'à ce jour qu'à organiser l'*anarchie*. La paix française est un bienfait nécessaire en Kabylie plus que partout ailleurs. Mais il faudra du temps avant que les Kabyles s'y soumettent de leur plein gré.

Autres tribus sédentaires du Tell. — Les indigènes sont fixés au sol et manifestement de race berbère dans plusieurs autres régions du Tell : dans la *Petite Kabylie*, amas de montagnes pittoresques (Biban, Babor) qui s'étendent entre Bougie, Philippeville et Sétif; dans le *Dahra*, fertile massif compris entre le Chélif et la mer, à l'ouest d'Alger et au sud de Cherchel et Tenès; dans l'*Ouarsenis*, au sud du Chélif, entre Boghar, Orléansville et Mascara; dans les *Traras*, au sud de Nemours; d'une manière générale, dans toutes les montagnes cultivables. Hors du Tell, les indigènes sont également sédentaires dans l'Aurès et dans les oasis du Sahara.

L'Aurès et les Aurasiens. — Au sud de Batna s'étendent obliquement les plis serrés de l'*Aurès*, le massif le plus élevé de toute l'Algérie. Là aussi habitent des Berbères que l'on peut considérer comme sédentaires, les Aurasiens. Bien qu'ils se nomment eux-mêmes *Chaouïa* ou gardeurs de moutons et qu'ils se promènent volontiers, ils sont agriculteurs, comme leurs frères les Kabyles. Ils ont des jardins, ils cultivent des céréales dans leurs belles vallées, fertiles surtout dans l'Aurès septentrional. Ils construisent leurs villages, dont les maisons en pisé et à terrasses se confondent presque avec le sol par leur couleur rougeâtre, sur les flancs ou sur les sommets de la montagne. Jadis préoccupés avant tout de se garder et de se défendre, ils avaient élevé des *guelâa* ou tours de guet, qui ne servent plus guère aujourd'hui que de lieux de dépôt et de magasins. Ils possèdent enfin, sur les plateaux, d'immenses pâturages qui sont leur principale richesse. Malheureusement, en dépit de la neige qui tombe chaque hiver, l'eau n'est pas très abondante, le pays s'assèche, et lentement les cèdres qui couvraient autrefois les pentes de l'Aurès dépérissent ou meurent. La craie, l'argile apparaissent de plus en plus dans toute leur nudité. Les Chaouïa ont des institutions très semblables à celles des Kabyles. Ils ont conservé des usages et des fêtes qui rappellent les temps de Rome et du christianisme.

Ksouriens. — On appelle *ksar* au singulier, *ksour* au pluriel, les villages des oasis situées soit dans les vallées de la chaîne saharienne, soit dans les *Dayas* ou dépressions du Sahara proprement dit. Les habitants, de race berbère, mêlée de sang nègre et quelquefois arabe, sont les *Ksouriens*. L'oasis, ceinte d'une muraille en terre, est divisée en *jardins* séparés de même. A l'ombre des *palmiers dattiers*, dont la tête s'étale dans l'air embrasé, verdoie toute une forêt d'arbres fruitiers, tandis que le sol lui-même est planté de légumes ou de céréales. Partout l'eau circule en canaux savamment distribués, répand la fraîcheur et la vie. Mais il faut un rude travail pour puiser l'eau, tantôt dérivée des réservoirs de la montagne par des conduites souterraines, tantôt péniblement atteinte à travers le sable, l'argile, le grès, par des *puits* profonds. C'est la tâche des Ksouriens, presque toujours métayers ou *khammès* de maîtres et seigneurs puissants, chefs de tribus nomades, qui viennent à époque fixe visiter leurs domaines. Pour ne pas empiéter sur le terrain irrigué et résister plus aisément aux hordes pillardes qui parcourent le désert, le ksar est construit sur une éminence, hors de l'oasis. Les murailles crénelées, les tours, les maisons couvertes de terrasses sont en pisé. Les rues sont étroites et sales. Les Ksouriens, affaiblis par un travail excessif et par un séjour continuel dans l'air humide et fiévreux de l'oasis, sujets à des ophtalmies causées par les sables qu'apporte le *simoun* ou vent du désert, sont d'ordinaire misérables et craintifs.

Tels sont, dans la province d'Oran, les habitants des monts des Ksour, sujets des Ouled-Sidi-Cheikh; dans celle d'Alger, ceux du Djebel-Amour et de Laghouat; dans celle de Constantine, les indigènes des Ziban et de Biskra, de l'oued Righ et de Tougourt, du Souf avec El-Oued, enfin d'Ouargla où les nègres du Soudan sont en majorité. Opprimés depuis des siècles, les Ksouriens sont en secret tous plus ou moins favorables à la France.

Les Mzabites. — Les indigènes du *Mzab* sont des Ksouriens aussi; mais ils forment comme un petit peuple à part, et ils ne sont soumis que depuis 1882 à notre domination. Leurs oasis sont cachées en plein désert entre Laghouat et El-Goléa, dans cette région pierreuse et désolée située au sud de celle des Dayas et qu'on nomme la *Chebkha*. Les travaux qu'ils ont accomplis pour retenir les eaux des pluies et alimenter leurs palmiers sont vraiment incroyables. Rien n'égale leur énergie, leur patience, leur économie, leur discipline. Affiliés à une secte musulmane dissidente, celle des *Ibadites*, très attachés aux pratiques religieuses, ils sont gouvernés *théocratiquement*, et forment une sorte de grande confrérie puritaine. Mais leur mysticisme s'allie à un esprit très pratique et à un remarquable instinct du négoce. Beaucoup d'entre eux, laissant leurs femmes et leurs enfants au village, émigrent dans les villes du Tell. Facilement reconnaissables à leur teint mat, à leur tête carrée, à leur regard doux et fin, à leur tunique rayée comme une chasuble de dessins multicolores, ils vendent du charbon, des légumes, de l'épicerie, et, quand ils ont amassé un petit pécule, ils retournent avec joie dans leurs jardins et sous leurs palmiers. Ils se sont résignés sans grande difficulté à l'occupation française, qui a mis fin à leurs dissensions intestines, et ils pourront devenir des agents précieux de notre civilisation.

Les Nomades. — Le contraste est grand entre les indigènes sédentaires et les indigènes nomades. Rien ne ressemble moins à un village du Djurjura ou à un ksar du Mzab qu'une *tribu en marche* dans le désert avec ses chameaux portant les outres, les tentes, les ustensiles de ménage, avec ses troupeaux bêlants, harcelés dans la poussière par les chiens, avec son escorte de cavaliers sauvages aux burnous flottants et aux longs fusils, tandis que les femmes portant leurs enfants sur le dos suivent péniblement à pied. Arrivée auprès d'un puits ou d'une source, à portée de pâturages encore verdoyants, la caravane s'arrête. Chaque *douar* dresse ses tentes, et, le soir venu, on allume des feux pour écarter les fauves et les voleurs. Les hommes ne ferment pas l'œil de la nuit. A l'aube ils s'endorment; les enfants s'éveillent, ils se roulent nus et jouent sur le sable; les jeunes bergers s'écartent avec leurs bêtes; les femmes vont chercher de l'eau, du bois, tissent les cordes en poil de chameau, les étoffes de laine grossière, préparent le repas de leurs maris. Du lait, des galettes de farine, des dattes sèches, du couscous, plus rarement et dans les grandes occasions un mouton rôti, pour boisson de l'eau pure, tel est le régime des nomades. Toujours en marche, l'hiver dans le Sahara, l'été sur les hauts plateaux, ils ont horreur d'un toit, ils méprisent le citadin et tout leur est prison, hors la double immensité du désert et du ciel.

Parmi ces nomades, dont la race est très mélangée, on rencontre encore, surtout chez les grands chefs du Sud, le *type pur sémite*. L'Arabe véritable est aisément reconnaissable. Il est maigre, svelte, il a le visage ovale et blanc, mais hâlé par le soleil, le nez aquilin, l'œil cave, le regard vif, les lèvres minces, les dents d'une blancheur éclatante, la barbe noire et frisée. Il séduit par sa beauté, qui a quelque analogie avec celle des félins (lions, tigres ou chats), par l'aisance, la souplesse de ses mouvements, la gravité majestueuse et la noble simplicité de son maintien, l'ample élégance du burnous qui le drape, du *haïk* qui encadre sa figure. Il a l'intelligence subtile, il est observateur patient, réfléchi, et il n'en a pas moins la passion du merveilleux. Il est terrible en sa colère, capable des plus basses hypocrisies comme des plus cruelles vengeances, et pourtant esclave de la foi jurée. Alors même qu'il est menteur effronté, voleur, pillard, assassin, il a une telle assurance, un tel mépris de la vie, qu'il n'est jamais vulgaire. Cavalier admirable et s'il le faut piéton infatigable, capable de supporter les plus dures privations, brave jusqu'à la folie, il est *fait pour la guerre*, et il peut être pour notre armée un auxiliaire excellent, à condition qu'on ne se livre jamais à lui et qu'on soit toujours prêt à réprimer ses velléités de révolte, car il obéit volontiers, mais seulement à plus fort que lui.

Les Touareg. — Un type de la vie nomade non moins curieux que l'Arabe « de grande tente » est celui des Berbères *Imôhgagh*, vulgairement appelés *Touareg*[1], trop connus chez nous par le massacre de la mission Flatters, et qui étendent leurs parcours jusqu'à ceux de nos grandes tribus sahariennes. Le *Targui* (singulier de Touareg) est grand, maigre, mais d'une rare vigueur de muscles. Il porte, comme nos pères les Gaulois, une longue blouse et un pantalon de cotonnade bleu foncé et lustré. Les chefs seulement ajoutent à ces vêtements un burnous de couleur noire ou rouge et un haïk blanc, empruntés à la mode arabe. Le *voile* est la pièce caractéristique du costume targui ; c'est une bande d'étoffe qui enroule la tête et le visage de manière à ne laisser voir que les yeux; elle sert d e préservatif contre le sable, le vent et le soleil. La monture des Touareg est le *mehari* (plur. *mahara*) ou dromadaire de course, dont la rapidité et la sobriété sont extraordinaires. Les Touareg sont armés d'une longue *épée*, d'une *lance*, d'un *poignard* et d'un *bouclier* carré. Ils forment une aristocratie orgueilleuse et impitoyable ; ils ont des esclaves noirs, des tributaires et des serfs; ils possèdent d'immenses troupeaux; ils font payer des redevances aux caravanes et les rançonnent ou les pillent. Ils n'admettent pas la polygamie. Leurs femmes sont influentes, respectées ; elles savent pour la plupart lire et écrire. Ils sont braves, rusés, patients, hospitaliers et féroces.

---

1. *Touareg* signifie apostats. C'est le nom donné aux Imòhgagh par les Arabes, qui ne leur pardonnent pas d'avoir renié plusieurs fois la religion musulmane.

Les semi-nomades. — Entre les nomades purs et les sédentaires, il y a un grand nombre d'indigènes algériens qui sont à la fois, et suivant la saison, sédentaires ou nomades. Lorsque le froid et la neige les chassent des hauts plateaux, ils descendent avec leurs troupeaux dans le Tell et y prennent leurs quartiers d'hiver. Ils se construisent alors de misérables huttes ou *gourbis*, sorte d'intermédiaires entre la tente et la maison. Ils se hâtent de gratter le sol avec leur charrue de bois, en contournant et en évitant soigneusement d'arracher les buissons ou les palmiers nains qui les gênent. Ils sèment de l'orge, du blé. Puis, dès que leur moisson est faite, ils remontent vers les hauts plateaux. Ils suivent ainsi chaque année des *parcours réguliers* et parfaitement connus d'avance. Il arrive aussi que quelques familles se fixent définitivement auprès de nos colons, qui les emploient comme travailleurs de terre. On voit alors leurs gourbis sordides, entourés de débris et d'immondices, blottis dans quelque pli de terrain, à l'écart de la ferme. Lorsque l'ordure et les parasites les incommodent par trop, ils abandonnent la place et vont s'établir un peu plus loin. Ainsi, même fixés au sol, ils conservent toujours un reste de leurs instincts vagabonds. On ne modifie pas en un jour des habitudes transmises de génération en génération par une longue hérédité. Le temps, l'exemple, l'instruction parviendront seuls à transformer en agriculteurs véritables tous les indigènes du Tell. Quant aux nomades sahariens, ils ne pourraient vivre sans leurs troupeaux, et leurs troupeaux ne peuvent subsister qu'en se déplaçant de pâturage en pâturage. Sauf dans les oasis, le désert n'admet que la vie nomade.

Organisation sociale des indigènes : la tribu. — Les indigènes algériens, à part 30 000 juifs et quelques nègres à demi fétichistes, sont tous musulmans. On sait que le **Coran** n'est pas seulement la *loi religieuse*, mais aussi la *loi civile* des peuples islamiques. Toutefois il n'a pas créé de toutes pièces l'organisation sociale des indigènes algériens ; il n'a fait que la régulariser et la consacrer ; et c'est peut-être parce qu'il répondait en grande partie à leur situation et à leurs tendances qu'il a été si facilement adopté par eux au huitième siècle. Or, chez les peuples primitifs, la division politique naturelle est la *tribu*, et le pouvoir y appartient, après Dieu, au *père de famille*. Ce régime patriarcal, auquel s'adaptent si bien les préceptes de Mahomet, est encore aujourd'hui prépondérant chez nos indigènes algériens. La tribu se compose chez eux de 100 à 500 tentes. Chaque tente représente en moyenne quatre ou cinq personnes. Une réunion de dix à trente tentes forme le *Douar*. On entend par tribu l'ensemble de tous les fils, cousins, neveux, petits-fils, petits-cousins, petits-neveux, parents, obéissant, eux, leurs femmes, leurs enfants, leurs esclaves et leurs clients à un même père de famille. Ainsi conçue, la famille est une association pour la vie en commun: c'est la famille biblique. Son chef, le *caïd*, exerce à la fois tous les pouvoirs, et, bien qu'il soit devenu sous notre domination un simple fonctionnaire, il est toujours considéré par nous comme le représentant responsable de toute sa tribu. Lorsque la tribu est trop nombreuse, elle se divise en *fractions* qui sont commandées par des *cheiks* (vieillards). Même chez les Kabyles la tribu existe, avec cette différence que le douar, fixé au sol et devenu village, a pris par cela même une importance telle qu'il a fait perdre de vue les antiques liens unissant entre eux les membres de la même tribu.

La famille. — L'autorité du père de famille est, en théorie, toute-puissante sur ses femmes et sur ses enfants. En réalité, les sentiments naturels et les conditions ordinaires de la vie tempèrent ce que cette tyrannie légale comporterait d'abusif. Si le père, soucieux avant tout d'assurer la perpétuité de sa race, professe un dédain visible pour ses filles, il a une tendresse marquée et souvent touchante pour ses garçons. Si le mari achète sa femme, il est rare que sa fortune lui permette la *polygamie*. La femme, assujettie aux plus durs travaux chez le nomade, qui mène lui-même une rude existence, a du moins une certaine liberté d'allures, elle n'est ni enfermée, ni voilée. Dans les villes, elle est condamnée à une reclusion presque continuelle et ne doit montrer son visage qu'à ses proches; mais elle exerce alors dans sa maison une influence qui, pour être cachée, n'en est pas moins réelle. Elle est souvent écoutée de son mari, qui la consulte, et respectée de ses enfants. La corruption des mœurs, qui rend les divorces fréquents ou entraîne des abus de sensualité plus odieux, l'ignorance grossière ou la brutalité, bien plus que les lois ou les coutumes, telles sont les véritables causes de l'infériorité de la société musulmane.

La propriété. — Il y a chez les indigènes algériens plusieurs sortes de propriété. Les biens *habous* sont les biens de mainmorte, dont le revenu servait jadis à l'entretien des mosquées et des autres établissements religieux. Tels étaient chez nous les possessions du clergé avant 1789. Les terres du *beylic* ou *beylicales*, également inaliénables, appartenaient au prince qui en avait l'usufruit; elles sont l'équivalent de nos biens domaniaux. La propriété *arch* est la propriété commune à l'ensemble des familles de chaque tribu; elle est donc très analogue à nos biens communaux. Enfin les biens *melk* constituent de véritables propriétés personnelles et individuelles. Malheureusement, à l'inverse de ce qui existe dans nos sociétés civilisées, l'arch est la *règle*, tandis que le melk est *l'exception*. La possession de la majorité des terres par les tribus à l'état de territoires indivis est un des principaux obstacles qui s'opposent au développement économique du pays.

Les Marabouts. — A côté de l'aristocratie purement militaire qui est d'origine arabe ou se dit telle, l'influence appartient dans le monde indigène aux descendants plus ou moins authentiques du Prophète, aux *Chorfa* (au sing. *chérif*), et aux marabouts dont l'origine remonte aux Almoravides. Comme il n'y a pas à proprement parler de clergé chez les musulmans, et que tout le monde peut être *iman*, c'est-à-dire chef de la prière, les marabouts tiennent lieu de prêtres. Ce sont des religieux dont la famille se rattache à quelque saint personnage et qui, spéculant sur la vénération des fidèles, vivent de quêtes, d'aumônes et de dons prétendus volontaires. Ils dirigent les zaouias, véritables foyers de propagande religieuse et politique, sortes d'écoles et de séminaires servant aussi de lieux d'asile pour les voyageurs, d'hospices et de sanctuaires qui donnent lieu à des pèlerinages périodiques[1].

Comme nos religieux et nos religieuses, les marabouts appartiennent à des ordres divers. Les ordres les plus répandus en Algérie sont : 1° celui de *Moulaï Taïeb* dont le chef réside à Tanger, au Maroc; le père de ce chef, le chérif d'Ouezzan, est favorable à la France; 2° celui de *Tedjini*, dont le centre est dans l'oasis d'Aïn-Mahdi, à 50 kilomètres à l'ouest de Laghouat, et qui a une succursale très importante à Temacin dans l'Oued Righ; il est prépondérant en Tunisie et vit en bons termes avec l'autorité française; 3° celui d'*Abd er Rhaman*, qui domine en Kabylie; d'après la légende, le corps de son fondateur s'est miraculeusement dédoublé et repose à la fois au Hamma, près d'Alger, et chez les Beni Ismaïl, dans le Djurjura. Parmi les autres ordres, celui qui nous est particulièrement hostile est celui des *Senoussiâ*, qui vit en Algérie à l'état de société secrète et a établi son quartier général loin de tout contact chrétien, dans la Tripolitaine; il cherche à englober les autres ordres et il est le promoteur principal du panislamisme.

Le chef d'un ordre porte le titre de *cheik*. Ses adeptes ou *khouan* (frères) se reconnaissent entre eux à la forme de leur chapelet et à un certain mot de passe. Ils doivent aux instructions de leur cheik une déférence absolue : la célèbre formule d'obéissance qui fait partie de la règle des jésuites : *perinde ac cadaver* (tu dois obéir comme un cadavre), est depuis longtemps familière aux membres des confréries musulmanes, avec une expression de réalisme plus énergique : « Sois comme le cadavre sous la main du laveur des morts. » Le fanatisme musulman

---

1. Par extension, on appelle aussi en Algérie *marabouts* les petites chapelles, blanchies à la chaux, élevées d'ordinaire au sommet des collines, sur la tombe de pieux musulmans morts en odeur de sainteté.

attisé par quelques-uns de ces ordres religieux est l'un des dangers les plus sérieux qui nous menacent en Algérie.

Les Aïssaoua. — L'ordre de *Sidi Mohammed ben Aïssa*, originaire du Maroc, est le plus connu de tous ; c'est heureusement l'un des moins nombreux. Ses adeptes se livrent en effet à des excentricités répugnantes : elles relèvent de la pathologie plutôt qu'elles n'intéressent la politique ou la religion. Les *Aïssaoua*, réunis le soir, à la lueur de quelques lampes, dans une mosquée ou une maison écartée, s'entraînent d'abord, aux sons d'une musique barbare, dans une danse sauvage. Ils se penchent, se relèvent, remuent la tête avec une rapidité croissante et arrivent peu à peu à une sorte d'insensibilité et d'ivresse qui a quelque analogie avec l'hypnotisme. Saisis alors de délire, ils poussent des rugissements, s'enfoncent des aiguilles dans les bras, les joues, la langue, marchent sur des lames de fer rougies à blanc, broient entre leurs mâchoires des morceaux de verre. Ils veulent démontrer ainsi sans doute qu'ils sont capables de tout souffrir pour l'Islam. On a réclamé avec raison l'interdiction de ces pratiques odieuses dont le spectacle peut certainement être contagieux.

Les Maures. — A côté de la grande masse indigène, les Maures forment dans les villes une population à part. Ils sont probablement issus du mélange de toutes les races qui ont successivement peuplé les rivages africains et, en dernier lieu, des *Mores* chassés d'Espagne par Philippe III et à qui ils doivent leur nom, comme ceux-ci avaient emprunté le leur au Maroc, leur patrie d'origine. Il ne faudrait donc pas les considérer comme les descendants directs de ces Maures dont parle Salluste et qui se partageaient avec les Numides le sol de la Berbérie. Ils ont les traits réguliers, le teint blanc, la chevelure noire. Ils sont indolents, lymphatiques, dissolus, souvent obèses. Vêtus d'une large culotte bouffante, d'une veste étroite et collante, coiffés d'un turban, chaussés de babouches, assis nonchalamment devant leur boutique, les jambes croisées, ils vendent du tabac, des parfums, des bijoux, des étoffes. Quelques-uns exercent diverses fonctions dans l'administration. Le soir venu, ils vont s'enfermer dans leurs maisons soigneusement closes, ou ils regagnent sur une mule, jamais à pied, leurs fraîches villas, également impénétrables à tout regard indiscret. Affables, soupçonneux, rusés, ils n'ont rien ni de la rudesse du Kabyle, ni de la majesté farouche du nomade. A force de subir des maîtres, ils paraissent indifférents à toute domination. Le dévouement sincère leur est aussi difficile que la résistance armée.

Les Israélites. — Dès l'antiquité il y avait des Juifs dans l'Afrique du Nord. Ils s'y maintinrent pendant le moyen âge et furent renforcés, au quatorzième et au quinzième siècle, par une émigration de *Juifs d'Espagne* dont ils ont conservé les traditions et la langue. Persécutés par les Turcs, astreints à un costume spécial, parqués dans des quartiers misérables, ils ont été déformés par le malheur. Ils sont obséquieux et cauteleux. Éloignés systématiquement pendant des siècles de toute charge civile ou militaire, de toute profession relevée, ainsi que de la possession des terres, ils ont été obligés de s'adonner aux métiers inférieurs. Ils ont aussi pratiqué l'usure, qui leur a attiré la haine et le mépris des indigènes, et aujourd'hui ils ont une tendance à accaparer les terres par des prêts usuraires, pour les revendre à gros bénéfices ou les louer chèrement aux malheureux propriétaires dépossédés.

Couloughlis. — Ils sont issus de l'union des Turcs avec des femmes indigènes. Braves comme leurs pères, ils ont été d'utiles auxiliaires de la conquête française Ce sont des Couloughlis qui défendirent Tlemcen contre les entreprises d'Abd-el-Kader. Aujourd'hui ils disparaissent rapidement et se fondent dans la population maure.

Nègres. — Il n'y a pas de préjugé de couleur en Algérie. De tout temps, des nègres du Soudan étaient importés comme esclaves, soit dans les oasis du Sahara dont ils ont entièrement modifié la population, soit dans les tribus où ils étaient accueillis volontiers. L'esclavage est d'ailleurs très doux chez les musulmans. Des négresses devenaient fréquemment les épouses de leurs maîtres, et leurs fils naissaient libres. Aussi n'est-il pas rare de rencontrer des traces visibles de sang noir dans les familles indigènes. Aujourd'hui le commerce des esclaves est interdit, ce qui a contribué à éloigner de nos marchés du Sud, véritables ports du Sahara, les caravanes venant du Soudan. La population nègre, cessant d'être renouvelée, diminue, car elle résiste mal au climat du Tell et surtout des hauts plateaux. Dans nos villes algériennes, les nègres, grands enfants insouciants et futiles, exercent pourtant d'utiles métiers. Ils affectionnent particulièrement celui de blanchisseurs de bâtiments. Bien que musulmans, ils ont conservé certaines coutumes *fétichistes* : on les voit encore à Alger égorger, à certains jours, des poulets et des moutons, dans le quartier de Bab-el-Oued.

Diversité des races; unité de la religion et de la langue. — En résumé, l'Algérie, est bien près de former une tour de Babel par la diversité des types et des costumes, par la variété des mœurs et des usages, et c'est là, avec le charme de sa lumière, un de ses plus puissants attraits. Les indigènes y forment pourtant au fond une agglomération homogène. Si le patriotisme proprement dit leur est inconnu, s'ils ne peuvent s'élever dans leur conception sociale au-dessus de l'idée de famille, de village et de tribu ou de *çofs* rivaux, ils sont unis par des liens puissants, ceux de la religion et de la langue. Sauf les Juifs, qui sont à part, Berbères ou Arabes, Turcs, Coloughlis, Maures et nègres, nomades ou sédentaires, habitants des oasis ou des hauts plateaux, du rivage ou de la montagne, des cités ou du désert, tous reconnaissent pour loi l'*Islam*. Tous, à part un certain nombre de Kabyles qui ont conservé l'usage exclusif d'un dialecte berbère, entendent ou parlent l'*arabe*. Langue, religion, ces deux obstacles à la civilisation sont-ils invincibles? Peut-être, mais il est du devoir strict de la France qui a conquis l'Algérie, comme de son honneur national, de poursuivre la lutte qu'elle a entreprise par les armes, au profit de l'idéal moderne. Or, il n'est pas démontré que le Coran soit hostile au progrès, qu'il ne puisse pas s'accommoder, tout aussi bien que le christianisme, aux aspirations nouvelles de la conscience occidentale. Pourquoi, comme tout ce qui est humain, ne serait-il pas transformable? Laissons au temps, au pouvoir irrésistible des clartés scientifiques, à notre impartiale tolérance, le soin d'accomplir au sein de la religion du Prophète une lente et salutaire évolution. Reste la langue. Elle est par excellence la marque distinctive des nationalités. Tant que nous parlerons seuls français en Afrique et que la Berbérie continuera à parler arabe, il y aura deux peuples ennemis campés en face l'un de l'autre sur ce sol arrosé déjà par le sang de tant d'armées. Indigènes et colons ne se connaîtront pas, ne s'entendront pas. Il faut donc ENSEIGNER LE FRANÇAIS aux indigènes. L'ignorance du français, telle est cette nouvelle Carthage qui doit disparaître si nous voulons, plus humains que le vieux Caton, *conquérir pacifiquement* l'Algérie, après l'avoir domptée.

CHAPITRE III

GOUVERNEMENT ET ADMINISTRATION

Les débuts de l'administration française en Algérie (1830-1834). — L'Algérie a passé depuis 1830 par les régimes les plus divers, elle a subi toute sorte d'*expériences :* elle y a résisté. Tout d'abord on se contenta d'installer à Alger des fonctionnaires chargés d'y représenter les divers services publics de la métropole; ils furent bientôt placés sous la direction d'un fonctionnaire en chef ou *intendant civil*, assisté d'un conseil et relevant lui-même de l'autorité militaire. Quant aux indigènes, on les fit administrer par un *agha* (nom emprunté à l'administration turque), et cette charge fut d'abord confiée à un Maure d'Alger, puis à un officier supérieur de gendarmerie, ensuite à un chef arabe, enfin transférée, mais provisoirement, au bureau arabe, créé en 1832.

Les gouverneurs généraux militaires et les bureaux arabes. — L'Algérie avait déjà eu, en trois ans, quatre commandants en chef titulaires et deux intérimaires, lorsqu'une ordonnance royale, du 22 juillet 1833, institua un *gouverneur général* (militaire) des « Possessions françaises dans le nord de l'Afrique » (tel fut alors le nom officiel de la colonie). On lui confiait le commandement des troupes et toute l'administration du pays, en le subordonnant lui-même au ministre de la guerre. Le premier gouverneur général, le comte Drouet d'Erlon, s'empressa de supprimer le bureau arabe et de rétablir l'emploi d'agha, qu'il confia au lieutenant-colonel Marcy. « Le nouvel agha, assis à la turque et armé d'une longue pipe, tint ses audiences à Alger et remplaça à lui seul les officiers qui auparavant parcouraient les tribus en voyant les choses par eux-mêmes. » Cependant la *direction des affaires arabes*, rétablie en 1837, supprimée de nouveau en 1839, fut reconstituée par un arrêté du général Bugeaud, en date du 17 août 1841, et définitivement organisée. Ce fut l'*âge héroïque* de l'institution. Braves, énergiques, instruits, sachant la langue du pays, vivant au milieu des tribus, les officiers des bureaux arabes contribuèrent à la conquête, firent connaître l'Algérie, trouvèrent et employèrent avec succès la plupart des procédés de gouvernement dont on s'est servi depuis à l'égard des indigènes.

Premier essai de gouvernement civil (1848-1851). —En 1848, la majeure partie de l'Algérie était conquise; nombre de colons s'y étaient fixés. La seconde République comprit que l'Algérie n'était pas une colonie ordinaire, qu'elle devait un jour devenir une France africaine. Elle s'efforça de faire une part à l'*élément civil* dans son administration. Elle déclara l'Algérie *territoire français*, afin qu'elle fût régie désormais par des *lois* et non par

des ordonnances ou des décrets soustraits au contrôle des Chambres. Elle lui donna le droit d'élire trois *députés*[1].
Elle forma dans les anciennes *divisions* militaires — où l'on distinguait déjà, depuis 1845, les territoires civil, mixte et arabe, — trois *départements* (Alger, Oran et Constantine). L'administration du territoire civil fut confiée aux préfets, sous-préfets, commissaires civils et maires; celle du territoire militaire, à des généraux de division, à des chefs de subdivision, de cercle, d'annexe et aux chefs indigènes. Cette *double administration* répondait assez bien à la situation réelle de l'Algérie, où la paix succédait à la guerre, où les colons commençaient à prendre place à côté des indigènes. Préfets et généraux restaient d'ailleurs subordonnés au gouverneur général (militaire), qui, assisté d'un Conseil de gouvernement, continuait à relever du ministre de la guerre. Ce premier et timide essai de gouvernement civil ne devait pas avoir une longue durée.

Retour au régime militaire (1851-1858). — L'attentat du 2 décembre 1851 et la proclamation de l'Empire rétablirent en Algérie le *régime militaire*, au détriment d'une partie des libertés civiles de 1848. L'armée, qui n'avait plus d'Abd-el-Kader à combattre, fut chargée de surveiller les déportés politiques cantonnés dans la colonie. Ceux-ci contribuèrent d'ailleurs à y répandre les idées républicaines qui y sont demeurées si vivaces. Les officiers des *bureaux arabes*, n'ayant plus de dangers sérieux à courir, ni de grands services à rendre, se relâchèrent, devinrent des potentats fastueux, cherchèrent à s'affranchir de l'autorité militaire régulière, furent accusés de partager avec les grands chefs indigènes l'impôt levé sur les tribus. Le scandale de l'*affaire Doineau*, en 1857, révéla d'odieux abus dont le corps de ces officiers ne pouvait dans son ensemble être rendu responsable, mais qui excitèrent l'indigna-

---

1. L'Algérie est aujourd'hui représentée au Parlement français par trois sénateurs et six députés.

tion publique et donnèrent lieu aux plus vives polémiques.

Le ministère de l'Algérie (1858-1860). — Napoléon III crut faire à l'opinion une concession décisive en créant le *ministère* de l'Algérie et des colonies, qu'il confia à son cousin le prince Jérôme. Celui-ci, gouvernant de loin et sans aucune connaissance personnelle du pays, se laissa entraîner dans une réaction un peu hâtive contre le régime militaire. On lui doit pourtant, entre autres mesures utiles, la création de *conseils généraux* non élus, premier pas vers la représentation départementale.

Le royaume arabe (1860-1870). — Les protestations de l'armée furent bientôt si vives que Napoléon III se décida à visiter l'Algérie. Il y fut accueilli, entouré et bientôt accaparé par les généraux qui venaient de prendre part avec lui à la guerre d'Italie. Ceux-ci, presque tous anciens chefs de bureaux arabes, s'attachèrent à lui signaler les fautes qu'avaient pu commettre leurs successeurs civils. Ils lui masquèrent une partie du pays, tinrent les colons à l'écart, ne lui montrèrent que les indigènes, qui le séduisirent par l'éclat de leurs costumes et l'hyperbole de leurs louanges. L'empereur supprima le ministère de l'Algérie, nomma le général Pélissier gouverneur général avec des pouvoirs plus étendus que ses prédécesseurs, restaura les *bureaux arabes*; puis, dans une lettre restée célèbre et adressée au maréchal, le 6 février 1863, il écrivit ces mots qui provoquèrent chez les colons une explosion générale de colère : « *L'Algérie n'est pas une colonie proprement dite, mais un royaume arabe.* » Si la première partie de cette phrase exprimait une idée juste, l'expression de « royaume arabe » était malheureuse, et même, isolée du reste de la lettre qui en atténuait la portée, elle était fausse. Quant au sénatus-consulte d'avril-mai 1863, qui déclara les tribus « *propriétaires* des territoires dont elles avaient la jouissance permanente et traditionnelle à quelque titre que ce soit », on reconnaîtra plus tard, même en Algérie, lorsque la colonisation sera définitivement rentrée dans le régime du droit commun, que c'était un acte de justice. Alors il fut interprété comme l'arrêt de mort de la colonisation, et cette opinion habilement exploitée contribua à en arrêter l'essor. Mais l'insurrection des Ouled-Sidi-Cheik, l'impuissance de l'administration militaire à prévenir et à soulager l'horrible *famine* de 1867, qui causa la mort de 500 000 indigènes, les réclamations énergiques des colons, l'enquête du comte Le Hon en 1869, tout accabla bientôt le « royaume arabe », et le Corps législatif impérial lui-même en sanctionnait la déchéance par un vote presque unanime (avril 1870), quand éclata la guerre néfaste qui devait bientôt aboutir à Sedan et au siège de Paris.

Retour au régime civil (1870). — Après la chute de l'Empire, la troisième République, reprenant les traditions de 1848, restaura le *régime civil*. Le gouverneur prit le titre de *gouverneur général civil*. Les départements furent pourvus de *conseils généraux élus*. Malgré nos désastres sur le continent, malgré l'insurrection de Kabylie, l'organisation actuelle se régularisa peu à peu. Le contre-amiral Gueydon (1871-73) rétablit le conseil supérieur de gouvernement, s'efforça de constituer un corps d'administrateurs capables de remplacer en territoire civil les bureaux arabes. Son successeur, le général Chanzy (1873-79), rattacha au territoire civil un certain nombre de tribus du territoire militaire, commença l'application de la loi du 23 juillet 1873 qui ordonne la constitution de la propriété individuelle chez les indigènes. Enfin M. Albert Grévy, premier gouverneur véritablement civil, a été remplacé en 1831 par M. Tirman.

L'organisation actuelle : le gouvernement général. — Ainsi, au bout de cinquante ans d'expériences, le *régime civil*, qui est déjà, pour les colons au moins, le régime normal et régulier, après avoir été subordonné longtemps au régime militaire, puis en lutte avec lui, a fini par triompher. Désormais l'Algérie est bien véritablement un *prolongement de la France* au delà de la Méditerranée. Elle peut donc, en ce qui concerne la population européenne, être *assimilée* complètement et immédiatement à la France. Le simple jeu des institutions républicaines lui assure toutes les libertés compatibles avec l'unité de la République. Toutefois, en même temps qu'elle est terre française, elle reste, par sa population indigène, terre africaine, et l'état social des indigènes est si différent du nôtre qu'ils ne sauraient être soumis brusquement et sans transition à nos lois. En ce qui les concerne, l'assimilation de l'Algérie à la France ne saurait être que *progressive*. Leur hostilité contre nous exige même qu'une partie d'entre eux, habitant le voisinage de la frontière, restent placés sous l'autorité militaire et que tous soient soumis à une surveillance sévère, afin de prévenir toute rébellion de leur part et d'assurer la sécurité complète du pays. L'organisation administrative actuelle, qu'il est cependant toujours possible de perfectionner, répond assez bien à la situation. Elle affirme la solidité des liens politiques qui unissent l'Algérie à la France. Elle fait une part aux conditions spéciales créées par la présence de l'élément indigène, en conservant des pouvoirs étendus au gouverneur général et à l'autorité militaire.

Les décrets du 26 août 1881, dits de *rattachement*, ont rattaché les divers services de l'Algérie à leurs ministères respectifs. Toutefois le gouverneur conserve la haute direction des affaires, mais seulement en vertu de délégations spéciales que lui donne chacun des ministres. Il peut venir, en qualité de commissaire du gouvernement, défendre son administration devant les Chambres. D'autre part, il est assisté d'un *conseil supérieur de gouvernement* composé des chefs de service et de six conseillers généraux par département. Ces chefs de service sont : l'archevêque d'Alger, le recteur de l'académie, le premier président, le procureur général, le vice-amiral commandant de la marine, l'inspecteur général chargé du service des ponts et chaussées, l'inspecteur général chargé du service des finances, le général commandant le génie, les trois généraux commandant les divisions d'Alger, Oran et Constantine, les préfets des trois départements, le secrétaire général du gouvernement et quatre *conseillers de gouvernement*. Cette petite assemblée, qui se réunit chaque année en novembre, entend un exposé de la situation générale de l'Algérie présenté par le gouverneur; elle examine les états des dépenses afférentes à chaque ministère, qui sont ensuite soumises aux Chambres et votées par elles. D'autre part, les trois sénateurs et les six députés de l'Algérie constituent en fait, dans le sein du Parlement, une sorte de comité de défense des intérêts algériens.

L'administration départementale. — L'Algérie est divisée en *trois provinces*, comprenant chacune un territoire civil et un territoire militaire. Les territoires civils forment les *trois départements* qui correspondent d'une manière générale à la région du Tell. Les territoires militaires, embrassant la plus grande partie des Hauts Plateaux et du Sahara, sont répartis en *trois divisions militaires*, dont les chefs-lieux sont les mêmes que ceux des départements. Il y a quatorze subdivisions militaires qui sont, pour la division d'Alger : Alger, Dellys, Orléansville, Aumale et Médéa; pour la division d'Oran : Oran, Mascara et Tlemcen; pour la division de Constantine : Constantine, Sétif, Bône et Batna. L'administration des départements est à peu près semblable à celle des autres départements français. Les préfets sont assistés de conseils généraux élus par les citoyens français ou naturalisés français; les musulmans sont représentés dans ces conseils par des *assesseurs;* mais, par une anomalie désormais peu justifiable, ces assesseurs ne sont pas élus : ils sont désignés par le gouvernement général. Il y a seize arrondissements, mais pas de conseils d'arrondissement, parce que les contributions directes, n'existant pas dans le pays, ne peuvent donner lieu à des réclamations, et que chez nous l'examen de ces réclamations constitue la principale attribution des conseils d'arrondissement. Les sous-préfectures du département d'ALGER sont : *Miliana, Médéa, Orléansville* et *Tizi-Ouzou;* celles du département d'ORAN : *Mascara, Mostaganem, Sidi-Bel-Abbès* et *Tlemcen;* celles du département de CONSTANTINE : *Bône, Bougie, Guelma, Philippeville, Sétif* et *Batna*. Il est question de dédoubler chaque département par la création des nouveaux départements du Chélif, de la Kabylie et de la Seybouse. Ce projet semble conforme aux données de la géographie, qui nous montre l'Algérie divisée en régions naturelles de pénétration. Il est donc favorable également aux intérêts généraux et au développement normal de la colonie; mais il se heurte à des oppositions locales qui l'ont fait provisoirement ajourner. Ses adversaires céderont tôt ou tard sans doute à des vues plus exactes et plus impartiales.

L'administration communale. — Il y a en Algérie trois sortes de communes : les communes de plein exercice, les communes mixtes et les communes indigènes.
— 1° Les *communes de plein exercice* ont une organisation très semblable à nos communes de France. Ce sont des centres de population européenne, administrés par un maire élu et par un conseil municipal également élu. Jusqu'à ces derniers temps, les musulmans et les étrangers nommaient des délégués chargés de les représenter dans les assemblées municipales. Ce droit, très légitimement accordé aux indigènes, a été avec non moins de raison retiré récemment aux étrangers; car ceux-là, fixés dans le pays, sont, à part leur statut personnel, des *citoyens français*, tandis que ceux-ci, bénéficiant des avantages de leur séjour passager en Algérie, mais n'y ayant aucune attache nationale, n'ont aucun droit à s'y mêler de nos affaires.
— 2° Les *communes mixtes* sont celles où la colonisation n'a encore pénétré que faiblement; elles comprennent un territoire très étendu (de 20 000 à 180 000 hectares), souvent aussi vaste que celui d'un arrondissement de France, et sont surtout peuplées d'indigènes (de 10 000 à 20 000 habitants). Elles sont régies par des *administrateurs civils* qui ont remplacé les anciens bureaux arabes. Chaque douar indigène a son conseil ou *djemâa*. Les administrateurs sont assistés d'une *commission municipale* composée des *présidents des djemâas* et des notables européens. Le personnel de ces administrateurs, improvisé en quelques années, a d'abord laissé beaucoup à désirer; mais il se forme peu à peu et pourra devenir

excellent. — 3° Les *communes indigènes*, analogues aux communes mixtes, mais peuplées exclusivement d'indigènes, à quelques exceptions près, sont administrées militairement et font partie, avec un petit nombre de communes mixtes, des territoires militaires. Le gouvernement général s'efforce d'étendre peu à peu le régime civil à toute l'Algérie; mais ce n'est pas une œuvre qu'il soit facile d'accomplir en un jour ni sans ménagement.

Difficultés spéciales à l'administration algérienne. — Telles sont les principales divisions administratives de l'Algérie. Pour bien comprendre l'importance et la difficulté de notre œuvre civilisatrice en ce pays, il faut se rappeler que les mêmes mots n'ont pas toujours une signification identique des deux côtés de la Méditerranée, que l'Algérie est peuplée de 3 300 000 habitants répartis sur une surface plus grande que celle de la France, que par conséquent toutes les circonscriptions administratives sont en Algérie très étendues, avec une population relativement considérable, mais très clairsemée. De là toute sorte de difficultés inconnues à nos administrateurs de France. Ainsi, chez nous, la région des Alpes tout entière, avec la Corse, mais sans le Rhône, c'est-à-dire la Provence, le Dauphiné et la Savoie réunis à la Corse, sont peuplés comme l'Algérie d'environ 3 300 000 habitants. Mais cette région du sud-est comprend *onze* départements, et l'Algérie n'en a que TROIS; *trente-neuf* arrondissements, et l'Algérie n'en a que SEIZE ; près de *trois mille* communes, et l'Algérie n'en a que TROIS CENT DIX; si bien que la moyenne de la population de *chaque commune* est en Algérie de ONZE MILLE habitants, tandis qu'elle ne dépasse guère *onze cents* dans le sud-est de la France. Exigerait-on qu'un maire français surveillât et administrât onze mille personnes disséminées sur un territoire grand comme un arrondissement? C'est la tâche moyenne imposée aux maires et administrateurs algériens. Quoi d'étonnant si quelques-uns restent au-dessous de leur tâche?

Naturalisation et état civil. — Les *étrangers européens* qui demandent la naturalisation française sont assez nombreux (487 pendant les neuf premiers mois de 1885).

En vertu d'une convention consulaire signée avec le gouvernement espagnol, les jeunes Espagnols en Algérie sont considérés comme optants pour la naturalisation française si, à l'époque de leur majorité, ils ne se rendent point en Espagne pour y satisfaire à la loi du recrutement. Il était même récemment question de déclarer français de plein droit, sauf revendication contraire de leur part, dans l'année qui suit leur majorité, tous les jeunes gens nés sur le sol algérien de parents étrangers. Il est fâcheux que ce projet de loi n'ait pas été accueilli par le garde des sceaux.

Les *indigènes* musulmans, bien que considérés comme citoyens français, ne jouissent des droits politiques attachés à cette qualité que s'ils se font naturaliser. Mais ceux qui consentent ainsi à abandonner leur statut personnel sont très peu nombreux (45 pendant les neuf premiers mois de 1885), et ils sont considérés comme des renégats par leurs compatriotes. D'autre part, l'identité des indigènes musulmans est assez difficile à établir, les noms de famille n'existant pas chez eux. La loi du 23 mars 1882 a prescrit la constitution de leur état civil. Elle n'est pas encore appliquée.

Un décret prématuré, signé en 1870, à l'instigation de M. Crémieux par le gouvernement de la Défense nationale, a accordé en bloc à tous les Israélites indigènes la qualité de citoyens français. Cette mesure nous a beaucoup nui dans l'esprit des musulmans, mais elle ne saurait aujourd'hui être rapportée sans injustice. Les Israélites naturalisés s'efforcent d'ailleurs de justifier le privilège que nous leur avons concédé en s'initiant rapidement à notre civilisation.

L'armée et la sécurité. — L'armée d'Algérie, qui forme le 19° corps, est forte de cinquante mille hommes environ[1], sans y comprendre les *goums* ou milices indigènes.

---

1. Elle renferme des corps spéciaux à l'Algérie : dans l'infanterie, les 4 régiments de zouaves, la légion étrangère, les 3 bataillons d'infanterie légère d'Afrique, les 3 régiments de tirailleurs algériens

La gendarmerie comprend 197 brigades à pied ou à cheval et 9 postes provisoires.

Les jeunes soldats français d'Algérie et les jeunes Espagnols qui n'optent pas pour la nationalité espagnole ne restent qu'un an ou même six mois sous les drapeaux. Ils reçoivent leur instruction militaire en Algérie, sauf les Israélites indigènes qui sont envoyés dans le midi de la France. Ils passent ensuite dans la réserve. En cas de guerre, tous les hommes valides peuvent faire partie de l'armée territoriale. Des armes et des munitions sont distribuées, même en temps de paix, aux communes dépourvues de garnison. Cette organisation paraît insuffisante et pourrait être complétée par le rétablissement de l'ancienne *milice*.

La surveillance la plus attentive doit être exercée, surtout dans les tribus éloignées, pour prévenir toute tentative d'insurrection. Les crimes contre les personnes et surtout les attentats contre les propriétés sont nombreux, et leur chiffre, enregistré par les statistiques, s'élève à mesure qu'ils sont mieux connus, que la population s'accroit et que les points de contact se multiplient entre indigènes et colons. La police des villes est encore insuffisante. La désagrégation des tribus qui passent par fractions sous notre administration directe, le séquestre de certaines terres qui a réduit au prolétariat des tribus insurgées en 1871, et même des achats légaux dont le produit bientôt dissipé a laissé sans ressources d'anciens propriétaires indigènes, telles sont les causes principales du vagabondage et de la mendicité, conseillers trop ordinaires du vol et du meurtre. Toutefois les pires vagabonds sont les soldats de cette *armée roulante*, écume de toutes les nationalités, qui n'a pas encore disparu du sol algérien. La loi des récidivistes sera contre eux une arme puissante et sans doute efficace. Le gouvernement général a pris une mesure excellente en ordonnant en principe

ou *turcos* qui se recrutent parmi les indigènes. Dans la cavalerie, les 4 régiments de chasseurs d'Afrique et les 3 régiments de *spahis*; ceux-ci sont des indigènes.

l'expulsion de tout étranger condamné à plus de huit jours de prison. La responsabilité collective, qui est encore appliquée en matière d'incendies forestiers, est injuste et illusoire. A mesure que la nouvelle administration civile sera mieux assise, et mieux informée, que les colons observeront plus complètement dans leurs rapports avec les indigènes les lois d'une bienveillante équité, que les moyens de communication se multiplieront, que l'aisance et l'instruction se répandront, la sécurité augmentera. Somme toute, elle n'est pas plus mauvaise qu'en beaucoup de régions civilisées, et il est infiniment plus sûr de parcourir les montagnes ou les déserts d'Algérie que la banlieue de nos grandes villes.

Justice européenne. — Il y a, depuis 1854, une cour d'appel à Alger.

Quatre cours d'assises sont établies, depuis 1870, à Alger, Oran, Constantine et Bône. Elles siègent presque en permanence, à cause de l'immense étendue de leur ressort. Il a fallu diminuer le nombre réglementaire des jurés, afin de rendre l'accomplissement de leur devoir civique moins dur et moins onéreux aux colons. Les tribunaux de première instance sont au nombre de seize; il y a quatre tribunaux de commerce et cent cinq juges de paix (dont six militaires). Ces derniers magistrats ont des attributions bien plus larges qu'en France; ils sont presque tous *à compétence étendue*, c'est-à-dire qu'ils jugent en dernier ressort les contestations dont la valeur atteint jusqu'à 500 francs, et qu'ils connaissent des délits dont la punition peut aller jusqu'à six mois de prison. Souvent même, ils remplacent le parquet et sont chargés de constater les crimes commis. En Kabylie, où la justice musulmane a été supprimée, ils doivent tenir compte des *coutumes* indigènes et sont assistés à cet effet d'un *assesseur musulman* qui a voix consultative. Les prévenus de crimes et délits sont tous déférés, sans distinction de nationalité, aux tribunaux français. En territoire militaire, ils sont traduits devant les conseils de guerre ou les commissions disciplinaires. Toutes les affaires civiles entre indigènes et Européens ou Israélites sont également jugées par les tribunaux français.

Depuis 1881, les administrateurs sont armés de pouvoirs disciplinaires spéciaux pour réprimer de la part des indigènes certains actes que la loi française ne qualifie même pas de délits. Cette juridiction exceptionnelle est appelée à disparaître.

Justice musulmane. — Les indigènes ont conservé la jouissance de leur *statut personnel*, ou des lois civiles édictées avec plus ou moins de clarté par le Coran et commentées par les docteurs des rites *malékite* et *hanéfite* qui sont suivis en Algérie. Aussi sont-ils toujours jugés au civil d'après la loi musulmane. Ils peuvent même encore aujourd'hui presque partout porter leurs procès devant la justice musulmane, c'est-à-dire devant les tribunaux des *cadis*, les *mahakmas*. Il y a en Algérie une centaine de mahakmas. Le *cadi* juge sommairement, et c'est là un avantage; mais il est trop souvent ignorant et vénal. Aussi s'efforce-t-on de diminuer le nombre des mahakmas, et déjà toutes celles des chefs-lieux d'arrondissement vont être remplacées par des justices de paix. Les cadis sont assistés d'*adels* ou suppléants et d'*aouns* ou huissiers. Les *oukils* sont des défenseurs avoués, chargés de représenter les parties.

On peut en appeler des jugements des cadis, soit aux *medjelès* ou chambres d'appel musulmanes, soit aux tribunaux français. Ainsi les tribunaux français sont sans cesse obligés de juger directement ou sur appel des affaires musulmanes, d'après le droit musulman, et ce devoir souvent délicat exige de notre magistrature algérienne des connaissances toutes spéciales. Par la force des choses, nous devenons ainsi des interprètes du Coran : nous détenons par cela même, si nous savons en user avec discrétion et prudence, un moyen d'influence progressive des plus efficaces sur la société indigène.

Impôts : leur perception; leur affectation. — Le service de l'enregistrement et des domaines et celui des douanes fonctionnent en Algérie comme en France. La perception des contributions, directes et indirectes, est confiée à un service mixte : celui des contributions diverses. L'assiette de l'impôt, au service des contributions directes

L'impôt est plus doux en Algérie qu'en France : on a voulu ménager un pays neuf et y attirer l'immigration. Ainsi le tarif des droits d'enregistrement n'est que la moitié du tarif du continent. Les droits de succession, les quatre contributions personnelle, mobilière, foncière et des portes et fenêtres n'existent pas, sauf une taxe des loyers, et des centimes additionnels établis en 1884 sur la propriété bâtie, perçus au profit des départements ou des communes. La fabrication et la vente des tabacs sont libres. L'État ne s'est réservé que le monopole de la vente des tabacs et cigares provenant de ses manufactures de France. Quant aux indigènes, ils payent des impôts spéciaux et assez lourds, dénommés d'une manière générale *impôt arabe*. Ce sont : l'*âchour*, ou dîme sur les grains; le *zekkat*, ou taxe sur le bétail; la *lezma*, capitation prélevée en Kabylie et impôt frappant les palmiers dans les oasis; l'*eussa*, payé par les tribus du désert; le *hokor*, ou fermage des terres domaniales. Un prélèvement de cinq dixièmes sur l'impôt arabe constitue la principale ressource des budgets départementaux. Il en résulte que l'impôt arabe ne figure que pour moitié au budget de l'Algérie, et qu'au lieu d'être de 6 340 754 fr., il est en réalité de 12 681 508 fr.

Octroi de mer. — Il n'y a pas d'octrois municipaux en Algérie. Ils sont remplacés par les produits de la taxe dite *octroi de mer*, qui frappe les marchandises à l'entrée des ports algériens, et qui est perçue par le service des douanes, puis distribuée aux communes de plein exercice et aux communes mixtes. L'octroi de mer atteint presque exclusivement les Européens, puisque les indigènes consomment très peu de marchandises importées. C'est pour cette raison que le produit de l'octroi de mer affecté aux communes est réparti entre elles, non pas au prorata de la population *réelle*, mais au prorata d'une population *conventionnelle*. Dans le calcul de cette population, les Européens comptent pour une unité, tandis que les Israélites et les musulmans ne comptent que pour un huitième dans les communes de plein exercice et pour un quarantième dans les communes mixtes. Ce système choque nos idées françaises de solidarité; mais il est ingénieux : en tout cas la proportion adoptée semble excessive. Le régime de l'octroi de mer vient d'être modifié de manière à ne pas entraver les relations de l'Algérie et de la métropole, tout en ne diminuant pas les ressources qu'il procure aux communes algériennes.

Budget de l'Algérie. — Le budget des *dépenses*, préparé par le conseil supérieur de l'Algérie, est voté chaque année par les Chambres. Une partie de ce budget figure en bloc à la suite des dépenses du ministère de l'intérieur. Le reste est annexé par fractions à chacun des autres ministères.

Les **dépenses** de l'Algérie s'élèvent, tout compris, pour 1885, à 113 894 527 fr. (le tiers environ du budget des possessions hollandaises de Malaisie). Elles se répartissent ainsi :

Dépenses civiles.	56 649 534 fr.
— de l'armée. . . .	56 686 865
— de la marine. . .	558 128
Total. . .	113 894 527 fr.

Le budget des **recettes** est, pour 1885, de 40 777 668 fr. Il comprend :

1º Budget *ordinaire* (37 683 723 fr.), se décomposant comme suit :

 1. Impôt direct : 8 115 974 fr. (Impôt arabe[1] : 6 340 754 fr. Patentes, produit des mines.)

 2. Produits domaniaux : 3 022 754 fr. (Droit sur les pêcheries, locations, produits des forêts.)

 3. Impôts et revenus indirects : 24 503 000 fr. (Enregistrement, greffe, hypothèques, timbre, douanes, contributions diverses, postes et télégraphes.)

---

1. L'impôt arabe a rendu 14 millions en 1883, 15 876 000 fr. en 1884. Plus-value : 1 846 000 fr.

4. Divers revenus : 1 267 125 fr. (Taxe sur les valeurs mobilières, amendes, produits universitaires.)

5. Produits divers : 774 892 fr. (Taxe sur les brevets d'invention, remboursement des frais de contrôle des chemins de fer, produit des maisons centrales.)

2° Le budget *sur ressources spéciales* est de 3 093 945 fr. Il se compose du dixième de l'impôt arabe, attribué aux chefs chargés du recouvrement de cet impôt (850 000 fr.); des taxes perçues pour la constitution de la propriété indigène (680 275 fr); des produits de l'assistance hospitalière (1 563 670 fr.).

Prisons et dépôts de mendicité. — Il y a en Algérie un pénitencier agricole, à *Berrouaghia*, dans l'arrondissement de Médéa; 4 pénitenciers agricoles indigènes; 17 maisons d'arrêt ou prisons civiles; 2 maisons centrales, l'une au *Lazaret*, à Alger, l'autre à *Lambèze*; une colonie pénitentiaire de jeunes détenus à *M'zéra*, non loin d'Alger. Les deux départements d'Alger et de Constantine possèdent chacun leur maison de refuge ou dépôt de mendicité, avec annexes diverses, telles que asile pour vieillards et dépôt provisoire pour jeunes détenus.

Assistance et santé publiques. — Les hôpitaux militaires sont au nombre de 60, dont 10 ambulances et 3 hôpitaux thermaux. Il y a 17 hôpitaux civils, 1 ambulance et 7 asiles pour les vieillards et les incurables. Les malades civils sont admis dans les hôpitaux militaires des villes où il n'existe pas d'hôpital civil, et réciproquement.

Il y a un service public de secours pour les enfants trouvés ou abandonnés et pour les orphelins pauvres, et 10 orphelinats privés[1].

Le service de l'assistance n'est réellement organisé que depuis 1874. Ce n'est que depuis deux ans que les trois principaux hôpitaux civils ont des directeurs responsables; les autres sont encore confiés à des commissions administratives. On vient de créer un comité central con-

---

[1]. L'un de ces orphelinats a été créé, en 1870, pour les enfants des Alsaciens-Lorrains, par les dames de Constantine.

sultatif de l'assistance publique composé de médecins. Il aura, entre autres attributions, la surveillance des *médecins dits de colonisation*, qui sont chargés par l'administration de distribuer les secours médicaux dans les contrées éloignées et récemment ouvertes à l'immigration.

Les *aliénés* sont reçus provisoirement dans les hôpitaux civils et militaires, puis dirigés sur l'un des établissements spéciaux de la métropole. Un hospice d'aliénés est en construction à *Bouzaréa*, près d'Alger.

Le nombre des *bureaux de bienfaisance* est de 29. La ville d'Alger possède en outre un bureau de bienfaisance musulman, auquel sont annexés une maison de refuge pour les vieillards, un asile de nuit, un orphelinat, une salle d'asile pour les enfants pauvres.

Lorsque l'Algérie a été menacée l'an dernier de l'invasion de l'épidémie cholérique, elle ne possédait, à proprement parler, aucun lazaret. Il a fallu improviser quatre lazarets : au fort de *Mers-el-Kebir*, près d'Oran; au cap *Matifou*, près d'Alger ; au *Fort génois*, près de Bône ; au *ravin du Lion*, près de Stora-Philippeville. Sauf une invasion tardive du fléau à Oran, l'Algérie a été préservée, et l'expérience a prouvé l'efficacité des quarantaines. Grâce à sa situation quasi insulaire, la colonie peut, par des précautions prises à temps, échapper aux épidémies.

Institutions de prévoyance. — Les *caisses d'épargne* sont au nombre de neuf. Leur dépôt dépassait 4 233 300 fr. à la fin de l'année 1883. Aucune institution ne sera plus utile à l'Algérie et surtout aux indigènes, dont l'imprévoyance est générale et notoire. Sur 3000 ou 4500 livrets, on n'en compte que 100 ou 150 appartenant à des musulmans. Une *caisse nationale d'épargne postale* a été instituée en 1884; l'excédent de ses recettes approche déjà de 800 000 francs. Il y a 35 *sociétés de secours mutuels*, composées de plus de 5000 sociétaires, dont une vingtaine d'indigènes seulement. Deux *monts-de-piété* existent, l'un à Alger, l'autre à Oran; leur clientèle musulmane est importante. Le mouvement des prêts a été de deux millions pour le premier, de 730 000 francs pour le second.

Cultes. — Le catholicisme, le protestantisme, le judaïsme, l'islamisme, sont également cultes reconnus et subventionnés par le gouvernement français. La religion *catholique* est celle de la majorité des colons. Il y a un archevêché à Alger, deux évêchés à Oran et à Constantine, des églises dans tous les centres de colonisation. Le nombre des *protestants* (Église réformée et confession d'Augsbourg) est d'environ 7000. Les *Israélites* ont un consistoire provincial dans chaque département. Les *musulmans* ont des mosquées, dont les administrateurs ou *muphtis* sont rétribués par l'État.

Instruction publique : administration. — l'Algérie forme une *académie* à peu près semblable aux quinze autres académies du continent et relevant directement du ministère de l'Instruction publique. Le chef de cette académie, le *recteur*, réside à Alger. Il est assisté d'un *conseil académique*, et de trois *inspecteurs d'académie*, un par département, assistés eux-mêmes de *conseils départementaux* et d'*inspecteurs primaires*.

Enseignement supérieur. — L'Algérie n'a pas de *facultés* proprement dites, mais elle possède quatre *écoles supérieures* ou *préparatoires* : de *droit*, — de *médecine et de pharmacie*, — des *sciences*, — et des *lettres*. Elles sont administrées chacune par un *directeur*, assisté d'un conseil des professeurs, et placées sous la haute direction du recteur. 1° Les dix-huit cours de *l'École de droit* sont suivis par 98 étudiants, assidus, et à distance par 280 personnes qui, pour la plupart, sont préparées par correspondance aux examens de législation algérienne ou de droit administratif et de coutumes indigènes. Elle vient en outre d'être autorisée à délivrer des diplômes de licenciés. Elle publie depuis quelque temps une *Revue algérienne et tunisienne de législation et de jurisprudence*. A cette école enfin sont rattachées les *medraças* établies à Alger, Constantine et Tlemcen, qui préparent de jeunes musulmans, les futurs *tolba* (pluriel de *tâleb*), aux fonctions diverses de la justice musulmane. — 2° *L'École de médecine et de pharmacie* a onze cours, 71 élèves et une cinquantaine d'auditeurs bénévoles. — 3° *L'École des sciences* a sept cours et 28 élèves. L'observatoire et le service météorologique sont rattachés à cette école. — 4° Les onze cours de *l'École des lettres* sont suivis par 5 étudiants de licence, par 102 élèves pour la langue arabe, par 7 élèves pour la langue kabyle. Elle prépare en outre, par correspondance, aux grades universitaires et aux brevets de langue arabe et kabyle. Elle publie un *Bulletin de correspondance africaine*. — A cette école sont rattachés les trois cours publics de langue arabe existant au chef-lieu de chaque département. Les écoles des sciences et des lettres délivrent des diplômes de bacheliers. La *bibliothèque universitaire* possède plus de 15 000 volumes. L'installation matérielle de ces quatre écoles va être améliorée par la construction d'un Institut dont la dépense, autorisée par la loi du 19 juillet 1884, est évaluée 2 500 000 francs. Une *école des beaux-arts* existe à Alger.

Enseignement secondaire. — L'Algérie possède deux lycées, ceux d'Alger et de Constantine, neuf collèges et un collège libre, avec 4232 élèves. Le *petit lycée* de Ben-Aknoun, près d'Alger, vient de s'ouvrir. Un second *petit lycée*, réservé aux externes, est projeté à Mustapha (Alger). Le collège d'Oran doit-être transformé en lycée. Les cours secondaires de jeunes filles organisés à Constantine et à Bône et l'école de la ligue de l'enseignement à Alger comptent 353 élèves.

Enseignement primaire. — Cinq *écoles normales*, pour les filles à Miliana et à Oran, pour les garçons à Mustapha (Alger), Constantine et Oran, forment des instituteurs et des institutrices. Le personnel de ces écoles est recruté à la fois en France et en Algérie. Il y a huit inspecteurs primaires, un inspecteur des écoles indigènes, et à Oran une inspectrice départementale. Tandis qu'en France les instituteurs et institutrices sont nommés par les préfets, sur la proposition des inspecteurs d'académie, ils sont nommés en Algérie par le recteur. Les *écoles* sont entretenues par les communes, qui doivent consacrer à cette dépense le sixième de leur octroi de mer, et par une subvention de l'État. En 1883, elles ont coûté 2 250 000 fr., dont 1 million fourni par les communes et le reste par l'État. Le nombre de ces écoles est de 1056, dont 950 publiques et 151 libres. Elles sont fréquentées par 80 840 élèves, dont 22 337 dans les écoles maternelles et enfantines et 58 503 dans les écoles primaires. Il y a 170 *bibliothèques scolaires*. Toutes les écoles sont gratuites. Le principe de *l'obligation* est déjà applicable dans 399 centres européens sur 496.

Si l'on ne considère que la population européenne, on verra que nulle part l'instruction primaire n'est plus répandue qu'en Algérie. Des progrès constants s'accomplissent grâce au zèle des communes, au concours de l'administration départementale et du gouvernement général, à l'activité de l'académie. Dans la seule année 1884, plus de cent écoles nouvelles ont été créées. Mais le personnel administratif est surmené : les inspecteurs primaires notamment sont trop peu nombreux, ils inspectent fort peu en réalité et suffisent difficilement au reste de leur tâche. Leurs circonscriptions devraient être pour le moins dédoublées.

Une *école d'apprentissage d'arts et métiers* existe à *Dellys*. Il y a aussi deux *écoles d'agriculture*, l'une à *Rouiba*, l'autre à *Moudjebeur* pour les bergers, et un *laboratoire de chimie agricole* à *Bel-Abbès*.

De l'enseignement des indigènes. — Si les enfants des colons reçoivent presque tous l'enseignement primaire et peuvent aspirer ensuite à une instruction plus complète, l'enseignement des indigènes n'existe guère encore que sur le papier. Quelques jeunes musulmans suivent les cours des medraças, des facultés, des lycées ou des collèges, mais ils forment une *infime exception*, et lorsque, pourvus par nous d'une instruction de luxe, ils rentrent dans le milieu indigène, ils s'y trouvent si désorientés qu'ils se hâtent pour la plupart de reprendre leurs anciennes habitudes d'esprit. Tant qu'on n'aura pas commencé par le commencement, tant que la masse entière des enfants indigènes n'aura pas été dégrossie, n'aura pas appris notre langue, ne sera pas pourvue d'une instruction élémentaire, nous aurons dépensé nos efforts en pure perte. Avant la conquête, il existait un enseignement musulman. Tout insuffisant qu'il fût, nous aurions pu nous en emparer, faire de l'école primaire ou *mecid* une école publique, rétribuer ou surveiller tout au moins l'instituteur ou *mouadeb*. Dans notre ignorance des mœurs indigènes, nous avons laissé dépérir ces écoles et, sans nous en douter, nous avons fait ainsi la fortune des *zaoüias*, dirigées par les Khouan des confréries religieuses, et qui ne sont le plus souvent, comme on l'a très bien dit, que des « écoles préparatoires d'insurrection ». L'administration militaire s'aperçut trop tard de la faute commise; elle créa les écoles arabes-françaises, mais en trop petit nombre (jamais plus de 56) pour produire des résultats appréciables. Cependant quelques-unes ont rendu des services, et, à Biskra notamment, grâce à l'instituteur Colombo bien connu des anciens touristes, presque tous les musulmans parlent français. Parler le français, voilà l'essentiel pour les indigènes. Qu'ils le parlent mal d'abord, peu importe. Ils le parleront mieux plus tard. Des écoles, encore des écoles et partout des écoles : là est le salut de l'Algérie.

Écoles pour les indigènes. — Il serait prématuré, sauf peut-être en Kabylie, de vouloir instruire les jeunes filles indigènes. Quelques écoles de filles, comme celle de Bougie, ont pourtant donné des résultats satisfaisants. Quant aux garçons, 5000 d'entre eux environ fréquentent déjà nos écoles primaires. Or le nombre des enfants indigènes en âge d'être instruits s'élève au bas mot à 460 000. On voit l'énorme tâche qui s'impose à nous. L'Université et le gouvernement général se sont mis résolument à l'œuvre. Déjà un essai heureux avait été commencé en *Kabylie*, en 1881. Le décret du 15 février 1883 a tracé un plan d'ensemble. L'idée maîtresse de l'organisation nouvelle, déjà ancienne d'ailleurs, est celle-ci : fonder de *petites écoles* disséminées dans les tribus et confiées à des maîtres indigènes; les grouper autour d'écoles *centrales* dirigées par des instituteurs français qui seraient chargés de surveiller leurs adjoints. Une difficulté s'opposait à l'exécution de ce projet : le manque de maîtres. Des *cours normaux* indigènes ont été institués aux chefs-lieux des trois départements en 1883. Puis on s'est mis à l'œuvre, et, en 1884-1885, 41 écoles indigènes ont été créées. Ce premier essai, s'appliquant aux parties du territoire les plus voisines des centres européens, semble avoir réussi. Évitant de recourir aux mesures coercitives prévues par la loi de l'obligation, on espère amener les enfants indigènes à fréquenter l'école, en leur distribuant des *primes d'encouragement*, telles que vêtements, chaussures, coiffures, bons points remboursables en argent, livrets de caisse d'épargne. Ainsi une expérience définitive serait enfin tentée et l'enseignement des indigènes cesserait d'être lettre morte. Ainsi commencerait la conquête morale de l'Algérie, trente ans après l'achèvement de la conquête matérielle. Malheureusement une campagne si heureusement entreprise menace de s'arrêter tout à coup devant le manque de fonds. Sera-t-il dit que ni l'Algérie ni la France ne sont assez riches pour enseigner le français aux enfants d'une terre française [1] !

---

[1]. L'enseignement des indigènes n'est inscrit au budget de 1885 et à celui de 1886 que pour la somme dérisoire de 45 000 francs. L'*Alliance française*, association nationale pour la propagation de la langue française dans les colonies et à l'étranger (2, rue Saint-Simon, à Paris) s'est émue de cette situation. Ses comités d'Oran, d'Alger, de Médéa, etc., se sont mis à l'œuvre. Elle entreprend une agitation en faveur de l'enseignement des indigènes, et, bien qu'elle ne dispose pas encore de ressources considérables, elle est décidée à en consacrer une bonne partie à l'Algérie.

CHAPITRE IV

GÉOGRAPHIE ÉCONOMIQUE ET COLONISATION.

Statistique : Population indigène. — Combien l'Algérie avait-elle d'habitants en 1850 ? Nul ne pourrait le dire. Autant que les recensements sont exacts, il y avait 2 320 000 indigènes musulmans en 1851, à peu près autant en 1856, 2 730 000 en 1861, 2 680 000 en 1866. Après l'horrible famine de 1867, leur nombre tombe à 2 125 000 en 1872 ; il se relève à 2 470 000 en 1877 ; il était de 2 850 000 en 1881. Ainsi, sauf un fléau accidentel indépendant de toutes les forces humaines, la population indigène s'est accrue depuis que nous sommes les maîtres de l'Algérie. Cela prouve, premièrement, que notre domination n'est pas nuisible aux indigènes et, en second lieu que leur extinction progressive, rêvée par certains esprits absolus, est plus qu'un espoir inhumain : c'est une utopie.

Population israélite. — La fécondité des Israélites est proverbiale. Ils étaient 33 287 en 1876. Livrés à leurs seules forces et sans le secours d'aucune immigration, ils se sont élevés en cinq ans au chiffre de 35 663 en 1881 (en plus, 2376). Leur natalité est de 53 naissances pour 1000 habitants, leur mortalité de 31 décès.

Population étrangère européenne. — Il faut distinguer entre les Européens. Les uns émigrent beaucoup et s'acclimatent très bien en Algérie : ce sont les Espagnols, les Italiens et les Maltais. Les *Espagnols* étaient 58 500 en 1866 ; le recensement de 1881 en accuse 109 000. Leur natalité est de 39 naissances pour 1000 habitants ; ils viennent, pour la fécondité, au second rang, immédiatement après les Israélites. Leur mortalité est de 29. Les *Italiens*, de 16 600 en 1856, sont arrivés à 32 200 en 1881. Natalité : 31. Mortalité : 26 seulement. — Les

Maltais ont progressé de 10 200 en 1856 à 14 700 en 1881. Leur émigration est relativement faible, leur natalité considérable : 36 ; leur mortalité : 30. — Les *Allemands* seuls diminuent parce que le climat ne leur convient pas. Ils étaient 5400 en 1856 ; ils n'étaient déjà plus que 3900 en 1881. Leur natalité est pourtant de 31, mais leur mortalité est considérable : 43.

Population française. — On a pu craindre que la race française émigrant peu, se reproduisant peu, rencontrât en outre, en Algérie, un obstacle invincible à son développement : le climat. Il n'en est rien. En 1836, il n'y avait que 5485 Français. Leur nombre s'est élevé à 47 274 en 1846 ; à 77 558 en 1853 ; à 92 758 en 1856 ; à 112 229 en 1861. Cette augmentation constante subit alors un temps d'arrêt pendant la période néfaste du royaume arabe. En 1866, 112 119 Français seulement. Mais bientôt le mouvement ascensionnel recommence avec la reprise de l'émigration. On compte, en 1872, 129 601 Français ; en 1877, 155 727 ; en 1881 enfin, 195 418, sans compter la population recensée à part, c'est-à-dire l'armée, les hospices, lycées, etc. D'autre part, la natalité française, très faible au début de l'occupation, est aujourd'hui de 33.5 inférieure à celle des Israélites et des Espagnols, mais supérieure à celle des Italiens et, ce qu'il y a de très remarquable, plus élevée que la natalité française (26) sur le continent. Quant à la mortalité des Français en Algérie, elle est de 29 supérieure à celle de la France (23), égale seulement à celle de l'Espagne, mais elle tend à diminuer et elle laisse subsister un gain annuel de 4 pour 1000. Il y a donc dès maintenant, en Algérie, une race acclimatée de Français africains, et cette fille de la France continentale tend à se développer plus rapidement que sa mère.

Histoire de la colonisation. Débuts. — Les débuts de la colonisation ont été pénibles en Algérie et nous voyons clairement aujourd'hui les fautes commises par nos devanciers ; mais nous sommes instruits par l'expérience et ils ne l'étaient pas. Les premiers colons étaient pour la plupart des insurgés de 1830 et 1831 que la police éloigna de Paris. Ils s'installèrent dans la Métidja, alors en friche et à demi couverte de marais pestilentiels. Ils étaient mal protégés contre un ennemi plus redoutable encore : l'insurrection. Presque tous furent massacrés et dispersés par les cavaliers d'Abd-el-Kader en 1839. Le maréchal Bugeaud, prenant exemple sur les Romains, essaya alors de la colonisation militaire et décréta même le mariage obligatoire pour les soldats qu'il improvisait laboureurs. Ces mariages militaires tournèrent mal et beaucoup des villages militaires ne réussirent pas. Il fallut revenir à la colonisation civile.

Le régime des concessions. — Pour attirer les colons, on imagina, en 1844, de leur distribuer des terres gratuitement. En même temps, on imposa aux concessionnaires des clauses résolutoires destinées à écarter les spéculateurs, mais qui étaient aussi, pour les colons sérieux, une gêne et un épouvantail. Ne devenaient propriétaires, au bout de cinq ans d'occupation effective, que ceux qui avaient construit une maison de dimensions déterminées, planté un certain nombre d'arbres, défriché et mis en culture une superficie fixée d'avance, entouré leur domaine de fossés et de haies. Pendant les cinq ans, ils ne pouvaient recevoir qu'un titre de propriété provisoire. Les cinq ans expirés, des inspecteurs de colonisation visitaient la concession, et, si les conditions réglementaires étaient remplies, le concessionnaire recevait un titre définitif; sinon il était frappé de déchéance. Malgré les vices de ce système, qui a été adouci, mais qui subsiste encore, des villages furent créés aux environs d'Alger, de Bône, de Philippeville. Ceux qui parcourent aujourd'hui leurs riantes campagnes ne se doutent guère que plusieurs générations d'intrépides travailleurs ont succombé là dans une lutte obscure contre la misère, la fatigue et la fièvre.

Les colons de 1848. — L'expérience en grand du régime des concessions, poussé jusqu'à ses dernières conséquences, a été faite en 1848. Le gouvernement de février, mû par un sentiment très louable, mais mal éclairé, envoya en Algérie 20 000 ouvriers de Paris sans travail. Il leur distribua des lots de culture, leur bâtit des villages, en leur assurant des vivres et des secours en argent jusqu'à ce que leurs terres fussent mises en valeur. Malheureusement, ces Parisiens n'avaient jamais appris le métier de cultivateur et, lorsque les ressources officielles qui leur étaient allouées vinrent à manquer, presque tous se dispersèrent. Cependant les centres ainsi créés ne furent pas tout à fait abandonnés et, malgré bien des vicissitudes, plusieurs sont devenus des villes prospères.

Les grandes compagnies. — Après l'échec de l'expérience tentée en 1848, l'administration n'abandonna pas le principe des concessions, mais elle renonça désormais à entretenir les concessionnaires. Elle essaya en même temps d'un autre système. Des sociétés de capitalistes obtinrent de vastes étendues de terrain sous condition d'y créer des villages : la *Compagnie génevoise*, aux environs de Sétif; les *Trappistes*, à Staouéli. Plus tard, la *Société générale algérienne* reçut une concession de 100 000 hectares du gouvernement impérial. Sauf les Trappistes, qui se trouvent dans des conditions spéciales, mais qui ne sont pas de véritables colons, les grandes compagnies anonymes n'ont été d'aucun secours pour la colonisation. Elles se sont bornées à exploiter le sol et à en tirer bénéfice. En dernier lieu, la Société générale louait purement et simplement des terres aux indigènes. La Compagnie génevoise ne fait pas autre chose aujourd'hui. Malgré tous ces tâtonnements administratifs, la colonisation a étendu chaque jour ses progrès et conquis des champs fertiles sur les asphodèles et les palmiers nains.

Les Alsaciens-Lorrains en Algérie. — En 1871, l'Assemblée nationale, imitant celle de 1848, céda comme celle-ci à un entraînement patriotique des plus excusables, en attribuant 100 000 hectares de terres aux malheureuses familles d'Alsace-Lorraine qui avaient opté pour la nationalité française. Ce nouvel essai de colonisation artificielle ne donna pas, à vingt ans d'intervalle, des résultats beaucoup plus brillants. Parmi les 10 000 émigrants qui furent transportés en Algérie, accueillis à bras ouverts, logés, nourris, secourus pendant plusieurs années, bien peu connaissaient la terre. La plupart étaient des ouvriers de fabrique aussi mal préparés que possible à leur nouveau métier et au climat. Les uns quittèrent leur concession, lorsque les distributions de vivres et d'argent cessèrent; les autres, lorsque leur bail de cinq ans fut expiré. Le petit nombre qui resta savait cultiver, et leur labeur opiniâtre a été récompensé par le succès. La *Société de protection des Alsaciens-Lorrains*, dirigée avec le plus charitable désintéressement par le comte d'*Haussonville*, dont il ne faut pas confondre l'œuvre avec la tentative officielle de 1871, a donné de meilleurs résultats.

La colonisation pendant ces dernières années. — Pendant le gouvernement de l'amiral Gueydon, l'ancien mode de concession fut modifié. Le titre II de la loi de 1871 remplaça le titre provisoire de propriété par un bail de neuf années, aggravant ainsi les conditions faites jadis aux concessionnaires. Aussi le *titre II* souleva-t-il d'unanimes protestations en Algérie, et il fallut bientôt revenir au délai de cinq ans. Sous le général Chanzy, un grand nombre de concessions furent accordées, et ce système produisit son effet ordinaire : des succès partiels parmi beaucoup de revers. M. Albert Grévy, combinant l'ancienne méthode avec une innovation déjà projetée par le comte Chasseloup-Laubat, lors de son court ministère, proposa « l'application sagement combinée de la vente et de la concession » et, comme les terres venaient à manquer, demanda cinquante millions pour l'exécution d'un vaste programme de colonisation. Son successeur M. Tirman a vainement défendu ce projet devant les Chambres. S'inspirant alors des idées de M. d'Haussonville, il a étudié un plan nouveau et qui est actuellement soumis au Parlement. Une partie des terres domaniales seraient affectées à la colonisation et mises en vente ; une caisse dite de colonisation serait instituée ; le système des concessions ne serait plus conservé que pour récompenser des services exceptionnels.

Difficultés de la colonisation en Algérie. — Si la

routine administrative, qui est une des plaies de notre pays, si l'utopie césarienne du royaume arabe ont entravé le libre développement de la colonisation, il serait injuste de ne pas reconnaître que nulle part plus qu'en Algérie le problème toujours délicat de la fondation d'établissements européens en pays neuf n'a présenté plus d'obscurité et de complexité, n'a rencontré plus d'obstacles. Dans aucune de leurs colonies les Anglais, par exemple, n'ont eu à se mesurer avec des difficultés pareilles. Dans l'Amérique du Nord comme en Australie ou en Nouvelle-Zélande, le climat s'est trouvé d'une salubrité absolue. Les indigènes, de race très inférieure, n'ont opposé qu'une résistance facile à vaincre et ils ont été bientôt exterminés ou refoulés. Quant aux terres, elles se sont offertes d'elles-mêmes en quelque sorte aux colons, et en quantité presque illimitée. En Algérie, au contraire, il a fallu triompher du climat par l'assainissement des plaines et des vallées, lutter contre des indigènes braves, fanatiques, nombreux, et non seulement les dompter, mais les gouverner, enfin s'établir au milieu d'eux. Pour avoir des terres, on a dû obliger les anciens possesseurs du sol à se serrer et à nous faire place, et, comme les procédés de colonisation mis en pratique ailleurs n'étaient pas exactement applicables à l'Algérie, on s'est trouvé réduit à les essayer tous, progressant péniblement d'essai en essai à la recherche d'une méthode définitive. Colonies militaires, concessions, grandes compagnies, tous les anciens procédés ont été pris et repris, et chacun d'eux, avec bien des déboires, a donné quelques résultats. Assurément on s'est attardé en ces expériences. Cependant, au bout de vingt ou trente années (car la conquête n'a guère été achevée que vers 1857), 450 000 Européens sont établis en Algérie, et sur ce nombre 170 000 sont exclusivement des agriculteurs. Pour un pays qui a subi tant de vicissitudes, voilà encore un assez beau résultat.

Les terres et la propriété. — Diverses méthodes ont été proposées ou suivies pour procurer des terres aux colons. Armé de la loi de 1851 sur l'expropriation, on entreprit de cantonner les tribus, c'est-à-dire de limiter leur territoire en le restreignant et de garder le surplus pour la colonisation. Le sénatus-consulte de 1863, s'inspirant des principes qui régissent la propriété en France, et ayant déclaré les tribus propriétaires de toutes les terres dont elles avaient la jouissance traditionnelle, le cantonnement fut arrêté. La loi de 1873 a ordonné la constitution de la propriété individuelle. Malheureusement cette opération, conduite avec une lenteur désespérante, a coûté des sommes énormes. De 1874 à 1882 la dépense a été de 8 millions, couverte à l'aide de centimes additionnels payés par les Arabes, et la propriété ainsi constituée ne comprenait pas 400 000 hectares en 1882. Elle n'atteint que 712 000 hectares en 1884. A ce compte il serait plus économique d'acheter les terres que de les délimiter. Le séquestre infligé aux tribus insurgées est un moyen excessif, d'ordre purement militaire, et sur lequel il est interdit de fonder ses espérances. L'expropriation est tout aussi odieuse et n'a pas l'excuse des nécessités de la guerre. Le domaine, après avoir vendu aux enchères ou de gré à gré plus de 260 000 hectares, est encore riche de 800 000 hectares ; il pourrait en fournir tout de suite 270 000 ; ce n'est là qu'une ressource provisoire. Restent le régime de droit commun et la vente : après de longues hésitations, et par la force des choses, on y arrive.

L'act Torrens. — Il n'y a en Algérie que 10 habitants par kilomètre carré (71 en France). Sur les 15 millions d'hectares qui constituent le Tell, 3 millions seulement sont cultivés, dont 1 environ par les Européens. Les terres ne manquent donc pas. Pour les rendre disponibles il est temps d'abandonner le système des concessions, qui n'a fourni que 450 000 hectares. Il suffira d'emprunter à notre ancienne législation une ingénieuse combinaison qui a contribué à la fortune agricole de l'Australie et qui nous est revenue de là-bas sous le nom d'*act Torrens*. Déjà adoptée par le gouvernement tunisien, elle le sera prochainement par celui de l'Algérie, à la suite d'une étude approfondie faite par M. Dain, professeur à l'École de droit. D'après ce système, tout acquéreur peut imposer à son vendeur comme conditions préalables l'inscription de sa terre sur un registre public. Chaque immeuble acheté ainsi a son sommier, sa case, son état civil et son plan; il est délimité, connu, il devient une réalité; il peut se transmettre avec une facilité extrême : de sorte que peu à peu, sans dépense pour l'État, sans contrainte pour personne, le cadastre s'établit, la propriété indivise se morcelle et la colonisation s'étend à l'infini.

Les villes. — Le seul aspect des villes algériennes [1] résume aux yeux du voyageur l'heureux effort de la colonisation européenne en cet admirable pays. *Nemours* est une sentinelle avancée vers la côte marocaine. *Béni-Saf* et ses minerais, *Aïn-Témouchent* et ses minoteries, *Misserghin* et ses jardins sont de petits centres déjà très vivants. Le port d'*Oran* a toute l'activité d'une cité américaine, et ses 60 000 habitants, dont les neuf dixièmes sont Européens, débordent en longs faubourgs hors de sa vieille enceinte espagnole. *Mostaganem* est à moitié européen. *Bel-Abbès*, colonie agricole improvisée en 1843, largement abreuvée par les eaux de la Mekerra, est déjà, avec ses 12 000 habitants, un grand centre commercial. *Saïda* est le principal rendez-vous des alfatiers. *Perrégaux*, *Relizane*, *Orléansville*, jalonnent la riche plaine du Chélif. *Tenès* et *Cherchel*, le littoral du Dahra. *Tlemcen* et ses jardins enclos de roses, *Médéa* et ses arbres fruitiers d'Europe, *Mascara*, en face de l'Ouarsenis, *Miliana* et ses sources bruissantes dominent de haut l'amphithéâtre des monts telliens. *Blida*, parfumée par les orangers, *Bouffarik*, sous le dôme frais de ses platanes, *Fondouk*, l'*Arba*, *Koléa*, *Marengo*, *Mouzaïaville*, *Douéra*, *Chéraga*, *Maison-Carrée* sont des villes toutes françaises dans la féconde Métidja. *Alger*, le principal foyer de la civilisation en Afrique, étage ses maisons monumentales au pied de la Kasba mauresque, en face de la mer et du soleil levant; elle a plus

---

1. J'ai indiqué tous les centres où la population des Européens et Juifs dépasse ou atteint 1000 âmes.

de 70 000 habitants agglomérés et bien près de 100 000 si l'on y joint sa banlieue, Saint-Eugène, le Frais-Vallon, El Biar, Mustapha, dont les villas se cachent sous des berceaux de verdure et de fleurs. *Ménerville,* sur l'Isser, *Tizi-Ouzou, Dellys* dans la Grande Kabylie, *Aumale,* qui domine le Biban, *Bou-Aréridj* et *Sétif,* assises sur les hauts plateaux, la riante *Bougie,* adossée au mont Gouraya, le petit port de *Djidjelli,* sont de plus en plus envahis par les colons. *Philippeville,* port de Constantine, est avec ses 18 000 habitants, dont 16 000 Européens, une ville toute moderne. *Constantine,* si longtemps inaccessible sur son socle de pierre environné de précipices où planent les oiseaux de proie, a déjà 16 000 habitants européens sur 42 000 âmes; elle est le grenier toujours grossissant des blés de l'Est. *Bône,* par son activité, son esprit d'initiative hardie, rappelle Marseille; elle s'est bâtie près des ruines de l'ancienne Hippone; elle est la tête de ligne du chemin de fer de pénétration de la Tunisie, et sur 28 000 âmes elle compte plus de 20 000 Européens. *La Calle* en a 4800 sur 6400; *Guelma,* 2400 sur 6300; *Aïn-Mokra,* 1500 sur 2600. Enfin, dans l'une des régions les plus boisées, les mieux arrosées, les plus tempérées et les plus françaises par le climat, *Soukharas* en a 3700 sur 5900, et *Tebessa,* cité naissante d'un grand avenir, 1000 sur 3000. Ainsi les centres de colonisation forment d'une frontière à l'autre une chaîne ininterrompue, bientôt aussi solide que celle des montagnes de l'Atlas.

La végétation. — La répartition naturelle des plantes est très inégale en Algérie et l'agriculture doit tenir compte de ces différences. L'olivier, qui atteint souvent les dimensions d'un chêne de France, est l'arbre caractéristique du Tell et se retrouve aussi sur le versant saharien de l'Aurès. Le châtaignier ne pousse à l'état sauvage que dans le massif de l'Edough, près de Bône. Les bas-fonds du Tell, où coulent des rivières bordées de trembles, de peupliers, de frênes entrelacés de lianes, conviennent aux prairies et à la culture maraîchère. On y a introduit l'eucalyptus. L'oranger n'est acclimaté que sur la zone littorale. Le dattier ne porte de fruits que dans les oasis du sud. Les plaines telliennes et une grande partie des hauts plateaux, surtout à l'est, conviennent aux légumineuses et aux céréales. Les pâturages que le soleil dessèche en été couvrent les croupes des montagnes, les hauts plateaux de l'ouest, séjour préféré de l'alfa, et les dépressions du Sahara : c'est par excellence la région du bétail. Les massifs boisés se rencontrent surtout à l'est et au sud-est dans la province de Constantine. Mais beaucoup de maquis, où dominent le cactus, le palmier nain, le figuier de Barbarie, le lentisque, le myrte, le jujubier, l'arbousier, les bruyères, pourraient, s'ils étaient surveillés et aménagés, retourner à l'état forestier. Après cinq mois de sécheresse, les moindres pluies font éclore des fleurs du plus vif éclat et rendent à la verdure une admirable intensité. Tout atteste la fécondité du sol.

L'agriculture algérienne : céréales. — La culture par excellence de l'Algérie est celle des *céréales*. En 1884, les indigènes, sur 2 500 000 hectares, ont récolté 16 millions de quintaux métriques de céréales. On connaît l'imperfection de leurs procédés. Les Européens, secondés par la main-d'œuvre indigène et suivant de meilleures méthodes, ont ensemencé 535 000 hectares et, sur cette surface quatre fois et demie moindre, ils ont récolté 4 600 000 quintaux métriques, atteignant ainsi plus du tiers (5,4) de la production indigène. Cette comparaison indique que l'accroissement du nombre des colons est appelé à développer la puissance productrice du sol algérien. La production totale des principales céréales a été de 1 649 000 quintaux métriques pour le blé tendre, de 6 833 000 pour le blé dur, de 11 405 000 pour l'orge (beaucoup plus que la France entière). Les autres céréales sont le seigle, l'avoine, le maïs, les fèves, le bechna.

Culture de la vigne. — La culture de la vigne a pris dans ces derniers temps une extension rapide. En 1884, on comptait 32 800 planteurs de vignes possédant ensemble 56 000 hectares. La récolte du vin a été de 890 899 hectolitres : elle atteindra bientôt le *trentième* de la production actuelle de la France. Le phylloxera, il est vrai, a été constaté aux environs de Tlemcen et de

Bel-Abbès; mais les vignes atteintes ont été aussitôt arrachées et brûlées, et tout permet d'espérer que notre colonie sera préservée du redoutable fléau. Les vins d'Algérie sont déjà appréciés ; ils sont, de jour en jour, fabriqués avec plus de soin et de méthode.

Exploitation des forêts. — Le sol forestier de l'Algérie s'étend sur une superficie de 2 785 000 hectares (le tiers de la superficie forestière de France). C'est trop peu. Encore ce qui s'appelle officiellement forêts n'est-il trop souvent qu'un terrain couvert de broussailles. Des incendies désastreux, attribués d'ordinaire à la malveillance des bergers indigènes, viennent en outre presque chaque année diminuer cette réserve forestière qui peut être considérée comme la vraie nourrice de l'agriculture algérienne, car seule elle attire les pluies et entretient les sources. De vastes reboisements sont indispensables. Partout où ils ont été entrepris ils ont donné des résultats immédiats. Non seulement l'eucalyptus chasse la fièvre des plaines basses, mais à Orléansville la température estivale a diminué de plusieurs degrés depuis la plantation des environs de la ville. Les principaux arbres et arbustes des forêts algériennes sont le chêne-liège (483 000 hect.), qui donne lieu à une lucrative exploitation, le chêne-vert, le chêne-zéen, le pin d'Alep (693 000 hect.), le pin maritime, le thuya, l'olivier sauvage, le pistachier, le caroubier, le genévrier. Dans les vallées, le laurier-rose ; sur les collines, le palmier nain et le genêt.

Cultures diverses. — *La culture maraîchère*, qui est la spécialité des Mahonnais, s'étend de proche en proche sur le littoral, et les primeurs d'Algérie figurent aujourd'hui sur tous les grands marchés de l'Europe. Il en est de même des *fruits* tels que figues, amandes, bananes, dattes, et surtout des oranges, dont le centre de production est Blida. Le *tabac* occupe près de dix mille planteurs et fournit environ cinq mille kilogrammes de feuilles (le tiers de la production française). Il est question de créer sur place une manufacture des tabacs. — Les *oliviers* fournissent de 300 000 à 400 000 hectolitres d'huile (le quart de la production française). — Le *coton* réussirait dans les plaines chaudes et les oasis, mais il ne peut lutter avantageusement contre la concurrence américaine. — Le lin, la ramie, l'arachide, le colza, le ricin, la garance, les plantes fourragères poussent à merveille. — L'*alfa* des hauts plateaux est l'objet d'une immense exploitation des plus lucratives et qui occupe dix mille ouvriers. Cette graminée textile sert à fabriquer des objets de sparterie et surtout du papier ; mais jusqu'ici elle est exportée à l'état brut, presque entièrement en Angleterre.

Élève des animaux. — Grâce à ses immenses pâturages, l'Algérie nourrit un grand nombre de bestiaux de toutes races : 164 400 chevaux, dont l'élevage est encouragé par dix-neuf sociétés hippiques ; 140 400 mulets ; 244 800 ânes ; 224 400 chameaux ; 1 126 000 bœufs ; près de 7 millions de moutons (le quart de ce qu'en possède la France) ; près de 4 millions de chèvres, beaucoup trop malheureusement pour la conservation des forêts ; 60 000 porcs, appartenant tous aux Européens. — L'élève des abeilles est assez répandue, surtout en Kabylie. Celle des vers à soie pourrait se développer aisément. — La domestication de l'autruche, pratiquée avec succès au Cap, a parfaitement réussi en Algérie[1].

Travaux publics agricoles. — De grands travaux ont été entrepris pour seconder l'effort des colons et stimuler le zèle des indigènes, pour donner aux uns et aux autres l'eau qui leur manquait, pour les préserver des inondations des torrents ou des exhalaisons malsaines des marécages. Des barrages retenant les eaux des pluies d'hiver ont été construits ; des canaux d'irrigation ont été creusés. Tels sont les barrages et canaux de l'*oued Hamiz* (Fondouk) et de *Meurad* (Marengo) dans la Métidja ; du *Chélif* et de ses affluents méridionaux : l'*oued Fodda*, l'*oued Sly*, l'*oued Riou* ; de l'*Habra* (Perrégaux), du *Sig* (Saint-Denis), de l'*oued Magoun* (Arzeu), de *Tlemcen*,

---

[1]. Les lions et les panthères ont presque complètement disparu. Les hyènes, les chacals sont encore nombreux, mais inoffensifs. Les sauterelles sont un des fléaux de l'agriculture.

d'*El Golea* dans le Sahara; les endiguements du *Chélif* et de la *Mina*, son affluent, de l'*oued el Kebir*, qui menace Blida; l'assainissement de la *Métidja*, de la plaine de *Bône*, etc.; le dessèchement des lacs *Halloula* et *Fezzara*, etc.; le forage d'un grand nombre de puits artésiens, surtout dans l'*oued Righ*, où les puits nouveaux ont donné l'essor à 110 millions de mètres cubes d'eau par an, et la vie à 253 000 palmiers de plus.

Industries minières. Carrières. Eaux minérales. — L'Algérie est très riche en minerais et en roches diverses. Le nombre des mines concédées y est de 45 dont 15 en pleine exploitation. La plus importante est la mine de fer d'*Aïn Mokra*, qui emploie 19 machines à vapeur, occupe 741 ouvriers, produit 199 718 000 tonnes de minerai, d'une valeur de 1 597 000 francs, et possède un chemin de fer particulier de 33 kilomètres qui la relie à Bône. Celle de *Béni-Saf*, près de Rachgoun, a aussi son chemin de fer : elle a produit, en 1882, 260 000 tonnes, en a expédié 277 000; elle occupe 717 ouvriers. Sept autres mines de fer moins importantes produisent ensemble 90 millions de tonnes. Le cuivre et le plomb argentifère sont extraits à *Oum-el-Téboul*, près de la Calle; le plomb argentifère au *Cap Cavallo* et à *Gar Rouban*. Le cuivre seul, le zinc, le plomb, l'antimoine sont exploités dans cinq autres mines. On trouve du mercure à *Ras-el-Ma*, du salpêtre à *Sétif* et à *Touggourt*, du sel dans tous les chotts. Les *eaux minérales* sont très nombreuses (144). Les plus importantes sont celles de *Hammam Meskoutine* (près de Guelma), qui fournissent 100 000 litres à l'heure, ont une température de 95° et déposent les sels calcaires qu'elles contiennent en cônes d'une blancheur éblouissante. Les autres sources thermales les plus fréquentées sont celles d'*Hammam Rira* (arsenicales), près de Miliana; du *Frais-Vallon* (ferrugineuses) près d'Alger; du *Bain de la Reine*, près d'Oran, et d'*Hammam Melouan*, près d'Alger (Salines); d'*Hammam Berroughia* (sulfureuses), près de Médéa.

Industries diverses. — Dans les pays neufs, l'industrie ne se développe que tardivement, surtout la grande industrie. L'Algérie cependant se suffit déjà à elle-même pour tous les objets de fabrication courante. C'est ainsi qu'elle possède, sans parler des petites industries nécessaires à l'alimentation : 116 ouvriers brasseurs, 39 glaciers, 570 distillateurs, 1529 employés aux moulins à huile, 59 pour les poissons en conserve, 418 pour les salaisons, 106 pour les pâtes alimentaires et 1607 minotiers, dont la majeure partie dans la province de Constantine; 366 bijoutiers, 107 carrossiers, 858 cordonniers, 172 passementiers, 153 tonneliers, 279 serruriers, 277 ferblantiers, 144 teinturiers, 796 tailleurs, 723 fabricants de crin végétal et 13167 ouvriers indigènes occupés à la fabrication des tapis et des tissus, principalement dans les oasis du Sud, à Ouargla, Guerrara, Gardaïa, etc. On jugera par là de tout le reste. Parmi les plus gros chiffres, signalons encore 1260 charpentiers et menuisiers, 362 corroyeurs et mégissiers, 1267 chaudronniers et ouvriers en métaux, 1113 fabricants de tabac, 611 ouvriers employés aux plâtreries et fours à chaux, 1618 carriers et tailleurs de pierre, 587 relieurs et imprimeurs, 1047 potiers et fabricants de tuile, 1974 alfatiers, 2498 fabricants de bouchons de liège.

Routes. — L'activité industrielle et commerciale a été encouragée et facilitée par la création d'un grand nombre de moyens de communication, dont aucun, on peut le dire, n'existait avant 1830. L'Algérie possède aujourd'hui 3000 kilomètres de routes nationales et 1300 kilomètres de routes départementales parcourues par de nombreux services de diligences, plus 6000 ou 7000 kilomètres de chemins. Plusieurs de ces routes ont été ouvertes à l'origine par l'armée et ont nécessité des travaux d'art considérables, tels que le percement des fameux défilés du *Chabet-el-Akra*. L'entretien des routes laisse encore à désirer sur un grand nombre de points et certains tronçons sont simplement frayés à travers les terrains vagues, mais cette situation s'améliore chaque jour.

Chemins de fer : réseau rationnel des voies ferrées. — Les chemins de fer, longtemps insuffisants et encore aujourd'hui incomplets, sont poussés avec une grande activité et approchent de 1800 kilomètres (autant que le Portugal). Le réseau comprend les lignes : — d'Alger à Oran; de Constantine à Philippeville (Compagnie P.-L.-M.); — de Constantine à Sétif et bientôt Alger; de Constantine (El Guerra) à Batna et bientôt Biskra (Est algérien); — d'Arzeu à Saïda et Mozba (Compagnie franco-algérienne) avec prolongement stratégique et bientôt commercial jusqu'à la Mecheria, et plus tard Aïn Sefra; — d'Oran (la Tlélat) à Bel-Abbès et Ras-el-Ma; — d'Oran (la Sénia) à Aïn Témouchent et bientôt Tlemcen (Ouest algérien); — de Bône à Guelma avec prolongement, d'une part de Guelma sur Constantine (le Kroub); de l'autre, de Guelma (Duvivier) sur Souk-Ahras, la frontière tunisienne et Tunis (Compagnie Bône-Guelma); — de Bône à Aïn-Mokra (Mokta-el-Hadid); — de Kef-oum-Teboul à la Messida et d'Arzeu aux Salines, lignes industrielles.

On peut déjà considérer comme terminée la *grande ligne littorale* de la frontière tunisienne à Alger, et d'Alger à Oran et Aïn Temouchent; mais il importe que d'Aïn Témouchent elle atteigne le plus tôt possible la frontière marocaine, par Oudjda.

Parmi les *voies de pénétration*, les plus utiles pour l'exploitation des richesses du sol algérien, que la géographie physique réclame et qui ne sont point encore construites, les plus importantes seraient : celles de Nemours à Lalla-Marnia et Gar-Rouban; de Rachgoun à Tlemcen et Sebdou (cette dernière section en projet); de Mostaganem à l'Hillil, Mascara et Tiaret (concédée); de Tenès à Orléansville (en projet); de Cherchel à Miliana et Teniet el Had; de Blida à Médéa et Boghar et plus tard à Laghouat et au Mzab (en projet); d'Alger à Aumale et plus tard Bou-Saada; de Dellys à Tizi-Ouzou; de Bougie à Beni-Mansour (en construction); de Bougie et de Djidjelli à Sétif et plus tard Batna; de Collo à la ligne de Constantine; d'Aïn-Beïda à Guelma ou à Constantine; de Souk-Ahras à Tebessa (en projet): de la Calle, en Tunisie, au Kef; de Biskra à Touggourt et Ouargla (en projet).

De même qu'une ligne ferrée septentrionale suit la côte, une *voie stratégique méridionale* parallèle à celle-ci devrait unir entre elles, au pied de l'Atlas Saharien, les amorces des trois principales lignes de pénétration : Aïn-Sefra, Laghouat et Biskra, avec prolongement, en Tunisie, sur Gafsa et Gabès. Enfin, par Aïn-Sefra et Figuig d'une part, de l'autre par Biskra, Ouargla, Touggourt, on pourrait se diriger vers In Çalah et le Touat, première étape nécessaire dans le *grand désert*.

Alors le quadruple réseau des chemins de fer algériens serait à peu près complet et, pour la défense des colons comme pour l'exploitation des produits du sol, suffisamment efficace. Déjà les revenus des voies ferrées suivent en Algérie une progression constante : ils ont atteint en 1884 la somme totale de 17 500 000 francs. Les capitaux français se portent de plus en plus vers ce genre d'entreprises, dont la rémunération lucrative semble d'avance assurée.

Postes et télégraphes. — l'Algérie possède 6588 kilomètres de communications télégraphiques avec une longueur de fils de 15 828 kilomètres; 189 bureaux *mixtes* des postes et télégraphes, 192 bureaux *postaux* et 44 bureaux *télégraphiques* (425 en tout). Les recettes, qui ne cessent de s'accroître, ont été de 3 200 000 francs en 1884. Les dépêches télégraphiques entre la France et l'Algérie, par câble sous-marin, coûtent 0 fr. 10 par mot. Il y a cinq de ces câbles, trois entre Alger et Marseille, deux entre Bône et Marseille. Des réseaux *téléphoniques* sont installés à Alger et à Oran. Le service des colis postaux et celui du recouvrement des effets de commerce ont parfaitement réussi. — L'armée a installé, dans le Sud oranais et dans la région de Biskra, en relations avec la Tunisie, divers postes de *télégraphie optique*.

Ports et phares. — Avant 1830, l'Algérie n'avait pour ainsi dire pas de ports. Alger même ne pouvait recevoir que des bateaux de faible tonnage, et la plupart des mouillages étaient exposés sans défense aux terribles coups de vent du nord-ouest. Nous avons créé de toutes pièces les ports actuels de Beni-Saf, Alger, Oran, Bône,

Philippeville. Ceux de Nemours, Mers-el-Kebir, Arzeu, Mostaganem, Tenès, Cherchel, Dellys, Bougie, Djidjelli, Collo, la Calle, le débarcadère d'Azeffoun, l'échouage de Takouch ont été améliorés. Des phares nombreux éclairent les côtes qui n'en possédaient pas un seul. Des sémaphores surveillent la navigation.

Services maritimes et navigation. — Les ports algériens sont en relations assidues soit entre eux, soit avec la France, la Tunisie, l'Espagne, l'Italie, Tanger, etc. Les principales compagnies de paquebots qui desservent l'Algérie sont : 1° la *Compagnie générale transatlantique* : de Marseille à Alger, direct rapide en trente ou trente-deux heures, deux fois par semaine; de Marseille, Cette et Port-Vendres à Alger; de Marseille, Cette et Port-Vendres à Oran, avec escale *par quinzaine* à Carthagène; de Marseille à Ajaccio, Bône, Philippeville, Djidjelli et Bougie; de Marseille à Oran, avec escale *par quinzaine* à Carthagène; de Philippeville à Alger et à tous les ports de la côte orientale; de Philippeville à Bône; de Bône à la Calle, Tunis, Tripoli, toutes les semaines; — 2° la *Compagnie des messageries maritimes* a un départ par semaine pour Alger; — 3° la *Compagnie de navigation mixte* (Touache) : de Marseille et de Cette à Oran, Nemours, Gibraltar et Tanger; de Marseille à Alger, Bougie, Djidjelli et Tenez; de Marseille à Philippeville et Bône; de Marseille à Mostaganem, Arzeu et Oran, toutes les semaines; — 4° la *Société générale de transports maritimes à vapeur* : de Marseille à Philippeville et Bône; de Marseille à Alger, Bougie et Philippeville; de Marseille à Philippeville, Bougie et Alger; de Marseille à Bône, direct, toutes les semaines; — 5° la *Compagnie havraise péninsulaire*, du Havre à Oran, Alger, Bône, Philippeville et l'Espagne, tous les mois; — 6° la *Ligne Cunard* (anglaise) : de Liverpool au Havre et Gibraltar, prenant charge pour Tanger, Oran, Alger, etc., tous les mois.

Pendant les trois dernières années (1882-84), le mouvement moyen de la navigation dite de concurrence (entre l'Algérie et l'extérieur) a été de quatre mille navires avec 1 800 000 tonnes de marchandises à l'entrée et à peu près autant à la sortie. Il est plus de cinq fois supérieur au mouvement de la navigation dans les colonies anglaises du Cap. Le mouvement du cabotage (entre les ports algériens) a été de 750 000 tonnes environ à l'entrée et autant à la sortie.

Régime commercial. — Depuis cette année même, les douanes algériennes sont assimilées aux douanes françaises, mais sauf de très légères exceptions (importation des denrées coloniales, alcools et bières en Algérie), les échanges sont exempts de tous droits entre les deux pays, si bien qu'ils n'en font qu'un au point de vue douanier. L'octroi de mer, en effet, n'est qu'une taxe locale, analogue à nos octrois municipaux, avec cette seule différence qu'elle est perçue une fois pour toutes à l'entrée des ports algériens, au lieu de l'être à l'entrée de chaque ville. Les marchandises tunisiennes entrent de même en franchise en Algérie.

Commerce. — La valeur moyenne des importations en Algérie pendant la période triennale de 1882-1884 a été de 340 millions de francs dont les trois quarts provenant de la France. La valeur des exportations a été de 156 millions de francs, dont les deux tiers à destination de la France. L'Algérie *importe* principalement des tissus de coton, de lin ou de chanvre, de laine, de soie et des vêtements, du sucre et des denrées coloniales, des peaux préparées, du papier, des vins, boissons et liqueurs, des outils, des métaux, des matériaux de construction, du charbon, du savon, des farines, etc. Elle *exporte* surtout des céréales, des laines, des peaux brutes, des animaux vivants, des minerais, des primeurs et fruits, de l'alfa et autres filaments, des huiles, des légumes secs, du liège, etc.; elle commence à exporter du vin, du poisson.

Le commerce extérieur de l'Algérie, d'une manière générale, n'a cessé de s'accroître, comme le prouve le tableau ci-dessous dont les chiffres représentent des millions de francs. Il est aujourd'hui en bloc de plus de 465 millions (plus de la moitié du commerce de l'Espagne).

Année.	Importations.	Exportations.
1831.	6,5	1,4
1834.	8,5	2,3
1839.	36,8	5,2
1844.	82,8	3,2
1850.	72,6	19,2
1854.	81,2	42,1
1859.	116,4	59,7
1864.	136,4	108
1869.	183,3	110
1874.	196,2	149,3
1879.	272,1	151,9
1880.	303,4	168,8
1881.	342,3	143,6
1882.	411,9	150
1883.	320,5	144,1
1884.	289,8	175,8

Depuis que la France a planté son drapeau à Alger, l'importation est devenue *cinquante fois* plus forte, l'exportation plus de *cent fois*.

Ce que l'Algérie coûte à la France. — Pour savoir exactement ce que l'Algérie coûte à la France, il faut non seulement mettre en ligne de compte les dépenses du gouvernement général, qui sont indiquées partout et dont le chiffre est très connu, mais encore les dépenses de chacun des ministères pour leurs services algériens et en particulier celles de la guerre et de la marine. On arrive ainsi, comme nous l'avons constaté plus haut, à un total de dépenses de 113 894 527 francs pour 1885. Or les recettes de l'Algérie ont été, pour la même année, de 40 777 668 francs. — Déficit net : 73 116 859 francs.

Situation exceptionnelle de l'Algérie. — Assurément ce déficit annuel est considérable, et, dans l'intérêt même de leur admirable pays, les colons devraient demander spontanément à payer plus d'impôt qu'ils n'en payent. Il serait naturel, par exemple, que toutes les propriétés fussent soumises au bout d'un certain délai à l'impôt foncier. Rien ne serait plus facile également que d'élever la taxe sur les tabacs. Mais cette réserve faite, il serait injuste de ne pas tenir compte de la situation exceptionnelle de l'Algérie. Très riche d'avenir, l'Algérie est encore relativement pauvre. Or plusieurs de nos départements, les Hautes-Alpes, par exemple, sont pauvres aussi; ils seraient incapables de se suffire à eux-mêmes, et cependant ils ont part à toutes les largesses du budget national. C'est que la France entière se sent solidaire. Cette solidarité doit s'étendre à l'Algérie, qui est France aussi depuis que nos soldats l'ont conquise. Il ne faut pas perdre de vue non plus que tout était à créer en Algérie quand nous y avons débarqué. Où en serait la France, sans l'héritage des efforts accumulés pour sa civilisation et sa grandeur par les générations de dix-huit siècles? Que de sommes énormes n'ont pas dépensées nos ancêtres en défrichements, cultures, chemins, ports, constructions et établissements de toute sorte! A moins de faire un crime à l'Algérie de sa jeunesse, on ne saurait donc lui reprocher de ne pouvoir encore se suffire entièrement à elle-même.

Ce que l'Algérie rapporte à la France. — Le déficit algérien n'est d'ailleurs qu'apparent. Ce n'est un déficit que pour le budget de l'État; mais, si l'on considère l'intérêt de la nation prise dans son ensemble, non seulement l'acquisition de l'Algérie n'a pas été onéreuse pour la France, mais elle a été une affaire excellente qui déjà se solde en bénéfices et finira par rembourser largement les capitaux dépensés depuis 1830. Sans parler des avantages politiques et militaires que l'occupation de l'Algérie procure à la France sur cette rive de la Méditerranée qui fait face à Port-Vendres et à Toulon, *deux cent mille Français* vivent aujourd'hui sur le sol de l'Afrique, y trouvent leur subsistance et s'y développent. Leur existence seule est un accroissement de force numérique pour la nation, un moyen nouveau d'expansion pour elle. Qu'un second Lille ou un second Bordeaux surgisse quelque part sur le territoire français, chacun s'en réjouirait : la population française de l'Algérie vaut déjà Lille ou Bordeaux.

Ajoutez que cette population, dont l'activité est grande,

emprunte la majeure partie de ses capitaux à la mère patrie. Les seules recettes des chemins de fer algériens dépassent déjà 16 millions de francs. De là pour les actionnaires français de fructueux dividendes.

La Banque d'Algérie, le Crédit foncier et agricole, établissements de crédits spéciaux à l'Algérie, le Crédit lyonnais et d'autres maisons de banque ayant des succursales en Algérie, sont alimentés par des capitaux français, et il ne paraît pas qu'ils fassent de mauvaises affaires.

Les sociétés ou les capitalistes français qui ont dans la colonie des placements en maisons, terrains et cultures doivent entrer aussi en ligne de compte.

Presque toute la flotte de paquebots qui dessert l'Algérie appartient à des compagnies françaises dont le siège est à Marseille et dont les associés sont Français; c'est l'Algérie qui est la principale source de leurs profits

N'est-ce rien aussi que d'avoir purgé la mer de pirates, en occupant la côte africaine; que d'avoir rendu la navigation sûre, en y élevant des phares et en y creusant des ports? Toute sécurité se paie, et celle-là a diminué les frais d'assurances de tous nos navires.

Il est difficile d'évaluer en millions les divers bénéfices matériels que la France retire ainsi de sa colonie. Il en est du moins qui figurent dans toutes les statistiques. Les deux pays font ensemble un commerce annuel de plus de 300 millions, dont plus de 240 à l'importation des produits français en Algérie et 60 à l'exportation des produits algériens en France. Si l'on veut bien réfléchir que tous les échanges sont lucratifs, sans quoi ils n'auraient pas lieu, est-ce trop d'évaluer à 20 ou 30 millions les bénéfices que nos industriels et nos négociants retirent deleur commerce avec l'Algérie?

Or, en additionnant les divers chapitres de l'**actif** français créé par la *possession de l'Algérie*, on obtient le tableau approximatif ci-dessous :

200 000 Français de plus, représentant en moyenne un revenu annuel de 1000 francs par tête (c'est le prix d'entretien de nos soldats)............	200 000 000
Recettes des chemins de fer algériens.	17 500 000
Établissements de crédit. Profits............ ? Placements en maisons, terres, cultures. Bénéfices. ? Compagnies de paquebots. Profits........ ? Diminution de frais d'assurances pour nos navires. Bénéfice........... ?	14 000 000 (?)
Mouvements d'échanges de 300 millions. Profits...............	20 000 000 (?)
Total.....	300 000 000

En réalité, l'Algérie ajoute donc approximativement un revenu annuel de **300 millions** au revenu national.

Le déficit du budget de l'État, imputable aux dépenses algériennes, étant de 73 millions, la France gagne encore annuellement 227 millions en Algérie et grâce à l'Algérie. Supprimez l'Algérie, vous supprimez d'un seul trait de plume **227 millions** de revenus français. Voilà ce qu'il faut répondre aux détracteurs de l'Algérie.

Quant à la gloire d'avoir dompté la barbarie, quant à l'honneur qui s'attache à notre œuvre en Afrique, quant à l'espoir qui s'ouvre à nous de fonder à nos portes une seconde France, vraiment fille de sa mère et capable un jour de contribuer à sa sécurité, à sa force et à sa grandeur, tout cela ne s'évalue point en numéraire, et ceux qui ne voient dans la politique qu'une balance de profits et pertes n'entendront point ce langage. Mais il y a encore des Français dont il fera battre le cœur et qui le comprendront. Nous nous contenterons de répéter aux premiers : la conquête de l'Algérie a été une **bonne affaire**. Pour les autres, pour tous ceux qui, dans leurs affections, comptent pour quelque chose l'humanité, la justice et la patrie, nous ajouterons : la civilisation de l'Algérie par la France est une des plus grandes choses de ce siècle; c'est l'accomplissement d'un devoir national, et peut-être sera-ce par surcroît, comme l'avait rêvé Prevost-Paradol [1], l'instrument de notre salut.

Avenir de l'Algérie. — En résumé, l'Algérie, qui égale et dépasse même la France en superficie, possède 15 millions d'hectares de terres cultivables (Tell), qui certainement nourriront un jour, non pas trois millions, mais dix millions d'habitants. Les grands travaux que nous avons entrepris, dessèchements, reboisements, irrigations, sondages artésiens, la création de grandes industries, le développement de la marine et du commerce, pourront même, plus tard, doubler ou tripler ce chiffre. Le plus difficile ne serait pas de vaincre et de féconder la nature en Algérie, ni même d'y acclimater et d'y répandre notre race. Les Romains l'ont fait avant nous et, sauf les ruines, ils n'ont pas laissé de traces de leur domination. Nous avons entrepris une œuvre autrement délicate et bien digne, par sa difficulté même, de tenter le génie d'un grand peuple. Il ne s'agit pas seulement de refaire tranquille et sûr un pays bouleversé par quatorze siècles de guerres et d'anarchie, mais d'y apaiser le fanatisme, d'y calmer les haines, d'y réconcilier l'Orient avec la civilisation occidentale, de former, avec des indigènes de toute race et des colons français ou étrangers une société compacte et organisée, de créer en quelque sorte d'éléments contradictoires un être nouveau à l'image de la France. Tel est le problème qui s'impose à nous. Comme le sphinx de la légende antique, ou nous le résoudrons, ou il nous dévorera. Mais déjà n'entrevoit-on pas les solutions? On pourrait les résumer en un programme de quelques articles.

Assimiler progressivement l'Algérie à la France. — Réserver au gouverneur général, sorte de préfet de police algérien, le maintien de la sécurité qui est le premier et le plus nécessaire de tous les biens; créer plu-

---

1. Voir la *France nouvelle*.

sieurs nouveaux départements suivant les régions naturelles indiquées par les chemins de fer de pénétration; admettre dans les conseils généraux des représentants des indigènes élus par eux; créer aux limites méridionales du Tell des *confins militaires* et en confier le gouvernement à l'armée; laisser aux chefs de service en Algérie une large initiative; maintenir le conseil de gouvernement présidé par le gouverneur, afin que les diverses administrations, d'ailleurs rattachées aux ministères, puissent concerter leurs efforts; rendre la justice de plus en plus *française;* charger des cours spéciales de juger les crimes et délits commis par les indigènes entre eux; créer partout des *écoles de langue française* pour les indigènes; fonder à Alger des facultés véritables, groupées sous le nom d'université; en matière de colonisation, établir le régime de *droit commun;* faciliter la mobilisation de la terre et les échanges; renoncer pour toujours, sauf à titre de punition militaire, aux confiscations, expropriations et séquestre; instituer, à l'usage des indigènes, une **naturalisation spéciale** qui respecte leur statut personnel.

Les articles de ce programme peuvent eux-mêmes se résumer en quelques mots : *s'efforcer de rendre progressivement tous les Algériens français dans une Algérie française.*

Pierre Foncin.

LA TUNISIE

PARTIE HISTORIQUE

CHAPITRE PREMIER

JUSQU'A L'INTERVENTION FRANÇAISE DE 1881

Temps primitifs. — La Tunisie, comme l'Algérie, compte parmi les parties du globe les plus anciennement habitées. Les silex taillés retrouvés à Oglat el Hassi, sous une couche de travertin de soixante centimètres d'épaisseur, figurent parmi les preuves les plus caractérisées qu'on ait jamais découvertes de l'antiquité de notre race. Sur ces premiers habitants du sol africain, on ne sait naturellement rien; mais sur leurs successeurs immédiats, nous sommes d'autant mieux renseignés que cette race peu changeante et peu assimilable habite et cultive encore sous nos yeux les domaines sur lesquels, depuis le commencement des temps historiques, elle est campée. Cette famille d'hommes qui a conservé jusqu'aujourd'hui sa langue est la race *Berbère*. La similitude des mots a fait appeler, d'une manière générale, les territoires qu'ils occupaient *Barbarie* par les Romains, *États Barbaresques* par nous.

Il n'est pas nécessaire de décrire ici les mœurs ni l'aspect de ces populations dont un tableau détaillé a été présenté à propos de l'Algérie. Il suffira de rappeler qu'elles gardent en Tunisie les mêmes caractères que dans notre colonie, qu'elles y présentent, comme dans ce pays, les signes évidents d'un mélange extrêmement ancien avec une race Aryenne blonde, venue en Afrique probablement par le détroit de Gibraltar, à une époque antérieure au quinzième siècle avant notre ère ; enfin, que le sol de la Régence offre, lui aussi, en grand nombre, des monuments mégalithiques, dolmens, menhirs, etc., pareils à ceux de la Bretagne et des vieilles contrées celtiques. Il y en a notamment une grande quantité dans la plaine au sud de Zaghouan.

Les habitants primitifs de la Tunisie se trouvèrent, dès les temps les plus reculés, aux prises avec deux peuples dont l'histoire est familière à tous les enfants de toutes les écoles d'Europe. Pendant dix siècles, du dix-septième au septième avant notre ère, de Thoutmès III à Tahraka, des expéditions nombreuses furent dirigées par les Pharaons contre les Berbères ou Libyens du nord de l'Afrique. Un souvenir curieux de leur passage est conservé dans le sud de la Tunisie : un archipel du chott Djerid, composé de quatre îlots, porte encore aujourd'hui le nom de *Nkal-Faraoun*, les *Palmiers de Pharaon*. « Les dattiers qui les couvrent, écrit M. Ch. Tissot, n'appartiennent à aucune des variétés connues dans le Blad-el-Djerid tunisien et leurs fruits ne parviennent jamais à une complète maturité. Une tradition que j'ai recueillie de la bouche même du khalifa de Telemin, Si el Habib, prétend que les palmiers de Pharaon proviennent des noyaux de dattes qu'aurait laissés dans ces îles une armée égyptienne. Au temps de Mohammed el Tidjani, ces dattiers n'appartenaient à personne et les fruits en étaient abandonnés aux voyageurs. »

Domination carthaginoise. — En outre, à partir du seizième siècle avant notre ère, si ce n'est même plus tôt, les Berbères de Tunisie virent débarquer sur leurs rivages des groupes d'émigrants *chananéens* ou phéniciens. Poussés par les besoins d'un commerce de plus en plus riche et étendu, ou refoulés par les Israélites revenus en conquérants dans la Terre promise, les Phéniciens implantèrent en Tunisie les premières souches d'une population sémitique. On sait quel fut leur succès, comment leurs comptoirs s'enrichirent, comment l'un d'eux, fondé au neuvième siècle, devint la plus puissante ville de la Méditerranée, Carthage, la rivale de Rome, et comment, en l'année 146 avant J.-C., sur la colline que couvre aujourd'hui la chapelle Saint-Louis, l'armée de Scipion Émilien vit monter les flammes qui dévoraient la femme et les enfants du Carthaginois Asdrubal. Carthage fut alors incendiée et anéantie. Des monceaux prodigieux de cendres et de scories de toutes sortes, mêlés de débris calcinés d'ossements humains, attestent encore à l'heure présente les horreurs de ce désastre, le plus grand qu'ait vu l'antiquité, catastrophe plus terrible que celle-là même qu'Homère a chantée.

Conquête et domination romaines. — A partir de cette époque, la Tunisie devint romaine, et une Carthage latine s'éleva sur l'emplacement de l'ancienne; le pays se couvrit de monuments et de villas dont les ruines innombrables couvrent aujourd'hui le sol dans toutes les directions : des bains, des théâtres, des amphithéâtres s'élevèrent dans toutes les villes importantes. L'un d'eux, l'amphithéâtre de l'antique *Thysdrus*, aujourd'hui El Djem, manifeste encore par ses vastes proportions et sa masse imposante la richesse et la civilisation qu'atteignit, un moment, cette partie de la province romaine d'Afrique. Ce grandiose édifice, qui a souvent servi de forteresse au moyen âge, est relativement bien conservé; trois de ses étages sur quatre, ses voûtes intérieures, une partie de ses gradins existent encore ; moins grand que le Colisée, il est beaucoup plus vaste que les arènes de Nîmes.

D'innombrables colonnes et statues ont été retirées, pendant tout le moyen âge, de ces villes ruinées ; une partie de la cathédrale de Pise fut construite, au douzième siècle, avec des colonnes provenant de Carthage. Si quelque génie vengeur de la vieille cité retirait tout à coup des murs et des maisons de Tunis ce qu'ils contiennent de colonnes romaines, la ville entière s'écroulerait. Jusque dans le Sud, où s'élevait la riche *Suffetula*, dont les ruines attirent aujourd'hui les curieux dans le désert de Sbeïtla, les Romains avaient établi leurs jardins et leurs villas, et, en fouillant le sol, on découvre, sur tous les points où ils s'étaient fixés, ces mosaïques si caractéristiques dont ils avaient le goût et dont on retrouve des spécimens identiques dans les pays les plus différents, partout où ils allèrent, et jusque sous le ciel brumeux d'York et des villes du nord de l'Angleterre.

Cette époque est celle de la grande richesse de la Tunisie. Ses récoltes nourrissent la capitale de l'empire, tandis que ses bêtes sauvages l'amusent; le pays fournit à la reine du monde les deux choses qui lui sont indispensables : *panem et circenses*. Les terres fertiles de la côte se peuplent d'oliviers dont les alignements réguliers ont été respectés des Arabes jusqu'à nos jours; les mines et carrières sont exploitées par tout le pays et, lorsque les persécutions contre les chrétiens commencent, un nouveau personnel d'ouvriers qu'on n'avait point à ménager se recrute parmi les condamnés religieux. La population toutefois, sauf sur les côtes où elle était déjà bien mélangée, garde intacts ses caractères, ses mœurs et sa langue; l'élément berbère résiste à l'assimilation romaine comme il avait résisté à l'assimilation carthaginoise.

Du deuxième au troisième siècle, la population des villes s'était convertie au christianisme. Après avoir entendu Sextius Augustinus et Thascius Cœcilius Cyprianus enseigner dans ses écoles le christianisme, Carthage les avait vus tous deux devenir chrétiens et évêques, celui-ci dans la capitale même, celui-là à Hippone (Bône), l'un au troisième, l'autre au quatrième siècle. Sous les noms de saint Augustin et de saint Cyprien, avec Tertullien originaire aussi de Carthage, ils comptent parmi les plus illustres des « Pères de l'Église d'Afrique ».

Dominations diverses. — Les Vandales et les Byzantins. — Au cinquième siècle arrivent les Vandales, et c'en est fait des prospérités de la Carthage romaine. Genséric s'en empare en 435 et en fait sa capitale. Il part du fond de son golfe pour aller piller Rome en 455 : triste et lointaine revanche prise par le barbare possesseur de Carthage sur les descendants dégénérés de Scipion. Pendant cent ans, les Vandales ont, dans cette ville, le centre de leur empire; ils en sont chassés par Bélisaire en 534.

Les Arabes. — Un siècle encore se passe et de nouveaux maîtres se présentent. La vingt-huitième année de l'hégire, en 648, les Arabes, déjà maîtres de la Syrie, de la Palestine et de l'Égypte, envahissent la province sous le commandement d'Abdallah ben Saad, marchent sur Suffetula, alors la première cité du pays (aujourd'hui Sbeïtla), et écrasent les troupes du patrice Grégoire. Un nouveau flot d'invasion arabe couvre le pays en 666; les partisans de l'islam occupent Souse, puis Bizerte; ils fondent la ville sainte de Kérouan; enfin, en 689, ils prennent et pillent Carthage et, tout auprès, Tunis; puis, rétablissant celle-ci et la dotant d'un arsenal, ils en font la capitale de la province maintenant soumise à leurs lois.

Croisade de saint Louis et expéditions européennes. — Les Turcs. — Vainement, en 1270, une armée française, commandée par saint Louis, vint-elle camper à la Goulette; le roi y mourut, l'expédition échoua et l'Arabe triompha de nouveau. Vainement, en 1535, Tunis fut-elle soumise et pillée par une armée d'Espagnols, de Génois, de Flamands, de Portugais, d'Italiens, de Maltais, commandée par Charles-Quint. Vainement, André Doria, en 1539, prit-il Souse, Monastir, Sfax, et le héros de Lépante, don Juan d'Autriche, s'emparat-il une seconde fois de Tunis, en 1573, au nom de la monarchie espagnole : le brigandage maritime n'était pas près de cesser. Il dura, à travers toute la période des temps modernes, jusqu'à la prise d'Alger en 1830 par une armée française. L'année même où le fils naturel de Charles-Quint avait reconquis la capitale tunisienne, les Turcs qui, dans la première moitié du siècle, avaient commencé, avec l'appui du célèbre corsaire d'Alger Khaïr-Eddin Barberousse, à prendre pied dans le pays, l'envahirent de nouveau avec Sinan-pacha et y établirent, sous la suzeraineté nominale du sultan de Constantinople, un gouvernement qui se composait essentiellement d'un

Dey, souverain effectif du pays, et d'un *Divan* ou conseil.

Ce régime se prolongea jusqu'au commencement du dix-huitième siècle. Son histoire est celle de guerres incessantes avec les régences voisines d'Alger et de Tripoli, d'assassinats terminant le règne de la plupart des Deys, auxquels une milice de janissaires donnait ses favoris, souvent d'anciens corsaires, pour successeurs, sans se soucier le moins du monde d'avoir ou non l'agrément du Chef des croyants. C'est aussi l'histoire de querelles incessantes et de traités d'amitié constamment violés avec les puissances européennes, d'épouvantables brigandages maritimes, de captivités dont les plus célèbres sont celles de Michel de Cervantes et de saint Vincent de Paul. C'est du bagne de Tunis, « cette tanière et spélonque de voleurs sans aveu du Grand Turc », où il était prisonnier depuis deux ans, que ce dernier s'échappa, le 18 juin 1607, et, monté sur une barque, eut la bonne fortune de gagner les côtes de Provence.

La dynastie husseïnite. — La Tunisie indépendante. — En 1705, commence pour la Tunisie une nouvelle période politique. C'est l'année de l'avènement d'un soldat de fortune nommé Husseïn ben Ali, qui, porté au trône à la suite d'une guerre civile, prit le titre de *Bey* et fonda la dynastie Husseïnite qui règne encore à l'heure actuelle. Sous cette nouvelle forme de gouvernement, les liens qui reliaient la Tunisie à la Porte se relâchèrent tout à fait. Plus que jamais, dans toutes les questions internationales, la Régence joua le rôle de puissance indépendante, traita en son propre nom, et répondit seule de ses actes. La destruction, en 1811, par le bey Hamouda, d'une milice turque demeurée à Tunis, acheva, mieux que tout le reste, de marquer la rupture. Si, en diverses occasions, la Tunisie envoya des troupes se joindre à celles du Grand Seigneur lorsque celui-ci était en guerre, ce fut en tant qu'alliée naturelle de l'empire ottoman et non en qualité de vassale. Ce fait mis à part, le gouvernement des Beys ressembla fort à celui des Deys. Il fut signalé par les mêmes troubles intérieurs, les mêmes guerres avec les régences voisines et par les mêmes brigandages maritimes. De temps en temps, la présence d'une escadre européenne faisait mettre en liberté des centaines d'esclaves chrétiens ; une fois le traité de paix et d'amitié perpétuelle signé et l'escadre partie, les déprédations recommençaient.

Traités avec la France. — Au dix-septième siècle, plusieurs de ces traités avaient été conclus entre la Tunisie et la France. A partir du dix-huitième siècle jusqu'à l'époque de la prise d'Alger et de l'abolition définitive de la course et de l'esclavage, ils devinrent innombrables.

La délivrance des esclaves français avait été arrachée à la Régence en 1604 ; puis le duc de Beaufort et son escadre imposèrent, le 25 novembre 1665, une convention stipulant la mise en liberté des prisonniers, l'interdiction à l'avenir d'en faire de nouveaux et assurant « que le consul français aurait la prééminence sur tous les autres consuls » (art. 15).

Des traités, ayant ce même objet, furent signés en 1672 par le marquis de Martel et, en 1685, par le maréchal d'Estrées. Au dix-huitième siècle, le renvoi des esclaves, la sécurité du commerce français, les privilèges des corailleurs de notre pays et de la compagnie royale d'Afrique sont garantis, notamment, par les traités du 6 décembre 1710, du 28 février 1713 (consenti à la suite d'une expédition de Duquesne), du 20 février 1720, du 1er juillet 1728, du 9 novembre 1742, du 24 février 1745, du 14 mars 1768, du 25 août 1770 (signé à la suite du bombardement de Bizerte et de Souse par la marine française), du 24 juin 1781, du 8 octobre 1782, etc. Enfin, le 23 février 1802, un traité est signé dans lequel il est accordé au représentant du premier consul Bonaparte que « la nation française sera maintenue dans la jouissance des privilèges et exemptions dont elle jouissait avant la guerre et, comme étant la plus distinguée et la plus utile des autres nations établies à Tunis, elle sera aussi la plus favorisée » (art. 2). On voit que la prépondérance française dans la Régence a des origines anciennes et remonte en fait à Louis XIV et à Napoléon.

Le congrès de Vienne, qui amena de si graves changements en Europe, eut son contrecoup jusque sur la côte septentrionale de l'Afrique. En 1816, lord Exmouth se présenta dans chacune des Régences avec une flotte de guerre et imposa la suppression de la course et l'abolition de l'esclavage ; le traité avec Tunis fut signé le 17 avril 1816. Encore une fois cependant, la dernière, les Régences revinrent de leurs terreurs et, sans souci des papiers signés, recommencèrent leurs pirateries. L'acte qui y a mis fin en Tunisie, il semble pour jamais, fut signé au Bardo, le 8 août 1830, par le consul général Mathieu de Lesseps, au nom de « la merveille des princes de la nation du Messie, la gloire des peuples adorateurs de Jésus, l'auguste rejeton des rois, la couronne des monarques, l'objet resplendissant de l'admiration de ses armées et des ministres, Charles X, empereur de France ». Par l'article 1er, le bey renonce à la course ; par l'article 2, il « abolit à jamais dans ses États l'esclavage des chrétiens » et s'engage à mettre en liberté tout ce qu'il peut en rester dans la Régence et à indemniser leurs propriétaires. Si ce traité fut mieux respecté que les précédents, c'est qu'il n'avait pas été signé par crainte des boulets d'une flotte de passage ; le 5 juillet Alger avait été prise ; nous étions devenus les voisins permanents des beys de Tunis.

Rapports entre la Tunisie et la France depuis 1830. Tentatives de réformes. — A partir de 1830, la piraterie est donc supprimée définitivement et ce n'est pas pour notre pays une mince gloire, dans ce siècle de progrès commercial et industriel, d'avoir accompli les deux grands actes qui devaient le plus faciliter les rapports de l'Orient avec l'Occident, en détruisant à jamais les repaires des corsaires africains et en perçant l'isthme de Suez. D'autres peut-être profiteront plus que nous de ces relations facilitées avec l'Extrême-Orient ; mais nous pouvons justement nous enorgueillir d'avoir ouvert à l'Europe la route de la Chine et d'en avoir assuré la sécurité.

Cependant, voisins de provinces françaises dans lesquelles les principes stricts de l'administration européenne étaient appliqués, où le commerce commença bientôt à prospérer, où la justice était la même pour tous, les beys essayèrent, après 1830, d'introduire dans leur pays quelques réformes, de le civiliser et d'en utiliser les richesses. L'un, comme le bey Ahmed, voulut se rendre compte par lui-même des supériorités diverses que les peuples européens avaient sur les pays islamiques, et visita, en 1846, la France où il fut reçu en souverain. Ce même bey, las des désordres des tribus nomades, voulut doter la Régence d'une armée régulière et fit venir une mission d'officiers français, à la tête desquels se trouvait le lieutenant-colonel Campenon, pour organiser ses troupes à l'européenne. Un autre, le bey Mohamed, dota son pays d'une loi organique ou constitution, qui rendait théoriquement applicables à la Tunisie les grandes règles fondamentales des gouvernements civilisés. Un troisième, le bey Mohamed el Sadok, fit restaurer, au prix de 14 millions de francs, l'aqueduc qui amenait, du temps des Romains, les eaux de Zaghouan à Carthage, dota Tunis de ses fontaines, créa des routes, concéda à la France des chemins de fer et des télégraphes, fonda le collège Sadiki, dans lequel les musulmans reçoivent une instruction secondaire analogue à celle qui se donne dans nos lycées, etc. Mais ces tentatives isolées ne pouvaient suffire à établir d'une manière durable l'ordre dans la Régence. L'imprévoyance, la mauvaise administration, l'abandon de mainte entreprise dispendieuse à moitié terminée, par-dessus tout le désordre général des finances, que vint aggraver une succession d'années d'insurrections, de famine et de peste, amenèrent, en 1869, un premier et éclatant aveu d'impuissance de la part du gouvernement beylical; l'État faisait banqueroute et l'Europe était obligée d'intervenir. Il était évident dès ce moment qu'aussi longtemps que la Régence serait abandonnée à elle-même, elle marcherait à sa ruine. Il lui fallait trouver un appui, un protecteur, un redresseur de torts. Quel serait-il?

Depuis que nous étions installés en Algérie, des rapports étroits s'étaient, comme on voit, établis entre les beys et nous, et la Régence en avait profité. Les travaux d'utilité publique qui avaient été accomplis en Tunisie, aqueducs, chemins de fer, télégraphes, étaient dus à des Français ; les quelques réformes qui avaient été introduites dans l'administration et l'armée de ce pays étaient dues à notre influence. Sans entretenir d'idée de conquête, nos ministres avaient, à maintes reprises, laissé entendre que nous ne permettrions jamais à aucune puissance de s'établir en Tunisie et que, politiquement et géographiquement, nous nous considérions comme les protecteurs naturels, désignés à l'avance, des États beylicaux. Ces déclarations, fréquemment répétées, étaient surtout faites pour tenir en respect la Porte ottomane qui se plaisait à ne point reconnaître notre conquête de l'Algérie, nommait de temps en temps un gouverneur général de cette province, lequel exerçait tranquillement à Constantinople ses fonctions *in partibus*, et rêvait enfin de rétablir le pouvoir, perdu depuis des siècles, qu'elle avait eu autrefois sur les Régences. Dans cette question, la politique de la France, souvent taxée de versatile à l'étranger, n'a jamais changé ; celle de Louis-Philippe a été aussi celle de la deuxième République et du second Empire ; c'est encore la nôtre aujourd'hui. « Une escadre turque, écrit M. Guizot dans ses *Mémoires*, sortait presque chaque année de la mer de Marmara pour aller faire sur la côte tunisienne une démonstration plus ou moins menaçante... Mais nous voulions le maintien du *statu quo*, et chaque fois qu'une escadre turque approchait ou menaçait d'approcher de Tunis, nos vaisseaux se portaient vers cette côte, avec ordre de protéger le bey contre toute entreprise des Turcs. » La Porte, qui, en 1835, avait rétabli par la force sa domination à Tripoli et réduit, en simple *vilayet* cette ancienne Régence, comprit qu'il fallait renoncer, vis-à-vis de la Tunisie, aux moyens violents. Elle essaya des voies administratives, mais sans plus de succès. Les firmans d'investiture qu'elle décerna au bey, en 1845, en 1864 et en 1871, demeurèrent d'aussi vain effet que ses nominations de gouverneurs pour le « vilayet d'Alger ». Interrogés à tour de rôle sur la question des firmans, les gouvernements de Constantinople et de Tunis répondirent l'un et l'autre « en déclarant qu'ils n'entendaient apporter aucune modification au *statu quo*. Nous ne pouvions demander ni désirer davantage[1] ».

La question tunisienne au Congrès de Berlin. — Quant aux sentiments de l'Europe sur nos rapports avec la Tunisie, ils étaient assez bien résumés dans les déclarations faites par le marquis de Salisbury à M. Waddington lors du Congrès de Berlin. Dans la pensée du ministre britannique, « il ne devait tenir qu'à nous seuls de régler, au gré de nos convenances, la nature et l'étendue de nos rapports avec le bey, et le gouvernement de la Reine acceptait d'avance toutes les conséquences que pouvait impliquer, pour la destination ultérieure du territoire tunisien, le développement naturel de notre politique[2] ».

Telle était la manière dont l'Angleterre envisageait la possibilité d'une intervention française dans la Régence, et l'on peut dire qu'à ce moment cette opinion était celle de l'Europe entière. Si l'exercice de cette action ne fut pas sans exciter dans quelques pays, en Angleterre même, la manifestation de sentiments chagrins, c'est qu'il en est fatalement ainsi toutes les fois qu'une puissance étend les limites de son influence. Des manifestations pareilles, beaucoup plus vives même, s'étaient produites lors de la conquête de l'Algérie et se sont renouvelées tout récemment lors de l'occupation du Tonkin. Ces jalousies sont de petites faiblesses dont les nations les plus envahissantes ne sont pas exemptes. Elles sont passagères et il ne faut pas en savoir à ceux qui en sont atteints un mauvais gré durable. Dans la réalité, nous nous trouvions libres de tout engagement vis-à-vis des

---

1. Livre jaune, *Affaires de Tunisie*, supplément, 1881, p. 5.
2. M. Waddington au marquis d'Harcourt, 26 juillet 1878; Livre jaune, *Affaires de Tunisie*, supplément.

puissances européennes et entièrement maîtres de notre action.

Dernières années de l'ancien régime tunisien. — Avant d'exposer quelle a été cette action, il convient de rappeler, comme ayant marqué les dernières années de l'ancien régime tunisien, les conventions conclues avec la France, en 1861, pour assurer à notre pays le droit exclusif à l'exploitation des lignes télégraphiques de la Régence; avec l'Italie, en 1868, pour régler les rapports commerciaux des deux nations, traité qui expire en 1896, mais est renouvelable au commencement de chaque période septennale moyennant mutuel accord; avec l'Angleterre, en 1875, pour le même objet, convention renouvelable dès aujourd'hui moyennant que les deux parties s'entendent sur les modifications à introduire; enfin la banqueroute de la Régence et l'unification de la dette en 1869-1870. On sait comment, poussé par son premier ministre, le célèbre Moustapha Khaznadar, le bey Sadok fit, ou plutôt laissa faire, de 1863 à 1869, de gros emprunts. La Tunisie n'avait cependant pas besoin de beaucoup d'argent, mais le Khaznadar en manquait toujours. Aussi était-il constamment disposé à en demander au public européen, qui lui en donnait volontiers. Il gardait pour lui ce qu'il pouvait, le reste était dissipé n'importe comment. Souvent les prêteurs s'entendaient avec le ministre pour lui faire, comme à un fils de famille aux abois, des livraisons moitié argent, moitié nature, et l'on expédiait à Tunis quelque vieux bateau hors d'usage afin de renforcer la flotte du bey ou, sous le nom de canons rayés, de vieilles pièces garnies par le dehors d'un bourrelet de plomb leur donnant l'apparence des nouveaux modèles. Ayant ainsi renouvelé l'armement de ses troupes de terre et de mer, le bey payait deux millions et demi de francs pour le bateau et un million pour les canons.

En 1869, le bey, qui ne distribuait plus rien des gros intérêts promis et se montant parfois à 12 pour 100 et au delà, fut obligé de déposer son bilan. Il implora l'intervention de la France d'abord, puis celle de l'Angleterre et de l'Italie. D'un commun accord, ces trois puissances procédèrent au règlement de la banqueroute. Le bey fut placé, au point de vue financier, dans un état équivalant à l'interdiction. Une commission internationale, dans laquelle le rôle prépondérant appartenait à la France, fut chargée d'administrer les ressources du pays et de veiller au payement du coupon de la dette unifiée. Les créanciers durent consentir à une réduction considérable dans le montant de leurs créances et dans le taux des intérêts. Ainsi réduite, la dette, qui était de 175 millions, ne fut plus que de 125. La commission administra le pays comme elle put; mais, disposant d'agents et de moyens insuffisants, impuissante à régénérer le personnel de fonctionnaires rapaces qui pressurait le pays, elle se trouva bientôt, elle aussi, au-dessous de ses affaires. Les coupons furent irrégulièrement payés; leur moyenne, jusqu'à notre occupation, fut de 4,75 au lieu de 5 pour 100; les impôts mal assis, plus mal perçus, écrasaient le pays et, entravant son commerce, devaient, dans un avenir peu éloigné, l'épuiser complètement; une dette flottante se formait à côté de l'ancienne et grossissait d'année en année. Bref, lentement, légalement, paisiblement, sous la surveillance et la garantie morale des puissances, on s'acheminait à une deuxième banqueroute.

C'est à ce moment que, nos difficultés avec le bey et les désordres de la frontière algérienne s'étant accrus, nous fûmes amenés à intervenir activement dans la Régence.

CHAPITRE II

INTERVENTION FRANÇAISE ET OCCUPATION DE LA RÉGENCE

Causes de l'intervention. — Les deux causes qui amenèrent notre intervention en Tunisie ont été données très exactement et en toute franchise dans le *Livre* *jaune* publié à ce moment. Dans sa circulaire aux agents du gouvernement à l'étranger, M. Barthélemy Saint-Hilaire leur disait, le 9 mai 1881 :

« Aux confins de la Tunisie et de l'Algérie, il y a toute une zone de tribus insoumises et belliqueuses qui sont perpétuellement en guerre et en razzias les unes contre les autres et qui entretiennent dans ces contrées naturellement très difficiles un foyer d'incursions, de brigandage et de meurtres. Le plus ordinairement, ce sont les tribus de notre domination qui en sont les victimes, parce que, grâce au régime plus doux dont nous leur avons apporté le bienfait, elles sont devenues plus sédentaires et plus paisibles en se civilisant peu à peu; mais les tribus tunisiennes sont plus barbares et plus aguerries, et, entre celles-là, on distingue surtout les Ouchtetas, les Freichichs et les Khroumirs..... Le premier objet de notre expédition, c'est la pacification définitive de notre frontière de l'est.

« Mais ce ne serait rien d'y avoir rétabli l'ordre et le calme, si l'État qui nous est limitrophe restait sans cesse hostile et menaçant. Nous ne pouvons pas craindre une attaque sérieuse de la part du bey de Tunis tant qu'il en est réduit à ses propres forces; mais la plus simple prudence nous fait une loi de veiller aux obsessions dont il peut être entouré et qui, selon les circonstances, nous créeraient en Algérie de très graves embarras dont le contrecoup porterait jusqu'en France.

« Jusqu'à ces derniers temps, nous sommes demeurés en excellente intelligence avec le gouvernement de S. A. le Bey, et, si parfois nos rapports avaient été troublés pour le règlement de quelques indemnités dues à nos tribus lésées, l'accord s'était promptement rétabli; il s'était même consolidé à la suite de ces dissentiments légers. Mais dernièrement, et par des causes qu'il serait trop délicat de pénétrer, les dispositions du gouvernement tunisien envers nous ont totalement changé; une guerre sourde d'abord, puis de plus en plus manifeste et audacieuse, a été poursuivie contre toutes les entreprises françaises en Tunisie, avec une persévérance de mauvais vouloir qui a amené la situation au point où elle est arrivée aujourd'hui. »

Afin de mieux éclairer encore l'Europe sur nos intentions et pour qu'aucun doute ne subsistât sur les limites que nous entendions assigner à notre action, le ministre des affaires étrangères ajoutait : « Nous avons montré depuis plus de quarante ans que si nous étions obligés, pour la sécurité de la France algérienne, de revendiquer dans la Régence une situation prépondérante, nous savions respecter scrupuleusement les intérêts des autres nations, qui peuvent, en toute confiance, vivre et se développer à côté et à l'abri des nôtres. Les puissances savent bien que nos sentiments à leur égard ne changeront pas. »

Des critiques véritablement peu attentifs ont reproché au gouvernement français de n'avoir pas su, en entrant en campagne, « ce qu'il voulait faire ». Il ne semble pas, au contraire, que les causes, le but et les limites d'une entreprise de ce genre aient jamais été plus nettement indiqués que dans le cas présent. Le programme ainsi établi a été suivi de point en point : la frontière a été pacifiée ; l'autorité beylicale, respectée dans son indépendance, mais soumise à un contrôle exact, n'a plus la faculté de suivre contre nous une politique hostile. Enfin les traités de la Tunisie avec les puissances ont été respectés ; le commerce et les intérêts de celles-ci se sont développés pacifiquement et sans entraves à côté des nôtres ; elles n'ont fait que profiter d'un contact plus immédiat avec nous.

Rôle de M. Roustan, consul général de France. — Si ce programme a pu être réalisé avec une grande rapidité, nous le devons à notre armée dont nous allons raconter les mouvements, et tout autant à l'habileté et au sang-froid du représentant de la France, M. Roustan. Venu en Tunisie à une époque où l'influence française avait subi de fortes atteintes (1874), M. Roustan avait cherché à rétablir notre prestige compromis. Il y était parvenu d'abord, mais non sans peine. Sans que l'Angleterre et l'Italie eussent eu de visées sérieuses sur la Régence, leurs consuls faisaient tout comme, et, s'étant insinués dans les bonnes grâces de la cour beylicale, ils se partageaient le droit de conseiller et d'encourager. Pour justifier cette attitude, l'un parlait à son gouvernement des guerres puniques, l'autre de la route des Indes. Il fallait Carthage à la jeune Italie, héritière de Rome; Bizerte était nécessaire à l'Angleterre pour compléter le jalonnage du grand chemin maritime d'Orient; il fallait l'ajouter à une série qui comptait déjà Gibraltar, Malte, Périm et Aden, en attendant Chypre qui ne devait pas tarder à être occupée. M. Wood était un de ces agents de l'ancienne carrière consulaire anglaise qui, sans s'occuper beaucoup des questions de possibilité et de conséquences, ne voyaient partout autour d'eux que de nouvelles Indes à conquérir. Un simple rôle de confident était réservé par les deux puissants consuls à l'agent de la France. Celui-ci parvint à changer ce rôle. Avec un tact infini et une habileté consommée, sans se brouiller avec aucun de ses collègues ni provoquer de querelles internationales, M. Roustan, et ce sera sa gloire, sut rendre tout d'abord à notre pays sa place dans les affaires de la Régence et reconquérir, comme au temps des traités de Louis XIV, « la prééminence sur tous les autres consuls ». Lorsque, au bout de six ans, le bey, tout à coup, changea d'attitude, ce fut en vain qu'il voulut se détacher de nous. Toutes les précautions étaient prises; dans presque toutes les provinces de la Régence le nom français était connu; une partie de la population nous appelait, attendant de nous des réformes et une meilleure administration. L'entrée en campagne, que les incursions de la frontière et l'attitude hostile du bey avaient rendue indispensable, ne pouvait manquer d'être suivie de faciles et rapides succès, l'opposition que rencontreraient nos armes ne pouvant être que partielle.

Les hostilités contre les Khroumirs. — Une première violation de frontière par les Khroumirs, tribu belliqueuse qui, chaque année, repoussait à coups de fusil les collecteurs d'impôt tunisiens et dont le nom signifie « le ferment, la gent en ferment[1] », avait eu lieu le 17 février

---

1. Duveyrier, *la Tunisie*, ch. vi.

1881 ; une deuxième, plus grave, se produisit les 30 et 31 mars; un combat véritable en fut la suite ; un soldat du 59e de ligne y fut tué, un caporal grièvement blessé. Le jour suivant, l'entrée en campagne fut décidée par le gouvernement de la République. La France sortait du recueillement où elle était demeurée depuis dix ans et, pour la première fois depuis la douloureuse année 1871, ses troupes recevaient un ordre de marche.

Entrée des Français dans la Régence. — Sous le commandement en chef du général Forgemol de Bostquenard, trois divisions, dirigées par les généraux Logerot, Japy et Delebecque, furent concentrées dans la région de Bône : au total 23 000 hommes. Des pluies torrentielles et des brouillards intenses enveloppant un pays montagneux et à peu près inconnu retardèrent le départ des troupes, qui n'eut lieu que le 22 avril. Devant une force aussi imposante, les tribus tunisiennes se replièrent en toute hâte et furent d'abord insaisissables ; la poursuite à travers des montagnes inexplorées et sans routes, dans lesquelles chevaux, mulets et canons n'avançaient qu'à grand'peine, était fort pénible. Cependant, le 26, l'ennemi fut rejoint au col de Fedj Kahla : après une vive résistance, il dut l'abandonner en grand désordre, ainsi que les deux autres postes de Hadjar Menkoura et Kef Cheraga. Le même jour la brigade Logerot arrivait au Kef, et la ville, après quelques velléités de résistance heureusement calmées grâce à la prudence de notre agent consulaire, M. Roy, ouvrit ses portes et l'unique citadelle de la Tunisie occidentale se trouva entre nos mains. Le général Logerot y laissa garnison et, après un combat très brillant, dans lequel bon nombre d'ennemis périrent et où nous eûmes six tués et quatorze blessés, il opéra sa jonction avec la colonne Delebecque. Refoulées dans toutes les directions, les tribus du pays Khroumir se trouvaient réduites à l'impuissance.

Pendant ce temps, du côté de la capitale, M. Roustan remplissait avec bonheur la difficile mission qui lui était échue : empêcher le bey de se déclarer en guerre avec nous et de s'enfuir dans l'intérieur, obtenir au contraire la coopération des réguliers tunisiens avec nos troupes, enfin prévenir tout mouvement insurrectionnel dans Tunis même.

Débarquement à Bizerte. — Tandis que sa ferme attitude rassurait les colonies européennes et tenait en respect la partie hostile de la population indigène, un débarquement dont les préparatifs avaient été gardés entièrement secrets avait lieu à Bizerte. Partis de Toulon, les généraux Bréart et Maurand, le 2 mai, avaient occupé la ville sans difficulté. Une colonne française pouvait être de là rapidement conduite jusqu'à Tunis. Ce fut à ce moment précis que le désir d'intervenir se manifesta avec le plus de vivacité à l'étranger.

Essais d'intervention étrangère. — La Porte, qui depuis le début n'avait cessé de mettre en avant les droits légendaires qui avaient découlé un moment pour elle de la conquête de Tunis par Khaïr-Eddin Barberousse au seizième siècle, se voyant perpétuellement éconduite, prit tout à coup la résolution d'agir par la force, et, puisqu'on parlait d'ordre à rétablir dans un pays musulman, d'accomplir elle-même cette tâche ardue. Une escadre fut armée à la hâte. Elle était à la hauteur de la Canée quand ce projet fut connu en France. Le jour même, 5 mai, M. Barthélemy Saint-Hilaire télégraphiait à notre ambassadeur à Constantinople, M. Tissot, d'avertir les ministres ottomans que, si une ingérence pareille se produisait, nous nous considérerions sur-le-champ comme en état de guerre avec la Porte. En même temps notre flotte recevait l'ordre d'arrêter au passage l'escadre turque et de s'opposer par la force à tout débarquement sur un point quelconque de la Régence. C'étaient, presque mot pour mot, les instructions qui avaient été envoyées trente-cinq ans plus tôt, en juin 1846, par M. Guizot au prince de Joinville, lequel devait aussi repousser de vive force les Turcs « si quelque tentative hostile avait lieu de leur part, sur une partie quelconque du territoire de la Régence ». Comprenant qu'il n'y avait pas là de notre part une vaine assurance, les ministres ottomans abandonnèrent leur projet et renoncèrent de même, sur un nouvel avis identique, à leur intention de faire simplement paraître le pavillon ottoman en rade de la Goulette. Ils durent se contenter d'envoyer à grands frais toute une armée à Tripoli, de faire relever bruyamment les bastions des abords de la ville, de recevoir à bras ouverts les dissidents tunisiens qui passaient la frontière. L'armée mal payée, les dissidents privés de leurs ressources, mirent le pays au pillage et le ruinèrent à qui mieux mieux; la Tripolitaine s'en ressent encore aujourd'hui. C'est là l'unique satisfaction que reçurent, à propos des affaires tunisiennes, les goûts panislamiques de Sa Majesté Abdul-Hamid.

Une autre proposition d'intervenir, mais celle-là d'une forme toute pacifique, se produisit à la même époque. Le 7 mai, l'Angleterre fit offrir par lord Lyons ses bons offices à la France, et, si cela pouvait nous agréer, sa médiation. Le gouvernement déclina, en termes très amicaux, cette offre courtoise; mais il comprit qu'il devait se hâter de terminer lui-même l'affaire tunisienne en traitant directement avec le bey.

Traité du Bardo. — Le général Bréart reçut, le 8 mai, l'ordre de quitter Bizerte; il campa le 9 avec ses troupes au Fondouk à vingt-cinq kilomètres de Tunis; le 10, il reçut ses pleins pouvoirs pour traiter et, le 12, arrêtant ses têtes de colonne à la Manouba, à deux kilomètres du Bardo, il fut présenté par M. Roustan à Son Altesse, alors installée au palais de Kasr-Saïd, à côté du Bardo. Le traité ayant été lu en arabe à Mohamed el Sadok, ce prince demanda à réfléchir et tint conseil pendant quatre heures. A huit heures du soir, il fit appeler de nouveau les plénipotentiaires français et signa le traité en leur présence.

Par cet acte, le gouvernement de la République garantissait l'intégrité du territoire tunisien contre toute attaque du dehors et assumait la responsabilité de la préservation de l'ordre au dedans. Il maintenait, conformément à ses engagements antérieurs avec les puissances, les traités qui unissaient celles-ci à la Tunisie. Les agents diplomatiques et consulaires de la France étaient chargés de la protection à l'étranger des intérêts et des nationaux de la Régence. Enfin les parties contractantes se réservaient de procéder, lorsque le moment serait favorable, à une réorganisation totale de ce système financier tunisien qui avait donné lieu à tant de plaintes et qui menaçait d'amener la ruine totale du pays.

Première pacification de la Régence. — Ce traité fut communiqué aux diverses puissances européennes Les Anglais demandèrent ce que l'on comptait faire de Bizerte : pas un port de guerre pour le moment, leur fut-il répondu, peut-être un port de commerce. Il n'y eut pas d'autres observations. Les mouvements de nos troupes continuèrent dans la partie septentrionale de la Tunisie ; ils furent appuyés par des colonnes de l'armée régulière du bey, commandée par Sidi Ali, depuis bey de Tunis, lequel avait fait comme son frère sa soumission la plus complète au nouvel ordre de choses. Au 31 mai, l'insurrection était entièrement calmée ; les Meknas, les Mogods et les autres tribus de la frontière et du pays Khroumir reçurent l'aman, c'est-à-dire l'amnistie, et l'on put considérer la partie militaire du programme comme terminée.

Rappel d'une partie des troupes. — Une partie des troupes (dix mille hommes) fut rappelée en France. C'était une satisfaction partielle donnée à l'opposition ; celle-ci avait fait grand bruit du nombre relativement considérable de morts causées par les fièvres dans l'armée d'occupation et avait créé en France une vive anxiété de voir ces opérations promptement terminées. Comme on le sait et comme l'expérience l'a montré depuis, la Tunisie, à part quelques points qu'il est facile d'éviter et qui sont bien connus, n'est pas un pays fiévreux ; mais les fatigues de la marche dans des régions sans chemins, à la poursuite d'un ennemi la plupart du temps insaisissable, par des pluies et des brouillards d'une intensité exceptionnelle, avaient occasionné dans l'armée beaucoup de cas de fièvre typhoïde, et ce mauvais état sanitaire, exagéré par le bruit public, faisait désirer par une partie de la population le rappel des troupes. Aujourd'hui que les soldats sont régulièrement cantonnés dans le pays, leur santé se maintient très bonne; dans aucune des circonscriptions militaires de la métropole elle n'est meilleure.

Nouvelle agitation. — Quoi qu'il en soit, le rappel eut lieu et on en vit immédiatement les fâcheux effets. Le bruit se répandit parmi les indigènes qu'un ultimatum du sultan avait causé cet exode inattendu et qu'une armée ottomane considérable venait au secours des Tunisiens. On sait avec quelle rapidité des bruits pareils et même beaucoup d'autres plus invraisemblables encore se répandent parmi les Arabes et avec quelle crédulité ils sont accueillis. L'agitation recommença dans la Régence, non plus dans le nord que nous continuions d'occuper suffisamment, mais à l'est, au sud et dans les environs mêmes de Tunis où nous n'avions pas pénétré : des assassinats et des faits de pillage avaient lieu aux portes de la capitale. Vers le milieu de juin, des nouvelles inquiétantes arrivèrent de la région du Sahel; à la tête de tribus insoumises, Ali ben Khalifa désolait le pays et y entretenait l'agitation; elle était grande surtout dans la riche cité de Sfax, dont les habitants, le regard sur la mer, attendaient de jour en jour la venue de la flotte du Grand Seigneur. Il fallut renvoyer des troupes dans la Régence. Les envois se firent par deux et trois bataillons à la fois; ils s'élevèrent de juillet à octobre à trente mille hommes.

Insurrection de Sfax et ses suites. — Le 28 juin, la ville de Sfax entre en révolte ouverte; le quartier européen est envahi et pillé; le vice-consul de France, blessé dans l'émeute, se retire avec ses nationaux et le reste des étrangers à bord du *Chacal*, de l'*Alma* et des autres bâtiments européens arrêtés en rade; la rébellion triomphe et s'étend jusqu'à Gabès, à l'Arad, au Djérid. Il était nécessaire de prendre d'énergiques mesures. L'escadre de la Méditerranée se réunit dans les premiers jours de juillet devant Sfax, qui fut bombardée par l'amiral Garnault et par le commandant (depuis amiral) de Marquessac. Les Arabes de la côte, qui n'avaient aucune idée de la puissance de notre artillerie, s'imaginaient que de la distance où les navires français avaient dû s'arrêter, nos obus n'atteindraient pas la ville. Ils furent bientôt convaincus du contraire; en fort peu de temps, les murs et la citadelle furent battus en brèche; quelques projectiles allèrent même atteindre, par delà l'enceinte de la ville, des campements de révoltés établis dans la campagne.

Le 16 juillet au matin, l'ordre de débarquement fut donné. Par un soleil splendide, les embarcations prirent la mer, emportant, sous le feu des Arabes, environ trois mille hommes, tant marins que soldats de l'armée de terre. Les batteries indigènes installées sur la plage avaient été détruites la veille; rétablies pendant la nuit, elles avaient été renversées de nouveau avant le débarquement; néanmoins dans les fossés creusés derrière elles, leurs servants, acharnés à défendre la position, attendirent nos soldats de pied ferme, luttèrent jusqu'au dernier souffle et moururent, sans fuir ni se rendre, près des pièces qu'ils n'avaient pu protéger. La ville se défendit de même; il fallut dans certaines rues prendre les maisons une à une; ce qui fut un exemple unique dans l'histoire de notre occupation de la Tunisie. Enfin marins et soldats arrivèrent à la Casbah, s'y établirent, et les révoltés s'enfuirent hors des murs dans la direction du sud, emportant ce qu'ils pouvaient du butin fait par eux dans le quartier européen avant la prise de la place. Nous eûmes à l'assaut de la ville huit morts et quarante blessés; nous n'en avions eu aucun pendant le bombardement. Une contribution de guerre de 5 millions de francs fut imposée à la ville qui avait donné l'exemple de la rébellion. Souse, Djerba, Gabès furent occupées successivement.

Pendant ce temps les élections générales avaient eu lieu en France, le 21 août, et, en donnant une forte majorité au ministère, elles avaient montré qu'en somme, malgré les protestations de la partie hostile de la presse, le pays approuvait l'acte courageux qui devait nous valoir un si notable accroissement de puissance africaine. On résolut de poursuivre énergiquement l'entreprise et, comme on avait fait pour le pays des Khroumirs, de balayer toute la Régence, au moyen de colonnes venues de points différents qui auraient un lieu de jonction commun.

Occupation de Kérouan. — Le général Forgemol partit de Tebessa, le général Étienne, de Souse, une troisième colonne était commandée par le général Logerot. Le rendez-vous était à la ville sainte de Kérouan dans laquelle les chrétiens n'avaient jamais pénétré, et qui passait pour le foyer principal du fanatisme musulman. L'exemple de Sfax donnait lieu de croire qu'on rencontrerait une vive résistance; mais il n'en fut rien. Sauf dans le nord-ouest où elles ont gardé leurs qualités belliqueuses, les tribus tunisiennes n'ont aucunement les goûts guerriers des habitants du Maroc ou de la province d'Oran. Sur tout le parcours de nos colonnes, elles s'enfuirent ou effectuèrent leur soumission. Ce furent pour nous de simples promenades militaires qui s'exécutèrent avec beaucoup d'ordre, et qui eurent, outre l'avantage de nous faire connaître le pays, celui de donner aux Arabes du centre quelque idée de nos forces et d'étouffer pour longtemps toute velléité de révolte. Le général Étienne arriva le 26 septembre devant Kérouan, le général Logerot le 28, le général Forgemol le 29. La ville ne se défendit pas et nos troupes entrèrent sans combat dans les murailles qui renferment le tombeau du barbier du Prophète. La colonne amenée d'Algérie par le général Forgemol comptait dix à onze mille musulmans de notre armée, qui ne manquèrent pas d'aller faire leurs dévotions devant les saintes reliques. Ce zèle religieux de la part de soldats français ne contribua pas peu à faire comprendre à la population que nous ne venions pas persécuter, que nous arrivions en protecteurs et non en ennemis, et qu'on pouvait vivre sous notre domination sans renier pour cela la foi de ses pères.

L'attaque d'une gare sur la ligne de Tunis à la frontière, la gare de l'Oued Zargua, par les Arabes, suivie du massacre du chef de la station et de plusieurs employés (30 septembre), attaque promptement et sévèrement punie, est le dernier fait grave qui ait marqué la campagne tunisienne.

Pacification définitive du pays. — A l'automne, le pays était entièrement pacifié. Dans le sud, il est vrai, Ali ben Khalifa, réfugié avec ses partisans en Tripolitaine, faisait de temps en temps quelques incursions sur le territoire tunisien; mais il était surveillé par le général Logerot, dont les troupes exécutaient de fréquentes marches sur la frontière. Le vieux révolté fut bientôt réduit à peu près à l'impuissance; les tribus soumises et les tribus dissidentes se razzièrent à tour de rôle pendant quelque temps; il y eut pillage, mais il n'y eut plus guerre. Bientôt, du reste, allait commencer, grâce à l'aman que le bey, sur les conseils du résident de France, accorda à tous les rebelles, le mouvement de rentrée qui fit le vide autour du vieil Ali. Il n'avait plus qu'une poignée de partisans lorsqu'il mourut sous sa tente, en novembre 1884. Les efforts de notre consul général à Tripoli, M. Féraud, et ceux du gouverneur tunisien de l'Arad, le général Allégro, hâtèrent cette fin pacifique de la campagne. A l'heure qu'il est, la frontière est libre.

L'histoire de la Tunisie, depuis l'année de l'occupation, n'est guère que celle des réformes que la France y a introduites; elles seront examinées dans un chapitre à part.

Il suffira de signaler ici la chute de Moustapha ben Ismaïl, l'ancien favori du bey, remplacé, dans l'été de 1881, par Mohamed Khaznadar; la désignation de M. Cambon, préfet du Nord, pour succéder à Tunis à M. Roustan, dont la tâche diplomatique était terminée (18 février 1882); l'avènement d'Ali-Bey, frère du bey Sadok, le 28 octobre 1882; la nomination de Si Azis bou Atour, premier ministre; enfin la convention franco-tunisienne du 8 juin 1883, par laquelle le bey s'engage « à procéder aux réformes administratives, judiciaires et financières que le gouvernement français jugera utiles » et, en un mot, reconnaît ouvertement le protectorat de la France.

Attaques de la presse contre M. Roustan. — Ce

rapide historique de l'établissement de notre protectorat en Tunisie serait incomplet, si nous ne rappelions en terminant que, comme Dupleix et comme Lally, comme la plupart de ceux qui se sont voués à l'accroissement de notre empire colonial, M. Roustan, redouté et admiré par tous les étrangers qui avaient eu à lutter avec lui, fut, en France, abreuvé d'injures et de calomnies. Appartenant à une famille dont tous les membres se sont distingués au service de l'État, dans l'armée, dans la marine, dans l'enseignement supérieur, remarqué dès ses débuts pour le courage dont il avait fait preuve en Egypte pendant la terrible épidémie de 1865 et pour son habileté politique éprouvée dans nombre de postes difficiles, M. Roustan s'est vu appliquer les appellations les plus ignominieuses. Il a été représenté comme un « faiseur d'affaires », un « traître à la patrie » qui n'avait rien voulu que « voler des millions sur des cadavres ». Le procès qui s'en est suivi est encore présent à toutes les mémoires, de même, Dieu merci, que le mouvement général d'opinion qui, à la fin, a révisé le jugement rendu dans cette affaire. Il suffira sans doute de rappeler comment les polémiques furieuses de divers journaux qui, à travers M. Roustan, cherchaient à atteindre M. Gambetta, ont été jugées par un écrivain peu suspect de partialité, M. de Mazade, de l'Académie française : « Voilà, a-t-il écrit sur le moment même, un homme qui aura servi son pays dans des postes lointains et souvent pénibles, qui aura eu plus d'une fois à déployer toute son énergie, à engager sa responsabilité pour la défense des intérêts nationaux. Naturellement, il est obligé d'user, au besoin, des moyens qu'il a sous la main; de l'aveu de tous, cependant, il est resté honnête, uniquement occupé de son devoir d'agent de la France, et un jour vient où, sur la foi d'on ne sait quelles dénonciations obscures ou intéressées, il est exposé à être offert en spectacle devant un prétoire, à voir son nom traîné dans toutes les polémiques, ses plus simples actions dénaturées par l'esprit de parti. Est-ce par cette manière de payer le dévouement qu'on se figure recruter, pour les plus difficiles services du pays, des fonctionnaires intelligents, actifs et utiles? S'il devait en être ainsi, la première pensée des agents employés au loin serait bientôt de ne jamais se compromettre, de ne point engager leur responsabilité pour les intérêts nationaux, d'éviter enfin les affaires le plus possible, au risque de laisser décliner l'influence française au milieu de toutes les compétitions ardentes. On aurait bien gagné et la République serait bien servie si, dans tous les postes compromettants, où il y a des intérêts français à défendre, nos représentants en étaient chaque matin à craindre d'être dénoncés dans un journal de Paris et d'avoir à intenter, avec le même succès que M. Roustan, des procès en diffamation devant le jury de la Seine[1]. »

1. *Revue des Deux Mondes*, 1ᵉʳ janvier 1882.

PARTIE GÉOGRAPHIQUE

CHAPITRE PREMIER

GÉOGRAPHIE GÉNÉRALE

Situation, limites et superficie. — La Tunisie est comprise entre les 33e et 37e degrés de latitude nord, et les 5e et 9e degrés de longitude est.

Elle est bornée au nord et à l'est par la mer, au sud par le vilayet de Tripoli et par l'Algérie, à l'ouest par l'Algérie.

Elle a une superficie totale de 130 à 150 mille kilomètres carrés, soit le quart de la France, le tiers de l'Italie, le double de la Grèce.

Littoral : caps, golfes, îles. — La vaste étendue des côtes tunisiennes présente deux aspects différents; la partie septentrionale, depuis la frontière jusqu'au cap Bon, n'est que la prolongation de la grande ligne de falaises grises ou rougeâtres qui commence au détroit de Gibraltar et règne sur les rives des trois provinces algériennes. A partir du cap, et sur tout le versant oriental, la côte s'abaisse et ne présente plus guère que de basses plages sablonneuses qui s'enfoncent dans la mer par des pentes insensibles et obligent, sur presque tous les points, les navires à mouiller au large.

Les principaux caps sont, sur la partie septentrionale, les caps *Negro* et *Serrat* dans la riche région minière des Nefza et des Mogods, le cap *Blanc* ou *Ras el Abiad* à quelques kilomètres au nord de Bizerte, le *Ras Sidi-el-Mekki*, près de Porto-Farina, enfin le *Ras Addar* ou cap *Bon* à l'extrémité de la presqu'île de ce nom. La côte orientale, qui offre des arêtes beaucoup moins vives, est marquée par le *Ras Maamoura* près de Nebel, par le cap *Dimas* entre Monastir et Mehdiah, et par le *Ras Caboudiah* entre Mehdiah et Sfax.

Trois golfes principaux échancrent les rivages de la Régence, savoir : le *golfe de Tunis* au nord, et ceux de *Hammamet* et de *Gabès* ou *petite Syrte* à l'est.

Les îles principales sont l'île de *Tabarque*, importante par sa situation en face de la riche et montagneuse contrée des Khroumirs; l'archipel volcanique de *La Galite*, sur lequel doit s'élever, dans quelque temps, un des phares les plus puissants que présentera l'Afrique du nord, de Gibraltar à Port-Saïd; l'île *Plane*, en face du cap Sidi-el-Mekki, sur laquelle un phare est actuellement en construction; puis, sur le versant oriental, les îles *Kouriat*, à 18 kilomètres de Monastir; les *Kerkennah*, en face de Sfax, grandes îles bien cultivées dont les deux principales étaient réunies au temps des Romains par un pont d'un kilomètre, aujourd'hui ruiné, et sur les rives desquelles, maintenant comme autrefois, sont établies des pêcheries importantes de poulpes, d'éponges et de thons; enfin, tout au sud de la Régence, la grande île de *Djerbah*, la « terre des Lotophages » de l'*Odyssée*, peuplée de quarante mille âmes et qui n'est « tout entière qu'une vaste forêt de dattiers, abritant elle-même des vergers d'une merveilleuse richesse. Les oliviers y atteignent des dimensions inconnues, même dans le Sahel. La vigne, le pêcher, l'amandier, le figuier, le caroubier, l'oranger, le citronnier y prospèrent également[1]. »

Relief général du sol : les montagnes. — Le système orographique de l'Algérie se continue en Tunisie, mais en s'altérant d'une manière d'autant plus sensible qu'on s'approche davantage de la mer. On y trouve, comme

---

1, Ch. Tissot, *Géographie comparée de la province romaine d'Afrique*, t. I, ch. II

dans nos trois provinces, un massif méditerranéen et un massif saharien de montagnes; au sud du premier, la zone des landes; au sud du second, la zone des oasis. La première chaîne remplit de ses ramifications, parfois assez élevées, tout le territoire au nord de la Medjerdah et se termine au cap Sidi-el-Mekki; la deuxième envoie un rameau, à travers la Régence, jusqu'au fond de la presqu'île du cap Bon, et une série de branches moindres, formant des entrelacements compliqués, remplissent toute la région méridionale jusqu'au bord des chotts.

Régime des eaux : les cours d'eau. — Au fond de la grande vallée qui sépare ces deux chaînes coule la *Medjerdah*, l'ancien Makaras ou Bagrada, le fleuve le plus considérable, après le Nil, de l'Afrique méditerranéenne. Elle se compose de la réunion de deux ruisseaux, dont l'un prend sa source près des ruines de Khemissa, l'autre, dans le voisinage de Tébessa en Algérie. Elle roule du sud-ouest au nord-est et traverse toute la Régence, arrosant de ses flots tranquilles un vaste bassin, l'un des territoires les plus féconds de toute la Tunisie. Dans ses eaux d'un vert glauque se reflètent des quantités de tamaris et de lauriers-roses. Sur plusieurs points elle est endiguée et sert à l'arrosage des champs voisins. Dans la saison des pluies, elle est sujette à des crues subites qui lui font ronger ses rives et recouvrir au loin la campagne; une partie du limon qu'elle entraîne alors va se déposer à son embouchure dans le vaste estuaire de Porto-Farina, près du cap Sidi-el-Mekki, petit golfe dont la pente et les bords ont maintes fois changé depuis l'antiquité.

A part l'*oued Méliane*, qui sort des massifs montagneux du centre de la Régence pour se jeter près de Radès, dans le golfe de Tunis, le reste des rivières tunisiennes, ou bien ne va pas jusqu'à la mer et se perd dans les vastes lacs ou marais de l'intérieur, ou bien ne consiste en réalité qu'en torrents à sec une partie de l'année. Ceux-ci sont fort nombreux et on les voit l'hiver, surtout le pourtour des côtes, envoyer à la mer leurs eaux pour un moment bruissantes et tumultueuses.

Les lacs et chotts. — Les marais ou lacs salés dont

une partie des ruisseaux de l'intérieur sont tributaires se présentent en assez grande quantité principalement dans le voisinage des côtes. Sans parler des lacs nombreux qui communiquent directement avec la mer, tel que le *lac de Bizerte* qui, avec ses dix mètres de profondeur et ses 160 kilomètres carrés de superficie, pourrait devenir le plus beau port de la Méditerranée ; le *Gar-el-Mellah* ou *lac de Porto-Farina*, le *lac el-Bahira* ou *lac de Tunis*, qui sépare cette ville de la Goulette, il faut citer les marais appelés *Sebkha Sidi-el-Hani*, *Sebkha Melah* et *Sebkha Mokenine*, dont on retire du sel en abondance et qui sont affermés à cet effet par le gouvernement. Mais les plus intéressants de ces marais sont les vastes dépressions aqueuses qu'offre le sud de la Régence et qui sont désignées sous le nom de chotts. Les chotts *Fejej*, *Djerid* et *Rharsa* en Tunisie, le chott *Melghirh* en Algérie [1], forment, depuis le golfe de Gabès jusqu'au fond de la province de Constantine, une sorte de barrière marécageuse interrompue sur un très petit nombre de points et dont la traversée est fort dangereuse. Quelques gués connus des Arabes permettent de les franchir, mais on ne peut jamais le faire sans prendre de grandes précautions. M. Ch. Tissot, ancien ambassadeur, raconte ainsi l'expérience qu'il eut, étant élève-consul, de cette traversée :

« Nous quittâmes Dgach pour descendre vers le schott dont la surface unie brille à l'horizon comme un lac de plomb fondu. Pendant une demi-heure nous traversons une plaine vaseuse, entrecoupée de bouquets de tamaris, de palmiers nains et de hautes herbes. Peu à peu les broussailles deviennent plus rares ; bientôt toute végétation disparaît et les efflorescences salines qui recouvrent le sol sablonneux nous apprennent que nous avons dépassé la limite des hautes eaux de la Sebkha. Là commence le

---

1. Ces deux derniers sont au-dessous du niveau de la mer. Un vaste projet émanant du commandant Roudaire, repris par le commandant Landas, consisterait à remplir d'eau de mer le bassin où se trouve ladite dépression, par le moyen d'un canal de 170 kilomètres de long, qui partirait de Gabès. (Le canal de Suez a 160 kilomètres.)

danger. Un cavalier merzougui, familiarisé avec les fondrières du lac, prend la tête de la colonne, en nous recommandant de mettre *nos pas dans ses pas*....

« Aux vases mélangées de sel que nous avons traversées, succède bientôt une croûte saline de plus en plus épaisse, dure et transparente comme du verre de bouteille et résonnant à certains endroits sous les pieds de nos montures comme le sol de la Solfatara de Naples. Un puits béant dont l'ouverture montre une eau verte et profonde nous permet de nous rendre compte de ce singulier terrain : la croûte sur laquelle nous cheminons n'a qu'une épaisseur de quelques pouces et recouvre un abîme que nous essayons en vain de sonder. Un sac à balles, qui nous sert de sonde, disparaît avec toutes les cordes que nous ajoutons bout à bout, sans que nous trouvions le fond.

« Une crevasse que nous rencontrons un peu plus loin sur notre droite ne contient que quatre ou cinq pieds d'eau : mais au-dessous de cette nappe liquide dorment ces sables mouvants si redoutés dans le pays et que la tradition assigne comme tombeau à tant de caravanes...[1] »

Le gué dont ce fragment de description peut donner quelque idée a 45 kilomètres de long.

Climat, température, saisons. — Le climat de la Tunisie, bien que marqué par des chaleurs assez élevées durant certains jours de l'été, appartient cependant à la zone tempérée. La moyenne de la température, à Souse, est de $+36°$ pendant la saison chaude, de $+16°$ pendant la saison des pluies, et de $+24°$ pour toute l'année. A Mehdia, le thermomètre ne dépasse presque jamais $+34°$. Les vents du nord et du nord-est, qui régnent pendant une partie de l'été, atténuent grandement la chaleur du jour; la fraîcheur relative des nuits, même à Tunis, est de plus, pour le corps, un repos dont on ne jouit guère dans beaucoup de capitales européennes. Un jeune Français, né à Tunis, et qui passait

---

[1]. Ch. Tissot. *Géographie comparée de la province romaine d'Afrique.*

pour la première fois la Méditerranée, nous disait, il y a un an, que l'été parisien, assez rude, il est vrai, cette année-là, lui paraissait plus dur à supporter que celui de Tunis, et qu'il lui tardait de retourner dans son pays pour n'avoir plus à endurer des nuits semblables aux jours par leur étouffante chaleur.

Les saisons se succèdent régulièrement, mais avec des durées différentes de celles qui nous sont familières. Le printemps commence avec le mois d'avril et finit avec mai, l'été dure jusqu'en octobre; l'hiver, qui n'est rien que la saison des pluies et des boues, et pendant lequel on ne voit jamais tomber la neige, remplit seulement les deux mois de janvier et de février. C'est la saison pendant laquelle la Tunisie est le plus verte; en avril et en mai, la verdure disparaît littéralement sous les fleurs. Plus tard, le soleil fait son œuvre, et partout où il n'est pas possible d'arroser, la terre rougeâtre reparaît parmi les tiges desséchées des plantes.

Salubrité. — Le climat est généralement sain; il est particulièrement salutaire pour les personnes faibles de la poitrine et on peut déjà prévoir le temps où, les installations devenant plus confortables, les malades y viendront passer la fin de l'hiver et les mois de printemps. Quelques points de la Régence sont fiévreux, mais ces localités sont peu nombreuses et bien connues; il est facile, par conséquent, de ne pas s'exposer à leurs inconvénients. Les fièvres typhoïdes, qui n'ont fait que trop de ravages parmi nos troupes dans les premiers mois de l'occupation, venaient, comme on l'a déjà dit, beaucoup plus de fatigues inaccoutumées, imposées à des soldats jeunes et imparfaitement aguerris, que de l'insalubrité du pays. Aujourd'hui que nos bataillons sont régulièrement cantonnés et n'ont pas à subir de fatigues exceptionnelles, la moyenne des maladies est inférieure à celle de la France.

CHAPITRE II

LES HABITANTS

Chiffre total de la population — Aucun recensement sérieux de la population tunisienne n'a jamais été fait. Les géographes et les voyageurs semblent en avoir généralement exagéré le chiffre; elle ne dépasse certainement pas treize à quatorze cent mille âmes, soit dix habitants environ par kilomètre carré. Au dix-huitième siècle, cette population était de près de cinq millions; elle avait été deux ou trois fois plus considérable encore dans l'antiquité. La comparaison de ces chiffres donne une idée du degré de culture que le sol de la Tunisie peut atteindre. Si cette terre, tout en approvisionnant les marchés de Rome, a pu nourrir dix fois autant d'habitants que ses limites en renferment aujourd'hui, on voit quels débouchés elle pourrait assurer durant de longues années à l'émigration française.

Population étrangère européenne. — Outre les Arabes et les Berbères, la population de la Régence comprend 39 000 sujets ou protégés européens qui se subdivisent à peu près ainsi :

Français (ou Algériens)	15 000
Italiens (principalement Siciliens)	12 000
Maltais (sujets anglais)	10 615
Allemands	200
Grecs	400
Espagnols	424
Portugais	20
Divers (environ)	300

Population française. — Les 15 000 Français se divisent en :

Français proprement dits	2 800
Algériens musulmans	8 000
Israélites algériens	4 200

L'accroissement de la population française depuis l'occupation de la Régence a été assez sensible et ce mouvement ne peut que s'accentuer, car il s'est produit en dehors de tout encouragement officiel : l'État en effet n'accorde pour la Tunisie ni passages, ni concessions gratuites.

La masse des immigrants français se compose surtout de petits commerçants et d'employés, de représentants de commerce, d'ouvriers appartenant à des industries diverses, et en particulier à celles qui se rattachent à la construction, enfin d'une notable quantité d'agriculteurs, surtout de vignerons. Dans plusieurs localités, ils ont été appelés avec leurs familles par les propriétaires de terres à vignes ; ils sont généralement originaires du Midi ; mais quelques-uns viennent de la Bourgogne et ils paraissent s'acclimater.

Les Maltais. — Les Maltais, dont le nombre s'accroît également de jour en jour, réussissent bien dans la Régence. Très sobres, très économes, très laborieux, ils se livrent avec ardeur à une foule de métiers pénibles. Ils sont maçons, terrassiers, jardiniers, cochers. La corporation des cochers de Tunis est presque uniquement composée de Maltais. Les voitures sont exécrables, les chevaux semblent de vieilles haridelles, le cocher est en loques. N'importe ; s'il vous plaît d'aller, par un pays sans routes, de Tunis à Souse ou à Kérouan, vous pouvez héler l'un quelconque de ces affreux véhicules. Il vous mènera très bien et très vite où vous voudrez et vous accomplirez vos 130 ou 160 kilomètres à travers les champs ou les sables, les oueds desséchés et les collines rocailleuses sans que la voiture verse ou se brise ni que l'attelage ou son conducteur demande grâce. La langue des Maltais, qui est comme leur sang fortement mélangée d'arabe, leur permet de se faire comprendre partout et d'être comme chez eux en Tunisie. Des villages composés uniquement de Maltais, appelés exprès pour se livrer à la culture, sont en voie de formation sur le vaste domaine français de l'Enfida. D'un caractère fort pieux, ils considèrent que leur représentant est moins leur consul, un

Anglais protestant, que l'archevêque de leur religion : or, cet archevêque est un Français et un très bon Français, Son Éminence le cardinal Lavigerie. Par ce lien de la religion ils nous sont étroitement attachés.

Les Israélites. — L'installation des Israélites dans la Régence remonte au premier siècle de notre ère; dès cette époque « on n'aurait pas trouvé dans l'empire romain une seule ville digne de ce nom où n'habitassent quelques familles juives [1] ». Elles s'étaient établies notamment en Afrique, en Espagne et dans les îles de la Méditerranée. Elles se multiplièrent grandement sous la domination arabe. Sans les aimer ni même s'abstenir de les persécuter, les Musulmans se trouvèrent pour eux des maîtres plus doux, pendant le moyen âge, que les chrétiens. Le décret portant expulsion des Juifs d'Espagne, signé le 31 mars 1492, par Ferdinand et Isabelle, dans l'Alhambra nouvellement conquise, fut le point de départ d'un accroissement rapide des colonies juives dans les pays islamiques. On compte aujourd'hui 50 000 Israélites dans la Régence. Il y en a 26 000 à Tunis, 4 000 à Souse, 5 000 à Sfax, 2 000 dans la région de Gabès, 7 500 à Djerbah. Des règlements beylicaux qui ne sont point formellement abolis, mais qui tombent en désuétude et dont aucune autorité n'exige plus l'observation, contraignaient les Juifs de la Régence à porter un turban noir pour qu'aucune confusion ne fût possible entre eux et les vrais croyants. Ils ne sont nulle part cultivateurs et n'habitent guère que dans les villes; ils y sont orfèvres, banquiers, changeurs, brodeurs, etc. Leur degré de culture et de civilisation n'est guère plus avancé que celui des Arabes. Ils sont toutefois fort intelligents et les écoles fondées parmi eux, dont il sera question plus loin, permettent d'espérer pour l'avenir une sorte de régénération de leur race en Tunisie.

Les Berbères, Arabes et Maures. — Les Arabes et les Berbères présentent les mêmes caractères généraux qu'en Algérie, sauf ce point important qu'étant d'un sang plus

---

1. Théodore Reinach, *Histoire des Juifs*.

mêlé, ils sont moins guerriers et plus civilisables. Tout du long de leur histoire, les habitants de la Régence se sont piqués de littérature et de philosophie; ils ont eu des poètes et des artistes à Tunis, des théologiens à Kérouan; ils ont su mieux construire, mieux décorer, mieux broder, mieux écrire que leurs voisins de Constantine et de Tripoli. Il leur en reste quelque chose à l'heure actuelle; les autres Arabes sont à leurs yeux des barbares; s'ils ont beaucoup oublié, ils restent parfaitement susceptibles de se ressouvenir et d'apprendre. Chez eux, les sectes religieuses les plus strictes, ces sortes de sociétés secrètes si dangereuses du monde musulman, ne comptent pas beaucoup d'adhérents. Ils sont d'un naturel plus accommodant et savent supporter ce qu'ils ne peuvent empêcher; ils sont *tidjanis* ou *madanis* plutôt que *snoussis*. Dans toutes les écoles qui leur ont été ouvertes, ils ont fait des progrès extraordinaires; mais la plus utile de toutes leur manque encore, c'est une école d'arts et métiers indigène.

Les habitants des villes, appelés communément les *Maures*, « sont généralement des gens laborieux, intelligents, alertes; ils cultivent l'industrie avec succès et les produits de leur fabrication, vêtements, étoffes de luxe, armes, sellerie, essences, jouissent d'une réputation méritée, non seulement dans la Berbérie, mais jusque dans la Nigritie, avec laquelle Tunis entretenait jadis un commerce actif[1] ». Bien que le grand commerce transsaharien ne se fasse plus avec Tunis, et que les oasis de Ghadamès et de Rhat, qui jadis relevaient du « royaume de Thunes », s'en trouvent aujourd'hui détachées, les produits de la Régence continuent cependant d'être recherchés par les tribus errantes du Grand Désert, et on les trouve en faveur jusque dans la région du lac Tchad.

Les tribus tunisiennes. — La population des villes constitue plus de la moitié des habitants de la Tunisie. Les tribus ne forment pas, à elles toutes, un demi-million d'âmes. Elles sont, en général, de mœurs plus sédentaires

---

1. Duveyrier. *La Tunisie*, chap. III.

que celles de l'Algérie; dans beaucoup de caïdats et notamment dans toutes les parties fertiles, la terre n'est point indivise et l'on trouve une constitution de la propriété relativement satisfaisante. Abandonnés à eux-mêmes et à leurs caïds, les indigènes se sont montrés de médiocres cultivateurs; la crainte des exactions que l'apparence de la prospérité ne manquait pas d'attirer, le défaut de routes et de débouchés, une indolence naturelle, tout contribuait à maintenir l'agriculture dans un état de pitoyable stagnation. Jusqu'à notre occupation du pays, on a égratigné le sol avec ces mêmes charrues que les Romains avaient vues aux mains des indigènes et qu'ils considéraient déjà comme des instruments fort primitifs; chacun ensemençait juste la quantité de terrain nécessaire pour que lui et les siens pussent vivre, sans jamais rien défricher. Mais déjà une sorte de réaction se produit; les Arabes de la Régence ne sont nullement insensibles à l'appât du gain; la sécurité plus grande dont ils jouissent, la diminution des impôts, l'amélioration des prix de vente, sont pour eux d'excellents encouragements. Ils montrent déjà que leur indolence légendaire n'est point insurmontable; les propriétaires européens, en leur assurant des salaires passables, ont commencé à tirer de leur travail un excellent parti; ils ne sont pas difficiles à instruire et, dans beaucoup d'endroits, on a pu les employer avec succès à la culture de la vigne. Des salaires de 1 fr. 60 à 2 francs par jour ont suffi à leur faire prendre goût à ce travail.

Les villes. — La majorité des villes sont, comme la capitale même, au bord de la mer. Presque toutes ont gardé jusqu'ici leur antique caractère de cités musulmanes. Le voyageur qui connaît Constantinople, Beyrouth ou Damas, peut sans doute faire dans son âme des comparaisons qui ne sont pas toutes en faveur des cités tunisiennes. Le pays n'en a pas moins sa beauté et les villes leur caractère. On en est frappé dès le débarqué.

Tunis et ses environs. — A peine quelques maisons européennes s'élèvent-elles dans l'enceinte des murailles de Tunis; la masse de nos monotones constructions est bâtie en dehors des portes, dans le quartier bas qui avoisine le lac. Du pied des murailles, jusqu'au bord de l'eau, s'étend la promenade célèbre de la Marine, qui n'est pas encore une avenue du palais; c'est une large voie tracée au milieu de terrains plats sur lesquels pourrissaient naguère des boues fétides. A l'une des extrémités, s'élèvent la Résidence française et la cathédrale provisoire; à l'autre, les entrepôts, et non loin de là la gare du chemin de fer français. A droite et à gauche, des rues entières ont déjà été percées et des rangées de maisons ont été construites rapidement pour recevoir le supplément de population européenne que le changement de régime avait attiré.

On passe les portes et, tout de suite, c'est la ville arabe commerçante qui se présente. Sous la porte même et sur la place qui suit, une quantité de marchands de comestibles sont installés à terre; des saucisses minces et odorantes grillent sur des charbons, les piments baignent dans leur sauce, les oranges emplissent les paniers de négresses couleur acajou, les galettes arabes, les pâtisseries indigènes ornées de losanges en papier d'or luisent sous le soleil. Il faut éviter les chameaux qui passent, et les ânes qui réfléchissent, et les cavaliers qui se poussent comme de simples piétons à travers la foule, avec leurs étriers de fer grands comme des sabots, et leurs selles à dossier commodes comme des chaises, et leurs chevaux harnachés de velours violet et de broderies d'or.

Les ruelles tortueuses commencent; quelques traces de commerce semi-européen y paraissent d'abord, puis s'effacent, et l'on se trouve à l'ombre des voûtes entre-croisées du marché maure. C'est un spectacle saisissant. Quand on arrive pour la première fois à Venise et qu'à peine sorti des wagons noirs, on aperçoit l'eau lumineuse du grand canal sillonné de gondoles, bordé de palais et qu'on suit sa route à travers les mille replis des canaux verts, on n'a pas une surprise et un plaisir plus grands que lorsqu'on pénètre pour la première fois dans les *souks* de Tunis. Tout le réseau de ces allées de boutiques est couvert; par les jours du toit mal tenu passent des flèches de soleil qui éblouissent dans cette ombre. Le marteau des cordonniers retentit, des cordonniers à barbe pointue et à turbans, qui martèlent ou découpent le cuir jaune ou rouge des minces chaussures tunisiennes. Les tailleurs brodent les carapaces d'or et d'argent en forme de fourreau où les femmes enferment leurs jambes aux jours de fête (car les Tunisiennes ont des sortes de pantalons collants et ne portent pas de robes); les armuriers fourbissent leurs sabres, leurs longs fusils à pierre et les gros pistolets à entonnoir avec lesquels les Arabes de la province se sont si mal défendus.

Les voûtes se croisent indéfiniment et les métiers, comme chez nous au moyen âge, sont groupés par quartiers. Certaines allées sont réservées aux parfumeurs, d'autres aux selliers, aux orfèvres; les boutiques des savetiers en jaune sont rangées à la suite les unes des autres; celles des savetiers en rouge sont ailleurs et toutes ensemble aussi; il y a même un marché exprès pour les faiseurs de babouches recourbées en pointe. Le passant compare et choisit; il s'assied longuement chez le marchand d'étoffes, qui lui apporte aussitôt dans un godet de porcelaine du café mélangé de marc. Tout autour de lui, jusqu'au toit de l'étroite boutique, sont empilés les tissus. Accroupi sur ses tapis, Mohammed jure qu'on le ruine et qu'il cède tout à perte parce que l'acheteur est de ses amis; il rit, il met la main sur sa poitrine, il proteste, gesticule, se désespère. Attirés par l'odeur de la chair, des indigènes complaisants s'approchent, car rien n'est plus intéressant que de voir acheter, vendre et payer; ils aident le chaland à lutter contre les désespoirs et les découragements de Mohammed, et le marchand finit par céder, avec de grands gémissements, ses couvertures et ses turbans brodés.

En montant, toujours au hasard des ruelles, on passe devant le grand collège musulman Sadiki, fondé par le bey Sadok, devant les mosquées grandes et petites, dans lesquelles les Européens ne sont pas encore admis, devant le tribunal musulman ou *chara*. On finit enfin par sortir des voûtes et par se trouver au grand soleil, sur la place de la Casbah et du Dar-el-Bey. Ce dernier palais est le lieu officiel de la résidence du souverain lorsqu'il vient à

Tunis, ce qui lui arrive rarement; les bureaux du ministère tunisien, qui étaient primitivement au Bardo, à deux kilomètres de la ville, y sont aujourd'hui installés. La façade de la *Casbah* ou citadelle a été reconstruite il y a une dizaine d'années. On croirait que tout l'édifice est neuf; on enjambe la colonne renversée qui marque le seuil et on s'aperçoit qu'on est dans une ruine. Tel était aussi l'aspect que présentaient les institutions de la Régence avant notre venue: une belle façade à l'européenne et, derrière, rien que des décombres; notre œuvre, depuis quatre ans, a consisté à mettre des réalités derrière des apparences. Mais nos soins ne se sont pas étendus jusqu'à la Casbah; à travers plusieurs étages de voûtes crevées, on voit le ciel; des escaliers croulants vous mènent jusqu'au pied du mât de pavillon et, dans toute cette immense enceinte, on ne voit, à hauteurs diverses, que des murs qui tombent, des arcades qui ne supportent plus rien, des monceaux de pierres. Des haies de cactus ont poussé là en liberté, de vieux canons sont alignés sur le rempart, artillerie peu redoutable, car les culasses sont tournées du côté des meurtrières.

Sur la pente opposée aux voûtes se déroulent les ruelles tranquilles où s'élèvent les maisons d'habitation des Arabes. Les voitures n'y pourraient passer; à peine de temps en temps un cavalier fait-il jaillir les étincelles du pavé; les piétons mêmes sont rares, l'air est muet; d'innombrables arcades jetées sur la rue supportent les maisons et, à leur ombre, les mendiants accroupis reposent. De distance en distance, de larges portails sont percés dans les murailles blanches des maisons et leur cadre est rempli par des portes de bois brut couvertes de dessins formés de clous aux têtes rouillées. Quelquefois, sur les pierres, une main ouverte peinte en rouge, pour écarter le mauvais œil. Les grands vantaux ne tournent jamais; une très petite ouverture, étroite et basse, pratiquée dans l'un d'eux, donne accès à la maison, et, dans sa demi-obscurité, on voit miroiter les carreaux émaillés des salles. Les idées, les modes, la curiosité européennes s'arrêtent sur le seuil. Le Tunisien de la vieille génération vit derrière ces murs à sa guise, comptant l'argent de ses fermages ou de ses boutiques, laissant faire et laissant dire les chrétiens agités. Les fenêtres à triple grillage glauque, des grillages ouvragés et avançant sur la rue, sont le seul endroit d'où les femmes puissent prendre l'idée du vaste monde. Elles ne sortent pas, pour peu qu'il leur reste une lueur de jeunesse et de beauté, et ne voient que les hommes de leur famille. Quelquefois, à travers tant de barreaux, une tête paraît qu'on distingue à peine de la rue, et la tête, de là, peut voir le même coin du ciel éternellement bleu, le même morceau de la muraille éternellement blanche, en face desquels ses yeux d'enfant se sont ouverts et en face desquels ils s'éteindront.

La ville garde ses remparts, mais ils sont écroulés dans beaucoup d'endroits ; les principales routes, toutefois, sortent par de vieilles portes fortifiées d'aspect pittoresque. L'une d'elles, Bab-Sidi-Abdallah, sur la hauteur derrière la Casbah, encadre le paysage de collines et la plaine où est le Bardo. Sur la gauche, le second lac de Tunis, la *Sebkha Sedjoumi*, où il n'y a d'eau qu'en hiver, luit au soleil qui se couche. Les montagnes déjà indécises prennent une teinte bleue veloutée et un large reflet d'or raye la nappe sombre. De ce côté, aucune maison ne paraît, aucun bruit ne monte et le soleil semble s'éteindre dans le désert[1].

On croit qu'il y a à Tunis 100 ou 120 000 habitants : 25 ou 26 000 seraient Israélites et 10 à 15 000 Européens, dont environ 3 ou 4 000 Français ou Algériens.

Les environs de la capitale abondent en sites charmants, dans lesquels les maisons de campagne des riches Tunisiens ont été construites; vastes édifices à l'air fragile qui semblent peints sur la toile d'un décor et qu'on penserait voir coucher par le vent, les jours d'orage. Outre le Bardo et Kasr-Saïd, palais officiels des beys, on a plaisir à visiter les villages de la Manouba, de l'Ariana, puis, au bord de la mer, de Sidi-bou-Saïd, de la Marsa près Carthage, où les consuls étrangers, le cardinal Lavigerie, le résident de France, habitent l'été et où le bey

---

1. *La Régence de Tunis*, dans la *Revue des Deux Mondes*, 1882.

actuel demeure toujours, la ville de la Goulette, cité maritime de 8 000 habitants, dont la rade sert provisoirement de port à Tunis, et plus loin, sur le golfe, Radès, où l'on va prendre les bains de mer, et Hamman Lif, célèbre par ses eaux sulfureuses.

Les villes de l'intérieur. — Bien que la plupart des villes de la Régence soient situées au bord de la mer, quelques-unes, dans l'intérieur, sont à noter. Ainsi, tout à l'ouest, non loin de la frontière de l'Algérie, se trouve, haut perchée sur une roche, la ville du *Kef*, entourée de ses remparts. Elle renferme 7 000 habitants, dont 600 juifs.

Tout du long du chemin de fer qui relie Tunis à nos lignes algériennes, on trouve une série de villes ou gros villages ayant de 2 000 à 4 000 habitants, renfermant presque tous de vastes ruines romaines et construits en partie de leurs décombres. La plus importante de ces villes est *Béja* (4 000 habitants), dans la vallée de la Medjerdah, au centre d'un district riche en céréales, qui sera bientôt très riche en vignes.

En se rapprochant de la capitale, on rencontre *Medjez-el-Bab*, *Tebourba*, la *Djedeida*, où a été construite la grande minoterie Valensi.

Plus loin, à 40 kilomètres au sud de Tunis, dans un site splendide, au milieu des montagnes, la ville de Zaghouan, d'où part l'aqueduc romain, restauré par le feu bey Sadok, pour donner de l'eau à Tunis. Les réservoirs antiques avaient été bien conservés et sont utilisés, à peu près tels quels, à l'heure présente. La ville compte 3 000 habitants, dont une partie s'y est établie à la suite de la grande émigration mauresque, amenée par les triomphes de Ferdinand et d'Isabelle en Espagne. Elle se livre principalement à la fabrication et à la teinture des *chechias* ou bonnets rouges. Ces produits sont estimés dans tout l'Orient, si bien que les marques tunisiennes sont fréquemment imitées en Europe et appliquées à des produits inférieurs et moins coûteux. Une bonne *chechia* tunisienne vaut au moins quinze francs. C'est en grande partie pour sauvegarder les intérêts de ce trafic que le gouvernement du bey s'est décidé récemment à adhérer à l'union internationale pour la protection de la propriété industrielle.

Kérouan. — Plus au sud encore, dans l'intérieur des terres, se trouve la ville sainte de Kérouan, fondée en 670 par Okba Ibn Nafé. Elle a environ 15 000 habitants et, jusqu'à notre occupation, ne comptait dans ses murailles que des Musulmans. Les Chrétiens et les Juifs étaient exclus de son enceinte sacrée. Elle renferme un grand nombre de mosquées dont les plus belles sont la Djama Sidi-el-Houaïb, où est enterré le barbier du Prophète, et la Djama Sidi-Okba, la grande mosquée, dont la voûte est supportée par une multiple rangée de magnifiques colonnes antiques en marbre de toutes les couleurs. En dépit de la dévotion de ses habitants, la ville est très commerçante; on y fabrique beaucoup de chaudronnerie et beaucoup d'ouvrages en cuir : selles, babouches, etc.; les tapis de Kérouan étaient fameux autrefois, mais cette industrie est tombée en décadence.

En dépit encore de la sainteté de ses sanctuaires, Kérouan, comme plusieurs grands centres religieux, comme la Mecque notamment, a encouru souvent le blâme des croyants par le relâchement des mœurs de ses habitants, et ce n'est pas, pour les fidèles, une petite mortification que de se dire « que le plus grand nombre des danseuses qui charment les Musulmans de Tunis, ont vu le jour sur le sol sacré où repose la barbe de Mohammed[1] ».

Les théologiens de Kérouan. — La renommée des théologiens de Kérouan ne s'en est pas moins conservée et elle a plus d'importance que celle de ses danseuses. En 1841, le maréchal Bugeaud envoya en mission secrète dans la ville sainte, M. Léon Roches, depuis consul général à Tunis et ministre plénipotentiaire. Vêtu à l'arabe et passant pour un Arabe, il obtint des ulémas de la cité une importante consultation dont les termes modérés ne firent pas moins d'honneur à leur esprit libéral que de bien à notre cause en Algérie. La conclusion de ce document,

---

1. Duveyrier. *La Tunisie.*

qui n'est pas sans importance même aujourd'hui, était la suivante : « Quand un peuple musulman dont le territoire a été envahi par les infidèles, les a combattus aussi longtemps qu'il a conservé l'espoir de les en chasser, et quand il est certain que la continuation de la guerre ne peut amener que misère, ruine et mort pour les Musulmans, sans même chance de vaincre les infidèles, ce peuple, tout en conservant l'espoir de secouer leur joug avec l'aide de Dieu, peut accepter de vivre sous leur domination, à la condition expresse qu'il conservera le libre exercice de sa religion et que les femmes et les filles seront respectées [1]. »

Les villes de la côte. — Les villes que l'on rencontre en suivant, de l'ouest à l'est et du nord-est au sud, les côtes de la Régence, sont les suivantes : *Bizerte* (5 000 habitants), sur son beau lac qui pourra former, moyennant quelques travaux, le port le plus commode et le plus sûr de toute la Méditerranée ; aujourd'hui simple lieu de rendez-vous pour les bateaux corailleurs de la côte nord ; *Porto-Farina*, *La Goulette* ; puis, au sud de la fertile presqu'île du cap Bon, *Nebel* où se fait un grand commerce de poteries, brutes, peintes ou vernissées, et *Hammamet*.

Enfin, en descendant vers le sud, *Souse*, *Monastir*, *Mehdia*, *Sfax*, *Mahres*, *Gabès* et, dans l'île de Djerbah, *Houmt-Souk*. Toutes ces villes, dont les plus importantes sont Souse, avec 8 000 habitants, et Sfax avec 20 000, sont encore des villes purement arabes ; les colonies européennes y grandissent, mais elles sont jusqu'ici peu nombreuses. Les hôtels, les maisons à plusieurs étages, avec balcons à la française, commencent bien à sortir de terre et menacent d'ôter à ces cités blanches leur caractère tout oriental, mais ces édifices ne se sont pas encore beaucoup multipliés. Presque toutes ont gardé leurs vieilles fortifications, construites et éventrées tour à tour, au moyen âge, par les Arabes, les Génois, les Espagnols et les Français. Souse, Monastir, Sfax furent bombardées par André Doria, au seizième siècle, Mo-

---

1. Léon Roches. *Trente-deux ans à travers l'Islam*, t. II, 1885.

nastir et Souse, par une flotte française en 1770 ; Mehdia fut longtemps le centre des opérations de Dragut, le vaillant corsaire, celui-là même qui, voyant un jour sur une de ses galères le prince Lomellini ramer comme esclave, lui disait sans aucune surprise : « C'est une des chances de la guerre, compagnon ! » et qui, prisonnier lui-même peu après, se trouvait compris dans la chiourme du même Lomellini et s'entendait dire à son tour : « Changement de fortune, camarade[1] ! » Les rues sont étroites et tortueuses ; les murailles, uniformément blanches, ont au soleil un éclat insoutenable ; dans le centre ou sur le point le plus élevé, se dresse toujours une vieille *casbah*, citadelle, prison et maison du gouvernement à la fois, Tour de Londres au petit pied, toujours rébarbative d'aspect, en réalité toujours croulante. Au-dessus des terrasses, s'élèvent les minarets blancs des mosquées, qui se détachent, ainsi que toute la silhouette de la ville, sur le fond sombre formé par les grandes ramures des jardins. Les environs immédiats de toutes ces villes sont, en effet, plantés de jardins et de vergers où fleurissent et fructifient à l'envi les orangers, les citronniers, les figuiers, les jujubiers, les pistachiers, les grenadiers, les poiriers, les amandiers, les oliviers et cent autres espèces d'arbres productifs. Toute la région parallèle à la côte s'appelle le *Sahel* ; elle est extrêmement fertile ; les céréales y réussissent à merveille ; les oliviers y sont très nombreux et donnent d'excellents produits ; la vigne, qu'on y plante depuis quelques années en grande abondance, promet un rendement peu ordinaire. Les pêcheries de la côte sont aussi une source de richesse. A Méhdia, la ville « du Mahdi », fondée en 912 de notre ère par Obeïd Allah, dit El-Mahdi, la pêche de la sardine est très fructueuse, ainsi qu'on verra plus loin. Dans la région de Sfax, aux Kerkennah, à Djerbah, on pêche en abondance des éponges qui approvisionnent les marchés européens, notamment celui de Paris, et des poulpes

---

1. H. de Grammont. *Études algériennes* (dans la Revue historique).

qu'on fait sécher et qui se vendent en Grèce, en Turquie et en Syrie. Le droit de recueillir les poulpes et les éponges est affermé par le gouvernement et, depuis des années, ce sont des maisons françaises qui en sont concessionnaires. La redevance annuelle payée par elles est de 150 000 francs, ce qui suppose, comme on le voit, un commerce considérable.

Les villes de la région des Oasis. — Dans le sud, à la hauteur du golfe de Gabès et des chotts, on trouve de petites villes dans le voisinage de chaque oasis. C'est d'abord *Gabès*, qui se compose des deux grands villages d'*El-Menzel* et de *Djara*, avec 7 000 habitants en tout; puis, en avançant vers l'ouest, *Kebilli*, dans le Nefzaoua, au sud du chott; *El Aïacha*, au Nord; *Gafsa;* et, plus au nord encore, dans la direction de Tebessa, l'oasis de *Feriana*.

En redescendant vers le sud, on trouve, à côté de splendides oasis, les petites villes d'*Oudiane* avec 5 800 âmes et 190 000 palmiers, de *Tozeur*, avec 515 000 palmiers, de *Nefta*, qui compte 8 ou 10 000 âmes et 240 000 palmiers.

De toutes ces villes, Gafsa est peut-être, par sa situation, la plus importante; elle a environ 5 000 âmes : elle possède des fortifications et une casbah, des mosquées, une très grande oasis. Elle était fort populeuse du temps des Romains et de vastes ruines attestent son ancienne richesse; les thermes qu'avaient construits les conquérants y ont été conservés et servent encore; ils sont divisés en trois piscines que la même eau remplit tour à tour. Après avoir lavé les autorités de la ville, l'eau chaude de la source sert aux hommes de la localité, puis en dernier lieu aux femmes. Le chemin de fer qui reliera à Tebessa la ligne projetée du Sahel passera probablement par Gafsa.

Outre son grand commerce de dattes, cette région est enrichie par la fabrique de très beaux tissus laine et soie, de burnous, de couvertures de laine rayées de rouge qui sont fort estimées. La présence de nos troupes dans cette partie de la Tunisie, en rendant aux populations une sécurité que les brigandages des Ourghamas et des Hammamas troublaient sans cesse, et le forage de puits artésiens entrepris sous la direction de M. de Lesseps contribueront puissamment à accroître l'importance du mouvement industriel et agricole de ce riche pays.

CHAPITRE III

GOUVERNEMENT ET ADMINISTRATION

Comment nous gouvernons la Tunisie. — On a vu comment nous sommes venus en Tunisie et pourquoi. — Nous y restons : A quoi cela nous sert-il, et en quoi cela sert-il à la Tunisie même et à la civilisation? Comment administrons-nous le pays?

Le grand trait de notre occupation est que, cette fois, nous avons eu la sagesse de respecter et même de consolider les grands rouages de l'administration indigène. Comme on l'a remarqué, la France n'a pas conquis le pays; elle n'a pas été un seul moment en guerre avec son souverain; elle n'a fait que châtier les rebelles et, loin de se ranger avec ceux-ci, les réguliers tunisiens, commandés par l'héritier du trône, devenu depuis bey à son tour, sont venus se battre à nos côtés.

La première conséquence d'une conduite que nous n'avons pas eu partout la prudence de suivre a été la rapide pacification du pays. En deux ans l'apaisement a été complet. Le peuple, à qui on n'a enlevé ni le souverain de sa race, ni ses caïds indigènes, ni ses cheikhs, ni ses prêtres, s'est habitué tout de suite à la présence des soldats français. Il vit en très bonne intelligence avec eux et se montre d'autant moins disposé à se plaindre du contact, que leur installation dans ce pays a coïncidé avec de fortes diminutions d'impôt, fait entièrement inattendu et insolite. Non seulement les soldats qui vont se promener isolément hors des camps ne sont pas plus inquiétés que s'ils se trouvaient en France ; mais, depuis la fin de l'insurrection, il n'y a eu à signaler qu'un seul assassinat d'Européen par les Arabes dans toute la Régence.

Nos compatriotes cependant commencent à s'installer un peu partout, plantent leurs vignes en rase campagne, loin de tout centre urbain, en parfaite sécurité.

Cette tranquillité, après quatre ans d'occupation, aussi grande que celle de l'Algérie après cinquante, ne vient pas seulement du tempérament plus pacifique des habitants ; elle ne peut s'expliquer que par le respect qui a été gardé pour les institutions et les pouvoirs locaux. Si le bey n'avait pas été maintenu dans sa souveraineté, il nous aurait fallu vraisemblablement doubler le chiffre de notre effectif d'occupation, sans parler des destructions que la répression des révoltes aurait amenées. C'est un supplément de dépenses annuelles de cinq ou six millions qui est ainsi évité.

Le pouvoir du bey. — La Tunisie continue donc à être gouvernée par son bey, qui est Sidi Ali, frère du bey Sadok, « élu » (car, de même que les souverains anglais, ceux de Tunis règnent par droit de naissance et par droit d'élection), le 28 octobre 1882. Autrefois le pouvoir du bey était théoriquement sans contrôle ; il s'étend encore aujourd'hui à la vie et aux biens de tous ses sujets ; il est leur juge suprême ; ses paroles sont des arrêts et ses écrits sont des lois. Cette puissance illimitée a reçu, dans la pratique, ses principales atteintes par suite des conventions internationales : c'est ainsi qu'avant notre arrivée dans le pays l'esclavage avait été supprimé ; les étrangers avaient été autorisés à posséder des terres ; ils avaient été soustraits (en vertu des *capitulations*), pour toutes les actions mobilières ou pénales, aux juridictions indigènes ; enfin une première réorganisation des finances sous un contrôle européen avait eu lieu.

Mais les plus grandes restrictions au pouvoir souverain

du bey ont été apportées par les deux conventions qui le lient vis-à-vis de nous : le traité du Bardo, signé à la suite de la campagne de 1881, et celui de la Marsa, signé le 8 juin 1883 par Ali Bey et par M. Cambon, résident de France. Cette dernière convention nous permet, en fait, de mettre notre veto à tout acte émanant du bey qui pourrait nuire à la bonne administration du pays.

Le résident général de France à Tunis. — Le contrôle que nous avons acquis ainsi le droit d'exercer sur les actes du souverain est confié au résident général de France. Il est le dépositaire des pouvoirs de la République en Tunisie. Ses attributions sont des plus étendues : il doit veiller au bon fonctionnement de toutes les administrations et au maintien de l'ordre dans la Régence. L'action du gouvernement, tant sur les Européens que sur les indigènes, s'exerce par lui. Il relève du ministère des affaires étrangères ; mais les rapports officiels sur des questions intéressant d'autres ministères ne sont examinés que pour information au palais du quai d'Orsay ; ils sont répartis, avec avis des affaires étrangères s'il y a lieu, entre les différents départements intéressés.

Le bey a conservé ses droits souverains de législateur ; mais les lois qu'il édicte ne sont applicables par les tribunaux français qu'autant qu'ils ont reçu le « visa pour promulgation » du résident.

Les ministres du bey. — Au-dessous du bey, ses ministres. D'abord un premier ministre, le général Mohamed el Aziz Bou Attour, qui est « l'alter ego » du bey et à qui toutes les affaires d'importance arrivent en dernier ressort. Sa principale attribution est la direction des *caïds* ou gouverneurs, de qui, plus que personne, dépend le bon ordre des provinces. A côté de lui, un ministre de la justice et de la plume. Puis des ministres français : un ministre des affaires étrangères qui n'est autre que le résident de France ; un ministre de la guerre qui est le général commandant le corps de troupes ; enfin les chefs des grands services publics, les directeurs des finances, des travaux publics, de l'enseignement, lesquels sont appelés dans les conseils du gouvernement et préparent chaque année le budget. Le conseil des ministres est présidé par le résident.

Le secrétaire général du gouvernement beylical est un secrétaire d'ambassade français; toute la correspondance des ministres indigènes avec les caïds passe par ses mains; il se borne à en prendre connaissance. Dans les cas graves, il a le droit de retenir une affaire et de demander qu'elle soit discutée à nouveau et remise à l'étude, ou renvoyée, si elle touche à la politique générale, au résident. Ce secrétaire représente le protectorat auprès des ministres comme le résident le représente auprès du bey.

Les divisions administratives : caïds, khalifas, cheikhs. — La province est divisée en *outans* ou circonscriptions administratives, à la tête desquelles sont placés des sortes de préfets indigènes appelés *caïds*, assistés d'un ou plusieurs lieutenants ou *khalifas*.

Les villages et les fractions de tribus ont à leur tête un cheikh dont le rôle correspond à peu près, quant à son importance, à celui de nos maires.

Toutefois, la principale fonction de nos maires, qui est celle d'officier de l'état civil, est entièrement inconnue des Tunisiens. Ils naissent sans qu'aucune autorité en prenne note, ils disparaissent sans avoir été enregistrés par personne. Leur imposer subitement des règles strictes et compliquées, avec les pénalités qu'elles comportent, serait les inquiéter de la manière la plus grave sans grande chance d'obtenir aucun avantage pratique. Les Tunisiens ne sont pas encore assez habitués à nos façons d'agir et, se souvenant de leurs anciens despotes, ne manqueraient pas de voir là quelque chose de relatif à l'impôt, qui est, pour la masse du moins, la grande, l'unique préoccupation en matière administrative. On ferait tout pour se soustraire à ces exigences nouvelles. En agissant avec plus de lenteur on arrivera plus sûrement au résultat désiré; des registres facultatifs viennent d'être ouverts dans les principaux centres; les Tunisiens influents ont donné l'exemple de s'y faire inscrire eux et leurs familles. Quand les indigènes verront qu'aucun désagrément fiscal ne résulte de cette formalité, mais qu'au contraire elle leur donne plusieurs sortes d'avantages en justice et leur facilite l'établissement des titres de propriété foncière, ils s'habitueront peut-être à l'inscription, et ce qui sera devenu un usage pourra facilement se transformer en loi.

Les *caïds* et, au-dessous d'eux, les *khalifas* et les *cheikhs* veillent au maintien de l'ordre, adressent au gouvernement central des rapports sur la situation de la province, sur les incidents qui peuvent se produire. Enfin ils perçoivent certains impôts.

C'était jadis pour eux la partie la plus intéressante de leurs fonctions : leurs administrés, pressurés à merci, payaient double, payaient triple, et, comme aucun reçu ne leur était délivré la plupart du temps, il leur était impossible de prouver l'injustice dont ils étaient victimes. Aujourd'hui, toutes les cotes sont inscrites sur des registres à souche, envoyés chaque année au caïd; il note sur la souche la somme perçue, détache le reçu écrit en arabe et le remet à l'indigène. Les Tunisiens commencent à comprendre très bien l'usage de ces petits papiers et en réclament la remise quand par hasard il plaît encore à l'autorité de l'oublier; les exactions d'autrefois ne sont plus possibles. Sans doute on ne peut pas se faire l'illusion que tous les abus ont disparu; le principal défaut de l'Arabe n'est pas l'excès de scrupule en matière d'argent, mais on peut croire qu'ils sont réduits à un minimum. Deux principales garanties nous l'assurent.

En premier lieu, les caïds et khalifas nommés par le bey, selon son bon plaisir et la plupart du temps selon le plus ou moins de largesse avec lequel le candidat avait acheté les bonnes grâces du principal favori, ne sont plus désignés que moyennant l'approbation du résident.

Les contrôleurs civils. — En second lieu, le rôle d'observation que le résident exerce auprès du souverain et le secrétaire général auprès des ministères, un corps de *contrôleurs*, institué par décret présidentiel du 4 octobre 1884, l'exerce auprès des autorités de la province. Ils sont jusqu'ici au nombre de six installés au Kef, à la Goulette, à Nebel, Souse, Sfax et Gafsa.

On a reproché quelquefois à la France de ne peupler ses colonies que de fonctionnaires; mais jusqu'à présent on doit faire exception pour la Tunisie. Dans ce pays, le gros du corps des fonctionnaires est représenté par ces six personnages; ils sont rétribués par la Régence.

Les fonctions des contrôleurs sont multiples. Ils doivent conseiller les caïds dans les cas difficiles et conférer avec eux, mais sans jamais administrer par eux-mêmes, de même qu'au-dessus d'eux le résident conseille le bey, mais n'intervient pas directement dans l'administration. Ils parcourent les tribus et se rendent compte par eux-mêmes de la manière dont les lois sont exécutées. La connaissance de la langue arabe est exigée d'eux.

Au point de vue purement français, leur rôle est considérable. Comme il n'y a ni maires ni notaires français en Tunisie, il était nécessaire que certains agents pussent les remplacer. En attendant une organisation plus parfaite, qui ne sera possible que quand le nombre de nos compatriotes dans tous les centres se sera beaucoup accru, les contrôleurs ont reçu, par délégation du Président de la République, les fonctions consulaires, et en conséquence ils dressent pour nos compatriotes les actes de l'état civil et les actes notariés. Il semble même qu'il conviendrait de leur faire conférer, par décret du bey, la qualité d'officier de l'état civil au titre tunisien; leurs fonctions vis-à-vis des indigènes et des étrangers seraient facultatives, mais du moins des actes tels que les mariages ne seraient plus, comme ils ont été jusqu'ici, impossibles entre étrangers, dans les villes où il ne se trouve pas de consul de la nationalité des conjoints.

Enfin, un décret plus récent a donné aux contrôleurs les attributions de juge de paix pour les localités dans lesquelles il ne se trouve pas déjà un de ces magistrats. Sur tous les points où les contrôleurs ont été institués on a supprimé les « bureaux de renseignements militaires », institution mal définie qui, malgré la différence de noms, avait fini par devenir des sortes de bureaux arabes, et rendait difficile l'administration des indigènes par eux-mêmes sous un simple contrôle de l'autorité française.

Les municipalités. — Avant l'établissement du protectorat, les villes avaient à leur tête, comme les tribus de la campagne, des caïds, des khalifas ou des cheikhs, selon leur importance. Ces autorités ont été respectées; mais, sur plusieurs points, des municipalités ont été créées pour gérer les revenus de la cité. Il ne s'agit pas encore, bien entendu, de corps élus comme en France. Les municipalités sont instituées par décret et les conseillers nommés de même, ainsi que cela se passe dans nos colonies. L'important est qu'il se trouve désormais un conseil pour gérer les revenus de la ville, prévenir les dilapidations et les empiétements sur les propriétés communales, percevoir les taxes locales, entretenir les citernes et les autres édifices d'utilité publique, enfin et surtout, veiller à la grande et principale opération qui s'imposait à nous et qui était négligée depuis des siècles : faire balayer les rues.

Jusqu'ici il n'y a encore de municipalités qu'à Tunis, la Goulette, le Kef et Souse, mais d'autres seront instituées peu à peu. Chacune d'elles comprend en proportions diverses des Européens, des Musulmans et des Israélites.

Tunis seul avait un conseil de ce genre avant notre occupation; il existait depuis vingt-cinq ans et se composait uniquement de Musulmans; depuis le décret du 31 octobre 1883, il comprend un président, deux adjoints, huit membres tunisiens, huit européens, un Israélite.

Parmi les dépenses obligatoires des municipalités, se trouvent, depuis quelque temps, celles des justices de paix françaises, les Chambres ayant voté la mise à la charge de la Tunisie des frais de la justice que nous avons installée dans ce pays.

Le balayage des villes est également obligatoire, et il se fait maintenant avec moins d'irrégularité qu'autrefois. S'il était par trop négligé, l'agent de la santé interviendrait.

Le service de la santé. — Tout le littoral est aujourd'hui divisé en circonscriptions sanitaires, surveillées par un agent spécial, et relevant du conseil de Tunis. L'ancien conseil sanitaire a été supprimé; il se composait des consuls, et tout leur bon vouloir ne pouvait suppléer à l'absence de connaissances médicales; il est aujourd'hui formé principalement du directeur de la santé, du président de la municipalité, du major de la garnison de Tunis, du médecin en chef du corps d'occupation, du directeur des douanes, de deux consuls, de deux notables commerçants, etc. Les règles appliquées par ce conseil sont, à peu de différences près, celles du décret français du 22 février 1876.

Les principales réformes : 1° Création d'une justice française et suppression des capitulations. — Outre les modifications de détail dont on vient de voir quelques spécimens, et auxquelles il faudrait ajouter la réduction de l'armée tunisienne à une simple garde d'honneur pour le bey, ainsi que la suppression d'un ministère de la marine, duquel ne relevait plus, depuis quelque temps, qu'un simple canot à rames, plusieurs réformes qu'on pourrait appeler constitutionnelles ont été introduites dans l'organisation de ce pays. La première, et qui s'imposait dès le début, était l'installation d'une justice française et la suppression des *capitulations*. Nous nous trouvions, en effet, en présence de tribunaux multiples ; chaque consul, en vertu des usages plus encore que des traités, jugeait ses propres nationaux et demeurait en outre chargé de l'exécution des jugements rendus contre eux par les autres consuls. Ceux-ci étaient donc des sortes de petits souverains et les jugements condamnant leurs ressortissants n'avaient force de loi que si tel était leur bon plaisir.

Avant de proposer la suppression de ces pouvoirs, dont le maintien n'avait pas sa raison d'être en pays de protectorat européen, il fallait tout d'abord faire fonctionner la justice française.

La loi du 27 mars 1883 institua à cet effet un *tribunal de première instance* à Tunis et six *justices de paix* à Tunis, la Goulette, Bizerte, Souse, Sfax et le Kef. Les nouveaux magistrats avaient compétence sur les Français et protégés français aux points de vue civil, commercial et pénal. Leur juridiction devait être étendue aux personnes que désigneraient les décrets du bey, c'est-à-dire les indigènes pour certaines natures d'actions, et les Européens au fur et à mesure de la suppression de leurs tribunaux consulaires. Au criminel, le tribunal juge, assisté d'*assesseurs* tirés au sort sur une liste de notables. Les juges de paix ont reçu la compétence « étendue », c'est-à-dire le droit de juger, en dernier ressort, en matière civile jusqu'à cinq cents francs; en premier ressort, jusqu'à mille francs; en matière correctionnelle, tous les cas de contravention, et, en ce qui concerne les délits, ceux qui ne comportent pas plus de six mois de prison et de cinq cents francs d'amende.

Des *défenseurs*, chargés à la fois de la sollicitation et de la plaidoirie, tels que ceux dont l'Algérie a été dotée par le décret du 26 novembre 1841, ont été créés en même temps près du tribunal. Celui-ci applique la loi française; de plus, à l'égard des étrangers, la loi sous l'empire de laquelle leurs diverses obligations ont été contractées; enfin, outre les lois de police et de sûreté locales, les lois beylicales revêtues, pour promulgation et exécution, du visa du résident (décret présidentiel du 10 novembre 1884).

Les négociations pour la suppression des capitulations occupèrent toute l'année 1883. L'Angleterre, à cause du grand nombre de Maltais habitant la Régence, l'Italie, à cause de son importante colonie sicilienne, demandèrent force explications sur le nouveau régime institué en Tunisie, mais ne firent aucune objection quant au principe. Cette renonciation avait eu lieu pour Chypre, occupée par l'Angleterre en 1878, et pour la Bosnie et l'Herzégovine, occupées par l'Autriche la même année. L'accord se fit donc avec toutes les puissances; il fut seulement entendu, vis-à-vis de l'Angleterre principalement, que certaines réclamations de particuliers, au lieu d'être envoyées devant le tribunal de première instance, seraient soumises à l'arbitrage. Au 1er août 1884, tous les tribunaux consulaires étrangers étaient fermés en Tunisie et notre juridiction s'étendait à toute la population européenne[1].

Quant à l'arbitrage, il ne porta que sur deux affaires seulement. Le bey désigna pour les juger M. de Blignières, précédemment contrôleur général en Égypte, l'un des hommes de France les plus compétents en matière de finances publiques, et le gouvernement britannique, sir Adrian Dingli, juge à la cour de Malte.

Affaire Ben Ayad. — La principale affaire, la seule qui mérite une mention, était celle de Hamida ben Ayad, protégé anglais, neveu du célèbre Mahmoud ben Ayad. Depuis des années, le consul d'Angleterre ne cessait de harceler la cour du Bardo, réclamant, au nom de son client, plusieurs millions à titre de créance ou d'indemnité. Le gouvernement tunisien prétendait qu'Hamida produisait des titres fabriqués, et se trouvait, au contraire, le débiteur de Son Altesse. L'événement donna raison au gouvernement; les falsifications étaient si évidentes que les deux arbitres les reconnurent sur-le-champ et tombèrent d'accord sur tous les points; il ne fut pas nécessaire de nommer un tiers arbitre, et, se montrant fort surpris de la facilité avec laquelle le consul de Sa Majesté avait accueilli les prétentions d'un client si peu scrupuleux, le juge de Malte et son collègue français déboutèrent Hamida de toutes ses demandes et le condamnèrent à payer à l'autorité tunisienne un peu plus d'un million de piastres, dont il se trouvait en réalité débiteur (5 mai 1884).

Affaire de l'Enfida. — C'est vers la même époque que prit fin une autre grosse querelle franco-anglaise, la célèbre affaire de l'Enfida.

Il s'agissait d'une immense propriété de 150 000 hectares, située dans la partie la plus fertile de la Tunisie, et vendue par le général Khereddine à une Société de Marseille. Un Israélite, protégé anglais, le sieur Lévy, pré-

---

[1]. Elle a été depuis étendue aux indigènes (3 juillet 1884) pour toutes matières mobilières ou commerciales, lorsqu'un Européen est en cause

tendit exercer un droit de préemption sur cet immeuble, sous prétexte qu'étant propriétaire contigu, il avait le droit de se le faire adjuger par préférence, à égalité de prix, selon la coutume musulmane appelée *cheffa*. On lui objecta bien inutilement qu'il n'en avait pas accompli les formalités, et qu'il était notoirement dans la misère et incapable de payer une aussi forte somme. Tout fut inutile : le monde entier retentit des réclamations de Lévy; les chancelleries et les Chambres durent s'en mêler.

Pour en finir et ne plus perdre son argent en procès interminables, la Société marseillaise consentit, en mai 1882, à une sorte de compromis : Lévy vendait à la Société, pour 220 000 piastres, le terrain contigu à l'Enfida, sur lequel il fondait son droit de préemption. Les acquéreurs ayant voulu entrer alors en possession de ce domaine, on s'aperçut que Lévy n'en avait jamais été propriétaire, qu'il n'y avait dans son affaire que mensonge d'un bout à l'autre, que cet individu protégé si énergiquement, protégé au point de mettre en danger les bonnes relations de la France et de l'Angleterre, protégé par M. Reade à Tunis, par lord Lyons à Paris, par lord Granville à Londres, par lord de la Warr au Parlement, par la presse anglaise unanimement dans l'univers entier, n'avait jamais été possesseur d'aucune parcelle de terrain sur laquelle il eût pu fonder ces prétendus droits dont il avait été fait tant de bruit. Grande fut la surprise en France de voir qu'une cause si peu défendable avait été si obstinément défendue.

Il se trouva que les prétendus titres invoqués tour à tour dans son affaire par consulat, ambassade et Foreign office, étaient comme ceux de Ben Ayad un enchevêtrement de faux, et ce fut à la justice d'en faire raison. Un jugement du tribunal de Tunis annula purement et simplement, en 1884, la transaction intervenue entre les parties « comme viciée de dol ». Il nous semble que, dans cette affaire singulière, autorités et particuliers français ont fait preuve à l'envi, pendant cinq ans, d'une qualité modeste, dont les Anglais sont fiers, mais qu'ils ne sont pas toujours portés à reconnaître à leurs voisins d'outre-Manche, et qui s'appelle *forbearance.*

2° Réforme des finances : conversion et nouvelle unification de la dette. — La deuxième grande réforme a été celle des finances. L'ancienne commission financière internationale avait laissé beaucoup d'abus s'introduire dans le service confié à ses soins. Son principal souci étant le payement du coupon, elle avait maintenu quantité d'impôts exorbitants qui, sans qu'elle s'en aperçût toujours, tarissaient peu à peu les sources de la production. Une dette flottante, qui grandissait chaque jour et pour laquelle il fallait payer des intérêts élevés, s'était formée à côté de l'ancienne. La *dette unifiée* elle-même portait intérêt à 5 pour 100, et il était facile de voir qu'en la convertissant avec la garantie de la France, une économie notable pourrait être réalisée. La convention préparée par M. Cambon et signée par le bey et par notre résident, le 8 juin 1883, approuvée par une loi du 10 avril 1884, permit de réaliser toutes ces réformes. Le total de la nouvelle dette unifiée fut de 142 550 000 francs, répartis en 315 376 obligations de 500 francs, garantis par la France, et rapportant 4 pour 100, soit 20 francs l'une, en tout 6 307 520 francs par an. C'était pour le budget tunisien une économie annuelle de 2 300 000 piastres, soit environ 1 380 000 francs.

Comme on avait offert aux porteurs d'anciens titres l'option entre le remboursement et la conversion, et que tout débiteur a le droit de se libérer de ses dettes, l'opération équivalait à une novation. L'ancienne dette était éteinte; les arrangements internationaux qui la concernaient n'avaient plus leur raison d'être et tombaient d'eux-mêmes; la commission financière constituée par ces mêmes arrangements disparaissait avec eux. Elle fut supprimée par décret du bey, le 2 octobre 1884, et le service passa sans secousses ni difficultés en des mains françaises. Une réorganisation totale des services financiers, qui avait été préparée avec un grand soin, en vue de cette éventualité, par le directeur général des finances, M. Depienne, fut aussitôt mise en vigueur.

Au-dessous de la *direction générale*, une *direction des douanes* et une *direction des contributions diverses* ont été créées. Les inspecteurs et contrôleurs des deux services sont pris en France; une partie de l'ancien personnel subalterne a été conservé, par la raison qu'il a été possible d'y trouver un certain nombre d'agents expérimentés, connaissant bien le pays et se contentant de traitements modestes. La faculté qu'ils avaient précédemment de faire le commerce pour leur compte leur a été retirée.

Le nouveau budget. — Dans le même mois, le premier budget du nouveau régime (exercice 1302, du 13 octobre 1884 au 12 octobre 1885) fut voté par le conseil des ministres et des chefs de service de la Régence; il fut arrêté à 23 742 000 piastres pour les recettes et à 23 663 667 piastres pour les dépenses[1]. Il était en équilibre, quoique de nouveaux services, tels que les travaux publics, les forêts, l'instruction publique, eussent été créés ou plus richement dotés qu'autrefois, et quoique, en outre, des réductions de taxe eussent été accordées au commerce et à l'agriculture. C'est ainsi que les droits d'importation sur les céréales, sur les bonnets rouges, sur les légumes ont été supprimés. Les droits de douane à l'intérieur ont également disparu; ceux sur le charbon de bois, dont les indigènes font grand usage, ont été diminués, de même que ceux sur la chaux et la brique.

Les plus gros revenus prévus sont la *medjba* ou taxe de capitation levée sur les adultes des tribus, 5 millions de piastres; la taxe des oliviers et dattiers, 2 330 000 piastres; les douanes et les droits de mutations immobilières, 4 675 000 piastres; les monopoles (tabac, poudre, sel, peaux) et marchés, 4 777 000 piastres, etc.

Les dépenses les plus grosses ou les plus intéressantes sont : la rente de la dette, 10 512 534 piastres; l'enseignement public, 200 000 piastres; les subventions

1. La piastre tunisienne équivaut à environ soixante centimes.

aux communes, 1 000 000 de piastres ; les dépenses de la guerre, 926 280 piastres ; les travaux publics, 4 223 350 piastres, etc. Les principaux accroissements de dépense portent sur l'enseignement, la police des villes, les travaux d'État et les forêts.

Non seulement les prévisions de recettes ne se sont pas trouvées exagérées, mais les rentrées ont dépassé de beaucoup les évaluations. L'exercice s'est soldé par un excédent de recettes d'environ six millions. Il est à souhaiter que cet argent serve à constituer un fonds de prévoyance en vue des années de mauvaises récoltes et de mauvaises rentrées qui ne sont que trop fréquentes, et à subvenir aux travaux considérables que va nécessiter la création d'un port à Tunis.

Ce qui marque le mieux l'heureux effet des nouvelles réformes administratives, c'est que les « taxes et droits divers » perçus par les autorités indigènes échappaient jadis complètement à l'État ; des fonctionnaires de tous ordres en bénéficiaient plus ou moins secrètement. En comptant sur les progrès déjà réalisés, ils avaient été évalués l'année dernière à 282 990 piastres ; les statistiques publiées montrent que le rendement a été trois fois supérieur.

Pour l'année courante, le budget a été arrêté, pour les recettes, à 31 446 000 piastres, et à une somme un peu moins élevée pour les dépenses. De nouveaux dégrèvements ont été accordés à l'agriculture ; ils se montent à un million de piastres environ. La Tunisie a pu prendre à sa charge, sans détruire l'équilibre de son budget, les frais du contrôle civil, de la justice et des prisons, dépenses précédemment supportées par la métropole. Si l'on songe qu'il y a quatre ans, les recettes s'élevaient seulement à 18 millions de piastres par an à peu près, on reconnaîtra qu'en ce court espace de temps les revenus de la Régence ont presque doublé : résultat très digne de remarque et qui suffirait à lui seul à montrer les avantages d'un régime de protectorat convenablement établi. Ces chiffres sont d'autant plus importants à noter que les ressources naturelles de la Régence sont loin d'avoir atteint leur développement normal, et que, d'autre part, le chiffre de nos troupes d'occupation qui avaient pu causer d'abord un certain accroissement dans les importations, a été sans cesse en diminuant d'année en année. Il ne semble pas, à comparer ces résultats avec ceux obtenus dans d'autres régions, qu'aucune nation, même parmi celles qui sont le plus célèbres pour leur génie colonisateur, ait jamais fait mieux ni plus vite, ni, à tout prendre, plus pacifiquement.

3º **Réforme de l'instruction publique.** — Enfin une troisième réforme importante a été celle de l'enseignement. Beaucoup plus civilisables que les Marocains et les Algériens, les Tunisiens sont infiniment plus faciles à atteindre par ce moyen. Quand la majorité des Arabes parlera français, ils ne seront plus fanatiques. On s'est donc mis à le leur apprendre et les résultats obtenus sont surprenants. Il faut dire du reste que, même avant notre entrée en Tunisie, les indigènes s'étaient déjà mis à cette étude, et le degré de connaissances européennes acquis par les élèves du collège Sadiki était fort remarquable. Nous n'avons donc pas eu à créer cet enseignement, mais à l'encourager.

A côté de cours publics de langue arabe à l'usage des Français, suivis actuellement par une quarantaine de personnes, nous avons ouvert pour les Tunisiens des cours supérieurs français, consacrés l'un à la littérature, un autre à la législation, un dernier à la comptabilité. Le collège Sadiki, avec ses deux cents élèves, tous musulmans, a été réformé ; des méthodes d'enseignement meilleures y ont été introduites ; des écoles annexes, qui lui préparent de bons élèves, lui ont été adjointes; surtout son administration financière a été réorganisée et les dilapidations qui ont amoindri, du fait des favoris du bey Sadok, les grands revenus dont cette institution jouissait primitivement, ne sont plus possibles. Le bey actuel a, de son côté, fondé une *école normale* ou *collège Alaoui*, dans lequel se forment des professeurs indigènes, qui, connaissant bien le français et les méthodes européennes, seront envoyés plus tard dans les écoles des principales villes de Tunisie.

Quant aux Européens, ils reçoivent l'enseignement secondaire au collège Saint-Charles, fondé à Tunis par le cardinal Lavigerie; 240 élèves en suivent les cours, qui sont ceux des collèges français. Maltais, Français, Italiens, Israélites, Musulmans sont admis indistinctement dans cet établissement; la religion de chacun est respectée; la bonne intelligence est parfaite entre les élèves.

Le même mélange de nationalités se retrouve dans les établissements primaires dirigés par des Sœurs ou des Frères français. On compte ainsi, dans l'établissement fondé pour les jeunes filles par les Dames de Sion, 57 Françaises, 51 Italiennes, 4 Grecques, 3 Maltaises. D'autres écoles de filles ont été ouvertes à la Goulette, à la Marsa et à Béja. Des écoles de garçons, surtout européens, fonctionnent à Tunis, à la Goulette, au Kef, à Souse, à Mehdia, à Monastir, à Sfax, à Djerbah. Des écoles israélites ont aussi été fondées en diverses villes; la principale, celle de Tunis, compte 969 élèves.

De plus, et ce n'est pas ce qui nous importe le moins, les ressources du budget tunisien ont permis de fonder, dans les principaux centres, sept écoles indigènes dans lesquelles, outre le Coran et la grammaire arabe, le français sera enseigné. Le succès de ces établissements a dépassé toute attente et déjà presque partout, même à Kérouan la ville sainte, le voyageur est surpris de rencontrer souvent de jeunes Arabes capables de le comprendre. Les cours du soir faits à Tunis aux adultes musulmans sont suivis par 302 élèves.

Non seulement les autorités religieuses indigènes ne s'opposent pas à ce développement de l'instruction française, mais elles l'encouragent au contraire; sans leur bon vouloir, du reste, nos efforts seraient vains. Cette attitude montre en elles une largeur d'esprit peu commune en pays d'islam. Le grand pontife de la religion musulmane à Tunis, le *Cheikh ul islam*, disait récemment au directeur français de l'enseignement, M. Machuel, à qui l'on doit les progrès mentionnés ici: « Je tiens à ce que mes enfants apprennent la langue française, parce que, de notre temps, on n'a pas le droit d'ignorer ce qui se passe dans les pays voisins et principalement en Europe, et votre langue est naturellement celle que nous devons étudier... Quant aux Musulmans de Tunisie, ils s'habituent à votre présence et ne voient plus d'un mauvais œil les progrès que fait votre influence. Traitez-les avec justice; respectez leurs croyances et leurs usages; évitez de les froisser par des mesures arbitraires ou inopportunes; vous aurez vite achevé de les conquérir moralement[1]. »

Le chef respecté de la religion des indigènes a pu voir que telles étaient bien nos intentions; rien n'a été fait qui pût froisser le sentiment des Arabes, et, si l'on a ouvert pour eux des cours et des écoles de français, on s'est heureusement gardé de détruire leurs écoles coraniques.

Ils continuent à en avoir 500 environ dans toute la Régence, dont 113 à Tunis même, avec 1700 élèves. De plus les cours de la grande mosquée, la Djama Zitouna, fondée en 698 de notre ère, qui forme une sorte d'université dans le genre de celles que nous avions au moyen âge, sont toujours assidûment suivis. Ils comptent 600 élèves environ, qui reçoivent leurs leçons dans la mosquée même. « La salle de la grande mosquée offre un aspect vraiment curieux aux heures des leçons, qui commencent dès six heures du matin pour se continuer presque sans interruption jusqu'au soir. On voit parfois jusqu'à quinze professeurs entourés chacun de ses élèves, faisant leurs cours à la même heure, sans être incommodés les uns par les autres. Le respect que les Musulmans ont pour le lieu saint est tel qu'aucun désordre, aucun dérangement n'est occasionné au moment où les auditeurs quittent un professeur pour se retirer ou aller assister à une autre leçon[2]. »

En somme les établissements où s'enseigne le français

---

1. Machuel. Rapport au Résident de la République, 2 février 1885. Tunis, 1885; un fascicule in-4°.
2. Rapport Machuel.

renferment une population scolaire qui se décompose ainsi :

Enseignement secondaire.	416 élèves.
Enseignement primaire (garçons). .	2291 »
— — (filles). . .	1685 »

Si l'on ajoute à ces chiffres ceux des auditeurs des cours d'adultes de Tunis, on trouve, au total, que le nombre des élèves étudiant le français dans la Régence est de 4654. Les résultats obtenus par la direction de l'enseignement en Tunisie ont été si remarquables, qu'à l'exposition internationale d'hygiène et d'instruction tenue à Londres en 1884, la Tunisie a obtenu un diplôme d'honneur. Le grand progrès qui reste à accomplir, et il s'impose, et malgré les frais qu'il entraînera il ne saurait être retardé beaucoup, c'est l'ouverture d'une école d'arts et métiers indigènes. L'art arabe compte encore en Tunisie quelques fidèles, et il est de toute nécessité d'empêcher que ses derniers représentants ne disparaissent sans laisser de successeurs. L'industrie y gagnera autant au moins que les beaux-arts. Nous verrons ainsi se perfectionner la fabrication des tapis, des tissus, des broderies, se développer la sculpture en stuc, la gravure sur pierres fines, etc., etc.

Telles sont, à grands traits, les principales réformes introduites en Tunisie ; elles n'ont pas été exécutées avec trop de lenteur, puisque quatre ans ont suffi à les accomplir. Elles n'ont rien eu non plus de précipité ; elles se sont fait admettre l'une après l'autre par les indigènes et n'ont provoqué ni trouble ni révolte : de quoi il faut rendre grâce plus qu'à personne au résident de France, M. Cambon, qui ne s'est pas montré moins bon administrateur que son prédécesseur avait été bon diplomate. Chacun est venu à son heure et s'est trouvé propre à son rôle ; cette double bonne fortune que nous avons eue peut suffire à assurer le succès définitif de l'œuvre de la France en Tunisie : et déjà pour la compromettre il faudrait que de bien grosses fautes fussent commises.

Prospérité financière de la Tunisie. — Dès aujourd'hui, comme on l'a vu, la Tunisie subvient à toutes ses dépenses, et même la charge de services français dont elle a été récemment dotée a été mise à son compte. C'est ainsi que les frais de la justice française, environ 200 000 francs, ne figurent plus que pour mémoire au budget de la métropole; le bey, au bout de l'année, en acquitte le montant. Les nouveaux services des finances, des ponts et chaussées, des forêts, de l'instruction publique, de la police, sont également entretenus aux frais du bey sans rien coûter à la France. Restent à notre charge les frais d'entretien du corps d'occupation : ces frais, qui représentent au budget de la guerre un surcroît de dépense annuelle de quatre ou cinq millions, pourraient, semble-t-il, être réduits. Étant donné l'état du pays, cinq ou six mille hommes au lieu de quinze suffiraient très probablement à l'occuper. Maintenant que nous n'avons plus à défendre la frontière de la province de Constantine et que les limites de notre empire se trouvent reculées jusque par delà les Chotts, c'est cette dernière frontière que nous avons à protéger, et il ne nous faudrait en réalité pas plus de troupes pour assurer la sécurité des deux provinces qu'il n'en fallait autrefois pour celle de Constantine seule. Le jour où cette réduction du corps de troupes aura été effectuée, si les ressources de la Tunisie continuent à s'accroître comme elles ont fait jusqu'ici, cette dernière dépense pourra être mise au compte de la Régence. La Tunisie ne coûtera plus alors ni un homme ni un sou à la métropole, et c'est plus qu'on n'en peut dire de la plupart des colonies relevant des grandes puissances européennes.

CHAPITRE IV

GÉOGRAPHIE ÉCONOMIQUE
COLONISATION ET RESSOURCES DE LA TUNISIE

Déjà maintenant, la Tunisie peut être considérée comme la plus précieuse de nos acquisitions ; déjà elle nous sert, et l'utilité, chaque année plus grande, qu'elle a pour nous, donne une idée des avantages que nous retirerons plus tard de sa possession.

La végétation — Sous ce ciel, en somme assez doux, et sur ce sol assez bien arrosé pour une terre d'Afrique, mieux arrosé que celui de l'Algérie, infiniment mieux que celui de la Tripolitaine, croit dans de vastes régions une végétation qui ne peut être comparée pour sa richesse qu'à celle des belles parties du Maroc et même de la France. Le district de Tabarque n'est pas riche seulement en mines, il est couvert par les plus belles forêts que présente l'Afrique du Nord; avec les arbres des bois de France, l'orme, le peuplier, le saule, l'aune, le houx, avec toute la verdure et toutes les mousses de nos forêts, on trouve encore le chêne zéen et le chêne liège en abondance, sur de très vastes étendues. Les ravages des invasions successives et les déprédations séculaires des nomades, qui ont déboisé et stérilisé tout le centre de la Tunisie, ont respecté ce territoire. Les massifs forestiers offrent une superficie de cent mille hectares au nord de la Medjerdah, de dix-sept mille au sud.

Au sud de ce massif et jusqu'à Tunis, toute la vallée de la Medjerdah est riche en céréales de toutes sortes; l'olivier y réussit très bien aussi.

La côte est présente, de même que la côte nord, une très large bande de terrain d'une extrême fertilité. Le centre de la Tunisie et, presque sur tous les points, les bords du golfe de Gabès sont, au contraire, en ce qui concerne ces cultures, à peu près stériles. C'est la région des landes. Elle produit toutefois en quantité de l'alfa.

Les terrains fertiles de l'est produisent, avec autant d'abondance au moins que ceux du nord, tout ce qu'il plaît aux travailleurs de leur demander : pâturages, céréales, olives, oranges, raisins, amandes, grenades, figues, etc. Chaque ville est entourée d'immenses jardins ou vergers qui l'encadrent de leur verdure. Au delà s'étendent des champs dans lesquels des Européens, de plus en plus nombreux, viennent apporter leur travail, leur expérience de la terre et leurs capitaux. Dans un temps qui n'est pas éloigné, l'industrie de nos compatriotes devra s'attaquer aux terrains laissés en friche depuis des siècles, et partout où les couches artésiennes, heureusement assez nombreuses, permettront d'obtenir des eaux d'arrosage, ils pourront, sans peine excessive, rendre à ce sol l'antique fertilité qui en a fait autrefois le grenier de Rome.

Oasis : palmiers, etc. — Le sud de la Tunisie, l'île de Djerbah, le voisinage des Chotts constituent la région des oasis. Le sol y est sablonneux, mais partout où on peut l'arroser il devient d'une fertilité surprenante[1]; les palmiers surtout y prospèrent, mais avec eux et au-dessous d'eux tout un monde de végétaux moindres. « La voûte gigantesque que forment les éventails de palmes des dattiers couvre une forêt de pistachiers, de grenadiers, d'orangers et de citronniers qui protège elle-même un fourré d'arbrisseaux dont les fruits mûrissent encore sous ce double abri. Pline nous a laissé de l'oasis de Tacape, qu'il avait certainement visitée, dans l'une de ses deux excursions en Afrique, une description qui est encore la plus exacte qu'on en puisse donner : « ... Là, sous un palmier
« très élevé croît un olivier, sous l'olivier un figuier,
« sous le figuier un grenadier, sous le grenadier la vigne;
« sous la vigne on sème du blé, puis des légumes, puis

---

1. Cette expérience vient d'être tentée, sous la direction de M. de Lesseps, par le commandant Landas; un puits artésien creusé dans la région de Gabès, près de l'oued Melah, donne aujourd'hui 300 mètres cubes à l'heure d'excellente eau d'arrosage.

« des herbes potagères, tous dans la même année, tôus
« s'élevant à l'ombre les uns des autres. » Ce tableau est
celui de toutes les oasis tunisiennes, Gafsa, Oudian, Tozeur,
Nefta, Telemin, Kbilli, Djerba[1]. » Les dattes de la Régence
sont les plus célèbres et les meilleures du monde entier ;
infiniment supérieures à celles d'Égypte, elles sont préférées à celles de la Tripolitaine, de l'Algérie et du Maroc.
Leur excellence est attribuée en partie à l'avantage qu'elles
ont d'être arrosées partout, sauf dans le Nefzaoua, par les
eaux tièdes des sources thermales.

Les acquisitions de terres. — Une difficulté dans
l'acquisition de la terre par les Européens venait de l'incertitude habituelle des titres de propriété et de l'absence
de tout enregistrement. Ce grave inconvénient va disparaître avec la loi immobilière récemment mise en vigueur
dans le pays. Cette loi rend applicables dans la Régence,
non pas les savantes dispositions de notre code, plus
convenables pour un pays de droit romain que pour une
contrée pour ainsi dire neuve, mais bien les règles du
fameux acte Torrens dont les effets ont été si bienfaisants
en Australie.

Tout propriétaire d'immeubles peut aujourd'hui en
réclamer l'immatriculation. Un conservateur de la propriété foncière procède, après des délais fixés et l'accomplissement de certaines formalités destinées à sauvegarder les droits des tiers, à l'enregistrement du titre ; si
des contestations se produisent, un tribunal spécial en
décide. Un plan de la propriété doit être joint à toute
demande d'immatriculation. Toute propriété enregistrée
tombe, pour l'avenir, sous la juridiction des tribunaux
français. Selon toute vraisemblance, les biens un peu importants seront tous enregistrés d'ici à peu de temps.
On obtiendra alors ce triple résultat avantageux : que
la transmission des terres les plus riches de Tunisie sera
facilitée par l'existence de titres inattaquables ; que le
cadastre de ces mêmes terres se trouvera fait sans que

---

1. Ch. Tissot. *Géographie comparée de la province romaine
d'Afrique*, liv. I, ch. III.

l'État ait rien eu à débourser, enfin qu'elles échapperont au tribunal religieux musulman, le Chara, pour relever de nos magistrats.

Cette loi favorisera grandement le développement de l'agriculture; il est à présumer, d'autre part, que la suppression des taxes sur les céréales permettra de reprendre l'exportation des orges et blés de Tunisie.

Les plantations de vignes. — La terre tunisienne, éminemment propre à l'agriculture et surtout à la vigne, recueillera d'ici à peu d'années une partie de cette population agricole que le phylloxera a ruinée en France. Les achats de terrains par des Français se multiplient dans une étonnante proportion; ils ont atteint, en 1884, 40 000 hectares, au lieu de 1000 seulement achetés en 1883. Dans chaque nouvelle propriété acquise par nos compatriotes la vigne est plantée. On a commencé il y aura bientôt trois ans, et le produit a dépassé l'attente. Comme rapidité de croissance et comme fécondité, les plantations ont donné de meilleurs résultats qu'en Algérie même. Toute la Tunisie n'est qu'un grand vignoble, moins la vigne, disait avec raison, au moment de l'occupation, un des propriétaires du pays. Elle commence, depuis quelque temps, à être un vignoble avec de la vigne. Les premiers vins recueillis sont trop nouveaux encore et proviennent de plants trop jeunes pour qu'on puisse se prononcer avec certitude sur leur qualité. Il semble toutefois qu'on récoltera dans la Régence des vins rouges assez analogues à nos vins du midi de la France, et des vins blancs à peu près pareils aux vins chauds et secs de la Sicile. Nous ne pouvons leur souhaiter qu'une chose, c'est qu'ils finissent par égaler sur les marchés européens la réputation dont jouissaient dans le monde romain les vins de la province d'Afrique. Nous pouvons dès maintenant constater qu'à l'exposition d'Anvers, en 1885, trois médailles ont été accordées à des viticulteurs de Tunisie.

La main-d'œuvre. — **Le prix de la terre.** — Les vignerons français qu'on a fait venir en plusieurs endroits se sont bien acclimatés, et il y a tout lieu de croire que notre race pourra faire souche et se multiplier dans ce pays où le manque de bras est la principale entrave au développement de la richesse.

Où la main-d'œuvre se rencontre, elle est peu chère, comme on a vu; mais les indigènes ne sont pas assez nombreux pour subvenir à tous les besoins et, bien qu'ils soient d'humeur moins vagabonde que leurs frères d'Algérie, ils ne sont pas encore suffisamment attachés au sol pour qu'on puisse partout et toujours compter sur eux. Quant au prix de la terre, il s'accroît très rapidement. il était de 25 à 30 francs l'hectare avant l'occupation, il a atteint ensuite 50 francs et s'y est maintenu deux ou trois ans. Il est aujourd'hui de 100 francs et au delà.

Les huiles, les alfas. — Il faut espérer que des industriels du midi de la France s'apercevront des ressources qu'offre la culture de l'olivier dans le Sahel et apporteront dans ce pays leurs procédés perfectionnés qui, en doublant le rendement des olives, permettront à nos compatriotes de faire assez facilement fortune. Traitées avec soin, les olives de Tunisie donnent, en effet, un produit aussi parfait que celui des fabriques étrangères les plus estimées. Telle maison qui a commencé à traiter ses huiles à l'européenne, les vend en Italie où un simple changement d'étiquette pourrait, si l'on voulait, les faire passer pour de l'huile de Lucques.

Les montagnes couvertes d'alfa du sud de la Régence commencent aussi à donner des produits pour l'exportation; la plante est plus belle que celle d'Algérie et n'est inférieure qu'à celle d'Espagne. Malheureusement, presque tous ces envois sont dirigés, non sur la France, mais sur l'Angleterre[1], qui s'en sert pour la fabrication de ses papiers. L'emploi de ce végétal donne aux papiers an-

---

1. L'alfa de Tunisie est exploité pour la fabrication du papier principalement par une société franco-anglaise. Le centre d'exploitation est la montagne de Bou-Hedma. Le lieu d'embarquement est la baie de Skira. Ces deux points, aux termes du cahier des charges signé par la compagnie, seront reliés prochainement, à ses frais, par un chemin de fer. Le minimum de l'exploitation annuelle a été taxé à 10 000 tonnes.

glais cette solidité qui les fait rechercher dans l'univers entier et les met, dans l'opinion générale et dans celle des Français eux-mêmes, si fort au-dessus des nôtres.

Exploitation et produits des forêts. — Un des grands produits agricoles de la Régence sera, d'ici à peu d'années, celui des forêts, dont les massifs sont régulièrement classés sous notre direction, par l'administration indigène. Elles appartiennent toutes à l'État. La mise en exploitation a déjà commencé; une grande route de 4 mètres de large, conduisant de chez les Ouchtetas à Ghardimaou (12 kil.), et 87 kilomètres de sentiers muletiers, ont été ouverts en 1884; la même année, 4000 hectares de chênes-liège, soit 700 000 arbres, ont été démasclés. Le liège qu'ils portent a une valeur de 1 300 000 francs.

Lorsque l'ensemble des forêts de Tunisie, chênes liège, chênes zéens et autres essences, sera en pleine exploitation, c'est-à-dire dans une dizaine d'années, leur produit annuel sera d'environ 3 millions de francs, peut-être du double dans vingt ans.

Bien que les travaux ne fassent que commencer, dès l'année prochaine la compagnie des chemins de fer n'aura plus à faire venir de l'Adriatique ses bois pour traverses; elle en trouvera, sur place même, d'aussi beaux à meilleur compte; de même, la capitale qui consomme pour 1 400 000 francs par an de charbon de bois, ne sera plus tributaire de la Sardaigne et de la Sicile, mais s'approvisionnera dans les forêts du pays.

Les animaux sauvages. — Les animaux géants qui peuplaient autrefois la Tunisie en ont complètement disparu. On n'y rencontre plus, et depuis des siècles, aucun spécimen de cette race d'éléphants qui y était nombreuse au temps des Carthaginois et des Romains, qu'on dressait à la guerre et qui, à la suite d'Annibal, vinrent jusque dans notre pays passer le Rhône et les Alpes pour redescendre ensuite en Italie : singulière invasion tunisienne, la seule que notre patrie ait vue. En franchissant, avec les troupes françaises, il y a cinq ans, les frontières de la Régence, le général Forgemol a rendu, après saint

Louis, au peuple de Tunis et Carthage la visite qu'il y a vingt siècles Annibal, avec ses mercenaires et ses éléphants, avait faite à nos ancêtres gaulois. Aujourd'hui l'éléphant ne se rencontre plus en Tunisie, et si les serpents de la Régence descendent encore de celui qui donna tant de mal à l'armée de Régulus, et qui avait trente-cinq mètres et demi de long, il faut avouer qu'ils sont singulièrement dégénérés; les plus robustes atteignent très rarement huit mètres. L'autruche a, comme l'éléphant, disparu de ce pays. On y trouve, ainsi qu'en Algérie, en fait d'animaux sauvages, l'antilope, la gazelle, le sanglier, le mouflon, quelques rares cerfs et daims, le chacal, l'hyène et, dans les montagnes du voisinage de notre colonie, quelques lions.

Les animaux domestiques. — Les animaux servant à l'homme sont les mêmes qu'en Algérie; les chèvres, les moutons à grosse queue sont très nombreux; on essaye toutefois et avec beaucoup de chances de succès d'acclimater en Tunisie la race des moutons de Sétif dont la chair convient mieux que celle de l'autre espèce à la nourriture des Européens; la race bovine est petite et maigre. Les bêtes de somme sont les ânes et les mules, les chameaux dont la race fut probablement importée au temps de l'empereur Justinien, le cheval barbe autrement dit berbère, qui est originaire du pays même, et le cheval arabe qui, venu en Tunisie à la suite des conquérants musulmans, n'a pris d'importance et ne s'est multiplié qu'à partir du XIe siècle de notre ère. Cette dernière race est malheureusement bien dégénérée dans la Régence; les Tunisiens n'ayant plus depuis longtemps l'humeur militaire, ont cessé de donner des soins à leurs chevaux, ils les ont laissés s'accoupler au hasard et l'espèce s'est abâtardie.

Élève des animaux. — Quelques efforts ont été tentés pour l'amélioration des races bovines, ovines et chevalines; des troupeaux de moutons de Sétif ont été introduits en Tunisie par la Société Franco-Africaine en vue de remplacer peu à peu le mouton à grosse queue auquel les indigènes ont jusqu'ici donné la préférence, mais qui est, pour le commerce et la nourriture, une espèce fort inférieure.

Un essai d'acclimatation de la race bovine charolaise est fait aussi à Sidi-Tabet, à 27 kilomètres de Tunis, où se trouvent 200 têtes de bêtes à cornes. L'expérience n'est pas encore définitive ; on ne peut pas non plus porter encore un jugement arrêté sur les produits du haras de la même localité (224 têtes dont 9 étalons).

Il ne serait pas sans importance pour le pays que le haras pût prospérer. Des médailles, qui viennent de lui être attribuées par le ministère de l'agriculture, prouvent que les efforts des propriétaires donnent au moins de bonnes espérances.

Produits de la mer : coraux, éponges, pêcheries. — Les eaux maritimes de la Régence fournissent en abondance : du corail pour la pêche duquel, dès l'année 1720, un privilège exclusif a été réservé à la France ; des éponges, des pourpres ; de grandes pêcheries de thon sont établies aux Kerkenna ; les mulets du lac de Bizerte sont très recherchés, et le droit de les pêcher est cédé par l'État à des particuliers moyennant fermage. Les produits de cette dernière pêche sont consommés principalement à Tunis. On pêche aussi la sardine à la hauteur de Mehdia ; il s'en exporte en Grèce, en Turquie, en Syrie, environ 10 000 barils par an, au prix de 20 francs le baril de 54 kilog.

Industries minières : or, fer, plomb. — Le sel des Sebkas n'est que le moindre des produits minéraux que fournisse le sol de la Tunisie. Ses montagnes sont riches en marbres et en métaux. Parmi ceux-ci il suffira de signaler les très abondants minerais de fer exploités dans le pays des Khroumirs, des Nefzas et des Mogods par deux compagnies françaises, dont l'une, bien connue en Algérie, est la compagnie Mokta el Hadid. Chacune de ces deux compagnies s'est engagée par un cahier des charges signé en 1884 à creuser un port, l'une à Tabarque, l'autre au cap Serrat, et à construire à ses frais un chemin de fer reliant à la côte les régions minières. Ces deux tronçons seront continués plus tard dans la direction de Béja, et feront communiquer la riche contrée des Khroumirs avec la grande ligne de Tunis à Bône. L'exploitation minimum du minerai doit être, à peine de déchéance, de cinquante mille tonnes par an pour chacune des deux compagnies. Elles verseront un droit s'élevant au vingtième du produit net.

L'or se trouve au Bou Hedma et de grandes exploitations de ce métal y ont été faites dans l'antiquité; elles n'ont pas été reprises jusqu'ici. Le plomb se rencontre en plusieurs endroits, notamment à Djebba dans la vallée de la Medjerdah, et surtout dans la montagne voisine de Tunis appelée Djebel Rças. Ces deux mines ont été utilisées par les Carthaginois et les Romains; les pentes qui avoisinent la dernière sont couvertes d'une quantité de scories évaluées à soixante-cinq mille tonnes, d'où la société italienne concessionnaire retire encore trente-deux et demi pour cent de plomb que les procédés imparfaits des anciens y ont laissés.

Marbres et argiles. — Quant aux marbres, la carrière la plus importante est celle de Chemtou dans la partie orientale de la vallée de la Medjerdah. Elle est exploitée par une compagnie franco-belge. Les Romains s'étaient longtemps servis de ces marbres, et les ruines considérables que présente cet endroit naguère encore presque désert, attestent l'importance de la ville qui s'était élevée peu à peu autour de la carrière. Les beaux travaux exécutés par M. Closon, président de la société, ont mis hors de doute que le marbre numidique, si recherché au temps des Romains pour ses belles teintes jaunes et rouges, et dont les carrières étaient considérées comme épuisées ou perdues, provenait en réalité de Chemtou. Indépendamment des spécimens principaux rouges et jaunes, aux tons chauds, avec lesquels on commence à être familier en France et en Belgique, des veines d'onyx et des couches de marbre d'un très beau vert ont été trouvées tout récemment dans les galeries de l'antique *Simittu*. Un chemin de fer construit par la compagnie relie ses chantiers à la grande ligne de Tunis à Bône. Les produits de la carrière ont été ouvrés jusqu'ici à Liège; mais les propriétaires vont établir incessamment à Tunis même une scierie et un grand atelier de fabrication.

Enfin, en beaucoup d'endroits, le sol de la Régence fournit une argile excellente soit, comme à l'Enfida, pour la fabrication des briques, soit comme dans le voisinage de Nebel, pour la confection des poteries. Celles-ci, ornées de dessins grossiers mais fort pittoresques, et enduites d'un vernis brillant, servent aux usages journaliers du ménage et de la cuisine dans les maisons arabes. Quant aux briques, des droits exorbitants frappés autrefois par l'administration beylicale en avaient arrêté complètement la fabrication, et l'on en était venu à les importer toutes faites de l'étranger. Cette industrie vient d'être reprise il y a un an, à la suite de dégrèvements opérés par nous.

Sources minérales. — Dans un pays aussi riche en métaux, les sources minérales sont naturellement nombreuses. Elles sont aussi fort variées ; il en est de carboniques et ferrugineuses dans la région de l'Enfida, et il en est de sulfureuses sur plusieurs points, notamment à Hamman-Lif sur le golfe de Tunis. Les distances sont trop grandes et les moyens de transport trop peu développés encore pour que les propriétaires puissent en faire l'exportation et que nous les voyions rivaliser sur nos tables avec Saint-Galmier et Orezza. Quelques eaux toutefois, d'un goût fort agréable, commencent à être exploitées pour la consommation locale. Une seule, la source sulfureuse d'Hamman-Lif, près de laquelle s'élevait de vieille date un établissement balnéaire important, est administrée depuis quelque temps à l'européenne et remplace, l'été, pour les Tunisiens, nos stations d'eau des Pyrénées. Elle guérit les maladies de gorge et de poitrine et les maladies de peau ; elle est très bonne aussi pour la goutte et les rhumatismes et une foule d'autres maux ; il n'est pas surprenant que n'ayant sur les lieux aucune rivale convenablement aménagée, elle doive se charger à elle seule de guérir toutes les maladies.

Industrie indigène. — Les développements de l'industrie tunisienne ont été faibles jusqu'ici. On continue à fabriquer exactement comme par le passé des chechias ou bonnets rouges à Zaghouan ; des tissus de laine

Djerbah et dans le sud; des tissus de soie dans le Sahel et à Tunis; des objets de sellerie et des ouvrages de cuir, des broderies d'or et de soie à Tunis et à Kérouan; des parfums surtout du jasmin, célèbres dans tout l'Orient, encore à Tunis; des tapis à Kérouan.

La création d'une école d'arts et métiers indigènes peut seule donner à l'industrie l'essor qu'elle devrait avoir, étant données les aptitudes des Tunisiens.

On a pu voir aux différentes expositions ce dont les indigènes sont capables lorsqu'ils sont encouragés. Dans la liste des diplômes d'honneur de l'exposition d'Amsterdam (1883), la Régence prend rang parmi les grandes puissances; elle a reçu un nombre plus élevé de ces récompenses que la Russie et l'Italie même.

Commerce. — Les chiffres suivants donneront une idée de ses progrès depuis notre occupation.

EXPORTATION :

Années.	Valeur totale.
1880.	26 863 650 piastres.
1881.	28 477 610 »
1882[1].	16 985 100 »
1883.	34 410 200 »

Les produits les plus importants ont été, en 1883 :

L'alfa, qui y figure pour...	3 611 500 piastres.
L'huile d'olive.	23 390 600 »
Les grignons..	1 654 000 »
Les éponges	1 544 700 »

Les huiles et les grignons sont envoyés principalement en France et en Italie, les alfas en France et surtout en Angleterre, les éponges en France. Si l'on trouve que le total des exportations n'est pas encore bien grand, on fera bien de se souvenir, avant d'en tirer des conclusions fâcheuses, que vingt ans après la conquête de l'Al-

1. Cette année fut particulièrement mauvaise à cause de l'insurrection de 1881, qui avait empêché les semailles, et à cause de la fuite d'une partie de la population en Tripolitaine.

gérie l'exportation pour l'ensemble de la colonie n'était que de 10 262 000 francs.

IMPORTATIONS :

Années.	Valeur totale.
1880.	23 427 460 piastres.
1881.	30 154 320 »
1882.	44 906 540 »
1883.	45 997 880 »

Les principaux produits à l'importation ont été, en 1883 :

Marchandises.	Provenances.	Valeur.
Tissus de coton.	Angleterre.	7 810 460 piastres.
— soie.	France et Suisse.	3 537 870 »
Vins et spiritueux.	France et Sicile.	5 124 660 »
Céréales.	France et Italie.	3 851 260 »
Farines.	—	2 557 610 »
Denrées coloniales.	France et Allemagne.	3 763 960 »

Les progrès dans le mouvement commercial sont d'autant plus remarquables qu'ils se sont produits malgré la diminution constante du corps d'occupation qui, après avoir été un moment de 35 000 hommes, n'est plus que de 15 000 aujourd'hui. Les droits perçus sur ces diverses marchandises sont de 8 pour 100 à l'importation, sauf sur la bijouterie, qui paye au plus 1 pour 100, et les vins et spiritueux, qui payent 10 pour 100. A l'exportation, les droits sont variables; leur valeur moyenne est inférieure à 8 pour 100; ils ne sont donc pas exagérés. Les céréales, les lingots d'or et d'argent, les pierres meulières, les instruments et machines agricoles importés par des propriétaires, les animaux et bestiaux destinés à l'amélioration des races, sont exempts de tous droits.

Il n'est pas sans intérêt d'observer que l'accroissement du commerce en Tunisie a surtout profité aux négociants français. En 1884, le chiffre total du commerce de la Tunisie (importations et exportations) a été de 32 326 606 fr.; sur ce total, le commerce avec la France a été de 21 521 484, soit les deux tiers.

Conclusion : avenir de la colonie. — On le voit, les ressources de la Tunisie sont considérables étant donnée la faible densité de sa population, et elles commencent à être méthodiquement exploitées. On ne peut encore enregistrer que les premiers résultats de réformes dont les plus anciennes remontent à quatre ans à peine.

Dans cette première période, qui est, pour la plupart des colonies nouvellement créées, une période de troubles militaires, de confusion administrative, de grosses dépenses pour la mère patrie, on a vu doubler les revenus de la Régence, ou peu s'en faut ; les côtes ont été éclairées, les forêts aménagées ; des routes relieront d'ici à peu de temps les principales villes de la Régence, des travaux pour les plus importantes ont déjà été mis en adjudication ; les travaux d'un grand port vont être commencés ; sur les principaux points, des écoles où les jeunes Arabes apprennent le français, et le font avec un zèle qui a dépassé toute attente ont été ouvertes ; la dette a été unifiée, des tribunaux ont été institués, le régime de la propriété foncière a été réglé, toute l'administration financière a été réformée d'après les principes européens, les impôts ont été réduits, et, malgré ces réductions et des réformes si nombreuses, il a été possible de mettre à la charge du pays les frais de tous ces nouveaux services organisés à la française et de tous les travaux publics. Phares, tribunaux, écoles, routes et ponts, la Tunisie peut déjà payer tout cela et, malgré l'accroissement de dépenses qui en résulte, garder un budget non seulement en équilibre, mais qui promet, pour l'année courante, une plus-value de recettes fort élevée.

Nous ne croyons pas que ni la France, ni aucune autre puissance ait fait, dans ce siècle, une conquête aussi facile et aussi fructueuse. Notre pays peut en être fier ; nous devons en être reconnaissants aux hommes qui l'ont préparée et à ceux qui en ont su tirer parti, en particulier au diplomate courageux qui nous a ouvert les portes de la Tunisie, et à l'administrateur, à l'homme d'État pour mieux dire, qui a su effectuer sans secousses tant de réformes utiles et dont le talent suffirait à démontrer l'inanité des envieuses accusations d'après lesquelles nous n'aurions pas « le génie colonisateur ».

Jacques Tissot.

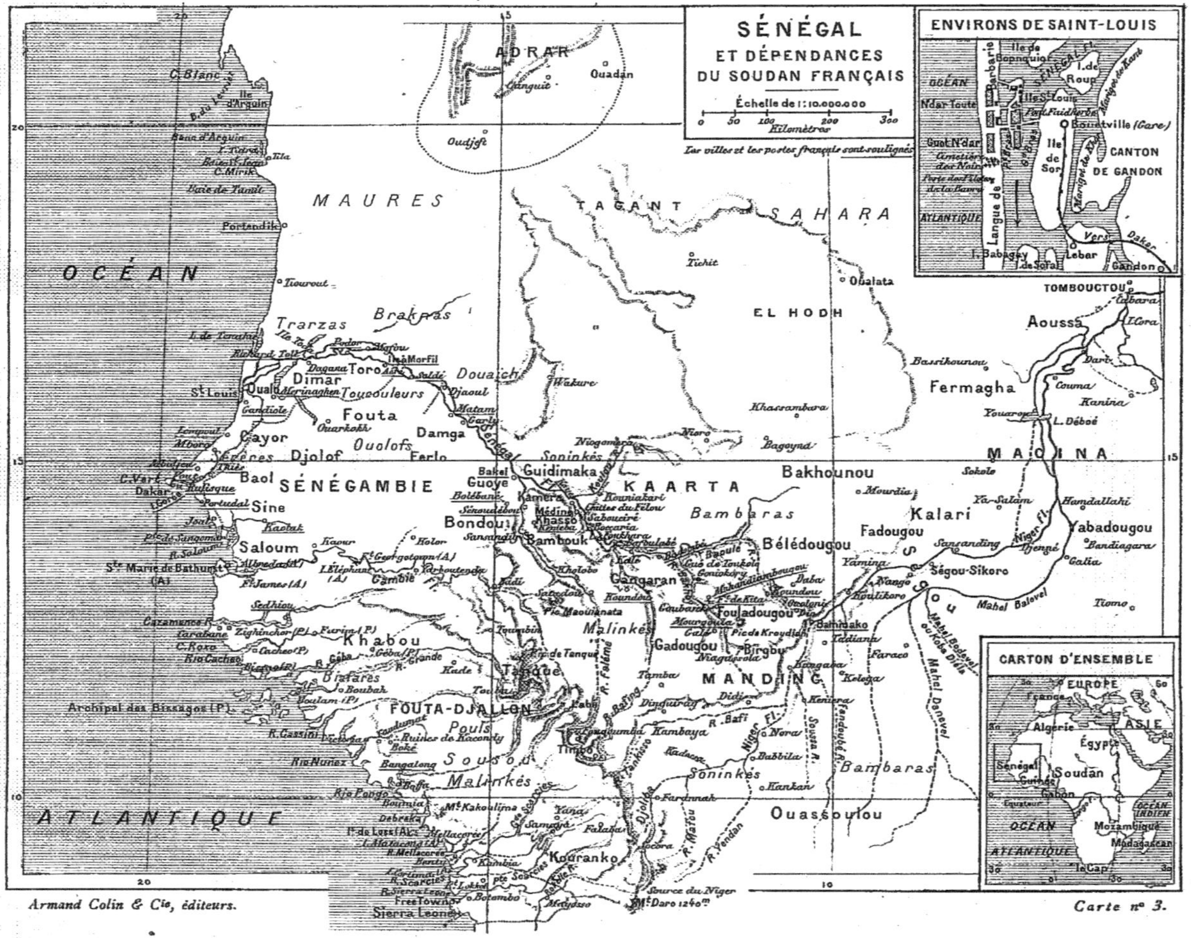

ALFRED RAMBAUD, LA FRANCE COLONIALE

SÉNÉGAL ET DÉPENDANCES DU SOUDAN FRANÇAIS

Échelle de 1:10.000.000

ENVIRONS DE SAINT-LOUIS

CARTON D'ENSEMBLE

Carte n° 3.

Armand Colin & Cie, éditeurs.

SÉNÉGAL ET DÉPENDANCES

ET

SOUDAN FRANÇAIS [1]

PARTIE HISTORIQUE

Jusqu'à l'arrivée de M. Faidherbe. — Les Français, depuis le quatorzième siècle, ont des établissements dans le fleuve Sénégal.

Jusqu'en 1758, ces établissements furent la propriété de compagnies privilégiées. Leur principal commerce était la traite des noirs.

De 1758 à 1779, le Sénégal resta entre les mains des Anglais. A partir de cette dernière époque la colonie fut administrée par des gouverneurs nommés par le roi.

En 1809, le Sénégal tomba de nouveau au pouvoir des Anglais. En 1817 il fut rendu à la France. La *Méduse* portait les fonctionnaires et les troupes qui allaient reprendre le Sénégal des mains des Anglais.

Depuis cette époque, le pays est administré par des gouverneurs.

---

1. Ouvrages cités :
Notice sur la colonie du Sénégal, par M. L. Faidherbe, colonel du génie, 1859. *Les Français au Sénégal*, notice historique, par M. Ancelle, capitaine du génie, 1883. *Sénégal et Niger, la France dans l'Afrique occidentale*, 1879-1883, publication du ministère de la marine, Paris, Challamel, 1884. *Notices coloniales*, publiées à l'occasion de l'Exposition d'Anvers, par le ministère de la marine, Paris, 1885.

De 1817 à 1854, notre situation politique et commerciale fut loin d'être brillante, et il faut l'attribuer, en grande partie, au manque de suite dans la direction des affaires ; en effet, pendant ces trente-neuf années, trente et un gouverneurs ou chefs intérimaires se succédèrent à la tête de la colonie. Tout fut tenté sans être poursuivi et, par conséquent, rien ne fut réalisé durant cette époque.

Nos seuls établissements étaient alors : l'îlot de *Gorée*, la ville de *Saint-Louis*, les trois postes de *Richard-Toll*, *Dagana* et *Bakel* sur le Sénégal, et de *Sedhiou* sur la Cazamance.

De 1854 date une ère nouvelle pour la colonie. À la suite de pétitions réitérées que les commerçants de Bordeaux et du Sénégal avaient adressées au gouvernement, le ministre de la marine élabora un programme de réformes énergiques à introduire dans la colonie.

Gouvernement de M. Faidherbe. — L'exécution de ce programme fut confiée au commandant du génie Faidherbe, nommé gouverneur du Sénégal et dépendances, le 16 décembre 1854, sur les désirs exprimés par les commerçants de la colonie. La grande connaissance des affaires coloniales qu'il avait acquise par de sérieuses études et par un séjour prolongé en Algérie, à la Guadeloupe, au Sénégal même, où il venait de se distinguer dans de récentes expéditions, le désignait pour ce poste difficile. Il y resta, sauf une interruption, jusqu'en 1865.

Le nouveau gouverneur s'imposa comme première tâche de délivrer les environs de Saint-Louis de la présence des Maures de la rive droite, qui venaient piller les villages et les caravanes jusqu'aux portes mêmes du chef-lieu, et qui tenaient sous la terreur les petits États noirs de la rive gauche.

Pendant trois ans et demi, il leur fit une guerre acharnée, sans repos ni trêve. En quelque saison que ce fût, presque chaque mois, une colonne expéditionnaire, la plupart du temps conduite par le gouverneur, partait de Saint-Louis ou des postes du fleuve. Il chassa les Maures du Oualo, du Cayor et du Djolof.

Par une surveillance incessante, par la construction de

postes fortifiés le long du fleuve, il les cantonna sur la rive droite. Bientôt même il allait les combattre en plein Sahara, sur leur propre territoire.

En 1858, les Maures, battus dans toutes les rencontres, épuisés, ruinés, déposèrent les armes et conclurent avec la France des traités qu'ils ont toujours respectés. Ils renoncèrent à toutes les *coutumes* qu'ils exigeaient de nos négociants, sauf un droit à percevoir sur les gommes originaires de leur pays, et cette perception, comme le trafic même de ces gommes, ne pouvait se faire que dans quelques-uns de nos postes fortifiés. Après vingt années d'une paix profonde, ces conditions ont pu être modifiées : d'une part, le trafic peut se faire partout où il plaira aux Français; d'autre part, les droits à percevoir sur les gommes ont été convertis en un abonnement, somme fixe, sorte de pension annuelle, que les chefs des postes militaires versent par quartiers, aux rois des tribus maures, si bien que nos négociants n'ont plus aucun rapport avec ceux-ci.

Pendant que ces glorieuses expéditions assuraient notre domination dans le bas fleuve, un marabout toucouleur, originaire du Fouta sénégalais, El Hadj Omar, pèlerin revenu de la Mecque, chercha à soulever contre nous le Fouta, le Boundou et le Khasso, afin d'isoler les postes du fleuve du chef-lieu de la colonie.

Le gouverneur, pour renforcer notre occupation dans le haut fleuve, construisit le poste de *Médine* (1855), qui fut bientôt attaqué par El Hadj Omar à la tête d'une armée de 20 000 hommes aguerris, fanatisés, enhardis par leurs succès contre les noirs.

Le commandant du poste, le mulâtre Paul Holl, homme énergique et intelligent, sut avec sa petite garnison composée de 8 soldats blancs et 40 noirs, résister pendant quatre-vingt-dix-sept jours à tous les assauts et toutes les attaques des Toucouleurs, jusqu'au moment où le gouverneur Faidherbe, accouru à son secours, après avoir dompté les rapides du Sénégal en surchauffant les chaudières de ses bateaux à vapeur, eut infligé une sanglante défaite à l'armée du prophète (1857).

Quelque temps après El Hadj Omar, renonçant définitivement à la lutte contre les Français, s'enfonça dans l'est et alla conquérir le royaume de Ségou, le Kaarta et d'autres États de religion fétichiste et de race mandingue.

En 1859, l'état politique des contrées avoisinant le Sénégal était relativement tranquille, et le gouverneur put faire explorer les régions encore inconnues du Soudan occidental et du Sahara.

Mouvement d'expansion vers l'est. — Entre autres explorations, nous citerons celle du sous-lieutenant Lambert, qui parcourut tout le Fouta-Djallon et y passa des traités (son œuvre fut reprise plus tard par le Dr Bayol) et celle de Mage et du Dr Quintin, qui se rendirent à Ségou, auprès du sultan Ahmadou, fils d'El-Hadj. Voici les instructions que le gouverneur donna au lieutenant de vaisseau Mage et qui formulent, avec une netteté remarquable, le programme de l'expansion vers l'est : « Votre mission consiste à explorer la ligne qui joint nos établissements du haut Sénégal avec le haut Niger et spécialement avec Bammako, qui paraît le point le plus rapproché en aval duquel le Niger ne présente peut-être plus d'obstacles sérieux à la navigation. » Le gouverneur, précisant davantage sa pensée, indiquait pour l'avenir l'établissement d'une ligne de postes, espacés de trente lieues en trente lieues.

Pendant les onze années qui suivirent, de 1865 à 1876, les projets d'extension vers le Niger furent abandonnés. Durant cette période, les gouverneurs eurent à lutter contre de nouveaux prophètes; des territoires furent annexés à la colonie; des postes intermédiaires construits sur les rives du fleuve ou dans le Cayor; quelques comptoirs créés dans les Rivières du Sud; mais notre influence ne s'étendit pas au delà des limites conquises pendant la période précédente.

En 1876, le colonel Brière de l'Isle, de l'infanterie de marine, fut nommé gouverneur du Sénégal, et sous lui et ses successeurs nous assistons à une vigoureuse reprise du mouvement en avant.

En 1878, un acte de vigueur avait rétabli notre autorité, fort compromise dans le haut fleuve par une longue période d'inaction. Le village de *Sabouciré*, à quelques kilomètres en amont de Médine, était peuplé de Toucouleurs obéissant aux ordres du sultan de Ségou ; ils arrêtaient nos caravanes et étaient en hostilité avec nos alliés. Le village fut pris d'assaut et les défenseurs en furent chassés.

En 1879, le gouvernement, entraîné par le courant d'opinion qui, dans le pays et les deux Chambres, se manifestait en faveur d'une politique colonisatrice active, ordonna de faire procéder aux travaux préliminaires nécessaires à la marche vers le Niger. Cette marche elle-même ne devait être d'abord qu'une expédition d'études en vue de l'établissement d'un chemin de fer destiné à unir le Sénégal au Niger.

Cette même année, le fort de *Bafoulabé* fut fondé, à la grande joie des Malinkés, qui attendaient notre installation dans le pays avec impatience, comptant que nous leur apporterions la paix et la sécurité.

Une mission, composée de M. Galliéni, capitaine d'infanterie de marine, des lieutenants Vallière et Piétri et des docteurs Tautain et Bayol, fut envoyée à Ahmadou, fils et successeur d'El Hadj Omar, pour lui affirmer le caractère pacifique de notre mission, et obtenir de lui les concessions nécessaires pour l'exécution du projet de pénétration vers le Niger (fin de 1879). En chemin, M. Galliéni fut attaqué près de Dio, par deux mille Bambaras et perdit dix-sept hommes et tout son convoi (11 mai 1880). Un ordre du sultan l'arrêta à Nango : il ne put ni arriver à Ségou, ni voir Ahmadou ; il fut retenu pendant près d'une année dans une sorte de captivité. Puis, à la nouvelle des nouveaux succès des Français, le sultan s'effraya, signa un traité dont le texte français (le texte arabe n'en disait rien) reconnaissait le protectorat de la France sur le Haut-Niger (10 mars 1881), et remit la mission en liberté.

Les campagnes sur le haut Sénégal et le haut Niger. — Dans l'intervalle, le lieutenant-colonel Borgnis-Desbordes, de l'artillerie de marine, était chargé de la conduite des opérations dans le haut fleuve et prenait le commandement d'une colonne expéditionnaire chargée de l'établissement d'un poste fortifié à *Kita*.

Il serait bien long de raconter toutes les difficultés qu'il fallut vaincre pendant cette première campagne de 1880-1881 de pénétration vers le Niger. Le vote tardif des crédits, la baisse prématurée des eaux du fleuve, les maladies, l'insuffisance de moyens de transport, faillirent plusieurs fois compromettre le succès de l'entreprise. On vint à bout de tout cependant, et au mois de mai, quand la colonne expéditionnaire reprit la route de Saint-Louis, elle laissait à *Kita* un nouveau fort en état de résister à toutes les attaques et une petite garnison largement approvisionnée en vivres et en munitions.

Au mois de février, le commandant de la colonne avait dû interrompre les travaux pour détruire dans le voisinage de Kita un important village fortifié, *Goubanko*, colonie de pillards, qui tenait toute la contrée sous la terreur et qui n'avait répondu que par des défis à toutes nos tentatives de conciliation (11 février 1881).

La seconde campagne 1881-1882 s'ouvrit encore dans des conditions difficiles, à cause de la terrible épidémie de fièvre jaune qui sévit à Saint-Louis.

Durant les mois de novembre et décembre 1881, la colonne expéditionnaire séjourna à Kayes, où elle coopéra activement à la construction de locaux d'habitation d'écuries et de magasins pour les vivres et le matériel. On construisit à *Badombé* un fortin pour jalonner la route de Bafoulabé à Kita. La construction des postes de Kita et Bafoulabé fut continuée et presque achevée, mais on n'essaya pas d'aller s'installer définitivement au delà de Kita.

Pour rassurer les populations amies que notre immobilité inquiétait, pour intimider les Toucouleurs mal disposés, et particulièrement ceux de Mourgoula, le commandant supérieur du haut fleuve fit une reconnaissance armée au delà du Niger.

Elle était d'ailleurs rendue nécessaire par l'attitude du prophète Samory, qui assiégeait alors Kéniéra et menaçait de nous fermer la vallée du Bakoy. De plus, il avait maltraité et emprisonné un officier indigène que lui avait envoyé le commandant de Kita pour lui demander de ne pas détruire Kéniéra.

Samory, surpris auprès de Kéniéra, prit la fuite, mais malheureusement nous arrivions trop tard, car Kéniéra avait déjà été pris et pillé et ses habitants massacrés.

Cette deuxième campagne avait eu pour résultats militaires d'affermir notre protectorat de Bafoulabé à Kita, de nous assurer l'amitié du pays de Gangaran que la colonne avait traversé en se rendant à Kita, de faire subir un temps d'arrêt aux progrès de Samory et de rassurer les populations du Manding et de Niagassola.

Enfin, pendant la troisième campagne, 1882-1883, le colonel Borgnis-Desbordes devait terminer l'œuvre qu'il s'était engagé à mener à bien. Le 16 décembre, la colonne atteignait Kita ; le 22, elle était devant *Mourgoula*, dont les chefs, Toucouleurs, ministres d'Ahmadou, n'avaient cessé de nous être sourdement hostiles. Le colonel les mit en demeure de quitter le pays, ce qu'ils firent aussitôt. N'ayant plus rien à craindre de ce côté sur les derrières de la colonne, il revint à Kita pour prendre la route qui mène à Bammako par le Fouladougou et le Bélédougou.

Les habitants de ce dernier pays, qui s'étaient rendus coupables du pillage de la mission Galliéni, résolurent de nous barrer le passage. Il fallut prendre d'assaut le grand village de Daba (16 janvier), dont les défenseurs combattirent avec courage, mais sa destruction amena la soumission de tout le pays et le 1er février, nous arrivions à *Bammako*, sur les bords du Niger.

Les travaux du fort de *Bammako* commencèrent immédiatement, mais bientôt il fallut faire face à un nouvel ennemi.

Samory avait décidé de se rendre maître de Bammako. Notre arrivée dans ce pays, en assurant l'indépendance de ses habitants, renversait les desseins du prophète. Il envoya contre nous son frère Fabou Ibrahima. Nos convois furent attaqués, notre ligne de ravitaillement coupée. Il fallut se battre, le 2 et le 12 avril, au marigot de Oueyako, dans les environs mêmes de Bammako.

Enfin, du 12 au 24 avril, Fabou, vaincu, fut poursuivi jusqu'à Bankoumana, et quand la colonne se remit en marche pour Kita, elle laissa la garnison de Bammako solidement installée et débarrassée de ses dangereux voisins.

Pendant ces trois années, non seulement on avait édifié les postes de Bafoulabé, Badombé, Kita et Bammako, mais on avait travaillé à une route carrossable reliant tous ces postes et établi une ligne télégraphique de Kayes à Bammako.

Le chemin de fer qui devait relier Kayes à Bafoulabé, premier tronçon du chemin de fer qui doit relier le Sénégal au Niger, avait été entrepris. Sa construction jusqu'à ce jour a rencontré bien des difficultés provenant des hommes et des choses. Les travaux n'ont pas marché pendant les premières campagnes aussi rapidement qu'on l'avait pensé tout d'abord. Ce n'est qu'en 1883-1884 que les chantiers, définitivement constitués et en pleine activité, ont pu produire 55 kilomètres de voie complètement terminée et pousser la plate-forme jusqu'au kilomètre 110, c'est-à-dire tout près de Bafoulabé. C'est alors, en décembre 1883, que la Chambre des députés, contrairement aux votes émis précédemment, a cru devoir arrêter la construction de la voie. Et cependant il est nécessaire, il est indispensable d'avoir, de Kayes à Bammako, une voie permettant en toutes saisons des communications rapides entre ces deux points.

Les années 1884 et 1885 ont été employées à continuer dans le haut fleuve l'œuvre commencée, à lutter contre l'influence de Samory, et à étendre la nôtre chez tous nos voisins. C'est ainsi que récemment le commandant Combes a conclu un traité de protectorat avec le Bouré, une des régions aurifères du Soudan occidental.

Le poste de *Koundou*, entre Kita et Bammako, a été construit; des ponts permanents ont été jetés sur quelques-uns des principaux cours d'eau qui barrent notre route; une canonnière démontable en fer a été transportée et navigue aujourd'hui sur le Niger.

Enfin tout dernièrement, le poste de *Niagassola* a été

construit pour tâcher de disputer à Samory les pays de la rive gauche du Niger et couvrir Kita contre ses entreprises. Ce fanatique sanguinaire, battu il y a quatre ans, reprend quelque audace et nous attaquera certainement de nouveau, s'il nous sait assez peu nombreux pour être sûr du succès. Il a été battu, le 22 juin 1885, par le commandant Combes. Au mois de janvier 1886, il s'opposait encore, avec plusieurs milliers d'hommes, retranchés à Sitacoto, entre Kita et Mourgoula, au ravitaillement du poste de Niagassola par la colonne du lieutenant-colonel Frey. Son armée a été mise en déroute et s'est enfuie vers le sud-est, sur les bords du Niger. Il vient de demander à signer un traité avec nous, et le capitaine Mamadou Racine, en rapportant le traité, a ramené comme otage l'un des fils du prophète. Tout semble donc faire croire que de ce côté notre œuvre pourra s'accomplir en sécurité pendant quelque temps.

Dans le Kaarta, Ahmadou, vainqueur de son frère Montaga, qui s'est fait sauter dans Nioro, sa capitale, pour ne pas se rendre, cherche à nous créer de nouveaux embarras et défend aux populations de nous vendre leur bétail.

Plus près de Saint-Louis, un nouveau prophète, le marabout Mamadou Lamine, a pu envahir le Boundou, surprendre à Konguel une compagnie de tirailleurs et lui tuer dix hommes, ravager le village de Bakel; mais malgré deux attaques furieuses, il a échoué contre le fort (3 et 4 avril 1886). Ses bandes se sont dispersées devant la colonne Frey et tout fait croire que cet échec lui rendra toute nouvelle entreprise impossible.

Puissent, si de nouveaux dangers se présentent, les quelques braves jetés si loin de leur patrie se rappeler l'héroïsme de tant de leurs devanciers, et si la France, oublieuse un moment de ses propres intérêts les laisse succomber sous le nombre, qu'en disputant leur vie, qu'en la vendant chèrement, ils aient cette dernière consolation que leur mort ne sera pas ignorée de tous, et qu'ils versent leur sang pour la grandeur de la France!

PARTIE GÉOGRAPHIQUE

CHAPITRE PREMIER

GÉOGRAPHIE GÉNÉRALE

De France au Sénégal. — Huit jours suffisent pour se rendre de Bordeaux à Dakar, situé entre le 14e et le 15e degré de latitude nord.

Depuis le 22e degré, la côte qu'il faut longer, avec Arguin et Portendik, est française.

Un peu au sud du cap Blanc, on passe devant le banc d'Arguin, où se perdit la *Méduse* en 1817, et où la mer est tellement poissonneuse que, pendant un jour ou deux, on ne cesse de voir d'immenses troupes de gros poissons fuir devant le paquebot en bondissant à la surface.

Bientôt on dépasse Saint-Louis, on double le cap Vert et l'on mouille dans la magnifique rade de Dakar.

Le littoral. — Dakar, Gorée, Rufisque. — *Dakar* a été fondé en 1863. C'est un excellent port qui possède deux belles jetées, dont l'une a 600 mètres de longueur par 9 mètres de profondeur. Malheureusement, le développement des quais est encore peu étendu; les dépôts considérables de charbon où viennent s'approvisionner les steamers, les établissements de l'État et ceux des Messageries maritimes en prennent la plus grande partie. Aussi, quand la petite île de Gorée, entièrement couverte de maisons et de magasins, fut devenue insuffisante, le commerce n'a pas pu venir s'installer à Dakar.

Quelques négociants sont allés s'établir à *Rufisque*, où

un comptoir était établi depuis de longues années. Le mouvement fut suivi, Rufisque a pris une importance toujours croissante et est aujourd'hui un des principaux centres commerciaux du Sénégal. L'avenir de Dakar — le seul port sur toute la côte occidentale d'Afrique, du Maroc au cap de Bonne-Espérance, qui mérite vraiment ce nom — est de devenir un port de ravitaillement pour tous les navires au long cours faisant route d'Europe vers le sud de l'Afrique ou de l'Amérique ou inversement. L'eau douce, captée dans les dunes, y abonde et est excellente, et quand les moyens mécaniques seront suffisants, quand les chargements et les déchargements pourront se faire avec rapidité, les bâtiments qui relâchent encore aujourd'hui à Saint-Vincent viendront à Dakar.

Rufisque, au contraire, ne sera jamais véritablement un port; mais c'est le centre commercial presque obligé pour tout le trafic du Cayor. On pourrait y amener l'eau douce de diverses sources des environs; actuellement, la ville s'alimente à une série de puits situés dans un *nyaye*, espèce de lac desséché où poussent des palmiers d'eau et qui touche à la ville.

Dépendances du Sénégal. — Les rivières du sud.
— Tout le long de la côte française, depuis le cap Blanc jusqu'au cap Vert, le Sénégal seul vient apporter ses eaux à la mer. C'est le plus important des fleuves de la côte occidentale africaine après le Niger.

Au sud de Dakar, au contraire, en continuant à suivre le rivage, on trouve de nombreux cours d'eau, sur les bords desquels nous avons des postes ou des comptoirs.

Ce sont d'abord les postes de *Joal* et *Portudal*, sur le bord de la mer, qui, avec ceux de *Pout* et *Thiès*, un peu dans l'intérieur, servent à assurer la tranquillité chez les populations remuantes des Sérères. Puis l'embouchure du Saloum avec le poste de *Kaolak*, où, en octobre 1862, le sergent Burg, avec douze soldats d'infanterie de marine, résista héroïquement à plusieurs milliers d'assaillants conduits par Maba. Le prophète du Fouta, qui cherchait à conquérir le pays, dut se retirer en laissant plus de trois cents cadavres sur le terrain.

Vers le sud, après avoir dépassé l'embouchure de la Gambie avec la ville anglaise de Sainte-Marie de Bathurst, on rencontre la Cazamance avec le poste français de *Carabane* et la jolie petite ville de *Sedhiou*.

Viennent ensuite les embouchures du Rio Cachao, du Rio Géba, du Rio Grande et du Rio Cassini, aux Portugais. Puis on retrouve des rivières et des établissements français :

Le Rio Compani ;

Le Rio Nunez avec le poste de *Boké* ;

Le Rio Pungo, avec l'établissement de *Boffa* ;

La Mellacorée, aux rives autrefois couvertes de bois de teck, avec le poste de *Benty*, notre poste du Sénégal le plus au sud.

Nos possessions ont été récemment délimitées par le traité du 12 mai 1886 avec le Portugal, auquel nous avons cédé le Rio Cassini en échange du Rio Compani, d'enclaves sur le Rio Nunez et de la reconnaissance de notre protectorat sur le Fouta Djallon.

Par le traité du 24 décembre 1885, l'Allemagne a renoncé à ses prétentions sur le Koba et le Kabitaï, entre le Rio Nunez et la Mellacorée.

Enfin, un peu avant la rivière de Sierra-Leone, on rencontre les Scarcies, rivières anglaises dont les sources sont voisines de celles du Niger ; aussi est-ce par les Scarcies que les Anglais cherchent à pénétrer dans l'intérieur du pays arrosé par le grand fleuve du Soudan.

Du Sénégal au Niger. — Nous autres Français, nous avons cherché aussi à pénétrer dans cette boucle du Niger, pour en détourner le commerce à notre profit, pour assurer de nouveaux débouchés à notre industrie et pour continuer à nous seuls l'œuvre commencée de concert avec l'Angleterre : l'abolition de la traite des noirs et l'abolition de l'esclavage.

Plus heureux que nos voisins d'outre-Manche, nous avions à suivre une route plus praticable que celle des Scarcies ou celle de l'embouchure même du Niger.

C'est cette ligne de pénétration vers l'intérieur que nous allons rapidement faire suivre maintenant au lecteur, lui faisant traverser ainsi de l'ouest à l'est tous les pays qui, avec ceux dont nous venons de parler, forment notre colonie du Sénégal et ses dépendances.

Pour se rendre de Dakar à Saint-Louis, avant l'achèvement de la voie ferrée *Dakar-Rufisque-Saint-Louis*, longue de 263 kilomètres, il fallait reprendre la mer sur un petit vapeur de la colonie faisant régulièrement le service, si l'on voulait éviter le parcours de cinquante lieues, assez pénible même à cheval, le long des côtes sablonneuses du Cayor.

Le fleuve Sénégal. — 1° La barre du Sénégal. — La ceinture de brisants qui enserre toute la côte occidentale de l'Afrique, et qui n'est interrompue que de loin en loin, comme en face de Dakar, pour donner accès dans quelques rades ou quelques ports, forme à l'embouchure du Sénégal une **barre** qui en rend l'entrée souvent impossible pour les bateaux d'un certain tonnage.

La réputation de cette barre est des plus mauvaises, et les voyageurs impatients qui ont préféré au mal de mer et à quelque temps d'attente en face de l'embouchure du fleuve les péripéties d'un petit voyage en pirogue au milieu des vagues qui grondent et déferlent, racontent avec complaisance que le gouverneur ou plutôt le directeur de la Compagnie du Sénégal, de Richebour, s'est noyé en la passant; mais cet accident a eu lieu en 1712, et depuis, grâce à l'habileté des pilotes et du personnel du *capitaine de la barre*, elle a fait bien peu de victimes.

2° Le bas fleuve. — Jusqu'à Saint-Louis le paysage est triste.

Sur la rive droite, une mince langue de sable, de 150 mètres de largeur, sépare seule le fleuve de la mer.

Sur la rive gauche, également basse et sablonneuse, on ne voit que peu de végétation, à peine quelques herbes, quelques palmiers penchés par le vent, quelques établissements pour la dissémination des Européens en cas d'épidémie à Saint-Louis, quelques magasins construits par des négociants de cette ville. Des bandes de pélicans pêchent dans les marais ou sur les bords du fleuve; le soir, les chacals font entendre leurs aboiements prolongés et les hyènes leurs hurlements lugubres.

Le Sénégal, si beau et si riche en certains endroits, semble tout d'abord vouloir se dérober à la curiosité des nouveaux arrivants, comme les chefs de quelques-uns de ses beaux villages inhospitaliers qui vous répondent, après avoir fait cacher leurs nombreux troupeaux et leurs provisions : « Je n'ai rien à offrir, rien à vendre; le pays est pauvre; retirez-vous; laissez-nous vivre dans notre vieille sauvagerie. »

Saint-Louis. — Saint-Louis, dans une île à 16 kilomètres de l'embouchure du Sénégal, est une belle ville d'environ 20 000 habitants, dont plus de 1200 Européens ou issus d'Européens, sans y comprendre la garnison et les divers éléments formant la population flottante.

Les rues sont régulièrement tracées; les chaussées, qui n'étaient tout dernièrement encore faites que de sable dans lequel on marchait difficilement en saison sèche et qui se transformait en bourbier pendant la saison des pluies, ont été refaites en béton pour une partie. Les maisons, généralement en maçonnerie de briques, à terrasses, et la plupart à galeries, sont spacieuses et confortables. Les édifices publics sont suffisants et quelques-uns, comme l'hôpital et la cathédrale, sont fort beaux.

Il est à regretter qu'aucun hôtel, aucun restaurant dignes de ce nom n'existent à Saint-Louis, pas plus qu'à Dakar, et il faut espérer que le chemin de fer qui relie maintenant ces deux villes amènera la création de quelques-uns de ces établissements dont le besoin se fait sentir.

L'un des faubourgs de Saint-Louis, *Guet'n dar*, est sur le bord de la mer. On y arrive par un beau pont jeté sur le petit bras du Sénégal et par une belle route bordée de cocotiers.

De l'autre côté de l'île, Saint-Louis communique avec son faubourg *Bouetville* par le pont Faidherbe, jeté sur le grand bras du fleuve.

La ville n'est pas fortifiée, mais sa position la rend presque inattaquable.

3° Le moyen Sénégal. — En remontant le fleuve à partir de Saint-Louis, l'aspect du pays se modifie, les berges s'élèvent, la végétation devient plus puissante, des terrains cultivés bordent les rives; et dans la saison sèche, alors que le fleuve a peu d'eau, on voyage souvent entre de véritables falaises de terre végétale, de 10 ou 15 mètres de hauteur, toutes percées par endroit d'une infinité de petits trous circulaires, se touchant les uns les autres, et dans lesquels les guêpiers roses font leurs nids.

Parfois ces falaises de terre font place à des rochers. Le fleuve souvent alors est resserré; souvent aussi il y a là un barrage que les indigènes utilisent pour la pêche en le complétant par des clayonnages et des filets entre lesquels ils ne laissent qu'un étroit passage, tout juste suffisant pour les petits bateaux, seuls capables, pendant la saison sèche, de dépasser le *barrage de Mafou*.

Pendant cette saison, de grandes plages de sable sont à découvert; des Maures viennent y établir leurs campements. On y voit des bandes de canards, de grandes grues, de marabouts, d'aigrettes blanches. Des oiseaux de toute espèce s'y ébattent ou s'y promènent gravement. Les hippopotames et les crocodiles, qui, pendant la saison des hautes eaux, se tiennent de préférence dans les marigots et les marais, reviennent dans le fleuve et y abondent.

Sur les rives, les grands arbres se montrent de loin en loin, quelquefois de véritables forêts; mais le plus souvent les arbres sont tortueux et de chétive apparence, soumis qu'ils sont tous les ans aux terribles incendies qu'allument les indigènes, tant pour défricher que pour débarrasser les abords de leurs villages des hautes herbes où l'ennemi ou le voleur pourrait se cacher.

De temps en temps, des biches ou des sangliers viennent boire; une troupe de singes saute dans les arbres; un lion se laisse voir; un oiseau aquatique, l'*anhinga*, traverse le fleuve, ne laissant hors de l'eau que son long cou, si bien qu'on le prendrait pour un serpent; une *gueule tapée* (espèce de gros lézard, le *varan* du Nil), effrayée, se précipite dans le fleuve et disparaît; ou bien ce sont d'immenses troupeaux qui se pressent à l'abreuvoir.

Un peu plus loin, des *diulas*, qui viennent de vendre leurs gommes à l'un de nos comptoirs, retraversent un gué du fleuve, chargent de nos cotonnades leurs chameaux et leurs bœufs et remplissent d'eau leurs outres en peau de chèvre avant de retourner dans leur désert.

Avec les hautes eaux, les indigènes, qui ont souvent deux villages, se retirent dans l'intérieur au milieu de leurs champs; mais, à la saison sèche, il faut se rapprocher du fleuve quand les petits affluents et les marigots sont taris. Aussi, bien qu'il faille alors un mois en petit chaland pour faire le voyage qu'un aviso fera en quelques jours un peu plus tard, après la crue du fleuve, c'est aux basses eaux, de décembre à juin, que le voyage est le plus intéressant. Et puis les moustiques, qui pendant la saison des pluies rendent le fleuve insupportable, disparaissent et l'on peut en toute sécurité profiter des belles nuits intertropicales et dormir en plein air.

Le joli poste de *Richard-Toll*, véritable lieu de plaisance, ceux de *Dagana* et de *Podor*, peu éloignés de Saint-Louis, sont en communication constante par bateaux à vapeur avec le chef-lieu.

A 330 kilomètres de Saint-Louis se trouve le *barrage de Mafou*, qui marque la limite de la navigation permanente pour les avisos de la colonie. Le fleuve est cependant encore navigable à partir de ce point pendant quatre mois de l'année, et les bateaux de peu d'importance peuvent presque continuellement, au prix de quelques efforts, arriver jusqu'à *Kayes*.

Presque en face de Mafou, sur un petit bras du fleuve, le poste d'*Aéré* a une garnison de quelques hommes.

Le poste de *Saldé*, à 460 kilomètres de Saint-Louis, ceux de *Matam*, à 600 kilomètres, de *Bakel*, à 760, et de *Médine*, à 910 kilomètres jalonnent le fleuve jusqu'aux *chutes du Félou*, que la navigation ne peut franchir.

Entre Richard-Toll et Dagana, l'*île Todd* fut autrefois le centre des essais de colonisation par l'agriculture. L'opération financière, mal conçue, ne donna lieu qu'à des supercheries et l'essai ne réussit pas. Ce n'était pas d'ailleurs dans ces parages que pouvait réussir une pareille entreprise : à l'île Todd, on est trop près de la mer; les eaux sont encore saumâtres pendant la saison sèche, et les crues du fleuve, au lieu d'être bienfaisantes, viennent souvent dévaster les campagnes. C'était plus haut dans le fleuve qu'il fallait s'établir, et ce n'est d'ailleurs qu'à cause de l'hostilité du Fouta qu'on ne l'avait pas fait.

Un peu en amont de Saldé, se trouve *M'bagne*, dont les habitants se croient injuriés quand on leur demande le nom de leur village. Cette susceptibilité remonte à bien longtemps, à quelque sanglante défaite, racontent leurs voisins.

Sur la rive droite, on aperçoit quelques montagnes. A *Rindiao*, c'est une petite montagne conique; à *Djaoul*, ce sont des contreforts qui viennent finir à la berge en affectant la forme d'un amphithéâtre, au centre duquel on voit toujours un campement considérable de Maures.

A *Garli*, village en amont de Matam, par le travers d'une petite montagne, El Hadj Omar, que les indigènes appellent Alagui, avait, en 1855, fait construire une digue pour nous arrêter. Elle fut emportée par les premières crues du fleuve.

A quelques kilomètres avant d'arriver à Médine, Kayes a été choisi comme tête de ligne du chemin de fer du Sénégal au Niger. On évitait ainsi les *barrages de Kayes* et *des Kippes*, et l'accès du chemin de fer était possible aux bateaux chaque année pendant un plus long temps.

A l'exception du poste de Bakel, fondé en 1820, presque tous les postes du fleuve, autour desquels les noirs sont venus se grouper pour vivre en sécurité et y faire du trafic, sont dus au général Faidherbe. Alors gouverneur, le général les créa non pas seulement pour commencer cette œuvre de pénétration qui l'occupe encore sans cesse, mais aussi pour assurer la tranquillité des comptoirs déjà existants.

Ainsi Médine était nécessaire pour tenir éloignés de Bakel les fanatiques qui voulaient y ruiner notre commerce, comme plus tard Bafoulabé s'imposa pour que nos traitants qui s'étaient établis à Médine pussent y continuer leurs affaires devenues de plus en plus importantes. Et ainsi, de proche en proche, nous étions poussés vers l'intérieur, jusqu'à ce que, arrivés à la base solide du Niger, tout près de ses populations musulmanes, nos ennemis de, par la force même des choses, puisqu'en affranchissant les peuples nous diminuons leur toute-puissance, nous puissions rayonner dans tout le pays et y remplacer l'esclavage et la force par la liberté et le droit.

En poursuivant les intérêts de la France, nous faisions œuvre de civilisation, et il s'est trouvé du même coup qu'en voulant consolider ce qui existait déjà, nous arrivions à une nouvelle source de richesses en nous établissant sur le Niger.

4° **Le haut Fleuve.** — Au-dessus de la chute du Félou, à quelques kilomètres de Médine et jusqu'à Bafoulabé à 1030 kilomètres de Saint-Louis, on peut encore se servir du fleuve pour les transports, mais il faut avoir des flottilles de chalands desservant chacune un seul des biefs que forment dans le fleuve des barrages plus ou moins importants.

On s'est même servi du fleuve pour le ravitaillement des postes jusqu'au delà de Badombé, mais ensuite les barrages deviennent trop fréquents, les déchargements trop nombreux, et la voie par terre s'impose pour aller jusqu'à Kita et Bammako.

De Médine à Bafoulabé l'aspect du pays change souvent.

Autour de Médine, beaucoup de cultures, du mil, des arachides, du maïs, des haies de gombos, des champs de coton, de melons, de calebasses. Puis ce sont des plateaux rocheux qui forment le Félou et où la végétation n'existe pas; à peine quelques gigantesques baobabs laissent pendre de leurs branches, dépouillées de feuilles par les indigènes qui en font un condiment, de nombreux fruits aux pédoncules si longs qu'on dirait une multitude de rats pendus par leurs queues. Ces fruits du baobab, le *pain de singe*, se vendent sur les marchés des noirs. Ils renferment une espèce d'amidon sucré dont on peut faire de la pâtisserie.

Au delà du Félou, les plaines cultivées recommencent, le dattier est assez fréquent. A *Boccaria*, on commence à rencontrer le *karité*, ou arbre à beurre, qui devient de moins en moins rare à mesure qu'on s'avance vers le Niger et qui abonde dans les environs de Bammako.

Les collines et les montagnes, qui, jusqu'à Médine, offraient parfois des flancs en pente douce, prennent des profils plus tranchés : ce sont alors des gradins successifs taillés à pic, des falaises aux parois verticales comme à *Kalé*, au bord du fleuve. Dans la vallée du Tinké, près de Boccaria, ce sont des blocs de 50 à 200 mètres au-dessus de la plaine, qu'on prendrait à faible distance pour des murailles ou des fortifications faites de main d'homme.

A *Bafoulabé*, au confluent du *Bakoy*, le Sénégal change de nom et s'appelle *Bafing*. Il a encore 450 mètres de largeur et son affluent en a 250 ; mais ces grandes largeurs, si loin de l'embouchure, s'expliquent par le régime irrégulier du fleuve, dont le cours est partagé en divers bassins se déversant les uns dans les autres, souvent par de minces ruisseaux circulant à travers des barrages de roches.

A *Badombé*, à 1110 kilomètres de Saint-Louis, le Bakoy a 300 mètres de large.

Le Bakoy n'est pas le seul affluent important du Sénégal. Un peu au-dessus de Bakel, il reçoit la *Falémé*, qui arrose les pays aurifères de la rive gauche. Sur sa rive droite, en aval de Médine, le *Koulou* lui apporte ses eaux près avoir traversé le pays de Kaarta.

Avec le *Baoulé*, qui se jette dans le Bakoy, et le *Badingo*, qui se jette dans le Baoulé, ce sont les principaux cours d'eau du bassin du Sénégal.

Les *marigots*, qu'on pourrait prendre tout d'abord pour des affluents, ne sont que des réservoirs qui, pendant la crue du fleuve, reçoivent de lui leurs eaux et ensuite les lui rendent. Quelquefois cependant les lits des marigots se confondent avec ceux de quelque ruisseau ou torrent. Souvent on peut voir ces marigots en formation. A quelque distance du fleuve, le terrain s'affaisse brusquement, une grande cuvette aux parois verticales se produit, des fondrières semblables se réunissent aux voisines et le marigot existe déjà alors qu'il ne communique pas encore avec le fleuve. Il semble formé par un travail de sape souterraine.

Jusqu'au *gué de Toukolo*, on a suivi le cours du Sénégal, puis celui du Bakoy, autant que les bois, les marigots, les accidents de terrain le permettent. Que l'on quitte maintenant les bords du fleuve pour traverser le pays qui nous sépare encore du Niger, et c'est la même succession de paysages. La végétation, rabougrie quand l'eau manque, redevient luxuriante sur les bords des cours d'eau ou quand un fond argileux maintient une couche d'eau à peu de profondeur au-dessous du sol. C'est la même succession de plaines stériles et de plaines cultivées; toujours des grès et des granits ou des oxydes de fer. Souvent on peut nettement suivre les cônes de déjections des montagnes voisines. D'immenses étendues sont couvertes de blocs plus ou moins importants; quelques-unes rappellent les plaines de la Crau ; de vastes clairières se couvrent de constructions en terre, élevées par les termites et tellement rapprochées les unes des autres qu'on croirait voir des champs d'immenses champignons.

A mesure qu'on s'avance dans l'intérieur, les essences des arbres changent; beaucoup sont fort belles et, bien avant Bammako, on revoit le citronnier et le bananier.

La direction générale de la route que nous avons suivie va du nord-est au sud-ouest, et Bammako se trouve à la hauteur des rives de la Cazamance et à sept ou huit degrés plus à l'est.

Le haut Niger. — A *Kita*, à 1240 kilomètres de Saint-Louis, à *Kondou*, à 1350, sur le Baoulé, on est encore dans le bassin du Sénégal; il faut apercevoir le Niger du haut des montagnes du Manding, en arrivant à *Bammako*, à 1465 kilomètres de Saint-Louis, pour entrer dans son bassin.

Ce bassin est limité à l'ouest par les montagnes du Manding, puis par celles qui terminent à l'est le Fouta-Djallon et se prolongent jusqu'aux possessions anglaises de Sierra-Leone.

Le cours du Niger est moins connu que celui du Sénégal. Cependant, dans sa partie supérieure où nous sommes installés depuis trois ans, nous connaissons un certain nombre d'affluents.

A gauche le *Faliko*, le *Tombali*, le *Sissi*, le *Koba*, le *Niando*, le *Diamba*, le *Kodossa*, le *Ban'diégué*, le *Tankisso*. l'*Amarakobo* et les petites rivières au sud de Bammako : le *Oueyako*, le *Kodaliani*, le *Samankoba*, le *Kolombadima*, le *Balanko* et quelques autres.

A droite, on peut citer les grands affluents de *Mafou*, *Yendan*, *Milo*, *Soussa*, *Fandoubé*.

Un très important cours d'eau, le *Mahel-Balevel*, traverse le Ouassoulou et reçoit le *Mahel-Danevel*, le *Baoulé*, le *Mahel-Bodevel*, le *Koba-Diéla* et le *Mahel-Bendougou*,

C'est ce pays, si bien arrosé, où la population est assez dense pour que, malgré les massacres des guerres saintes, malgré les luttes qu'elle soutient depuis des années pour disputer ses habitants à la captivité, malgré la quantité d'esclaves qu'en tirent tous les ans les propagateurs de l'islamisme, elle couvre quand même de ses villages une vaste étendue et résiste par son nombre à des armées bien conduites, bien armées et approvisionnées comme celles de Samory, c'est ce pays qui a servi d'objectif aux Français suivant la route indiquée par le général Faidherbe et rendue praticable par le colonel Desbordes.

Le Niger est navigable pour nous maintenant de Bammako aux *chutes de Boussa* et probablement en amont de Bammako jusqu'à *Kankan*, c'est-à-dire sur une longueur totale d'environ 3000 kilomètres.

Bammako n'est que l'entrée du Soudan ; il faut pénétrer dans les pays qu'entoure et arrose le Niger, il faut étendre notre influence sur ses rives pour ne pas en laisser ses richesses prendre la route des Scarcies.

Et la vallée même du Niger, régulièrement inondée chaque année et se couvrant de cultures de toutes sortes aussitôt que les eaux se sont retirées, ne peut-elle pas être un peu comparée à la vallée du Nil, avec cette différence que l'abord en a été plus difficile?

CHAPITRE II

LES INDIGÈNES

Les races. — Ces vastes territoires qui forment nos possessions du Sénégal sont habités par des hommes de races différentes : la **race blanche**, que nous pouvons subdiviser en race berbère et race arabe; la **race peulhe**; la **race noire**, dont les subdivisions, généralement très mélangées entre elles, sont : la **race mandingue**, comprenant les Bambaras, les Malinkés et les Soninkés ou Sarrakolés, et la race **Ouolof-Sérère**.

Race berbère. — La race berbère semble être la première race blanche qui ait peuplé l'Afrique septentrionale. Elle a une langue à elle, comprenant plusieurs dialectes, mais elle n'a laissé aucun monument écrit.

Les *Zénaga*, une des nations les plus puissantes des Berbères, ont donné leur nom au Sénégal. Ce sont eux qui formèrent la secte des Almoravides (*el morabetin*, marabouts) et qui, tout en fondant un vaste empire dans le nord, faisaient la guerre sainte tout le long du Sénégal et du Niger, convertissant ou refoulant plus au sud les Noirs fétichistes.

Race arabe. — Les Arabes succédèrent aux Berbères, les vainquirent et s'unirent à eux. Aujourd'hui, depuis la Méditerranée jusqu'au pays des Noirs, les habitants sont à peu près, par parties égales, de race berbère et de race arabe. Braves, nomades, farouches comme les Berbères, les Arabes continuèrent contre les noirs l'œuvre de conversion et de refoulement.

Les *Maures* du bord du Sénégal parlent un arabe corrompu. Cependant quelques-uns connaissent et écrivent correctement leur langue.

Pourognes. — De l'alliance des Maures avec les noirs proviennent des individus connus sous le nom de *Pourognes*. Aussi pillards que leurs parents de race blanche, ils sont aussi braves et aussi durs à la fatigue et à la douleur[1].

Race peulhe. — Les Peulhs, que l'on appelle aussi Poul, Foullah, Fellah, sont d'un brun rougeâtre; leurs cheveux sont à peine laineux.

On a pensé que cette race était peut-être celle qui habitait l'Égypte au temps de son ancienne grandeur. Il est certain que bon nombre de types peulhs rappellent au voyageur, même au simple voyageur peu versé en anthropologie, les figures que l'on peut voir au Louvre sur les bas-reliefs égyptiens. Peut-être pourrait-on donner encore comme preuve à l'appui de cette hypothèse la croyance généralement répandue chez les Peulhs, et chez les nations noires qui en proviennent par union ou qui ont été en contact avec eux, d'une parenté avec certains animaux[2].

---

1. Je me rappelle un de ces Pourognes, engagé comme tirailleur et qui, blessé en descendant le fleuve, d'un coup de feu reçu dans les reins, ne se plaignait pas et marchait encore dans la nuit qui suivit sa blessure et pendant laquelle il mourut. Trois balles s'étaient logées dans le corps, entraînant de gros fragments d'os et perforant la vessie.

2. Cette parenté supposée fait naître le respect et la vénération pour les animaux. N'est-on pas là bien près de l'adoration du bœuf, du crocodile, de l'ichneumon et de tant d'autres animaux regardés comme dieux par les Égyptiens?

Cependant les gens dont nous parlons sont généralement mahométants, et l'islamisme condamnerait plutôt qu'il n'encouragerait cette grossière superstition. Ne faut-il pas voir là un reste d'une vieille religion oubliée?

J'ai connu un noir fort intelligent et bon musulman dont toute la famille se disait parente de la gueule-tapée et des serpents du genre python. Lui-même n'aurait jamais fait de mal à l'un de ces animaux et, quand nous lui demandions si réellement il croyait à cette parenté

Ces Peulhs, aux traits presque européens, sont les premiers parmi les noirs qui se soient convertis à l'islamisme. Ils ont fondé d'importants États comme le Macina, le Fouta-Djallon, le Fouta sénégalais. Ils jouent vis-à-vis des noirs le rôle de convertisseurs à main armée que les Arabes et les Berbères ont joué vis-à-vis d'eux.

« Que voulez-vous que je vous réponde, disait-il, je sais bien que vous en ririez. Je ne me crois pas précisément parent, mais, de père en fils dans ma famille, on a respecté ces animaux : je n'aurais plus l'esprit tranquille si je venais à leur faire du mal. Prenez cela pour une superstition du genre de celle que vous avez quand vous vous trouvez treize à table. »

Les Bambaras Courbaris se disent parents des hippopotames. Les habitants de Badombé ont pour cousins les pigeons verts. Le village de Diaoura, dans le Damga, se croit parent des crocodiles et voit avec peine les voyageurs s'amuser à les tirailler sur le fleuve ; certains indigènes se fâcheraient même si l'on persistait à chasser, et le mieux est de remettre cette distraction au lendemain.

Beaucoup de noirs, il est vrai, se montrent moins susceptibles, et je pourrais citer mon cuisinier, le Khassonké Osouby, qui, tout en se disant parent des perdrix rouges, ne se faisait aucun scrupule de les chasser pour mon compte. Il les faisait cuire sans remords, mais il se serait cru perdu s'il en avait mangé lui-même.

Que le lecteur me permette encore un souvenir, bien qu'il ne vienne plus à l'appui de la thèse précédente. Il montre chez les noirs, comme chez nous, le besoin de remonter de l'effet à la cause et comment une coïncidence peut faire naître une superstition. Nous arrivions au campement de la Kolaboulinda. Un lieutenant d'artillerie de marine, M. Kammerlocher, s'établissait à l'ombre d'un épais fourré quand un énorme serpent s'en sauva ; il fut bientôt rattrapé par le lieutenant, qui le tua à coups de sabre. Cinq ou six heures après, M. Kammerlocher était mort, enlevé par un de ces accès de fièvre assez mal définis auxquels les médecins donnent différents noms. A quelques jours de là, en faisant le campement, les ouvriers noirs, Ouolofs pour la plupart, aperçoivent un gros serpent, et tout d'abord lui courent après pour le tuer, mais bientôt quelques-uns d'entre eux arrêtent les autres : « Ne lui faites pas de mal, cela vous porterait malheur ! Vous avez vu le lieutenant l'autre jour ! » Et le serpent, qui s'était réfugié dans un arbre, aurait eu la vie sauve si quelques Bambaras moins crédules, qui se trouvaient avec nous, ne s'en étaient rendus maîtres. L'un d'eux s'avança, saisit avec précaution l'animal par la queue et, se mettant à tourner quatre ou cinq fois autour de l'arbre aussi vite qu'il le pouvait, il désentortilla le serpent, puis il continua à courir en ligne droite assez vite pour que sa capture ne pût se retourner vers lui. Les autres Bambaras cou-

Par nature, les Peulhs sont pasteurs et ce n'est que dans les peuplades où ils se sont mélangés aux noirs que le goût de la culture s'est développé chez eux. Ils s'identifient pour ainsi dire avec les troupeaux et les soignent avec amour. A la guerre, ils excellent à les enlever à leur ennemi[1].

Toucouleurs. — Les Peulhs se sont mélangés avec les noirs, leurs voisins ou leurs captifs, et quand, dans la race mélangée, l'élément noir domine, elle prend le nom de *Toucouleur* (de Toukousor, nom de l'ancien Fouta sénégalais).

Tels sont les habitants du Fouta sénégalais, du Boundou et du Fouta-Djallon.

Musulmans fanatiques, arrogants, voleurs, manquant de bonne foi, les gens du Fouta ont cependant des qualités : le patriotisme et la haine de l'esclavage, auquel ils préfèrent presque toujours la mort.

Leur amour du travail et surtout de l'agriculture fait du Fouta un pays très productif.

Race mandingue. — Les *Bambara*s, les *Malinkés* et

---

raient derrière, tuant à coups de bâton l'animal que leur camarade entraînait tout étendu.

Il faut ajouter que les Ouolofs ne mangent pas le serpent, mais que les Bambaras et les Malinkés s'en régalent comme de toute espèce de viande. C'est à tort que quelques voyageurs ont prétendu que le porc ou le sanglier n'était en Afrique mangé par personne. J'ai vu souvent, et sans qu'ils y soient forcés par le besoin, les Bambaras et les Malinkés chasser et manger le sanglier.

1. Le général Faidherbe, qui les employait dans les razzias contre les Maures, signale cette espèce d'instinct.

En 1881, à la prise de Foukhara, les Peulhs, bergers du troupeau de la colonne et qui devaient rester au camp pendant l'action, s'en échappèrent. Ils passèrent le fleuve à un gué bien au-dessus de Foukhara, et, contournant une montagne, tombèrent sur les fuyards et tirèrent quelques coups de fusil pour effrayer le troupeau, que ceux qui le conduisaient ne purent maintenir. Le troupeau se sauva dans la direction qu'il suivait habituellement, celle du village qui était alors occupé par nous. Ce fut une heureuse surprise pour la colonne, un peu dépourvue, que de voir arriver ce butin accompagné par les Peulhs, qui, ne voyant dans l'affaire qu'une question de bœufs à enlever, ne s'étaient plus occupés des fuyards dès que ceux-ci s'étaient trouvés sans troupeaux.

les *Soninkés* sont de véritables nègres au nez épaté, aux lèvres épaisses, aux cheveux crépus. Cependant ces traits ne sont pas aussi accentués que dans les races équatoriales, les nègres du Congo par exemple. On trouve parfois dans la race mandingue de beaux visages, pleins d'expression, surtout chez les hommes, et, quand le sang peulh est venu se mêler au sang noir, on peut trouver un ensemble de population, comme dans le Khasso, où la plus grande partie des types plaisent à des yeux européens.

Les Bambaras et les Malinkés sont généralement guerriers, mais avec des degrés de bravoure divers suivant les divers États qu'ils forment. Ils s'adonnent volontiers à la culture.

Les Soninkés sont plus particulièrement commerçants et, par conséquent, conducteurs de caravanes et grands voyageurs.

Race Ouolof-Sérère. — Les *Ouolofs* et les *Sérères* habitent plus particulièrement les pays compris entre le Sénégal, la Falémé et la Gambie.

Ce sont les noirs auxquels nous avons eu affaire tout d'abord; ce sont aussi ceux qui se sont le mieux assimilés à nous, si bien que bon nombre d'entre eux, répudiant toute idée de race, se disent avec complaisance « enfants de Saint-Louis ».

Ce sont les plus beaux noirs de l'Afrique. S'ils ont quelques défauts, ils ont bon nombre de précieuses qualités. C'est parmi eux que nous recrutons principalement nos ouvriers et, façonnés par les Européens, ils sont bons maçons, charpentiers, menuisiers, forgerons, mécaniciens même.

Le plus grand nombre de ces ouvriers conserve l'imprévoyance de leur race et dissipe en quelques jours le salaire péniblement amassé pendant une longue campagne[1].

---

1. Vaniteux, toujours prêt à donner, parce qu'il demandera ensuite sans honte, dès qu'un ouvrier ouolof se voit à la tête de quelques centaines de francs, il fait des dépenses folles. Il achè-

Ceci est le cas général, mais il y a de nombreuses exceptions. Les femmes sont coquettes et vaniteuses; à Saint-Louis et dans tous nos établissements, les occasions de dépense sont fréquentes; on aime les enfants et, pour entretenir leur famille, beaucoup d'ouvriers économisent et pensent à l'avenir. La femme, par ses défauts mêmes comme par ses qualités, contribue, là comme partout, à policer et à civiliser.

Ils ne deviennent pas seulement prévoyants et économes, ces ouvriers noirs que le travail tend à ennoblir. S'ils perdent leur sauvagerie, ils acquièrent le courage de l'homme intelligent, et, en maintes circonstances, ils ont rendu de bons services au point de vue militaire, quand les faibles effectifs des garnisons ou des colonnes obligeaient de nous adresser à eux. Ils comprennent, eux qui travaillent et demandent à vivre en paix de ce qu'ils ont gagné, que l'œuvre des blancs est juste et bonne et que, si les blancs cherchent à s'enrichir, ils répandent aussi la richesse autour d'eux.

Si ces travailleurs, à peine sortis de leur vieille barbarie, en sont arrivés déjà à débattre leurs intérêts, quelquefois avec dignité, et à parler de grève, d'un autre côté ils s'attachent à ceux qui s'occupent d'eux et les traitent avec égard, à ceux surtout qu'ils regardent comme justes.

Jamais, pendant quatre ans, je ne leur ai vu refuser une fatigue ou un travail, parce qu'en donnant les ordres, je le faisais, dans les cas difficiles, au nom du colonel

---

tera, par exemple, chez nos commerçants un costume de velours vert orné de brandebourgs et doublé de satin, une toque de velours grenat soutachée d'or, des bottes rouges à glands d'or, une canne, une ombrelle, des lunettes bleues, et, affublé de tout cela, fumant un gros cigare, il se promène dans les rues, la tête haute, balançant les bras, suivi d'une bande de noirs lui criant qu'il est beau, qu'il est riche, qu'il est généreux.

Généreux, il l'est si bien que, deux ou trois jours plus tard, il a dû revendre les diverses pièces de son costume qu'il n'a pas données, et qu'il s'engage de nouveau pour un an, sans regret du passé, tout prêt à supporter de nouveaux voyages, de nouvelles fatigues, pour revenir ensuite émerveiller encore ses amis de Saint-Louis

Desbordes. Et ce n'était pas seulement des nuits de travail qu'il fallait leur demander après des journées de travail de douze heures; ce n'était pas seulement de porter pendant de longues étapes des blessés en civière, parce que nous savions qu'entre leurs mains nos blessés seraient à l'abri des secousses ou des chutes dans les passages difficiles; ce n'était pas seulement de faire la garde de nuit quand tous les valides de la colonne faisaient une sortie : c'était quelquefois de faire le métier de manœuvres, et c'était là surtout ce qui leur coûtait le plus, à eux ouvriers, fiers d'avoir fait un apprentissage et de s'être placés ainsi au-dessus de leurs frères noirs.

J'ai tenu à rendre hommage à ces travailleurs noirs, parce que, comme le leur disait le colonel Desbordes sur la tombe de l'un d'eux, le vieux et brave maître charpentier Barrik, mort à Bammako après trois campagnes successives dans le haut fleuve : « En travaillant de leurs bras, ils travaillent pour une grande œuvre, pour l'avènement du jour où, chez eux comme chez nous, l'homme sera respecté. »

Les castes. — Chez toutes les peuplades du Soudan, la société se divise en hommes *libres* et en *esclaves*, plus souvent appelés *captifs*.

Ils sont les uns et les autres guerriers, agriculteurs, pasteurs, ouvriers, *griots*, chasseurs ou pêcheurs.

Aucun métier, pas même celui des armes, ne semble l'apanage des hommes libres, de préférence aux esclaves. Souvent le même individu est successivement guerrier, agriculteur, ouvrier.

Il n'y a guère d'exception que pour les *forgerons* et les *griots* qui, libres ou captifs, forment des corporations fermées pour quiconque n'est pas d'une famille de forgerons ou de griots.

Les membres de ces corporations, véritables castes, passent pour avoir des relations avec les esprits, pour être plus ou moins sorciers. Ils ne sont pas tenus, parce qu'ils sont forgerons ou griots, de forger ou de danser et chanter; mais toujours on a pour eux une sorte de crainte superstitieuse; on les ménage, on les flatte, on les nourrit, on leur fait des cadeaux; on courtise leurs filles, mais on ne voudrait pas entrer dans leur famille; on regarde comme une injure d'être appelé griot ou forgeron, et, après leur mort, les griots ne sont pas enterrés dans le cimetière commun.

Le noir est industrieux et fait à peu près lui-même tout ce dont il a besoin.

La guerre et la culture des champs lui laissent-elles des loisirs, il construira une case pour agrandir sa demeure, il tressera des nattes, fera un lit en bambou, creusera quelque tronc d'arbre pour en faire un mortier à couscous, un vase ou, en le recouvrant d'un morceau de peau de bœuf, un tam-tam; il se taillera des sandales dans cette même peau non tannée, confectionnera ou raccommodera son vêtement, car chez les noirs les hommes sont plus que les femmes chargés de la couture; il s'amusera à fabriquer quelque instrument de musique avec une calebasse; puis, ne voyant plus rien à faire autour de lui, il passera de longues journées assis près de sa case, son fusil à côté de lui, ne faisant rien ou pinçant l'unique corde d'une sorte de petite guitare, dont il tire toujours à peu près le même son.

Pour un individu ainsi occupé, on conçoit quelle bonne aubaine est l'occasion de discuter, de *palabrer*, et on comprend que les décisions ne se prennent pas vite.

Il est vrai qu'il existe des ouvriers qui se sont spécialisés dans telle ou telle profession et qui vendent leurs produits.

Ouvriers. — Les *forgerons* construisent des miniatures de hauts fourneaux en terre et savent extraire le fer de son minerai.

Ils fabriquent des instruments aratoires, des armes, des couteaux, des étriers, des éperons, des entraves pour les captifs; ils réparent les fusils; ils fabriquent leur outillage : soufflets de forge, marteaux, tenailles, limes, petites enclumes, coupelles.

Ils font des bijoux en or et en argent, en fer et en

cuivre, des pipes en fer, des clochettes et divers instruments de musique en fer.

Les *ouvriers en cuir* tannent les peaux et en font des équipements militaires, des harnachements, des chaussures, des outres pour transporter les liquides et les grains, des petits sachets servant de poches, de blagues à tabac ou d'étuis à amulettes.

Les *ouvriers qui travaillent le bois* vont abattre des arbres et en font des pilons, des mortiers, des sièges, des portes et des serrures en bois pour les magasins et les habitations, des carcasses de selle.

Les *tisserands* fabriquent avec le coton du pays de petites bandes de toile de 5 à 10 centimètres de largeur, que l'on coud ensuite les unes contre les autres pour en faire des vêtements, des *boubous*, des *pagnes* ou des couvertures. Les fils teints, soit avec de l'indigo, soit avec quelque autre plante, forment souvent de fort jolis dessins de belle couleur bleue, noire, rouge ou jaune.

Dans le Macina et le Ségou, on fait sur ces vêtements de coton de curieuses broderies, avec de la soie, que des caravanes viennent chercher jusque dans les environs de Kondou, où certains arbres se couvrent des cocons du *bombyx Faidherbii*.

Cette soie se trouve aussi dans le Cayor, mais là les indigènes n'en tirent aucun parti.

Chasseurs et pêcheurs. — Sauf dans quelques villages riverains des grands cours d'eau, où tout le monde est pêcheur, la pêche et la chasse semblent attirer assez peu les noirs.

Dans chaque village cependant, il y a quelques individus dont c'est l'unique occupation.

Chez les Malinkés et les Bambaras, les chasseurs sont généralement reconnaissables à leur coiffure bizarre, ornée de morceaux de peau de bête, et l'on en voit qui rappellent absolument les bonnets à poil des anciens grenadiers de la garde.

Souvent les chasseurs de villages voisins se donnent rendez-vous pour quelque grande battue. Il y a alors tout un cérémonial pour le départ, des sacrifices, des serments de tout partager équitablement.

Les chasses sont souvent fructueuses. Les hippopotames, les éléphants, les sangliers et les biches en font généralement les frais. On boucane la viande en la découpant en lanières, qu'on enfume sur un gril en bois, et on fait des provisions pour longtemps.

Les crocodiles, dont presque tous les noirs se nourrissent avec plaisir, sont pris par les pêcheurs avec des harpons.

Constructions des noirs. — Malgré ces quelques professions, auxquelles s'adonnent exclusivement quelques individus, chez les noirs le manque de spécialité dans les occupations a produit sans doute, autant que leur apathie naturelle, leur état de civilisation qui est resté stationnaire depuis bien longtemps.

Comme tous les peuples, les noirs du Soudan ont passé par l'âge de pierre. Le Dr Colin a trouvé dans le Bambouk beaucoup de hachettes en pierre polie et le musée du Trocadéro en possède une en hématite rouge, trouvée près de Kayes. Mais aujourd'hui l'usage de la pierre semble à peu près oublié pour la confection des menus objets[1], et il n'est jamais venu à un noir l'idée de l'utiliser pour faire une construction durable, bien que partout il trouve d'excellentes pierres de taille.

La pierre calcaire, il est vrai, fait complètement défaut, et les immenses bancs de coquilles d'huîtres qu'on trouve dans les cours d'eau auraient sans doute été vite épuisés si les noirs les avaient utilisés comme pierres à chaux; mais, dans de semblables circonstances, d'autres peuples utilisaient les pierres sèches et les pierres taillées.

---

[1]. J'ai trouvé cependant chez quelques forgerons de grosses pierres rondes entourées d'un transfilage d'osier et munies de poignées pour servir de marteaux; j'ai vu aussi des polissoirs en forme de tambour et de confection récente. Des pierres plates servent à décortiquer le coton, à écraser les arachides pour en extraire l'huile ou à malaxer le savon noir qui est fabriqué avec cette huile et des cendres.

Dans le Soudan, à peine de loin en loin, quand des roches stratifiées se trouvent à proximité et qu'il n'y a qu'à ramasser et transporter de belles dalles, voit-on les pierres utilisées pour le mur d'enceinte d'un village. Encore ne sont-elles pas appareillées, mais séparées les unes des autres par des couches de terre plus épaisses que les pierres elles-mêmes.

Quelquefois, pour isoler du sol les magasins ou les cases d'habitation, on dispose par terre quelques grosses pierres irrégulières ; des traverses en bois vont de l'une à l'autre ; au-dessus de ces traverses on met un clayonnage, et l'édifice en terre s'élève sur cette base fragile.

Avec deux murs en pierres sèches, l'un tout en ruines dans la montagne de Kita, élevé par les habitants pour la défense contre les musulmans, l'autre construit par l'armée de Samory sur les bords du Oueyako, près de Bammako, comme mur de retranchement, je n'ai pas vu d'autre emploi de ces belles carrières de grès, de granits et de pierres de même formation qu'on trouve presque partout.

On racontait, il est vrai, à Bammako l'année dernière, qu'Ahmadou, voulant fortifier Ségou contre une attaque possible de notre part, commençait à l'entourer d'un rempart de pierres ; mais il s'agissait seulement de la construction d'un second mur en terre, parallèle au premier et peu distant de lui, de façon à former un couloir qui devait être rempli de fragments de roches.

Les routes des noirs, même les routes très fréquentées par les caravanes, ne sont que des sentiers où l'on ne peut passer qu'un à un. Un arbre vient-il à tomber en travers, une roche vient-elle à rouler jusque-là, personne ne songera à l'enlever : tout le monde fera le tour de l'obstacle et la route aura une sinuosité de plus.

Comme on le voit, les noirs du Soudan semblent n'être jamais préoccupés que de satisfaire les besoins immédiats. Assez industrieux pour les satisfaire pleinement, pour fabriquer du fer, du savon, de la poudre, des boissons fermentées, ils ne nous ont pas donné un monument qui ait résisté au temps, pas une inscription pouvant servir à leur histoire.

Si l'on voit quelques dessins chez eux, ce ne sont que des lignes de diverses couleurs, ornant les cases et quelquefois s'entrelaçant, souvent même, comme sur les murs de Daba, de simples applications juxtaposées de la main ouverte préalablement blanchie.

Comme ornement d'architecture, quelques arabesques et quelques clochetons en terre grossièrement façonnés.

Comme sculptures, des reproductions peu exactes de quelques têtes d'animaux, de quelques masques humains munis de cornes, destinés soit à orner une serrure de porte, soit à être mis sur un bonnet d'osier à la façon des aigles sur les casques russes[1].

Guerriers. — Chez les noirs, tout le monde est guerrier, l'esclave aussi bien que l'agriculteur quand son maître croit pouvoir assez compter sur lui pour lui confier une arme. Cependant il y a une classe d'hommes qui n'a pas d'autre profession que la guerre et qui, en temps de paix, ne vit que des richesses amassées ou de la munificence de ceux pour lesquels ils combattent. Ce sont les membres des anciennes familles illustres ou les mercenaires de quelque prince puissant.

Comme la guerre est leur seule ressource, ils la font souvent sans autre motif que le désir du pillage.

On se réunit, on décide quel est le village riche qui servira d'objectif, on tombe dessus à l'improviste, on pille, on tue, on ramène des esclaves qui ne font que changer de propriétaires, et des femmes, des jeunes gens et des enfants qui, libres la veille et possesseurs d'esclaves, deviennent esclaves à leur tour.

Esclaves. — Ces changements brusques de fortune et

---

1. Dans le Bélédougou, au moment où l'on va travailler aux champs, les jeunes gens se réunissent et décident qu'ils feront à l'un de leurs concitoyens, réputé juste et généreux, la surprise de lui labourer et de lui ensemencer son champ. On y travaille vite, et à son insu; puis on va prendre l'heureux homme chez lui et on le conduit à son champ. Une fête dont il doit faire les frais est la conséquence. Les bonnets dont nous parlons servent à ces sortes de réjouissances.

de condition ne paraissent pas en général faire une très grande impression sur les malheureux qui en sont victimes.

Ils semblent avoir entrevu dès longtemps la possibilité de ce changement et s'y être préparés moralement. Ils ont eu des esclaves, ils savent que ce n'est pas toujours une condition bien dure, et la joie d'avoir la vie sauve leur fait souvent vite oublier le meurtre de tous les leurs et l'anéantissement de leur fortune.

Il faut dire, et j'y reviendrai tout à l'heure, que chez les noirs du Soudan, où l'esclave constitue la richesse même, il est traité plus humainement que par les blancs qui, eux, ne le regardaient que comme un moyen d'acquérir cette richesse.

Chez les noirs, la considération qui s'attache à la fortune ne se mesure pas au nombre de pièces de guinées représentant notre monnaie ou au nombre de gros d'or, mais bien au nombre d'esclaves dont on est possesseur.

Certains maîtres, et je citerai le roi du Boundou, Boubakar Saada, exigent si peu des leurs qu'ils ne suffisent pas à leurs propres besoins, et que, de temps en temps, on doit en vendre quelques-uns pour assurer l'existence des autres.

Certainement l'esclavage est une plaie honteuse que toutes les nations civilisées doivent chercher à faire disparaître, mais peut-être n'avons-nous pas pris le moyen le plus sûr et le plus rapide pour y arriver.

En supprimant la traite des noirs, nous n'avons aucunement supprimé l'esclavage, mais seulement abaissé sur place la valeur de l'esclave pour lequel le propriétaire a moins de débouchés. Dans le Dahomey et quelques pays de l'Afrique équatoriale, la vie de l'esclave ayant moins de valeur, on en fait meilleur marché, et les jeux sanglants des exécutions n'ont pu qu'augmenter de nombre. Dans le Soudan, éloigné de la côte, la situation n'a pas dû se modifier beaucoup.

En proclamant tout d'abord l'abolition de l'esclavage dans des pays que nous ne connaissions même pas encore, nous nous sommes enlevé les seuls moyens vraiment pratiques d'y pénétrer, de nous y implanter et de pouvoir ensuite y répandre notre civilisation.

Nous ne voulons pas de l'esclavage : or, les esclaves eux-mêmes sont contre nous, soit qu'ils se trouvent heureux et ne désirent pas changer de condition, soit qu'ils rêvent de recouvrer un jour leur liberté et d'avoir des esclaves à leur tour, car c'est surtout là, pour eux, l'apanage de la liberté. Il y a évidemment des exceptions, mais elles sont rares[1].

1. En 1881, au début de la seconde campagne du haut fleuve, un esclave des environs de Kayes vint se réfugier dans notre camp. Ses maîtres vinrent le réclamer.
Le colonel Desbordes, qui cherchait autant que possible à ne laisser aucun mauvais vouloir derrière la colonne expéditionnaire dont l'œuvre était plus loin, observateur scrupuleux cependant d'une ligne de conduite qu'il s'était fixée, répondit que les blancs ne chercheraient pas à faire évader les esclaves mécontents ou paresseux, mais que, le camp étant sol français, jamais il ne permettrait d'y saisir un esclave réfugié. Le malheureux eût recouvré définitivement la liberté s'il s'était attaché à la colonne ou s'il avait demandé à être envoyé près d'un poste français, mais il eut la mauvaise idée d'aller faire une promenade du côté du village d'où il s'était échappé, et il fut retrouvé un matin à quelque distance du camp, mort, assommé à coups de bâtons. A Kayes, avec le personnel dont nous disposions, les enquêtes étaient faciles, et nous sûmes qu'il avait été tué par d'autres esclaves n'obéissant à aucun ordre, mais furieux de ce que l'un des leurs eût voulu sortir d'une condition de laquelle, eux, se contentaient.
En 1880, après l'incident qui amena la prise de Foukhara, nombre de captifs avaient été faits par les indigènes qui nous accompagnaient; pour des noirs, ils étaient de bonne prise : c'étaient des esclaves pouvant se vendre en moyenne de 250 à 300 francs. Le colonel, voulant affirmer que les blancs ne faisaient pas la guerre pour en retirer du butin, et voulant proclamer qu'il n'y avait pour lui que des hommes libres, fit réunir tous les captifs, leur adressa quelques paroles et les rendit à la liberté en leur demandant jusqu'où ils voulaient être accompagnés par nos soldats pour être sûrs de ne pas être repris comme captifs par quelques maraudeurs. De tout ce monde, une soixantaine de personnes peut-être, pas un ne remercia. Seule, une vieille femme impropre au travail et qui sans doute, nous dit-on, aurait été tuée par ses maîtres, se mit à embrasser les mains du colonel et à lui faire de grands discours.
Après la prise de Goubanko, en février 1881, presque tous les habitants furent réduits en esclavage par les populations voisines, toutes hostiles à ce nid de voleurs qui les avaient longtemps pressu-

Peu à peu cependant nous apportons quelques améliorations, mais il faudra bien du temps avant que ces peuples aient renoncé à posséder des esclaves. C'est là pour eux une révolution si complète, ils la trouvent si étrange, ils y sont si peu préparés, maîtres et esclaves!

Tout prétexte est bon quand il s'agit de réduire son

rées. Le colonel fut impuissant dans ce cas, ne connaissant le plus souvent ni les prises qui étaient faites, ni les gens qui les faisaient. Plus tard seulement, tous ces gens, qui aujourd'hui sont pour nous de bons alliés et des auxiliaires précieux comme manœuvres, guides ou courriers, purent peu à peu être rendus à la liberté.

Dans une course que je faisais avec un lieutenant indigène, il m'arriva de trouver dans un village des esclaves provenant du sac de Goubanko. Leurs maîtres cherchaient à les vendre et les prix étaient peu élevés en raison du grand nombre. Je fus frappé par l'air désolé d'une femme déjà âgée tenant entre ses bras un moutard de quatre ou cinq ans. Peu habitué encore au pays et quelque peu ému, je demandai pourquoi cette femme était triste au milieu de ses compagnes à l'air indifférent. On me répondit qu'elle avait mauvais caractère et qu'elle ne cessait de se plaindre depuis qu'elle avait été prise. L'enfant avait déjà été marchandé plusieurs fois, mais on ne voulait pas de la mère, peut-être justement à cause de son air peu résigné qui pouvait faire croire qu'elle chercherait à s'évader dès qu'elle le pourrait. Je demandai le prix du moutard. La mère se mit à pousser des cris de désespoir. Je lui fis dire que, si j'achetais son enfant, je l'achèterais elle aussi, voulant seulement lui épargner la séparation et ne pouvant, moi Français, acquérir d'esclaves que pour les rendre libres. Ses cris redoublèrent; je ne l'avais pas convaincue. Elle avait peur des blancs plus que de la perte de son enfant; on lui avait raconté que nous faisions notre savon avec de la graisse d'homme et mille autres contes semblables.

Je rentrais à Kita avec des idées assez tristes quand j'entendis un grand remue-ménage au camp. Le colonel avait appris que nos tirailleurs noirs avaient eux aussi fait des esclaves; il avait voulu sévir et rendre tout ce monde à la liberté. Les tirailleurs avaient répondu qu'ils n'avaient pas de captives, mais des épouses heureuses de les avoir pour maris. Les tirailleurs, devenus troupiers français, avaient-ils acquis une galanterie irrésistible, toujours est-il que les femmes interrogées avaient demandé à rester les compagnes de nos tirailleurs, et elles revenaient riant et chantant partager les gourbis de ceux qui la veille donnaient l'assaut à leur village; la famille détruite était déjà oubliée, et je me rappelle le colonel, riant un peu, mais murmurant : « Sale race! des chiennes qui changent de chenil! »

En 1885, comme la colonne revenait de Bammako, le colonel et une escorte de spahis, ayant pris les devants, voulurent camper près

voisin en captivité. Il est si séduisant d'acquérir sans peine, en un instant, une valeur de plusieurs centaines de francs !

Dans le Bélédougou, qu'un Bambara, libre chez lui, puis fait captif à la guerre par des voisins, parvînt à s'échapper et à rentrer dans son pays, il était regardé comme l'esclave du premier de ses compatriotes qui mettait la main sur lui. Le commandant de Bammako a pu faire changer cette odieuse coutume.

de Ouoloni, dans le petit Bélédougou. Malgré toutes les menaces, les habitants qui avaient de nombreux troupeaux ne voulurent vendre aucun bétail, quelque prix qu'on leur en offrît. Ils envoyèrent leurs bêtes dans les montagnes et il fallut se passer de ration. Pour punir ce mauvais vouloir à notre égard, le colonel prévint le village qu'il serait brûlé au passage de la colonne et il envoya en arrière des instructions dans ce sens. Ouoloni étant cependant un village allié, le colonel recommandait de ne pas molester les habitants et de ne rien leur prendre. Il s'agissait seulement là d'une punition assez douce, remplaçant une amende qu'on n'avait pas le temps d'exiger. Le village prévenu aurait déménagé ses provisions et l'incendie n'aurait guère eu à dévorer que les mauvais petits toits en paille des habitations des noirs. C'était pour eux l'obligation, après notre passage, de déblayer leurs maisons et de refaire à neuf leurs toitures. Les mobiliers sont peu de chose et leur perte peu importante, d'ailleurs on les déménage en partie bien facilement. Généralement, quand les noirs se sentent coupables et les moins forts, ils laissent leur village absolument vide et désert à la discrétion de leur ennemi et n'y reviennent que plus tard. Cette fois, le village avait conservé tous ses habitants, mais aux premières flammes de l'incendie tout le monde sortit. Les hommes, n'osant pas lutter, gravirent une colline voisine pendant que quelques centaines de femmes terrifiées, groupées comme un troupeau de moutons, ne connaissant pas nos intentions, restaient auprès de leur village, ne songeant pas à fuir ou n'osant peut-être pas le faire de peur des coups de fusil dont pas un cependant ne fut tiré. Elles attendaient la captivité qu'elles ne croyaient pas pouvoir éviter. Bientôt les noirs, qui à toute espèce de titres suivent la colonne, quoi qu'on fasse pour s'en débarrasser, se précipitaient sur ces malheureuses et les entraînaient comme captives. Ce fut contre eux qu'il fallut agir pour leur faire lâcher prise, et tout ce troupeau humain fut reconduit par les spahis jusqu'au pied de la colline où s'étaient réfugiés les pères et les maris et rendu à la liberté. Malgré les efforts des chefs de colonne, que d'exactions ont dû se produire de la sorte entre tous ces malheureux êtres dégradés, se servant les uns contre les autres et à notre insu du prestige de nos armes !

Évidemment le meilleur moyen d'arriver à la suppression de l'esclavage, c'est d'assurer la tranquillité dans le pays, de ne pas permettre aux peuplades voisines de prendre les armes les unes contre les autres sans notre autorisation. C'est là couper le mal dans sa racine en empêchant le recrutement de ces malheureux.

Comme je l'ai dit tout à l'heure, la captivité n'est pas toujours bien dure et l'on ne peut réellement pas se prendre de pitié pour un esclave quand on le voit chercher lui-même à acquérir un esclave, pour lequel il sera presque toujours plus dur qu'on ne l'est pour lui.

On peut diviser les esclaves en deux classes : les *esclaves de case*, qui sont nés dans la maison de leur maître, de parents esclaves, et les *esclaves de trafic*.

Les premiers ne peuvent être vendus sans que la déconsidération n'atteigne leur maître; il en est de même de la captive qui a donné un enfant à son maître. Tout ce monde fait alors comme partie de la famille.

Les esclaves de trafic, au contraire, peuvent, suivant les hasards de leur fortune, vivre tranquillement employés à la culture des terres ou être revendus sans égard aux liens de parenté qui peuvent les unir entre eux. Ils forment ces tristes caravanes de malheureux, hommes et femmes, attachés par le cou les uns derrière les autres, tout le long d'une longue corde, surchargés des marchandises de quelques commerçants noirs.

Privés de nourriture pendant la marche, ils sont accablés de fatigue par calcul, pour leur enlever toute idée de fuite et rendre leur garde plus facile aux quelques hommes armés qui les escortent. Arrivés à l'étape, on leur met les fers aux pieds et, s'ils se sont montrés récalcitrants, on leur attache les mains. S'ils sont trop fatigués ou malades, s'ils ne peuvent continuer la route, on les tue impitoyablement d'un coup de fusil et leurs cadavres pourrissent sur place. Leurs maîtres ne les vendraient pas à quelque village rencontré sur la route, ils n'en tireraient qu'un faible prix, et l'exemple pourrait être suivi par d'autres malheureux cherchant à se soustraire aux fatigues de la route.

Porteurs de marchandises et marchandises eux-mêmes, ils assurent de bons profits à ceux qui les exploitent.

La famille chez les noirs du Soudan, mœurs, coutumes. — Le noir abuse de sa force contre tout ce qui est plus faible que lui. C'est l'idée qui vient tout d'abord quand, après avoir rencontré quelque caravane d'esclaves, on entre dans un village et qu'on y voit les femmes et les enfants appliqués à de durs travaux, tandis que le mari, accroupi dans quelque coin à l'ombre, se contente, pour toute occupation, de se bourrer les narines de tabac ou d'avertir, par quelques coups vigoureusement frappés sur un tam-tam, qu'il aperçoit un petit nuage noir à l'horizon et qu'il faut éteindre tous les feux et ramasser les calebasses vides et tout ce qui peut traîner autour de l'habitation, parce que dans un moment la *tornade* se sera déchaînée sur le village, faisant voltiger tout ce qui se trouve sur son passage.

Qu'il faille porter quelque lourd fardeau au village voisin, la femme, à défaut de captifs, le charge sur sa tête et, pliant sous le faix, se met en route sans se plaindre, suivie de son seigneur et maître qui emboîte le pas derrière elle et porte fièrement son fusil sur l'épaule. Aux champs, la femme et les enfants cultivent et partagent les travaux des esclaves, et, s'il y a souvent des exceptions à cette règle pour les femmes provenant de quelque grande famille ou de condition aisée, il n'y en a guère pour les enfants.

De temps en temps, le chef de la famille vient jeter le coup d'œil du maître, toujours porteur de son inévitable fusil, renfermé généralement dans une gaine de cuir et qu'il tient sur l'épaule, la crosse en l'air. Il s'est muni, en plus, d'une sorte de martinet à trois lanières de cuir. Suivant la faute qu'il aura à punir ou suivant la qualité du coupable, il se sert de ce martinet en ne laissant libres qu'une ou deux des lanières et en maintenant les autres dans sa main contre le manche. Il sait qu'un coup donné avec une seule lanière cingle davantage et fait plus de mal, et c'est de la sorte qu'il frappera un esclave. Pour sa femme ou ses enfants, il se servira de deux ou des trois lanières.

Évidemment, chez les Soudaniens, la femme est souvent réduite à l'état d'une bête de somme[1]; pour son maître, elle est une richesse comme l'esclave et sa fécondité ajoute à sa valeur. Il ne faudrait cependant pas trop généraliser, car à mesure qu'on fait plus ample connaissance avec les noirs, on s'aperçoit que tout ce qui d'abord vous avait péniblement impressionné est presque l'exception et que, dans beaucoup de familles, la femme jouit d'un bien-être et d'une oisiveté qui seraient enviés par bien des Françaises.

La mère est toujours, pour ses enfants, l'objet d'une vive affection et même d'une certaine vénération.

Dans une société aussi peu homogène que celle des noirs, où chaque village semble vivre à peu près indépendant de tout ce qui l'entoure, où, de plus, il n'existe aucune loi, aucun document écrit, les coutumes, les croyances doivent varier et varient à l'infini. Il serait difficile de parler d'une façon générale, car tel fait qu'on a vu est souvent en contradiction évidente avec tel autre fait qu'on a également vu. Je ne cherche ici qu'à grouper quelques souvenirs pour donner un aperçu de cette société noire encore assez peu observée.

Pendant ses premières années, l'enfant se développe librement et n'est couvert que pendant la mauvaise saison. Quand sa mère le porte, c'est sur son dos, et elle le place alors à califourchon sur ses hanches, retenu par une bande d'étoffe enveloppant la mère et l'enfant et attachée par devant sur la poitrine.

Chargée de son précieux fardeau qui ne lui enlève pas ainsi l'usage de ses bras, la femme continue à s'occuper

[1]. Cependant, chez les noirs qui ont du sang peulh et chez les Ouolofs, la femme peut être appelée à jouer un certain rôle, non seulement dans la famille, mais même dans les affaires publiques. Peut-être ce fait pourrait-il venir pour une petite part à l'appui de la communauté d'origine de ces deux races, ou du moins tendre à faire admettre que les Ouolofs descendent des Peulhs par croisement, comme le capitaine Piétri a cherché à l'établir dans une savante dissertation sur les langues ouolof et peulhe.

de tous les soins du ménage ; elle va au fleuve laver le linge, elle pile le couscous, et l'enfant sans crier suit tous ses mouvements et laisse ballotter sa petite tête.

L'enfant n'est complètement sevré que vers trois ans, et l'on fait alors, comme on a fait quelques jours après la naissance quand on lui a donné un nom, une fête qui réunit les amis et les parents à un repas donné par la famille. Les griots et les sorciers sont plus ou moins mêlés à ces cérémonies, suivant la condition de fortune des parents.

C'est vers cet âge aussi que les pères pratiquent, avec un couteau rougi au feu, les plaies qui deviendront des cicatrices ethniques. Souvent le père se laisse un peu guider par le caprice et le désir de rendre son enfant aussi beau que possible; cependant, chez les Bambaras, on voit toujours trois grandes cicatrices sur chaque joue, s'étendant de la tempe à la mâchoire inférieure; on les retrouve chez les Soninkés du Kaarta. Les Khassonkés pratiquent les mêmes raies, mais généralement moins longues, et ils en ajoutent souvent trois petites, verticales, sur le front entre les deux yeux.

La figure ne reçoit pas seule ces ornementations. Les Malinkés et les Peulhs du Ouassoulou ont la poitrine, le ventre et presque tout le corps couverts de petites cicatrices. Peut-être y a-t-il là une idée médicale, mais la disposition des cicatrices prouve certainement qu'il y a aussi le désir d'embellir.

Dès que l'enfant parle facilement, il va plus ou moins régulièrement chez quelque marabout, s'il est musulman, ou passe sa vie aux champs, au village ou sur le bord de l'eau.

A treize ou quatorze ans, que l'enfant soit musulman ou fétichiste, il doit être circoncis.

Chez les Malinkés, un forgeron du village est chargé de l'opération; chez les Bambaras, c'est le *nama*, le sorcier; chez les Ouolofs, tout le monde peut se charger de l'affaire et les parents ou amis tiennent à opérer ceux qui leur sont chers. Les cérémonies varient, mais toujours l'enfant se montre courageux devant la douleur : c'est pour lui l'entrée dans la vie réelle; il pourra porter une arme, il pourra prendre part aux palabres, et beaucoup d'entre eux attendent ce moment avec impatience[1].

Les Bambaras et les Malinkés peuvent avoir plusieurs femmes et, outre leurs esclaves, un nombre illimité de concubines.

Le plus souvent les jeunes filles sont mariées sans avoir le choix de leur mari : l'affaire se conclut entre les parents. La dot est payée par le fiancé au père de la jeune fille, mais très fréquemment une partie seulement de la dot est remise immédiatement et le mari s'engage à en payer le reste plus tard. Le mari peut divorcer quand bon lui semble et renvoyer sa femme dans sa famille; mais, s'il ne peut citer aucun grief sérieux contre sa femme, il ne peut réclamer la dot qu'il a payée ou du moins il ne peut pas la réclamer en entier. Les contestations sont d'ailleurs fréquentes à ce sujet entre les noirs et donnent lieu souvent à des querelles de famille à famille, parfois même de village à village.

Le cérémonial pour le mariage n'est pas toujours le

[1]. J'ai vu de ces pauvres petits bonshommes s'agenouiller bravement devant le tam-tam qui servait de billot, puis se relever la douleur empreinte sur leur visage, mais tout heureux et endossant, au milieu des félicitations, des coups de fusil tirés en l'air, des gambades des spectateurs, le vêtement neuf sur lequel on avait marmotté des prières ou des incantations. Quelquefois, aussitôt après s'être servi d'un fusil, l'un des assistants en remplissait d'eau le canon et la faisait boire au jeune circoncis.

Il faut un mois au moins pour que la cicatrisation soit complète : c'est un mois de fêtes et de réjouissances. Pendant la journée, les jeunes circoncis se promènent, allant d'une maison à l'autre, recevant des cadeaux, portant des armes d'apparat, des instruments de musique ou plutôt des instruments de bruit. Ils sont bizarrement et diversement accoutrés de longues robes et de bonnets ornementés. Le soir, les danses commencent; elles sont quelquefois fort belles et fort intéressantes. Au lieu des pirouettes ridicules que viennent faire le plus souvent, en temps ordinaire, les gens du village qui éprouvent le besoin de s'agiter, il semble y avoir une certaine règle, un certain ensemble pour les danses, un certain nombre de couplets choisis pour les chants. Certaines figures rappellent nos figures de *cotillon*, mais une même figure est indéfiniment répétée pendant toute la soirée et ne changera que le lendemain ou le surlendemain.

même; il y a d'abord échange de divers cadeaux de peu de valeur; puis quelquefois on simule un enlèvement pour lequel les parents et amis prêtent leur concours; quelquefois la nourrice, qui a élevé la jeune fille, la remet sur son dos, comme elle faisait pour l'enfant, et l'apporte elle-même au nouvel époux. Des danses, des coups de fusil tirés en l'air, des cris, des repas, où se consomment force couscous de mil, du riz, des poulets, des moutons et plus rarement un bœuf, sont la suite de tout mariage. On boit du *dolo* (boisson fermentée faite avec du mil) et on s'enivre tant qu'on peut.

Les vieillards sont généralement très respectés dans les familles et restent au village dans l'oisiveté la plus complète sans qu'on leur laisse jamais supposer qu'ils sont à charge.

Quand la femme meurt, le mari hérite de ce qu'elle possédait; quand un homme meurt, ses frères et, à défaut de frère, ses fils deviennent héritiers de ses biens et, par conséquent, de ses femmes.

Les funérailles sont toujours l'occasion de cérémonies et de fêtes qui varient suivant les pays et suivant la condition du défunt. Toujours les cadavres sont enterrés, soit dans un cimetière à quelque distance du village, soit tout près du village près de l'une de ses portes, et quelquefois dans le village même. Ce n'est qu'en voyage et pour les gens de peu d'importance qu'on ne fait aucune cérémonie. Quelquefois, mais je ne sais trop dans quelles circonstances, le cadavre du défunt est introduit dans l'intérieur de quelque gros arbre creux dont les issues sont bouchées avec de la terre gâchée.

Religion. — Les Malinkés et les Bambaras sont fétichistes. Le sorcier, ou *nama*, semble être tout à la fois le grand prêtre et le dieu.

Aux environs de chaque village, se trouve un petit bois sacré, dans lequel se font des sacrifices et des offrandes.

Nulle part je n'ai rencontré d'idoles sculptées, mais tous les noirs portent des talismans ou *grigris* auxquels ils attribuent les vertus les plus diverses[1].

1. Ce sont des sachets renfermant quelques débris d'animaux ou

Toutes les croyances trouvent un écho chez ces populations primitives. Qu'un cheval, par exemple, attaché à quelque pieu, mette par hasard ses deux pieds de devant sur ce pieu, il devient un objet de respect; qu'un animal quelconque vienne à manger quelques graines déposées en offrande au *nama*, il devient sacré ; qu'une inoffensive mante religieuse, le *prie-Dieu* de nos campagnes, attrape votre ombre, et il doit vous arriver malheur ; qu'au contraire vous trouviez avant la première pluie une de ces jolies petites bêtes au corps de velours rouge que les Toucouleurs appellent *filles de Dieu*, vous aurez une année de bonheur devant vous, et les noirs qui seront là toucheront doucement l'insecte et porteront la main à leur front pour partager votre bonheur. N'allez pas demander son âge à un noir, il aurait peur, en cherchant à le déterminer, de hâter sa mort. Il lui répugne aussi de dénombrer ses troupeaux, pensant qu'il attirerait ainsi quelque épizootie sur eux.

quelque mixture de terre et de sang, ou bien ce sont des os d'animaux, des cornes d'antilope, des crins, des racines. Il y en a pour se garantir des serpents, des crocodiles, de la foudre et surtout des balles ou des coups de couteau. La tête de pintade, cousue dans une gaine de cuir, semble jouir d'une grande vertu, car elle est très fréquemment portée. Beaucoup ont de petites entraves en fer semblables à celles qui servent pour les esclaves : elles protègent contre la captivité. Le fouet d'une queue d'éléphant suspendu au cou d'un cheval lui assure une longue vie. Souvent le poids des grigris portés par un seul indigène, surtout s'il s'agit de se mettre en campagne, dépasse 2 kilogrammes et demi.

Les grigris vendus par les marabouts musulmans ne sont pas dédaignés; loin de là, les noirs fétichistes les payent souvent fort cher. Ce sont quelques mots arabes écrits sur un morceau de papier et renfermés dans un sachet de cuir. D'ailleurs, sans se convertir à l'islamisme, tous ces peuples joignent assez volontiers à leurs coutumes quelques usages mahométans.

CHAPITRE III

GOUVERNEMENT ET ADMINISTRATION

Divisions politiques et administratives. — Il serait assez difficile d'assigner des limites précises à notre colonie du Sénégal.

Tous les pays sur lesquels nous étendons notre action coloniale sont compris entre le 9ᵉ et le 17ᵉ degré de latitude nord et les 10ᵉ et 20ᵉ degrés de latitude ouest; mais, sauf pour Saint-Louis, Dakar et les pays immédiatement voisins, nous n'occupons réellement qu'un certain nombre de points.

Ces points, il est vrai, sont suffisamment rapprochés pour qu'avec de faibles garnisons nous puissions rendre effective notre domination sur les territoires qui les entourent, mais nous sommes loin d'un tout régulièrement et uniformément organisé et administré.

On peut classer les divers pays qui constituent la colonie **Sénégal et dépendances** en : 1° communes de plein exercice; 2° pays annexés; 3° pays protégés.

Les *communes de plein exercice* sont Saint-Louis, Dakar, Rufisque, avec les banlieues, et Gorée.

Dans les *pays annexés*, tels que les Oualo, le Dimar, le n'Goye, le n'Guick (partie du Cayor), etc... les populations conservent leurs lois et leurs coutumes; mais les anciens rois ont disparu et leurs pouvoirs ont été attribués au gouverneur. C'est lui qui nomme les chefs de canton, fait percevoir l'impôt, etc. Telle a été du moins la situation à l'origine. Avec le temps, l'autorité française a modifié peu à peu cet état de choses; mais le principe en subsiste néanmoins.

Les territoires qui entourent nos postes sont *pays annexés* « dans la limite de la portée du canon », disent les traités.

Les *pays protégés*, tels que le Lao, le Toro, le Khasso, etc... ont conservé leur autonomie et leurs anciens chefs ; mais ceux-ci doivent être agréés par l'autorité française. Nous n'y percevons pas d'impôt.

Enfin, avec un grand nombre de populations, comme celles des Maures, par exemple, nous vivons en relations de voisinage sous la foi de traités engageant les deux parties.

Les territoires arrosés par les Rivières du Sud sont dits « dépendances » et sont administrés par un lieutenant gouverneur. Ils comprennent six cercles, dont l'administration est confiée à des commandants de cercle.

Auprès des peuplades propres à ces régions, *Baogs, Nalous, Landoumas, Feloupes, Bagnouns, Balantes*, nous y trouvons des *Ouolofs*, des *Sarrakolés*, des *Toucouleurs* et des *Mandingues*.

Au nord de la partie dite des Rivières du Sud, et jusqu'à Médine, en remontant le fleuve Sénégal, le territoire est sous les ordres directs du gouverneur.

Ce sont d'abord, au sud du Cayor, les pays habités plus particulièrement par les Sérères, puis le *Cayor*, le *Oualo* et le *Djolof*, s'étendant à peu près de Saint-Louis à Dakar et habités surtout par les Ouolofs.

En remontant le fleuve :

Sur la rive droite : les Maures, qui se subdivisent en *Trarza, Brakna* et *Douaitch*.

Sur la rive gauche : le *Dimar*, habité par des Ouolofs et des Toucouleurs ; le *Toro* et le *Fouta sénégalais*, peuplés presque entièrement de Toucouleurs ; le *Damga*, où, à côté des Toucouleurs, on commence à voir des Sarrakolés ; puis le *Guoy*, puis le *Kamera*, autrefois réunis et où les Sarrakolés dominent, ainsi que dans le *Guidimaka*, situé en face, sur la rive droite.

A partir de Médine, commence le haut fleuve, qui est placé sous la direction d'un commandant supérieur, et se subdivise en *cercles*.

Du cercle de Médine dépendent : le *Khasso*, le *Logo* et le *Natiaga*.

Du cercle de Bafoulabé : le *Barinta*, le *Makadougou*, le Bélédougou, le *Farimboula*, le *Bafing*.

Du cercle de Kita : le *Kita* et le *Fouladougou*.

Du cercle de Bammako : le *Birgo* et le *petit Bélédougou*.

Tous ces pays sont habités par des Malinkés et des Bambaras. Cependant, dans le Khasso, le Logo et le Natiaga, les Toucouleurs et les Peulhs sont assez nombreux.

Chaque commandant de cercle a, en outre, à s'occuper de toutes les affaires concernant les pays voisins de son cercle, avec lesquels nous sommes en relation.

Député, conseil colonial, conseils municipaux, droit électoral. — Le Sénégal nomme un député et possède un conseil général élu.

Un conseil colonial a remplacé le conseil privé. Il est composé des hauts fonctionnaires et des principaux notables de la colonie. Il assiste le gouverneur dans les mesures à prendre en vue de faire progresser la colonie, dans l'examen des divers marchés proposés par les chefs de service, dans les questions de paix ou de guerre.

Les quatre communes du Sénégal, Saint-Louis, Gorée, Dakar et Rufisque, ont des conseils municipaux élus.

Sont électeurs au Sénégal tous les individus qui, depuis six mois au moins, habitent l'une des quatre communes de plein exercice.

Forces militaires et maritimes. — Le colonel *commandant supérieur des troupes*, résidant à Saint-Louis, a sous ses ordres : des troupes d'infanterie et d'artillerie de marine, envoyées de France pour faire un séjour de deux années dans la colonie; un escadron de spahis sénégalais, comprenant par parties égales des spahis européens détachés du 1er régiment d'Algérie et des spahis indigènes; deux compagnies de disciplinaires de la marine; enfin des troupes de tirailleurs sénégalais recrutés parmi tous les noirs du Sénégal et des pays voisins qui demandent à contracter un engagement : elles sont commandées par des officiers, sous-officiers et caporaux de l'infanterie de marine et indigènes dans les proportions fixées par les règlements.

Les troupes d'artillerie se composent de plusieurs

batteries, de détachements d'ouvriers d'artillerie et d'une compagnie de conducteurs sénégalais, formée de militaires européens et de militaires indigènes comme est formé l'escadron des spahis.

Outre le service de l'artillerie, pour lequel il existe une direction à Saint-Louis et une sous-direction à Dakar, l'artillerie de marine est chargée dans la colonie du service du génie.

Toutes ces troupes résident à Saint-Louis et Dakar ou sont réparties dans les divers postes des Rivières du Sud, du Sénégal et du haut fleuve.

Le capitaine de frégate, *commandant de la marine*, a sous ses ordres les avisos qui sont affectés par le ministre à la défense de la colonie.

Des *ateliers de la marine* font sur place la plupart des travaux de réparation et d'entretien.

Les équipages sont formés en grande partie de matelots indigènes (*laptots* et *capitaines de rivière*).

Une marine coloniale, administrée par le conseil général et la direction de l'intérieur, comprend les petits bâtiments à vapeur qui font le service d'un point à un autre de la colonie, les remorqueurs et les bâtiments de transport qui naviguent sur le fleuve.

Organisation judiciaire. — Comme dans toutes nos colonies, la justice est confiée à la *magistrature coloniale*, dont les membres sont nommés par le ministre de la marine et peuvent être appelés à remplir leurs fonctions dans l'une quelconque de nos possessions.

A côté de cette magistrature, un tribunal musulman juge entre musulmans les affaires de succession et de mariage conformément aux lois du Coran. Le *cadi* de Saint-Louis est nommé par le gouverneur.

Un certain nombre de chefs de postes, surtout de ceux qui ne sont pas en communications constantes avec Saint-Louis, sont investis par arrêté du gouverneur de certaines attributions judiciaires.

Enfin, dans les pays annexés, les chefs de canton et de village rendent la justice d'après les coutumes et les lois du pays; mais la magistrature coloniale seule peut juger les crimes.

Il n'y a pas d'autres pénitenciers que les pénitenciers militaires.

Organisation financière. — Les transactions commerciales s'effectuent surtout par échange de marchandises contre les produits du sol. Cependant cet état de choses se modifie peu à peu et l'emploi de la monnaie, surtout la monnaie d'argent française, se généralise de plus en plus.

Une banque a été instituée par décret du 21 décembre 1853 : son siège social est à Saint-Louis; son capital est aujourd'hui de 500 000 francs. Le privilège de la banque expire en 1894. Toutes les actions de la banque du Sénégal sont coloniales; aucune d'elles n'est immatriculée à l'agence centrale des banques coloniales à Paris; elles ne sont pas cotées à la Bourse.

La circulation des billets était, en juin 1884, de 755 115 francs.

La loi sur l'usure n'est pas promulguée au Sénégal.

Le prêt sur hypothèque ou sur billet se fait généralement au taux de 10 et 12 pour 100.

Le prêt de 8 pour 100 s'applique aux prêts *amicaux*.

L'intérêt commercial ne varie pas : il est de 6 pour 100.

Budget de la colonie. — Le budget de la colonie est établi par le conseil général et administré par le directeur de l'intérieur. Il se monte à environ deux millions et demi.

En outre, le budget métropolitain, voté chaque année par le parlement, fournit les fonds nécessaires à l'entretien du matériel de guerre et du personnel dépendant du ministère de la marine.

Navigation et douanes. — Aucun bâtiment portant pavillon étranger n'a le droit de navigation dans le fleuve Sénégal.

Gorée, considéré comme l'entrepôt des établissements des Rivières du Sud, est *port franc*.

Les droits de douane sont perçus, à l'entrée, à Saint-Louis, Dakar, Rufisque et, en suivant la côte, jusqu'à la rivière du Saloum. Ils sont perçus à la sortie depuis le Saloum jusqu'à la Mellacorée.

Instruction publique. — Les communes de plein exercice possèdent douze écoles d'instruction secondaire spéciale, d'instruction primaire ou d'instruction enfantine. Ces écoles sont laïques ou congréganistes.

Au total, on trouve que, dans ces communes, plus d'un millier d'enfants des deux sexes reçoivent l'instruction d'après la méthode pédagogique préconisée par le ministère de l'instruction publique. De plus, des cours du soir sont professés pour les enfants des écoles musulmanes et pour les adultes : ils réunissent plus de 500 élèves.

Dans la plupart de nos postes, les commandants ont créé des classes qu'ils dirigent et où des sous-officiers et des interprètes enseignent le français.

Le conseil général inscrit au budget de l'instruction publique une somme de 300 000 francs, dont 60 000 pour l'entretien de 60 élèves boursiers dans les lycées ou établissements scolaires de France et d'Algérie, et 7000 pour l'entretien des jeunes gens élèves des écoles des arts et métiers.

Une école dite *des otages*, fondée autrefois par le gouverneur Faidherbe, réunissait les fils des chefs et des notables des divers pays en relation avec nous, protégés ou annexés. C'était un moyen efficace de répandre au loin notre influence, et il est à regretter que des mesures d'économie aient fait supprimer cette école depuis 1870.

Organisation religieuse. — Le chef de l'épiscopat au Sénégal est l'évêque *in partibus* de Dansarah. Il y a un curé et plusieurs vicaires pour chaque commune. Il existe de plus un certain nombre d'établissements religieux et de missions à Saint-Louis et dans les Rivières du Sud, mais pas un seul sur le fleuve Sénégal. Les missions ont leur principale maison à Joal, où elles ont installé une imprimerie et s'occupent de culture et d'éducation, et forment des ouvriers indigènes.

Quelques missionnaires protestants résident dans la colonie.

Travaux publics. — Le service est assuré par un ingénieur colonial dépendant de la direction de l'Intérieur. Il est secondé par un certain nombre de conducteurs et d'agents. Il est chargé de la voirie, des ponts, de l'entretien des bâtiments coloniaux et des divers travaux entrepris par la colonie.

Le chemin de fer de Dakar-Saint-Louis, qui traverse le Cayor, est concédé à la compagnie de construction des Batignolles pendant quatre-vingt-dix-neuf ans; l'État s'est réservé la faculté de rachat au bout de vingt-cinq ans. Il a été garanti, pour la durée de la concession, un revenu minimum de 1154 francs par kilomètre exploité.

CHAPITRE IV

GÉOGRAPHIE ÉCONOMIQUE

Agriculture et commerce. — En 1885, les marchandises importées de la colonie, en France seulement, se sont élevées à la somme de 20 508 960 francs, comme le montre le tableau suivant[1].

DÉSIGNATION DES MARCHANDISES		QUANTITÉS	VALEURS
Peaux brutes, grandes.	kilogr.	173.720	295.324
Plumes de parure.	»	1.828	95.056
Cire brute.	»	23.724	82.317
Vessies natatoires de poissons.	»	4.558	1.135
Dents d'éléphants.	»	769	18.216
Arachides.	»	43.069.887	14.653.762
Graines de sésame.	»	1.321.283	462.449
Café.	»	2.052	2.825
Huile de palme.	»	82.586	75.979
Gommes exotiques.	»	2.467.388	3.775.162
Caoutchouc.	»	105.540	791.550
Bois { de teinture.	»	1.043.000	198.170
{ d'ébénisterie.	»	95.526	33.500
Tourteaux d'arachides.	»	70.163	8.420
Nattes pour paillassons.	»	3.202	5.613
Denrées et marchandises diverses.	valeur.	»	9.483

1. *Notices coloniales*, publiées à l'occasion de l'Exposition d'Anvers en 1885. Paris, Imprimerie nationale.

Les exportations des Rivières du Sud ne sont pas comprises dans ce tableau. Elles peuvent être évaluées à plusieurs millions de francs pour les arachides, les peaux de bœufs, le caoutchouc, le sésame, les plumes de parure, les nattes, la cire, les dents d'éléphants, les amandes de palme, les bois d'ébénisterie, le riz en paille, les noix de cola ou gouro, le café, etc.

Le haut Fleuve ne peut pas encore figurer dans ces statistiques. Il fournit une multitude de productions importantes et intéressantes : le mil, dans ses diverses variétés fournies par le genre sorgho et qui pourraient servir à la distillation; le riz, dont le grain assez semblable à celui du riz Caroline est de qualité aussi bonne; le maïs, dont les épis très gros et très fournis poussent avec une rapidité prodigieuse; les haricots, qui présentent de nombreuses variétés dont le goût est très agréable et dont une espèce, qui se met facilement en purée, rappelle le goût de notre marron; l'arachide, le sésame, l'indigo, dont quelques variétés sont équivalentes aux premières qualités d'indigo de Java ou du Bengale; une foule de plantes tinctoriales; le coton, remarquable par sa blancheur; le fruit de l'arbre à beurre, ou *karité*. Ce beurre sert pour la cuisine, pour les grossières lampes du pays, pour toute espèce d'usages; c'est un corps gras appelé sans doute à devenir un objet important d'exportation.

Indépendamment de ces produits agricoles, il existe d'autres végétaux qui peuvent servir à l'alimentation des Européens : les oignons, les tomates, les patates et deux autres racines rappelant la pomme de terre et appartenant l'une à la famille des euphorbiacées, l'autre à celle des aroïdées.

Les forêts fournissent quantité d'arbres utiles par leurs fruits ou leurs bois. Les arbres à caoutchouc sont très nombreux et pourraient donner lieu à une véritable industrie. Le *karité* donne du caoutchouc de la meilleure qualité et la liane-caoutchouc se trouve jusque dans les faubourgs de Rufisque.

Tous les villages récoltent le miel, mais la cire reste sans emploi.

Il faut ajouter à ces productions : les gommes, les plumes d'autruche, les oiseaux de parure, les peaux de bœufs et de moutons, l'ivoire d'éléphant et d'hippopotame, les peaux de crocodiles, enfin les produits pastoraux : des chevaux de petite taille, mais généralement robustes, des ânes, des bœufs, des moutons, des chèvres.

Comme produits métallurgiques : l'or et le fer. Le mercure, l'argent et le cuivre ont été également signalés.

But que la France doit se proposer d'atteindre dans le Soudan occidental. — Nous laissons de côté, d'une façon complète et absolue, le rôle civilisateur et philanthropique que la France, aussi bien que les autres grandes puissances de l'Europe, est appelée à jouer en Afrique. Nous nous placerons exclusivement au point de vue de ses intérêts commerciaux.

Tous ceux qui, dans notre pays, se sont préoccupés de la situation politique et économique de la France ont admis la nécessité d'augmenter notre empire colonial. Il reste à savoir si, loin de se tromper, la France a été, au contraire, sage et réfléchie en pénétrant dans l'Afrique occidentale. On pourrait se contenter de montrer les immenses efforts faits en Afrique par toutes les nations civilisées, qui savent bien qu'elles y trouveront des populations innombrables, plongées dans une barbarie dont celles-ci ne peuvent se débarrasser toutes seules, mais qui reculera peu à peu sous l'action bienfaisante de la civilisation européenne, en même temps que la création de besoins nouveaux et nombreux ouvrira des débouchés à l'industrie et au commerce.

La France, qui occupe déjà une admirable position en Afrique par l'Algérie, la Tunisie, la Sénégambie, va-t-elle rester spectatrice des efforts faits par les autres, et, après avoir été la plus grande puissance sur le continent africain, n'y comptera-t-elle pas bientôt plus que la Grèce ne compte aujourd'hui en Europe?

La réponse ne saurait être douteuse, et la politique de la France dans l'Afrique est déterminée par les deux colonies qu'elle y possède déjà, l'Algérie et la Sénégambie. Elle doit, de l'Algérie, continuer à marcher vers le sud, et, de la Sénégambie, marcher vers l'est et en même temps vers le nord. Elle occupera ainsi ce vaste pays dont l'étendue ne sera pas moindre que six fois environ la superficie de la France. Et qu'on ne croie pas que le Sahara qui s'étend entre l'Algérie, au nord, le Bankounou, le Kalari, le Macina, au sud, soit, comme on le disait autrefois, un vaste désert, une plaine de sable aride et brûlante. Chaque jour des relations nouvelles viennent changer les idées que l'on s'était faites sur ces pays. Les derniers travaux du capitaine de Castries ne montrent-ils pas que des régions, qu'on avait toujours crues sans eau, sont arrosées par des rivières importantes, coulant au milieu de vallées cultivées et fertiles, dont les habitants sont à la fois sédentaires et nombreux?

Le haut Sénégal est le complément indispensable de l'Algérie. Le jour où notre influence sera nettement établie sur le haut Niger, la pacification complète de l'Algérie sera faite, car les bandes de révoltés ne pourront plus se ravitailler ni se réfugier nulle part.

Et, dans cette œuvre d'expansion du côté du haut Sénégal, nous rencontrons ces deux avantages si précieux dans la situation actuelle de la France : d'abord, l'occupation du pays n'exige que l'emploi de forces militaires très restreintes, et de plus, nous sommes à l'abri de toute complication diplomatique.

En effet, n'est-ce pas avec moins de 750 combattants, y compris les non-valeurs, que de 1880 à 1883, la France s'est rendue maîtresse du pays qui s'étend de Kayes à Bammako? Et sur ces 750 combattants, il y a toujours eu moins de 400 Européens.

On ne saurait sérieusement soutenir que de l'emploi de ces 400 Européens puisse résulter le moindre affaiblissement pour notre armée nationale.

On peut, il est vrai, objecter que les effectifs employés dans ces campagnes ont été vraiment insuffisants; que, par suite, il a fallu des efforts plus grands pour vaincre les difficultés qui se sont présentées, et qu'enfin il en est résulté une mortalité relativement excessive. Nous le reconnaissons. Mais, si l'on examine les voies et moyens à employer pour poursuivre l'œuvre commencée, il est facile de voir qu'à la condition de suivre une politique à la fois très énergique et très prudente, il n'y aura pas besoin d'avoir plus de 500 Européens dans le Soudan. Et cela tient précisément à ce que nous sommes sans conteste les premiers occupants, qu'aucune puissance étrangère ne possède dans ces contrées soit un établissement militaire, soit même un simple comptoir, que, par conséquent, il n'y a aucune sérieuse complication à craindre.

Il ne faut pas songer, sous ces latitudes, à faire une colonie de peuplement. Le climat ne le permet pas, et d'ailleurs ce genre de colonie ne saurait convenir qu'aux peuples qui ont un grand excès de population, et tel n'est pas le cas de la France.

Une colonie de plantation, c'est-à-dire dans laquelle les travaux de culture d'exportation seraient faits par les noirs et dirigés par des Européens, peut être tentée. Il est certain que le Français dans ces conditions pourra vivre, et que les cultures d'exportation, arachides, beurre de karité, caoutchouc, coton, indigo, etc., s'y développeront dans des proportions pour ainsi dire illimitées. Mais cette colonie de plantation ne sera et ne peut être qu'une action réflexe et lente de la colonie de commerce, qui seule peut se développer rapidement et nous payer de nos peines dans un avenir peu éloigné.

L. Archinard.

LA GUINÉE DU NORD

CHAPITRE PREMIER

ÉTABLISSEMENTS DE LA COTE D'OR : GRAND-BASSAM ET ASSINIE

Historique. — Les établissements français de Grand-Bassam et d'Assinie datent de 1843. Sur les demandes de maisons françaises qui avaient fondé des comptoirs sur cette côte et y faisaient un commerce important, une occupation effective du pays fut décidée. On conclut des traités avec Amatifou, roi du pays d'Assinie, et différents chefs de Grand-Bassam. La France promettait de payer une certaine *coutume* annuelle, et en retour, les roi et chefs s'engageaient à fournir des terrains sur le bord de la mer, à faciliter les opérations commerciales, et à tenir ouvertes les routes pénétrant dans l'intérieur du pays. Des postes furent établis à Assinie, Grand-Bassam et Dabou.

Au milieu de ces populations paisibles, un tel déploiement de forces était bien inutile. Une simple canonnière parcourant les lagunes suffisait à donner toute sécurité aux transactions commerciales et à régler tous les *palabres* entre tribus. Les troupes, immobilisées dans les postes et constamment oisives, s'adonnèrent à l'ivrognerie et à la débauche, et la mortalité fut énorme. Grand-Bassam et Assinie eurent alors une réputation déplorable, et tout projet de développer la nouvelle colonie fut systématiquement repoussé.

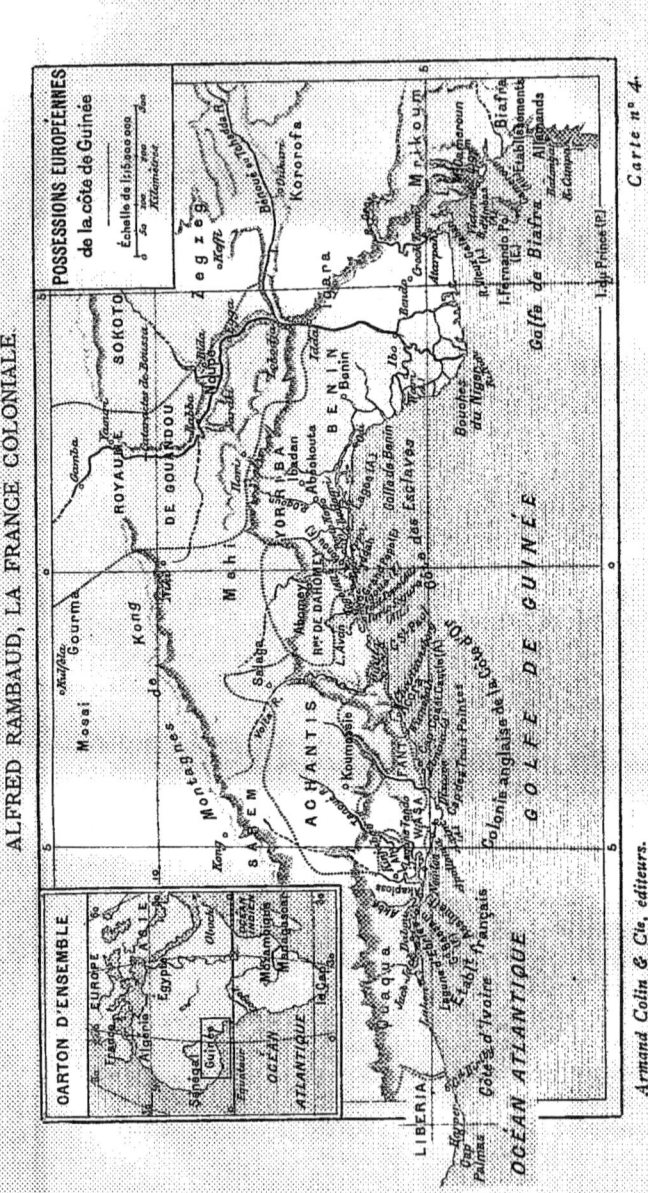

Ainsi la maison Régis, de Marseille, établie sur les lieux, avait proposé d'obliger tous les producteurs d'huile du fond de la lagune à venir traiter avec les factoreries de Grand-Bassam : il suffisait, pour amener ce résultat, d'établir des droits de douane sur les marchandises importées aux Jacks-Jacks, village situé en face de Dabou. Grand-Bassam devenait ainsi le grand entrepôt d'huile de la côte de Guinée. Mais ce projet rencontra une opposition absolue de la part du gouvernement, qui, loin de songer au progrès de la colonie, ne cherchait qu'un prétexte pour l'évacuer. Il fut trouvé en 1870.

A cette époque, les postes d'Assinie, Grand-Bassam et Dabou furent retirés. Les *coutumes* continuèrent cependant à être payées, et M. Verdier, de la Rochelle, chef de la seule maison française demeurée dans le pays après l'évacuation, prit le titre de Résident.

Cette maison de commerce sut persuader aux chefs et aux populations, un moment troublés par la retraite des garnisons, que le gouvernement français ne les abandonnait pas, puisqu'elle restait au milieu d'eux. Grâce à ses vigilants efforts, aucune défection ne se produisit malgré les incessantes tentatives d'intervention du gouverneur de la Côte d'Or anglaise, et Assinie et Grand-Bassam sont aujourd'hui, malgré quinze années d'abandon, des possessions françaises incontestées.

Description du pays. — Les établissements de Grand-Bassam et d'Assinie sont situés par environ 5° latitude nord. Ils s'étendent à l'ouest jusqu'à la frontière de Libéria, en y comprenant les Biribi.

Vue de la mer, la côte ne présente aucune élévation remarquable. Les navires, pour reconnaître l'endroit où ils se trouvent, n'ont parfois pas d'autre point de repère que quelques bouquets de palmiers s'élevant un peu au-dessus des autres. On conçoit que les cartes marines reposant sur de tels indices aient souvent besoin d'être retouchées.

La végétation s'étend jusqu'à la mer; elle n'en est séparée que par une étroite bande de sable, sur laquelle déferle incessamment une vague énorme, fin de la grande houle qui agite l'Atlantique. C'est la *barre*, qui semble opposer une barrière infranchissable au nouvel arrivant; et de fait, pendant la saison des pluies, d'avril à juillet, cette barre rend presque impossible les communications entre la terre et les navires. Spécialement à l'embouchure des rivières, la barre atteint une grande hauteur; aussi les navires n'entrent-ils que très rarement dans les rivières, opération longue et dangereuse qui exige un très beau temps, un vent favorable et des sondages répétés. Les navires mouillent au large, assez loin de terre, et communiquent avec les factoreries établies sur le rivage au moyen de baleinières montées par dix vigoureux pagayeurs, lesquels, grâce à leur profonde expérience de la barre, savent profiter du moment favorable, et passent à travers les brisants. Le chiffre des pertes éprouvées dans ce passage dangereux est évalué par les factoreries à environ 5 pour 100 des marchandises transportées.

Parallèlement au rivage de la mer, de vastes lagunes s'étendent à l'intérieur, alimentées par d'innombrables cours d'eau. Elles ne se déversent dans la mer que par une de leurs extrémités. Celle de Grand-Bassam est la plus grande de toute la côte entre le cap des Palmes et le Volta. Du point où elle communique avec la mer, auprès du comptoir de Grand-Bassam, elle s'étend vers l'ouest, séparée de l'Océan par une langue de terre souvent très étroite, sur une longueur de près de 80 milles. Avant de se déverser dans la mer, elle reçoit l'Akba, qui, peu après la saison des pluies, roule une masse d'eau considérable difficile à remonter même pour les navires à vapeur. Ce fleuve descend du nord et n'a pu être exploré à plus de 50 milles de son débouché dans la lagune, à cause des cataractes qui barrent complètement son cours.

La lagune d'Assinie, beaucoup moins longue, s'enfonce davantage dans les terres. Elle reçoit deux rivières : l'une qui passe auprès de Kinjaboo, la capitale du pays, n'est navigable que pendant quelques heures; l'autre, plus importante, le Tanoué, descend du nord-est; l'explorateur est arrêté, au bout de trois jours de navigation, par un énorme barrage de rochers comme dans l'Akba et la rivière de Kinjaboo. Ce Tanoué, dont le volume d'eau devient important dans la saison des pluies, prend sa source dans le pays des Achantis; mais son cours est si accidenté et si tortueux que les caravanes venant de ce pays vers le littoral préfèrent les sentiers à travers la forêt.

Tout ce pays n'est qu'une immense forêt : à peine autour des villages voit-on quelques espaces découverts où poussent des bananiers. Les chemins, où un seul homme peut passer, font infiniment de détours : pour se rendre d'un point à un autre, il faut marcher environ un tiers en plus que la distance en ligne droite. De plus, ils sont à chaque instant coupés par des arbres tombés en travers et qu'il faut enjamber; si le tronc est trop gros, le chemin fait un nouveau détour. Dans les endroits en pente, les eaux ont raviné la terre du chemin, et l'enchevêtrement des racines est à découvert, en sorte que le voyageur marche comme sur les barreaux d'une échelle posée à plat sur le sol. Ces chemins seraient impraticables pour des bêtes de somme : aussi n'y en a-t-il pas dans le pays. Tous les transports se font au moyen de porteurs.

Il n'y a point dans tout le pays de collines de plus de cent mètres d'altitude. Mais c'est une succession de mamelons, au milieu desquels circulent quantité de ruisseaux. Pendant la saison des pluies, tous les bas-fonds sont transformés en marécages.

Cette forêt est trop épaisse pour que les animaux soient nombreux. La rareté des pâturages ne permet pas aux antilopes de vivre en troupeaux; aussi n'y en a-t-il que peu d'espèces. Les carnassiers sont rares aussi, n'ayant pas une proie facile. Le mammifère le plus commun est le singe, dont on rencontre un grand nombre d'espèces, y compris même le gorille. On trouve encore quelques éléphants, mais ils vivent solitaires, et l'ivoire ne peut être considéré comme un produit du pays.

Climat. — Le climat est très chaud : de novembre à avril. saison sèche, le thermomètre descend rarement au-desscus de 28° centigrades. Il monte souvent à 34° et 35°. De fréquents orages viennent heureusement rafraîchir la température. D'avril à juillet, il pleut presque constamment, puis viennent deux mois chauds, août et septembre, suivis de deux mois de pluies. Il y a ainsi deux saisons sèches et deux saisons de pluies, mais la première, d'avril à juillet, est de beaucoup la plus importante. Les jours sont sensiblement égaux aux nuits pendant presque toute l'année, grâce au voisinage de l'Équateur.

Population. — Les populations sont de mœurs très douces, elles s'adonnent soit à la pêche, soit à la fabrication de l'huile de palme, soit aux lavages de terres aurifères.

Il n'y a point chez elles de caste de guerriers. Les homicides y sont très rares, les vols aussi, sauf bien entendu ceux commis au préjudice des Européens.

La race est belle, surtout dans le pays d'Assinie, où l'on trouve souvent des individus admirablement proportionnés.

Le vêtement se compose pour les hommes d'une étroite bande d'étoffe, plusieurs fois enroulée autour des reins, et d'un pagne, auquel les élégants donnent souvent une grande ampleur. Les femmes portent un court jupon, retenu à la taille par une ceinture de coquillages. Le haut du corps est toujours à découvert. Les jours de fêtes, tous se couvrent de bijoux, consistant en plaques d'or plus ou moins travaillées. Ils attachent aussi à leurs membres quantité de petits morceaux d'or natif.

Leur religion est le fétichisme. Tout phénomène inexpliqué est fétiche, et nécessite un culte particulier. Chaque famille a aussi son fétiche qui veille sur elle et sur les propriétés, et qui en échange réclame quelques menues offrandes, telles que des poulets et des œufs.

Le pays de Grand-Bassam est habité par un certain nombre de tribus ne parlant pas la même langue, et presque toujours en lutte les unes contre les autres. Mais ces guerres sont peu meurtrières et se réduisent à des démonstrations bruyantes, des *palabres* interminables. Leur seul effet est de suspendre momentanément tout trafic, au grand dommage des factoreries du littoral. Chaque grand village est une sorte de république dirigée par les citoyens les plus riches, et entraînant avec lui les petits villages voisins. Il n'y a pas de chef puissant capable d'imposer sa volonté dans la contrée.

La situation politique du pays d'Assinie est très différente. Il y a là un État monarchique bien établi. Le roi Amatifou, qui a signé avec la France, en 1843, les traités qui ont placé le pays sous notre protectorat, était un souverain très bien obéi, mais nullement sanguinaire. Il était pourtant de race achantie. La tradition prétend que le premier roi fut un chef achanti, chassé de son pays par des guerres intestines, qui vint avec sa tribu conquérir l'Assinie, et commença par exterminer tous les habitants. Les mœurs se sont adoucies dans la suite, car depuis l'établissement du protectorat français une paix profonde n'a cessé de régner dans le pays. Amatifou s'est éteint de vieillesse en janvier 1886. Sa mort a pu être cachée près de quinze jours aux Européens de la côte. On suppose que des funérailles ont été signalées par des sacrifices humains, mais dans des proportions moindres qu'ils ne l'auraient été autrefois. Il a eu pour successeur son neveu Akasamadou, intelligent et très ami de la France.

Amatifou avait entretenu jusqu'à ces dernières années des relations d'amitié avec le roi des Achantis ; celui-ci envoyait régulièrement des caravanes s'approvisionner de marchandises diverses, et surtout de poudre et de fusils à Kinjaboo. Mais le gouvernement de la Côte-d'Or anglaise, après sa victoire sur les Achantis, mit tout en œuvre pour faire cesser ces relations et ramener le commerce achanti du côté de Cape-Coast-Castle, Accra et Elmina. Il envoya des agents dans les tribus qui habitent entre le pays d'Assinie et celui des Achantis, conclut des traités et réussit à peu près à fermer les routes menant de Coumassie à Kinjaboo.

Mines d'or. — La population assinienne n'est pas très dense. Kinjaboo, la capitale, qui compte deux à trois mille habitants, est le plus gros village du pays ; sur les bords des lagunes, on voit un grand nombre de petits villages, que leurs habitants abandonnent après la saison de pêche pour retourner dans l'intérieur travailler au lavage des terres aurifères. C'est là, en effet, la grande occupation des Assiniens. Tout ce pays est plus ou moins aurifère. La poudre d'or se trouve dans une argile très tenace qui forme le fond de presque toutes les vallées et s'extrait à ciel ouvert. Cette argile est délayée dans de larges calebasses auxquelles le laveur, placé au milieu du ruisseau, imprime un mouvement particulier qui précipite l'or au fond; le courant entraîne tout ce qui n'est pas poudre d'or. Nulle part on ne rencontre de filon. Les nègres n'auraient pas d'ailleurs le moyen de l'exploiter. Pourtant ces filons existent; les fragments de quartz aurifère que l'on rencontre souvent mélangés à l'argile en font foi. Ils se trouvent dans les montagnes qui séparent la région du littoral du bassin du Niger. Ces montagnes, qu'aucun Européen n'a jamais visitées, ne sont peut-être pas fort éloignées. Les fleuves relativement peu importants qui se jettent dans les lagunes d'Assinie et de Grand-Bassam ne peuvent avoir un bassin bien étendu.

Les gisements aurifères du pays d'Assinie ne donnent guère que deux à trois francs d'or par mètre cube d'argile. C'est là un rendement trop faible pour permettre une exploitation européenne. La maison Verdier a fait explorer en 1885 tous les lieux aurifères du pays. Mais, après plusieurs mois d'efforts, elle a dû abandonner ses projets d'exploitation. Dans les pays voisins d'Apollonie, où des exploitations de mines d'or ont été aussi entreprises, le succès n'a pas couronné les efforts des chercheurs, et tous les travaux ont dû être abandonnés.

Ces gisements aurifères ne sont exploitables que par les indigènes et pour leur propre compte. Le temps n'est rien pour les noirs et les dépenses sont nulles. Une famille s'établit dans un petit coin de forêt, plante des bananiers pour sa nourriture, et lave tous les jours quelques calebasses d'argile aurifère. Au bout d'un an, deux ans (elle n'en sait rien), elle a recueilli quelques onces de poudre d'or qu'elle va échanger dans les factoreries contre des étoffes, de la poudre, des fusils, des spiritueux. Elle restera alors dans une complète oisiveté le temps que dureront ces richesses, puis elle retournera en forêt recommencer le même travail. Tout cela sans avoir conscience du temps passé à rassembler le trésor, et sans prévoir plus que les désirs du moment.

Huile et amandes de palme. — Les gens d'Assinie, grands laveurs d'argiles aurifères, ne songent guère à récolter les fruits du palmier. Dans la lagune de Grand-Bassam, au contraire, la fabrication de l'huile de palme est la principale occupation des indigènes.

Le palmier à huile est extrêmement abondant sur les bords de la lagune. La récolte des fruits a lieu toute l'année, mais principalement de mars à juin. On fait bouillir les fruits avec de l'eau dans de grands vases de terre, et l'huile est recueillie à la surface. Le noyau est mis à part, et quand il est bien sec on le casse avec une pierre pour en extraire l'amande. C'est là un travail que l'on a quelque peine à obtenir. Il y a auprès des villages de grands amas de noyaux que les noirs laissent perdre plutôt que de se donner la peine de les casser. Les Européens ont essayé d'amener sur place des concasseurs mécaniques. Mais la difficulté d'actionner ces machines, dans ce pays où l'homme travaille si peu et si mal, leur a fait abandonner l'entreprise.

Commerce. — Les gens du village de Grand-Bassam ont été longtemps les grands entrepositaires d'huile de la lagune. Un grand nombre d'Apolloniens habitent ce village. Ce sont les nègres les plus intelligents de la côte de Guinée et ceux qui ont le plus d'aptitudes commerciales. Ils avaient réussi à se faire les courtiers indispensables entre les gens de la lagune et les factoreries européennes. Ces derniers trouvaient un avantage à n'avoir que de gros clients, lesquels venaient eux-mêmes apporter l'huile et chercher les marchandises. Mais un jour les gens de la lagune se lassèrent de cet intermédiaire coûteux et voulurent traiter directement avec les factoreries. C'était la ruine de Grand-Bassam. Le village, mené par les Apolloniens, prétendit maintenir ses privilèges même par la force, et tout commerce fut arrêté. Les maisons européennes, chez qui personne ne venait plus, furent amenées à aller offrir elles-mêmes leurs marchandises, et à ramener les produits. Dès lors l'ancien commerce se transforma. Les factoreries possèdent aujourd'hui une véritable flotte de bâtiments à voiles et à vapeur qui sillonnent la lagune. Cette augmentation de frais généraux nécessite une augmentation d'affaires. Aussi les maisons de Grand-Bassam portent-elles tous leurs efforts sur les territoires de Dabou, Toupa, Bouboury, d'où les Jacks-Jacks, fournisseurs des maisons de Bristol, tirent d'énormes quantités d'huile : environ 7000 à 8000 tonnes par an.

Les factoreries de Grand-Bassam et d'Assinie exportent environ 2000 tonnes d'huile de palme et 400 tonnes d'amandes, représentant une valeur de 1 500 000 francs environ. La moitié de cette exportation arrive en France et alimente des stéarineries et des savonneries du Midi.

La quantité de poudre d'or extraite du territoire d'Assinie est difficile à évaluer, mais elle ne suffit certainement pas à alimenter, par l'échange contre des marchandises, les factoreries européennes ; la population a trop peu de besoins pour extraire de grandes quantités de poudre d'or.

Mais Assinie est un marché connu des peuples de l'intérieur, peut-être des habitants de ces montagnes où se trouvent les filons. De longues caravanes suivent les sentiers de la forêt pendant des semaines et des mois pour venir s'approvisionner dans nos comptoirs des produits européens qui leur deviennent de plus en plus nécessaires.

Assinie, bien que privé aujourd'hui du grand marché achanti, a donc un important avenir commercial, comme centre d'approvisionnements de cette région aurifère qui fournit à ses habitants une valeur d'échange d'un transport facile et d'une réalisation assurée. Malheureusement la cupidité d'Amatifou apporte des obstacles à la prospérité d'Assinie. Ce vieux monarque, dont l'intelligence est affaiblie par l'âge et aussi par de trop fréquentes libations, ne voit dans les caravanes qui traversent son pays que des droits de passage à exiger, et rançonne tellement les étrangers, qu'ils cessent de venir durant des mois entiers jusqu'à ce qu'ils aient oublié les déprédations d'Amatifou, ou que celui-ci, par hasard mieux éclairé sur ses véritables intérêts, leur ait promis de les mieux traiter à l'avenir.

L'exportation de la poudre d'or est d'environ 5000 onces par an, d'une valeur de 480 000 francs.

Les principales marchandises échangées contre les produits africains sont des spiritueux, des étoffes, de la poudre, des armes, du tabac. La quincaillerie et la parfumerie sont aussi des articles de traite importants.

Cultures. — Les nègres n'ont aucune culture fournissant un article d'exportation. Dans quelques années cependant, Assinie exportera une certaine quantité de café. La maison Verdier a créé dans la lagune d'Assinie une plantation de café, comprenant actuellement une centaine d'hectares de caféiers libériens ; cette espèce croît à merveille et promet d'abondantes récoltes.

Administration. — Depuis l'abandon de la colonie jusqu'en 1885, le chef de la maison française établie à Grand-Bassam et Assinie eut le titre de Résident, et en exerça les fonctions. En 1885, un commandant particulier fut envoyé à Assinie pour administrer ces établissements sous le contrôle du gouverneur du Gabon, dans le ressort duquel ils sont placés. Cette nouvelle organisation n'a pas donné les résultats attendus. Il a été décidé dernièrement que nos établissements de la Côte d'Or seraient détachés du Gabon et rattachés administrativement aux dépendances du Sénégal : un résident purement civil reprendrait la direction de la colonie.

Avenir de la colonie. — Les possessions françaises d'Assinie et Grand-Bassam ne sont point une colonie d'émigration : l'insalubrité du climat ne permet pas aux Européens d'y prolonger leur séjour plus de trois ou quatre années sans compromettre gravement leur santé ; ce sont de simples comptoirs destinés à faire pénétrer en Afrique les produits européens. Le territoire de Grand-Bassam n'ayant, pour solder ses achats, que de l'huile et des amandes de palme, seule production du pays, est un marché important, mais non susceptible d'un accroissement indéfini. L'importation des marchandises ne saurait dépasser la consommation locale. Il n'en est pas de même d'Assinie, centre d'approvisionnement d'une région aurifère dont les besoins, comme les ressources, sont illimités. Il ne s'agit que de faciliter à ces populations de l'intérieur, désireuses d'échanger leur poudre d'or contre nos produits, un libre accès vers le littoral.

Le gouvernement français paraît vouloir réoccuper les possessions de la Côte d'Or. Il doit se garder de reprendre les déplorables errements de la première occupation. A Grand-Bassam, une simple canonnière parcourant constamment les lagunes assurerait au pays une tranquillité complète, et rendrait au commerce les plus utiles services. A Assinie, la tâche du Résident est plus lourde, mais aussi plus attrayante pour un administrateur désireux d'attacher son nom à quelque chose d'utile. Il faudrait remonter vers le nord, au-devant de ces populations désireuses d'entretenir avec nous des relations suivies, toujours rebutées jusqu'ici par les mauvais traitements du roi de Kinjaboo, conclure avec elles des traités d'amitié, et les assurer désormais d'une entière sécurité.

Il faudrait régler enfin la question toujours pendante de la délimitation de frontière entre le pays d'Assinie et la colonie anglaise voisine. En 1883, une commission mixte remonta le cours du Tanoué, frontière naturelle du pays d'Assinie aux yeux des commissaires français, mais réclamé par leurs collègues anglais comme partie intégrante de la Gold Coast Colony. Après un mois d'enquêtes et contre-enquêtes, la commission dut se séparer sans avoir pu aboutir à une entente. La prolongation de cette situation est tout à l'avantage de nos voisins, qui, solidement établis dans leur colonie de la Côte-d'Or, étendent chaque jour leur influence à nos dépens, et montrent aux populations, bénévolement placées sous notre protectorat, une puissance à laquelle nous n'avons rien à opposer.

A. Brétignère.

CHAPITRE II

ÉTABLISSEMENTS DE LA COTE DES ESCLAVES : PORTO-NOVO, KOTONOU, GRAND-POPO.

Historique. — Notre premier établissement du protectorat à Porto-Novo remonte à 1863. L'acte qui, à cette époque, en détermina les conditions, fut le résultat d'une entente amicale qui s'établit entre le roi Sodji, souverain du pays, d'une part, le chef de la division navale française, baron Didelot, et l'agent vice-consul de France, M. Daumas, d'autre part.

D'après une convention signée en 1864 avec les Anglais, ce territoire forme un rectangle de 40 à 45 kilomètres de côté, limité, à l'est, par les établissements anglais de la Côte des Esclaves, dont le plus important et le plus prospère est celui de Lagos ; à l'ouest, par le royaume de Dahomey ; au nord, par un certain nombre de petits États indigènes, plus ou moins dépendants du Dahomey.

Le Dahomey interrompt, à l'ouest, notre territoire, mais, au delà se sont fondés les postes du Grand-Popo, créé en 1857, Agoué, en 1868, Petit-Popo, en 1864, et Porto-Seguro, en 1868.

Le protectorat sur Porto-Novo, laissé sans forces, sans organisation, sans ressources, ne fonctionna guère que deux années, au bout desquelles le contre-amiral Lafont de Ladébat, nouveau commandant de la division navale française, fatigué, et des réclamations incessantes des Anglais, qui avaient pris à tâche de nous décourager, et du peu d'empressement des autorités indigènes de Porto-Novo à comprendre les obligations du protectorat, prenait sur lui d'abandonner le pays. Il ne renonçait pas pour cela aux droits de la France, qui, dix-huit ans après, reprenait sa mission protectrice dans le pays.

Il est utile d'ajouter que, au cours du premier protectorat, le roi de Dahomey, pour faciliter notre établissement à Porto-Novo, avait spontanément cédé le petit port de Kotonou lui appartenant, seule station pouvant servir de port au territoire du protectorat. Cette cession, faite d'abord sous la forme purement verbale, à l'occasion d'une visite que lui firent à Abomey, en 1864, M. le capitaine de vaisseau Devaux, chef d'état-major de M. le contre-amiral Laffont de Ladébat, et M. Daumas, agent vice-consul de France, a été plus tard confirmée par un traité régulier passé à Whydah, à la date du 19 mai 1868.

En 1865, le gouvernement anglais de Lagos, croyant le moment propice pour s'annexer tout le territoire de Porto-Novo, vint mettre le blocus dans la rivière de manière à empêcher les communications avec Kotonou et obliger le commerce français à passer par Lagos. Porto-Novo fut en même temps menacé d'un bombardement : il ne fut évité que grâce aux protestations énergiques de M. Béraud, qui remplissait à ce moment les fonctions d'agent vice-consul de France dans le Dahomey et à Porto-Novo. Il obtint, en outre, la levée du blocus et des indemnités pour nos nationaux. A partir de ce moment, les Anglais parurent renoncer à toute entreprise d'occupation.

En 1885, les Portugais ont élevé des prétentions sur Kotonou : s'ils s'en étaient emparés, notre établissement aurait perdu presque tout débouché vers la mer. Le Portugal a reconnu enfin notre droit et s'est désisté. En revanche, l'influence portugaise est prépondérante à Wyddah ou Gléhoué, ville de 20 à 25 000 habitants, qui dépend du Dahomey. En vertu d'une convention récente, nous avons cédé à l'Allemagne Petit-Popo et Porto-Seguro.

Les voisins de nos possessions. — Au nord et à l'ouest de nos possessions, le royaume de Dahomey est fertile en palmes, donne de l'huile et des amandes d'une qualité supérieure ; mais le caractère despotique et sanguinaire du gouvernement, les mœurs grossières et barbares des indigènes sont un grand obstacle à notre trafic et à notre expansion vers le nord.

En allant vers l'est, c'est-à-dire vers le bas Niger, on entre dans le pays des Négos, race beaucoup plus sociable, mais défiante encore à l'égard des étrangers. On trouve alors, à deux heures de Porto-Novo, le bourg d'Aggera, situé en une région salubre, où les blancs sont accueillis, mais où l'on ne souffre pas leur séjour ; Lakké, Congé, Sakété, peu connus des Européens; Okiadon', sur la rivière Okpara, qui débouche dans les possessions des Anglais, auprès de Badagri, une des villes les plus commerçantes de leur colonie de Lagos; Abé-Okouta, sur la rivière Ogoun, ville de 200 000 âmes, où les Anglais se sont établis, puis se sont fait expulser en 1880, et où il existe une station de missionnaires français. Par tous ces points, nous pourrions établir des relations avec le bas Niger.

Dans cette dernière région, existaient autrefois deux maisons françaises, celles de MM. Desprez et Huchet et la Compagnie française du Sénégal; mais, en 1885, elles ont cédé à une compagnie anglaise de Londres, la *National African Company*, les comptoirs qu'elles possédaient sur le bas Niger et son affluent la Bénué. Aussi l'influence des Anglais tend à s'affermir dans le bassin inférieur de ce grand fleuve au moment où, par l'occupation de Bammako, nous prenons possession de son cours supérieur. Sur le bas Niger et ses affluents, la Bénué et l'Afoun, la *National African Company*, fortement appuyée par le gouverneur de Lagos et le gouvernement britannique, a fondé d'importants comptoirs, Brass River, Abo ou Ibo, Nidouni, Omitcha, Ida, Lokodjo, Egga, Ibadgi, Rabba, etc. Elle y compte une quarantaine de factoreries et y entretient sept navires à vapeur. On sait que les navires ne peuvent remonter le Niger au delà de Boussa, à cause des cataractes (le mot de *boussa* signifie cataracte).

La conférence de Berlin, en 1885[1], a proclamé la libre navigation du Niger comme du Congo. La France et

---

1. Voir ci-dessous, à l'article de l'Ouest africain.

l'Angleterre ont accédé à ce principe nouveau du droit des gens « en tant que les eaux du Niger… sont ou seront sous leur souveraineté ou leur protectorat » ; mais les deux puissances se sont réservé exclusivement la police des eaux qui sont ou seront sous leur dépendance : ce qui exclut toute ingérence d'une commission internationale européenne comme celle qui fonctionne, en Europe, pour le Danube.

Description du pays. — De tous nos établissements de la Côte des Esclaves, le seul qui ait une importance réelle est le royaume de Porto-Novo. Aussi est-ce le seul dont nous donnerons une description géographique. Il est partagé en deux parties, l'une *maritime*, l'autre *continentale*, par la lagune qui s'étend depuis Appa, à l'est, jusqu'à Kotonou, à l'ouest. La partie maritime est une sorte de presqu'île basse et marécageuse, dont l'isthme est auprès d'Appa. La partie continentale forme un vaste plateau incliné vers l'ouest ; elle est séparée, à l'ouest, du Dahomey, par la rivière Ouémé ; à l'est, des possessions anglaises, par la rivière Addo. Au total, le protectorat présente une superficie de 1800 à 2000 kilomètres carrés.

La lagune intérieure communique, à l'ouest, avec la grande lagune de Nokhoué où l'on voit un village construit sur pilotis ; elle débouche vers la mer par un bras étroit, sur lequel est situé le village de Kotonou, et c'est ce qui fait l'importance de ce dernier.

Climat. — Le climat est à peu près celui de nos établissements de la Côte d'Or. Les grandes pluies commencent en mai et ne cessent qu'en novembre, sauf une interruption en août et septembre. De décembre à février, c'est la saison sèche, d'une sécheresse absolue, tempérée seulement par les abondantes rosées du matin. Les mois les plus agréables sont ceux d'août et septembre, quand les grandes pluies sont suspendues et que règnent les brises fraîches.

Population. — La capitale du royaume, Porto-Novo, a environ 20 000 habitants ; le royaume tout entier, environ 150 000.

On a calculé que les deux tiers des habitants sont du sexe masculin.

Les indigènes sont moins beaux que ceux de la Côte d'Or; ils sont aussi doux et aussi paresseux. Comme les habitants du royaume de Dahomey, ils appartiennent à la tribu ou nation des *Djedis*. Leur religion n'est qu'un tissu de superstitions grossières et quelquefois cruelles : il y a peu d'années qu'ils ont renoncé aux sacrifices humains. Les femmes et les esclaves se livrent seuls à la culture : c'est surtout celle du miel, du manioc et de la patate qui sont le fond de l'alimentation.

Productions du pays. — La Côte des Esclaves ne présente pas les mêmes ressources que la région de Grand-Bassam et Assinie : on n'y rencontre pas de mines d'or. Les seuls objets que fournissent les indigènes sont l'huile et les amandes de palme, des noix kolas, un peu d'arachides, une quantité insignifiante d'ivoire. Leur industrie est presque nulle : les hommes travaillent le fer et les femmes fabriquent une poterie grossière. Quelques rares noirs, venus du Brésil, de Wyddah, de Sierra-Leone, généralement élevés autrefois par les missionnaires, sont maçons ou charpentiers. Les autres ne peuvent nous servir que comme manœuvres, porteurs, canotiers, etc.

Établissements de commerce européens. — Le commerce de Porto-Seguro, Petit-Popo, Agoué, Grand-Popo, est entre les mains de deux maisons marseillaises : Mantes et Borelli de Regis, Fabre et une autre maison française, Colonna de Leca. A la concurrence des Anglais commence à s'ajouter pour elles la concurrence allemande.

Elles sont toutes établies dans la capitale de Porto-Novo, où elles rencontrent trois maisons allemandes et une portugaise.

En échange des produits indigènes, elles importent du tafia et du genièvre; pour le tabac et le tafia, elles sont en concurrence avec les Portugais; pour les tissus et le sel, avec les Allemands.

La seule monnaie ayant cours est la monnaie anglaise :

les indigènes, même à Porto-Novo, n'acceptent pas celle de France. Du reste, le commerce se fait surtout par troc de marchandises européennes contre marchandises indigènes; pour les transactions entre indigènes, pour le payement des salaires que nous leur devons, on emploie les « porcelaines cauris » : ce sont des coquillages que l'on importe de Mozambique, de Zanzibar et de Manille. Une « piastre cauri » se compose de 2000 coquillages; elle a une valeur variant de 0 fr. 80 à 1 fr. 25.

Les Européens ne se livrent en ce pays ni à la culture, ni à l'industrie. Le climat interdit d'y songer à une colonie agricole, et même à une colonie de plantation. L'immigration européenne est nulle : il n'y a pas plus de quinze ou vingt Européens dans le royaume, missionnaires, sœurs, employés de factorerie, traitants établis pour leur compte.

En 1884, les importations se sont élevées à 3 970 043 fr. Les principaux articles sont le genièvre et le tafia, chacun environ 1 700 000 francs; puis le muscat, le tabac, les tissus, la poudre, variant entre 102 et 112 000 francs; les autres chiffres (liqueurs diverses, sel, armes, faïence, quincaillerie, mercerie, chaussures, verrerie) sont insignifiants.

Les exportations se sont élevées à 3 055 483 francs. Elles consistent presque uniquement en huile de palme et amande de palme.

Instruction publique. — La langue française est encore la moins répandue à Porto-Novo : l'anglais et le portugais, l'un à cause du voisinage des colonies britanniques, l'autre à cause des Brésiliens de toutes couleurs établis dans le royaume, y sont bien connus des indigènes. Des missionnaires et des sœurs ont fondé des écoles à Porto-Novo. Ils enseignent en anglais. Récemment M. le colonel Dorat, commandant de cet établissement et résident de France, leur a fait une obligation d'enseigner le français. En 1884, ils ont instruit et catéchisé 112 garçons et 84 filles, dont un tiers indigènes. Il y a aussi une école protestante, mais beaucoup moins suivie, car elle n'a que 25 élèves.

Avenir de la colonie. — Cet avenir est assez limité, comme on le voit, puisque, de toutes parts, nous sommes enserrés ou par des concurrents européens ou par des États barbares qui s'ouvrent difficilement au commerce. Malgré le chiffre relativement considérable de la population indigène, le commerce est encore peu considérable. Depuis qu'un commerce honnête et régulier a remplacé l'ancien trafic dont le souvenir flétrissant se retrouve encore dans le nom donné à ses rivages, la Côte des Esclaves a certainement perdu de son importance. Et puis, elle n'offre pas ces *placers* qui sont le plus grand attrait de la Côte d'Or[1].

Médard Béraud.

---

1. Consulter : Vignon, *les Colonies françaises*; de Lanessan, *la Guinée*, dans l'Atlas colonial; Lebrun-Renaud, *les Possessions françaises de l'Afrique occidentale*; enfin les *Notices coloniales publiées à l'occasion de l'Exposition d'Anvers*, t. II; la notice sur Porto-Novo est due à M. le commandant Dorat, résident de France.

L'OUEST AFRICAIN

LE GABON ET LE CONGO FRANÇAIS

PARTIE HISTORIQUE

Ce qu'on entend par l'Ouest africain. —Lorsqu'une grande nation n'a pas d'organisation coloniale en rapport avec l'époque et ses besoins, la colonisation devient pour elle — en temps de transition — le fait de quelques hommes.

Parmi ces hommes, l'histoire comptera Brazza, à qui la France doit l'acquisition rapide, économique, pacifique de l'Ouest africain ou Congo français, dont l'étendue, calculée sur la base des traités de février 1885, est égale à 670 000 kilomètres carrés — soit 140 000 kilomètres carrés de plus que la France.

Sans doute l'entreprise qui a eu un tel résultat n'est pas l'œuvre d'un seul homme; mais à Brazza revient le principal mérite d'avoir acquis le concours des sympathies nécessaires pour atteindre le but malgré tous les obstacles.

Disons-le tout de suite : ces sympathies ont été à peu près unanimes en France. Des sociétés savantes, l'enthousiasme se répandit dans le public avec l'aide de la presse, et gagna le parlement et le gouvernement, à l'exception peut-être du ministère de la marine.

Sous le nom d'OUEST AFRICAIN OU CONGO FRANÇAIS, nous

ALFRED RAMBAUD, LA FRANCE COLONIALE

désignons le vaste territoire compris entre le Congo et la côte occidentale d'Afrique, territoire qui, à l'exception de ses rivages, était absolument inconnu il y a cinquante ans.

Ces plages uniformes ne présentent que des rades foraines souvent impraticables et deux estuaires, deux magnifiques ports : le Congo et le Gabon. Quant à l'Ogôoué, navigable sur une plus grande longueur que les deux premiers, son embouchure ne pourrait être transformée en port de mer sans de coûteux travaux.

Histoire de notre établissement au Gabon. — Ce fut le 9 février 1839 que le commandant Bouët-Willaumez signa avec le chef Denis, de la rive gauche du Gabon, le premier traité entre la France et les indigènes. Établir un poste pour empêcher la traite et surtout nous réserver un port de relâche et de ravitaillement, tel était le but de ce traité et de tous ceux qu'on passa depuis avec les autres chefs de l'estuaire du Gabon.

Le 1ᵉʳ avril 1844, un traité consacrait définitivement notre prise de possession, et, deux ans plus tard, nous nous établissions, sur la rive droite, à Libreville.

Insignifiance jusqu'à ce jour de notre colonie du Gabon. — Il n'est pas sans intérêt de se rappeler les débuts de cette occupation militaire. En 1849, le commandant Bouët-Willaumez constatait avec douleur que les fonds votés depuis deux ans pour l'établissement de Libreville n'avaient pas été utilisés, qu'aucun édifice n'était encore achevé. Il ajoutait qu'en confiant à trois officiers l'exécution des mesures qui devaient développer notre assiette matérielle et politique dans cette possession, il comptait sur leur zèle pour l'aider à tirer de ce magnifique pays, de cette rade pour ainsi dire sans pareille sur les côtes d'Afrique, tout le parti que le gouvernement a le droit d'attendre en échange de ses sacrifices pécuniaires.

Mais suffit-il d'avoir d'excellentes intentions; et, lorsqu'on trace un programme, le choix des instruments d'exécution est-il indifférent?

En 1883, j'ai vu le Gabon; et j'ai là un tableau du

pays tracé précisément le 26 mai 1885 — le jour même où la mission Brazza et la direction de l'Ouest africain ont été remises à l'administration du Gabon, c'est-à-dire au ministère de la marine.

Voyons donc ce qu'est le Gabon après quarante ans d'occupation militaire.

Comprise entre le cap Saint-Jean et le cap Sainte-Catherine et s'étendant à l'intérieur jusqu'au méridien de Njolé, point où l'Ogôoué cesse d'être navigable, la possession du Gabon a, au maximum, 50 000 kilomètres carrés de surface — soit le dixième de la France. En réalité, notre autorité ne s'exerce, ou mieux, ne peut s'exercer que dans la partie navigable des cours d'eau sur les bords desquels se trouvent disséminés les rares villages d'une population primitive, peu dense, travaillant uniquement pour sa consommation, et servant d'intermédiaire entre les noirs, encore plus primitifs, de l'intérieur, et les quelques commerçants européens du Gabon qui échangent nos marchandises : sel, armes, étoffes, eau-de-vie, etc., contre l'ivoire, le caoutchouc et d'autres produits de moindre valeur.

Quelques cases de traitants, quelques huttes de douaniers sont les seuls établissements qui, sur tout ce territoire, marquent la trace, l'influence du blanc! Sa capitale, Libreville, ressemblerait à un village comme un autre si l'on n'y voyait une dizaine de maisons et trois églises.

De toute la côte, entre le Cameroun et le Congo, le territoire du Gabon, — avec ses chemins qui marchent : le Benito, le Muni, le Gabon, le Como, la Remboé, l'Ogôoué, le Ngounié, le Rembo; avec les facilités relatives que présente un terrain plat, quoique boisé, à la construction de routes; avec toutes les facilités qu'une population pacifique et de grandes ressources naturelles offrent pour établir une administration, un gouvernement économique, et pour tirer un parti avantageux de notre occupation, — le territoire du Gabon est certainement le mieux partagé sous tous les rapports. Tout en soutenant l'utilité de la recherche de nouvelles routes vers le bassin central du Congo, — recherche qui comporte bien d'autres avantages, — j'estime que l'avenir prouvera que le Gabon n'a rien à y perdre.

Naturellement favorisé comme il l'est, le Gabon ne devrait rien nous coûter depuis longtemps. Sous une administration vraiment soucieuse de la colonisation, toutes les ressources du Gabon auraient été considérablement développées; son commerce, estimé au maximum à 6 millions, serait au moins de 30 millions; Libreville serait une ville et ne serait pas la seule; la sécurité régnerait partout, tandis qu'à quatre heures de Libreville, à ses portes même on se tire toujours des coups de fusil; toutes les entreprises coloniales eussent été encouragées, tandis que les colons ne cessent de se plaindre; au lieu de songer à fuir, ils appelleraient sans cesse de nombreux émigrants, et nous compterions peut-être ici cinq mille Français au lieu de cinquante.

Premiers voyages d'exploration. — Avant d'avoir des vues sur l'organisation politique et administrative de l'Ouest africain, avant de former des projets économiques sur telle ou telle de ses parties, il fallait les connaître. Instruments de l'idée économique, les premiers explorateurs, amateurs de voyages, négociants ou naturalistes, tels que du Chaillu, Walker, de Compiègne et Marche, s'étaient avancés jusqu'à 300 kilomètres de la côte, à vol d'oiseau; mais ils n'avaient pu prendre pied dans le pays, et le commerce avait son avant-poste à Lambaréné.

La première mission de Savorgnan de Brazza. — C'est en 1875 que Brazza, Ballay et Marche entreprirent une exploration dont la conception nouvelle impliquait l'établissement définitif de relations avec les noirs et toutes les conséquences qu'il entraîne.

Et, en effet, Brazza n'avance pas en explorateur scientifique ordinaire; il n'est pas seulement le pionnier qui, tout en observant le plus qu'il peut sur sa route, la parcourt le plus vite possible sans se soucier de l'impression qu'il laisse là où il ne reviendra plus.

Tout au contraire, il avancera le plus lentement possible, retournant souvent en arrière, lui ou ses compagnons; il ne passera d'un village à l'autre, d'une tribu à la suivante qu'après avoir créé, entre lui, entre la civilisation qu'il représente et les populations nouvelles, chez lesquelles il séjourne aussi longtemps qu'il est nécessaire, des relations amicales et des liens d'intérêt bien difficiles à rompre.

Lorsque enfin arrivé sur l'Alima, il se trouve arrêté par les Apfourous qui ont à se venger des coups de fusil de Stanley, l'agent de l'Association internationale africaine, Brazza ne se sert de ses armes que pour se défendre — les Apfourous lui en tiendront compte plus tard — et, plutôt que d'abandonner la politique pacifique qui lui a déjà valu de si beaux résultats, il se décide à rétrograder, après avoir poussé une reconnaissance de simple explorateur jusqu'au Liba Okoua, ou rivière du sel, affluent de la grande rivière des Apfourous ou Oubanghi-Nkundja.

Dans ce premier voyage de trois ans, Brazza avait non seulement accompli une magnifique exploration, mais encore il avait gagné les populations, si diverses de races, de langues, de mœurs qui vivent, sans lien politique, entre la côte et le bassin central du Congo; il les avait disposées à renoncer à leurs innombrables monopoles, à vivre sous notre influence, à accepter notre direction; nous pouvions désormais suivre en toute sécurité la voie de l'Ogôoué pour pénétrer dans l'Afrique centrale équatoriale.

La recherche d'une voie commerciale, entre la côte occidentale d'Afrique et le bassin central du Congo, à travers la zone de terrasses qui les séparent, était et est encore aujourd'hui le problème le plus intéressant à résoudre dans l'Ouest africain.

Or les premières explorations de Brazza dans l'Ogôoué, de Stanley au Congo, venaient de démontrer que ni l'Ogôoué ni le Congo n'étaient de véritables voies commerciales, mais qu'elles pouvaient être utilisées comme voies de pénétration par des missions d'exploration.

Rôle de l'Association internationale africaine. — Peut-être la France n'eût-elle point songé à étendre son influence politique au delà du bassin de l'Ogôoué si, à cette époque, Stanley n'eût fait dévier l'Association internationale, fondée par le roi des Belges, de son but primitif, scientifique et humanitaire, pour la lancer dans une entreprise politico-commerciale.

Il était impossible de ne pas prévoir le danger qui menaçait nos intérêts et l'antagonisme que l'affaire de Stanley créerait entre la France et l'Association, quelques déguisements que prît celle-ci.

Au moment où nous venons de signer un traité avec le roi des Belges, je ne saurais parler du rôle qu'a joué l'Association internationale vis-à-vis des indigènes, de la mission française et de la France; mais, pour n'y pas revenir, je dirai tout de suite que si la lutte resta pacifique, c'est grâce à la patience, à l'extrême modération de nos compatriotes.

Deuxième mission de Savorgnan de Brazza. — Sans plus nous occuper des difficultés que l'Association allait nous créer en Afrique et en Europe[1], revenons à Brazza qui repartait, à la fin de l'année 1879, avec 100 000 francs votés par le Parlement, dans le but de compléter ses explorations et de fonder deux stations françaises.

En 1882 il était de retour à Paris et rendait compte des résultats si importants de ce second voyage.

Outre la fondation de *Franceville* sur le haut Ogôoué et de *Brazzaville*, située au sommet de l'escalier du Congo et clef du bassin intérieur navigable de la grande artère commerciale de l'Afrique équatoriale, ce voyage nous rapportait ce traité, dû à une inspiration de génie, qui devait être la sauvegarde de nos intérêts économiques et politiques et l'instrument le plus puissant de notre diplomatie dans la question de l'Ouest africain. En vertu de ce traité, Makoko, souverain des Batékés, nous concédait ses droits de souveraineté sur le territoire environnant de Brazzaville et nous donnait le protectorat de ses États, s'étendant sur les deux rives du Congo, navigable entre Brazzaville et l'Oubanghi[2].

1. Voir mon « Congo français » et les documents qui y sont indiqués.
2. Ainsi nommée du nom des tribus riveraines dont les chefs avaient traité avec Brazza avant qu'il allât fonder Brazzaville.

Suivant alors, à petite distance, la rive droite du Congo, et constatant ainsi par lui-même l'impossibilité d'y créer une voie commerciale sans dépenses folles, Brazza se rend de l'embouchure du Congo au Gabon ; il remonte pour la troisième fois l'Ogôoué, ouvre une route de terre entre Franceville et l'Alima, qui devient ainsi notre grand port sur le Congo. Mais Brazza n'oublie pas que la voie de l'Ogôoué-Alima ne vaut guère mieux que celle du Congo, que le problème est toujours à résoudre, et, ajoutant un titre de plus à nos droits sur l'Ouest africain, il découvre, dans un nouveau voyage, la voie du Niari-Quillou, qui lui paraît la meilleure entre Brazzaville et Loango.

Bientôt le journal de Brazza, et la quantité de notes, observations et renseignements de tous genres qu'il a recueillis chaque jour, chaque nuit, pendant ces cinq années de courses sans relâche, seront publiés et compléteront heureusement les trop imparfaits résumés de l'œuvre considérable sous les rapports scientifique, économique et politique, entreprise par cet infatigable voyageur ; mais ses conférences, ses rapports officiels suffisent pour donner une idée de l'Ouest africain, de ses ressources, de son avenir.

Sans doute on n'avait pas encore de chiffres bien précis et l'on ne pouvait aborder immédiatement les travaux ou se lancer dans les entreprises qui paraissaient les plus urgents. Nous avions bien pris des garanties, mais nos droits n'étaient pas encore bien établis, reconnus. Entre l'exploration préliminaire et l'exploitation coloniale, il y avait encore des jalons à poser, tout un établissement à préparer.

Ratification du traité avec le roi Makoko et vote des crédits par les Chambres. — Ce que Brazza demandait, c'était d'abord la ratification du traité avec Makoko, et la déclaration officielle que la France plaçait sous sa protection les territoires de l'Ouest africain jusqu'au parallèle de 5°12'. Puis il lui paraissait nécessaire d'organiser une grande mission dont le programme comporterait principalement : l'établissement de postes et stations, en nombre suffisant pour constituer l'occupation effective de notre Ouest africain; l'étude scientifique et économique du pays; l'exploration du bassin central du Congo au moyen de bateaux démontables à transporter par l'Ogôoué; la conclusion avec les chefs indigènes de traités conformes à notre but politique.

Les crédits nécessaires à demander au Parlement seraient répartis entre les ministères de l'instruction publique, de la marine et des affaires étrangères; on devait accentuer le caractère pacifique de la *mission de l'Ouest africain* en la faisant relever directement du ministère de l'instruction publique.

Le 18 novembre 1882, M. Duclerc étant président du conseil et M. de Mahy ministre de [la marine, la Chambre accueillait par des applaudissements unanimes le projet de loi portant ratification du traité Brazza-Makoko. Elle accueillait de même le rapport de M. Rouvier et adoptait ses conclusions le 22 novembre.

La loi du 10 janvier 1883, portant ouverture d'un crédit de 1 275 000 francs pour subvenir aux dépenses de la mission de l'Ouest africain, fut également votée à la Chambre par 440 voix contre 2.

L'importance du crédit ne permettait pas de se tromper sur le but de la mission. Vu le nombre des députés qui l'ont voté, on peut dire, qu'interprète des vœux du pays, le Parlement manifestait une fois de plus la volonté de poursuivre dans l'Ouest africain notre politique coloniale pacifique.

Qu'il me soit permis de bien faire remarquer tout de suite que la mission de l'Ouest africain, dirigée par Brazza, est restée fidèle à cette politique pacifique, économique, civile, la véritable politique coloniale, tant qu'elle a relevé du ministère de l'instruction publique, tant que ceux qui la dirigeaient étaient animés de cet esprit, c'est-à-dire jusqu'au 26 mai 1885.

C'est à cette politique, qu'en dépit de toutes les entraves, de tous les agissements, elle a dû ses succès en Afrique et les sympathies qui l'ont accompagnée jusqu'à ce jour en France. Aussi, en juin 1884, le rapporteur du projet de loi portant ouverture d'un second crédit de

780 000 francs, M. Antonin Dubost, a-t-il pu dire : « La mission de Brazza, telle qu'elle est conduite, nous offre toute garantie, en nous permettant de marquer, d'une façon non équivoque, notre prise de possession de ces contrées.... »

La Mission de l'Ouest africain : son organisation.
— Persévérance en France, persévérance en Afrique, étaient un gage de succès.

Le temps nous ferait défaut pour suivre ici l'organiration, le développement, les mouvements et les travaux de la mission de l'Ouest africain qui se trouvait à peu près réunie au Gabon et prête à entrer en campagne le 21 avril 1883.

Elle se composait d'environ :

30 civils, chefs de service, chefs ou sous-chefs de stations ;

30 militaires et marins, ouvriers de diverses spécialités ;

25 tirailleurs algériens ;

150 laptots sénégalais, représentant les forces de police ;

150 *kroumen* ou terrassiers de la côte de Krou (golfe de Guinée).

Cet effectif s'est augmenté récemment de 300 noirs de la côte de Loango.

Ajoutons encore que l'organisation des services de transport par terre et sur les cours d'eau nécessite l'entretien presque constant de 1200 porteurs batékés et babouendés, et de 1200 pagayeurs okandés et adoumas, montant une flottille d'une centaine de pirogues qui portent en moyenne une tonne de marchandises en plus de l'armement.

Au bout de six mois, le personnel fut en partie changé, ainsi que l'organisation des services ; mais depuis deux ans le personnel civil est resté le même, n'ayant perdu que trois de ses membres [1] : M. Flicotteaux, mort d'un

1. Depuis, le personnel a encore été réduit par la mort de MM. de Lastours, Beauguillaume et Camuset, et le retour pour cause de santé de M. Dufourcq. Enfin, quelques membres sont revenus à la

accident de chasse; MM. Desseaux et Taburet, que la fièvre a enlevés tout récemment : pertes bien cruelles pour la mission, car ils comptaient parmi les collaborateurs les plus distingués de Brazza. Celui-ci est secondé principalement par MM. Dufourcq, de Chavannes, Dolisie, Decazes, Coste, Fourneau, etc.

Enfin la mission avait encore à sa charge, pour le service de la côte et du bas Ogôoué, le petit vapeur *l'Olumo*, monté par 25 hommes.

C'est avec un personnel si réduit pour l'étendue de sa tâche, mais si nombreux, si lourd à entretenir avec deux modestes crédits, dont le total s'est élevé, seulement *en trois ans*, à la somme de *deux millions cinquante-cinq mille francs*, que Brazza allait transporter à des distances de 1500 kilomètres, à travers des terrains accidentés, couverts de forêts vierges ou de hautes herbes, ou sur des fleuves encombrés de rapides, des centaines de tonnes de marchandises (seule monnaie de ces contrées), un matériel de navigation (embarcations à vapeur démontables), des approvisionnements de toute nature, et le matériel des postes ou stations.

Voilà un petit nombre de Français répandus sur la surface d'un pays grand comme la France : les voilà aux prises avec les difficultés naturelles, avec le climat, avec des privations et une existence dont la plupart n'avaient aucune idée, existence plus dure, plus dangereuse que celle du soldat en campagne; les voilà à l'œuvre au milieu de populations inconnues hier encore, sans interprète ou avec des interprètes insuffisants. Et cependant la besogne avance. Tandis que les services de porteurs et de pagayeurs se développent, le fer et le feu marquent, de loin en loin, sur un long périmètre de 3000 kilo-

fin de leur premier engagement; M. Chavannes est rentré en France avec M. de Brazza à la fin de novembre. Les intérêts français, sérieusement compromis dans l'Ouest africain par la remise des affaires au ministère de la marine, n'existeront bientôt plus qu'à l'état de souvenirs historiques. Tel aura été le résultat des efforts par suite desquels la marine aura accaparé une entreprise qu'elle ne semble pas capable de diriger.

mètres, les places défrichées où vont s'élever les stations. Les bons rapports entretenus avec les indigènes facilitent leur établissement. Chacune aura ses cases pour les Blancs, les Laptots, les Kroumens; ses magasins, quelquefois même ses ateliers, et à l'entour son jardin ou ses plantations. Il a fallu de longs mois pour en arriver là. Et que de choses à faire encore pour l'installation, que de peines, de travail, dans chaque station, pour le blanc (un seul blanc presque toujours, rarement deux) qui, en dehors des jours de fièvre, a dû mener de front tous ces travaux avec la tenue d'une comptabilité excessivement compliquée par la diversité des objets d'échange, avec la surveillance de la station, avec l'étude de la langue, des mœurs, des ressources du pays, enfin avec les travaux plus particulièrement scientifiques et avec l'action politique qui, favorisant tant d'efforts, devait assurer l'influence française dans l'Ouest africain !

Ses résultats scientifiques. — Contentons-nous de résumer ici les résultats scientifiques, économiques et politiques obtenus, du 21 avril 1883 au 26 mai 1885, date à laquelle la mission de l'Ouest africain a pris fin en tant que mission du ministère de l'instruction publique.

Il est bien entendu que ce ne sera là qu'un aperçu très général, très incomplet. C'est au chef de la mission — et lui seul peut le faire — d'exposer, à son retour, tous les résultats, de présenter tous les travaux, toutes les collections, dont un certain nombre ont été envoyés au ministère — tels, par exemple, des levers géographiques, des rapports, dessins, photographies, et une dizaine de caisses dont le contenu, produits naturels de l'Ouest africain et produits de l'industrie indigène, figurent à l'exposition d'Anvers. Ces envois étaient faits à titre de simples échantillons, pour donner au ministère une idée des travaux dont il était avisé chaque mois. Plusieurs cartes ont été publiées par le ministère, les autres sont en cours d'exécution — et, à ce propos, il conviendrait de s'occuper dès maintenant des ressources nécessaires à la publication des documents reçus et à recevoir.

Au point de vue scientifique, l'exploration du bassin

central du Congo est la seule condition du programme de 1883 qui n'ait pu être encore remplie, l'unique embarcation à vapeur qui ait été transportée sur le haut Congo étant nécessaire au service entre Brazzaville et l'Oubanghi-Nkundja, et le transport des nouveaux bateaux démontables ayant été retardé par suite d'accidents que la bonne volonté et le zèle des membres de la mission ne pouvaient conjurer.

Quoi qu'il en soit, dans les limites de notre Ouest africain, le personnel de la mission a fait une étude scientifique aussi complète que le permettaient ses autres devoirs. En suivant sur la carte d'ensemble, publiée en 1884, par le ministère de l'instruction publique, les travaux ci-dessous indiqués, on verra que toutes les grandes lignes de notre nouvelle colonie ont été déterminées :

Lever de l'Ogôoué, de l'embouchure à la rivière Lolo (7 feuilles publiées par le ministère de l'instruction publique).

Lever de l'Ogôoué, de la rivière Lolo à Franceville.

Itinéraire de Franceville à l'Alima et à Mayomba (sur la côte) ; ces deux feuilles, en cours d'exécution, seront publiées par la Société de géographie, ainsi que :

Lever du cours entier de l'Alima, exploré et levé pour la première fois par le Dr Ballay, levé une seconde fois par M. de Chavannes.

Itinéraire de Loango à Niari-Loudima.

Itinéraire de Niari-Loudima à Manianga et Brazzaville.

Lever du Congo entre Brazzaville et l'Oubanghi.

Lever du Quillou inférieur.

Itinéraire sur la côte, entre Loango et Setté-Cama.

Lever du delta de l'Ogôoué, etc......

Lever du cours inférieur de la rivière Oubanghi.

Soit, au total, environ 4000 kilomètres de levers, sans compter les plans de détail, les observations astronomiques, les altitudes déduites des observations météorologiques.

Les membres de la mission se sont en général partagé le soin de dessiner, de photographier, d'étudier les différentes branches de l'histoire naturelle et de recueillir des collections géologiques, botaniques, zoologiques, ethnographiques, etc....

Je ne saurais détailler ici toutes ces collections et mettre en regard les noms de ceux qui les ont recueillies. N'y aurait-il pas quelque injustice à les signaler en laissant dans l'ombre ceux de leurs collègues que d'autres devoirs — non moins utiles — dispensaient des travaux scientifiques? Chacun a eu sa tâche et son mérite qu'un récit complet devra consigner[1].

Au point de vue économique, nous devons remarquer qu'une partie des études scientifiques nous fixe d'abord sur l'aspect général du pays, ses grandes divisions en zone basse, terrasse accidentée, plateau central, sur la nature des terrains, les produits naturels, et généralement sur les ressources que présente le pays. Les opérations auxquelles le personnel de la mission devait se livrer chaque jour permettent d'apprécier la valeur des produits, le genre de marchandises européennes qui convient aux échanges, le coût des transports sur les voies habituellement parcourues jusqu'à présent, dans quelle mesure une concurrence éventuelle ferait hausser les prix, quels avantages en un mot l'OUEST AFRICAIN pré-

---

1. Mais il convient ici même de relever une des nombreuses calomnies répandues par les adversaires de la mission française. Si un jeune frère du commissaire de la République, M. Jacques de Brazza, et un de ses amis, M. Pecile, ont été chargés d'une mission spéciale d'histoire naturelle dans l'Ouest africain, il est parfaitement avéré qu'ils n'ont envoyé aucune collection en Italie ou à l'étranger. Tout récemment, M. Jacques de Brazza, en annonçant son retour au ministère de l'instruction publique, demandait qu'on voulût bien lui réserver la place nécessaire pour déposer une quantité de caisses représentant ses collections et celles de plusieurs membres de la mission. D'après les renseignements qui me sont parvenus, je ne doute pas que de plus compétents que moi n'apprécient la valeur de ces collections et des travaux particuliers de MM. Jacques de Brazza et Pecile qui, d'ailleurs, ont rendu de grands services à la mission française, dont le personnel est toujours resté numériquement insuffisant.

Aux dernières nouvelles, ces collections étaient arrivées au Gabon; mais MM. Jacques de Brazza et Pecile sont retournés en mission dans le nord de l'Alima, tandis que MM. Dolisie et Froment continuaient la reconnaissance du haut Oubanghi.

senté au point de vue agricole, industriel et commercial. Enfin l'exploitation sera préparée par la formation du personnel et des interprètes, par l'organisation des services de transport et l'établissement des stations. Je n'entends pas me substituer au chef de la mission pour préciser davantage les résultats économiques, en dégager les conclusions et signaler les applications possibles. C'est à lui qu'il appartient de nous dire ce qu'il y aura à faire — et surtout comment il faudra le faire — pour ne point perdre son temps et son argent. On approuvera ou l'on discutera. Tout ce que je peux dire, c'est que la France pourra tirer plus tard un bon parti de l'Ouest africain, mais à la condition expresse d'administrer sagement, économiquement, pacifiquement,— ce qui exclut l'ingérence des ministères militaires.

Liste des stations fondées par la Mission. — Les stations scientifiques fondées par la mission Brazza, utiles jalons pour l'exploitation économique du pays, ont été également les centres d'où se répandait notre influence politique.

Trois nouveaux postes fondés sur l'Ogôoué au commencement de 1885, portent à 26 le nombre total de ces établissements sur l'importance desquels je ne peux m'étendre ici. Toutefois il convient de les citer :

1° Station très importante du *Cap Lopez*, centre de ravitaillement et d'administration pour toute la mission ;

2° Station importante de *Njolé*, point où commencent les rapides de l'Ogôoué;

3° Poste des *Okota* (nouveau);

4° Poste d'*Obombi* ou *Kongoboumba* (nouveau), dans l'Okandé;

5° Poste d'*Achouka*, dans l'Okandé ;

6° Poste *Bôoué* (nouveau);

7° Poste *Boundji* (nouveau);

8° Station *Niati* ou *Madiville* (Adouma), important centre d'approvisionnement;

9° Poste *Doumé* (nouveau), entre Adouma et Franceville;

10° Station importante de *Franceville*, tête des voies de l'Alima et Brazzaville;

11° Station importante de l'*Alima Dielé*, port de l'Alima, magasins et ateliers;

12° Station de l'*Alima Leketi*;

13° Poste de *Ngampo*;

14° Poste de *Mbochi* (près du confluent de l'Alima et du Congo);

15° Poste de *Bonga*, sur le Congo, à 39 kilomètres en amont de l'Alima.

16° Station *Domino* ou *Nkundja*, sur la rivière Oubanghi-Nkundja, à environ 40 kilomètres de son confluent avec le Congo;

17° Poste de *Nkémé*;

18° Poste de *Nganchouno*, port de Makoko;

19° Poste de *Mbé*, résidence de Makoko;

20° Station de *Brazzaville*, dont l'importance est bien connue;

21° Poste de *Niari-Babouendé*;

22° Station importante de *Niari-Loudıma*;

23° Poste de *Ngotou* (importance militaire);

24° Poste sur la rive droite, embouchure du *Quillou*;

25° Station de *Pointe noire*;

26° Station importante de *Loango*, débouché de la voie du Niari.

D'autres localités ont été occupées, sur la côte entre Lopez et le Quillou, mais par le gouvernement du Gabon.

Enfin, s'estimant suffisamment protégés par nos établissements, les missionnaires catholiques français ont fondé deux missions : l'une dans le pays des Adoumas, près de Niati, l'autre à une dizaine de kilomètres de Brazzaville.

On sait enfin que nos droits de protectorat ou de souveraineté sur l'Ouest africain, limité au parallèle de 5°,12', ont été partout établis sur des traités conclus régulièrement avec les chefs indigènes. En résumé, la mission de l'Ouest africain a rempli toutes les conditions de son vaste programme. Non seulement elle a vécu deux ans et demi, mais encore elle pouvait vivre au delà de 1885, c'est-à-dire plus de trois ans, sur deux crédits.

C'est avec 2 millions, en moins de trois ans et sans tirer un coup de fusil, que Brazza et cinquante Français ont accompli tous les travaux que j'ai cités, qu'ils ont créé, entretenu tous ces services, fondé toutes ces stations, et conquis à la France un royaume plus grand que la France même!

Ajoutons que le 26 mai 1885, les dépenses de la Mission calculées jusqu'à la fin de 1885 — *c'est-à-dire pour six mois de plus que son année budgétaire* — se montaient à 296 000 francs en argent et 331 300 en marchandises.

Or, le 11 août 1885, date de la remise effective du Gabon, l'actif de la Mission était encore de 330 000 francs en espèces (dont 102 000 francs dus par le Gabon à la Mission), d'environ 500 000 francs en marchandises, plus des vivres pour près d'un an, et un matériel considérable qui, dans ces régions, représente plusieurs millions.

Telle était la brillante situation financière de la Mission remise à la Marine. On lui léguait un bien autre trésor : des relations partout pacifiques.

Et maintenant que l'on ose donc accuser d'inexpérience administrative et de gaspillages la Mission de l'Ouest africain!

La Convention avec l'Association internationale. — Dans l'intervalle, des actes diplomatiques d'une haute importance avaient déterminé notre situation dans l'Ouest africain. Le 23 avril 1884, M. Strauch, président de l'Association internationale du Congo, à Bruxelles, adressait à M. Jules Ferry, président du conseil, ministre des affaires étrangères, la lettre suivante :

« Monsieur le ministre, l'Association internationale du Congo, au nom des stations et territoires libres qu'elle a fondés au Congo et dans la vallée du Quillou-Niari, déclare formellement qu'elle ne les cédera à aucune puissance, sous réserves des conventions particulières qui pourraient intervenir entre la France et l'Association pour fixer les limites et les conditions de leur action respective. Toutefois l'Association, désirant donner une preuve de ses sentiments amicaux pour la France, s'ENGAGE A LUI DONNER LE DROIT DE PRÉFÉRENCE, si par des circonstances imprévues, l'Association était amenée un jour à réaliser ses possessions. — STRAUCH. »

M. Jules Ferry répondait, à la date du 24 : « Monsieur, j'ai l'honneur de vous accuser réception de la lettre en date du 23 courant par laquelle, en votre qualité de Président de l'Association internationale du Congo, vous me transmettez des assurances ET DES GARANTIES destinées à consolider nos rapports de cordialité et de bon voisinage dans la région du Congo. JE PRENDS ACTE avec grande satisfaction de ces déclarations et, en retour, j'ai l'honneur de vous faire savoir que le gouvernement français prend l'engagement de respecter les stations et territoires libres de l'Association, et de ne pas mettre obstacle à l'exercice de ses droits. — JULES FERRY[1]. »

Ainsi, d'après la déclaration du Président de l'Association, dont notre gouvernement a pris acte immédiatement, la France, outre ses possessions du Congo français, a des droits éventuels sur les immenses régions, plusieurs fois grandes comme la France, qui constitue l'*État libre du Congo*. Elles ne pourraient passer en d'autres mains que celles de l'Association sans que la France eût été mise en demeure de les acquérir elle-même.

La Conférence internationale de Berlin. — Il me resterait à voir comment notre action politique dans l'Ouest africain a été discutée à la Conférence internationale tenue à Berlin du 16 novembre 1884 au 26 février 1885[2]; quel régime économique un nouveau droit international nous impose dans une partie de nos possessions; quelles sont les limites politiques qu'on nous a fixées, quels sont les avantages et les charges qui ré-

1. *Livre jaune, Affaires du Congo et de l'Afrique occidentale*, 1884.
2. La conférence s'est tenue sous la présidence de M. de Bismark; en l'absence de celui-ci, l'Allemagne devait être représentée aux séances par le comte de Hatzfeld; la France, par M. de Courcel, ambassadeur de France à Berlin, assisté du docteur Ballay, de MM. Engelhardt et Desbuisson; l'Angleterre, par son ambassadeur, sir Malet, et de nombreux délégués; les États-Unis, par M. Kasson, que soutenaient l'explorateur Stanley et M. Sandford, membre de l'Association internationale; le roi des Belges, par M. le baron Laubermont et M. Strauch; le Portugal, par son ministre M. Serpa Pimentel et le géographe Luciano Cordeiro, etc.

sultent pour nous des traités de février entre la France, l'Association internationale et le Portugal.

Je ne saurais mieux résumer ces actes et mes appréciations que je ne l'ai fait dans le *Congo français*[1], brochure à laquelle je renvoie le lecteur. Je n'aurai à y ajouter que deux observations.

La première est qu'en insistant vivement pour que nous restions maîtres de notre régime économique, je voulais surtout éviter à une partie de notre colonie l'ingérence de commissions internationales. Délivrée du contrôle qui l'eût assimilée à une Égypte, notre colonie pourra supporter dans une de ses parties un régime économique dont le contre-coup éventuel dans l'autre a été fort exagéré.

La seconde observation a trait aux limites politiques que nous assigne le traité du 5 février avec l'Association internationale. Il est regrettable qu'en échange de l'abandon de nos droits politiques sur la rive gauche du Congo dépendant des États de Makoko, et de notre liberté économique dans nos territoires dépendant du *bassin conventionnel* du Congo[2], nous n'ayons obtenu aucune satisfaction de nos prétentions sur le territoire du bas Congo, au sud du 5° 12'[3], et le bassin septentrional du haut Congo[4].

1. Dentu, éditeur, janvier 1885.
2. Tout le bassin du Congo, soit qu'il appartienne à la France, soit qu'il fasse partie de l'État libre du Congo, a été déclaré ouvert au commerce de toutes les nations. Ce bassin est dit *conventionnel*, parce que ses limites naturelles, n'ayant pu encore être reconnues et déterminées par les explorateurs, ont dû être fixées hypothétiquement et par convention. Nos possessions de l'Ouest africain sont divisées en deux zones : d'une part, le Gabon et la partie nord du Congo français jusqu'à Cetta-Cama et Franceville, où nous pouvons nous réserver le monopole commercial ; d'autre part, la partie sud du Congo français, qui fait partie de la région ouverte au commerce libre, c'est-à-dire où les importations seules jouiront de la franchise.
3. Le Congo français n'arrive pas à la ligne du bas Congo ; entre Manianga et l'embouchure, la rive appartient à l'Association, sauf une enclave laissée aux Portugais.
4. Sur le haut Congo, notre frontière s'arrêterait à un point encore indéterminé, mais qui doit être en amont de l'Oubanghi-Nkundja.

Sans doute, on aurait pu obtenir à Berlin un partage plus équitable entre nous et l'État du Congo (six fois grand comme la France), si notre presse et l'opinion publique avaient manifesté à cette époque la même sympathie, la même ardeur qu'auparavant pour notre entreprise nationale dans l'Ouest africain, si elles avaient offert à notre gouvernement un terrain de résistance contre les prétentions non fondées de l'Association, et l'avaient encouragé et soutenu dans la défense de nos intérêts.

Ce n'est pas un territoire plus ou moins grand que je regrette. L'État libre du Congo, destiné à mourir d'inanition, ne me paraît pas d'ailleurs bien inquiétant pour le développement de notre influence dans le bassin septentrional du haut Congo. Il ne me paraît pas davantage inquiétant pour nos intérêts commerciaux dans le bas Congo, qui ne sera jamais qu'un cul-de-sac sans valeur tant que nous serons maîtres des voies où nous pourrons toujours susciter une concurrence victorieuse pour nos voisins. Mais ce que je regrette ici, c'est le manque d'une véritable frontière naturelle — la rive droite du bas Congo; — c'est sa conséquence que nous ne serons pas tranquilles sur la frontière du Chiloango, et que cela nous forcera à donner à l'occupation d'une si mauvaise zone frontière un caractère militaire, charge onéreuse, moins supportable encore pour l'Association qui, en nous disputant cette frontière, a fait un faux calcul.

Sous ces réserves et celles que j'ai à faire à propos de l'inaction antérieure de la marine au Gabon, dont la conséquence a été de faire limiter notre possession au parallèle de la rivière Campo (dans le nord du Gabon), nous devons reconnaître que les résultats diplomatiques obtenus à Berlin consacrent entièrement les conditions politiques de notre programme de 1883. Si c'est — suivant moi, qui désirais un peu plus — un succès relatif, je n'en conviens pas moins, étant donnés les obstacles considérables opposés à la réalisation même de notre programme convenu, que notre gouvernement a remporté un très grand succès en faisant ratifier par toutes les puissances la conquête économique, pacifique, qui fera l'éternel honneur de Brazza, de ses collaborateurs et de la France.

Nous ne doutons donc pas que le Parlement ne ratifie à l'unanimité les actes diplomatiques que le gouvernement lui présentera, car ces actes, avantageux pour nos intérêts, sont la confirmation de la politique que le Parlement a acceptée et voulu suivre.

La question d'organisation. — Mais nous devons grandement nous soucier de la façon dont le Parlement comprendra son devoir en ce qui concerne l'organisation administrative de notre nouvelle colonie, organisation de laquelle dépend son avenir économique.

J'ai déjà appelé l'attention sur cette importante question dans une étude qui a paru en partie[1], mais qui suffisait ainsi à montrer où était le danger et quelles mesures étaient à prendre *provisoirement*.

Comme on ne saurait prendre au sérieux les administrations civiles aux colonies dépendant d'une administration militaire à Paris, je ne pouvais que proposer un régime de transition. En résumé, au mois de mai 1885, je demandais qu'on laissât : 1° la marine occuper la zone côtière et frontière sur le Chiloango ; 2° la mission Brazza dans la région d'études à l'intérieur, en la faisant dépendre soit de l'Instruction publique, soit d'un ministère non militaire, et cela jusqu'au moment où nous aurions un ministère civil des colonies[2].

---

[1]. Voir mes articles « Congo français », dans le journal *la Presse*, numéros des 8, 12, 14, 20, 22, 24 et 25/26 mai 1885.

[2]. Au texte de notre collaborateur, nous ajouterons : 1° Que la ratification des actes de la conférence de Berlin par le Parlement a eu lieu en juillet-août 1885 ; 2° que M. de Brazza, par décret du 27 avril 1886, a été nommé commissaire général de la République au Congo et au Gabon, et qu'on parle de la nomination de M. Ballay comme son lieutenant au Gabon ; 3° que le traité du 12 mai 1886, avec le Portugal, nous a fait perdre quelques territoires au nord du Chiloango, mais nous a reconnu la possession de la Loëma. (*L'éditeur*.)

PARTIE GÉOGRAPHIQUE

CHAPITRE PREMIER

GÉOGRAPHIE GÉNÉRALE

Aspect général de l'Ouest africain. — Nous avons déjà dit quelle est l'étendue de l'Ouest africain, quel aspect général il présente et comment on peut y considérer trois grandes divisions ou zones parallèles à la mer : la zone maritime, plus ou moins basse et marécageuse ; la zone des terrasses accidentées ; le plateau ou bassin central du Congo.

D'une façon générale, cette contrée est couverte de forêts vierges ; les prairies du Loango, du Mayombé, les plateaux ondulés, sablonneux et couverts de hautes herbes qui constituent la limite de quelques bassins hydrographiques, sont de rares exceptions à la règle.

Les cours d'eau. — C'est à une distance moyenne, à vol d'oiseau, de 400 kilomètres de la côte et à une altitude de 5 à 800 mètres, que prennent naissance les cours d'eau qui arrosent le bassin central du Congo et ceux qui, après avoir traversé la zone des terrasses, vont se jeter à l'Atlantique.

Ces derniers, ainsi que le Congo dont l'altitude est de 350 mètres à Brazzaville, ont donc une pente très forte vers l'Océan ; et, pour savoir quelles sont les parties de ces cours d'eau qui sont flottables ou impraticables, il suffit de distinguer celles où le tracé hydrographique est parallèle ou fortement oblique à la direction du massif accidenté des terrasses ou, si l'on veut, à celle de la côte.

Dans un pays neuf, il est toujours plus facile de se rendre compte du système hydrographique que du système orographique, et l'explorateur conçoit le second d'après le premier, bien qu'ils dépendent l'un de l'autre dans un ordre inverse. Il n'en est pas moins vrai que les études ultérieures viennent confirmer, à de rares exceptions près, les déductions rationnelles des reconnaissances hydrographiques.

Cette remarque faite, nous pourrons nous dispenser d'entrer dans tous les détails sur le degré de navigabilité des cours d'eau ou de leurs diverses parties. On voit du premier coup d'œil jeté sur une carte que le Congo doit être peu praticable entre Brazzaville et Vivi, ainsi que l'Ogôoué entre l'Ivindo et Njolé, à cause de leur direction perpendiculaire à la côte entre ces points. On voit, au contraire, que de l'Ivindo à Franceville, l'Ogôoué coule à peu près parallèlement à la côte et que la navigation doit y être plus facile. Ainsi des autres rivières.

Il est bien d'autres remarques générales que provoque une étude géographique sérieuse et que d'autres considérations nous font encore laisser dans l'ombre. Qu'il nous suffise ici de citer parmi les principaux cours d'eau :

Le Congo, le Chiloango, le Quillou-Niari, le Nyanga, l'Ogôoué, le Gabon, le Muni, le Benito, etc., qui se jettent dans l'Atlantique ;

Le Djoué, le Léfini, l'Alima, la Licouala, la Sangha, l'Oubanghi, affluents de droite du Congo.

La plupart de ces cours d'eau n'ont qu'une importance secondaire.

Ainsi le *Gabon* et les fleuves situés au nord du Gabon nous intéressent moins. Leur cours navigable ou flottable est trop réduit pour être utilisé ; mais on pourra peut-être trouver là un terrain convenable pour l'amorce à la côte de la voie commerciale actuellement recherchée au nord de l'Ogôoué et de l'Alima.

L'*Ogôoué* est encore aujourd'hui la meilleure voie de pénétration à l'intérieur de l'Ouest africain. Le transit y est le plus considérable et le meilleur marché, grâce, il est vrai, à l'absence de concurrence. Navigable toute l'année jusqu'à Njolé (386 kilomètres de la côte) pour des bateaux de 0^m,90 de tirant d'eau, il est ensuite praticable pour des pirogues jusque dans le voisinage de Franceville (784 kilomètres de la côte).

L'amélioration des transports par pirogues est possible. Elle sera utile, bonne, si l'on sait se tenir dans cette mesure, agir suivant le temps et les besoins réels. Nous ne devrons pas négliger cette voie, qui contribuera à l'exploitation des ressources locales, même si nous avions un jour une meilleure route pour le transit de l'Afrique centrale.

Le *Nyanga* est peu important, bien qu'un certain commerce s'opère dans son bassin.

Le *Quillou-Niari* n'est pas une voie commerciale fluviale ; mais il paraît certain qu'aucune des parties actuellement explorées de l'Ouest africain ne présente plus de facilités à l'établissement d'une route de terre ou d'un chemin de fer que le bassin septentrional du Quillou-Niari, en suivant à peu près le parallèle de 4 degrés sud jusqu'au Djoué. On se rappelle que le Niari fut découvert en février 1882 par Brazza, qui en 1883, préconisa vivement cette route. Avant de se prononcer sur une entreprise qui serait fort coûteuse, bien qu'elle ne soit pas à comparer à certaines conceptions chimériques qui ont été mises en avant, il convient d'attendre non seulement les résultats d'une étude dont devraient être chargés des ingénieurs compétents, mais encore les résultats d'explorations entreprises sur d'autres points.

Le *Chiloango*, sur le cours inférieur duquel il se fait un assez grand commerce, a surtout une importance politique depuis qu'il sert de limite méridionale à notre possession, limite aussi insignifiante que mal déterminée, dans son cours supérieur, et de sa source à Manyanga sur le Congo.

Le *Congo*, limite naturelle de notre Ouest africain, serait la grande artère commerciale de l'Afrique équatoriale si son cours central navigable n'était séparé de son cours inférieur également navigable (environ 200 kilomètres de Banane à Vivi) par une sorte de gigantesque escalier qui, entre Vivi et Brazzaville ou Stanley Pool, a une hauteur de 300 mètres sur 300 kilomètres de longueur en suivant ses détours. A droite et à gauche de l'énorme torrent à peu près partout impraticable et qui, entre les positions citées, ne peut servir de voie commerciale, se dressent à pic les parois de cette immense faille découpée elle-même, perpendiculairement à sa direction, de gorges au fond desquelles bouillonnent quantité de petits affluents [1].

En remontant la rive droite du Congo, nous rencontrons la rivière *Djoué*, dont la vallée sert d'amorce sur le Congo à la voie Quillou-Niari-Brazzaville.

La *Léfini*, que nous trouvons plus haut, est encore un petit cours d'eau, tandis que l'*Alima*, la *Licouala*, la *Sangha*, le *Liba-Okoua* ou *Oubanghi-Nkundja* et les autres affluents de droite du Congo jusqu'au Ngala paraissent avoir un développement de plus en plus considérable, si l'on s'en rapporte aux données fournies par Stanley dans son récent ouvrage [2].

[1]. Rien n'est donc moins propre à l'établissement d'une voie ferrée que les rives du Congo; et bien que, à quelque distance de sa rive gauche, le terrain semble présenter de moindres difficultés, il faudrait encore donner à une ligne ferrée un tel développement pour éviter de trop coûteux travaux d'art, que la dépense de cette construction ne saurait être évaluée à moins de 1200 ou 1500 millions lorsqu'on sait ce que coûtent des entreprises analogues dans des contrées du même genre. On aurait beau exagérer les richesses de l'Afrique équatoriale, leur exploitation ne payerait pas les intérêts de ces capitaux ni d'autres bien inférieurs.

Du reste, cette question a perdu son importance, car aujourd'hui nous pourrions faire sur notre territoire un chemin de fer sérieux pour le même prix qu'on ferait un chemin de fer lilliputien sur le Congo, — et cela représente encore bien des millions que la concurrence enlèverait au Congo. Pourvu que nos compatriotes ne se laissent pas entraîner dans une mauvaise affaire, si l'on était encore disposé à la lancer en Belgique ou ailleurs, c'est tout ce que nous souhaitons.

[2]. Le cours de la plupart de ces rivières est loin d'être déter-

L'importance des cours d'eau est sans doute proportionnelle à l'aire de leur bassin. Or celle du bassin de l'Oubanghi[1], telle que nous la concevons, est assez étendue au nord et à l'ouest pour que son débit, d'ailleurs calculé approximativement, s'explique sans recourir à l'identification peu probable de cette rivière avec l'Ouellé.

Les droits que Brazza a acquis à la France sur le bassin du Liba-Okoua ou Oubanghi par la découverte et les traités avec les populations, droits qui ont été reconnus en Europe, sauvegardent suffisamment nos intérêts.

Si nous ne savons pas mettre en valeur notre Ouest africain, nous ne saurions tirer aucun parti du bassin septentrional du Congo où l'on a eu la prétention de nous limiter sur le papier; et, si nous devons faire de notre Ouest africain un établissement prospère, la frontière des Mangalla n'est pas pour nous inquiéter.

Le relief du sol et les montagnes. — Lorsqu'on ne connaît que les grandes lignes hydrographiques d'un pays, on ne doit pas avoir la prétention de sortir des généralités au sujet de l'orographie. Nous savons que le système orographique de l'Ouest africain fait partie de l'assise du plateau central africain, et que ce massif accidenté, qu'on rencontre en moyenne à 200 kilomètres de la côte, s'étend jusqu'à 4 et 500 kilomètres de celle-ci, atteignant alors une hauteur maximum de 800 mètres au-dessus de l'Océan pour s'incliner en pente douce jusqu'au lit du Congo qui, dans sa partie centrale, se trouve à 4 ou 500 mètres de hauteur.

Le littoral. — La côte de l'Ouest africain est presque partout très-basse et uniforme. Aux ports ou estuaires que j'ai cités précédemment il convient d'ajouter la petite baie de Tchilongo, un peu au nord de l'embouchure du Quillou-Niari, que des travaux peu dispendieux, dit-on, permettraient de donner comme port à la voie du Niari.

miné par les géographes; aussi est-il indiqué sur les cartes par des lignes de points.

1. A son confluent avec le Congo, cette rivière a 1200 mètres de largeur.

Climat et salubrité. — Le climat de l'Ouest africain, à en juger par les négociants et les missionnaires établis depuis quarante ans et par le personnel civil de la mission Brazza, est certainement beaucoup plus sain que celui du Sénégal, de la Guyane ou de l'Indo-Chine orientale. En suivant les règles de l'hygiène, les Français peuvent certainement mieux s'y acclimater que dans les colonies que je viens de citer. N'oublions pas qu'il s'agit de l'hygiène des régions équatoriales où la fièvre paludéenne, les accès pernicieux, les maladies du foie, la dysenterie et l'anémie, sont le plus à redouter, et que les travaux à entreprendre augmentent les chances de danger pour les blancs aussi bien que pour les indigènes. La saison des pluies, qui dure de six à sept mois à la côte, augmente de durée à mesure qu'on s'avance à l'intérieur du continent dans la zone équatoriale; et ces pluies, qui tombent chaque jour pendant quelques heures, coïncident avec les plus fortes chaleurs. C'est surtout lorsqu'on passe de la saison des pluies à la saison sèche, et, d'une façon générale, aux changements de saison, que le climat est malsain.

Il l'est surtout dans la zone maritime, mais l'humidité chaude des montagnes boisées est encore dangereuse; ce n'est que sur les plateaux sablonneux et peu boisés qu'on jouit d'un climat sain.

La côte et les rives encaissées du Congo sont les parties les plus malsaines de l'Ouest africain.

Dans le jour, la plus forte température est encore supportable, grâce à la brise, dans les endroits découverts; mais il faut se défier des brouillards épais et froids des nuits, contre lesquels les indigènes se protègent assez bien par de grands feux.

CHAPITRE II

LES INDIGÈNES

Ethnographie. — Les populations de l'Ouest africain appartiennent à plusieurs races différentes. Il est encore impossible aujourd'hui de classer avec quelque certitude les très nombreuses tribus que l'on rencontre entre le Congo et l'Atlantique. Leurs caractères anthropologiques, leurs idiomes n'ont pas été étudiés suffisamment; et l'histoire, qui n'existe pas pour ces populations primitives, ne peut nous aider. Il est probable que les migrations humaines se sont dirigées ici du nord-est au sud-ouest; mais, bien qu'on rencontre à la côte des populations qui ont été évidemment refoulées — et quelques-unes sont sur le point de disparaître — il ne s'ensuit pas que toutes aient subi un déplacement dans ce sens. Des populations de même race se trouvent représentées par des tribus ou des villages dans des territoires fort éloignés les uns des autres. Il est probable aussi que les lieux les plus accessibles ont servi et servent encore de refuge à celles qui n'ont pu ou voulu s'avancer vers la côte.

C'est en suivant les principales voies de communication, c'est-à-dire les différentes vallées des cours d'eau que nous avons cités, qu'il conviendrait de mentionner toutes ces tribus diverses et d'étudier leurs migrations probables. Ces tribus sont si nombreuses que nous ne pouvons même résumer ici les renseignements recueillis par Brazza et les autres explorateurs.

Le lecteur d'une note de ce genre n'a que faire d'une foule de noms parmi lesquels nous ne relèverons que ceux des *Kacongo, Babouendé, Batéké, Apfourous* ou *Oubanghi*, sur la rive droite du Congo; des *Cabinda, Loango, Bavili, Balumbo, Cama, Mpongoué* ou *Gabonais*, sur la côte; des *Bayaka, Bákamba, Batchai, Achango* et

Avouangi dans l'intérieur; des *Galois, Bakalé, Apingi, Okandé, Bangoué,* etc., sur la rive gauche de l'Ogôoué. Encore les Bakalé et Bangoué semblent-ils tenir de très près à cette race M'fan, à ces Pahouins qui, sous différents noms, occupent tout le bassin septentrional de l'Ogôoué et derrière lesquels viennent les *M'Bélé.*

État social et politique. — A l'exception du Loango où, avec beaucoup de bonne volonté, on pourrait imaginer le territoire divisé en petites principautés, et l'État des Batékés gouverné par Makoko, les tribus et même les villages n'ont pas de liens politiques.

La plupart des indigènes vivent dans un état social primitif, caractérisé par l'esclavage, le fétichisme et la polygamie. Inutile d'ajouter que les chefs de villages sont presque toujours les féticheurs ou réciproquement.

A côté du fétichisme existe partout une sorte d'association secrète ou d'institution qui paraît être répandue bien à l'est de notre Ouest africain. Elle est connue dans le bassin de l'Ogôoué sous le nom de *Mancongo*[1]. Si l'on n'a pu surprendre quelques détails de ces cérémonies, dont les femmes et les enfants sont exclus, on n'est point fixé sur le côté sérieux de cette institution dont les principes se transmettent verbalement depuis des siècles et dont le but est peut-être d'initier l'adolescent dans les choses sérieuses de la vie, d'inculquer aux hommes certaines idées, base d'une civilisation restée embryonnaire, et de leur faire accepter, en dehors de tout système politique ou administratif, des usages ou des règles dans les relations privées et les rapports de village à village ou de tribu à tribu.

De ces usages, on peut à la rigueur déduire les principes de cette sorte de code traditionnel qui, dans une certaine mesure, ont pu s'opposer au dépeuplement de

---

1. Plus exactement *Man-Congo-Diboko*. Toutes les populations du Congo français jusqu'au delà de l'Oubanghi y sont plus ou moins affiliées. Toutes observent cette espèce de code rudimentaire, avec ses prescriptions religieuses ou sociales. Ce code secret forme comme le lien politique et l'unité morale de la région. Voir mon article du *Bulletin de géographie commerciale*, 1884-1885, dernier fascicule.

l'Afrique centrale, mais qui, d'autre part, ont développé le particularisme étroit de la tribu et même du village, particularisme favorisé d'ailleurs par le sentiment très vif de liberté et d'indépendance personnelle. Non seulement chaque village est indépendant sous l'autorité d'un chef, mais quelquefois — comme chez les Pahouins — un village possède deux ou trois chefs plus ou moins influents. Le rôle des chefs est surtout de prendre la parole dans les *palabres*, assemblées où se discutent et se règlent toutes les affaires, et elles sont nombreuses, les villages étant perpétuellement en discussions ou en hostilités causées principalement par le vol des produits du sol, le rapt des esclaves ou des femmes.

De ce particularisme sont nés les nombreux monopoles que chaque peuplade s'attribue sur les différentes parties des voies de communication par terre et par eau. Ainsi doit-on mieux comprendre maintenant quels obstacles présentait un pareil état individuel, social et économique à des pionniers dépourvus même d'interprètes.

Densité de la population. — Ajoutons que la population n'est généralement un peu dense que par places, même sur les cours d'eau les plus importants; et qu'un recensement sur cette base nous induirait tout à fait en erreur.

Industries, mœurs et coutumes. — L'état passablement primitif de ces populations nous indique que leur industrie doit être réduite à la construction des habitations (bois, feuillages et écorce d'arbres), à la fabrication des pirogues, des armes, d'instruments, ustensiles, ornements (bois, fer, cuivre), d'étoffes grossières (plantes textiles), étoffes qu'elles savent teindre de diverses couleurs.

L'agriculture, la chasse, la pêche et le commerce partagent le temps qu'elles ne passent pas à fumer le tabac qu'elles cultivent, à boire les liqueurs fermentées qu'elles fabriquent, à chanter et danser au son du *tam-tam*, sorte de tambour plus ou moins haut.

Les mœurs de ces populations sont généralement douces. Les plus sauvages cèdent à la patience, à la persuasion, aux bons traitements, comme en font foi les rapports de la mission Brazza. Une conduite différente change ces moutons en bêtes féroces, ainsi qu'on le voit au Gabon et là où les agents de l'Association internationale ont voulu agir comme en pays conquis.

Je ne saurais entrer ici dans les détails du caractère, des mœurs, et encore moins des coutumes de tant de tribus diverses. Ce qui nous importe le plus est la possibilité de maintenir de bons rapports entre nous et les indigènes. En deux ans et demi de contact, la mission de Brazza en a fait la preuve, et cela dans les conditions les plus désavantageuses.

CHAPITRE III

GÉOGRAPHIE ÉCONOMIQUE

Productions naturelles : Faune. — Bien que l'Ouest africain soit peu peuplé, que ses habitants soient assez paresseux et que les productions du pays diffèrent sensiblement des nôtres, les blancs y trouvent, dès le début, d'assez grandes ressources lorsqu'ils savent se contenter du nécessaire pour vivre.

Le poisson de mer est une grande ressource pour les habitants des côtes. Il serait facile d'en faire des salaisons pour l'intérieur. Le poisson de rivière est abondant. D'après les renseignements de M. Jacques de Brazza, l'Ogôoué, l'Alima et le Congo sont très poissonneux et renferment quantité d'espèces différentes des nôtres. Sa collection, aujourd'hui complète, offrira le plus grand intérêt.

Les loutres, les tortues, et surtout l'hippopotame, encore plus répandu dans le bassin du Congo que dans celui de l'Ogôoué où il abonde cependant, donnent encore une chair préférable à celle du caïman et des nombreuses variétés de serpents qui, de la petite vipère à l'énorme boa, figurent dans la cuisine indigène, avec les singes et même les sauterelles.

Heureusement il y a mieux que cela. Si l'on ne fait pas de rôtis avec les chats-tigres, les léopards ou les panthères, on mange volontiers du bœuf sauvage, de l'éléphant, de l'antilope et quelques oiseaux tels que des perdrix, des cailles, des pigeons, qui, avec le *touraco*, le *foliotocole* et les perroquets, sont l'ornement des forêts.

Quant aux animaux domestiques, on peut facilement les compter. Si l'on trouve dans les villages de la volaille et des porcs, il est assez rare de rencontrer des chèvres et surtout des moutons. L'âne, le cheval, ne sont pas connus, et peut-être faudrait-il bien des années de travail pour leur procurer une alimentation convenable, en admettant qu'ils puissent s'acclimater. Il semble que le chameau rendrait d'utiles services dans la région des plateaux sablonneux des Batékés; c'est une expérience à faire.

Flore. — Les études faites par la mission Brazza montreront sans doute que la flore, ainsi que la faune de l'Ouest africain, présente quelques nuances en rapport avec les trois grandes zones ou divisions géologiques : — terres basses et argileuses reposant sur bancs de grès; — terrasses d'une nature schisteuse et granitique; — plateaux calcaires limitant le plateau central africain.

Au chef de la mission revient le soin de cette description rationnelle et complète. Dans ce résumé qui exclut forcément les nuances et n'admet que les généralités, il faut aussi sacrifier les classements scientifiques au point de vue important de l'exploitation, et mentionner par conséquent ce qui est surtout utile et utilisable.

Ce pays de forêts est essentiellement le pays des *lianes*. On en trouve de toutes espèces : lianes à eau, lianes à lait, lianes à gomme, lianes à sève abondante suivant leur grosseur ; bonnes, saines ou vénéneuses. Parmi elles, la liane à caoutchouc abonde et constitue une des richesses de l'Ouest africain.

Un grand nombre de plantes, d'arbustes et d'arbres fournissent aux indigènes des remèdes : ainsi l'écorce de l'*anningo mokondo*, bouillie avec du piment, sert de fébrifuge; le *cassia alata*, à guérir les eczémas; la partie interne de l'écorce du *kou-kou*, râpée et appliquée sur une blessure, la cicatrise aussitôt, etc.

J'ai pu remarquer au Gabon et dans le bassin de l'Ogôoué une soixantaine d'essences propres à tous les besoins pour la construction des pirogues, des habitations, l'ameublement, ustensiles et instruments de tous genres. Parmi eux je citerai : l'*ogoula*, l'*oba*, le *ntenga*, le *réré*, l'*elondo*, le *ouala*, bons pour les constructions, et l'*oté* ou bambou, propre à tant d'usages; — le *tchoumbo*, le *panja*, le *chango*, l'*assani*, l'*ossouga*, le *nongo*, l'*evino*, le *niôoué*, etc., pour meubles, menuiserie, charronnage, etc.; — l'*ocoumé*, l'*elenghé*, l'*obôga*, etc., pour la construction des embarcations. Je citerai, enfin, le *yigo* ou santal rouge, l'*evila* ou ébène et le *copal* qui fournit la gomme, arbres et arbustes abondants dans la zone maritime, mais rares à l'intérieur.

Pour donner une idée de la valeur de ces bois, j'ajoute que la mission catholique à Libreville, sa chapelle, ses maisons, magasins et leurs contenus sont uniquement faits de bois du pays.

Parmi les arbres les plus communs de l'Ouest africain, il faut citer :

Le cocotier, assez rare à l'intérieur;

Les palmiers, et entre autres l'*elaïs guinensis*, qui fournit l'huile de palme.

Le bananier, le manguier, appelé *oba* par les Gabonais et *ndô* par les Pahouins, et dont une espèce sauvage fournit l'amande *ndica*, fort recherchée des noirs.

Les pistaches ou arachides se rencontrent moins dans la zone des terrasses.

La canne à sucre, le coton, le café, l'indigo et la vanille pourraient être cultivés et leur culture développée en certaines régions. Le tabac croît partout et est d'assez bonne qualité.

La banane, l'igname, la patate douce, le manioc, le maïs, le sésame et le mil composent l'alimentation des indigènes ; mais c'est principalement la banane et le manioc qui en font la base. Lorsque ces produits sont bien préparés, l'Européen peut assez vite s'y habituer et s'en accommoder. S'il ne devenait bientôt aussi insouciant que les indigènes, il pourrait avoir des légumes tels que salades, oignons, oseille, tomates, etc., la plupart des essais ayant parfaitement réussi.

Les fruits ne sont pas très variés, et je n'en trouve pas qui méritent d'être cités en dehors des cocos, bananes douces et ananas, qui abondent.

Parmi les produits que nous venons de citer, un assez grand nombre pourraient alimenter le commerce si les voies de communication et les moyens de transport étaient faciles et économiques. Mais il est évident qu'on n'ira pas chercher à l'intérieur de l'Ouest africain — et *a fortiori* dans le bassin central du Congo — des produits de peu de valeur qu'on trouve en quantité plus que suffisante sur toutes les côtes d'Afrique.

État présent et avenir du commerce dans l'Ouest africain. — Les peaux, l'arachide, le copal, l'huile de palme, le bois rouge, etc., resteront donc toujours — au moins bien des années — les principaux produits de la zone maritime. Il faudrait que les transports — au lieu d'augmenter de prix — se fissent presque pour rien ; il faudrait aussi trouver les capitaux et surtout la main-d'œuvre nécessaire au développement des ressources naturelles de l'Ouest africain et de l'Afrique centrale, y créer une agriculture prospère qui n'existe que dans l'imagination des rêveurs, pour que l'exploitation d'une telle catégorie de produits fût rémunératrice. Or cela ne se fera pas sans tenir compte du temps, sans un sage régime économique qui lui-même dépend d'une sage administration.

Dans l'état actuel — et pour longtemps — le seul commerce qu'on puisse faire avec l'intérieur de ces contrées est celui des produits riches ; et il se borne au commerce du caoutchouc, de l'ivoire, de quelques essences forestières et de quelques métaux tels que le fer et le cuivre.

Ce commerce, *entrepris dans de bonnes conditions*, peut être rémunérateur pour quelques-uns de nos commerçants.

S'il ne devait avoir que ce résultat, ce serait déjà bien quelque chose — surtout si les revenus payaient les dépenses de souveraineté.

En général, toutes les contrées, sous n'importe quelle latitude, sont moins saines pour l'homme que son pays d'origine ; mais toutes les contrées s'assainissent par l'habitat et la mise en valeur. Le département du Nord, aujourd'hui le plus peuplé, le plus riche de France, ne fut autrefois que des marécages infects longtemps inhabités.

L'homme peut vivre sous toutes les latitudes. N'essayons pas de demander davantage aux statistiques et surtout aux statistiques coloniales qui n'enregistrent que des résultats. Lorsqu'elles dénombrent les malades, elles se taisent sur leur genre de vie ; elles ne nous disent pas que la plupart (militaires, fonctionnaires ou colons) commettaient toutes les imprudences imaginables. Elles ne tiennent pas compte, par exemple, que telles personnes qui, dans nos pays tempérés, vivaient modestement avec 200, 500, 1000 francs par mois je suppose, dépensent là-bas cinq ou six fois plus et mènent sous un climat de feu une existence qui les aurait usées presque aussi vite en Europe. L'existence des Anglais dans certaines parties malsaines de l'Inde est encore plus mal comprise que la nôtre en Indo-Chine. Mais, quelque imparfaites que soient nos statistiques, elles prouvent au moins que l'état sanitaire de nos colonies s'améliore toujours avec leur développement et leur prospérité.

On prétend que la politique coloniale ruine et démoralise les peuples ; mais il conviendrait de préciser. Il s'agit de s'entendre sur les définitions, de faire cesser les équivoques, de distinguer d'abord le principe de l'application : la politique coloniale de la colonisation.

La politique coloniale est une nécessité, une fatalité tout comme la politique intérieure. Il ne s'agit donc pas de savoir si nous en ferons ou non; nous en ferons malgré tout. Toute la question revient à savoir comment nous en ferons, c'est-à-dire comment nous entendrons la colonisation, comment nous la pratiquerons, car, encore une fois, les procédés de colonisation doivent varier comme les procédés de la politique intérieure, avec les pays, les populations, les temps, l'état du progrès, etc.

A notre époque, nous n'avons pas encore les moyens de faire de la colonisation gratuite; et, contrairement à l'idée internationaliste développée à la conférence de Berlin, idée dont l'application en Afrique ne pourrait être envisagée sérieusement que le jour où existeraient les États-Unis d'Europe, la colonisation, sous peine d'être ruineuse, doit consister, pour les peuples civilisés, d'abord à se partager aussi pacifiquement que possible les pays neufs, ensuite à y établir leur influence morale et matérielle de façon que leurs nationaux, leur industrie, leur commerce, y trouvent un débouché privilégié.

J. L. Dutreuil de Rhins.

L'ILE DE LA RÉUNION

CHAPITRE PREMIER

HISTOIRE

La découverte. — L'île de la Réunion a été découverte, en même temps que l'île Maurice, par le Portugais don Pedro Mascarenhas. Désignée d'abord assez vaguement, paraît-il, sous le vocable de *Sainte-Apollonie*, elle a reçu depuis successivement les noms de *Mascareigne*[1], *Bourbon, la Réunion, Bonaparte*, puis encore *Bourbon* et enfin *la Réunion* en 1848.

Occupation de l'île de la Réunion. — Elle était complètement déserte quand, en 1642, de Pronis, l'agent de la Compagnie des Indes à Madagascar, en prit possession au nom du roi de France. Cette formalité fut renouvelée en 1649 par de Flacourt, successeur de Pronis, et en 1671 par Jacob de la Haye. De ces trois cérémonies, une seule, la dernière, est restée dans le souvenir des habitants, qui ont conservé le nom de *la Possession* au village où elle s'est accomplie.

En 1664, le roi fit cession à la puissante Compagnie du pays qu'elle venait d'ajouter à ses États, et auquel Flacourt avait donné le nom de Bourbon, n'en trouvant « aucun qui pût mieux cadrer à la bonté et à la ferti-

---

[1]. Les *Mascareignes* forment un groupe de trois îles : Réunion, Maurice, Rodrigue. Les deux dernières sont présentement aux Anglais.

lité de l'été et qui lui appartînt mieux que celui-là. » Ce sont les employés de la Compagnie, partis de Lorient, qui en furent les premiers occupants vers 1665.

On n'a que très peu de documents sur cette époque; les colons avaient assez à faire de défricher ce bouquet de verdure où ils avaient planté leurs tentes, et le temps leur manquait pour écrire leur histoire, d'ailleurs certainement insignifiante. A partir de 1689, le gouverneur fut nommé par le roi; ce haut fonctionnaire rendait la justice et concédait les terres; dans son ignorance de la géographie locale, il aliénait parfois d'un trait de plume la superficie d'un canton ou d'un arrondissement.

Occupation de l'île Maurice. — En 1721, M. Duronguet Le Toullec partit de Bourbon avec un certain nombre de soldats et de colons, et prit, au nom du roi de France, possession de l'île Maurice, l'ancienne *Cerné*, abandonnée en 1712 par les Hollandais qui l'avaient occupée dès 1598. L'île Maurice devint *l'île de France*, nom qu'elle a porté jusqu'au jour où elle perdit sa nationalité (en 1810).

La Bourdonnais gouverneur des deux îles. — L'île de France, d'abord satellite de Bourbon, ne devait pas tarder à prendre le pas sur son aînée. En 1735, La Bourdonnais réunit sous son autorité les deux îles et fut gouverneur du groupe des Mascareignes. La guerre contre les Anglais occupait tout son esprit, et Bourbon ne pouvait lui servir de point d'appui dans une lutte maritime. Cette île elliptique, aux côtes géométriquement arrondies, sans baies, sans criques, n'offrait aucun abri aux flottes improvisées qui tenaient la mer des Indes.

L'île de France, au contraire, capricieusement découpée, présente aux navires de nombreux refuges, parmi lesquels le *Grand-Port*, immense bassin, célèbre par l'admirable combat naval de Bouvet, et surtout le *Port Louis*, moins vaste mais plus sûr, et que sa forme même met à l'abri des insultes de l'ennemi.

A partir de La Bourdonnais, le gouvernement général des deux îles s'établit au Port-Louis. Bourbon n'eut plus qu'un gouverneur particulier. Peu de temps après, 1767, la Compagnie des Indes ayant fait faillite, les deux colonies firent retour au roi.

Époque de la Révolution et de l'Empire. — La période révolutionnaire se passa à Bourbon dans un calme relatif. Une *Assemblée coloniale* s'empara rapidement de tous les pouvoirs et promulgua les nouvelles lois métropolitaines ; mais, malgré l'effervescence du temps, jamais une goutte de sang ne fut répandue. Le gouverneur Duplessis, seul, fut arrêté, et incarcéré par les *patriotes* réunis des deux îles, qui frappèrent une médaille en l'honneur de cette *réunion*, dont Bourbon prit alors le nom pour prendre ensuite, sous l'Empire, celui d'*île Bonaparte*.

Les Mascareignes furent toutes deux conquises en 1810 par les Anglais que commandait Abercrombie, après de sanglants combats où les volontaires créoles soutinrent dignement la réputation qu'ils s'étaient faite sous les ordres de La Bourdonnais, de Suffren, de Surcouf. Bourbon fut rendu à la France en 1814 et se défendit vigoureusement contre une nouvelle tentative des Anglais pendant les Cent-Jours.

Séparation des deux colonies. — L'île de France, hélas ! resta au pouvoir de l'ennemi et redevint l'île Maurice.

Les deux colonies, cependant, ont continué à vivre de la même vie et se donnent toujours le doux nom d'*îles sœurs*. Maurice, aux termes de sa capitulation, a gardé le Code civil, ses usages, ses mœurs. On y est Français comme en Alsace-Lorraine ; et quatre-vingts ans de conquête n'ont pu réussir à rien y effacer, à rien y implanter. Les femmes surtout, auxquelles les affaires n'ont pas, comme aux hommes, imposé la connaissance de la langue anglaise, sont admirables de patriotisme ; les fières vertus bretonnes sont encore aussi vivaces dans leurs cœurs que chez leurs ancêtres, le jour où ils quittaient le port de Lorient.

L'île Bourbon, plus heureuse, a grandi sous le drapeau français, et l'étranger qui y débarque est profondément étonné de retrouver là, à 3000 lieues, les mœurs, les usages, les modes de la mère patrie, voire le *titi* parisien chez le gamin de Saint-Denis.

La bonne compagnie a les manières, le langage des grandes villes européennes; la conversation n'a pour aliment que les dernières nouvelles apportées par le courrier. La Réunion, en un mot, vit de la vie de la France; et, chaque fois qu'il a fallu verser son sang pour la mère patrie, la fidèle colonie, où n'existe pas le recrutement, a envoyé un grand nombre de ses enfants mourir dans les rangs de notre armée. Ah ! il fallait voir, durant l'Année terrible, la foule amassée sur le quai, quand arrivait le paquebot portant en bloc les nouvelles de tout un mois. Il fallait entendre les sanglots et les gémissements pendant qu'on égrenait le long chapelet des fatales dépêches! Et quand le sémaphore, reproduisant les signaux du vapeur encore à plusieurs lieues en mer, jeta la phrase : « Paris a capitulé ! »

France chérie, mère adorée ! et l'on écrit que tu ne sais pas coloniser ! A quatorze ans de distance, un de tes fils d'outre-mer pleure encore des larmes de sang en agitant ces lugubres souvenirs.

CHAPITRE II

GÉOGRAPHIE GÉNÉRALE

Situation géographique. — L'île de la Réunion fait partie, dans la mer des Indes, du groupe des Mascareignes. Elle est située par 55° de longitude est et 20°51' de latitude sud[1]. Elle affecte la forme d'une ellipse, dont le

---

1. Elle est à 33 lieues marines au S.-O. de Maurice, à 140 à l'est de Madagascar, à 1770 de Marseille par le canal de Suez.

grand axe a 71 kilomètres et le petit 51. Sa superficie est de 260 000 hectares.

Montagnes. — L'île est de formation volcanique. elle constitue un cône à deux sommets, dont l'un est le *Piton des Neiges*, qui dresse sa cime à plus de 3000 mètres, l'autre le *Volcan*, moins élevé seulement de quelques centaines de mètres. Le grand axe de l'ellipse est représenté par une chaîne de montagnes, aux nombreux pics, connus sous le nom de *pitons*, et dont le plus élevé, après le Piton des Neiges, est le *Grand-Bénard*. Vers le centre de l'île, un vaste plateau, élevé de 1600 mètres, la *plaine des Cafres*, relie les deux systèmes orographiques.

La montagne commence de chaque côté dans la mer. Elle sépare la colonie en deux parties presque égales, constituant les deux arrondissements dits *du Vent* et *sous le Vent*. Ces dénominations, empruntées au langage maritime, sont d'ailleurs loin d'être météorologiquement exactes.

Cours d'eau. — Les cours d'eau sont, pour la plupart, des torrents qui ne coulent guère que pendant l'hivernage. après les grosses pluies ; ils deviennent alors impétueux. Cependant, un certain nombre de rivières (du *Mât*, des *Roches*, des *Marsouins*, de l'*Est*, des *Remparts*), situées à l'est, roulent toujours une onde très pure et très fraîche. De nombreuses sources, d'une extrême pureté, alimentent abondamment les villes, qui ont presque toutes exécuté de grands travaux de canalisation. On a aussi construit plusieurs canaux d'irrigation.

Climat. Pluies et vents. Température. — La quantité de pluie qui tombe annuellement varie beaucoup suivant les localités. Les plus arrosées sont celles du sud-est[1], sur lesquelles les montagnes arrêtent les nuages

---

[1]. Les pluies tendent à devenir plus rares dans les régions qui ont été le plus déboisées. En 1803, Bory de Saint-Vincent disait déjà : « L'infécondité de Bourbon, grâce au déboisement et à la rareté des pluies qui en est la conséquence, sera un jour, comme l'aridité de l'Egypte, de la Perse et d'autant d'autres déserts, la preuve indiscutable de l'ancienne possession de l'homme. »

chassés par les vents alizés, qui soufflent régulièrement de mai en octobre. Pendant le reste de l'année, il ne pleut guère qu'à la suite des cyclones, ces effroyables tempêtes circulaires qui sont le plus grand fléau de la colonie, car elles saccagent en quelques heures les cultures et même les demeures. Les cyclones qui passent à distance de l'île ne se font sentir que par la chute d'ondées bienfaisantes. Ces redoutables météores n'ont lieu que pendant la saison chaude, l'*hivernage*, de novembre à mars, saison dont la température varie de $+27$ à $+32°$ et même $+33°$ à Saint-Paul. Durant les autres mois, ceux qui forment la *belle saison*, la température est de $+16$ à $25°$. La moyenne générale est de $24°$.

De Saint-Benoît à Saint-Joseph, il tombe par an environ 4 mètres d'eau, tandis que Saint-Denis n'en reçoit que la moitié et Saint-Paul encore moins. On a parfois constaté des averses donnant jusqu'à 250 millimètres d'eau en quelques heures.

Sur les hauteurs, la température diminue naturellement beaucoup. La neige tombe quelquefois sur les hauts sommets, et le thermomètre s'y abaisse beaucoup au-dessous de $0°$. A la plaine des Cafres, pendant la même saison, le givre recouvre le sol presque tous les matins.

Ces différences de température donnent à la Réunion tous les climats ; sur le littoral, on cultive la canne à sucre ; sur les hauteurs, les céréales. On y a créé des stations de plaisance, où l'on peut aller rétablir sa santé altérée par les chaleurs.

Salubrité. — La Réunion a longtemps été citée pour sa salubrité. Flacourt raconte qu'il suffisait d'y débarquer des malades pour les rétablir. Depuis 1868, ce renom s'est perdu. La fièvre paludéenne, jusque-là inconnue, a fait son apparition, évidemment importée, malgré les théories en faveur. Après avoir été très meurtrière, elle est d'ailleurs devenue plus rare et bénigne et ne présente presque plus de cas mortels. Il est à espérer qu'elle disparaîtra complètement.

Sources thermales. — Trois grands cirques, *Salazie*, *Cilaos* et *Mafatte*, donnent naissance à de nombreuses sources thermales, identiques les unes à celles de Vichy (*Salazie, Cilaos*, les autres à celles de Barèges (*Mafatte*). On y a créé des stations très fréquentées par les baigneurs de la Réunion et de Maurice.

Aspect du pays. — L'île est très fertile. Sur le bord de la mer on ne voit que d'immenses champs de cannes à sucre ; les plaines de l'intérieur produisent les céréales et tous les fruits de l'Europe. Le reste est couvert de forêts, dont quelques-unes sont encore fort belles et fournissent des bois très résistants et durables. Aucun pays n'est plus pittoresque, et les voyageurs le comparent aux sites les plus renommés de la Suisse. Au milieu des bois, dans les gorges des ravines, ce sont à chaque pas des spectacles merveilleux, des cascades d'une prodigieuse hauteur, sous le plus beau des ciels ; et, comme contraste, parfois le volcan vomit ses fleuves de feu, dont rien ne peut rendre la majestueuse impression.

La beauté de l'île lui avait valu le nom d'*Eden*.

CHAPITRE III

LES HABITANTS

Population. Ethnographie. — La Réunion compte moins de 200 000 habitants[1]. Les premiers furent des ouvriers de la Compagnie des Indes, chassés de Fort-Dauphin par les Malgaches, après le massacre de leurs compagnons. Peu à peu l'immigration, tant européenne que cafre et malgache, est venue grossir ce noyau. Les fonctionnaires envoyés par la métropole sont ordinairement restés dans

1. Recensement de 1881 : 169 493 habitants ; Français, 119 942 ; Indous, 30 734 ; Malgaches, 6 370 ; Cafres, 9 413 ; Chinois, 918 ; troupes, marine, 2 716.

le pays avec leurs familles. Aujourd'hui, il y a environ 60 000 habitants d'origine européenne ; les uns, ceux surtout qui jouissent d'une certaine aisance, habitent les villes et les campagnes du littoral ; les autres, principalement les descendants des premiers colons, amoureux de l'indépendance, forment sur divers points de l'île, et particulièrement sur les hauteurs, une population spéciale, connue sous le nom de *petits créoles*, remarquablement belle et brave, vivant de pêche, de petites cultures, marcheurs incomparables, aimant les aventures.

Émancipation des esclaves. — En 1848, quand un décret du gouvernement provisoire proclama l'émancipation des esclaves, ces malheureux, d'ailleurs bien traités en général, étaient au nombre de 60 000. Le décret d'affranchissement leur a donné, avec la liberté, la qualité de Français. Depuis 1870, ils sont, au même titre que les colons européens, électeurs et éligibles. Jamais aucune question de caste ne s'est élevée dans le pays. Toute cette population française, quelle que soit son origine, est remarquablement douce et sage ; nul événement politique survenu en Europe n'a eu un contre-coup violent à la Réunion. Les fils des affranchis fréquentent presque tous les écoles, en sortent souvent avec des connaissances étendues et se placent facilement. Les autres deviennent d'habiles ouvriers ; seul, le travail de la terre leur est antipathique.

Immigration. — Aussi a-t-il fallu recourir à l'immigration étrangère pour satisfaire aux besoins de l'agriculture. Après une période de dix ans, où l'on a introduit simultanément des travailleurs de l'Afrique et de l'Inde, il a été conclu en 1860 entre la France et l'Angleterre une convention, aux termes de laquelle la première s'interdisait le recrutement africain et devait demander à l'Inde anglaise tous les immigrants nécessaires à ses colonies.

Sous l'empire de ce traité, un grand nombre d'Indous furent introduits à la Réunion, où il en reste 50 000 environ. Ces travailleurs, engagés pour cinq ans, sont si bien traités qu'il est fort rare d'en voir retourner dans leur pays; et ceux qui partent reviennent presque tous. Néanmoins, sous la pression de ces Sociétés bibliques qui sont aussi notre principale pierre d'achoppement à Madagascar, des plaintes nombreuses se sont produites de la part de l'Angleterre. Malgré les sacrifices de la colonie, qui a organisé un service très onéreux de protectorat des immigrants, malgré la présence d'un consul anglais très écouté, le gouvernement de l'Indoustan, il y a deux ans, a supprimé l'immigration pour la Réunion.

La France doit se croire dès lors autorisée à reprendre sa liberté d'action et à assurer le recrutement des travailleurs en Afrique; mais malgré les réclamations des colons, pour lesquels il s'agit d'une question vitale, rien n'a encore été fait dans ce sens. L'agriculture, déjà bien éprouvée, n'a plus à sa disposition que les Indous autrefois introduits; mais cette ressource s'éteindra peu à peu, et la colonie se trouvera absolument dépourvue de travailleurs agricoles.

La reprise du recrutement africain serait très avantageuse à la Réunion. Les Cafres s'assimilent avec une facilité prodigieuse à l'élément français; au bout de deux ans de séjour, ils se confondent presque avec les indigènes. Après cinq ans, ils portent la redingote et les bottines vernies le dimanche, mais travaillent toujours le reste la semaine.

On trouve encore à la Réunion des Chinois, deux mille environ, qui ont accaparé le petit commerce avec l'habileté proverbiale de la race jaune, et des Arabes qui, depuis peu, cherchent à monopoliser le commerce des tissus.

A Maurice, depuis longtemps, Arabes, Chinois et Indous sont presque les seuls négociants en grains alimentaires et commerçants de détail.

CHAPITRE IV

GOUVERNEMENT ET ADMINISTRATION

Divisions administratives. — La colonie a pour chef-lieu Saint-Denis, qui est aussi le chef-lieu de l'arrondissement *du Vent*. L'arrondissement *sous le Vent* a pour chef-lieu Saint-Pierre. L'île n'est divisée qu'en 14 communes, dont la plus grande, Saint-Paul, a 35 000 hectares de superficie. Les bourgs sont presque tous situés sur le littoral. Dans l'intérieur, cependant, quelques plateaux ou *plaines* sont aussi colonisés.

Administration. — Un gouverneur, représentant le chef de l'État, est la plus haute personnification de l'administration. Il est assisté d'un *Directeur de l'Intérieur*, ayant à peu près les pouvoirs des préfets, et d'un *Procureur général*, chef de la justice. Ces trois fonctionnaires et deux *civils*, choisis par le ministre de la Marine et des Colonies, constituent le *Conseil privé*, dont l'avis est parfois facultatif, parfois obligatoire, pour la validité des arrêtés du gouverneur.

Le directeur de l'Intérieur a sous ses ordres tout le personnel administratif : Finances, Douanes, Travaux publics, etc., etc.

Le procureur général est le chef du service judiciaire, qui comprend deux arrondissements, ceux de Saint-Denis et Saint-Pierre. Dans chacun se trouvent un Tribunal de première instance et une Cour d'assises. La Cour d'appel siège à Saint-Denis.

Lois et justice. — Les lois sont celles de la métropole, sauf sur quelques points, comme le travail, régi par des dispositions particulières. Ce n'est que depuis 1870 que le suffrage universel et le droit de nommer ses mandataires ont été donnés à la colonie par un décret du gouvernement de la Défense nationale.

Les communes sont réparties en neuf cantons, pourvus chacun d'une justice de paix.

Les cours d'assises ont peu d'affaires capitales à juger, et la peine de mort est rarement prononcée. La commutation aidant, il n'y a eu, dans les trente dernières années, qu'une exécution, celle d'un Indou.

Religion. — L'immense majorité des Français est catholique; il y a fort peu de protestants, et ils n'ont point de temple. Le clergé colonial se compose de quatre-vingts prêtres, ayant à leur tête un évêque.

Les Indous ont élevé çà et là quelques rares édifices religieux; ils ne semblent pas, en général, professer de culte bien déterminé.

Instruction publique. — Le chef du service de l'instruction publique est un *vice-recteur*, relevant directement du Gouverneur. Il a sous ses ordres un *inspecteur primaire*.

Les établissements d'instruction sont :

1° Un lycée, celui de Saint-Denis, fondé en 1821, qui compte 400 élèves et 30 professeurs, plus le personnel complet de l'administration et les maîtres répétiteurs;

2° Trois collèges communaux, à Saint-Pierre, Saint-Paul et Saint-André ;

3° Deux institutions secondaires et un petit séminaire ;

4° 105 écoles communales, 6 écoles subventionnées, 22 écoles libres et 11 ouvroirs. Les écoles communales occupent 275 instituteurs ou institutrices et inscrivent un nombre de 12 000 élèves.

Un jury local décerne des brevets qui sont échangés en France contre le diplôme de bachelier, après examen des épreuves écrites. Chaque année, un grand nombre de jeunes gens et de jeunes filles obtiennent aussi des brevets pour l'enseignement, et des certificats d'études.

Une *école normale* d'instituteurs, établie à Saint-Denis, comporte un directeur et trois maîtres adjoints.

On trouve à la Réunion des cours secondaires libres, un cours d'hydrographie, une station agronomique, deux musées d'histoire naturelle, plusieurs Sociétés savantes, une bibliothèque publique assez riche.

Les dépenses de l'instruction publique inscrites au budget de la colonie (vice-rectorat et lycée) s'élèvent à 450 000 francs. Celles des budgets communaux représentent la même somme. L'instruction publique coûte donc près d'un million.

Budget. — Le budget de la colonie pour 1885 s'élève à 3 956 393 francs, se décomposant ainsi :

Dépenses obligatoires (que le ministre peut rétablir) :

Dettes exigibles..................	577.001
Pensions......................	80.230
Services administratifs............	221.153
Instruction publique..............	451.524
Police, prisons, immigration.......	364.586
Aliénés.......................	42.447
Divers........................	50.000
Total....	1.786.941

Dépenses facultatives (sur lesquelles le conseil général est souverain) :

Services administratifs et représentatifs..	53.824
» financiers.............	995.735
Protectorat des immigrants.........	80.360
Services divers.................	137.114
Travaux publics.................	562.238
Hôpitaux......................	171.679
Bourses, subventions, secours......	97.600
Dépenses non classées...........	65.902
Total....	2.169.452

Il faut ajouter à ce budget les parts d'impôt attribuées aux communes et aux Chambres d'agriculture et de commerce, les recettes propres des municipalités, qui dépassent 500 000 francs, et enfin les dépenses de souveraineté effectuées par la métropole pour l'armée, la marine, la justice et les cultes, et qui s'élèvent à 1 600 000 francs.

Les recettes de la colonie équilibrent largement son budget particulier. En voici le détail :

Enregistrement et domaines.	627.300
Contributions directes (maisons, voitures, patentes).	569.500
Douanes. — Contribut. indirectes. — Poste.	2.547.800
Produits du lycée.	149.000
Divers.	73.420
Total. . . .	3.967.020

Les spiritueux, à eux seuls, produisent environ un million et demi, dont un tiers est attribué aux communes.

Douanes. — Tous les produits exportés de la Réunion sont frappés d'un droit de sortie de 4 pour 100 *ad valorem*. Les objets importés subissent un droit d'*octroi de mer* réparti entre les communes, moitié au prorata de la population, moitié à celui des dépenses obligatoires. Des tarifs de douanes frappent un certain nombre de marchandises étrangères.

Représentation coloniale. — La colonie est représentée au Parlement par deux députés et un sénateur.

Un *Conseil général* de 36 membres, nommés par les 9 cantons en proportion de leur population, a des attributions considérables, conférées par les sénatus-consultes des 3 mai 1854 et 4 juillet 1866. Il fixe les droits de douanes, vote le budget local, etc.

Les municipalités sont régies par la loi du 5 avril 1884.

Ces diverses Assemblées ont toujours fait preuve de sagesse et de patriotisme ; aucun reproche ne peut leur être adressé sur leur gestion.

Une *Commission coloniale* fonctionne pendant les intersessions du Conseil général.

CHAPITRE V

GÉOGRAPHIE ÉCONOMIQUE

Cultures. — La principale, presque l'unique culture de la Réunion, est celle de la canne à sucre, qui couvre tous les champs du littoral. La production, qui a atteint 75 000 tonnes en 1862, a beaucoup diminué par suite des ravages d'une chenille, le *borer*, de l'épuisement des terres et de cyclones répétés. Elle n'est plus guère que de 35 à 40 000 tonnes, qui suffiraient encore à assurer la fortune de l'île, n'étaient les bas prix, résultat de la concurrence allemande.

On a, en 1883, exporté 578 000 kilogrammes de café et 23 000 kilogrammes de vanille, représentant ensemble une valeur d'un million et demi. En outre, le pays produit, sous le nom de *vivres*, le maïs, le manioc, les pois nécessaires à sa consommation. Il exporte à Maurice l'avoine et les pommes de terre qui poussent sur les hauteurs; il possède tous les légumes et les fruits de l'Europe et des Tropiques.

Animaux. — La Réunion n'élève même pas le nombre d'animaux nécessaires à ses besoins. Pour son approvisionnement de bœufs, elle est tributaire de Madagascar. On fait venir les chevaux de l'Australie, des îles de la Sonde, de France et de Buenos-Ayres, d'où l'on tire aussi les mules de charroi. Une *Société des courses* fait de grands efforts pour développer l'élève du cheval.

Industries et commerce. — Il y a fort peu d'industries (distilleries, tanneries, etc.) et leurs produits sont consommés dans le pays. L'exportation ne comprend guère que le sucre, le café, la vanille. Par contre, la Réunion importe presque tout ce qui lui est nécessaire : la viande lui vient de Madagascar; l'Inde lui fournit le riz, qui remplace le pain pour la population créole. Tout le reste est demandé à peu près exclusivement aux manufactures françaises.

En 1882, la valeur totale des importations a été de 22 209 271 fr., et celle des exportations de 16 613 896 fr.

Travaux publics. — Pour transporter ses produits et assurer ses communications, la Réunion possède un système de voirie très développé. Une magnifique route macadamisée, dite *de ceinture*, réunit entre elles toutes les communes situées sur le bord de la mer.

D'autres routes coloniales donnent également accès

aux localités de l'intérieur. L'ensemble de ces voies mesure 470 kilomètres.

Les routes communales présentent un développement au moins aussi considérable; les propriétés particulières sont desservies par de nombreux chemins.

Une *voie ferrée* de 120 kilomètres réunit Saint-Pierre à Saint-Benoît; elle compte 13 stations; la distance des rails est d'un mètre.

Un *télégraphe*, appartenant à une Société privée, relie les mêmes Communes.

Navigation. — Ports. — La Réunion a reçu, en 1882, de l'extérieur, 191 navires français jaugeant 134 912 tonneaux et montés par 6252 hommes, et 26 navires étrangers jaugeant 9282 tonneaux et montés par 341 hommes.

Jusqu'ici ces navires mouillaient sur des rades foraines et communiquaient avec la terre par des chaloupes.

On construit en ce moment, à la *Pointe des Galets*, un port qui est l'œuvre d'une compagnie particulière subventionnée par l'État; on espère l'inaugurer prochainement.

La commune de Saint-Pierre a également entrepris, à ses frais, un port qui, depuis deux ans, reçoit les navires de 1000 tonneaux; on l'agrandit en ce moment pour laisser entrer les plus forts steamers.

Le commerce a lieu surtout avec Nantes, puis Marseille, le Havre et Bordeaux.

La Réunion est rattachée à Marseille par la ligne des paquebots de l'Australie, dont le départ a lieu tous les 28 jours; la durée du voyage à Saint-Denis est de 18 jours. La compagnie des Messageries maritimes, à laquelle appartiennent ces vapeurs, vient d'organiser un service mensuel entre la Réunion, Madagascar et Zanzibar.

Institutions de crédit. — Il existe, depuis 1848, une Banque coloniale, au capital de 4 millions, émettant des billets ayant cours *légal*. Elle a le privilège, envié par la métropole, de prêter sur récoltes. Le prêt peut atteindre les 2/3 de l'estimation des experts.

Un autre établissement local, le *Crédit agricole et com-*

mercial, au capital de 3 millions, a su attirer à lui la majeure partie des affaires de la colonie.

Il existe plusieurs caisses d'épargne.

Avenir de la colonie. — La Réunion a passé la période où l'on aurait à prédire son avenir. C'est un pays complètement organisé, qui donne tout ce qu'on en peut attendre. Il se suffit; et la France n'a plus à payer que ses dépenses de souveraineté, remboursées au centuple par les avantages que lui procure la possession d'une station aussi importante dans la mer des Indes.

L'existence de deux ports améliorera nécessairement la situation de la colonie, que visiteront plus volontiers les navires, et où viendront sans doute se faire réparer ceux qui auront éprouvé des avaries.

L'avilissement du prix du sucre a provoqué des recherches pour la substitution d'autres cultures à celle de la canne. On a essayé le quinquina, qui réussit bien, la ramie, les plantes à parfum, la vigne, la préparation du tapioca; mais on se heurte toujours à la difficulté du débouché; pour la vanille, par exemple, le marché a été vite encombré; pour le café, il faudrait refaire des abris arborescents, et l'organisation économique des colonies exclut souvent les opérations à échéance éloignée.

Jadis, les sucres coloniaux étaient en France l'objet d'un traitement de faveur; aujourd'hui ils sont sur le même pied que les sucres étrangers. Cependant le Conseil général de la Réunion n'a pas hésité, il y a deux ans, sur la demande de la métropole, à voter des droits de douanes, qui ne servent qu'à protéger les industriels de France. On s'attendait à quelque mesure de réciprocité.

On a vu ci-dessus de quelle importance est pour la colonie la reprise de l'immigration.

Si, grâce à des mesures émanant de la métropole ou à d'autres, les prix du sucre se relevaient assez pour procurer aux propriétaires coloniaux des recettes qui les missent en mesure d'introduire dans leurs usines et leurs champs les récents perfectionnements sans lesquels la lutte industrielle n'est plus possible, la Réunion reverrait encore les beaux jours d'autrefois et redeviendrait « la colonie modèle ».

Comparaison avec l'île Maurice. — Nous avons dû condenser en quelques pages cette notice sur un pays qui mériterait plusieurs volumes ; il est utile d'ajouter une rapide comparaison avec l'île-sœur.

Maurice, un peu plus petit que la Réunion, est un pays plat, et où par conséquent les terrains cultivables occupent une superficie beaucoup plus considérable qu'à la Réunion. Sa population, en 1884, était de 359 874 habitants, sur lesquels les Indous comptent pour 246 821. En outre des anciens créoles français et des Anglais, ceux-ci peu nombreux, on y rencontre un peu toutes les races du globe.

Le budget s'élève à 19 554 775 francs, il est donc quintuple de celui de la Réunion.

Mais aussi, la production du sucre atteint jusqu'à 120 000 tonneaux (1881 et 1882) ; les importations sont relevées à la Douane pour 60 millions et les exportations pour 84 millions, parmi lesquels figurent d'ailleurs nombre d'articles qui n'ont fait que passer en entrepôt fictif. Ce commerce énorme est dû en majeure partie à l'existence du Port.

Le crédit à Maurice a l'ampleur qu'il atteint dans les pays anglais ; néanmoins la chute d'un grand établissement financier, l'an dernier, a jeté le trouble dans les affaires. Somme toute, pourtant, la prospérité de Maurice est incomparablement supérieure à celle de sa voisine. Mais l'ouverture du canal de Suez a porté un coup fatal à cette magnifique colonie, les navires ayant déserté la route du Cap, sur laquelle Maurice était une station obligée ; les ports de la Réunion diminueront encore en partie ses immenses revenus.

Néanmoins, notre ancienne Ile de France reste la perle des colonies. Si elle n'a pas les splendides beautés naturelles de la Réunion, elle a des richesses incomparables. Et pour nous, elle a mieux encore : c'est l'attachement profond qu'elle conserve pour son ancienne et adorée mère patrie.

G. Jacob de Cordemoy.

MADAGASCAR

ET ILES VOISINES

PARTIE HISTORIQUE

CHAPITRE PREMIER

JUSQU'A LA FIN DU SECOND EMPIRE

Premières tentatives sur Madagascar. Les Portugais. — Connue de bonne heure par les Arabes, qui s'y établirent dès le septième siècle, Madagascar fut pour la première fois révélée au monde occidental, sous le nom de « Madeigascar », par Marco Polo, qui en entendit parler par les traitants arabes qui fréquentaient la côte orientale d'Afrique, sans que l'on puisse affirmer que la localité ainsi nommée par lui soit bien celle qui nous occupe. Il nous faut arriver au moment où les Portugais, ayant doublé le cap des Tempêtes, préludent à la conquête de l'Inde, pour trouver des documents précis et certains sur cette grande île. Si l'on en croit les premiers annalistes portugais, et peut-être même faut-il faire remonter cette découverte à 1500, ce serait Fernâo Soares qui, renvoyé en Europe par d'Almeida avec plusieurs bâtiments, aurait, le 1er février 1506, découvert Madagascar, à laquelle on aurait donné le nom de Saint-Laurent. Vers le temps où Soarez prolongeait la bande orientale de cette

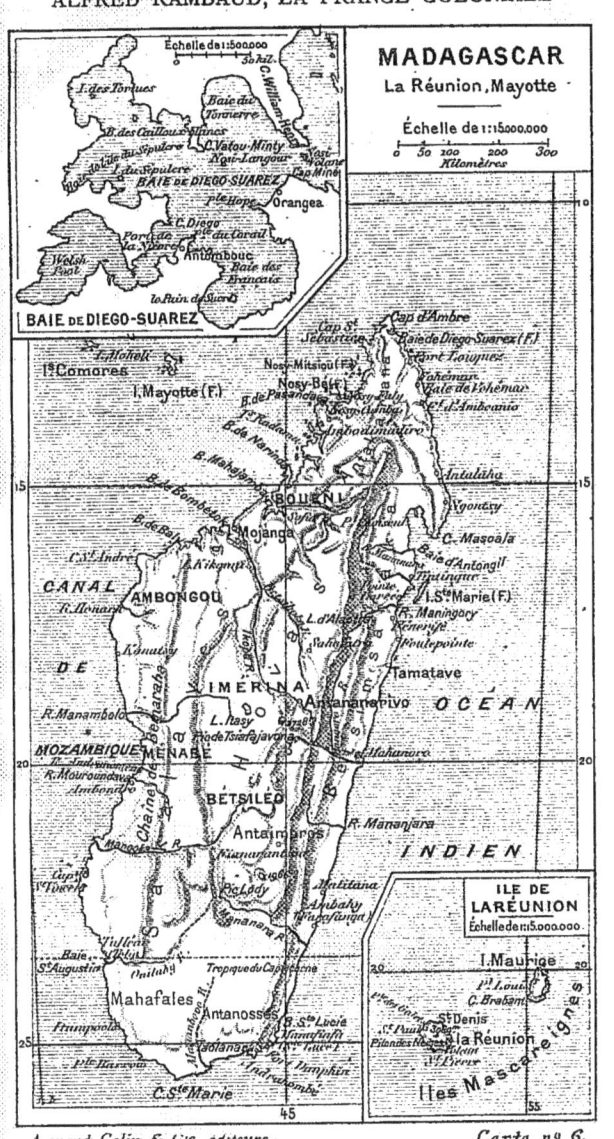

grande île, Ruiz Pereira Coutinho, séparé par la tempête du reste de la flotte que conduisait dans l'Inde Tristan d'Acunha, aurait suivi la côte occidentale et serait arrivé jusqu'à un cap qui aurait reçu le nom de Natal. A ce moment, les courants l'auraient entraîné au large, mais un navire commandé par João Gomes de Abreu aurait doublé le cap, aurait longé la côte orientale et serait arrivé jusqu'à la province de Matatane. En 1508, Diego Lopes de Sequeira, au cours d'une reconnaissance plus approfondie de cette grande île, aurait recueilli sur ses plages un certain nombre de Portugais naufragés et aurait découvert la baie de Saint-Sébastien, le 20 janvier 1509.

Dans les années 1510, 1514 et 1521, nous voyons tour à tour João Serrao, Luiz Figueira et Pedro Yannez Francez, ainsi que Sebastião de Sousa de Elvas, reconnaître la côte, essayer de nouer des relations de commerce et d'amitié avec les naturels, recevoir même l'ordre de bâtir une forteresse dans la province de Matatane, sans pouvoir, par suite de diverses circonstances, mener complètement à bien leurs missions.

Mais les Portugais ne furent pas les seuls, à cette époque, à fréquenter les côtes de Madagascar, où les navires européens trouvaient des vivres frais, sans parler des esclaves qu'ils ne s'interdisaient pas de faire.

Les Hollandais et les Anglais. — Les Hollandais, au cours des nombreuses expéditions qu'ils envoient en Océanie à cette époque, ne manquent pas de faire escale à Madagascar. Les Anglais essayent à leur tour de s'y établir, et, pour déterminer les émigrants à s'y rendre, ils n'hésitent pas à proclamer que les habitants sont les gens les plus heureux du monde et qu'ils ont pour les Anglais une affection toute particulière. Mais ce sont là des tentatives isolées et sans grand succès [1].

1. Voir HAMOND (W. A.). — A paradox prooving that the inhabitants of the isle called Madagascar... are the happiest people in the world, whereunto is prefixed a briefe and true description of that island... and condition of the inhabitants and their special affection

Les Français. — A la même époque, nos marins normands et bretons, gens à tout oser, ayant eu connaissance des immenses bénéfices qu'il était facile de faire dans l'*Insulinde*[1], envoyaient dans ces régions des expéditions répétées[2]. C'est pendant une de ces courses que Parmentier, dont M. Shefer nous donnait récemment un récit plus complet de voyage, visitait les côtes occidentales de Madagascar et en relevait avec une fidélité scrupuleuse les accidents et les indentations.

En 1601, le Hollandais Joris Spilpergen notait qu'il avait rencontré dans les parages du cap de Bonne-Espérance deux navires français, et son récit, qui ne renferme aucune marque de surprise, prouve que ces mers étaient continuellement sillonnées par nos marins.

Richelieu et Rigault. — Depuis un certain temps déjà, des Français ou, pour être plus précis, des Normands s'étaient établis à Madagascar, lorsqu'en 1642 le capitaine dieppois Rigault demanda à Richelieu l'autorisation d'y établir une colonie.

Nulle sollicitation ne pouvait être plus favorablement accueillie du grand ministre qui avait déjà favorisé la création de compagnies de commerce pour les deux Amériques et le Sénégal. Persuadé que la situation géographique de la France lui imposait une politique coloniale et, pour y parvenir, la création d'une marine sérieuse, le cardinal n'avait épargné ni soins ni argent pour atteindre ce but. Aussi, le 24 juin de la même année, des lettres patentes étaient-elles octroyées au capitaine Rigault et à ses associés, leur accordant la concession pendant dix ans de Madagascar et des îles adjacentes.

Telle est la base de nos droits sur Madagascar. Les nations policées se sont toujours soumises, et sans jamais tenter la moindre objection, à ce principe que tout pays habité par des peuples sauvages appartient de droit au

---

to the English above other nations. — *London, for N. Butter*, 1640, pet. in-4. Cet ouvrage extrêmement rare n'existe pas à la Bibliothèque nationale.

1. Inde insulaire.
2. Voyez ci-dessus l'*Introduction historique*.

premier occupant capable d'y introduire la civilisation. C'est en vertu de ce droit que les Anglais se sont établis en Amérique, en Australie, et ailleurs; c'est en vertu de ce principe que les Espagnols se sont emparés du Mexique et de l'Amérique centrale, les Portugais du Brésil, les Hollandais des îles de la Sonde, etc., etc.

Si, par suite de circonstances malheureuses, nous n'avons pas eu, jusqu'à ce jour, d'établissement permanent à Madagascar, nous avons du moins, à mainte reprise, tenté de nous y installer et nos rois, par des déclarations officielles, n'ont jamais laissé tomber en désuétude les prétentions que nous entretenions sur cette grande île.

La première expédition envoyée par la Compagnie des Indes orientales ne comprenait que douze hommes seulement, mais ils furent presque aussitôt secourus par un envoi de soixante-dix colons amenés par le capitaine Régimont.

Pronis. — Les agents de la Société, Pronis et Foucquembourg, s'établissent à Manghafia, ils prennent successivement possession de Sainte-Marie, de la baie d'Antongil, installent des postes à Fénériffe, à Manandra; puis ils construisent dans la presqu'île de Thalangar ou Taolanara une forteresse qui reçoit le nom de Fort Dauphin. Mais Pronis est mauvais administrateur; adonné aux femmes et aux liqueurs spiritueuses, il a bientôt fait de changer en haine les dispositions bienveillantes que les naturels nous ont tout d'abord montrées. En 1646, il est emprisonné par ses propres compagnons et demeure aux fers pendant plus de six mois, jusqu'à l'arrivée d'un navire de renfort. Une seconde révolte éclate; elle est comprimée par Pronis, qui déporte à Bourbon une douzaine des plus mutins: ce furent les premiers colons de cette île jusqu'alors inhabitée.

Étienne de Flacourt. — La Compagnie, instruite des déportements de Pronis, le remplace par un de ses directeurs, Étienne de Flacourt, qui arrive à Madagascar en 1648. S'il est intègre, si ses compatriotes n'ont pas à se plaindre de lui, Flacourt est ennemi de la douceur à l'égard des naturels, il les terrorise, détruit en deux ans cinquante-deux villages, et, au bout de quatre années de guerres continuelles, il a soumis à notre puissance tout le sud de Madagascar.

Cette soumission n'est qu'apparente ; vienne à disparaître le terrible guerrier, les Madécasses auront bientôt fait de secouer le joug.

Resté cinq ans sans secours de la mère patrie, alors en proie aux troubles de la Fronde, Flacourt passe en France en laissant à Pronis le gouvernement de la colonie.

Le nom de Flacourt est indissolublement lié à celui de Madagascar. C'est lui qui a publié le premier livre sérieux sur cette île. On y trouve les renseignements les plus complets sur les populations, sur leurs mœurs et leurs coutumes, sur les ressources agricoles et minéralogiques du pays, et cet ouvrage est encore aujourd'hui considéré comme un document historique d'une incontestable valeur.

La Compagnie des Indes était arrivée au terme de sa concession et son échec était complet. Elle fut réorganisée sous la présidence du maréchal de La Meilleraye, mais le résultat ne fut pas meilleur. Du Rivaut, Champmargou se succèdent dans le commandement de la colonie : après des alternatives de revers et de succès, les Français en furent réduits aux dernières extrémités et bloqués, par les indigènes soulevés en masse, dans le fort Dauphin.

Colbert et la Compagnie des Indes. — Mazarin avait été trop distrait par le soin de sa sûreté personnelle pour donner suite aux projets formés par Richelieu. C'est Colbert qui les reprend. Fort de l'insuccès de la Compagnie de La Meilleraye, il profite de ce qu'elle est arrivée à la fin de sa concession décennale pour substituer à l'initiative privée une colonisation officielle.

Le grand ministre crée une agitation factice ; il fait circuler, en apparence sous le manteau, des brochures qu'il a commandées à Charpentier, où sont vantés les avantages des colonies et du commerce d'outre-mer, où sont données en exemple les prodigieuses richesses de la Compagnie hollandaise des Indes orientales, où il est fait de Madagascar une description dithyrambique.

Puis, comme il craint que l'insuccès des opérations des deux Sociétés qui se sont succédé n'effraye le public, il organise une souscription officielle, en tête de laquelle s'inscrivent le roi, la reine, les princes du sang et les courtisans les plus en vue. Ainsi patronnée par le souverain, l'œuvre est bientôt constituée. Au mois d'août 1664, un édit de concession donne à la Compagnie, *à perpétuité avec les droits de justice, seigneurie et souveraineté absolue, toutes les terres qu'elle pourra découvrir ou conquérir.* Un édit de 1665 donne à Madagascar le nom d'île Dauphine; sur le sceau royal que Louis XIV offre au Conseil souverain de la colonie se lit un nom plus glorieux : **France orientale**.

Ce n'est pas la faute de Colbert si, à ce moment, nous ne nous sommes pas établis définitivement à Madagascar : c'est aux hommes par lui employés qu'il faut l'attribuer. Les gouverneurs, ceux qui ont une part d'autorité, si minime soit-elle, les colons eux-mêmes, n'ont d'autre préoccupation que le pillage. Ils se croient en pays conquis, pressurent et maltraitent les indigènes au lieu de se les attacher par un gouvernement juste et paternel. Champmargou n'a pas assez d'autorité pour astreindre les Français à la culture du sol, pour les plier à un commerce honnête et loyal, choses que Colbert ne cesse pourtant pas de recommander.

Lopis de Mondevergue, qui était parti avec un convoi considérable, n'arriva à Madagascar qu'après une navigation aussi longue que pénible à la veille de la saison de l'hivernage, si bien que ceux des colons qui avaient résisté aux fatigues du voyage furent emportés par les fièvres.

Bien conseillé, Mondevergue rompit avec la politique suivie par ses prédécesseurs et s'efforça de se concilier les habitants; il aurait merveilleusement réussi dans cette voie, si la Compagnie, avertie des malversations de ses agents, ne l'avait rappelé en France.

Madagascar fait retour à la couronne. — Depuis quelque temps déjà, ses directeurs s'apercevaient que le plus clair de leurs ressources était absorbé par Madagascar et cela sans ombre de profit. Ils demandèrent donc à Louis XIV de lui restituer cette île pour consacrer toutes leurs ressources au commerce de l'Inde qu'ils supposaient devoir être beaucoup plus fructueux. Le roi consentit, et cette malheureuse décision fut la perte de Madagascar.

Toute entreprise de colonisation est une opération à long terme. Ce sont pas ceux qui s'imposent les sacrifices que coûtent les premiers frais d'installation qui recueilleront des bénéfices, ce sont leurs descendants ; aussi n'avons-nous jamais pu comprendre que des sociétés s'établissent pour coloniser un pays. Qu'on l'exploite, rien de mieux ; c'est ce qu'ont fait les Hollandais aux îles de la Sonde, c'est ce que nous allons faire au Tonkin et au Congo ; mais, pour créer une colonie, il faut qu'un pays, par la voix de ses représentants, y consente, qu'il sache d'avance que les fruits en seront longs à recueillir, qu'il s'attende à toutes les déceptions et, s'il veut réussir, qu'il persévère malgré vent et marée en faisant une étude constante des ressources et des besoins de la contrée.

Le 12 novembre 1670, Madagascar était remise entre les mains du roi et un nouveau gouverneur et lieutenant général, de La Haye, arrivait bientôt à la tête d'une flotte nombreuse. Vain de son titre, arrogant et dur, il sait en peu de temps se mettre à dos Français et Madécasses. Ces derniers lui infligent un cruel revers après lequel de La Haye abandonne la partie et remonte sur ses vaisseaux. Laissés à eux-mêmes, Champmargou, puis Larose, sont tués. La Bretesche, gendre de ce dernier, jugeant la partie perdue, s'embarque et les derniers Français restés à Madagascar sont bloqués dans le fort Dauphin où, dans la nuit de Noël 1672, ils sont pour la plupart massacrés. Notre colonie avait vécu.

Ce n'est pas au moment où l'Europe est tout entière liguée contre nous, où nous n'avons ni assez d'hommes ni d'argent pour résister à nos ennemis, que Louis XIV peut envoyer une nouvelle expédition à Madagascar. Il ne fit rien pour rétablir notre domination ; mais il ne voulut pas, du moins, non plus que son successeur, abandonner nos droits. Des arrêts du conseil de juin 1686, mai 1719, juillet 1720 et juin 1721 proclamèrent Madagascar possession française.

Madagascar au dix-huitième siècle. — Si nos expéditions officielles sont rares sous les règnes de Louis XV et de Louis XVI, si nous n'avons guère à citer que l'exploration sans résultat de la baie d'Antongil par Charpentier de Cossigny, ce n'est pas que nombre de propositions n'aient été faites au ministère; les cartons des archives de la marine et des affaires étrangères en sont remplis. En 1750, un agent de la Compagnie des Indes, Gosse, obtient de la reine Béty la cession à perpétuité de l'île Sainte-Marie, événement qui marque une reprise très sensible de notre commerce avec tous les ports de la côte orientale. Béty épouse le caporal Labigorne et, pendant dix-sept ans, de 1750 à 1767, celui-ci organise les échanges entre les naturels et les négociants de Bourbon et de l'Ile de France.

Que des particuliers fissent la traite, entretinssent le souvenir de notre nom et de notre influence, cela ne pouvait plaire au conseil du roi qui fit rappeler par le gouverneur Dumas, en 1767, que le roi s'était réservé le privilège exclusif du commerce sur les côtes de Madagascar. Cependant il fallait bien vivre : nos deux petites îles Bourbon et Maurice, tout entières adonnées à la culture rémunératrice de la canne à sucre, n'avaient pas assez de terrain pour se livrer à l'élève du bétail. Madagascar, si voisine, en regorgeait; inhibitions et défenses furent impuissantes à arrêter un commerce nécessaire à l'existence même de ces colonies.

D'un autre côté, craignant de n'être plus que des dépendances de la grande terre et jalouses des immenses bénéfices que leur procuraient leurs cultures, ces deux îles sœurs n'auraient pu voir avec plaisir l'établissement d'une colonie sérieuse et durable à Madagascar. Grâce à cet égoïsme, que les colons eurent le talent de faire partager à leurs gouverneurs, des tentatives comme celles de M. de Modave et de Béniowski échouèrent misérablement.

M. de Modave voulait relever les ruines du fort Dauphin et « par la seule puissance de l'exemple, des mœurs, d'une police supérieure et de la religion », il entendait restaurer notre antique influence. Mais il projetait de supprimer la traite des esclaves, c'en fut assez pour qu'on ne lui expédiât aucun secours de Bourbon et de l'Ile de France, colonies qui vivaient de l'esclavage.

Béniowski. — La tentative de Béniowski fut plus près de réussir, et c'est au gouvernement métropolitain qu'il faut en attribuer l'échec. Fils d'un général au service de l'Autriche, Béniowski avait commencé par servir et s'était distingué pendant la guerre de Sept ans. Après différents voyages en Allemagne, en Hollande, en Angleterre, il passe en Pologne et prend part à la guerre d'indépendance contre la Russie. Colonel, il est deux fois de suite fait prisonnier. Interné à Kazan, il est accusé d'avoir pris part à un complot et déporté au Kamtchatka en 1771. Là, ses aventures tournent tout à fait au roman. Il se met à la tête d'un certain nombre d'exilés, attaque la garnison et s'empare d'un bâtiment sur lequel il rentre en Europe. Tant d'énergie, de vaillance, des manières nobles et un air de bravoure naturel avaient fait de Béniowski un homme à la mode.

Il trouve des protecteurs et le ministre d'Aiguillon lui confie trois cents hommes avec lesquels il s'embarque pour Madagascar. Sans être éclairé par l'échec des tentatives précédentes, c'est dans la baie malsaine d'Antongil qu'il installe son établissement, le général « la Fièvre » ne tarde pas à l'en faire repentir.

Aventurier dans toute la force du mot, Béniowski ne connaît que la guerre, il la sait et profite de ses avantages. Assurément il aurait réussi à soumettre à ses armes l'île tout entière, s'il n'avait été entravé continuellement par les jalousies, les tracasseries mesquines, la malveillance avouée du gouverneur et des habitants de l'Ile de France. Il était arrivé à prendre un tel ascendant sur les indigènes qu'ils le choisissaient pour arbitre dans leurs différends de tribu à tribu, et dans un grand *kabary* auquel plus de 20 000 indigènes assistèrent, ils se mirent d'accord et la paix, qui devait permettre à la nouvelle colonie un rapide développement, avait été décidée dans cette importante réunion. C'est grâce à son énergie qu'il parvint à semer de forts la côte orientale, à ouvrir des routes, à construire des canaux, à installer des bâtiments de toute sorte.

En 1775, une négresse qu'il avait ramenée de l'Ile de France, s'en allait de tribu en tribu, racontant que Béniowski était le petit-fils de Ramini, chef suprême de la province de Manahar, le dernier des *ampanjakabé*. Aussi, l'année suivante, une députation de douze cents Malgaches lui annonçait-elle qu'il était revêtu de cette dignité souveraine, et l'orateur ajoutait qu'ayant entendu dire que le roi de France avait l'intention de retirer Béniowski de Madagascar parce qu'il ne voulait pas faire d'eux des esclaves, ils juraient de ne l'abandonner jamais et de le protéger au contraire contre les Français ; ils le pressèrent ensuite de quitter le service de la France et de choisir le lieu de sa résidence.

Un des premiers soins de Béniowski fut de démontrer à ses nouveaux sujets la nécessité d'un traité avec cette puissance et, malgré l'opposition des chefs, il s'embarqua le 10 décembre 1776.

Ses ennemis reprennent courage, les calomnies recommencent et il lui est impossible de faire adopter ses vues. Enfin, lassé de tant d'années passées en démarches inutiles, dégoûté par un mauvais vouloir aussi marqué que persistant, il passe tour à tour en Autriche et en Angleterre, où ses projets ne reçoivent pas meilleur accueil.

Sept années s'étaient écoulées lorsque, sur le conseil de Franklin, Béniowski s'embarque pour les États-Unis, résolu à agir désormais pour son propre compte. Une maison de Baltimore lui fournit les marchandises et les hommes dont il a besoin, et il débarque en 1784, sur la côte occidentale de Madagascar, en face de Nosy-Bé.

Reconnu aussitôt, accueilli avec enthousiasme, il regagne la baie d'Antongil et se remet à l'œuvre. Qu'arriva-t-il exactement ? On ne le saurait dire ; on est trop assuré de la malveillance des administrateurs de Maurice et de

Bourbon pour ne pas suspecter les renseignements qu'ils envoyèrent en Europe.

A la suite d'un conflit survenu entre Béniowski et le directeur d'un magasin à riz appartenant à un colon de l'Ile de France, une compagnie du régiment de Pondichéry est envoyée contre Béniowski et, dans une rencontre où il n'est accompagné que de trois Européens, il tombe sous les balles françaises, le 23 mai 1786.

Ainsi périt misérablement cet aventurier qui, par sa fermeté et sa justice, avait su s'attacher si étroitement les Malgaches. Ses vues politiques fondées sur la connaissance intime des mœurs et des habitudes des indigènes, avaient été systématiquement dénaturées, et l'on n'avait voulu voir en lui qu'un effronté menteur et un rebelle alors qu'il ne songeait qu'à doter la France d'une magnifique colonie. Triste époque que celle où les Dupleix et les Béniowski sont méconnus et persécutés !

Madagascar pendant la Révolution et l'Empire. — Pendant la période révolutionnaire, il fut impossible de rien tenter de sérieux et les missions données à D. Lescalier et à Bory de Saint-Vincent n'eurent aucun résultat pratique. Malgré la guerre ou plutôt grâce à la guerre, nos établissements à Madagascar devenaient plus nombreux, plus importants, si bien que le général Decaen dut installer à Tamatave une sorte de représentant officiel, Sylvain Roux, qui fut, après la prise de l'Ile de France par les Anglais, obligé de capituler à son tour.

Prétentions anglaises après 1815. Farquhar. — Les choses restèrent en l'état jusqu'en 1815, époque où l'Ile de France fut cédée à l'Angleterre. Le 25 mai de l'année suivante, le gouverneur anglais Farquhar adressait au gouverneur de Bourbon une dépêche dans laquelle il était dit que le gouvernement anglais, en se référant à l'article VIII du traité de Paris, considérait Madagascar comme une dépendance de l'Ile de France, et qu'en conséquence, lui, Farquhar, *pouvait accorder des licences aux navires français* qui voudraient établir quelque commerce avec Madagascar.

Officiellement désavoué, mais en secret encouragé,

Farquhar changea ses batteries. Informé qu'il existait, sur les hauts plateaux, un petit peuple actif et remuant, les Hovas, gouverné par un despote ambitieux, Radama, il résolut de le pousser à s'emparer de l'île tout entière. Ce fut d'autant plus facile qu'au moment de mourir Andianampoinimerina avait adressé à son fils ces paroles qui furent la règle de toute sa vie : « Souviens-toi bien, mon fils, que Dieu nous a donné ce royaume dont les seules limites sont les eaux de la mer. » Des présents et une forte pension aidèrent à la conclusion d'un traité. Des missionnaires chargés de faire l'éducation de l'enfance, des instructeurs pour initier les hommes faits au métier des armes et à la tactique européenne, furent en même temps envoyés aux Hovas.

Pendant que se nouaient ces intrigues, le gouvernement français était dans une ignorance et une quiétude parfaites. Comprenant l'insuffisance de Bourbon, il cherchait un port d'abri et de ravitaillement pour nos flottes se rendant dans l'Inde. Les ports les plus voisins étaient ceux de Madagascar, mais, avant de nous y établir, on commença par réoccuper l'île Sainte-Marie dont on confia le gouvernement à Silvain Roux, qui fut en même temps chargé de renouer des rapports avec les chefs des environs de Tintingue, de Fénériffe et d'Antongil.

Ces entreprises, pourtant si modestes, déterminèrent Farquhar à lâcher Radama sur les tribus de la côte, car il importait de le voir maître des ports qui nous faisaient envie et dont il pourrait accorder aux Anglais la libre pratique.

Madagascar et la Restauration. — Il y avait trois partis à prendre : le gouvernement français ne sut s'arrêter à aucun. Disputer Radama à l'Angleterre, c'était possible, mais c'était l'abandon de nos droits séculaires; l'attaquer directement, les ressources de notre budget s'y opposaient; ameuter contre les Hovas les tribus madécasses, six fois plus nombreuses, leur fournir des armes et leur donner pour instructeurs quelques-uns de ces officiers en demi-solde qui gênaient tant la Restauration, c'eût peut-être été le parti le plus habile et le moins compromettant.

Liguées d'elles-mêmes contre les Hovas, nous laissâmes écraser les tribus malgaches. Puis, mis en goût par ce succès et par notre inertie qu'il prenait pour de la peur, Radama défendit, sous peine de mort, à ses sujets de nous fournir des vivres. Comme Sainte-Marie ne produisait rien, nous n'avions plus qu'à quitter la place.

Le ministre de la marine, M. Hyde de Neuville, le comprit et résolut d'envoyer une petite expédition contre les Hovas.

La reine Ranavalo. — Sur ces entrefaites, Radama étant mort et sa veuve Ranavalo lui ayant succédé, une violente réaction s'était produite et les Anglais, jusqu'alors tout-puissants, tombèrent en disgrâce. Le gouverneur de Bourbon fit pressentir Ranavalo au sujet de la reconnaissance de nos droits : il la trouva intraitable et l'amiral Gourbeyre reçut l'ordre de commencer les opérations. Il s'empara de Tintingue, mais éprouva devant Foulpointe un échec que ne répara pas la destruction du fort de Pointe à Larrée. De tous côtés des offres nous étaient faites par les Malgaches, et, si Gourbeyre eût un peu compris la situation, il aurait pu déchaîner contre les Hovas un orage qui les eût emportés. Il n'avait, pour cela, qu'à donner les armes qu'on lui demandait. Son refus, en nous privant du secours des victimes des Hovas, et elles étaient fort nombreuses, nous condamnait à faire une expédition coûteuse et un armement considérable. Or, on était en 1829 ; la situation politique en France était trop tendue pour qu'on se lançât dans une semblable aventure.

Madagascar et la monarchie de Juillet. — Le gouvernement de Louis-Philippe, qui ne craignait rien tant qu'un conflit avec l'Angleterre, abandonna Tintingue et, si l'on n'en fit pas autant de Sainte-Marie, c'est que les colons qui s'y étaient établis réclamèrent une indemnité!

Cet événement eut des conséquences imprévues. Tranquilles de notre côté, les Hovas, comprenant très bien qu'ils n'avaient été que les instruments des Anglais et qu'il faudrait compter un jour avec eux, résolurent de saper leur influence par la base. Ils interdirent aux missionnaires les fonctions d'instituteurs, les empêchèrent de convertir les indigènes, frappèrent d'une amende les nouveaux convertis et installèrent dans tous les ports des postes armés afin de monopoliser le commerce et empêcher la contrebande de guerre qui, en fournissant des armes aux Malgaches, leur aurait permis de lutter avec égalité contre leurs oppresseurs. Ces mesures ne furent pas appliquées sans résistance, et les massacres furent si nombreux et si répétés que la population de Madagascar, qu'on estimait à près de cinq millions en 1815, tomba à trois millions et demi.

Des lois restrictives et tyranniques furent promulguées et le système des exactions, des injustices et des persécutions devint tel qu'un dernier décret ne laissa aux étrangers que l'alternative d'être expulsés ou de vivre sous le régime arbitraire auquel étaient soumis les Malgaches. Anglais et Français se trouvèrent cette fois d'accord pour protester. Ils bombardèrent Tatamatave, en 1845, mais une tentative de débarquement échoua, et les Hovas célébrèrent leur triomphe par le massacre des chrétiens. A la suite de ces événements, Madagascar resta huit années fermée au commerce européen.

Si nos insuccès se répétaient à la côte orientale où nous étions en contact direct avec les Hovas, sur la bande occidentale, possédée par des Sakalaves, nous nous étions fait céder, de 1840 à 1842, les îles Nosy-Bé, Nosy-Mitsiou, Nosy-Cumba et Mayotte, tandis que, sur la *grande terre*, les territoires allant de la baie Pasandava au cap Saint-André et ceux des Antankares, qui possédaient tout le nord de l'île, se plaçaient sous le protectorat de la France.

Français à Madagascar : Lastelle, Laborde, Lambert. — Durant l'interruption des relations officielles, deux Français étaient parvenus à se créer une haute situation auprès de la reine Ranavalo et du prince Rakoto, qui devait monter sur le trône sous le nom de Radama II.

L'un, M. de Lastelle, qui avait introduit en deux fois trente-trois mille fusils, de la poudre et des canons, avait fondé de magnifiques établissements agricoles à Mahéla. Il y élevait à la fois, au dire de l'amiral Page, trente mille bœufs, exportait par millions de kilogrammes le sucre de ses sucreries, employait dix-neuf navires et mille matelots à transporter le riz qu'il avait recueilli dans ses plantations. L'autre, M. Laborde, avait installé à Tananarive des usines, des forges, des fonderies, des fabriques de savon, de porcelaine, bref, n'employait pas moins de dix mille ouvriers. Tous deux avaient eu l'habileté d'intéresser la reine à leurs entreprises.

Ces deux patriotes, émerveillés des ressources de la contrée, rêvaient de les faire exploiter par des ingénieurs européens.

L'arrivée à Tananarive d'un négociant de Bourbon, M. Lambert, qui avait rendu l'année précédente un service signalé au gouvernement hova, vint donner un corps à ces projets acceptés par le prince Rakoto. Il fut décidé qu'une grande société à capital considérable serait fondée pour l'exploitation des richesses forestières et minérales de Madagascar. En même temps, afin de donner plus de confiance aux bailleurs de fonds, le protectorat de la France sur Madagascar serait déclaré et accepté par Rakoto.

Madagascar et le second Empire. — Au lieu d'adhérer purement et simplement, Napoléon III mit à sa réponse, comme condition, le consentement de l'Angleterre et envoya Lambert à Londres déclarer que la compagnie de Madagascar serait composée, à nombre égal, de Français et d'Anglais.

Lambert n'était pas diplomate; il eut le tort de peindre à lord Clarendon la situation telle qu'elle était. Ce dernier refusa l'offre qui lui était faite, mais prit bonne note des renseignements qui lui étaient si bénévolement fournis. Il dépêcha aussitôt à Tananarive le méthodiste W. Ellis, qui avait déjà séjourné dans le pays en 1853. Quelques jours après l'arrivée de ce missionnaire, un délateur payé apprenait à Ranavalo, en juillet 1853, qu'une vaste conspiration, dont les chefs étaient MM. de Lastelle, Laborde et le prince Rakoto, avait été ourdie par les blancs, pour lui arracher la couronne et la vie.

Ellis est aussitôt proclamé sauveur. Les blancs sont saisis, leurs biens confisqués et leur expulsion immédiate est décrétée. Immédiate! on ne mit pas moins de quarante jours pour les conduire à la côte, par les endroits les plus malsains, alors que dix jours auraient suffi! Cette exécution ne parvenant pas à calmer le gouvernement affolé, il ordonna le massacre des chrétiens, et, comme à ce moment il n'y en avait pas d'autres que des méthodistes, ce furent les coreligionnaires d'Ellis qui furent les victimes de son odieuse délation.

Radama II. — Ranavalo mourut en 1861. Le premier acte de son successeur, Radama II, fut de rappeler MM. Laborde et Lambert, ce dernier recevant mission d'organiser la compagnie dont nous avons parlé plus haut. Nous avons dit combien M. Lambert manquait d'expérience diplomatique; Radama, malgré les sages conseils de M. Laborde, ne fit pas preuve de plus d'habileté. Dans sa hâte de tout transformer, loin de ménager la transition, il semblait prendre plaisir à blesser les susceptibilités nationales, à froisser les intérêts des grands, s'entourant d'hommes nouveaux, supprimant les douanes et par cela même le plus gros revenu de l'État, abolissant la corvée, autorisant le séjour des étrangers et l'exercice de la religion chrétienne : maladresses dont Ellis, qui était aussitôt accouru de Maurice, sut tirer parti, fomentant le mécontentement et la résistance.

En Europe, M. Lambert ne faisait pas de meilleure besogne. Toujours sous prétexte de ne pas éveiller les susceptibilités de l'Angleterre, il décidait l'empereur à ne pas exercer nos anciens droits; il faisait reconnaître Radama comme roi de Madagascar, et, en faisant ouvrir Madagascar au commerce et aux entreprises du monde entier, ne réservait aucun privilège pour la France.

Malgré les tergiversations et les lenteurs inhérentes à la constitution de la compagnie, déjà des études se faisaient à Vohémar, à Ambavatoby, et l'on se croyait à l'entrée d'une ère nouvelle, lorsqu'à Antananarivo éclate une révolution, au cours de laquelle Radama, n'ayant pas voulu renoncer à ses projets et livrer ses amis aux conjurés, est étranglé. Sa veuve est alors proclamée reine, sous le nom de Rasoherina, et obligée d'épouser le fils de Rainiharo, le ministre et mari de Ranavalo.

Pas n'est besoin de chercher le nom de l'instigateur de cette révolution de palais. Bien qu'il soit resté dans l'ombre, la main d'Ellis, notre ennemi acharné, s'y laisse reconnaître !

Occupés au Mexique à faire la besogne que l'on sait, nous n'élevâmes aucune réclamation au sujet de la violation du traité passé avec Radama, et nous nous contentâmes d'exiger une indemnité de 1 200 000 francs en faveur des membres de la Compagnie, obligés de renoncer à l'affaire qu'ils avaient entreprise.

Les missions britanniques. — Depuis cette époque, l'Angleterre a repris son ancien masque religieux et humanitaire, elle a augmenté le cadre de sa mission méthodiste, le zèle de ses convertisseurs n'a plus connu de bornes; la corvée, la bastonnade, le service militaire, sont devenus entre les mains des néo-chrétiens des moyens de conversion éloquents, et leurs pratiques ont été tellement scandaleuses que des fonctionnaires anglais ont publiquement affiché leur mépris et leur réprobation. Admirables espions, rompus à toutes les besognes, même les plus répugnantes, les méthodistes ont voulu représenter les habitants de Madagascar comme des *protestants* zélés et convaincus dont la France *catholique* ne saurait respecter les convictions, et c'est en s'appuyant sur cette prétendue communauté de religion que les ambassadeurs hovas sont allés, il y a deux ans, demander protection à l'Angleterre et à l'Allemagne.

CHAPITRE II

L'EXPÉDITION DE 1882-1885.

Causes de l'expédition. — Ces causes ont été longuement exposées dans les *Livres jaunes* publiés par le ministère des affaires étrangères; résumons-les brièvement :

M. Laborde était mort en 1878, laissant sa fortune à ses deux neveux, MM. Édouard Laborde et Campan, ce dernier chancelier du consulat français à Antananarivo. Ces héritiers ayant commencé à bâtir, sur un des terrains dépendant de la succession, une maison de rapport, le gouvernement hova leur défendit de continuer leurs travaux, car ils n'avaient pas le droit, disait-il, de construire sur un terrain qui avait fait retour par la mort du *concessionnaire* au domaine national.

Or, le traité du 8 août 1868 dit précisément le contraire. Son article 4 est ainsi conçu :

« Les Français pourront, comme les sujets de la nation la plus favorisée et en se conformant aux lois et règlements du pays, s'établir partout où ils le jugeront convenable, *acquérir toute espèce de biens meubles et immeubles*.... Les baux et contrats de vente seront passés par acte authentique devant le consul de France et les magistrats du pays.

Article 11 : « *Les biens des Français décédés à Madagascar* ou des Malgaches décédés sur le territoire français *seront remis aux héritiers* ou, à leur défaut, au consul. »

La promulgation de la loi 85, sur laquelle les Hovas s'appuyaient, loi qui déclare que toute terre appartient à la reine, qu'elle ne peut être vendue ou aliénée et qu'elle doit toujours faire retour à l'État, est postérieure au traité du 8 août 1868. Comme l'article 22 du même traité déclarait qu'aucun changement ne pouvait y être apporté sans le consentement respectif des parties contractantes, comme nous n'avions été ni consultés ni pressentis sur la publication de cette loi 85 qui venait détruire l'esprit et la lettre de notre traité, il en résultait que la prétention du gouvernement d'Imerina ne se pouvait soutenir en droit international.

M. Laborde « n'avait, pas plus qu'un autre, le droit de posséder des terres à Madagascar », disaient encore les Hovas.

A cette assertion aventurée, on répondait en produisant un certificat prouvant que ces terrains avaient été donnés *en toute propriété* à M. Laborde par Radama II.

Cet acte, ripostait le ministre malgache, porte une date postérieure à la mort de Radama, et M. Laborde, chez qui les sceaux du monarque étaient ordinairement déposés, avait bien pu en disposer. Le consul français répondait à cette imputation calomnieuse, en désaccord formel avec le caractère bien connu de M. Laborde, que l'acte en question portait les signatures de deux Malgaches qui avaient servi de témoins. Il fut aussitôt enjoint à ces deux derniers de ne pas répondre si leurs signatures étaient vraies ou fausses. La mauvaise foi des Hovas était évidente; l'agent français ayant déclaré qu'il se voyait dans l'obligation d'en référer à son gouvernement, le ministre hova lui répondit, *en riant*[1], que c'était là son affaire.

Ce n'était pas le seul grief que nous eussions contre les Hovas. Au mois de mars 1881, le coutre *le Touélé* ayant fait naufrage, le patron, son fils et deux matelots avaient été assassinés par des Sakalaves. Nous avions demandé une indemnité au gouvernement hova, et il ne nous semble pas que nos agents aient été bien inspirés en cette circonstance.

On se rappelle que, le 14 juillet 1840, Nosy-Bé et Nosy-Cumba avaient été cédées à la France avec des droits de souveraineté sur la côte occidentale, depuis la baie Pasandava jusqu'au cap Saint-Vincent, par Tsioumeka, princesse sakalave.

---

1. *Livre jaune. Affaires de Madagascar*, 1881-1883.

En 1841, Tsimiaro, roi d'Ankara, avait cédé à M. Passot, qui vient de mourir, Nosy-Mitsiou (Nosy veut dire île) et tout le territoire d'Ankara; un peu après, Andrian Sala nous avait à son tour cédé Nosy-Fali et plus tard Mayotte.

Or, le meurtre des matelots du *Touélé* ayant été commis sur le territoire cédé à la France et par des Sakalaves soumis à notre protectorat, nous n'avions pas à réclamer d'indemnité au gouvernement hova. Agir autrement, c'était admettre implicitement la validité de ses prétentions sur ces territoires; aussi s'empressa-t-il de payer la somme que nous réclamions.

Jamais il n'avait voulu reconnaître notre domination sur la partie nord-occidentale de Madagascar, car, disait-il, en 1824, Radama avait fait la conquête du pays, qui avait toujours continué à lui payer tribut. De plus, le traité du 2 septembre 1861 avait reconnu Radama II comme *roi de Madagascar* et les Français avaient établi à Antananarivo et à Tamatave des consuls qui n'avaient exercé, et n'exerçaient encore, leurs fonctions qu'en vertu de l'*exequatur* du gouvernement hova.

Si le traité d'octobre 1862 reconnaissait formellement nos droits, les Hovas avaient bien soin de le passer sous silence pour n'invoquer que celui de 1868, qui proclamait la pleine et entière souveraineté de Ranavalo sur Madagascar tout entière.

On voit par cet exposé sincère que nous n'avions pas toujours été conséquents avec nous-mêmes et que le gouvernement de Napoléon III avait, à deux reprises, en 1861 et en 1868, commis de lourdes fautes en donnant à des souverains hovas le titre de roi de Madagascar. Les Hovas en tiraient parti, quoi de plus naturel? Ces fautes de la diplomatie napoléonienne sont en très grande partie les causes du conflit actuel; elles donnent une apparence de raison aux réclamations des Hovas. Elles n'ont rien à faire cependant avec la succession Laborde, avec l'insolence toujours croissante des ministres hovas, insolence qu'avaient portée à son comble nos malheurs de 1870, l'influence toujours croissante des *indépendants*, ainsi qu'on désigne les missionnaires anglais, et l'instabilité de notre politique coloniale.

Aussi le gouvernement hova fut-il très surpris, lorsqu'il vit au ton des dépêches de MM. Challemel-Lacour et Jules Ferry que le temps des indécisions était passé, que nous étions persuadés de la réalité de nos droits, que nous les ferions valoir, que nous ne supporterions pas les injustices, les torts et les dommages faits à nos nationaux, que nous saurions venger les injures et les insultes faites à nos agents et à notre pavillon. La situation, déjà très tendue, allait se dénouer d'une façon violente.

Dès 1877, la baie Pasandava et tous les territoires cédés à la France en ces parages avaient été visités par l'évêque anglican Kestell Kornish et le missionnaire Bachelor. En 1881, pendant que l'amiral anglais Gore Jones allait conférer à Antananarivo avec la reine et le premier ministre, un missionnaire, M. Pickersgill, et un photographe, M. Parrett, qui passe pour un agent politique anglais, rendaient successivement visite à Binao, reine de Bavatoubé, à Mounza, roi d'Ankify (ces deux localités sont situées dans la baie Pasandava), et enfin au vieux roi Tsimiaro, qui vivait encore à Nosy-Mitsiou.

Ces chefs, qui sont tous sous le protectorat de la France, furent sondés et on les engagea à monter à Antananarivo et à saluer la reine en qualité de bons voisins, démarche qui ne tirait pas à conséquence. S'ils ne furent pas persuadés, ces chefs se dirent du moins que la France est loin et les Hovas tout près; ils envoyèrent donc une sorte d'ambassade dans l'Imerina, où les accompagna M. Parrett. Très bien accueillis par la reine, ils étaient de retour au mois de janvier 1882, mais ils étaient accompagnés d'officiers hovas qui avaient ordre de leur faire arborer de gré ou de force le pavillon de la reine.

Nous fûmes aussitôt avertis de ces faits par les souverains eux-mêmes. Le gouverneur de Nosy-Bé défendit au vieux Tsimiaro d'accepter le drapeau hova et informa aussitôt le ministre des affaires étrangères des empiétements des Hovas. C'est à cette occasion que M. de Freycinet, dans une dépêche du 28 mars 1882, déclarait à notre consul, M. Baudais, que le gouvernement de la République était fermement résolu à « ne point laisser porter directement ou indirectement atteinte à la situation qui nous appartient à Madagascar ».

La rupture. — Au mois de mars 1882, le capitaine de vaisseau Le Timbre, qui commandait notre station navale, se trouvait à Zanzibar lorsqu'il fut informé par le commandant de la *Pique*, le lieutenant de vaisseau Campistro, des menaces faites tous les jours à notre consul à Antananarivo et des menées des Hovas à la côte nord-occidentale. Avec le *Forfait*, l'*Adonis* et la *Pique*, le commandant Le Timbre va visiter et rassurer Tsimiaro, passe à Mojanga et arrive, le 5 mai, à Tamatave. Il proteste énergiquement contre les agissements des Hovas et met l'*embargo* sur un navire hova, l'*Antananarivo*, chargé d'hommes et de vivres. Après s'être ravitaillé à Bourbon, il rentre à Tamatave, où il trouve M. Baudais qui avait rompu toute relation avec le gouvernement local et qui était arrivé le 29 mai après avoir laissé son chancelier, M. Campan, à Antananarivo.

Le temps des représentations est passé, il faut agir et prouver enfin aux Hovas que notre longanimité est à bout. Avec le *Forfait*, le commandant se rend à Nosy-Bé, où il prend le gouverneur, M. Seignac-Lesseps, et gagne la baie de Pasandava. Le 16 juin, on mouille devant le village Ampassimiène et le commandant débarque avec M. Seignac, tous deux sans armes, fait arracher le drapeau hova et couper le mât de pavillon en morceaux. Il se rend ensuite à l'embouchure de la rivière Sambirano, la remonte en canot pendant quatre ou cinq milles, jusqu'au village Behamaranga, où il fait enlever le pavillon hova et le remplace par le drapeau tricolore.

Pendant que ces faits se passaient à la côte occidentale, la situation de M. Campan dans la capitale était de plus en plus menacée. Le 24 mai, le gouvernement hova distribuait aux soldats de la garde 2500 fusils Remington, et, sept jours plus tard, des articles d'une extrême violence contre la France s'étalèrent dans le *Madagascar Times*, sous le couvert d'un ex-anglican. Le 6 juin, un placard nuitamment affiché sur sa porte menaçait de mort M. Campan; cinq jours après les menaces s'adressaient à tous les Français indistinctement, un jésuite était insulté et frappé. Le chancelier, se jugeant impuissant à protéger ses compatriotes, partait pour la côte en engageant ses compatriotes à l'imiter.

Cette rupture éclatante ne fut pas sans embarrasser le gouvernement hova. Afin de faire traîner les choses en longueur et de paralyser notre action, il fit partir pour la France, le 20 juillet, une ambassade dont le chef était le ministre des affaires étrangères Ravoninahitriniarivo.

Les négociations commencèrent à Paris le 23 octobre. Les plénipotentiaires hovas consentirent à retirer de la côte occidentale leurs pavillons, leurs garnisons et leurs postes de douane, mais à la condition qu'ils ne seraient pas remplacés par des postes français. Nous poussons la condescendance jusqu'à accepter cette condition exorbitante; aussi, sur la question du droit de propriété, les Hovas se montrent intraitables, ils se refusent à supprimer la loi 85 et ne consentent qu'à accorder aux Français des baux de vingt-cinq ans, renouvelables trois fois, mais à la volonté du gouvernement hova. Enfin, nos plénipotentiaires ayant voulu faire expresse réserve des droits séculaires de la France, les négociations sont rompues sans avertissement par les Hovas. Ceux-ci partent nuitamment pour Londres, puis pour Berlin et l'Amérique où ils vont colporter leurs doléances sans pouvoir entraîner contre nous ces puissances, qui se contentent de démonstrations enthousiastes, mais platoniques.

Premières opérations. — Le contre-amiral Pierre. — Le gouvernement français, résolu à agir sérieusement, remplace la station de la mer des Indes par une division navale dont le commandement est donné à un homme énergique, le contre-amiral Pierre, qui part le 15 février 1883 sur la *Flore*. Les opérations commencèrent dès son arrivée par le bombardement de Mouronsanga le 7 mai, d'Amboudimadirou, d'Ambassimbiniky le 8, d'Ambaliha le 9, de Mahilaka, d'Ankingamiloukou, d'Anjangoua et de Bemaneviky le 10 du même mois.

Cinq jours plus tard l'escadre, composée de la *Flore*, du *Vaudreuil*, du *Beautemps-Beaupré*, du *Boursaint* et de la *Pique*, laissait tomber l'ancre devant Mojanga, le port le plus important de la côte occidentale. La ville était défendue par trois forts armés de trente canons et par deux mille hommes qui ne purent tenir devant le bombardement et qui abandonnèrent la ville après y avoir mis le feu. Le 17, les troupes descendaient à terre, occupaient sans trouver de résistance la ville ainsi que les forts, et nous rouvrions le port au commerce de toutes les nations, après y avoir installé des bureaux de douane.

La nouvelle de la prise de Mojanga était arrivée à Antananarivo le 24 mai. Les Hovas, déjà si surexcités par l'échec des négociations ouvertes à Paris que le premier ministre avait dû engager les Français à ne pas quitter la capitale, se seraient portés contre nos compatriotes aux derniers excès, si le ministre, qui le comprit aussitôt, n'avait lancé contre ceux-ci un ordre d'expulsion immédiate.

Sous la conduite de l'un d'eux, M. Suberbie, qui ne cessa de donner les preuves les plus éclatantes d'un énergique dévouement, nos quatre-vingt-dix compatriotes qui étaient partis le 25 mai d'Antananarivo purent atteindre sans accident Tamatave le 21 juin; ils entraient dans une ville française.

En effet, le contre-amiral Pierre, après avoir mis une solide garnison à Mojanga, avait fait voile pour Tamatave, qu'il avait atteinte le 31 mai avec la *Flore*, le *Forfait*, le *Beautemps-Beaupré*, le *Boursaint*, la *Creuse* et la *Nièvre*. De concert avec M. Baudais, il avait aussitôt envoyé à la cour d'Imerina un ultimatum dans lequel il réclamait la reconnaissance des droits de la France sur les territoires compris depuis la baie de Baly à l'ouest jusqu'à la baie d'Antongil sur la bande orientale en passant par le cap d'Ambre.

Le 9 juin, une réponse négative étant parvenue au

commandant des forces françaises, Tamatave, malgré quelques objections du consul anglais Packenham, fut bombardée, et nos troupes mises à terre n'eurent qu'à s'opposer aux progrès du feu que les Hovas avaient allumé, en s'enfuyant, aux quatre coins de la ville.

On n'a pas oublié que le missionnaire anglais Shaw, accusé de tentative d'empoisonnement sur nos soldats et maintenu en détention pendant l'instruction de l'affaire qui se termina par une ordonnance de non-lieu, sut si bien émouvoir l'opinion en Angleterre que, pour mettre fin à un incident désagréable, le ministère français lui offrit une indemnité de 25 000 francs qu'il s'empressa d'accepter.

L'amiral Pierre, déjà très gravement atteint de la maladie qui allait l'emporter peu de temps après, eut aussi quelques démêlés avec le commodore anglais Johnstone, du *Dryad*, qui avait fait tout ce qu'il avait pu pour entraver notre action.

Discussions dans les Chambres. — L'amiral Galiber succéda à l'amiral Pierre dans le commandement des forces françaises et fut autorisé à reprendre avec M. Baudais les conférences avec les plénipotentiaires hovas. Ces entrevues, dont le compte rendu a été publié dans le Livre jaune publié en 1884, n'aboutirent pas, la cour d'Imerina étant informée que cette politique énergique rencontrait dans le Parlement français une opposition qu'elle espérait être assez forte pour renverser le ministère Ferry. C'est au sujet de la demande de vote d'un crédit de cinq millions que M. Jules Ferry prononça, le 27 mars 1884, un des plus sages et des plus patriotiques discours qui aient jamais été lancés du haut de la tribune.

Déjà, à propos de la même question, le 31 octobre précédent le même orateur avait dit : « Il faut à la France une politique coloniale. Toutes les parcelles de son domaine colonial, ses moindres épaves doivent être sacrées pour nous, d'abord parce que c'est un legs du passé, ensuite parce que c'est une réserve pour l'avenir. Il ne s'agit pas de l'avenir de demain, mais de l'avenir de cinquante ou de cent ans, de l'avenir même de la patrie.

Il est impossible, il serait détestable, antifrançais, d'interdire à la France une politique coloniale. »

Cette politique, soupçonnée par Henri IV, instituée par Richelieu, continuée par Mazarin et Colbert, entravée tant de fois et par nos guerres continentales et par l'instabilité de nos ministères, elle était reprise encore une fois et par un ministre énergique qui ne craignait pas de braver une opposition acharnée.

Opérations de l'amiral Miot. — Une fois qu'il eut obtenu les subsides qu'il demandait, M. Jules Ferry prescrivit au nouveau commandant de notre division, l'amiral Miot, une offensive vigoureuse. Dès le 7 mai 1884, le blocus de Mahanourou était déclaré et dès le lendemain cette place était bombardée. Ce fut ensuite le tour de Fénérife, puis de Vohémar au mois de décembre, d'Ambaonio et de toute la province, puis, au commencement de 1885, de la baie de Diego Suarez. Au moment où le gouvernement qui avait succédé à celui de M. Ferry (avril 1885) déposait à la Chambre un projet de loi portant ouverture d'un crédit de 12 190 000 francs, nous étions maîtres incontestés de toute la côte nord de Madagascar et nous occupions tous les ports importants des deux rivages.

Nouvelles discussions dans les Chambres. — A ce moment l'opposition que M. Jules Ferry avait rencontrée l'année précédente redoubla ses efforts (juillet 1885). Son *leader* ordinaire dans ces questions, M. Georges Périn, s'éleva très vivement contre la marche qui avait été suivie. MM. Camille Pelletan et Clémenceau lui vinrent en aide et provoquèrent un débat passionné, dans lequel MM. de Lanessan, rapporteur du projet de loi, de Mahy, de Freycinet, ministre des affaires étrangères, Ballue et Jules Ferry prirent successivement la parole.

Dans un admirable discours, M. de Mahy réfuta vigoureusement cette théorie néfaste et de parti pris qui affirme que la France n'entend rien à l'œuvre de la colonisation. Il cita comme exemple le Canada, l'Acadie, la Louisiane, les Antilles et l'Inde. La perte de ces riches joyaux de notre couronne coloniale a-t-elle empêché l'invasion et la mutilation de la France? N'est-ce pas cette perte qui est au contraire la cause du malaise dont souffre notre commerce par la restriction de ses débouchés? Nous n'entendons pas exterminer les Hovas, mais les adapter à la civilisation par les liens du sang, par la propagande, par la salutaire contagion des idées et des mœurs, par le bienfait de nos lois tutélaires.

M. de Freycinet vint ensuite déclarer que notre établissement sur certains points de l'île était destiné à démontrer aux Hovas notre intention formelle d'y rester jusqu'à ce que satisfaction complète nous ait été accordée. Quant à M. de Lanessan, qui était rapporteur de la commission, il se sépara, en cette occasion, de ses collègues de l'extrême gauche, se déclara partisan de l'expansion coloniale et rappela avec à-propos que la Convention, dans la Constitution de l'an III, avait fait de Madagascar un département français. Quant à M. Jules Ferry, il montra l'esprit de suite qui avait présidé à ses résolutions, déclarant que s'il n'avait pas fait davantage, la faute en devait remonter aux hésitations d'une Chambre qui montrait aujourd'hui le plus vif enthousiasme et qui se dégageait le lendemain avec une excessive facilité.

Tel fut ce mémorable débat; il se termina par le vote du crédit demandé par le gouvernement. Mais il demeurait tacitement entendu que cet acquiescement aux faits accomplis n'engagerait en rien la politique de la Chambre future; aussi se promit-on de ne rien entreprendre jusqu'après les élections.

Dernières opérations — Ces perpétuels arrêts, ces reculades imprévues avaient fait la force du gouvernement hova. Le temps que nous perdions était gagné pour lui, car, malgré nos déclarations de blocus, les armes et les instructeurs lui arrivaient continuellement, si bien que ses soldats savent aujourd'hui parfaitement se servir de nos armes de précision à tir rapide et que, dans une reconnaissance sur l'Ikopa, deux canonnières qui bombardaient le poste de Marovoya étaient accueillies par une pluie d'obus qui venaient tomber à quelques mètres des bâtiments.

A la fin d'août, le commandant Pennequin, chargé dans la baie Pasandava du commandement du fort d'Amboudinadirou, qui avait organisé une compagnie de Sakalaves, apprit que les Hovas sortis d'Ankaramy dévastaient la vallée du Jangoa. Prévenu le 26, il se mit à la tête de 50 Français et de 70 Sakalaves, et fit 24 kilomètres avant de pouvoir prendre le contact avec les ennemis. Ravitaillé le lendemain matin par un canot à vapeur, il ne tarda pas à atteindre les Hovas à Andampy. Quoique très supérieurs en nombre, ces derniers, décimés par les feux de salve des Français et des Sakalaves, que le commandant avait fait coucher dans les hautes herbes, ne purent parvenir à nous déborder et durent se retirer dans le plus grand désordre, après avoir éprouvé des pertes très sensibles. La solidité des Sakalaves au feu était démontrée et l'on ne pouvait plus mettre en doute les services immenses qu'ils pouvaient nous rendre.

Par malheur, la bonne impression causée par cet éclatant succès allait être effacée. Le 10 septembre, l'amiral Miot dirigeait une reconnaissance offensive contre Farafate, afin de constater les travaux que les Hovas avaient exécutés dans cette importante position. La colonne, arrêtée au gué Samaaf, sur la droite de l'ennemi, par un feu violent d'artillerie, auquel nos batteries répondirent avec plus de courage que de succès, ne put aborder les positions des Hovas, composées de quatre ouvrages réguliers qui paraissaient bien établis et derrière lesquels se tenaient à l'abri des forces nombreuses. Trop inférieure en nombre, elle dut se retirer après un engagement dans lequel nos troupes avaient eu 33 hommes hors de combat, dont deux tués et quatre officiers blessés.

Conditions de la paix. — Ces événements militaires n'empêchaient cependant pas les négociations de se poursuivre. Au mois de mai, M. Maigrot, un Mauricien, consul d'Italie à Tamatave, avait été chargé par son gouvernement de faire ratifier par la cour d'Émyrne le traité conclu en juillet 1882 avec l'Italie. Profitant de son séjour à Antananarivo, les Hovas l'avaient prié de reprendre officieusement les négociations avec la France. Toutefois notre consul M. Baudais et l'amiral Miot n'avaient pas pris au sérieux ces ouvertures et n'avaient pas consulté notre ministère des affaires étrangères. Sur ces entrefaites, M. Baudais était rappelé en France et M. Patrimonio, chargé d'une mission à Zanzibar, était informé que si certaines circonstances se produisaient, il pourrait être appelé à se rendre à Madagascar en qualité de plénipotentiaire du gouvernement français.

La lassitude de la cour d'Émyrne, que les instructions remises à M. Patrimonio laissaient prévoir, la détermina, pendant le courant de novembre, à faire auprès de l'amiral une nouvelle tentative d'arrangement. Ce dernier, convaincu cette fois qu'on pourrait arriver à s'entendre, dépêcha à Zanzibar l'aviso *le Limier*, et M. Patrimonio vint prendre la direction des négociations.

Le 22 décembre, au moment où la Chambre discutait les crédits pour le Tonkin et allait passer à l'examen de ceux que le gouvernement réclamait pour Madagascar, M. de Freycinet venait annoncer à la tribune que les négociations avec les Hovas avaient abouti. Nous reconnaissons Ravanalona pour reine de Madagascar, il est vrai, mais cette concession très importante est compensée par l'établissement de notre protectorat sur l'île tout entière. Si, dorénavant, les relations extérieures de la cour d'Émyrne doivent être confiées à un résident français établi à Antananarivo, notre gouvernement ne s'occupera aucunement de l'administration intérieure.

Quant à nos protégés d'ancienne date, nous veillerons à ce qu'ils soient bien traités, nous évacuerons tous les postes dont nous nous sommes emparés au cours de la guerre, à l'exception de Tamatave qui restera entre nos mains jusqu'au parfait payement d'une indemnité de dix millions que nous nous chargeons de répartir. Enfin la baie de Diego-Suarez nous est cédée en toute propriété.

Tels sont les principaux articles du traité de paix qui vient d'être conclu. Nous faisons aux Hovas d'importantes concessions qui ne sont peut-être pas compensées par les avantages que nous recueillons. Nous invalidons nos droits historiques en reconnaissant à Ravanalova III le titre de reine de Madagascar, nous avons l'air d'abandonner nos alliés les Sakalaves, et nous évacuons quantité de positions excellentes où nous étions fortifiés.

Ces concessions ne seront rien si nous tenons la main à ce que notre protectorat soit vraiment effectif, et si nous n'avons pas une confiance exagérée dans les déclarations officielles d'un gouvernement qui a fait de la fourberie et de la duplicité une institution d'État.

Nos futurs colons à Madagascar. — Si nous parvenons à nous établir à Madagascar d'une façon définitive, nous ne serons pas embarrassés pour trouver des colons ; Maurice et Bourbon sont là, tout à côté, qui font depuis longues années avec Madagascar un important commerce. Ce n'est un mystère pour personne que si les Mauriciens n'ont qu'à se louer de la façon d'agir du gouvernement anglais à leur égard, s'ils sont mieux gouvernés, plus économiquement, s'ils sont plus libres que sous la domination française, ils n'en ont pas moins conservé pour leur patrie d'origine les plus vives sympathies.

En 1883, une lettre, adressée par un Mauricien à M. de Blowitz et reproduite par celui-ci dans le *Times*, s'exprimait ainsi : « Sur cent Mauriciens s'occupant de Madagascar, quatre-vingt-dix-neuf approuvent la conduite des Français. Si lord Granville pouvait entendre les Mauriciens parler des Hovas, il saurait jusqu'à quel point ces derniers sont détestés par les sujets de la reine les plus proches de leur île. Quant à l'approvisionnement de bétail que la colonie anglaise tire de Tamatave, les Mauriciens pensent qu'il sera plus abondant et à meilleur marché du moment où les Français auront ouvert le pays. »

Cette dernière phrase du correspondant de M. de Blowitz était si bien dans la vérité que, du moment où l'on a espéré un effort sérieux de la part de la France, les membres les plus en vue de la société mauricienne fondaient une société de colonisation à Madagascar avec le but hautement proclamé d'obtenir du gouvernement français des concessions de terre.

Un tel appoint de bonnes volontés et d'argent, un tel renfort d'hommes acclimatés ne sera point à négliger, surtout si l'on songe qu'il sera puissamment secondé par tant d'hommes d'initiative, habitants de Bourbon, qui sont réduits à s'expatrier et à porter au loin, comme certains l'ont fait à la Nouvelle-Calédonie, leurs capitaux et leur esprit d'entreprise. On a assez vu la popularité d'une expédition à Madagascar par l'empressement qu'ont mis les habitants de Bourbon à s'enrôler dans les compagnies de volontaires. Nous avons aujourd'hui lieu de penser qu'étant mieux connue, Madagascar attirera une importante émigration, et qu'avec des capitaux français, c'est un pays qui ne tardera pas à se transformer radicalement.

En effet, il n'existe nulle part un champ d'exploitation plus vaste et plus libre pour exciter et récompenser l'esprit d'entreprise. Ainsi que le disait fort bien M. de Mahy dans le discours que nous citions plus haut, son étendue, sa fertilité, le peu de densité de sa population la mettent dans les conditions idéales d'une exploitation rémunératrice; son passé ne l'a pas épuisée comme ses voisines Maurice et Bourbon; ses ressources sont intactes et, pour nous les disputer, il n'y a qu'un petit nombre d'indigènes sans vitalité propre, sans cohésion et sans force de résistance au point de vue ethnique et économique. Au moment où toutes les nations du vieux monde semblent prises d'une fièvre de colonisation, où l'on se dispute avec acharnement les dernières terres sans maîtres qui, par leurs ressources propres ou par leur situation stratégique, semblent être de quelque valeur, nulle n'offre autant d'avantages que Madagascar. Nous ne pouvons que nous applaudir de voir sous notre protectorat cette grande île tout entière et en notre possession un havre tel que Diego-Suarez.

PARTIE GÉOGRAPHIQUE

CHAPITRE PREMIER

GÉOGRAPHIE GÉNÉRALE DE MADAGASCAR

Situation. — Étendue sur une longueur de plus de douze degrés et parallèlement à la côte orientale d'Afrique, dont elle n'est séparée que par un bras de mer large de quatre-vingt-cinq lieues marines, le canal de Mozambique, Madagascar est une des plus grandes îles du monde.

Partageant en deux branches le courant équatorial, elle commande les deux routes de l'Inde, celle qui embouque le canal de Mozambique aussi bien que celle qui passe entre cette grande île et les Mascareignes.

Si, aujourd'hui que l'isthme de Suez est percé, la position stratégique de Madagascar paraît, au premier abord, moins importante, il ne faut pas oublier cependant que les deux extrémités de cette route peuvent être fermées par l'Angleterre; Malte et Chypre au nord, Périm et Aden au sud, sont les clefs de la mer Rouge. Aussi, toute puissance qui, en lutte avec la Grande-Bretagne, voudrait faire passer des vaisseaux aux Indes, devrait-elle prendre l'ancienne route du cap de Bonne-Espérance. On comprend, de reste, l'intérêt qu'aurait l'Angleterre à se créer dans ces parages une colonie à côté de celles du Cap, de Natal et de Maurice, qui ne brillent pas précisément par le nombre et la sûreté de leurs ports, non plus que par leurs ressources en vivres frais, en rechanges, en charbon et en approvisionnements de toute sorte que fournirait à profusion Madagascar.

Superficie. — La superficie de cette grande île dépasse celle de la France actuelle de 60 000 kilomètres carrés; bien plus longue que large, elle a 1600 kilomètres du nord au sud et 470 kilomètres de l'est à l'ouest dans sa largeur moyenne.

Relief du sol. Montagnes. — Sur une étendue de plus de trois cents lieues, une chaîne de montagnes court parallèlement à la côte orientale et suit le rivage sans s'en écarter jamais, sauf au nord, de plus de quelques milles. Une fois qu'on a gagné la crête de cette chaîne à 800 ou 900 mètres au-dessus de la mer, on reconnaît que son revers forme tantôt une gorge étroite et profonde, tantôt un plateau, amas séculaire des éboulis et des détritus d'une seconde chaîne granitique qui domine la première de 400 à 500 mètres. Qu'on ne croie pas cependant qu'à partir de ce point, le sol s'abaisse graduellement vers le canal de Mozambique; il forme une sorte de plateau central large d'une trentaine de lieues, très tourmenté et déchiré qui, par une pente extrêmement rapide, s'abaisse brusquement jusqu'à une plaine sablonneuse, coupée [de ravins, dont le niveau ne dépasse que de 200 mètres celui de la mer.

Les seuls accidents sont une étroite chaîne de montagnes, le Bemaraha, qui court du nord au sud et, dans les provinces méridionales de Madagascar, deux chaînes secondaires qui partent du 21e degré de latitude et dont la première forme, en rejoignant le Bemaraha, un vaste plateau.

Régime des eaux. — On peut donc dire que Madagascar est divisée en deux versants principaux : le plus étroit, celui de l'est, s'élargit jusqu'à avoir 60 à 80 milles dans le nord; il est coupé par nombre de rivières torrentueuses. Barrées de rocs et de cataractes, elles entraînent avec elles quantité de détritus organiques ou végétaux. Accumulés à l'embouchure, sous l'influence des vents et du flot, ils forment des barres et des deltas marécageux dont les émanations putrides engendrent des fièvres endémiques terribles qui ont fait donner à cette côte le nom de *cimetière des Européens*.

Quant au versant occidental, large de trois à quatre degrés, il donne naissance à des rivières importantes par leur débit et la longueur de leur cours. Le Maningory aux nombreux rapides, le Mangorô, long de 400 kilomètres, qui sort comme le précédent de la province d'Antsihanaka et qui se jette à la côte est, le Manangarâ, le Mangoka, l'Honara, le Betsibokâ et l'Ikopa qui passe à Tananarive et est le plus long cours d'eau de Madagascar, car il n'a pas moins de 115 lieues, telles sont les rivières les plus considérables.

Ajoutons, pour compléter les renseignements relatifs à l'hydrographie, qu'il existe dans l'intérieur un certain nombre de lacs, en général peu connus, dont les principaux sont les lacs Ima, Itasy, Kinkouni, assez large pour qu'on n'aperçoive pas le bord d'une extrémité à l'autre, et l'Ikotry, renommé pour l'excellence de son poisson.

Climat. — On comprend qu'une île aussi vaste, aussi tourmentée que Madagascar, offre une très grande variété de climats et de sols. Si la chaleur y est étouffante sur la côte, on jouit sur les hauts plateaux d'une température peu élevée et le froid y est même sensible pendant les mois d'hiver. Deux saisons bien tranchées se partagent l'année, l'hivernage ou la *hors saison*, et la saison sèche, qui commence avec le mois de mai pour finir avec octobre. En thèse générale, on peut considérer comme fertile toute la côte orientale, où les pentes des montagnes sont couvertes d'une luxuriante végétation, tandis que la plupart des plateaux de l'intérieur sont stériles et rocailleux.

Rades et ports. — Dans sa partie septentrionale surtout, la côte offre de bons mouillages et des ports magnifiques, citons : le havre de Diego-Suarez, avec ses trois baies et son port intérieur, le port Louquez, les baies de Vohémar, d'Antongil, de Tintingue, celle de Fénériffe qui passe pour la moins sûre de la côte orientale ; Tamatave, la baie Sainte-Luce dans la partie méridionale, puis, sur le canal de Mozambique, les baies Saint-Augustin, de Baly, de Bombetok, Mojanga, Narindinâ et Pasandava en face de Nosy-Bé.

CHAPITRE II

LES INDIGÈNES DE MADAGASCAR

Races. — Encore bien que les premiers habitants de cette île soient venus de l'Afrique, que ce soient des Cafres, comme le prouve surabondamment le type des plus anciennes tribus et notamment des Va-Zimbas ou Zimbas aujourd'hui disparus, on peut aussi constater la présence du sang arabe, surtout chez les Antaïmoros, comme on le fait sur l'autre rive du canal de Mozambique. A ces deux races distinctes, mais aujourd'hui mêlées, venues à des époques ignorées de l'Afrique et de l'Asie, s'en est ajoutée une troisième dont l'arrivée à Madagascar peut remonter à six cent cinquante ans et dont l'origine malaise est aujourd'hui parfaitement démontrée. Ce sont les Hovas.

Population. — La population de Madagascar n'a jamais pu être évaluée, même d'une façon approximative; tout ce qu'on peut dire, c'est qu'à l'exception de la province d'Imerina ou d'Émirne, de l'Antsihanaka et de quelques cantons des Betsiléo, elle est partout très clairsemée. M. Grandidier, le voyageur qui connaît aujourd'hui le mieux Madagascar, est, au cours d'un voyage dans l'intérieur, resté sept jours sans rencontrer la moindre habitation.

On peut évaluer la population à environ 4 millions d'âmes, dont un million de Hovas. Aussi, ne faut-il pas s'étonner qu'à part Tananarive (Antananarivo), qui compte 175 000 habitants, Fianarantsoa 16 000, Tamatave 15 à

20 000, Mojanga 13 000 et Foulpointe 4000, aucune localité ne mérite le nom de ville. Ce ne sont que villages dont les plus importants ont une population d'un millier d'individus, mais dont la plupart n'ont pas vingt maisons, sauf dans l'Imerina et chez les Betsileo, les Bara et les Antaïmoro, où l'on rencontre bon nombre de hameaux de 40, 60 et même 100 feux. Quant aux routes, elles n'existent pas même de nom, quoiqu'il soit facile d'en établir, sauf dans le massif central; mais ce ne sont que sentiers où parfois deux hommes auraient peine à marcher de front.

Les Hovas. — Probablement emportés loin de leur patrie par le courant équatorial, ils débarquèrent à Madagascar et s'emparèrent du plateau central dont ils chassèrent ou détruisirent les habitants.

Si les nègres se sont tellement mêlés aux Arabes que, chez la plupart de ces métis, il est difficile de faire la part de ces deux éléments, les Hovas au contraire se sont longtemps préservés de tout mélange. Que ç'ait été parti pris chez eux, c'est possible, mais les Malgaches les ont, jusqu'à la fin du dix-huitième siècle, traités en parias; considérant comme impur et souillé tout ce qu'ils avaient une fois touché.

Le teint olivâtre des Hovas, leurs cheveux noirs, droits ou bouclés, leur absence de prognathisme, leur taille élancée, leur activité, leur intelligence et leur habileté à certaines industries, tranchent sur les traits si caractéristiques des nègres, sur leur apathie et leur paresse invétérées. Toujours fourbes, tour à tour hautains ou rampants, avides, menteurs et rapaces, tels sont les Hovas. La délation, la dissimulation et la cruauté sont chez eux des talents et des vertus qu'ils s'empressent d'inculquer à leurs enfants.

Personnellement, à côté de ces vices, ils possèdent des qualités précieuses. On les trouve affectueux, hospitaliers, très soucieux des liens de la famille et de l'amitié, poussant le culte des morts jusqu'à la superstition.

En tant que peuple, les Hovas[1] ont des vertus non moins

1. « Les Hovas, dit M. Grandidier, dans une lettre qu'il nous adressait récemment, ont certes tous les défauts que vous leur reprochez,

appréciables. Ils ont l'habitude du travail et l'esprit d'obéissance, qui leur ont permis de s'organiser en *nation*, tandis que les Malgaches en restaient à la *tribu*, forme sociale inférieure qui, en dispersant la puissance aux mains d'un grand nombre d'individus, engendre des rivalités et des guerres continuelles, empêche tout progrès.

Habitations, mobilier, costume. — La case du Malgache n'est le plus souvent qu'une carcasse de charpente revêtue des feuilles du ravinala, soit de jonc ou de roseaux, soit de boue mêlée de paille ou de planches : elle ne comprend d'ordinaire qu'une pièce. Le mobilier est des plus primitifs : un lit de natte reposant sur quatre pieds, un billot pour s'asseoir, un oreiller en bois ou un petit coussin et quelques paniers; quant aux ustensiles de cuisine, ce sont des pots de terre, des marmites en fer adoptées depuis l'étendue des relations avec les Européens, un gril en bois, le *salaza*[1], et des feuilles de ravinala qui remplacent dans l'est les cuillers en corne et en bois, les verres et les assiettes dont l'usage est général chez les Hovas.

Une pièce de toile enroulée autour des reins, le *seidik*, est, le plus souvent, l'unique vêtement des naturels de la côte orientale. On y joint parfois le *sim'bou*, sorte de toge dont on se drape à la romaine.

La famille : polygamie. — La polygamie était d'un usage général et il n'existait pas de chef qui n'eût au moins trois femmes, mais elle n'est plus admise dans l'Imerina et chez les Betsileo. Jusqu'au jour de son mariage, la jeune fille est libre de son corps, mais à dater de ce jour, elle doit fidélité à son époux et l'adultère est puni d'une amende qui est payée au mari par les coupables. La naissance d'un enfant est accompagnée de festins et de danses. Les enterrements sont toujours suivis des mêmes cérémonies mêlées de chants funèbres.

mais, à moins d'injustice, on ne saurait nier que ces défauts deviennent chaque jour moins graves ; ils ont grand désir de se civiliser, et il n'est pas douteux que le christianisme a déjà produit d'excellents effets; ils sont notamment moins cruels et moins superstitieux. »

1. Le *Salaza* est un trépied sur lequel on met la marmite. Il se compose de trois pierres pointues fichées en terre.

Idées religieuses. — Il n'existe pas de culte à proprement parler chez les Sakalaves et les Malgaches ; ceux-ci sont superstitieux à l'excès, croient à la vertu des *gris-gris*, aux prédictions et sortilèges des devins, *ombiaches* ou *ampisikédus*. Quant aux Hovas, il y a longtemps que les missionnaires méthodistes anglicans ont essayé de les convertir au christianisme, devenu la religion d'État depuis qu'en 1868 la reine Ranavalo II a fait détruire les idoles nationales.

État politique. — Si les Hovas, qui prétendent à la domination de l'île tout entière, l'ont divisée arbitrairement en vingt-deux provinces, au point de vue politique, elle ne doit être partagée qu'en deux zones nettement tranchées : les régions occupées ou soumises par les Hovas, celles qui sont demeurées indépendantes. C'est ainsi que toute la contrée à l'est du 44ᵉ degré de longitude et au nord du 22ᵉ de latitude est sous la domination des Hovas, sauf, cependant, la partie comprise entre Manaflafy et la rivière Menanara, les baies de Narindina, de Mazangaye ou Mojanga et la côte voisine, qui ont secoué le joug ; tout le reste de Madagascar, c'est-à-dire le sud et l'ouest, sauf une partie du Ménabé (entre les rivières d'Andranomena et du Mangoky), n'a encore pu être soumis par ces conquérants et est gouverné par une foule de roitelets indépendants les uns des autres, mais dont quelques-uns se sont placés sous le protectorat de la France, afin d'éviter le régime despotique des Hovas.

Quant au mode de gouvernement, nous avons dit quelles guerres intestines, quelles rivalités sanglantes avait amenées la division en tribus des Sakalaves et des Malgaches. Jusqu'à la fin du dix-huitième siècle, les Hovas étaient restés enfermés dans les régions élevées et salubres du plateau central. Andianampoinimerina « le désiré d'Émirne » est le premier souverain qui ait réuni ces tribus éparses en un corps de nation et qui, avec l'aide des Anglais, par la ruse encore plus que par la force, ait entrepris de soumettre à sa puissance Madagascar tout entière. Nous avons dit en commençant quel avait été le résultat de cette lutte qui dure encore, il est bon maintenant de jeter un coup d'œil sur le mode de gouvernement qui a permis aux Hovas d'atteindre d'aussi importants résultats.

L'organisation des Hovas est toute féodale; la personne du roi est sacrée et l'on ne peut verser le sang des nobles. Le système des castes est d'une rigueur inflexible. L'idée de hiérarchie, dit le docteur Lacaze, est tellement marquée, indélébile, qu'il n'est pas permis à tel degré de noblesse de se vêtir de la couleur qui appartient au rang supérieur. Le sang royal ou princier a seul droit au parasol rouge, la noblesse peut seule porter le *lamba* (pagne) rouge; le salut qu'on fait à un plébéien n'est pas celui auquel a droit un noble, et tel noble, en haillons, misérable, passant à côté d'un riche plébéien porté par des esclaves, se redresse fièrement et reçoit un salut de respect auquel il répond à peine. »

Le même observateur n'a pas foi dans le développement de la civilisation chez les Hovas et les Malgaches, tandis que l'opinion de M. Grandidier est radicalement contraire.

Influence de la civilisation européenne. — Lorsque les missionnaires anglais vinrent s'établir dans le pays, en 1817, ils importèrent leur religion, puis l'instruction sous toutes ses formes. Chassés en 1835, ils sont revenus il y a une quinzaine d'années. Tout s'était si bien perdu, qu'ils ne retrouvèrent même pas trace du souvenir de leurs travaux.

C'est que ces peuples acceptent les côtés de la civilisation dont ils tirent un profit immédiat, mais ils ne sont pas *pénétrés* de ses bienfaits. Il est bien rare qu'on ne trouve pas chez chaque Hova une grosse bible; cela prouve-t-il qu'ils soient véritablement chrétiens? Ils ont intérêt à le paraître, voilà tout. Sceptiques, insouciants et paresseux, bien qu'extrêmement avides, ils ont laissé tomber en ruines les magnifiques établissements industriels et agricoles de MM. Laborde et de Lastelle, bien qu'ils aient vu tout le bénéfice que nos intelligents compatriotes en tiraient.

Tels qu'ils sont, les Hovas et les Malgaches ne peuvent

être en quelques années complètement civilisés; il est certaines facultés qui leur manquent et toutes les races ne sont pas, comme les Japonais, également aptes à opérer à bref délai un changement radical dans leur vie intime, dans leurs mœurs et leurs habitudes. Mais, s'ils ne sont pas capables de tirer eux-mêmes parti des richesses que renferme leur pays, ce n'est pas une raison pour qu'un autre peuple ne s'en charge pas.

CHAPITRE III

GÉOGRAPHIE ÉCONOMIQUE DE MADAGASCAR

Productions naturelles. Flore. — De très grandes différences d'altitude, de l'eau en abondance et, dans quelques provinces, un sol d'une fertilité prodigieuse, voilà des conditions on ne peut plus favorables au développement de la flore indigène. Aussi, tous les voyageurs ont-ils été véritablement émerveillés de la richesse et de la multiplicité des productions naturelles de Madagascar. Mais il n'en est aucun qui ait marqué son étonnement en termes plus vifs et plus saisissants que le botaniste Commerson dans une lettre qu'il écrivait en 1771 à Lalande.

« Quel admirable pays que Madagascar! Il mériterait seul, non pas un observateur ambulant, mais des académies entières! C'est à Madagascar que je puis annoncer aux naturalistes qu'est la terre de promission pour eux. C'est là que la nature semble s'être retirée comme dans un sanctuaire particulier pour travailler sur d'autres modèles que ceux dont elle s'est servie ailleurs : les formes les plus insolites, les plus merveilleuses s'y rencontrent à chaque pas. Le Dioscoride du nord (Linné) y trouverait de quoi faire dix éditions de son *Système de la nature* et finirait par convenir de bonne foi qu'on n'a soulevé qu'un coin du voile qui la couvre. »

Qu'un grand nombre de naturalistes, et notamment Sonnerat, aient été déterminés par ces paroles enthousiastes à explorer cette *terre de promission*, ce n'est pas pour nous étonner. Mais il n'en est aucun qui, comme M. Grandidier, ait réuni sur ce pays une masse aussi considérable d'observations nouvelles et de renseignements scientifiques précieux, inestimable trésor qui fait de l'*Histoire naturelle, physique et politique de Madagascar* une véritable révélation et qui a désigné pour l'Institut le fidèle observateur de tant de formes inconnues et d'espèces inédites.

Parmi les céréales, c'est le riz dont on ne compte pas moins de onze variétés — la rouge est la plus commune dans le centre et les parties marécageuses de l'île — qui forme le fond de la nourriture des habitants. Il était encore, il y a quelques années, à un prix dérisoire; n'était l'ouverture de voies de communication obstinément refusée par les Hovas, ce serait un article d'exportation on ne peut plus rémunérateur. Le froment, l'avoine, — ces deux céréales sont encore peu répandues, — le maïs, le millet, l'orge, le manioc, la patate, l'igname, sans parler des légumes européens et des arbres fruitiers introduits par les missionnaires et les voyageurs, notamment par notre consul, M. Laborde, la vigne qui donne deux récoltes annuelles, le figuier du Cap, le grenadier, la banane, l'ananas, la noix et la noix de coco, l'orange, le citron, l'arbre à pain, la canne à sucre d'une espèce très saccharifère et qui vient sans fumier, telles sont les principales productions de Madagascar.

Ajoutons que le caféier introduit sur la côte orientale a bien réussi, quoiqu'il ne vive pas longtemps, et que les meilleures sortes de Bourbon ne lui sont pas supérieures. Le tabac vient aussi bien dans l'intérieur que sur les côtes, le coton donne d'excellentes récoltes sur le plateau d'Imerina, l'indigo sert depuis longtemps aux indigènes pour la teinture de leurs vêtements; quant à la soie, dont les cocons pendent aux arbres en masses qui atteignent, disait Le Gentil, la grosseur de la cuisse d'un homme, elle ne peut se tisser, mais se carde seulement.

Outre un grand nombre d'épices, telles que le gingembre, le poivre sauvage, la muscade, la cannelle, le cubèbe, la *feuille excellente* (Agathophyllum aromaticum) le longoza (Curcuma zedoaria), la *grande terre*, comme on dit à Bourbon, est également riche en arbres précieux pour la construction, le charronnage ou l'ébénisterie. Ce sont : le casuarina, les pandanus dont les feuilles servent à faire des sacs qu'on exporte à Maurice et à Bourbon pour mettre le sucre : le bambou, l'azaina qui fournit des mâts de navires et donne une précieuse résine, l'ébène, le palissandre, le bois de rose, le sandal, les hibiscus, les mimosas, le tek et le bois de natte, ce rival de l'acajou.

Ajoutons encore nombre de résines, puis le caoutchouc, la cire, le copal, l'orseille, l'huile d'arachide, et nous n'aurons qu'un abrégé bien rapide et bien incomplet des ressources merveilleuses qu'offre Madagascar.

Faune. — Que si l'on est étonné de la prodigieuse richesse de la flore madécasse, on n'aura pas moins lieu d'être surpris de la variété et de l'abondance de sa faune. Non seulement on y rencontre quantité d'animaux depuis longtemps observés, mais on y trouve des espèces qui lui sont propres et des formes bizarres et imparfaitement observées jusqu'à ces derniers temps.

On ne rencontre à Madagascar aucun des grands quadrupèdes de l'Afrique, éléphants, lions, etc., le détroit qui sépare cette grande île du continent étant trop large pour être traversé par ces animaux. Mais les forêts, les savanes et les plaines herbeuses sont fréquentées par des sangliers, des chats et des chiens redevenus sauvages.

Il y a là des moutons à grosse queue et des bœufs à bosse ou zébus, ces derniers en troupeaux innombrables, particularité qui avait frappé nos premiers colons et que Flacourt enregistre avec soin.

Dans le « Voyage de Madagascar » de M. de V..., Carpeau de Saussay raconte que, au cours d'une expédition, nous dirions une razzia, chez les Matatanes, on s'empara de 13 800 bœufs ou vaches. « La viande, ajoute-t-il, était si abondante à ce moment que chaque homme en recevait cinq livres par jour. »

François Cauche nous apprend à son tour que « l'île est fort fertile en grands bœufs qui ont une grosse loupe qui est excellente à manger entre le col et les épaules, toute de graisse. »

Si, jadis, il était impossible d'exporter ces animaux à cause de la longueur du voyage, aujourd'hui que la vapeur et le percement de l'isthme de Suez mettent Marseille à vingt jours de Madagascar, ce serait une affaire très rémunératrice que d'aller y prendre ces animaux, dont le prix moyen est de 50 à 60 francs, pour les importer dans notre pays. On pourrait encore créer sur place des *saladeros* analogues à ceux de la Plata et de l'Australie pour expédier en Europe des salaisons, des viandes en boîte et cet *extractum carnis*, connu sous le nom du chimiste prussien Liebig.

La tribu des quadrumanes est innombrable à Madagascar, mais M. A. Grandidier qui, avec M. A. Milne-Edwards, en a fait une étude spéciale, est arrivé à cette conclusion que le nombre des espèces de propithèques et de lémurs ou makis doit être singulièrement réduit, malgré les différences caractérisées que présentent quantité d'individus souvent parqués dans les cantons d'où ils ne sortent pas. « Le plus souvent, dit M. Grandidier, les variétés forment des races locales qui ont leur habitat bien délimité, mais dont les caractères, déjà assez variables au centre même de leur aire géographique, se modifient davantage sur les limites et qui offrent des passages d'une race à l'autre; quelquefois on retrouve la même race séparée par de vastes espaces où il n'existe aucun de leurs représentants. Ce n'est, du reste, pas le pelage seul qui varie chez ces animaux; des caractères anatomiques considérés d'ordinaire comme fixes sont soumis à de nombreux changements, et bien des crânes eussent pu être attribués à des espèces nouvelles si je n'avais moi-même tué l'animal et conservé sa peau. »

On doit au même naturaliste la découverte à Madagascar

de débris d'un hippopotame de petite taille, d'ossements de trois espèces d'Épyornis et de carapaces de deux tortues monstrueuses.

Que si maintenant nous passons à la gent emplumée, nous devons constater qu'il y a environ 250 espèces d'oiseaux dont plus de 100 qu'on ne trouve nulle part ailleurs. « Une remarque intéressante, dit M. Grandidier, c'est que la faune ornithologique de cette grande île manque, comme celle d'Australie, de représentants de la famille des pics qui est si répandue partout ailleurs ; la présence de perroquets noirs, boëzabé, dans les deux pays, quoiqu'ils n'appartiennent cependant pas au même genre, n'est pas aussi sans devoir être mentionnée.

Il semble, du reste, que si les grandes espèces éteintes rapprochent l'île que sa proximité du continent a fait nommer à tort africaine, des îles polynésiennes où ont vécu les *Dinornis*, la faune actuelle de ces régions si distantes nous montre encore d'autres points de rapport. »

Richesses minérales. — Si la surface du sol est si riche en productions végétales et animales, ses entrailles recèlent des trésors inestimables. Bien que des peines sévères soient édictées contre les *prospecteurs* de mines, on a néanmoins constaté l'existence d'importants dépôts de cuivre et de plomb dans les massifs métamorphiques au sud-ouest de Tananarive ; on sait qu'il existe des gisements de plombagine, des mines de manganèse et de fer dans les montagnes où se rencontrent aussi des marbres de diverses couleurs. Enfin on a trouvé dans la baie de Pasandava[1], à Ambavatoby et sur un périmètre de 5000 kilomètres carrés, des couches de charbon de terre qui offrent presque toutes les variétés : houilles grasse, sèche ou à gaz. L'étendue de ces gisements dépasse de 200 kilomètres carrés l'étendue de tout ce que la France possède en bassins houillers. Il est superflu de faire ressortir l'importance exceptionnelle de cet immense

---

[1]. Rapport de l'ingénieur Guillemin à la compagnie de Madagascar, 27 février 1864.

gisement de charbon de terre, le nerf de la guerre maritime. Il n'attend pour être exploité, comme l'or dont la présence était déjà signalée par Flacourt, comme le cristal de roche, le sel gemme et tant de richesses minérales inconnues que renferme le sol de Madagascar, que l'ouverture de l'île aux entreprises européennes, que la création de routes carrossables et de chemins de fer, que l'abolition du régime actuel qui défend aux étrangers de posséder, que la ruine du régime tyrannique et fermé des Hovas.

Ressources de l'île. — Combien de fois ont-elles été mises à profit par nos marins! En 1746, ne voyons-nous pas le célèbre La Bourdonnais s'établir dans la baie d'Antongil avec neuf vaisseaux montés par près de quatre mille hommes, installer sur le rivage des forges, des corderies et jusqu'à un quai de carénage. En quarante-huit jours, avec les forêts d'alentour, il refait ses mâts et ses vergues, avec les plantes textiles indigènes, il fabrique les cordages qui lui manquent et trouve assez de viande fraîche, de légumes et d'eau, non seulement pour refaire ses équipages épuisés, mais encore pour remplir ses soutes aux provisions, et il part, hommes et navires remis à neuf, pour chercher les forces anglaises à la côte de Coromandel.

« De 1778 à 1783, dit Townsend Farquhar, le gouverneur anglais de Maurice, les escadres sous les ordres des amiraux d'Orves et Suffren, et, enfin, dans tous les temps, depuis l'établissement des Français à Maurice et îles adjacentes, les commandants de cette nation se sont procuré à Madagascar des approvisionnements en tout genre, pour la subsistance des troupes et des escadres expédiées de l'Île de France pour combattre les Anglais dans l'Inde.

« Pendant le gouvernement révolutionnaire de France, l'île de Madagascar fournissait le riz et les viandes fraîches et salées pour les garnisons de Maurice et dépendances et pour les équipages des bâtiments de guerre et corsaires; elle a aussi complété par des hommes les armements de ces vaisseaux qui couvraient les mers des

Indes et ont causé de si grandes pertes au commerce britannique[1]

CHAPITRE IV

LES SATELLITES DE MADAGASCAR : POSSESSIONS FRANÇAISES.

Nosy-Bé. — Tout près de la côte occidentale de Madagascar, à l'entrée de la baie de Pasandava qu'elle commande dans sa partie septentrionale, se trouve la petite île de Nosy-Bé, dont la superficie ne dépasse pas 29 300 hectares. Non loin, se trouvent quelques îlots sans importance, tels que Nosy-Mitsiou, Nosy-Lava, Nosy-Faly, Nosy-Comba, etc., dont nous ne faisons que citer les principaux. Le sol de Nosy-Bé est d'origine volcanique, et les champs de lave qui la constituent sont d'une fécondité merveilleuse. La partie septentrionale, qui se termine par le morne Loucoubé, recouvert de forêts, est la plus aride. Grâce au voisinage de la grande terre, à la densité de sa population, à sa facilité d'accès, à l'excellence de sa rade, à sa fertilité, à l'espèce de foire qui s'y tient tous les ans et réunit tous les caboteurs qui fréquentent les rades de la grande terre, de la côte d'Afrique ou même de l'Inde, grâce à sa salubrité relative, Nosy-Bé possède d'importants éléments de prospérité.

Hellville, sa capitale, date de 1841, époque où nous avons pris possession de cette île. C'est une petite ville d'un millier d'habitants avec des maisons en pierre, un appontement qui permet le déchargement de tout navire par toute marée, une jetée pourvue d'un chemin de fer Decauville, des magasins et des hangars à charbon où

---

1. *Memoir and notice explanatory of a chart of Madagascar.* London, Murray, 1819, in-4°, pp. 4 et 5.

était déposé le combustible nécessaire à l'approvisionnement des navires de la division de l'Inde. Une cale et des feux qui permettent l'accès de la rade pendant la nuit complètent l'installation de cet établissement qui a rendu de signalés services à notre flotte pendant sa rude croisière sur les côtes de Madagascar.

La culture de la canne à sucre, de la vanille et de l'indigo sont particulièrement en faveur à Nosy-Bé ; quant au café, qui donnait d'excellents résultats, les habitants ont dû y renoncer devant les ravages de l'*hœmileya vastatrix*. En 1883, le total des importations et des exportations a été de 7 805 986 francs, dont un peu plus de la moitié sous pavillon français, encore faut-il reconnaître que les opérations commerciales étaient à ce moment fort ralenties par le blocus des points occupés par les Hovas. Outre le grand nombre de commerçants indiens établis à Nosy-Bé, on y compte trois maisons de commerce, une française, une allemande et une américaine.

Les Comores. — Le groupe des îles Comores, en presque totalité sous le protectorat de la France, est situé à l'entrée du détroit de Mozambique, entre le nord-ouest de Madagascar et la côte orientale d'Afrique et se compose de quatre îles, Mayotte ou Mahori, la Grande Comore ou Ngasiya, Njouan, Anjouan ou Johanna et Mahili, la plus petite.

La population totale de cet archipel, qui s'élève à 65 000 individus, est douce et sociable. Les habitants primitifs étaient des noirs de la côte voisine d'Afrique ; au commencement du dix-septième siècle, des Arabes de la mer Rouge, chassés sans doute par quelque révolution dont nous n'avons pas le secret, vinrent s'établir dans cet archipel et ne tardèrent pas à se mêler à la population nègre. Anjouan fut longtemps fréquentée par les navires qui se rendaient dans l'Inde, et les Anglais y eurent jusqu'à ces derniers temps un dépôt de charbon. Moussamoudou, la résidence du roi, est construite sur l'orée, entourée de mauvaises murailles et défendue par deux fortins armés de vieux canons ; ce gros village est composé de mauvaises murailles en pierres à terrasse et de huttes couvertes en chaume.

La Grande Comore, dont l'abord est difficile à cause de sa forme tabulaire, est moins bien connue qu'Anjouan et Mayotte. Elle est d'origine volcanique, et l'on n'y rencontre ni source ni ruisseaux, et l'on ne peut s'y approvisionner d'eau qu'au moyen de citernes.

Saïd-Ali, le sultan de cette île, après avoir vainement demandé le protectorat français, avait conclu récemment un traité de commerce avec M. Humblot, négociant français.

Les sultans des îles voisines, voyant d'un mauvais œil les Français s'établir dans le pays, voulurent les chasser et marchèrent contre Mourouni, capitale de la Grande Comore.

L'aviso *le La Bourdonnais* fut aussitôt envoyé pour protéger nos nationaux, et au moment où nous mettons sous presse, nous apprenons que nos marins, avec l'aide des soldats de Saïd-Ali, ont complètement battu les troupes ennemies.

Mayotte. — Quant à Mayotte qui, comme nous avons eu l'occasion de le dire au cours de cette étude, est une ancienne possession française, elle est traversée par une chaîne de collines dont les plus hautes ne dépassent guère 650 mètres. Son sol volcanique est inégal, coupé de profondes ravines où les eaux s'amassent pendant la saison des pluies quand elles ne s'écoulent pas en forme de torrent. Le rivage marécageux est à ce point couvert de palétuviers qu'on ne sait où la mer finit, où la terre commence. Seuls les versants des collines sont tapissés d'une végétation un peu fournie qui devient plus serrée dans les fonds. Une ceinture de récifs entoure cette île et forme, une fois qu'on a pénétré à l'intérieur, un mouillage excessivement sûr, d'autant plus que jamais un ouragan, jamais un ras de marée semblable à ceux de l'Inde, n'a fondu sur Mayotte. Dzaoudzi, à l'intérieur du récif, était la résidence du sultan indigène; c'est là que le gouvernement local a établi sa résidence et le centre des divers services à cause de la facilité de la défense, de l'excellence de la rade et de la salubrité relative de l'endroit. Il faut le reconnaître, le séjour de Mayotte est à ce point malsain aux Européens qu'ils n'y peuvent résider plus de deux ans, sans être obligés de se venir retremper en Europe. Msaperé, village de 900 habitants, est habité par les négociants indiens qui approvisionnent les naturels de toile, de riz et d'objets de toute nature qu'ils font venir au moyen de boutres de Zanzibar ou de Bombay. Du sucre, du rhum, de la vanille, telles sont les objets d'exportation de Mayotte qui, en raison de son peu d'étendue et de son isolement, n'offrira jamais les éléments d'un commerce un peu considérable. Ajoutons que les naturels sont si indolents qu'on est obligé d'aller chercher à Mozambique les bras nécessaires aux travaux des champs. La culture de la canne, qui était jadis si rémunératrice, ne fournit plus autant, sans doute à cause de l'épuisement du sol: les derniers chiffres que nous ayons sous les yeux accusent une production de 3000 tonneaux de sucre et 80 000 tonneaux de rhum.

Sainte-Marie. — Sur la côte orientale de Madagascar est située l'île Sainte-Marie, la seule que nous ayons occupée avec continuité. Sa superficie est d'environ 15 500 hectares ; dans le sens de la longueur elle a environ 50 kilomètres, tandis qu'elle n'en compte que trois de large. Sa baie principale est appelée le Port-Louis. Au centre s'élève une île rocheuse, l'îlot Madame, sur lequel ont été construits quelques fortifications et batteries, des casernes, des magasins et des chantiers. Exposée aux pluies, cette île marécageuse est fort malsaine; mais, bien qu'on ait été de tout temps convaincu de son insalubrité, cela n'a pas empêché qu'on en ait fait le point de départ de plusieurs opérations et qu'on y ait réuni en grand nombre des troupes qui furent toujours décimées. On compte à Sainte-Marie trente-deux villages indigènes, mis en communication par des sentiers à peine frayés, à travers des bois épais où se rencontrent le petit natte, le filao, le bois de fer, etc. Du riz, des cocos, des fruits, telles sont, avec les essences que nous venons de nommer, les ressources peu abondantes de Sainte-Marie, qui n'a jamais dû sa fréquentation qu'à son voisinage de la grande terre et particulièrement des districts où les bœufs sont extrêmement nombreux.

Gabriel Marcel.

ALFRED RAMBAUD, LA FRANCE COLONIALE

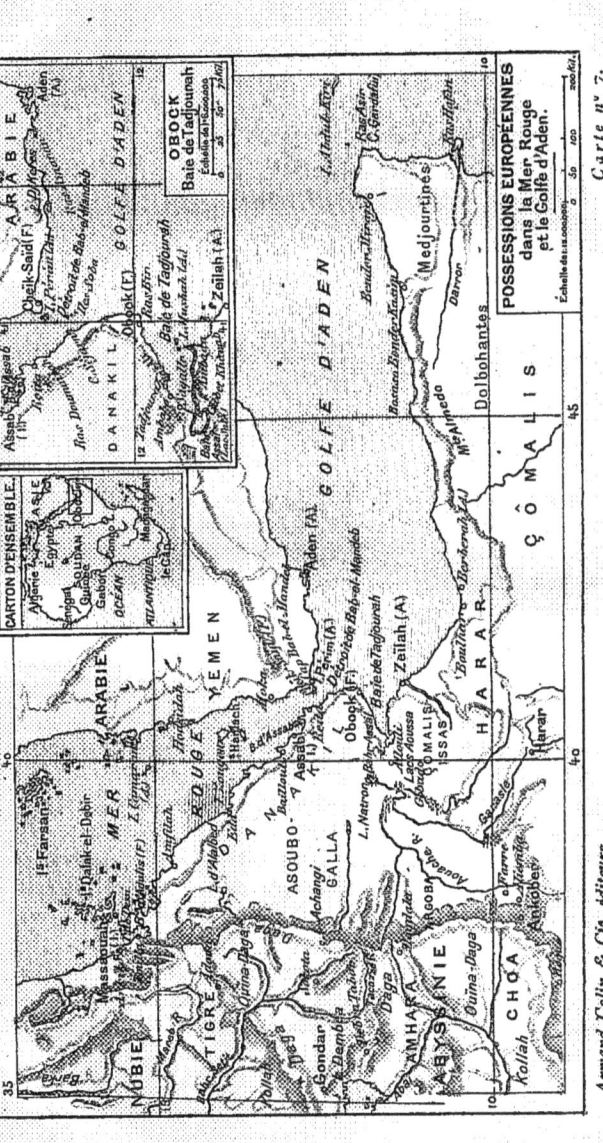

Carte n° 7.

Armand Colin & Cie, éditeurs.

LA MER ROUGE

OBOCK ET CHEIK-SAID

CHAPITRE PREMIER

OBOCK ET LA BAIE DE TADJOURAH

Traités qui nous ont valu ces possessions. — Il y a déjà une trentaine d'années que le gouvernement français s'est préoccupé d'assurer, pour le jour où le canal de Suez serait terminé, ses libres communications avec ses possessions de l'extrême Orient. Vers 1855, Henry Lambert, son agent consulaire à Aden, achetait à Abou-Bekr, alors sultan de Tadjourah, le territoire d'*Obock*, situé sur la grande route maritime de Suez aux Indes, et placé en face d'Aden, sur la côte orientale d'Afrique.

Le territoire d'Obock, lorsque l'acquisition de 1855 fut ratifiée par un traité signé à Paris le 11 mars 1862, était délimité au nord par le *ras* ou cap Doumairah et au sud par le *ras* Ali. Il a pour dépendances les îlots Soba, ou des Frères, à la hauteur du cap Séjarn.

En 1881, M. de Ring avait écarté les prétentions des Égyptiens sur *Latela*, et en 1883 nous avons abattu le pavillon qu'ils y avaient arboré.

Le sultan Houmed Loïta céda, en juillet 1882, à M. Paul Soleillet les ports et rades de *Sagallo*, donation confirmée, en mars 1883, par Menelik II, roi du Choa, suzerain du sultan Houmed Loïta.

En 1885, nous avons occupé *Ambabo* sur le rivage nord de la baie, en vertu du traité du 18 octobre 1884, signé entre M. Lagarde et le sultan de Tadjourah, qui nous cédait tout le littoral depuis le raz Ali jusqu'au Gubbet-Kharab.

Depuis, M. Lagarde, commandant l'établissement d'Obock, a, par le traité du 2 janvier 1885, placé les territoires du sultan de *Gobad* sous le protectorat de la France.

En août 1885, nous avons occupé *Ambado* sur le rivage sud de la baie : les Anglais, qui avaient essayé de nous y devancer, ont élevé une prétention que M. Lagarde écarta au nom du traité de 1882. Les traités de mars 1885, conclus avec les tribus du rivage sud de la baie, nous donnent tout le littoral depuis le Gubbet-Kharab jusqu'au delà de *Zeïlah* et nous négocions avec les Anglais pour obtenir la cession de cette ville, qui est maintenant enclavée dans nos possessions

Nos possessions ont une étendue de 250 kilomètres en longueur sur 60 à 100 kilomètres de largeur.

Géographie de la colonie. — Au cap Doumairah, prend naissance une chaîne de montagnes qui s'étend jusqu'au fond du golfe de Tadjourah. Au fond de la baie de Tadjourah, s'ouvre la vaste rade de Gubbet-Kharab, qui ne communique avec la mer que par un chenal étroit.

Le sol de notre possession est formé par une série de petits plateaux mamelonnés qui descendent de la chaîne de montagnes qui nous sert de limite du côté de la terre. Tantôt ces plateaux forment des falaises contre lesquelles viennent battre les flots de la mer, tantôt au pied de ces plateaux s'étend une plage plus ou moins vaste. Les terrains sont de formation récente, presque tous des roches madréporiques. Des *ouadi*, des torrents, très ravinés, dont les principaux sont la *rivière d'Obock* et l'*Atella*, coupent ces plateaux dans une direction générale de l'ouest à l'est. Les eaux coulent rarement à la surface du sol ; mais, dans les années même de plus grande sécheresse, il y a des nappes d'eau souterraines très considérables. Aussi est-il facile d'aménager les eaux.

Climat. — Le climat d'Obock, comme celui de toute la zone déserte et basse qui sépare le plateau central éthiopien de la mer, peut être caractérisé par l'épithète de *saharien;* une sécheresse toute particulière lui est propre. Il est aussi très chaud, car bien qu'il y ait des mois dont la température moyenne varie de 25 à 30 degrés, il y a des jours où la température moyenne est de 45 degrés, et des moments où elle atteint de 50 à 54 (température observée en juin 1882).

Le climat d'Obock est aussi sain que peut l'être celui d'une région très chaude. Tout excessive qu'elle soit, la chaleur se supporte mieux à Obock que dans d'autres régions des mêmes parages, car elle y est toujours sèche et de plus assez souvent tempérée par des vents de terre et des brises de mer. Ni les fièvres intermittentes, ni les dysenteries ne sont à redouter à Obock; l'hépatite seule y est à craindre. Une sorte d'ulcère attaque presque tous les Européens dans le premier temps de leur séjour, mais c'est une affection sans gravité.

Faune et flore. — Obock a également une faune et une flore sahariennes.

Des mimosas en quantité considérable; des palétuviers par bouquets au bord de la mer; des palmiers *doums* et des *Calotropris Procera* (le *Kourounka* du Sahara algérien) dans le lit des rivières et des torrents sont les plantes caractéristiques de la région. Celle-ci présente en outre quelques graminées sauvages, des stippées et des salsolacées. On cultive sur quelques points de notre possession des légumes et des palmiers-dattiers.

La faune d'Obock est caractérisée par des gazelles, des ânes sauvages, des outardes, des autruches, des vipères et des scorpions. Comme animaux domestiques, on y élève, sauf le cheval, les mêmes que dans le Sahara : le chameau, l'âne, la chèvre, le mouton, le bœuf.

Les indigènes. — **Races.** — Cette population appartient aux peuplades connues sous le nom d'*Afar*, *Adal* et *Donkali* (*Danakil* au pl.). Le territoire occupé par ces populations forme un vaste triangle. Les limites en sont : au nord, Arkiko; au sud, une ligne reliant Gubbet-Kharab aux mines de soufre du Choa; à l'ouest, le contrefort des montagnes de l'Éthiopie centrale; à l'est, la mer Rouge.

Le Donkali est essentiellement pasteur : il n'a pas d'habitation fixe, mais, dans les lieux où il a l'habitude de revenir camper chaque année, il construit pour ses troupeaux des bercails en pierres sèches, auprès desquels il place sa hutte de nattes reposant sur des cerceaux de lattes. Ces huttes sont de grandeurs diverses, mais toujours très basses ; elles affectent la forme rectangulaire et n'ont pour meubles que des nattes, des outres en peau et des vases en vannerie ornés de coquilles ou de perles, qui servent à contenir le lait et le beurre.

Mœurs et coutumes des indigènes. — Le Donkali est un homme de stature moyenne, généralement bien proportionné, aux traits réguliers ; les yeux sont beaux et assez souvent bleu foncé ; les cheveux, ordinairement fins et bouclés, sont droits quelquefois ; les hommes les portent demi-longs et se rasent la nuque. Pour la barbe, ils se la taillent généralement en collier, lorsqu'ils en ont, car un très grand nombre de Danakil ont la figure glabre, quoique les jambes soient très velues.

L'usage de se couvrir les cheveux d'une couche de graisse de bœuf est général chez eux. Le vêtement consiste en un pagne serré autour des reins et descendant jusqu'à la hauteur des genoux, une toge de couleur et de fortes sandales en cuir de bœuf.

Les armes des Danakil se composent d'un coutelas recourbé, porté à la ceinture, d'un bouclier rond en peau et d'une forte lance, arme d'estoc et non de jet, garnie à un bout d'un fer large et long et à l'autre bout d'un lourd talon de fer.

Le costume des femmes Danakil consiste en un jupon de peau tannée ou de cotonnade et une camisole en toile de coton bleu. Elles ont les cheveux tressés, se recouvrent la tête d'une pièce de coton bleu et portent aux chevilles, aux poignets, aux lobes des oreilles de lourds ornements de cuivre et des grains de verroterie.

Le Donkali vit en nombreuses tribus appelées *kabils*, dont le gouvernement est à la fois aristocratique et démocratique. L'autorité y est bien exercée par des chefs héréditaires, mais toutes leurs décisions sont soumises aux assemblées de la nation, dites *kalam*, et où toutes les affaires sont traitées : elles ne peuvent être exécutées qu'une fois qu'elles ont obtenu l'unanimité des voix des membres présents. Les *kalam* exercent envers les chefs de tribus les droits de réprimande et même de punition.

Les mœurs des Bédouins danakil sont sauvages et sanguinaires. L'étranger chez eux, tant qu'il n'a pas lié amitié avec les membres d'une tribu, peut impunément être assassiné. Tout meurtrier a le droit de se décorer d'une plume blanche qu'il porte au sommet de la tête et qu'il remplace plus tard par des anneaux en métal aux poignets et d'énormes boutons aux lobes des oreilles.

Officiellement les Bédouins danakil sont musulmans, mais ils ne pratiquent ni les prières, ni les autres cérémonies de l'Islam.

La langue des Danakil a nom *afar*. Cet idiome peut se rattacher aux autres idiomes éthiopiens. Un dictionnaire de cette langue a été publié, en 1840, par le Rév. C. W. Isenberg à Londres.

Les Danakil apprennent assez facilement à faire des travaux de manœuvres. Nous en avons employé à Obock jusqu'à deux cents, en 1882 : on leur avait enseigné, en quelques jours, à se servir de la brouette, du pic et de la pelle de terrassier. Les Anglais en occupent à Aden pour le débarquement des navires, à bord desquels sont aussi embarqués quelques Danakil comme chauffeurs.

Sur le territoire d'Obock proprement dit, on compte sept tribus, divisées elles-mêmes en *fractions* plus ou moins nombreuses : les *Takyil*, qui habitent Obock, les *Asmila*, sur l'Atella, les *Madelina*, les *Hassouba*, les *Aden-Sara*, les *Ab-Ammila*, les *Bédouitamila*, qui comprennent quinze fractions. Sur le territoire de Tadjourah et Gobad, trois tribus : les *Adaïl*, administrés par le sultan de Tadjourah, les *Hassouba*, par Omar-Bourham, les *Debéné*, par le sultan Houmed Loïta. Toutes ces tribus forment un total de 22 000 têtes, pouvant armer 6000 guerriers.

Tadjourah, ainsi que les autres villes ou villages de la côte appartenant aux Danakil, a dû être fondé par des marchands arabes, qui établirent des comptoirs près des criques où ils trouvaient un abri pour leurs embarcations. Les Arabes qui fondèrent Tadjourah, aussi bien que ceux qui ont fondé Reita ou Bailloul, s'étant alliés avec des filles danakil, ont créé une population aujourd'hui de sang donkali ; mais elle doit à son alliage arabe des mœurs et des aptitudes toutes spéciales : fanatisme religieux, esprit mercantile, aptitude aux voyages sur terre et sur mer, et une organisation sociale particulière.

À la tête de ces villes se trouvent trois autorités, et elles portent, ce qui est à noter, le costume arabe au lieu du vêtement donkali. Ces autorités ont les titres pompeux de *sultan, vizir, iman-cadi*. Ce dernier est en même temps chargé de l'instruction publique ; fonction dont il s'acquitte avec un zèle louable, car, à la différence des Bédouins qui sont tous illettrés, presque tous les citadins savent lire, écrire et compter en langue arabe.

Les fonctions de sultan et de vizir sont héréditaires, mais elles alternent entre elles : le vizir succède au sultan décédé, et l'héritier de celui-ci remplace dans ses fonctions le vizir devenu sultan. Ces sultans sont censés exercer une sorte de suzeraineté sur les tribus des Bédouins ; il serait plus exact de dire qu'à chaque ville de la côte sont attachées comme clientèle un certain nombre de tribus de l'intérieur ou du littoral.

Toutes les villes danakil de la côte, étant plus désireuses de sécurité pour leur commerce maritime qu'attachées à leur indépendance nationale, avaient depuis longtemps reconnu la suzeraineté des Turcs, lorsque ceux-ci les cédèrent à l'Égypte. Les Bédouins, au contraire, n'ayant besoin d'autre protection que celle de leur lance, ont toujours refusé de reconnaître une suprématie étrangère.

Lieux habités. — *Obock* n'est qu'un port ; mais l'on donne le nom, certainement prétentieux, de ville à *Tadjourah*, qui n'est que la réunion de quelques habitations construites avec des piquets et des nattes au bord de la mer. Ces huttes sont, il est vrai, grandes, proprement construites et bien aérées.

Une mosquée, une maison de douane et un fortin en maçonnerie constituent les édifices de Tadjourah ; les deux derniers ont été construits par les Égyptiens. Dans de beaux jardins, bien arrosés par des puits à bascule, poussent sous des dattiers une assez grande variété de légumes.

Tadjourah a deux ports et, suivant la mousson, les *boutres* mouillent au ras Ali ou à Tadjourah même.

La ville de Tadjourah, aujourd'hui française, a une population de 1000 à 1500 habitants, dont un certain nombre, le tiers ou le quart, est étranger à la localité : l'on y rencontre des Arabes, des Indiens, des Juifs, des gens du Choa, etc.

A l'exception de quelques artisans forgerons ou bijoutiers, tous les Tadjourates sont en même temps marchands, conducteurs de caravanes, marins.

Outre Obock et Tadjourah, signalons les deux villages maritimes de *Sagallo* et *Ambabo*, où les caravanes vont s'organiser.

Utilité de cette colonie. — Notre établissement d'Obock peut et doit devenir :

1º Un port de relâche et de ravitaillement entre Suez et la Cochinchine et les autres possessions françaises de l'extrême Orient ;

2º Une colonie française ;

3º Un centre de commerce maritime ;

4º La tête de ligne d'une route commerciale vers l'Éthiopie méridionale.

1º Obock port de relâche. — Il ne faut point l'oublier : les Anglais à Aden ont, pendant la guerre franco-allemande, interdit de vendre du charbon à des navires français. Ce seul fait, il est historique, prouve surabondamment que, si la France ne veut point s'exposer, dans certaines circonstances données, à perdre dans l'extrême Orient une situation laborieusement acquise, elle doit avoir un port à elle dans les parages mêmes où les Anglais ont reconnu qu'il leur était indispensable de posséder un établissement pour la sûreté de leur empire des Indes.

Le simple examen d'une carte suffit pour démontrer

qu'un port de relâche entre Suez et les Indes est tout aussi bien placé sur la côte d'Afrique que sur celle d'Arabie. La situation d'Obock est bien supérieure, pour un port de refuge, à celle d'Aden ; c'est l'opinion de tous les navigateurs qui connaissent le port anglais et la rade française.

Il ne faut que longer la côte d'Afrique de Massâouah à Gardafui, visiter Assab, Reita, Tadjourah, Zeilah, Berberah même, pour reconnaître la grande supériorité d'Obock sur tous ces différents ports, tous plus ou moins ouverts aux vents du sud ou du nord.

Dans ces parages, soumis à l'influence des moussons de la mer des Indes, les vents sont périodiques et réguliers, plus ou moins impétueux ; ils soufflent constamment ou du sud ou du nord ; généralement du sud-ouest en été, ils tournent au nord-est en hiver.

Le mouillage d'Obock, situé à la corne nord de la baie de Tadjourah et à l'intérieur du redan que forme le ras Bir, se trouve ainsi fermé à tous les vents qui soufflent du nord.

Les vents qui soufflent du sud sont sans effet sur la mer à Obock, car elle est brisée et amortie par les îles, bancs et récifs qui se trouvent entre Obock et Zeilah ; point qui est lui-même abrité par un cap des vents du sud.

Le mouillage d'Obock, tel qu'il est, *sans travaux*, offre une rade close, abritée de tous les vents, où un grand nombre de navires de tout tonnage peuvent trouver en tout temps un refuge assuré.

Les ressources d'Obock, jusqu'à ces derniers temps, ont été celles d'une côte sauvage : de l'eau de très bonne qualité, du poisson, du gibier, de la viande fraîche, du bois.

2° **Obock colonie française.** — Obock ne sera jamais une colonie agricole ; mais les ressources de son sol sont suffisantes pour permettre à des Européens de s'y établir dans de bonnes conditions.

On y trouve tous les matériaux nécessaires aux constructions, bois, argile, sable, pierre à chaux, moellons, pierres de taille.

Les terres arables et irrigables y sont en assez grande

quantité pour fournir les légumes et fruits nécessaires à la consommation d'une importante population fixe et à l'approvisionnement d'un grand nombre de navires.

Les pâturages de l'intérieur nourrissent de nombreux troupeaux ; ils s'augmenteront, d'après la loi de l'offre et de la demande, à mesure que les achats seront de plus en plus importants.

Les Européens établis à Obock pourront s'y livrer à plusieurs industries rémunératrices que nous allons énumérer.

Il sera facile de transformer en marais salants une partie notable des plages de notre possession ; partout le sel a une valeur, mais à Obock on est aux portes des Indes et de l'Afrique centrale, ces deux grands marchés du monde pour le sel.

La pêche peut, elle aussi, devenir à Obock une industrie prospère ; la côte est très poissonneuse ; de tout temps les indigènes y ont fait sécher des poissons, surtout l'aileron d'une espèce particulière de requin, très abondante à Obock et qui serait l'objet d'un commerce important aux Indes pour la Chine. On pourra facilement saler du poisson ; or des quantités considérables de poissons salés venant de l'Arabie, des Indes, de Zanzibar sont consommés à la Réunion, Madagascar, Maurice. Dans cette dernière colonie la ration réglementaire des engagés indous comprend 250 grammes de poisson salé.

Avec du sel il sera possible d'installer des *saladeros* et de se livrer sur une grande échelle à l'exportation de viande conservée et des produits animaux, peaux, cornes, etc., etc.

On pourra aussi faire exploiter l'écorce et le bois même de certains arbres, tels que le mimosa et le palétuvier par exemple.

De produits minéraux, en dehors des matériaux de construction, il n'y en a pas de connus. On avait signalé la présence de la houille sur plusieurs points ; vérification faite, on s'était trompé. Près d'Obock, se trouvent des sources d'eaux thermales sulfureuses, qui indiqueraient la présence du soufre dans le sous-sol de la possession.

Nous avons vu, ci-dessus, que nos colons trouveront dans la population indigène d'Obock une partie des bras qui leur seront nécessaires.

Au reste, deux factoreries françaises existent déjà à Obock, celle de la compagnie Godin et celle de la compagnie Ménier.

3° **Obock centre de commerce maritime.** — La mer Rouge et le golfe d'Aden sont sillonnés par de nombreuses embarcations indigènes dont quelques-unes sont de véritables navires (50, 80, 100 tonneaux de jauge) et qui se livrent à un commerce côtier d'une certaine importance. Il y a aussi dans les mêmes parages de nombreux pêcheurs de nacres, huîtres perlières, tortues.

Obock a été de tout temps fréquenté par de nombreux *boutres* arabes, venant de tous les points de la mer Rouge et de la mer des Indes; autrefois c'était dans ces mers le seul lieu où ils pussent relâcher et faire aiguade sans avoir rien à payer. Ils y viendront plus nombreux encore le jour où ils sauront qu'ils peuvent s'y livrer à des opérations commerciales suivies.

La première denrée que ces boutres demanderont à acheter ou à vendre, ce sera le riz. Car il est important de noter qu'à Aden le plus grand nombre des boutres arabes venant des Indes y sont chargés de riz; d'autre part, tous les boutres de la côte d'Afrique qui viennent à Aden y chargent du riz.

A Obock, le riz a pour le commerce maritime la même importance que le sel pour le commerce avec l'intérieur. Obock, aussi bien et mieux qu'Aden, peut devenir un centre commercial important. Si la colonie d'Aden a derrière elle l'Arabie, Obock a l'Éthiopie.

4° **Obock tête de ligne d'une route commerciale vers l'Éthiopie méridionale.** — Prenons la carte et examinons le golfe de Tadjourah. Ce golfe, qui ne mesure pas moins de 100 kilomètres de profondeur, étant de toute cette côte le point où la mer pénètre le plus en avant dans les terres, est par conséquent le point naturel d'arrivée des caravanes du haut pays.

Le golfe de Tadjourah a la forme d'un estuaire et, en

le voyant sur la carte, l'on cherche naturellement le fleuve dont les eaux ont dû le sculpter. Ce fleuve existe, c'est la *Aouache*, dont les eaux viennent se perdre aujourd'hui dans les lacs *Aoussa*, à 60 ou 70 kilomètres dans l'intérieur. A une époque relativement peu reculée, mais au moment où le lac Assal devait être un volcan en pleine activité, il y eut un soulèvement de terrain qui interrompit par un renflement les communications entre le fleuve et la mer. Les eaux de la Aouache, ne pouvant plus s'écouler vers la mer, durent d'abord inonder la plaine relativement basse du Aoussa, et, au fur et à mesure du colmatage des bords de cette plaine, il s'est formé les lacs que nous voyons aujourd'hui.

Les caravanes pour aller à Ankober, capitale du Choa, suivent encore la vallée de la Aouache, et, après les lacs, leur route se confond souvent avec l'ancien lit du fleuve que l'on retrouve en partie, et elles débouchent sur la mer par Allouli et Sagallo. Là, elles trouvent, au milieu d'un pays plat, une riante oasis, de l'eau, des pâturages, des arbres, parmi lesquels le palmier-dattier; en passant par Ambabo, elles arrivent à Tadjourah, qui est le dernier point de l'oasis, car après Tadjourah le terrain change : il devient montueux et aride.

Relations actuelles de Tadjourah avec l'Abyssinie. — Les Tadjourates se sont constamment considérés comme les vassaux du Choa, et ils n'ont jamais cessé de payer tribut aux souverains de cet État. Pour être également protégés sur mer et sur terre, ils s'étaient ainsi placés sous une double suzeraineté. Le Choa est le but de toutes leurs caravanes, et une grande partie de la population tadjourate a des maisons et de la famille dans les provinces frontières du Choa, notamment dans l'Argoba.

Malheureusement, et jusqu'à ces dernières années (cela durait encore en 1884), la ville de Tadjourah a été le centre d'un honteux trafic d'esclaves. Le roi de Choa actuel, Ménélik II, a bien interdit la traite dans ses États, mais les négriers contournent le Choa proprement dit et font en contrebande traverser les provinces musulmanes du royaume par leur convoi. La France saura mettre un terme à ce honteux état de choses.

Les Tadjourates exportent au Choa des tissus d'Europe et des Indes, des métaux, acier, cuivre, zinc, étain, argent, de la parfumerie, de la verroterie et de la bimbeloterie. Ils forment leurs caravanes de concert avec des Bédouins de l'intérieur qui, de leur côté, exportent au Choa du sel du lac Assal et du beurre fondu.

Ces caravanes se rendent à Chano et à Farré : là, l'impôt dû au gouvernement du Choa est payé en sel. Les Tadjourates (appelés Tegouri au Choa) vont à Aliemba, grand marché, où viennent se vendre une notable partie des produits du Harar, Djema, Kaffa, Ennerea, Nonno. Ils vendent leurs marchandises, achètent de l'ivoire, du musc, du café, de l'or, des plumes, des peaux et traitent par courtiers des affaires d'esclaves à livrer.

Les Bédouins échangent à Chano ou Farré leur sel et leur beurre fondu contre des produits manufacturés au Choa même, de la poterie, des étoffes de coton, des fers de lance et des lames de couteau.

Depuis 1882, les Français ont fait quelques opérations directes avec le Choa. Elles ont été limitées à des importations d'armes et de munitions de guerre et à des exportations d'ivoire, or, musc, etc.

Ce qu'est pour nous l'Abyssinie. — Le Choa, avec son ancienne province de Harar, qui reste son annexe géographique, offre à notre commerce et à notre industrie autre chose que des affaires ainsi limitées. Il peut, avec ses trois millions de populations chrétiennes et civilisées, ses nombreux marchés, Aliemba, Boule-Orké, Djarso, Rogué, etc., en relation avec toute l'Ethiopie jusqu'au Kaffa, actuellement tributaire du Choa, assurer un immense débouché à nos produits manufacturés et nous offrir les productions de son sol riche et fertile.

Le plateau central éthiopien peut se diviser en trois zones auxquelles correspondent des climats et des productions différentes. A ces zones les Éthiopiens donnent les noms de :

1° *Kollah* : les régions les plus basses, où se cultivent

le coton, le mil, le café, la canne à sucre, le bananier. Les indigofères, cactus, euphorbes arborescents, y poussent spontanément. L'altitude des Kollah varie de 1500 à 2000 mètres. Les Kollah sont formés par de petites vallées recoupées en tous sens par des lits de torrents et de rivières.

2° *Ouïna-Daga* (plateau à vignes), où se cultivaient, avant l'invasion musulmane, les vignes ; où se cultivent les céréales, teffes, blé, orge, des plantes légumineuses et oléagineuses, des cognassiers, pêchers. Les cyprès, sycomores, oliviers et citronniers sauvages sont les arbres caractéristiques de la région. La Ouïna-Daga est formée d'une série de petits plateaux en terrasses.

3° *Daga* est le nom des plateaux les plus élevés, de ceux dont l'altitude dépasse 2500 mètres; là, se cultivent le blé et l'orge; les stippées, les églantiers, les conifères y sont les plantes caractéristiques. Les Daga sont formés par de grands plateaux légèrement concaves, au milieu desquels l'on remarque des buttes gazonnées en forme de ballon.

A ces trois régions correspondent aussi trois faunes particulières : la première est caractérisée par l'éléphant, le rhinocéros, l'hippopotame, le buffle, le caïman, le lion, le zèbre, la panthère noire, le léopard, le chat musqué (civette d'Afrique), l'oryctérope. La deuxième l'est par des antilopes, des gazelles, le *golobe gonereza*. Un corbeau particulier à corps noir et à plumes blanches, qui lui font sur la tête comme une calotte de tonsuré, certaines espèces d'antilopes dont une, le sass, a des poils forts et piquants, et la marmotte caractérisent la troisième.

De même que les animaux sauvages, les animaux domestiques sont localisés. Les bœufs, les ânes, les chèvres sont communs aux trois régions, mais le cheval et le mouton ne prospèrent que sur la Daga.

Avenir de nos relations avec l'Abyssinie. — De ce qui précède, l'on doit conclure que nos colons d'Obock auront d'autres opérations à faire avec le Choa que d'y porter des armes et d'en retirer de l'ivoire et de l'or;

mais il faudra, avant tout, faire un effort pour créer entre le Choa et la côte un autre moyen de relation que celui par trop long et coûteux des transports par chameaux. Actuellement, il faut aux caravanes un mois pour aller de la mer au Choa, et les marchandises qu'elles transportent ont un fret à supporter variant de 2000 à 2500 francs la tonne.

Une route, un chemin de fer peuvent changer cet état de choses ; l'on peut plus facilement utiliser la Aouache, qui est probablement navigable et certainement flottable des lacs Aoussa aux mines de soufre du Choa. Il n'y aurait donc qu'à réunir par une route, un chemin de fer ou un canal ces lacs qui ne sont qu'à soixante ou soixante-dix kilomètres de la mer et ont une altitude positive de 300 mètres environ. Ainsi pouvons-nous, avec une facilité relative et des dépenses minimes, mettre en rapport régulier et constant notre colonie d'Obock avec cet État de Choa, notre ancien allié et où déjà un certain nombre de Français ont résidé et résident, protégés par un traité qui a plus de quarante années de date et qui a toujours été religieusement observé par les rois de Choa[1].

---

1. *Traité politique et commercial entre le roi Louis-Philippe et Sahela-Sellassié, roi de Choa, et ses successeurs.*
Vu les rapports de bienveillance qui existent entre Sa Majesté Louis-Philippe, roi de France, et Sahela-Sellassié, roi de Choa, et ses successeurs ;
Vu les échanges et cadeaux qui ont eu lieu entre ces souverains, par l'entremise de M. Rochet d'Héricourt, chevalier de la Légion d'honneur et décoré des insignes de grand du royaume de Choa, le roi de Choa désire alliance et commerce avec la France.
Vu la conformité de religion qui existe entre les deux nations, le roi de Choa ose espérer que, en cas de guerre avec les musulmans ou autres étrangers, la France considérera ses ennemis comme les siens propres.
Sa Majesté Louis-Philippe, roi de France, protecteur de Jérusalem, s'engage à faire respecter comme les sujets français tous les habitants de Choa qui iront au pèlerinage et à les défendre, à l'aide de ses représentants, sur toute la route, contre les attaques des infidèles.
Tous les Français résidant au Choa seront considérés comme les sujets les plus favorisés, et, à ce titre, outre leurs droits, ils joui-

Au Choa, la France a une œuvre importante à accomplir ; ici rien à conquérir ni à administrer : il s'agit simplement d'aider au développement économique d'un peuple qui a une civilisation analogue à la nôtre, puisqu'il est chrétien et régi par un code qui, comme le nôtre, est inspiré du droit romain.

Le roi actuel de Choa, Menelik II, comme son aïeul Sahela-Sellassié, est un prince libéral et intelligent, ami du progrès sous toutes ses formes; il cherche à attirer auprès de lui les Européens ; plusieurs sont établis depuis des années dans ses États, et tous sont traités avec justice et bienveillance.

Le gouvernement de la République fait actuellement tout ce qui est nécessaire pour fonder Obock d'une manière durable; l'administration y est régulièrement organisée; les services publics y sont représentés ; les travaux indispensables vont être entrepris. Le port de relâche et la station sont créés. L'initiative privée peut seule compléter ce qui reste à faire ; il appartient à notre commerce national, qui s'est plaint dans maintes occasions de n'avoir pas vu ses entreprises suffisamment protégées, de suivre cette fois le gouvernement et d'apporter à l'État les concours individuels qui seuls peuvent faire de notre naissante colonie un centre d'affaires et de travail national.

ront de tous les privilèges qui pourraient être accordés aux autres étrangers.

Toutes les marchandises françaises introduites au Choa seront soumises à un droit de 3 pour 100, une fois payé, et ce droit sera prélevé en nature afin d'éviter toute discussion d'arbitrage sur la valeur desdites marchandises.

Tous les Français pourront commercer dans tout le royaume de Choa.

Tous les Français résidant au Choa pourront acheter des maisons et des terres, dont l'acquisition sera garantie par le roi de Choa; les Français pourront revendre ou disposer de ces mêmes propriétés.

CHAPITRE II

CHEÏK-SAÏD ET AUTRES POINTS SUR LA MER ROUGE

Situation de Cheïk-Saïd. — Par les îles Soba et le cap Sejarn nous possédions une des deux passes du détroit de Bab-el-Mandeb.

En face de Perim, séparé par un étroit chenal, se trouve le territoire de Cheïk-Saïd[1], qui comprend le cap Bab-el-Mandeb, à l'extrémité sud-ouest de l'Arabie.

Ce cap se compose d'un massif volcanique dominant et, par conséquent, commandant Perim. Au nord du cap, s'étend une plaine sablonneuse au milieu de laquelle se trouve une lagune communiquant avec la mer par un étroit goulet. Naturellement la végétation est peu abondante et comme conséquence la faune est pauvre : quelques gazelles et quelques lièvres. La population de Cheïk-Saïd est composée d'une vingtaine de pêcheurs arabes.

Histoire de notre établissement à Cheïk-Saïd. — Au mépris de tous les droits la Turquie, à l'instigation de l'Angleterre, a dernièrement, sur notre territoire, construit un fortin où elle a entretenu pendant quelque temps quinze soldats, que l'on a depuis retirés.

Le territoire de Cheïk-Saïd a été vendu, en 1868, par un chef local indépendant à une maison de commerce de Marseille qui y fit construire une factorerie. En juin 1870, le *Bruat*, navire de guerre français, la protégea contre un débarquement de quelques troupes ottomanes. Pendant la guerre franco-allemande, les Anglais ayant interdit à nos navires de prendre du charbon à Aden, les navires français furent se ravitailler à

---

1. Le nom de ce territoire vient de celui d'un saint personnage de l'Islam, dont la *Kouba* est située sur la pointe du cap qui fait face à l'île de Perim. Près de là sont les ruines de la ville ancienne d'*Okélis*.

Cheïk-Saïd, où la France établit un dépôt de charbon; et il y eut par cela même une prise de possession effective de ce territoire. Comme les Allemands et les Anglais semblaient convoiter cette possession, le gouvernement de la République l'a récemment achetée à la maison de Marseille. Notre diplomatie s'occupe de faire reconnaître nos droits par la Turquie.

Importance de Cheïk-Saïd. — On a parlé de la possibilité de détourner en partie le commerce de l'Arabie sur Cheïk-Saïd; il est certain que des établissements de commerce français à Cheïk-Saïd pourraient amener un tel résultat. Quelle serait l'importance de ce commerce? peu considérable, croyons-nous. Du reste, à Cheïk-Saïd, le commerce ne saurait être que secondaire : il ne s'agit point ici d'une question économique, mais bien d'un intérêt politique, et d'un intérêt politique majeur.

La France doit, ou abdiquer son rang de grande puissance, ou maintenir sa marine au premier rang. Une des clefs des mers est entre nos mains : l'abandonnerons-nous? En occupant Cheïk-Saïd et en le reliant par des forts dont les feux peuvent se croiser aux îles Soba et au cap Sejarn, nous maintiendrons libre le canal de Suez; car, si on voulait nous le fermer, nous emprisonnerions dans la mer Rouge les vaisseaux de nos adversaires et nous serions toujours les maîtres d'une des routes de l'Europe aux Indes.

Edd, Amfilah, baie d'Adulis. — *Edd* a appartenu successivement à plusieurs maisons françaises. *Amfilah* et sa baie, qui ouvrent des communications faciles avec l'Abyssinie, avaient été cédées, en 1839, à la France par le roi du Tigré. Elles n'ont pas été occupées militairement. Enfin *Zoulla*, l'ancienne *Adulis*, sur une des baies les plus importantes de la mer Rouge, avec l'île voisine de Dessi, a été cédée, en 1859, par Négoussié, roi du Tigré, au capitaine de frégate français, M. Russsel. Bien que nous ne l'ayons pas occupée et que les Turcs, en 1861, aient planté leur drapeau à Zoulla, nos droits ne sont pas effacés.

Paul SOLEILLET

L'INDE FRANÇAISE

CHAPITRE PREMIER

HISTOIRE.

Les établissements français de l'Inde sont formés des débris du grand empire colonial, constitué au dix-septième siècle par François Martin, au dix-huitième par Mahé de La Bourdonnais et Dupleix, et morcelé au profit de l'Angleterre par les traités de 1763 et 1814[1].

La France est rentrée en possesion de ces établissements lors de la seconde Restauration. La remise de Pondichéry et de Chandernagor a été faite le 4 décembre 1816, celle de Karikal le 14 janvier 1817, celle de Mahé le 22 février 1817, et celle de Yanaon le 12 avril de la même année.

Depuis cette époque, l'histoire de l'Inde française n'a point donné lieu à des événements d'une grande importance. La fixation des frontières du territoire de Mahé a donné lieu jusqu'en 1853 à des pourparlers entre les gouvernements anglais et français. Il y a encore certains dissentiments analogues au sujet de nos droits sur des comptoirs secondaires, appelés *loges*, soit que nos titres à leur occupation n'aient pas été reconnus par les derniers traités, soit que l'acte d'occupation n'ait pas été définitivement accompli.

L'Inde française n'a donc eu, depuis 1815, qu'une

---

[1]. Voir ci-dessus l'*Introduction historique.*

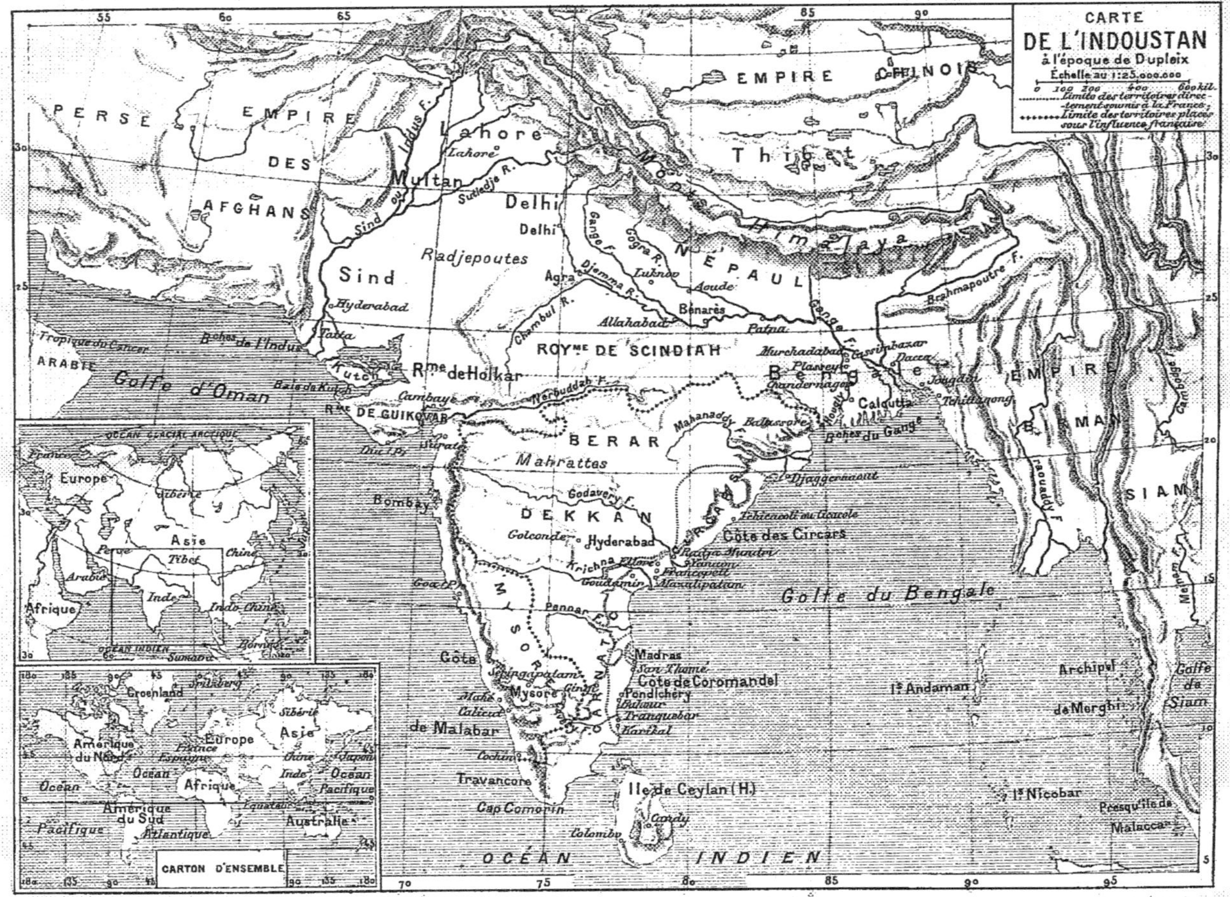

ALFRED RAMBAUD, LA FRANCE COLONIALE

CARTE DE L'INDOUSTAN à l'époque de Dupleix

Carte n° 8.

Armand Colin & Cie, éditeurs.

histoire administrative, dont nous aurons à résumer les principales phases lorsque nous examinerons le détail de son gouvernement.

CHAPITRE II

GÉOGRAPHIE GÉNÉRALE.

Situation géographique et topographique. — La superficie totale des établissements français de l'Inde est de 50 803 hectares, décomposée en cinq territoires principaux et huit loges. En voici la nomenclature :

1° Sur la côte de Coromandel, le territoire de Pondichéry, dans la province du Sud-Arcate ; — celui de Karikal, dans le Tandjaour ;

2° Sur la côte d'Orissa, le territoire de Yanaon, aux bouches du Godavéry, et la loge de Mazulipatam ;

3° Sur la côte de Malabar, le territoire de Mahé et la loge de Calicut ;

4° Dans le Goudjerate, la loge de Surate ;

5° Au Bengale, le territoire de Chandernagor, et les loges de Cassimbazar, Jougdia, Dacca, Balassore et Patna.

La plupart de ces possessions ont été concédées par des princes indous ; c'est ainsi que Surate a été acquis en 1668, Pondichéry en 1683, Chandernagor en 1688, Mazulipatam en 1724, Mahé et Calicut en 1726, Karikal en 1759. Seuls Yanaon et Cassimbazar ont été conquis par les armes, en 1750 et 1756.

Territoire de Pondichéry. — Le territoire de Pondichéry, qui comprend le chef-lieu de nos établissements, est situé dans la province (ancienne *soubabie*) de Sud-Arcate, dans la *nababie* de Carnate (gouvernement actuel de Madras), à 143 kilomètres environ de Madras et sur les bords du golfe de Bengale. Il occupe une superficie de 29 145 hectares, soit les trois cinquièmes environ de l'ensemble de nos possessions dans l'Inde, et se divise en quatre *communes* (Pondichéry, Bahour, Oulgaret, Villenour), subdivisées elles-mêmes entre 93 *aldées* principales et 141 *villages* secondaires.

Ce territoire est bizarrement composé d'une série d'enclaves formées au sein des possessions britanniques. La plus grande renferme Pondichéry, Oulgaret et Villenour, et longe la rive supérieure de la rivière *Pambéar*, dont elle franchit le cours sur deux étroites bandes de terrain, dirigées assez avant vers le sud. Deux autres enclaves assez importantes se remarquent au sud, sur la rivière *Ponéar* (commune de Bahour), et à l'ouest, sur le Pambéar et la rivière de *Gingy*. On compte huit autres enclaves principales : deux au nord, une à l'ouest, cinq au sud. Des négociations ont été, à diverses reprises, engagées avec les autorités anglaises pour parvenir à rectifier ces frontières; on proposait l'abandon des enclaves occidentales, contre cession du district de Valdaour, sis au bord du Gingy, près de son confluent avec le Pambéar, district qui n'a été détaché de nos possessions qu'en 1785, et que l'on avait, dès 1750, érigé en marquisat en faveur de Dupleix. Il est en effet très difficile de surveiller exactement la perception de nos octrois de terre à travers ces parcelles souvent fort éloignées de communes ou d'aldées.

Le régime des eaux est assez compliqué sur ce territoire. La rivière de Gingy l'arrose dans sa partie septentrionale; elle se grossit du *Pambéar*, dont elle prend souvent le nom dans son cours inférieur, et se sépare près de ces bouches en deux cours d'eau (rivière d'*Ariancoupom* et *Chounambar*); le Chounambar lui-même, ou bras inférieur de la rivière de Gingy, reçoit le *Coudouvéar;* enfin le Ponéar, venu de la chaîne des Gâthes, arrose la commune de Bahour et ses principales aldées, et, tandis que ses branches les plus fortes vont se perdre vers Goudelour, il lance au nord deux canaux de décharge, dont l'un, le *Maltar*, va rejoindre le Condouvéar, et dont l'autre, l'*Oupar*, tombe directement dans la mer. Somme toute, notre établissement est compris dans un vaste delta, où se mêlent les eaux de la rivière de Gingy et du Ponéar, reliées entre elles par un système de voies continues et d'étangs, ces derniers au nombre de 59, entre lesquels on doit noter ceux d'*Oussoudou* (au nord du Pambéar) et de *Bahour*. Le Ponéar, qui a un cours de 100 kilomètres environ, et la rivière de Gingy, sont navigables pendant quatre mois de l'année, sur une étendue de 25 kilomètres, par de petits bateaux à fond plat seulement. Neuf grands canaux ont été établis pour la dérivation des étangs ; cinq barrages règlent les rivières, et l'on connaît dans la colonie l'existence de 202 sources et 53 réservoirs d'irrigation. Le pays est périodiquement soumis à des crues; elles ont été quelquefois terribles, et l'on signale parmi les plus funestes celle qui se déclara aux mois de novembre et décembre 1884.

Le sol de l'établissement de Pondichéry consiste presque uniquement en dépôts d'alluvions, où les sondages ont mis à jour de profondes couches de sables alternant avec des couches d'argiles grises ou brunes. Les forages artésiens ont partout donné de bons résultats. Une chaîne extrême de collines affleure au delta du Gingy et du Ponéar ; elle est connue sous le nom de *montagne rouge* ou de *Goudelour;* c'est un banc rocheux de terrain crétacé, un conglomérat de calcaire jaune et grisâtre contenant des débris abondants de bois fossiles. Il faut rapprocher de la présence de ces fossiles l'existence d'un vaste gisement d'excellent lignite, constaté en 1882 sur le territoire de la commune de Bahour.

Territoire de Karikal. — Le territoire de Karikal est situé, comme celui de Pondichéry, sur la côte de Coromandel et dans l'ancienne *nababie* de Carnate, province de Tandjaour. La ville s'élève presque au centre de l'établissement, à un mille et demi[1] au nord des bouches de l'*Arselar*, un des bras du fleuve Cavéry. Karikal est à 26 lieues au sud de Pondichéry, et ses aldées occupent une superficie de 13 515 hectares, divisée entre trois com-

1. 2 kilomètres 278 mètres.

munes (Karikal, la Grande-Aldée au sud, Nedouncadou au nord-ouest) et 110 villages.

L'Arselar s'y ramifie en une infinie variété de cours d'eau, au nombre desquels on signale les huit rivières de *Nandalar, Nattarvaïkalar, Vanjiar, Noular, Arselar, Tirmalérasenar, Moudinecondane, Pravadianar*, et les cinq grands canaux de *Coudirecoutty, Taléganivaïkal, Servévaïkal, Kanganyvaïkal, Naravivaïkal.*

La ville de Karikal est elle-même située à quelque distance de la mer. Le sol de cet établissement, toujours irrigué et périodiquement inondé, est couvert de sédiments alluvionnaires (argiles et humus noir) sur une couche de sables alternant avec des argiles nuancées; les sondages ont rencontré de nombreux bancs de sable quartzeux agrégé avec des débris fossiles par un ciment ferrugineux calcaire. Les nappes artésiennes, moins abondantes qu'à Pondichéry, offrent un degré assez élevé de salure, ce qui marque une plus entière pénétration de la mer.

Territoire de Yanaon. — Le territoire de Yanaon, situé à 140 lieues nord-nord-est de Pondichéry, dépendait de l'ancienne *nababie* de Golconde, en partie annexée au gouvernement actuel de Madras, et de la province de Radjamandry. Il s'étend sur une superficie de 1 429 hectares le long du fleuve Godavéry, dont il occupe les rives sur une longueur de deux lieues et demie; sa largeur varie entre 350 mètres et 3 kilomètres. Il est partagé en deux sections inégalement distribuées, par l'un des bras du Godavéry, appelé rivière de *Coringuy* ou *Coringah*. C'est exactement sur ce cours d'eau qu'est sise la ville de Yanaon. A trois lieues environ du territoire, le Godavéry et la rivière de Coringah se jettent dans la mer; mais les chenaux souvent obstrués du fleuve ont fait renoncer à son usage, et c'est par Coringah que les navires remontent jusqu'à notre établissement. Un canal mené entre ces deux cours d'eau borne au nord-est le territoire de Yanaon, dont le sol est presque exclusivement alluvionnaire.

Entre Yanaon et Pondichéry, aux bouches du fleuve

Krichna, dans la province des Circars du nord, est située la ville anglaise de Mazulipatam, qui nous a appartenu pendant près de cinquante ans. Elle est à 110 lieues de Pondichéry, à 30 de Yanaon. Nous y possédons encore une loge et, près de la ville, une aldée, dite *Francepett*, ou le *village français*, habitée par 200 Indous. Notre drapeau flotte sur la loge et l'aldée. La côte, sablonneuse, est fort boisée.

Territoire de Mahé. — Le territoire de Mahé, d'une contenance de 5 909 hectares, est situé sur la côte de Malabar, à 104 lieues à l'ouest de Pondichéry, dans la province de Calicut (vice-royauté de Bombay). Il se compose de deux territoires reliés entre eux par une route qui traverse l'aldée anglaise des Coloyes, longtemps disputée entre la France et l'ancienne Compagnie anglaise des Indes. Le plus petit de ces territoires est borné par la mer et la *rivière de Mahé* et forme une sorte de péninsule protégée par un rang de collines calcaires. Le second est situé plus à l'est et se divise en quatre aldées (Chambara, Chalakara, Palour et Pandaquel), dont la dernière est rattachée aux trois autres par une mince bande de route et de terrain. Le sol de ces aldées est assez mouvementé; des collines d'une moyenne hauteur, premiers contreforts du puissant massif des Gâthes de Mysore, y présentent une série de mamelons boisés; les fonds sont en général sablonneux.

La *loge de Calicut*, située dans la ville du même nom, et peu importante, se trouve à 15 lieues au sud sud-est de Mahé, en suivant la ligne de la mer.

La *loge de Surate*, berceau de notre colonisation dans l'Inde, appartient au contraire aux régions septentrionales de la péninsule indoue, puisqu'elle se trouve dans la ville de ce nom, aujourd'hui fort déchue, sur le golfe de Cambaye et dans la province de Gondjerate, à 55 lieues au nord de Bombay. L'une et l'autre occupent un étroit emplacement, surveillé par un gardien. De tous nos établissements de l'Inde citérieure, Mahé a donc seul conservé quelque valeur; sa *rivière* offre encore un sûr mouillage et peut être remontée durant deux ou trois lieues par des bateaux de 60 à 70 tonneaux; la barre, malgré de hauts bancs de roche, peut être aisément franchie à marée haute, et protège suffisamment les quais de la ville.

Territoire de Chandernagor. — Le territoire de Chandernagor occupe, au milieu des terres, la rive droite de l'*Hougly* ou bras occidental du Gange, à 7 lieues au nord de Calcutta, capitale des Indes anglaises, dans la province de Bengale. La superficie est de 940 hectares, et ses dimensions les plus grandes sont de 5 kilomètres 187 mètres de long sur 1 kilomètre 877 mètres de large. Chandernagor n'est qu'à 35 lieues des bouches du Gange, mais la navigation directe lui est interdite jusqu'à la mer. Entourée de nombreux jardins, la ville est surtout un séjour de plaisance, et les aldées qui en dépendent n'ont pas d'importance commerciale.

Les cinq loges du Bengale sont réparties en trois régions : *Balassore*, sur la mer, au sud des bouches du Gange; *Cassimbazar* et *Patna*, sur le Gange, au nord de Chandernagor; *Dacca* et *Jougia*, aux bouches du Brahmapoutre, c'est-à-dire en dehors de l'Inde antique, sur les confins de l'Indo-Chine. — Aucun de ces établissements n'a à l'heure actuelle de valeur commerciale, mais on ne saurait se dissimuler qu'ils ne manquent pas d'une certaine importance politique.

Climat. — L'année est divisée en deux saisons, dont l'une est dite *saison sèche* et l'autre *hivernage*.

La première va du 1er janvier au 15 octobre pour Pondichéry, et la température moyenne est de 31° à 42° le jour, 27° à 29° la nuit. Durant l'hivernage, les moyennes de jour sont de 25° à 32°, et celles de nuit de 13° à 20°.

L'hivernage au contraire commence à Mahé vers le 15 septembre pour finir vers le 15 mai, et la température y suit un cours plus régulier (22° à 26° en janvier-mars, 25° à 30° en avril-septembre, 23° à 27° en octobre-décembre).

La température de Karikal ne diffère pas sensiblement de celle de Pondichéry. Celle de Chandernagor est parti-

culièrement fraîche et saine, mais variable, allant de 8°
et 7° en janvier à 43° en mai, se maintenant à 22° environ
d'octobre en mars. Yanaon (20° à 26° en novembre-janvier,
27° à 36° en février-avril, 36° à 52° en mai-juin, 28° à 34°
en juillet-octobre) présente une sorte de moyen terme
entre le climat de Pondichéry et celui de Chandernagor.

Des pluies non périodiques, torrentielles et accom-
pagnées d'éclats de foudre, éclatent à Pondichéry en
juillet-août et octobre-décembre; la moyenne annuelle
des quantités tombées, sur observation des six dernières
années, est de 675 millimètres. Des sécheresses prolongées ont été parfois signalées; l'une des plus graves, celle
de 1877, précéda la famine si tristement célèbre qui dé-
vasta l'Inde pendant plusieurs mois.

Le régime des pluies est le même pour Karikal, dont
le territoire, régulièrement submergé par les eaux de
l'Arselar, est moins soumis aux périls de la sécheresse.
A Chandernagor, et par suite du voisinage relatif des
hautes chaînes de l'Himalaya, les pluies sont fréquentes
en mars-avril, et presque continues en juin-octobre; leur
violence est grande au mois d'août. A Yanaon, il pleut en
juin-novembre, d'une manière assez constante. A Mahé
enfin, comme à Chandernagor et par suite du voisinage des Gâthes, il y a des pluies périodiques en mars-
octobre, avec une intensité remarquable durant les mois
de juillet et d'août.

L'Inde est, dans son ensemble, soumise à deux puissants
courants aériens, dits *moussons* du sud-ouest et du nord-
est. On sait que leur centre de collision doit être cherché
dans les régions occidentales du golfe d'Oman, aux abords
du cap Guardafui. Ces courants règnent alternativement
sur l'Inde : la mousson du nord-est domine du 15 octobre
au 15 avril, après une période de transition (septembre),
dite *saison des calmes*, durant laquelle les chaleurs deviennent intolérables.

A Pondichéry, la mousson du nord-est souffle en fortes
brises de l'est, du nord-est, du nord-ouest, avec quelques
directions accidentelles d'ouest en est, et pendant qu'elle
sévit, les courants marins font 1 à 3 milles du nord au sud.

La marche de la mousson du sud-ouest est totalement inverse; la brise chaude ou vent de terre de la côte de Coromandel est ainsi réglée d'ouest en est, et se fait sentir en mai-août. A Yanaon, la mousson du nord-est ne règne que d'octobre à février. A Chandernagor, que protège l'influence des montagnes enserrant le Bengale, sa durée est limitée aux mois d'hiver, avec quelques brises du nord-ouest vers le début du printemps. A Mahé enfin, la mousson du nord-est est presque inconnue, ou plutôt elle semble affecter une direction du nord-ouest, sans qu'on puisse exactement la distinguer de la mousson d'ouest et sud-ouest.

Des ouragans ont lieu aux renversements de moussons. Ils n'atteignent guère nos établissements de Pondichéry et de Karikal, leur tendance obliquant d'ordinaire vers le nord-ouest, et ne s'y indiquent que par le passage d'une assez forte brise; mais ils éclatent, accompagnés de grêle, en mars-avril sur Chandernagor, et les bourrasques qui s'abattent sur Mahé au mois de mai, en mer calme, ont la même origine. Des cyclones se forment parfois au large, à proximité de Pondichéry, et jettent sur la côte des paquets de lames hautes de près de quatre mètres, dont l'effort imprime au rivage de profondes dénivellations bientôt réparées.

Les marées sont dans l'Inde moins hautes et plus désordonnées qu'en Europe. La moyenne à Pondichéry est d'un mètre, à Karikal de $1^m,624$, avec une amplitude *maxima* de $2^m,50$ à $2^m,60$ en temps anormal. L'heure de la pleine mer, aux nouvelles et pleines lunes, est $1^h 50^m$ à Pondichéry et 9 heures du matin à Karikal. Dans la rivière de Mahé, en mer morne, le flux atteint environ six pieds.

Enfin la durée du jour est peu variable; elle oscille entre $12^h 42^m$ (juin-juillet) et $11^h 18^m$ (décembre-janvier).

Faune. — La faune de nos établissements n'offre pas un grand intérêt, en dehors de quelques espèces fauves, dont les représentants sont en nombre très restreint. La famille des serpents est figurée par de nombreux types, et les mesures de préservation contre les morsures souvent fort dangereuses de ces animaux ne sont malheureusement pas exécutées par la plupart des Indous, adonnés au culte des reptiles. Les espèces sociables n'offrent aucun caractère assez déterminé pour mériter un examen ou une nomenclature spéciale.

Flore. — La flore, au contraire, est d'une richesse et d'une variété infinies. Citons, parmi les bois d'ébénisterie, l'aloès, dit encore agalloche ou bois d'aigle, et de callambac, que la parfumerie utilise aussi ; la corne fétide, l'ébène noir, le bois de fer ou de naghao, le gayac, jadis employé en pharmacopée, le marronnier d'Inde, le santal citrin, le teck, le sal, le toon, le satin, etc. Parmi les bois de teinture, le caliatour, le bois jaune et le santal rouge. Parmi les arbres fruitiers, le bananier, le grenadier, le manguier, le papayer, le goyavier, le tamarinier, le jacquier, le pamplemoussier, l'ananas, l'atier, le dattier, le dattier bâtard, le mûrier cambouliparon, le palmyra, le palmier, le cocotier, le jambosier, l'oranger, le citronnier, la vigne, etc. Parmi les essences gommées ou analogues aux gommes, l'éléphantine, l'acacia arabique, dont trois sortes sont connues, l'acajou, l'azédarac, la laque, le bombax, le moringa. Parmi les sucs et *jagres*, ou sucs fermentés d'essences spéciales, le tabaxir (suc des nœuds du bambou), le sagou (suc des moelles du bambou), le callou (suc des spathes du cocotier), le jagre du palmier qui, mêlé à l'écorce de l'*acacia leucocephalia*, produit l'arrack-patté, l'avoira (suc des fibres du palmier), le toddi (vin du palmier), le coir (suc des fibres du cocotier), le cachou et le coury (résidus de la noix d'arec), le bétel (résidu du périsperme de la noix d'arec mêlé avec de la chaux), le bangui (mélange de jagre de palmier, de feuilles de ganjah ou *cannabis indica*, et de cardamome), l'arrow-root (résidu du *maranta indica* et du *jatropha manihot*). Parmi les essences huileuses, le coton (cotonnier herbacé), le sésame, le myrobalan, le belleric, le nelly ou huile d'emblic, l'huile d'azédarac ou margousier, l'huile et la noix de touloucouna, le ricin, le gingelly (variété du sésame), les arachides, l'illipé, la noix de coco, l'huile d'anacardion, de palme, de pavot, de jatropha. Parmi les essences tinctoriales et tanniques, l'indigo (10 variétés), le curcuma, le sayaver, la noix d'arec, la casse, la laque (tasar-lac ou lac-dye des Anglais). Parmi les matières diversement propres à l'industrie, le rotin, le bambou, le schœnanthe ou jonc aromatique. Parmi les céréales, le froment, le cholom (*holcus sorghum*), le cambou (*holcus spicatus, penicellaria spicata*), le natchani (*eleusine coracana*), le varagou (*paspalum frumentaceum*), le riz (*benafouli* ou *gondoli*; 50 variétés réparties en deux espèces, samba et kàr), le collou, le nelly, les pois verts dits gram, la guinea-grass, le horse-gram. Parmi les épices, le poivre blanc dit de Tellichéry, la cannelle, le gingembre, les clous de girofle, etc. Parmi les produits médicinaux, la casse ou caneficier, la rhubarbe plate ou persique, l'huile de cajepout ou bois blanc, etc. Parmi les textiles, le gaujah, le jute, le sunn, l'ouatier, le lin, le coton. Parmi les arbres propices à l'élève des vers à soie, le sàl, le baer, l'àsan, l'eria et le ricin, où vivent six espèces principales de vers. Parmi les légumineuses, l'aubergine, un grand nombre de cucurbitacées, le lablab, et la plupart de nos produits d'Europe, pommes de terre, choux et choux-fleurs, radis, oignons, aulx, navets, etc., joints à ceux des tropiques, tels que les ignames, etc. Enfin, parmi les grandes cultures industrielles, la canne à sucre, le caféier, le tabac, la vanille, le cacao, etc.

Mines de lignite de Bahour. — Nous avons sommairement indiqué la composition des terrains autour de Pondichéry. Mais il est nécessaire d'insister sur la présence d'un vaste dépôt de lignite, dans le circuit de la commune de Bahour.

Le lignite peut donner lieu à de grands travaux d'extraction. Le 28 mars 1882, un puits artésien se forait à Bahour, lorsque l'on rencontra à 73^m,38 une couche de lignite que l'on traversa sur une épaisseur de 10^m,65. Ce lignite renferme en moyenne 53,97 de matières volatiles et 46,03 de matières fixes. Des recherches furent poussées activement. Le 17 mai 1883, on retrouvait la couche de lignite à Arranganour, à 3 kilomètres à l'est de Bahour, à 53^m,60. A Javalacoupom, elle se révélait à une profondeur de 73ᵐ,50 (à 8 kilomètres au nord-est de Bahour). et les échantillons étaient supérieurs à ceux du premier gisement. Le dépôt tout entier présente, d'après ces reconnaissances, une masse à peu près compacte, occupant 4000 hectares environ, pouvant donner lieu à une exploitation de 250 millions de tonnes. Le lignite a un pouvoir calorifique, équivalent à 0,66 de la houille de Cardiff, et à 1,52 du bois de filao, considéré comme le meilleur combustible local. La valeur commerciale du produit ressort de trois chiffres; la houille vaut 45 francs la tonne, à Pondichéry, et le bois de filao 12 fr. le stère; le lignite reviendra sur le carreau de la mine à 9 fr. 72. La transformation en briquettes pourra s'effectuer, en éliminant les poussières de quartz dont la proportion est évaluée à 10 pour 100, grâce à la colle de farine de fèves de tamarin, ou de farine de quêvre, deux produits très abondants et peu coûteux. Une compagnie s'est formée pour exploiter les gisements de Bahour.

CHAPITRE III

LES HABITANTS

Chiffre de la population. — L'ensemble de la population se chiffre par 282 723 habitants, se répartissant comme il suit :

928 pour la population française européenne;

1757 pour les descendants d'Européens français (ces créoles sont connus sous le nom d'Eurasiens);

34 pour les Européens anglais;

34 pour les descendants d'Européens anglais;

279 970 pour la population indigène.

Pour donner une idée exacte de la répartition territoriale des habitants, nous reproduisons le tableau officiel que voici :

RÉCAPITULATION GÉNÉRALE.

DÉSIGNATION des COMMUNES.	HOMMES					FEMMES					TOTAUX
	GARÇONS au-dessous de 14 ans.	CÉLIBA- TAIRES.	HOMMES mariés.	VEUFS.	TOTAL.	FILLES au-dessous de 14 ans.	CÉLIBA- TAIRES.	FEMMES mariées.	VEUVES.	TOTAL.	
Pondichéry....	10 045	1 276	9 614	1 497	22 430	10 284	937	7 519	678	19 418	41 858
Oulgaret......	13 696	157	8 726	592	23 211	11 801	352	7 653	195	19 959	45 170
Villenour.....	7 431	2 755	8 885	1 633	20 724	4 290	1 455	6 565	1 915	14 212	51 937
Bahour.......	4 970	1 761	5 392	1 105	13 229	5 598	1 243	4 792	1 597	13 225	26 453
Karikal......	4 023	3 803	8 693	1 550	18 054	4 029	1 692	8 793	3 075	17 514	35 571
Grande-Aldée..	2 158	2 420	4 570	1 834	11 001	2 626	1 950	5 431	2 831	12 808	23 810
Nedouncadou..	4 745	3 385	6 907	2 050	17 057	4 210	2 813	6 094	5 259	16 416	33 455
Mahé........	1 510	635	1 547	125	3 815	1 492	762	1 157	1 074	4 563	8 280
Chandernagor..	3 404	4 200	5 610	2 155	15 316	3 697	2 575	7 778	3 923	17 371	32 717
Yanaon.......	972	313	868	93	2 248	731	75	859	556	2 221	4 469
TOTAUX....	52 855	20 888	60 815	12 358	147 096	64 197	13 782	56 401	19 047	135 627	282 723

C'est donc une moyenne, assez satisfaisante, de 55 habitants par kilomètre carré, avec des centres de population d'une certaine importance ; Chandernagor, par exemple, a une moyenne de 347 habitants au kilomètre carré [1].

Les indigènes. — Cette population se compose en très grande majorité d'éléments indigènes ; mais ceux-ci présentent une diversité toujours nouvelle. Ce n'est pas ici le lieu d'apprécier dans son ensemble le curieux système des **castes**, dont les cadres suffisent encore, après quarante siècles peut-être, à contenir dans une mutuelle tolérance des races d'origine très opposée, rapprochées et non unies, n'ayant de commun que le sol, car les langages, les noms, les cultes diffèrent d'un village à l'autre. Le **Brahmanisme** établit aux yeux des Européens une certaine unité entre les populations indoues ; mais elle n'est qu'apparente, car la doctrine primitive des Védas s'est morcelée en un nombre infini de sectes et d'écoles, dont chacune peut à bon droit revendiquer l'exclusive possession du nom de brahmanisme.

Les castes. — Leur rôle a été d'abord régulateur. Après la conquête, elle ont aidé à organiser le gouvernement des **Aryas**, qui, réduits à quelques tribus par suite de leurs longues pérégrinations, n'auraient pu suffire à dominer cette multitude d'alliés ou de sujets s'ils n'étaient parvenus à fonder sur un prestige uniquement moral l'empire des hautes classes. Les castes ont appliqué d'une manière instinctive les principes de ces théories que l'on commence aujourd'hui à étendre à l'homme, après en avoir éprouvé sur les animaux l'universelle puissance ;

---

1. La population mobile est ainsi classée : Pondichéry, 180 individus ; Karikal, 100 ; Chandernagor, 310 ; Mahé, 30 ; Yanaon, 24. — Total : 704.

En 1883, on a dénombré 12 801 naissances, 8 527 décès (ce qui donne un excédent de 4 168 naissances pour l'établissement de Pondichéry et un excédent de 348 décès pour les autres établissements) et 3 209 mariages. — Somme toute, l'accroissement de la population a été de 3 820 individus.

et l'on peut dire que leur dogme fondamental est le sentiment de la sélection.

Conserver la pureté native des Aryas, leur assurer par des mariages dignes d'eux la persistance d'une intelligence supérieure, tel fut le but des premiers règlements édictés par les *Brahmanes*, repris et résumés dans la compilation des lois de Manou.

Autour des deux castes aryennes, *Brahmanes* et *Kchatryas*, se groupèrent successivement, selon leur adhésion ou leur défaite, les tribus *dravidiennes* et *chamiques* de l'Inde préhistorique. Elles furent classées sous la dénomination générale de *Soudras*, du nom de la plus septentrionale de ces tribus, les Oxydraques du Pendjab, rencontrés et soumis par les Aryas dès la traversée du fleuve Indus. Les premiers métissages, antérieurs à la codification définitive des castes, créèrent l'ordre intermédiaire des *Vaysias*, dont le titre semble avoir été emprunté aux offices agricoles qu'ils remplirent jadis près de leurs maîtres, les *Brahmanes* et les *Kchatryas*. Le critérium le plus ancien des castes fut la couleur (en sanscrit le mot de caste, *varna*, signifie couleur). Puis se mêlèrent des désignations géographiques, des subdivisions par corps de métiers, quelquefois des sobriquets ; et les branches de chaque caste se ramifiant tous les siècles davantage, l'avenir appartint aux plus prolifiques. C'est pourquoi les *Brahmanes* ont été peu à peu éliminés de la majeure partie de l'Inde, où ils ne forment plus que des groupes isolés ou des confréries errantes. Les *Kchatryas* ont été relégués dans le massif central des Vindhyas, où ils maintiennent encore leurs traditions guerrières au sein de la confédération des Mahrattes. Les *Vaysias* ont disparu, presque entièrement écrasés, depuis les luttes qui marquèrent vers le septième siècle de l'ère chrétienne la scission des deux pouvoirs militaire et religieux ; ils se sont à peine perpétués dans quelques congrégations marchandes, connues dans le Bengale sous l'épithète de *banyans*, et célèbres dans tout l'Orient par leurs aptitudes commerciales. L'Inde est donc revenue à ses possesseurs aborigènes, aux Dravidiens, et au-dessous d'eux aux

Négritos, c'est-à-dire, en langage moderne, aux *Soudras* et aux *Parias*[1]. Il existe bien dans les hautes castes *soudras* une prétention nettement déclarée à des parentés *kchatryas* ou *vaysias;* mais, s'il est sûr que l'on trouve dans notre établissement de Chandernagor des *Vaydias* issus d'un métissage entre *Brahmanes* et *Vaysias*, rien n'est moins formel que les filiations des mélanges entre les castes aryennes et les *Soudras*.

Les *Soudras* forment donc la majorité des habitants de nos possessions; ils sont eux-mêmes divisés en plusieurs séries de castes hautes et basses, où semblent dominer deux règles de classement, la désignation par lieu d'origine, et de préférence la situation au point de vue foncier Les *hautes castes soudras* sont agricoles, et par là correspondent assez aux anciennes castes indoues; les *castes intermédiaires* sont marchandes; les *basses castes* sont industrielles. Il n'y a d'ailleurs plus une rigueur absolue dans ces termes; les hommes de toutes castes sont aptes à

[1]. Ces deux divisions ont peut-être un pur intérêt symbolique. Dans les textes légaux, les Négritos ou Chamites sont appelés, par les brahmanes, *Tchandalas*. Eux-mêmes s'appelaient *Parias;* ce nom signifie, en effet, parleur, et c'est un usage commun chez les peuples primitifs que de s'appeler eux-mêmes *hommes parlants*, à l'exclusion des étrangers qui sont dits *muets*. Les légendes des Parias mentionnent confusément deux conquêtes accomplies contre eux : l'une, générale, par les Dravidiens; l'autre, partielle, par les Aryas. — Le nom de *kala*, noir, est synonyme de Tchandala.

Quant aux Draviras ou Dravidiens, il est impossible de déterminer exactement leurs caractères ethniques. Leur nom même n'a pas de sens, en dehors d'une désignation géographique : les Draviras sont les hommes du sud. En présence des identités craniennes, il y a lieu de se demander si la plupart des Chamites de l'Inde ne sont pas des métis dravidiens et si les Dravidiens ne sont pas le type ancien des races d'où les Aryas sont issus par sélection, races différentes, dès lors, des Mogols ou des Chinois auxquels on les rattache d'ordinaire. Il n'y a donc entre les Soudras et les Parias qu'une distinction hiérarchique et une sorte de différenciation entre les hommes de sang mêlé et ceux de sang pur.

Nos Soudras français appartiennent principalement aux peuplades *Tamoul* et *Télinga* (Pondichéry et Yanaon); nous avons des *gaurs* ou *bengalis* à Chandernagor, des *maplots* ou *maléalums* à Mahé. Les musulmans sont, en partie d'origine mogole, en partie d'extraction afghane.

tous les métiers et tendent à les exercer tous; cependant la tradition a privilégié certains groupes d'artisans réunis en castes, et conserve aux secrets professionnels un certain effet extérieur.

Voici les principaux classements de castes dans notre colonie :

1° *Pays tamoul* (*Pondichéry et Karikal*) :

A. Castes brahmaniques : 1. Adisaïvals (prêtres de Siva). — 2. Smartals, divisés en *calendriers* ou prêtres domestiques, et *pandjancarers* ou astrologues (16 subdivisions d'origine télinga et 25 d'origine tamoule). — 3. Veichnabrâhmanals (prêtres de Vichnou), parfois artisans, le plus souvent mendiants. — 4. Mattouvals ou brahmanes mahrattes, employés aux fonctions publiques. — 5. Ditchadals ou brahmanes de Chellambron, célèbre corporation, illustrée dans les guerres du siècle dernier.

B Castes soudras : 1. Vellajas (moissonneurs), dits aussi velâlas (serviteurs de Soubrahmania), divisés en 6 groupes et 10 branches. — 2. Cavarés ou gens d'origine télinga (18 subdivisions). — 3. Yadavals ou bergers (7 subdivisions). — 4. Chettys ou marchands (4 subdivisions). — 5. Comouttys (autres marchands). — 6. Rettys ou cultivateurs (4 subdivisions). — 7. Canakers ou compteurs (4 subdivisions). — 8 Sénécolés ou marchands de fruits (2 subdivisions). — 9. Nattamans ou villageois. — 10. Maléamans ou montagnards. — 11. Vanouvas ou grainetiers (2 subdivisions).

C. Castes soudras secondaires : 1. Tisserands (comprenant six castes). — 2. Pallys ou paysans (8 subdivisions), en voie d'ascension au rang de rettys ou du moins de nattamans. — 3. Cammalas ou cinq-marteaux (orfèvres, charpentiers, forgerons, chaudronniers, tailleurs de pierre). — 4. Kallolisittars ou granitiers. — 5. Moutchys (peintres, tapissiers, selliers), d'origine mahratte. — 6. Channars ou souraires (distillateurs). — 7. Sattanys ou fleuristes. — 8. Devadassys ou bayadères. — 9. Melacars ou musiciens (fils de bayadères). — 10. Nattouders ou maîtres de danse. — 11. Boys ou porteurs. — 12. Cassavers ou potiers.

D. Basses castes soudras : 1. Macouas (pêcheurs et bateliers), comprenant quatre castes. — 2. Panichavers (ordonnateurs). — 3. Navidas (barbiers). — 4. Vannars (blanchisseurs). — 5. Maravers ou gens indépendants du Marava. — 6. Callers ou voleurs. — 7. Sakilys (cordonniers). — 8. Corvas (nomades). — 9. Otters ou puisatiers. — 10. Sanapers (fabricants de sacs). — 11. Tombers (jongleurs). — 12. Nokers (escamoteurs). — 13. Todas (pasteurs des Nilghirries). — 14. Badagas (18 subdivisions). — 15. Kotas (artisans sauvages). — 16. Kouroumbers (prêtres sauvages). — 17. Villys (chasseurs). — 18. Iroulers (gens des bois).

2° *Bengale* (*Chandernagor*) :

A. Castes brahmaniques : 1. Brahmanes supérieurs ou Koulinas. — 2. Groho-Bipros (astrologues). — 3. Bhottos (poètes familiers).

B. Castes kchatryas : 1. Kétrys. — 2. Rajpoutes.

C. Castes vaysias : 1. Boischos ou vaysias purs. — 2. Vaydins, métis de vaysias et de femmes brahmanes.

D. Castes soudras : 1. Kaïstos (professions libérales ; 4 ordres). — 2. Nobochaque ou quatorze castes (professions libérales et industrielles). — 3. Choubornobornik ou dix castes (industriels). — 4. Sélé ou vingt castes (professions ouvrières et viles).

3° *Pays télinga* (*Yanaon*) :

A. Castes brahmaniques : 1. Vaydicoulous (sivaïstes), divisés en seize tribus. — 2. Vichnouvoulous (vichnouvistes). — 3. Niogoulous (brahmanes non prêtres ; 8 branches). — 4. Mardhoulous (brahmanes inférieurs ; 5 subdivisions).

B. Castes kchatryas ou razoulous : 1. Souria Vamsans (enfants du soleil). — 2. Sindra Vamsans (enfants de la lune).

C. Castes vaysias : 1. Comettys (5 classes ; marchands).

D. Castes soudras : 1. Telingas ou Capoulous (5 classes ; propriétaires et professions libérales). — 2. Vellamavâhlous (propriétaires). — 3. Gôlavahrous (bergers). — 4. Bondililous (cipahis). — 5. Salylous (tisserands ; 5 castes). — 6. Schristicarnoms (charpentiers). — 7. Silpis (cinq marteaux). — 8. Teloukoulous (huiliers). — 9. Coumaravâhlous (potiers). — 10. Zangom (tailleurs). — 11. Satabnolous (ouvriers en soie). — Plus trente castes industrielles inférieures et un grand nombre de castes mêlées.

4° *Côte de Malabar* (*Mahé*) :

A. Castes brahmaniques : 1. Namboudrys, descendants authentiques des Aryas. — 2. Prébous (brahmanes non prêtres).

B. Castes kchatryas : 1. Tiroupaddys (fils du soleil). — 2. Samandius (fils de la lune, 4 branches). — 3. Kchatryas intérieurs.

C. Castes vaysias : six, de titre égal.

D. Castes soudras : 1. Nairs ou princes indigènes (21 classes). — 2. Desservants des pagodes (11 classes). — 3. Étrangers (en général commerçants, depuis les comettys jusqu'aux tisserands ; 9 classes. — 4. Indigènes ou Tives (18 castes et 32 classes). — 5. Nomades (12 classes). — 6. Esclaves (6 classes).

On reconnaît la caste d'un Indou à la désinence de son nom. Chaque caste possède son suffixe qui s'ajoute ainsi au nom individuel. Ces suffixes sont d'ordinaire fort élogieux pour ceux qui les emploient.

Les parias sont subdivisés en 3 ordres et 15 castes ; leurs brahmanes s'appellent *vallouvers*. On compte parmi leurs peuplades les Puharris, les Ramousis, les Poucindas, les Bhils, les Ghonds, les Koles, les Mairs, les Pouliahs, etc. — Ce sont les indépendants du monde brahmanique.

Au reste, il se forme encore maintenant des castes nouvelles et ces divisions s'accroîtront encore, à l'infini, sous la pression des idées européennes [1].

Les compétitions entre castes sont très vives. En outre des lois de Manou, qui interdisent essentiellement les alliances d'une caste à l'autre et les repas communs, les traditions ont surchargé les rites. Le recueil connu sous le nom de *mamoul* prouve à quel degré de minutie ont été poussées les scrupuleuses observances du respect de la race. Les castes ont des chefs, appelés *décadis* ou chefs du sol, titre que l'on donne également au premier magistrat d'un groupe de villages (le chef de village s'appelant *gramadhika*), et qui est aujourd'hui porté par certains chefs de quartiers dans nos circonscriptions communales. Les hautes castes se groupent aussi pour élire un chef général, dit *nadou*. — Le conflit le plus intéressant qui ait été soulevé entre les castes supérieures est celui que l'on connaît sous le nom de débat *des deux mains*. On appelle main droite et main gauche (d'après le culte de la déesse Kâli) deux coalitions semi-religieuses et semi-politiques de castes, auxquelles sont indifféremment affiliées de hautes et basses corporations, et qui sont de véritables partis soutenus par d'enthousiastes clientèles. Les hommes de la main droite ont pour emblème un drapeau blanc et représentent, selon toute vraisemblance, les castes établies dans le pays de Coromandel avant l'arrivée des Européens; les tenants de la main gauche au contraire ont le drapeau rouge et semblent venus à la suite des compagnies qui se partagèrent vers 1690 la côte de l'Inde.

C'est à Pondichéry que le conflit a surtout sévi, par la juxtaposition d'un élément aborigène puissant et d'une haute caste de marchands malabarais; des délimitations de quartiers ont été le prétexte des troubles de 1717, 1742,

---

1. Les indigènes commencent à s'habituer aux formes de l'état civil français; le 12 février 1881, la mairie de Chandernagor voyait se faire le premier mariage indou; mais, en 1883, dans le seul établissement de Karikal, il y a eu 700 mariages célébrés conformément aux dispositions du code civil. (*L'Inde française et les études indiennes*, par Julien Vinson. Paris, 1885.)

1768, 1776, renouvelés en 1822 à Karikal. L'accord tend à se faire.

Enfin, durant ces dernières années, les renonciations au statut personnel brahmanique se sont multipliées, et un troisième groupe de citoyens a pris place entre les Européens et les natifs, celui des *renonçants*, recrutés dans tous les rangs des Soudras et surtout des Parias. Nous aurons à revenir sur cette scission, en rappelant les droits politiques des Indous.

Profondément attachées à leurs usages et à leurs cultes, les populations de l'Inde française ont néanmoins un vif amour pour leur patrie d'adoption et de choix, la France. Leur esprit patriotique et leur sagesse sont également remarquables. Les mœurs ont une certaine simplicité ; le travail des champs est assidu ; les industries récemment créées ont trouvé chez les natifs un concours patient et habile. Ce qui gouverne dans la caste, c'est la famille ; les lois de Manou l'entourent d'un grand nombre de garanties précieuses.

On peut affirmer que nos établissements sont faciles à diriger, et que se confier pour le maintien de l'ordre au bon sens des indigènes, ce n'est point concevoir un plan chimérique dans un pays où les idées françaises sont depuis longtemps acclimatées.

Les langues. — Les langues parlées dans nos établissements appartiennent à deux groupes : Le *tamoul* (Pondichéry et Karikal), le *télinga* (Yanaon), le *maléalum* (Mahé) se rattachent à des origines dravidiennes, et le PALI est leur source sacrée ; le *bengali* et ses divers similaires, *dâkni*, *hindi*, ont, au contraire, des origines aryennes, et dérivent dans une grande mesure du SANSCRIT. La combinaison de l'hindi et des dialectes apportés par les Mogols a produit l'*hindoustani* ou *urdû* (langue des camps, de la horde), qui est de toutes les langues de l'Inde la plus littéraire et la mieux policée.

CHAPITRE IV

GOUVERNEMENT ET ADMINISTRATION.

Le gouvernement. — Par l'ordonnance organique du 23 juillet 1840, le commandement et la haute administration des établissements français dans l'Inde sont confiés à un *gouverneur*, résidant à Pondichéry.

Des chefs de service administrent, sous les ordres du gouverneur, les établissements de Chandernagor, de Karikal, de Mahé et de Yanaon.

Un directeur de l'Intérieur, un chef du service administratif et un procureur général dirigent, sous les ordres du gouverneur, les différentes parties du service.

Droits politiques. — Au mois de février 1871, les habitants de l'Inde furent appelés à envoyer un député à l'Assemblée nationale; en 1875, un siège sénatorial leur fut attribué. Par décret du 25 janvier 1879, la constitution intérieure du pays a été complètement transformée, et, par assimilation à la métropole, des *conseils locaux* et un *conseil général* ont été créés. Le 12 mars 1880, un décret a organisé le régime municipal et formé dix *communes de plein exercice* (Pondichéry, Oulgaret, Villenour, Bahour, Karikal, la Grande-Aldée, Nedouncadou, Chandernagor, Mahé et Yanaon). Enfin, par le décret du 24 février 1884, a été innové le régime des trois listes qui règle aujourd'hui l'élection des conseils locaux et général, et qui, sous l'inspiration du Conseil supérieur des Colonies, s'est essayé à résoudre la grave question des *renonçants*. Un décret du 21 septembre 1881, complétant dans une certaine mesure celui du 24 avril 1880 relatif à l'état civil des Indous, avait, en effet, réglementé le droit de renonciation et son exercice légal. Pressés par une propagande active, les renonçants ne tardèrent pas à devenir nombreux, et l'on dut songer, en présence d'une surexcitation extraordinaire des esprits, à leur attribuer d'une manière précise des droits spéciaux en matière d'élection. Auparavant, en effet, et pour protéger la représentation des minorités européennes, la loi avait arrêté que deux listes concourraient à l'élection des conseillers de tout degré. On ne pouvait laisser les renonçants en suspens entre les Européens et les Indous de caste, sans déséquilibrer le système représentatif organisé dans la colonie. Aussi a-t-on créé à leur intention une troisième liste, dont l'action encore exagérée tendra à balancer un jour assez équitablement l'influence indigène et celle des Européens.

Le vote des budgets appartient aux conseils électifs, ainsi que la décision, la délibération et l'examen des questions d'intérêt général, sous la haute surveillance du gouverneur.

Organisation judiciaire. — Au point de vue judiciaire, l'Inde française est régie par l'ordonnance royale du 7 février 1842. La justice est rendue par les tribunaux de paix, les tribunaux de première instance, la cour d'appel et les cours criminelles siégeant dans chacun de nos établissements. Le décret du 12 juin 1883 a rendu applicable à la colonie, sous certaines réserves, le code d'instruction criminelle actuellement en vigueur dans la métropole. Pour la juridiction civile, les indigènes ont droit à l'observation de leurs statuts personnels, sous le contrôle du comité consultatif de jurisprudence indoue [1].

Des tribunaux de paix sont établis à Pondichéry, Chandernagor et Karikal. Ceux de Mahé et de Yanaon ont, par suite du décret du 1er mars 1879, une compétence plus étendue qui les assimile à des tribunaux de première instance. Le dédoublement a été au contraire observé dans les trois premiers établissements, où se trouvent des tribunaux de première instance. La Cour d'appel siège à

---

[1]. En 1883, les tribunaux ont jugé 10 524 affaires de toute espèce. — Les diverses jurisprudences brahmaniques sont, depuis quelques années, édictées en un recueil général.

Pondichéry. Chaque année est dressée par les soins de l'autorité judiciaire une liste d'*assesseurs* destinés à faire sous la direction de la Cour d'appel le service de la justice criminelle ; cette liste est prise concurremment parmi les notabilités européennes et indigènes.

Nous n'avons pas à nous étendre sur les attributions spéciales à chaque service, tels que ceux du conseil privé, du conseil du contentieux, des contributions et domaines, des travaux publics, de la police européenne et indigène, etc. Mais il importe de dire quelques mots de l'instruction publique et des cultes.

Instruction publique. — Trois commissions et deux comités surveillent dans nos établissements l'instruction publique ; nous avons pu, grâce aux remarquables rapports écrits en 1884 par M. le gouverneur Richaud, dresser un tableau statistique des établissements enseignants ; en voici le fac-similé :

		NOMBRE DES ÉCOLES PAR NATURE D'ENSEIGNEMENT								
	SUPÉRIEUR	SECONDAIRE		PRIMAIRE						
		Enseignement de l'Etat.	Enseignement libre.	Enseignem. de l'Etat			Enseignement libre			Douteux.
				Garçons.	Filles.	Mixtes.	Garçons.	Filles.	Mixtes.	
Pondichéry..	2	1	1	12	11	»	»	»	10	126
Chandernagor.	»	»	»	1	1	»	»	1	4	14
Karikal....	»	»	1	14	6	1	1	»	»	48
Mahé.....	»	»	»	4	1	1	1	»	»	9
Yanaon...	»	»	»	1	1	2	2	»	»	»
Totaux..	2	1	2	32	20	4	4	1	14	197

L'enseignement supérieur est représenté par des *cours de droit* et *de médecine*. Les premiers, institués par un arrêté local du 5 juin 1838 et réformés en 1867 et 1876, sont divisés en trois années d'études et recrutent leur personnel enseignant parmi les membres de la Cour d'appel ou des autres juridictions ; en 1884, ils ont attiré 57 élèves. Depuis 1884, des cours préparatoires sont professés à Karikal. Un examen spécial est institué auprès des facultés de la métropole pour conférer, sous certaines conditions, le diplôme de licence aux bacheliers ès lettres inscrits près de l'école de Pondichéry.

Fondés le 13 avril 1863, les cours de médecine sont loin d'avoir la vogue des cours de droit, puisqu'ils ne comptent aujourd'hui que 8 auditeurs qui suivent les 8 leçons ordinaires ; cependant ce service est suffisant. pour recruter le personnel des officiers de santé nécessaires à la colonie.

Par suite d'un décret du 18 novembre 1863, les établissements français de l'Inde ont bénéficié du décret du 25 décembre 1857, accordant à certaines colonies une commission chargée d'examiner les candidats au baccalauréat ès lettres ou ès sciences et de leur délivrer des certificats d'aptitude. Une autre commission fonctionne pour le brevet de capacité simple et supérieur de l'enseignement primaire, une troisième pour les bourses coloniales.

L'enseignement secondaire est donné aux garçons par trois établissements, le *collège colonial* et les deux petits *séminaires-collèges* de Pondichéry et de Karikal.

Le collège colonial est confié, depuis 1879, aux frères de la congrégation du Saint-Esprit, avec une subvention annuelle de 31 500 francs. De 1846 à 1879, il avait été géré par les pères de la Mission. On y professe des cours d'enseignement secondaire classique et d'enseignement spécial, suivis par 185 élèves, dont 45 seulement pour cette seconde branche d'études ; 18 professeurs et surveillants dirigent les travaux. Sur les 185 élèves, on compte 65 Indous.

Le petit séminaire de Pondichéry, fondé en 1884 par la Mission, compte 525 élèves, dont 315 suivent les cours de français et 60 les cours de tamoul ; 56 y reçoivent l'enseignement spécial et 94 l'enseignement classique ; il a 25 professeurs. Le collège-séminaire de Karikal compte

113 élèves, dont 38 Indous ; il a été fondé par la Mission en 1855 ; 6 professeurs y enseignent les éléments des langues classiques et le français.

Les nombreuses écoles d'enseignement primaire sont d'une très inégale valeur, puisque, sur l'ensemble de 270, le gouvernement n'en subventionne que 54 ; et que, sur ces 54, 26 seulement renferment des cours de français. Sur les 216 écoles libres, le français n'est enseigné que dans 6. Il y a, par contre, 217 cours de tamoul, 31 d'anglais, 18 de télinga, 9 de maléalum, 21 de bengali, 6 d'hindoustani, 9 d'arabe et 2 de sanscrit. L'enseignement du tamoul prédomine à Pondichéry et Karikal, celui du télinga à Yanaon ; les cours d'hindoustani sont presque exclusivement limités à Pondichéry.

Nous avons classé ces écoles en quatre catégories ; celles qui sont portées douteuses sont celles où les informations encore trop vagues ne nous permettent point de reconnaître s'il y a des cours pour les deux sexes ou pour un seul. En général, il faut rattacher ces écoles à celles que nous avons classées comme écoles mixtes.

Au premier rang des établissements primaires, se place le collège fondé en 1877 par Calvé-Souprayachetty, honorable négociant et banquier de Pondichéry, et modifié par un contrat que les héritiers de cet homme de bien ont passé le 24 janvier 1885 avec l'administration. Les cours y sont, dès maintenant, analogues à ceux d'une école primaire supérieure en France ; 400 élèves environ y suivent les leçons de 20 maîtres ; on y professe le français, l'anglais, le tamoul, le télinga et l'hindoustani ; la colonie donne une subvention annuelle de 20 000 francs. Les succès obtenus par les élèves aux examens de *Middle School* et de *Matriculation* de l'université de Madras, prouvent les bons effets de l'instruction parmi les natifs.

A côté du collège Calvé, il faut faire une place au pensionnat de jeunes filles fondé à Pondichéry en 1827 par les sœurs de Saint-Joseph de Cluny, et doté d'une subvention de 10 100 francs ; il renferme 93 élèves.

Pondichéry et sa commune ont en outre une école primaire de filles dirigée par les sœurs Saint-Joseph, une école primaire laïque de filles, trois écoles pour les filles indoues, fondées en 1853 et 1883 par les soins de la Mission, et 41 écoles libres dirigées par des maîtres indigènes, et dites *pallikûdam*. Dans la commune de Villenour, on trouve 3 écoles de garçons (Villenour, Tondamanatom et Tiroubouvané) et 1 école de filles (Villenour), plus 26 écoles libres indigènes. Dans celle de Bahour, 3 écoles de garçons (Bahour, Corcadou et Nettapacom) et 24 écoles libres. Dans celle d'Oulgaret, 4 écoles de garçons (Oulgaret, Rettiarpaléom, Callapett, Ariancoupom) et 3 de filles (Oulgaret, Nellitope, Ariancoupom), plus 45 écoles libres.

A Chandernagor, l'école primaire supérieure, dirigée par les frères du Saint-Esprit, a 520 élèves, 16 professeurs, et des cours très complets; elle est presque comparable pour son importance au collège Calvé. A côté se trouve une remarquable école de filles, suivie par 60 enfants et dirigée par les sœurs de Saint-Joseph, et 18 écoles libres, dites dans le pays *patchalas*. Les sœurs de Saint-Joseph ont aussi un pensionnat libre.

A Karikal, outre le collège-séminaire, existe une école de garçons comprenant deux annexes pour les parias et les musulmans sous la direction de cinq maîtres; sur les 289 élèves, 103 seulement suivent des cours de français; l'école des filles, divisée en deux sections (écoles du Nord et du Sud), comprend 190 élèves dont 26 seulement suivent régulièrement les leçons françaises, et que surveillent 9 maîtresses. La commune de la Grande-Aldée renferme 4 écoles de garçons (la Grande-Aldée, Nérévy, Vijidiour et Vanjiour) et 1 école de filles (la Grande-Aldée); celle de Nedouncadou renferme 8 écoles de garçons (Cotchéry, Couroumbagarom, Tirnoular, Nallambal, Ambagaratour, Nallatour, Cassacoudy, Nedouncadou) et 3 écoles de filles (Couroumbagarom, Cotchéry, Tirnoular). Le territoire entier comprend 55 écoles libres indigènes.

Dans l'établissement de Mahé, on compte 4 écoles de garçons (Mahé, Pallour, Pandaquel, Chalacara) et 1 école de filles. Il y a aussi une école protestante dirigée par des missionnaires allemands, et fort sérieuse, dix écoles libres musulmanes et trois où l'on enseigne le maléalum.

Yanaon ne compte que 2 écoles de garçons (Yanaon et Canacalapettah) et 1 école de filles, plus 2 écoles libres.

L'ensemble de la population scolaire qui suit les cours supérieurs, secondaires et primaires peut être répartie comme il suit : Pondichéry, 4054 élèves ; — Chandernagor, 1108 ; — Karikal, 2031 ; — Mahé, 678 ; — Yanaon, 173. Au total 8044. Ces chiffres sont encore bien insuffisants, si l'on songe que nos établissements renferment 52 855 garçons et 64 197 filles au-dessous de 14 ans, et qu'un trente-cinquième au plus suit les cours de nos écoles.

Les écoles libres offrent le spectacle le plus triste ; elles n'ont souvent d'autre installation qu'un abri de branches, en pleine place publique ; et les enfants n'y apprennent qu'à tracer sur le sable, sur des *olles* ou feuilles de palmier, ou sur des épaules de mouton, les caractères rudimentaires des quatre principales langues qui se partagent notre établissement, le tamoul, le télinga, le bengali et le maléalum.

Aussi le gouvernement a-t-il pris l'initiative d'un grand nombre d'excellentes mesures, parmi lesquelles il importe de signaler la création d'un emploi d'inspecteur primaire, l'institution d'un cours normal pour les instituteurs, le projet d'installer une école primaire supérieure dans le quartier nord de Pondichéry, une série de mesures tendant à améliorer le traitement des instituteurs et l'accroissement notable du budget de l'instruction publique dans les dépenses de la colonie. Les particuliers eux-mêmes se sont mis à l'œuvre : une société, dite Société progressiste de l'Inde, a été fondée en 1885 sous l'inspiration de deux habitants de Pondichéry, MM. Mourougaïssapoullé et Joseph O'Connell. Intéressant à ses vues la presse locale, représentée par les journaux *le Progrès* et *le Républicain* de Pondichéry, le *Petit Bengali* et le *Proja-Boudhou* de Chandernagor, elle a, de concert avec l'un des esprits les plus éminents de cette dernière ville, le *babou* Prankisto Chowdry, émis le vœu de la fondation d'une grande école française au sein du Bengale, en souhaitant que cette école devînt, par le séjour d'un certain nombre de boursiers français et par des études d'enseignement supérieur, le centre de l'éducation classique et européenne parmi nos compatriotes indous. Pénétré de ces idées, le babou Prankisto a fait une série de conférences auprès de ses coreligionnaires sur la nécessité d'apprendre le français, et il a provoqué la formation à Pondichéry et Chandernagor de deux groupes correspondants de l'*Alliance française*.

Enfin, une commission des monuments historiques, créée en 1879, a pris en main la reconstitution des annales du pays. Il existe d'ailleurs à Pondichéry une bibliothèque fondée en 1827 et contenant plus de 12 000 volumes[1], un dépôt d'archives, un parc et jardin d'acclimatation fort beau et fort complet, une commission des jardins coloniaux faisant fonctions de société d'agriculture, un comité de l'exposition permanente de Paris, correspondan de la Société française d'acclimatation, une association philharmonique, trois commissions d'hygiène, une commission générale sanitaire, une Société de secours mutuels des créoles, un mont-de-piété, etc. Le gouvernement s'essaye à intéresser les natifs à tout ce qui peut étendre les connaissances générales et l'esprit de solidarité dans la colonie.

1. A Chandernagor existe une bibliothèque privée ou *puchtonagar*, qui contient environ 2000 volumes et à laquelle on s'abonne, moyennant 1 fr. 25 par mois; elle est alimentée par des dons généreux, entre lesquels on remarque ceux de MM. Prankisto et Dourga Chorone Roquitte. Chandernagor est d'ailleurs l'un des centres les plus importants de ce mouvement de régénération philosophique et sociale qui préoccupe aujourd'hui les hautes intelligences de l'Inde, et dont le Bengale, avec l'illustre Ram Mohun Roy, fut le berceau. C'est à Chandernagor qu'est mort, en 1884, le plus célèbre des continuateurs de Ram Mohun, Kechub-Chander-Sem, à peine âgé de quarante-huit ans; et cette ville renferme une succursale de la grande société Dâtavya-Bhârata-Kâryâlaya, de Calcutta, qui, fondée par Protop-Chandra-Roy, a pour but l'impression et la distribution gratuite des grands ouvrages sanscrits et a déjà répandu 13 783 500 volumes dans les classes populaires. — Notre colonie possède également un poète fameux parmi les Indous, le chrétien Savarayalounaïker, qui habite Pondichéry.

Organisation religieuse. — Dans les établissements français de l'Inde, comme dans le reste de la péninsule, trois religions sont en présence : le christianisme, l'islamisme et le brahmanisme. La grande majorité des Indous a conservé ce dernier culte : Pondichéry et Karikal comptent cependant plusieurs milliers de convertis, professant le christianisme. Il y a peu de protestants, et le théosophisme n'a fait que de rares recrues.

Une ordonnance du 11 mai 1828 a placé le service du culte catholique sous la direction et la surveillance du *préfet apostolique*.

Indépendamment de la préfecture apostolique, le chef-lieu de nos établissements est le siège de la très importante mission française du Carnatic, desservie autrefois par les jésuites que le père de Nobilibus introduisit dès le seizième siècle dans les provinces d'Arcatte. Elle a été remise aux missionnaires de la congrégation française par lettres patentes du 10 mars 1776. Son chef porte le titre de *vicaire apostolique des missions étrangères*. On ne saurait passer sous silence les innombrables services rendus par la mission à la cause de l'instruction publique et à la diffusion du nom français et de notre influence.

La congrégation des frères du Saint-Esprit qui, sans avoir à son actif ce passé si glorieux, a semblé s'ériger en rivale des pères de la Mission, et celle des sœurs de Saint-Joseph de Cluny, ont également des représentants et une large part de propagande dans la colonie. Il existe aussi un couvent de carmélites, trois congrégations de religieuses natives, dirigeant des orphelinats, et une maison de refuge.

Organisation municipale. — La vie municipale est assez active dans la colonie. Jadis l'aldée était l'unité de groupement, remplacée aujourd'hui par la commune. Chaque aldée avait, sous les ordres de son *gramadhika* et de son *compteur*, quatorze serviteurs ou *kudimakkals*, dont la charge héréditaire consistait à remplir auprès de la communauté des offices assez humbles et cependant assez recherchés. Depuis la création des communes, il y a eu comme une renaissance de l'antique vitalité des groupements sociaux chez les Indous. Ce peuple est en effet doué pour la politique, et paraît en comprendre assez pertinemment les procédés.

Impôts. — Les impôts perçus dans l'Inde française peuvent être ainsi classés :

I. *Contributions directes* :
1. Droit sur les maisons (existant à Mahé et Mazulipatam).
2. Impôt foncier, perçu selon les établissements et d'après la nature des cultures, en conformité avec les vieux usages brahmaniques.
3. Impôt sur les terres salinières.

II. *Contributions indirectes* :
1. Patente (n'existant qu'à Mahé).
2. Droit d'enregistrement sur les ventes d'immeubles, les nantissements de bijoux.
3. Timbre, lods et ventes, greffe.
4. Droit de tonnage et de manifeste à Pondichéry, Karikal et Mahé.
5. Droit de phare et droit sanitaire (Pondichéry).
6. Droit d'entrée sur les spiritueux (cocotier, palmier, canne à sucre et riz. — Pondichéry et Karikal).
7. Droit sur les spiritueux en général (Mahé, Yanaon et Chandernagor).
8. Droit sur les cocotiers exploités en callou (Pondichéry et Karikal).
9. Droit de licence pour le débit du callou (Pondichéry et Karikal).
10. Droit sur le padany (Karikal).
11. Vente du sel (libre à Chandernagor).
12. Licence pour la culture du tabac (Karikal et Pondichéry).
13. Droit de consommation sur le tabac (Karikal, Pondichéry et Mahé).
14. Droit de vente du tabac (Karikal, Pondichéry et Mahé).
15. Privilège de l'opium (Chandernagor).
16. Droits de consommation sur l'opium, le gouly, le choroche, le ganja et le bangui.
17. Taxe des lettres.
18. Taxe des passeports.
19. Droits sur les charrettes (Pondichéry et Mahé).
20. Droits du certificat d'origine (n'existe pas à Chandernagor).
21. Droit d'entrepôt (Pondichéry, Karikal et Chandernagor).
22. Droit de quai (Pondichéry et Karikal).
23. Droit de constat sur quai (Pondichéry).
24. Droit de batelage (Pondichéry).
25. Droit sur saisies.
26. Droit sur les alignements.

On voit que, sauf l'impôt foncier, les indigènes ne sont grevés que de droits infimes. Ils se sont à diverses reprises grièvement plaints de cet impôt foncier, perçu à la mode brahmanique.

Organisation financière. — Voici le résumé du budget de l'Inde (pour 1883) :

Recettes :

1° Contributions directes.		517 048ᶠ, 00
2° Enregistrement		66 231ᶠ »
3° Douane et contributions indirectes.		908 063ᶠ 1
4° Postes et télégraphes.		16 323ᶠ »
5° Divers		142 979ᶠ »
	Total.	1 710 644ᶠ »

Dépenses :

1° *Obligatoires* :	I. Gouvernement colonial.		127 092ᶠ, 00
	II. Justice et cultes.		227 749ᶠ »
	III. Instruction publique.		220 774ᶠ »
	IV. Divers.		48 017ᶠ »
	V. Dettes exigibles.		157 801ᶠ »
		Total.	781 633ᶠ »
2° *Facultatives* :	I. Gouvernement colonial.		93 710ᶠ »
	II. Personnel des finances.		131 505ᶠ »
	III. Agents divers.		60 719ᶠ »
	IV. Assistance publique.		108 454ᶠ »
	V. Ponts et chaussées (personnel).		71 472ᶠ »
	VI. Ponts et chaussées (travaux).		196 503ᶠ »
	VII. Ports et rades.		53 513ᶠ »
	VIII. Divers.		253 335ᶠ »
		Total.	929 011ᶠ »
		Ensemble.	1 710 644ᶠ »

Le budget des communes se compose, d'autre part, de 334 094 fr. 78 de recettes ordinaires, balancées par 41 475 fr. 76 c. de dépenses obligatoires et 292 618 fr. 67 de dépenses facultatives et extraordinaires. — Enfin, par suite de la convention passée le 7 mars 1817 avec le gouvernement anglais, et du traité complémentaire du 13 mai 1818, la France a droit de la part de l'Angleterre à une rente de 4 *lacks de roupies sicas*, et à une indemnité annuelle de 4008 *pagodes*. Moyennant ces versements, la France a renoncé à la fabrication du sel dans ses établissements, et a consenti à se pourvoir de sel et d'opium, aux prix courants, dans les magasins du gouvernement anglais. La rente de 4 lacks de roupies avait une valeur exacte de 1 million en 1817, mais depuis cette époque le taux de la roupie a considérablement baissé (de 2 fr. 50 à 2 fr. 06 —) et les 4 lacks ou 400 000 roupies ne valent plus guère que 944 841 francs. L'indemnité en pagodes se maintient au chiffre de 33 000 francs, la pagode n'étant pas une monnaie de compte. Mais, tandis que cette dernière allocation, répartie entre les anciens propriétaires saliniers, est versée directement à la colonie, la rente de l'Inde va au budget général de la métropole. A diverses reprises, la colonie a réclamé contre cet état de choses, et il semble que, prenant prétexte des grands sacrifices qu'elle s'apprête à accomplir en matière de travaux publics, elle puisse avant peu prétendre à recouvrer l'intérêt d'un capital dont elle a fait tous les frais.

Il n'est pas sans intérêt de remarquer que ce budget de l'Inde française, qui atteint pour l'exercice 1884-85 la somme de 3 421 288 francs tant aux recettes qu'aux dépenses, plus 668 189 fr. 56 de budgets communaux récemment ouverts, ne dépassait pas, en 1860, la somme de 1 377 153 francs, et qu'il atteignait, en 1839, 932 849 francs seulement, et en 1826, 909 000. — Il faut donc instamment s'occuper, malgré la prospérité croissante de la colonie, d'augmenter ses ressources pour faire face aux besoins de l'avenir.

Administrations diverses. — Nous aurons complété tous les renseignements utiles en matières d'administration en disant qu'il existe à Pondichéry une prison générale, une maison de correction, un hôpital général, une imprimerie du gouvernement, un état-major des places, une direction d'artillerie, et, en conformité avec les traités de 1815, un corps de *cipahis* de l'Inde[1], calculé de façon à suffire au maintien du bon ordre, sans pouvoir porter ombrage à la puissance anglaise.

La police est aux mains d'un certain nombre de fonctionnaires européens, secondés par des agents natifs.

Les natifs sont d'ailleurs admis à tous les postes, à tous les grades.

Signalons l'existence, à Pondichéry et Karikal, de deux consulats anglais

CHAPITRE V

GÉOGRAPHIE ÉCONOMIQUE

Cultures. — Les cultures de l'Inde ont une valeur annuelle estimée à 1 783 239 francs (valeur de 1883), représentant un capital de 20 472 867 francs. Pondichéry entre dans ce total pour 1 140 878 francs; Karikal, pour 394 553 francs; Mahé, pour 232 330 francs; Yanaon, pour 15 078 francs. Nous avons calculé que la terre rapporte 10 pour 100 à Pondichéry, 4 pour 100 à Karikal, 7 à 8 pour 100 à Mahé, de 10 à 17 pour 100 à Yanaon. Chandernagor ne présente que des jardins et des lieux de plaisance. La moyenne de rapport pour l'Inde entière est assez élevée, atteignant près de 9 pour 100.

La situation de Pondichéry est entre 0 et 11 mètres au-dessus du niveau de la mer, avec un point culminant de 35 mètres; les territoires de Chandernagor, Karikal et Yanaon n'ont pas d'altitude supérieure à 10 mètres, celui

---

1. En 1883, une pétition signée de 462 personnes a demandé au Sénat que le service militaire fût étendu à l'Inde française, et cette question a fait l'objet d'observations spéciales lors de la récente discussion des lois sur le recrutement et sur l'armée coloniale.

de Mahé a 50 mètres. C'est ce qui explique le grand développement des cultures, que peut faire ressortir le tableau suivant :

	Cultures.	Terrains incultes.	Habitations.	Domaine public
Pondichéry.	20 026 hect.	3 514 hect.	508 hect.	5 926 hect
Karikal...	9 206 —	2 273 —	421 —	1 614 —
Mahé....	5 454 —	»	»	455 —
Yanaon...	1 260 —	223 —	»	130 —
	35 926 hect.	5 810 hect.	929 hect.	7 125 hect.

C'est donc sur une superficie totale de 50 803 hectares un chiffre de 35 926 hectares que l'agriculture a conquis, soit les sept dixièmes du pays, étant donné que le domaine public (routes, étangs, villages) et les villes occupent deux autres dixièmes, et qu'un seul dixième au plus reste inculte.

Les principales cultures du territoire de Pondichéry sont les menus grains, qui occupent plus de la moitié des exploitations, le riz, les graines oléagineuses et arbres fruitiers, l'indigotier, les potagers, le bétel, le tabac, le cotonnier, la canne à sucre. Parmi les principaux produits, il faut encore noter le callou (suc des spathes du cocotier), les huiles d'iloupé, de coco, de gingély, de palma-christi, les fruits divers.

Les cocotiers sont disséminés en bordures ou épars dans les autres assolements ; leur culture est donc particulièrement fructueuse. Il en serait de même, avec quelque effort, du poivrier, aujourd'hui trop délaissé.

Des essais divers ont été poursuivis au parc colonial pour la culture de la vigne et de la vanille ; on augure beaucoup de cette seconde culture, qui doit être conduite avec une extrême prudence pour ne point amener de brusques avilissements de prix.

Les arachides entrent à peine en exploitation sur les terrains jadis incultes de l'étang d'Oussoundou et dans les terres rouges de Calapett ; l'avenir de la colonie est là, au point de vue agricole. Les neuf dixièmes des arachides transitant par Pondichéry viennent à l'heure actuelle des provinces de Tandjaour et Tritchinapoly.

Au point de vue du rendement à l'hectare (en poids), les cultures les plus riches sont l'indigo, les potagers, le riz nelly, les menus grains, le tabac. Les moins riches sont le coton, la canne à sucre et le bétel.

A Karikal, les cultures sont à peu près les mêmes. Le riz occupe près des huit neuvièmes du terrain employé. D'après un calcul spécial des frais d'exploitation, on voit que les cultures qui laissent le plus de bénéfice sont le riz, les bois d'essence, le bétel, les menus grains, les potagers, et que l'indigo ne rapporte presque rien.

A Mahé, on trouve comme principales cultures les arbres fruitiers (deux cinquièmes environ) et le riz. Les principaux produits sont les mêmes que ci-dessus, plus le poivre, l'arak et les jagres.

A Yanaon, les terres en bois l'emportent, puis les menus grains, le riz, le tabac, le bananier. Il y a aussi quelques ares semés en piments. Les cultures de riz ont été fort endommagées par les récentes crues du Godavéry.

Pour terminer ce tableau, observons que l'Inde française renferme 140 chevaux, 200 ânes, 45 244 bœufs zébus, 11 614 buffles, 23 687 béliers et moutons, 8784 boucs et chèvres, 1505 porcs, d'une valeur totale de 1 958 025 francs.

Industrie. — Au point de vue industriel, on ne saurait guère s'inquiéter à l'heure actuelle que de l'établissement de Pondichéry. Nous avons dit que l'on pourrait développer les pêcheries de Mahé; on aurait également profit à créer à Chandernagor des écoles pratiques de pisciculture, en ensemençant du frai de Maurice et de la Réunion les étangs très nombreux et très propices de ce territoire, comme cela s'est fait aux alentours de Calcutta.

A Karikal on trouve 1 indigoterie, d'une valeur approximative de 216 francs, 4 teintureries estimées à 576 francs, 48 huileries estimées à 5 760 francs (matériel d'exploitation), soit en tout 6 552 francs.

Pondichéry renferme 99 indigoteries évaluées à 740 francs, 48 teintureries à 6912 francs, 292 huileries à 44 150 francs et 5 filatures de coton à 1 200 000 francs, soit au total 1 375 802 fr. 40.

La filature la plus considérable, connue sous le nom de Savana, file et tisse les cotonnades connues sous le nom de guinées et teintes en bleu pour la vente du Sénégal. — Cet établissement, qui fonctionne à la vapeur, possède environ 20 000 broches, 500 métiers à tisser; il produit 2 500 kilogrammes de fil par jour et 25 000 mètres de toile, en employant 1 700 ouvriers (900 hommes, 350 femmes, 450 enfants), et 4 000 artisans logés à l'extérieur, occupés à tisser et à teindre.

Les deux autres filatures jadis existantes ont, depuis 4 ans, opéré leur fusion avec la société de Savana. Le filage à la main a complètement disparu, et les cotonnades de Manchester et Winterthur sont en voie de ruiner le tissage à la main, qui exerce encore 200 petits industriels.

Les nombreuses sources qui arrosent ce territoire sont très favorables à l'industrie de la teinture; Pondichéry reçoit non seulement de ses alentours, mais aussi de la métropole, de la Normandie par exemple, des toiles blanches circulant en franchise, qu'on transforme en guinées bleues pour la réexpédition vers le Sénégal.

Il y a enfin, dans l'ensemble de nos dépendances, quelques tanneries, de nombreux fours à briques, et l'on pourrait compter également les produits industriels dus en général à l'initiative des Indous : les sèves de palmier et leurs composés, la cire brute, les écailles de tortue, le strass et la verroterie, les nacres, la corne de zébu et de buffle, les nattes, fibres à tresser, paillassons, canastres et paniers, les cordages, agrès ou apparaux, la toile à voile; des bois, meubles et jouets; des savons d'huile de touloucouna; des cotons écrus et blancs; des mégilis ou toiles de jute, des gunnis ou sacs de jute ou de sunn, quelques fers forgés, poteries, ouvrages et ustensiles en bois, instruments de musique, bronzes grossiers, etc.

Outre les guinées, qu'on divise en quatre sortes (conjons, filatures, salems, oréapaléons), le filage et le tissage donnent lieu à la fabrication de percales bleues ou sandrecanas, de toiles à carreaux, de mouchoirs dits burgos, de pantalons et chemises pour coulys, de moresques (toiles et lainages fins), de cotons en laine, de mousselines, etc.

Il y a donc quelque fonds à faire sur l'avenir industriel de nos établissements, que les mines de Bahour, le port d'Ariancoupom et le canal de Pamben vont contribuer si grandement à enrichir et à ouvrir au commerce européen.

Navigabilité. — La ville de Pondichéry, chef-lieu de nos établissements, est aussi le plus important marché que nous ayons sur la côte indoue. Elle est divisée en deux parties, la ville blanche et la ville indoue, qui sont séparées par un canal issu des bouches de la rivière d'Ariancoupom (l'un des bras du Pambéar). La ville est parallèle à la mer dans toutes ses dimensions; la ville blanche occupe donc le rivage même de la grande rade ouverte, qui sert encore de port à notre établissement. Les faubourgs de Vaitycoupom, Chevranpett et Kirepaleom complètent au nord et au sud la ligne abordable de cette rade. La ville blanche est régulièrement bâtie; ses rues sont larges et bien percées. Les principaux édifices publics sont l'hôtel du gouvernement, l'église paroissiale, l'église des missions étrangères, deux pagodes, le grand bazar, la tour de l'horloge et celle du phare, une caserne, un hôpital, l'hôtel de ville, la cour d'appel, le collège Calvé. La rade foraine qui s'étend devant Pondichéry est la meilleure de toute la côte de Coromandel; elle offre deux mouillages, dont l'un, la *petite rade*, à 2000 mètres du rivage à l'est et à l'est-sud-est de Pondichéry est accessible aux vaisseaux pendant la belle saison (de janvier à avril et du 15 mai au 20 juillet), avec des fonds de 7 à 9 brasses, et dont l'autre, la *grande rade*, sert durant la mauvaise saison, et se trouve dans la même direction, à une lieue et demie du rivage. La communication avec la terre, assez difficile, se fait par des bateaux à fond plat, sans membrures, appelés *chelingues* et *catimaroms*, pour lesquels est perçu un droit de batelage particulier. Il existe un pont débarcadère de 252 mètres de longueur, récemment construit, pour faciliter le chargement des navires. Ce pont est relié à la gare du chemin de fer. Une ligne de chemin de fer ouverte depuis le 15 décembre 1879 rattache en effet Pondichéry au réseau de la *South India Railway Company*, et se soude à Belpour sur l'artère principale ; elle appartient à une compagnie particulière qui doit remettre au gouvernement français la moitié de ses bénéfices nets. Cette ligne dessert Villenour et met Pondichéry en communication avec l'Inde entière.

En dehors de Pondichéry, nos établissements offrent peu de bons mouillages. L'embouchure de l'Arselar, à 1 mille et demi de laquelle se trouve Karikal, est obstruée par les sables pendant la sécheresse ; elle est dégagée, du mois d'août au mois de mars, par le grossissement des eaux ; les petits navires peuvent alors prendre charge à Karikal, et les bâtiments, de 200 à 250 tonneaux, à varangues plates, remontent sur lest jusqu'à la ville.

La rivière de Mahé est navigable à deux ou trois lieues par des bateaux de 60 à 70 tonneaux. L'entrée en est malheureusement obstruée, mais serait facile à dégager. Sur notre rive, les fonds sont de vase molle ; la rive anglaise au contraire est sablonneuse, et les passes principales courent d'une rive à l'autre. On pourrait donc, avec l'appui du gouvernement anglais, faire de Mahé un très bon port.

Enfin les navires de 300 tonneaux peuvent remonter jusqu'à Yanaon par le Coringuy ; le Godavéry est d'ordinaire obstrué.

En résumé il n'y a pas de véritable port dans les établissements français de l'Inde. Ajoutons toutefois qu'il est question d'en creuser un à l'embouchure de la rivière d'Ariancoupom, dans sa branche septentrionale couverte par l'île des Cocotiers et à peine séparée de Pondichéry par quelques centaines de mètres. Cette création ferait de Pondichéry le principal comptoir commercial de toute l'Inde. Les difficultés techniques ne sont pas grandes, et depuis la construction des jetées de Colombo et de Madras, on sait comment les résoudre. Depuis les riz de la côte jusqu'aux cotons de Tinnevely, au sud de la péninsule, tous les produits susceptibles d'être exportés convergeraient ainsi vers l'unique point du Bengale où les marchandises pourraient être embarquées à quai et par tous les temps. Calcutta et Madras luttent en effet contre des conditions d'infériorité insurmontables, que le port d'Ariancoupom ne connaîtrait même pas. On a calculé qu'en dix ans les travaux de ce port pourraient être payés par les droits, et que ces droits ne pèseraient point trop lourdement sur les marchandises, car la création des quais supprimerait les frais de traction, le batelage, et les déchets qui surviennent aujourd'hui à l'embarquement par les chelingues. De plus, la rapidité des embarquements à quai diminuerait de moitié ou des deux tiers les jours de planche, de sorte que le fret des vapeurs arriverait peut-être à être de 10 ou 15 0/0 moins élevé que celui demandé actuellement.

Chemins de fer. — On signale également, parmi les projets de travaux publics que la colonie s'apprête à exécuter, le rattachement de Karikal à la station de Mayavaram sur la ligne du *South Indian Railway*. Il existe également un projet de ligne desservant Ariancoupom, Javalacoupom et les mines de Bahour, à partir de Pondichéry, et se continuant le long de la côte, par delà le Ponéar, par Portonow et Tranquebar, jusqu'à Karikal. Un autre projet rattacherait Mahé à Calicut, qui est aujourd'hui le point terminus d'une grande bifurcation, lancée par le *South India Railway* à partir de Tritchinapoli à travers les provinces méridionales du Mysore.

Chandernagor enfin est desservi par le chemin de fer de l'Hougly, et Yanaon se trouve hors de la portée présente de toute ligne ferrée.

Un projet qui intéresse à un haut degré la prospérité de Pondichéry, c'est l'aménagement des passes de Pamben et Ramiçvéram entre l'île de Ceylan et la côte indoue, qui ouvrirait à la circulation des grandes voies internationales le golfe de Manar et, par celui de Palk, la côte entière de Coromandel, en donnant aux navires une direction plus régulière et plus courte entre Aden et Calcutta, et en leur permettent de faire escale à Pondichéry comme à Madras.

Commerce. — Pondichéry est en réalité le seul marché de l'Inde française. Le commerce y est exclusivement entre les mains de quelques grosses maisons, françaises pour la plupart. Une centaine des principaux négociants participe à l'élection de la Chambre de commerce, qui, organisée en 1879 et élue pour six ans, est renouvelable par moitié tous les trois ans. Un office de commissaire-priseur existe depuis 1832 auprès de ce corps de marchands, dont les traditions d'honneur et de probité ont un grand renom dans toute l'Inde. Les importations sont toutefois à peu près nulles à Pondichéry, en dehors des vins français, des spiritueux, des comestibles en conserves et des articles de modes; elles n'ont point chance de s'étendre. L'Angleterre envoie bien aussi, mais en petite quantité, des charbons, des métaux, des machines, des cotonnades et lainages légers, et la France fait transiter quelques confections, des vins et eaux-de-vie. Il y aurait cependant à étudier la consommation des Indous, qui peuvent acheter des cotonnades, des ustensiles de ménage, parfois des machines, pourvu qu'on adapte ces produits à leur goût local. L'exportation a subi une longue crise jusqu'en 1878; on n'envoyait plus guère en Europe que de l'indigo et des huiles de cocotier. Depuis la découverte de l'aniline, les indigoteries étaient en décadence. C'est alors que la culture des arachides s'est implantée et a fourni un débouché important. Les arachides qui s'embarquent à Pondichéry viennent presque toutes du territoire anglais; en six années, leur exportation a passé de 94 700 quintaux à 525 000, soit une valeur de 13 millions de francs pour 1884. Cependant les frets sont enlevés à l'heure actuelle par des vapeurs anglais de forte jauge, et le pavillon français figure à peine sur ces côtes.

Il y aurait sans doute possibilité d'utiliser la situation très favorable de Chandernagor, si l'on installait, comme cela est aujourd'hui projeté, un service à vapeur sur l'Hougly jusqu'à la mer; les traités nous assurent en effet la libre navigation du fleuve, et, si l'on déclarait cette ville port franc à l'exemple de Pondichéry, on aurait incontestablement un débit assuré des marchandises que taxe la douane de Calcutta, telles que les armes, les poudres, les liquides, l'opium, le sel. La vente seule des spiritueux, qui atteint à Calcutta plus d'un million de gallons, et paye près de trois millions de droits d'entrée, ferait de Chandernagor un puissant foyer d'affaires.

Le gouvernement a aussi pensé qu'en créant à Mahé un grand parc à charbons, on parviendrait à y créer un mouvement d'échanges, surtout si ce point devenait pour nos navires de guerre une escale obligatoire vers l'extrême Orient. Mais il suffit de connaître l'état exact des relations ouvertes à nos cinq établissements vers l'étranger pour comprendre que ce plan est un peu factice. Mahé n'est en effet sur aucune route, tandis que Pondichéry et Chandernagor correspondent à peu près directement avec l'Europe par les paquebots des messageries maritimes. De plus, le premier de ces ports communique également avec l'Europe par l'intermédiaire des nombreux vapeurs qui viennent prendre des chargements d'arachides. Pondichéry est encore en relations avec les Antilles et la Guyane par les voiliers à émigrants.

Pondichéry et Karikal sont en communication constante avec les îles Maurice et de la Réunion, par les voiliers qui viennent à ordre, et vont prendre charge à Calcutta ou à Cocanada. De plus, Pondichéry est relié à ces mêmes îles et aux Seychelles par les paquebots français des messageries. Ces deux villes, en outre, sont en rapport fréquent avec Pinang et Singapour par des vapeurs anglais appartenant à diverses compagnies, et par les messageries maritimes (*via* Colombo), qui vont en Cochinchine et en Chine. Enfin les établissements français de l'Inde communiquent entre eux au moyen des vapeurs de la *British India Company*, qui font la côte. Mahé acquerrait cependant d'opulentes ressources par le développement de ses pêcheries de sardines et par la préparation des conserves alimentaires.

Pondichéry, nous l'avons dit, est port franc. C'est là le secret de son importance commerciale. Les navires n'y payent que des droits très faibles pour la navigation sous tous pavillons, et ceux mêmes qui prennent charge pour l'Inde ou Ceylan sont exonérés de tous droits. Les frais d'emballement et de magasinage des denrées ont été calculés de façon à ne point troubler cet ordre de choses, et nul autre débarcadère indou n'est accessible à de meilleures conditions.

Le sel et l'opium sont, en vertu des contrats de 1817 et 1818, exceptés de la franchise. Le tabac de toute provenance acquitte à son entrée le droit de consommation. L'introduction et la fabrication des spiritueux extraits du cocotier, du palmier, de la canne à sucre et du riz sont affermées tous les ans, en vertu d'un usage antérieur à l'annexion et familier aux vieilles jurisprudences économiques du Levant. Enfin les produits naturels ou manufacturés de l'établissement, exportés avec certificat d'origine, acquittent, pour l'obtention de ce certificat, des droits variant suivant la nature des produits.

Les grains et graines de toute sorte introduits en ville acquittent un droit de mesurage variant de 4 à 6 centimes par 100 kilogrammes.

Le phare de Pondichéry, installé le 1er juillet 1836, sur une tour située auprès du rivage, à 89 pieds au-dessus de la mer, et muni d'un feu fixe qui porte à 12 et 15 milles, donne également lieu à un droit, dont sont dispensés le plus souvent les navires caboteurs. Il en est de même du feu du port de Karikal, installé sur le mât de signaux à l'embouchure de l'Arselar, à 34 pieds au-dessus du niveau de la mer (feu fixe, portée à 8 et 10 milles).

Les frets ne sont pas, à Pondichéry, d'une cherté excessive, leur taux moyen étant de 49 fr. 40 le tonneau de 1015 kilogrammes pour la Méditerranée et de 56 fr. 55, pour les ports de l'Océan. Durant l'année 1884, 29 steamers dont 8 français et 21 anglais ont été affrétés pour charger la récolte d'arachides ; ils ont pris 691 029 balles pour les ports de la France, de l'Italie, de la Belgique, de l'Angleterre et de l'Espagne. Les maisons de Pondichéry traitent également les graines de sésame qui s'exportent du nord de la côte de Coromandel.

Notre colonie fait encore un commerce restreint avec les îles de la Réunion et de Maurice. Ce négoce est aux mains des natifs et consiste en riz, grains, percales blanches et bleues, expédiés par voiliers français de faible tonnage. La moyenne des frets est de 34 à 40 francs; parfois même 30 et 20 navires, dont 2 anglais seulement, ont suffi pour 1884 à ce transit.

Le mouvement général de la navigation auquel donne lieu le commerce de Pondichéry et de l'Inde française s'est traduit pour la dernière période observée (les cinq dernières années, y compris le 1er semestre de 1884) par un chiffre total de 3541 navires, dont 494 français et 1214 étrangers à l'entrée, et 492 français et 1231 étrangers à la sortie. Pour 1883, le mouvement se décompose en 554 entrées et 567 sorties : total 1121 navires pour Pondichéry, Karikal et Mahé.

Il n'est pas tenu compte du mouvement, trop peu important, des ports de Chandernagor et Yanaon.

Sur ce chiffre de 1121 navires, 196 seulement figurent sous pavillon français; 1 seulement vient de France en droite ligne; 3 seulement s'y rendent. C'est là un signe de la supériorité des frets anglais.

Les principales destinations ou provenances des navires français sont la Réunion, Maurice, Mayotte, Londres, Calcutta, Pointe-de-Galles, Madras, Tamatave, Cochin, Cannanour, Gondelour, la Martinique, la Guadeloupe, Falsepoint, Chittagong, et les ports de la colonie. Pour les étrangers, ce sont : Calcutta, Madras, Moulmein, Pinang, Singapour, Maurice, la Réunion, Port-Saïd, Newcastle, Ceylan, Cochin et la côte de Malabar (Jaffna, Batticalao), Négapatam, Portonovo, Akiab, la Guadeloupe, Marseille, Dunkerque, Anvers, Gênes, Londres, Gondelour, Rangoun, Pamben, Tranquebar, et, dans une mesure moindre, les ports de la colonie.

On n'a relevé que le tonnage des 196 navires français; il est de 131257 tonnes.

L'examen des chiffres prouve qu'à l'entrée les fortes cargaisons viennent, pour Pondichéry, de Madras, de la Réunion, de Pointe-de-Galles et de Maurice, et qu'à la sortie ce port dirige surtout sur Calcutta, Madras, Pointe-de-Galles, Marseille et Chittagong. Pour Karikal les provenances les plus importantes sont la Réunion et les colonies françaises, et la destination principale est Pondichéry.

L'INDE FRANÇAISE.

Le nombre des hommes d'équipage pour les 196 navires français est évalué à 5 111 (3 063 pour Pondichéry, 2 024 pour Karikal, 24 pour Mahé).

La valeur des chargements est estimée à 27 650 491 francs pour les navires français et étrangers (6 116 076 francs à l'importation, 20 534 515 francs à l'exportation).

Pondichéry se présente avec 23 366 043 francs, Karikal avec 3 887 317 francs, et Mahé avec 597 231 francs. Les chiffres les plus gros à l'importation sont, pour Pondichéry : Madras, Maurice, Marseille, Cochin, Moulmein, Pinang, Karikal et Bordeaux; à l'exportation, Marseille, Bordeaux, Maurice, Anvers, la Réunion, Pinang, Jaffna, Londres, Pointe-de-Galles, Gênes. Karikal reçoit surtout des marchandises de Pinang, de Ceylan, du sud de l'Inde, et en renvoie surtout dans la direction de Ceylan pour l'Europe, de Pinang et de la côte de Malabar.

On le voit, Pondichéry concentre presque toute l'activité commerciale de l'Inde. Nous allons étudier avec plus de détail sur quelles matières s'exerce cette activité.

Statistique du commerce. — Le mouvement d'affaires peut être évalué à 32 234 486 francs, décomposés ainsi (année 1883) :

1° Exportations de France pour la colonie (commerce spécial).............	519 198ᶠ
2° Importations de la colonie en France (commerce général).............	13 764 616ᶠ
Total pour la France......	14 283 814ᶠ
3° Importations des colonies et pêcheries françaises..	447 673
4° Exportations aux colonies : Denrées de la colonie..	694 760
— françaises...	21 670
— étrangères...	410 878
Total pour les colonies......	1 574 981ᶠ
5° Importations étrangères par vaisseaux français...	934 610
— étrangers ..	4 711 063
6° Exportations à l'étranger : Denrées de la colonie..	7 068 416
— françaises ...	51 877
— étrangères...	3 609 725
Total pour l'étranger.......	16 375 691ᶠ

Les principales marchandises exportées de France pour la colonie sont les tissus de soie, les outils et ouvrages en métaux, les vins, les papiers, les bijoux doublés, les machines et mécaniques, les fruits de table, les vins de liqueur, les tissus de coton, la bimbeloterie, les tissus de laine, les ouvrages en peau et cuir, les eaux-de-vie, la poterie et verres, les liqueurs et vins fins. On remarque encore des viandes salées, conserves, fromages, savons, tissus de lin et chanvre, bijoux d'argent, meubles, instruments d'optique, boutons, lingeries cousues, confections, du liège, de la tabletterie, etc. La France reçoit des arachides, des guinées, de l'indigo, des graines de sésame, de caméline, chènevis, moutarde, etc., de l'huile d'arachide, du café, des écailles de tortue, de l'huile de coco, des bois de teinture, de la vanille, du poivre, des tresses pour paillassons, etc.... Les statistiques ne permettent pas d'établir un classement d'importance entre les divers pays étrangers avec lesquels trafique l'Inde française et au premier rang desquels se place incontestablement l'Angleterre.

La classe ouvrière. — La classe ouvrière indoue (domestiques et ouvriers proprement dits) ne touche en moyenne que 5 à 6 roupies par mois. Les privilégiés vont jusqu'à 10 roupies.

Cette classe se nourrit le plus souvent de riz bouilli assaisonné d'un maigre *carri* (condiment très épicé), d'herbe ou de poisson; quant à la nourriture des Européens, le mouton coûte de 37 à 25 centimes la livre; le bœuf, de 45 à 23 centimes, les morceaux de choix 90 centimes; les œufs, 4 centimes pièce; la volaille, 45 à 60 centimes pièce; le canard, 1^r,20 à 1^r,50; le gibier (perdrix, caille, etc.), de 8 à 30 centimes pièce; les légumes, de 12 à 15 centimes la livre; le riz et le pain, de 30 à 90 centimes le kilo. Les prix de la vie, sans être encore bien élevés, comme on le voit, ont augmenté depuis quelques années.

Quant aux vêtements, l'habillement complet en drille anglais coûte de 9 à 12 francs; l'habillement complet en alpaga, de 30 à 35 francs; la douzaine de chemises en coton, de 30 à 35 francs; les souliers ordinaires, de 5 à 7 francs; les bottines, de 6 à 10 francs. — Le costume ordinaire d'un riche Indou vaut 4 roupies (9ᶠ,60), celui de l'ouvrier 1 roupie environ. — Le prix des logements est en moyenne, pour les Indous, de 7 francs par maison et par mois, de 10 à 12 francs pour les métis, dits topas ou gens à chapeaux, de 25 à 30 francs pour les Européens célibataires, de 40 à 100 francs pour les familles européennes.

Immigration et émigration. — L'immigration européenne est presque nulle. Les travailleurs indigènes de toute sorte sont en abondance, très laborieux, très sobres, très patients. On les paye de 1 fr. 20 à 1 fr. 50 pour les ouvriers hors ligne, de 90 centimes à 1 franc pour les ouvriers ordinaires, et de 45 à 50 centimes pour les aides et les femmes. Les chauffeurs et mécaniciens sont un peu plus payés. Enfin les journaliers sont le plus souvent loués au mois ou à l'année.

C'est par Pondichéry et Karikal, presque exclusivement, que sont sortis les émigrants indous, dits *coulys* ou hommes de Coromandel, qui se sont rendus pendant ces dernières années dans les diverses colonies.

Une société d'émigration était jadis établie à Pondichéry entre les principales maisons de commerce, et bien que son monopole ne s'étendît qu'à nos établissements, elle passait contrat avec les planteurs de la Réunion et des Antilles, pour livraison de coulys moyennant 39 ou 42 roupies l'homme. Depuis 1861, une convention conclue avec l'Angleterre nous a donné le droit d'avoir des agents recruteurs officiels auprès des villes de l'Inde anglaise, et nous entretenons aujourd'hui trois fonctionnaires de ce genre, à Pondichéry, Karikal et Calcutta, les postes de Yanaon, Mahé, Bombay et Madras ayant successivement disparu.

Une *commission d'émigration* surveille les transports; les agents traitent de gré à gré pour les prix avec les colonies qu'ils fournissent.

Monnaies, poids et mesures, institutions de crédit. — Nous aurons complété les renseignements sur l'état économique de l'Inde française en examinant ses institutions et moyens de crédit et de correspondance internationale.

La seule monnaie ayant cours aux Indes est la *roupie*, dont la valeur légale est, depuis le 13 septembre 1884, fixée annuellement d'après le cours commercial. Elle se subdivise en 16 *annas* dont chacun vaut 12 *pies* ou *païces*, ou bien en 8 *fanons* dont chacun vaut 24 *paches*. La valeur présente de la roupie est de 2 fr. 06. Les monnaies, autres que la roupie et ses subdivisions, sont vendues au poids.

Le taux moyen du change pour les traites à vue sur France a été en 1884 de 2 fr. 06. Le taux moyen pour les traites sur la Réunion à 60 jours, de 2 fr. 46.—Celui pour les traites sur Maurice, de 4 1/2 pour 100 d'escompte.

Les poids sont : le *candy* français (240 kil.), le *candy* anglais (226 k. 772 g.), l'*hundredweigt* ou *cwt* (50 k. 796 g.), le *mand* (11 k. 338 gr.).

Les mesures de capacité sont : la *velte* (7 litres 45), pesant 6 k. 875 gr. pour les huiles de coco, le *gallon* impérial (4 l. 543), le *sac* (74 k. 381 g.), la *courge* (20 pièces).

Les mesures agraires sont : à Pondichéry, le *cany* (53 a., 53 c.) et le *couji* (55 c. 51 mill. d'are); à Chandernagor, le *bigah* (13 a., 57 c.), subdivisé en 20 *cottahs* de 16 *cuttacks* chacun; à Karikal, le *véli* (2 h. 67 a. 18 c.), subdivisé en *mâs*; à Mahé, le *cole* (6 pieds carrés); à Yanaon, le *candi* (2 h., 14. a., 4 c.), subdivisé en 80 *conjons* de 4 *maniqués* chacun.

La Banque de l'Indo-Chine, privilégiée par décret du 21 janvier 1875, est autorisée à émettre des coupures circulant dans la colonie. La Banque de Madras délivre des traites sur la France, comme le comptoir de la Banque de l'Indo-Chine, établi en 1877, et toutes deux font toutes les opérations de prêts et de négociations commerciales. — La succursale de la Banque de l'Indo-Chine à Pondichéry, qui faisait en 1877 pour 12 314 870 fr. 35 de transactions, en a fait en 1883 pour 35 658 751 fr. 25, dont plus de 17 millions tant en remises qu'en tirages sur l'Europe.

Le taux de l'intérêt est établi dans l'Inde française, par suite d'anciens usages légaux consacrés en 1767, à 10 pour 100 au taux commercial et en matière civile (9 pour 100 dans la pratique).

Postes, télégraphes, routes. — Le service des postes est fait tant par les soins du gouvernement anglais que du gouvernement français, d'après les conventions internationales. Le service télégraphique est aux mains du gouvernement anglais, et offre deux voies principales, celle de Suez et celle de la Perse (plus coûteuse, mais plus sûre).

Nos établissements ont un circuit de routes évalué à 254 k. 306 m., dont la dépense d'entretien s'est élevée en 1885 à la somme de 59 769 fr. 11, et dont l'usage est plus que suffisant pour les besoins assez restreints des charrois.

La colonie de l'Inde française est donc pourvue de tous les organes nécessaires à la sécurité, à son bien-être, à sa grandeur. Grâce aux progrès de l'industrie, on peut espérer que la France aura de plus en plus à se féliciter de ne pas avoir laissé dépérir en ce pays les débris encore vivants d'un héritage glorieux.

Henri DELONCLE.

L'INDO-CHINE FRANÇAISE

PARTIE HISTORIQUE

CHAPITRE PREMIER

JUSQU'AU TRAITÉ DE 1874

Aux dix-septième et dix-huitième siècles. — Colbert et Dupleix ont noué des relations et ont pensé à créer des comptoirs dans l'Indo-Chine.

Toutefois, c'est seulement à la veille de la Révolution que l'influence française put s'exercer dans l'extrême Orient. L'empereur Nguyen-Anh, plus connu sous le nom de Gia-Long, réduit à fuir devant des compétiteurs au trône de l'Annam, trouva un asile auprès d'un vicaire apostolique français, Pigneau de Béhaine, évêque *in partibus* d'Adran. Sur les conseils du prélat, Gia-Long demanda le secours de Louis XVI. Le 28 novembre 1787, un traité d'alliance, offensive et défensive, fut signé à Versailles entre les plénipotentiaires français et le prince royal Canh-Dzuè, assisté de l'évêque d'Adran. Le roi de France promettait d'envoyer en Indo-Chine une flotte de guerre et un corps de débarquement, de fournir des munitions et un subside de 500 000 piastres. En retour, Gia-Long cédait à la France l'archipel de Poulo-Condore, la baie et la ville de Tourane ; il accordait la liberté de commerce à nos nationaux et la liberté du catholicisme.

ALFRED RAMBAUD, LA FRANCE COLONIALE

Certaines difficultés ne permirent pas au gouvernement français de remplir ses promesses. Pigneau de Béhaine ne se découragea pas. Il fréta à Pondichéry deux navires, engagea des officiers, des ingénieurs et des médecins, Chaigneau, de Forçant, Vannier, Dayot, Ollivier, Le Brun, Barizy, de l'Isle-Sellé, Despiaux, Guillon et Guilloux. La flotte et l'armée de Gia-Long furent organisées à l'européenne; le prince recouvra son héritage et s'empara du Tonkin, où régnait alors une dynastie rivale.

L'évêque d'Adran demeura le principal conseiller de l'empereur jusqu'en 1798. Il mourut alors, et la fortune de nos compatriotes déclina. Les successeurs de Gia-Long ne furent pas aussi favorables aux entreprises des Européens.

Première guerre avec l'Annam. — Plusieurs conflits s'élevèrent entre la cour de Hué et les gouvernements occidentaux, surtout à l'occasion du supplice de plusieurs missionnaires[1].

En 1858, les avanies de la cour annamite, qui avait repoussé les avances pacifiques d'un plénipotentiaire français, M. de Montigny, contraignirent les cabinets des Tuileries et de l'Escurial à agir avec vigueur. Le vice-amiral Rigault de Genouilly, à la tête d'une expédition franco-espagnole, s'empara de Tourane (31 août 1858) et de Saïgon (15-17 février 1859). La guerre d'Italie et l'expédition de Chine firent abandonner momentanément la conquête du delta du Mékong. Le port de Tourane fut même évacué. Seule la place de Saïgon fut admirablement défendue par le capitaine de vaisseau d'Ariès et le colonel espagnol Palanca Guttierez.

Les Annamites, pour nous assiéger dans Saïgon et dans son annexe la cité chinoise de Cholon, élevèrent, sous la direction du maréchal Nguyen-Tri-Phuong, des lignes de circonvallation fortifiées, dites *lignes de Ki-Hoa*, et blo-

---

1. Les Français Gagelin, Marchand, Cornay, Jaccard, Borie-Dumoulin, Delamotte, Schœffler et Bonnard, les Espagnols Delgado, Henarez, Fernandez, Diaz et Sampredo.

quèrent étroitement notre petite garnison, forte de 800 hommes au plus.

La fin de la campagne de Chine permit de reprendre les opérations avec vigueur. L'amiral Charner, à la tête d'une division navale de douze bâtiments et d'un corps de débarquement de 3 à 4000 hommes, arriva le 6 février 1861 à Saïgon.

Le 24 février, les lignes de Ki-Hoa furent attaquées. Une partie des positions ennemies tomba en notre pouvoir. Le lendemain, après un mouvement tournant sur la gauche des Annamites, un furieux assaut nous rendit maîtres des fortifications des Annamites. Nos pertes étaient sérieuses et permettaient, dès ce jour, de comprendre que des ennemis asiatiques, fortement retranchés et commandés par des hommes vigoureux comme le vieux Nguyen-Tri-Phuong, n'étaient pas des adversaires à dédaigner.

Mytho, Bien-Hoa, Baria, Vinh-Long, tombèrent ensuite entre les mains de l'amiral Bonard, successeur de Charner.

Traité de Saïgon, 1862. — L'empereur Tu-Duc, souverain de l'Annam, menacé par une révolte de ses sujets du Tonkin, privé des envois de riz de ses provinces méridionales, consentit alors à signer la paix à Saïgon (5 juin 1862). Il cédait à la France les trois provinces de Mytho, de Bien-Hoa et de Saïgon et le groupe de Poulo-Condore. Il s'engageait à payer une indemnité de guerre de 20 millions de francs et ouvrait au commerce les ports de Tourane, Balat et Quangan. Les ratifications du traité furent échangées à Hué entre Tu-Duc, l'amiral Bonard et le colonel Palanca, le 14 avril 1863. De notre côté, nous avions rétrocédé Vinh-Long à l'Annam.

Occupation des provinces occidentales, 1867. — Le grand mandarin Phan-than-Giang avait été nommé viceroi des contrées occidentales du bas Mékong, demeurées sous la domination de l'Annam. Cet homme supérieur, l'un des plus remarquables que nous ayons rencontrés devant nous, épuisa ses forces dans une tâche ingrate. D'un côté, il s'efforçait de convaincre son gouvernement de l'inutilité des efforts hostiles contre notre établissement; et d'un autre, il était contraint, par les ordres de son roi, de soutenir les révoltes qui se produisaient contre la domination française.

Cette situation dura jusqu'en 1867. A cette époque, le gouverneur de notre colonie, l'amiral de la Grandière, fut autorisé, pour y mettre un terme, à occuper Vinh-Long, Chaudoc et Hatien. Le vice-roi, convaincu de l'inutilité d'une résistance, donna l'ordre aux gouverneurs de recevoir nos garnisons. Puis, refusant les propositions généreuses de notre amiral, qui lui offrait un asile, il s'empoisonna, noble victime d'une politique cauteleuse qu'il avait inutilement combattue.

Les six provinces de la Basse-Cochinchine nous appartenaient désormais; mais la cour de Hué protestait toujours contre l'occupation de la rive droite du Mékong. Les efforts de nos amiraux s'attachaient à régulariser cette situation et à la faire consacrer par un instrument diplomatique.

Protectorat sur le Cambodge, 1863. — Au nord de notre nouvelle possession se trouvait le royaume du Cambodge, débris de cet antique empire des Khmers qui a laissé de magnifiques monuments, dont les ruines d'Angkor-Vat peuvent donner une idée. L'attention de la France fut attirée dès l'origine de notre établissement dans l'Indo-Chine sur ce pays. Depuis longtemps, les Annamites et les Siamois se disputaient, par les intrigues ou par les armes, la suzeraineté sur les princes dégénérés de la cour de Oudong. Devenue maîtresse du delta du Mékong, la France se substituait aux Annamites.

« Il n'y avait pas d'avenir possible pour nos possessions de Cochinchine, si la vallée du Grand-Fleuve nous restait fermée. Or, entre des mains siamoises, le Cambodge ne pouvait être et n'était en effet qu'une barrière et un isolant empêchant tous les produits du Laos d'arriver à Saïgon, pour les rejeter sur Bangkok. Nous ne pouvions tolérer qu'une influence commerciale aussi contraire pût s'exercer à Phnum-Penh, aux frontières mêmes de cette colonie[1]. »

1. Francis Garnier, *Exploration du Mékong*, t. I, p. 151.

L'amiral de la Grandière avait compris cette situation. Il avait envoyé en mission auprès du roi Norodon le futur explorateur de la vallée du Mékong, le regretté capitaine de frégate Doudart de Lagrée. Celui-ci sut rapidement prendre un grand ascendant sur l'esprit du prince khmer. Il réussit à lui persuader que la tutelle de la France saurait lui assurer la couronne. Il lutta contre l'influence siamoise, jusqu'alors prépondérante au Cambodge, et fut le principal auteur du traité du 11 août 1863, qui nous donnait le protectorat du Cambodge.

Bientôt après, il explora le cours du Mékong, traversa le Laos et parvint jusqu'au Yunnan, où il mourut (12 mars 1868), après avoir dirigé une des plus merveilleuses reconnaissances géographiques du dix-neuvième siècle.

Premier projet de protectorat sur l'Annam. — L'amiral de la Grandière, après avoir occupé les trois provinces occidentales de la Basse-Cochinchine, constatait l'état de décomposition dans lequel tombait l'empire d'Annam. Il pensa lui imposer notre protectorat par un traité qui consacrerait la prise de possession des contrées occupées, et ouvrirait enfin au commerce les ports spécifiés par le traité de Saïgon, lesquels étaient demeurés fermés en dépit de la convention acceptée par l'Annam.

La guerre de 1870 ne permit pas à ses successeurs, héritiers de la ferme politique de l'amiral, un des plus remarquables fonctionnaires que nous ayons jamais eus, de mener à bonne fin les négociations engagées dans ce but. Les revers essuyés sur le Rhin et sur la Loire avaient eu un douloureux retentissement dans l'extrême Orient. Les princes asiatiques croyaient que nous étions devenus impuissants.

M. Dupuis. — Au commencement de l'année 1873, un de nos compatriotes, M. Jean Dupuis, fixé depuis longtemps en Chine, avait passé des traités pour la fourniture d'armes et de munitions avec le maréchal chinois *Ma*, chargé de la répression des rebelles musulmans du Yunnan. Ce négociant, ayant appris des membres de l'exploration du Mékong que le fleuve Rouge ou Song-Koï, qui traverse le Tonkin, pouvait porter des bateaux depuis la mer jusqu'à Mang-hao, réussit, malgré le mauvais vouloir des mandarins annamites, à faire remonter un chargement jusqu'à cette ville. Il revint à Hanoï le 30 avril 1873.

L'hostilité des autorités indigènes obligea M. Dupuis à employer la force pour se faire respecter. Il disposait alors de quatre cents hommes environ, dont la plupart étaient des réguliers du Kouang-Si ou du Yunnan, armés de chassepots, et mis à sa disposition par les fonctionnaires du Céleste-Empire. La cour de Hué envoya alors au Tonkin notre vieil adversaire des lignes de Ki-Hoa, le maréchal Nguyen-Tri-Phuong, demeuré l'ennemi acharné de la France.

Impuissant contre M. Dupuis, le gouvernement du roi Tu-Duc demanda à l'amiral Dupré, commandant en chef de nos forces militaires à Saïgon, d'intervenir pour contraindre notre compatriote à quitter Hanoï. De son côté M. Dupuis introduisit contre la cour de Hué une demande reconventionnelle de 200 000 taëls d'indemnité pour les dommages éprouvés du fait des Annamites.

Dans ces conditions, l'amiral Dupré pensa pouvoir agir au Tonkin. Son but était d'obtenir un traité qui consacrerait l'occupation des trois provinces occidentales de la Basse-Cochinchine, opérée en 1867, et la signature d'une convention commerciale, ouvrant à nos nationaux le fleuve Rouge.

Francis Garnier. — L'amiral Dupré appela à Saïgon le lieutenant de vaisseau Francis Garnier, ancien compagnon de Doudart de Lagrée, comptant beaucoup « sur l'intelligence de cet officier, instruit par un long séjour en Cochinchine, par le grand voyage qu'il avait fait, sur sa vue fort nette et fort juste de nos intérêts dans l'extrême Orient et du but auquel nous devions tendre[1]. »

L'amiral chargea Garnier d'une mission que celui-ci a ainsi caractérisée : « Chercher à apaiser les conflits élevés entre M. Dupuis et le vice-roi du Yunnan, d'un côté, et

---

1. Dépêche de l'amiral Dupré, 29 avril 1873.

les mandarins annamites, de l'autre ; étudier les dispositions des populations, et s'en servir, au besoin, comme d'une arme pour vaincre les dernières résistances des lettrés annamites ; négocier avec eux et les autorités du Yunnan un tarif douanier donnant satisfaction à toutes les parties ; essayer, enfin, d'obtenir pour notre industrie et nos nationaux l'exploitation des mines du Yunnan, qu'un décret impérial venait de rouvrir [1]. »

Tout le programme de l'expédition du Tonkin se trouve dans ces lignes.

Garnier quitta la Cochinchine le 11 octobre 1873 et arriva, le 23, au Tonkin après s'être arrêté à Tourane pour se mettre en rapport avec la cour de Hué. La petite expédition française se composait de deux canonnières et de 175 hommes, marins et fantassins de marine. Le 5 novembre, Garnier mouillait à Hanoï, où il était reçu par M. Dupuis. Par une insigne maladresse, Nguyen-Tri-Phuong n'avait envoyé aucun officier pour assister au débarquement. Il fallut que notre lieutenant de vaisseau usât d'intimidation afin d'obtenir un logement convenable pour son escorte.

Les mandarins annamites ne tardèrent pas à contester les pouvoirs du commandant français. Suivant eux, son rôle devait se borner à expulser M. Dupuis du Tonkin. Garnier, sans se laisser arrêter par ces prétentions, prit, le 15 novembre, une décision qu'il fit notifier aux autorités indigènes et aux consuls des colonies voisines et des ports orientaux ouverts au commerce européen. Il déclarait ouvrir le Song-Koï aux navires français, espagnols et chinois, et fixait les droits de douane à acquitter par les trafiquants.

Cependant le maréchal Nguyen-Tri-Phuong prenait une attitude hostile. Il se fortifiait dans la citadelle de Hanoï et réunissait des troupes. Le 19 novembre, Garnier, ayant reçu quelques renforts, adressa au chef annamite un ultimatum demandant le désarmement du fort. Il ne reçut aucune réponse.

1. Lettre de Francis Garnier à M. Levasseur, professeur au Collège de France.

Prise de Hanoï par Garnier. — Le 20 novembre 1873, à six heures du matin, trois colonnes françaises, soutenues par les Chinois de M. Dupuis, s'avancèrent sur la citadelle, que M. Balny d'Avricourt bombarda avec deux canonnières. A huit heures, la place, occupée par sept mille hommes environ, était entre nos mains, et Nguyen-Tri-Phuong, frappé d'un coup de mitraille dont il devait mourir, était prisonnier.

Garnier prit aussitôt le gouvernement de la province. Il ne fut nullement embarrassé, car, en prévision de cette éventualité, il avait précédemment organisé en secret le pays, formé les cadres d'une milice et établi des courriers pour correspondre avec les différentes villes.

Conquête du Delta. — Alors commença une merveilleuse campagne, comparable aux expéditions de Cortez et de Pizarre au Mexique et au Pérou. Successivement Garnier et ses compagnons[1] s'emparèrent de Phu-Ly, Haï-Dzuong, Ninh-Binh, Nam-Dinh et dominèrent tout le Delta.

Tu-Duc, effrayé, envoyait des négociateurs à Hanoï et à Saïgon pour essayer de traiter. Mais les autorités annamites du Tonkin, impuissantes devant une poignée de Français, faisaient en même temps appel aux *Hékis* ou *Pavillons-Noirs*, débris des anciennes bandes de rebelles chinois désignés sous le nom de Taïpings, et commandés par Luu-Vinh-Phuoc. Dès lors les succès de nos soldats furent moins rapides; sur quelques points nous étions réduits à la défensive, et le chef de l'expédition attendait avec impatience des renforts envoyés de Saïgon par l'amiral Dupré.

Mort de Garnier. — Le 21 décembre, Francis Garnier était en conférence dans la citadelle de Hanoï avec les plénipotentiaires annamites pour arrêter les préliminaires du traité, quand on lui annonça une attaque des Pavillons-Noirs. Pendant que nos marins se portent aux rem-

---

1. Les lieutenants de vaisseau Balny d'Avricourt, Esmez, Bain de la Coquerie, le docteur Harmand, le sous-lieutenant Edgard de Trentinian, les aspirants Hautefeuille, Perrin et Bouxin, l'ingénieur Bouillet.

parts et tirent quelques obus qui éloignent l'ennemi, Garnier fait une sortie vers le village de Thu-Lé, Balny se dirige sur Phu-Noaï. Nos hommes se déploient en tirailleurs, Garnier est à leur tête. Tout à coup il tombe dans une embuscade et est massacré pendant que, sur un autre point, Balny trouve aussi la mort.

La perte de Garnier fut vivement ressentie par le petit corps expéditionnaire qui avait appris à connaître son chef; tous les hommes avaient foi en lui et il exerçait sur eux le triple ascendant de la science, de la volonté et de l'héroïsme. Ironie du sort, trois heures après la mort du chef, les renforts attendus étaient annoncés et ils arrivaient à Hanoï quatre jours plus tard. La disparition de Francis Garnier était un malheur irréparable. Lui seul, réussissant dans ses négociations avec les ambassadeurs annamites, pouvait dénouer la situation créée par son expédition et par la prise de possession du pays.

Les officiers survivants firent bravement face au péril. D'après les ordres posthumes de Garnier, trouvés dans ses papiers, M. Bain de la Coquerie prit le commandement militaire, M. Esmez la direction politique. Une convention allait être signée par ce dernier avec les plénipotentiaires annamites, quand un courrier remit à ceux-ci une lettre de la cour, mettant fin à leur mission, et, bientôt après, M. Esmez reçut du lieutenant de vaisseau Philastre l'ordre de cesser les pourparlers.

La politique d'abandon. — M. Philastre, inspecteur des affaires indigènes, chef de la justice indigène à Saïgon, avait reçu de l'amiral Dupré l'ordre d'accompagner les mandarins annamites envoyés à Saïgon pour traiter avec le gouverneur et obtenir de lui l'expulsion de Dupuis du Tonkin. Ces ambassadeurs étaient Lê-Tuan et le futur régent du royaume, Nguyen-Van-Tuong. Jusqu'au moment où ils apprirent la prise de la citadelle de Hanoï par Francis Garnier, les négociateurs prétendaient ne pas avoir les pouvoirs nécessaires pour traiter de la cession des trois provinces occidentales de la Basse-Cochinchine à la France, bien que cette clause fût la première d'un projet de traité débattu dès le gouvernement de l'amiral de la Grandière. A la nouvelle du coup de force de Garnier, Nguyen-Van-Tuong, accompagné de M. Philastre, se rendit à Hué pour demander de nouvelles instructions. Il revint à Saïgon et partit pour Hanoï, toujours avec M. Philastre, pour régler sur place la question du Tonkin.

Dès que M. Philastre apprit la mort de Francis Garnier, il prit la direction des affaires politiques. Il savait que le cabinet de Versailles, présidé alors par M. de Broglie, s'opposait à l'occupation militaire du Tonkin. Arrivé le 2 janvier 1874 à Haï-Dzuong, M. Philastre donna l'ordre au lieutenant de Trentinian d'évacuer la place, rappela successivement à Hanoï les compagnons de Garnier et signa une convention avec Nguyen-Van-Tuong pour l'abandon du Delta par les forces françaises. Il spécifiait, il est vrai, qu'une amnistie serait accordée par Tu-Duc à ceux des indigènes qui s'étaient compromis pour notre cause. On ne sait que trop comment cet engagement fut tenu par la cour de Hué. Bientôt après une nouvelle convention faisait abandonner Hanoï par nos soldats et par M. Dupuis. Seul, un résident français, le capitaine Rheinart, de l'infanterie de marine, devait rester dans la capitale du Tonkin avec une faible escorte.

Le traité de 1874. — M. Philastre et Nguyen-Van-Tuong retournèrent alors à Saïgon pour négocier un traité définitif sous la direction de l'amiral Dupré. Telles furent les origines du traité de Saïgon, signé le 15 mars 1874 et ratifié par l'Assemblée nationale, le 1er août de la même année. Ce traité remplaçait et complétait celui du 5 juin 1862. Il déclarait qu'il y aurait paix, amitié et alliance perpétuelle entre les deux hautes parties contractantes. Le président de la République française reconnaissait la souveraineté du roi d'Annam et son entière indépendance vis-à-vis de toute puissance étrangère, quelle qu'elle fût, et s'engageait à lui donner, sur sa demande, et gratuitement, l'appui nécessaire pour maintenir dans ses États l'ordre et la tranquillité, pour le défendre contre toute attaque et pour détruire la piraterie qui désolait une partie des côtes du royaume. En reconnaissance de cette protection, Tu-Duc s'engageait à conformer sa politique extérieure à celle de la France et à ne rien changer à ses relations diplomatiques, telles qu'elles existaient au moment de la signature du traité. Cet engagement politique ne devait pas s'étendre aux traités de commerce. Mais, dans aucun cas, le roi d'Annam ne pourrait faire avec une nation un traité en désaccord avec celui qu'il avait conclu avec la France et sans en avoir préalablement informé le gouvernement français.

Le président de la République faisait don gratuit au roi Tu-Duc de cinq bâtiments à vapeur, de cent canons et de mille fusils à tabatière. Des instructeurs militaires, des capitaines de navire, des ingénieurs, etc., devaient être mis à la disposition de l'Annam pour réorganiser les différents services de l'administration.

La cour de Hué reconnaissait la pleine souveraineté de la France sur les six provinces de la Cochinchine, cédées en 1862 ou annexées en 1867. Il était fait remise à l'Annam du reliquat de l'indemnité de guerre, impayée depuis 1867, mais l'Espagne devait être désintéressée de sa créance, par les soins du Trésor public de Saïgon, sur le produit des douanes des ports de Quin-nhon, Haïphong et Hanoï, ouverts au commerce européen. Une amnistie générale devait être accordée par la France et par l'Annam à ceux de leurs sujets respectifs, qui s'étaient compromis antérieurement à la conclusion du traité. La liberté religieuse était spécifiée pour les missionnaires européens et les chrétiens indigènes.

Le transit entre la mer et le Yunnan, par le fleuve Rouge, était déclaré licite. Dans chacun des ports ouverts, la France nommerait un consul, avec une escorte de cent hommes, chargé de faire la police des étrangers et de rendre la justice à tous les sujets français ou européens. Les crimes ou délits commis par ceux-ci devaient être jugés à Saïgon par les tribunaux compétents.

Le traité politique fut complété par le traité de commerce du 31 août 1874, signé par l'amiral Krantz, successeur de l'amiral Dupré, qui assura certains avantages aux bâtiments français dans les ports, et un traitement privilégié pour nos marchandises.

Les conventions de 1874 avaient prévu le cas où l'Espagne n'accepterait pas les modifications apportées au traité du 5 juin 1862. Il avait été entendu que, dans ce cas, la France se chargerait du remboursement de l'indemnité espagnole et se substituerait au cabinet de l'Escurial comme créancière de l'Annam, pour être remboursée sur le produit des douanes des ports ouverts.

Nous nous sommes longuement étendus sur les engagements pris alors par la France et la cour de Hué. C'est que la violation de la signature de l'Annam et l'intervention de la Chine dans les affaires du Tonkin ont été les causes premières des opérations commencées par le commandant Rivière le 26 mars 1882 et terminées par le second traité de Tien-Tsin le 9 juin 1885.

Si nous résumons les clauses principales du traité du 15 mars 1874, nous y trouvons spécifié : 1° la cession complète de la Basse-Cochinchine à la France; 2° le protectorat de la République sur l'Annam et, par suite, la rupture des liens de vassalité qui unissaient le gouvernement de Hué à l'Empire du Milieu, — liens de pur souvenir historique, qui n'avaient d'autre sanction que des ambassades de courtoisie, envoyées à Pékin par les monarques annamites.

Sur ce dernier point, la politique du cabinet français s'attacha sans cesse à prévenir et ensuite à combattre l'intervention des Chinois dans le Delta du Song-Koï, tandis que Tu-Duc et, après la mort de ce prince, le premier régent, Nguyen-Van-Tuong, d'une part, et le Tsong-li-Yamen (ministère des affaires étrangères chinois), d'autre part, s'efforcèrent de combattre les droits acquis par la France.

CHAPITRE II

DEPUIS LE TRAITÉ DE 1874

Difficultés pour l'exécution du traité. — Dans ces conditions, il était évident qu'un jour ou un autre, un conflit devait s'élever entre l'Annam, le Céleste-Empire et le gouvernement français. Ce conflit fut longtemps écarté par la prudence des gouverneurs de la Cochinchine. M. Le Myre de Vilers, premier gouverneur civil, s'attacha en particulier à donner à notre intervention dans le Delta du Song-Koï un caractère pacifique, sans rien abandonner toutefois des droits acquis par la France. Il croyait que des négociations, conduites avec fermeté et esprit de suite, pouvaient amener la cour de Hué à composition. Malgré sa duplicité, en dépit de ses intentions de recourir à l'appui de la Chine, son ancienne suzeraine, M. de Vilers pensait que le gouvernement annamite, en présence des faits acquis *politiquement, pacifiquement et administrativement*[1], serait obligé, un jour venant, de se jeter dans les bras de la France pour échapper à la ruine.

D'un autre côté, le traité de 1874, signé après l'évacuation du Tonkin, ne donnait pas à la France tous les droits qui découlent en général d'un protectorat. Le mot même de protectorat n'y était pas inséré. Il résultait de cette omission que les envoyés français, dans les ports ouverts au commerce, n'avaient d'autre autorité que celle reconnue par les lois internationales aux *consuls* de la carrière diplomatique et ne possédaient pas les pouvoirs de *résidents*. Ils étaient impuissants en présence des agissements des sujets de puissances étrangères, et celles-ci pouvaient demander à Tu-Duc d'accréditer près de son

---

1. Dépêche du 17 janvier 1882 au commandant Rivière.

gouvernement des consuls sans que le ministère français pût s'y opposer. Heureusement la présence d'une escorte près de nos consuls, donnant à ceux-ci une autorité morale considérable, empêcha nos rivaux de profiter d'un droit diplomatique que nous n'aurions pu contester.

L'Annam se rapproche de la Chine. — La cour de Hué, craignant les entreprises de la France, se rapprocha de plus en plus du Tsong-Li-Yamen de Pékin et renoua, par des ambassades et par l'envoi de présents, l'antique vassalité de l'Annam vis-à-vis du Céleste-Empire, tombée depuis longtemps en désuétude. Des troupes chinoises franchirent à plusieurs reprises la frontière du Tonkin et intervinrent dans les affaires intérieures du pays. En même temps, Tu-Duc ne négligeait aucune occasion de se montrer hostile, et, à Paris, le *marquis* de Tseng, ambassadeur de l'Empire du Milieu, déclarait ne pouvoir reconnaître le traité du 15 mars 1874 et la complète indépendance du *prince* d'Annam, proclamée par cet instrument diplomatique [1]. M. Gambetta, alors président du conseil, répondit, le 1er janvier 1882, au plénipotentiaire chinois, que le traité existait depuis huit ans, que le Céleste-Empire n'avait pas protesté lors de sa notification et que nous ne pouvions nous arrêter devant une réclamation si tardive [2].

Bientôt la situation de nos nationaux et de nos protégés devint intolérable sur le fleuve Rouge. Les Pavillons-Noirs de Luu-Vinh-Phuoc devenaient de plus en plus dangereux et étaient appuyés sous main par les vice-rois du Kouang-Si et du Yunnan. M. Le Myre de Vilers, gouverneur de la Cochinchine, après maints avertissements adressés à la cour de Hué, dut écrire une lettre énergique au roi Tu-Duc et envoyer à Hanoï le commandant Rivière.

Mission de Rivière. — **Nouvelle prise de Hanoï.** — Dans les instructions adressées au capitaine de vaisseau

---

1. Le marquis de Tseng a toujours affecté d'employer le mot *prince* et non le mot *roi* pour désigner Tu-Duc, afin de mieux marquer la vassalité de l'Annam.
2. Livre jaune, *Affaires du Tonkin*, 1re partie, p. 195.

Rivière, le gouverneur de la Cochinchine insistait sur la prudence à suivre dans les relations avec les mandarins annamites et recommandait de n'avoir recours à la force qu'en cas d'absolue nécessité. « Toute ma pensée, disait-il, peut se résumer en cette phrase : « Évitez les coups de fusil ; ils ne serviraient qu'à nous créer des embarras. »

Malheureusement les autorités indigènes se montrèrent aussi hostiles qu'au moment de la mission de Francis Garnier. Le commandant Rivière, ayant fait appel au concours de la compagnie de débarquement de la division navale et de la garnison de Haïphong, réunit un petit corps de 600 hommes d'infanterie (450 hommes d'infanterie de marine, 130 marins, 20 tirailleurs annamites) et sept canons, plus trois canonnières. Le tong-doc de Hanoï fut sommé de nous livrer la citadelle. Sur son refus, le 25 avril, l'assaut fut donné, après un bombardement préparatoire de deux heures et demie, effectué par les canonnières et l'artillerie de marine. La citadelle, attaquée à dix heures trois quarts par la face nord, était prise en moins d'une demi-heure. Nous n'avions que quatre blessés, dont le commandant d'infanterie de marine, Berthe de Villers. Les pertes des Annamites étaient considérables. Le lendemain, le tong-doc, craignant la colère de son souverain, se suicida.

La prise de la citadelle de Hanoï n'était ni dans les intentions du gouvernement métropolitain, ni dans celles du gouvernement de la Cochinchine. M. Le Myre de Vilers couvrit cependant son subordonné et écrivit au ministre : « La destruction de la citadelle de Hanoï apporte un facteur nouveau dans nos négociations avec l'Annam. Peut-être aurait-on pu éviter d'en venir à cette extrémité, mais il faut tenir compte, dans l'appréciation des faits, des entraînements auxquels sont exposés les militaires, dont le principal objectif doit être l'honneur du drapeau et la sécurité des troupes qu'ils commandent[1]. » En même temps, M. de Vilers protesta énergiquement, à Hué, contre

---

1. Livre jaune, *Affaires du Tonkin*, 1re partie, p. 227.

la conduite des autorités indigènes de Hanoï. La citadelle fut remise aux Annamites, sauf la Pagode royale, où nous laissâmes une compagnie dans une position qui dominait tous les travaux ennemis.

Le marquis de Tseng. — A Paris, le marquis de Tseng intervint et demanda le rappel de nos troupes. Il lui fut répondu par M. de Freycinet, ministre des affaires étrangères, « que nous avions donné l'ordre au gouverneur de la Cochinchine d'assurer l'application complète du traité de 1874, que les suites de l'action que nous entendions exercer dans cette vue concernaient exclusivement les deux États signataires et, qu'en conséquence, nous n'avions aucune explication à fournir au gouvernenent chinois [1]. » Cette réponse montrait une fois de plus que « pas plus à Pékin qu'à Paris, nous ne devions permettre à la Chine de s'ingérer dans la politique que nous suivions en Indo-Chine [2] »

Rien ne put engager la Chine, sollicitée par Tu-Duc, à modifier sa ligne de conduite au Tonkin. La cour de Hué, de son côté, armait des troupes et cherchait à exciter une révolte dans la Cochinchine française, où M. Le Myre de Vilers fut obligé, avant son départ pour la France, de faire arrêter et interner à Poulo-Condore 150 individus compromis par leurs agissements.

Le traité Bourée. — M. Bourée, notre ministre à Pékin, pensa alors à prévenir un conflit imminent entre la France et le Céleste-Empire, et communiqua au ministère des affaires étrangères un projet de convention qui, portant constitution d'une zone neutre à délimiter entre la Chine et l'Annam, cédait Laokay au Yunnan et contenait l'engagement, pour la France, de respecter la souveraineté territoriale de l'empereur d'Annam. Le projet de M. Bourée ne fut pas accepté par le gouvernement de la République et ce diplomate fut rappelé.

Nouvelle conquête du Delta. — Cependant, au Tonkin, après la prise de la citadelle de Hanoï, le commandant

1. Livre jaune, *Affaires du Tonkin*, 1re partie, p. 213.
2. *Ibid.*, p. 269.

Rivière avait fait occuper Hong-Gay, point important sur le golfe à cause des gisements de houille qu'on y trouve. Pour assurer ses communications avec la mer, le chef de notre station navale se dirigea sur Nam-Dinh, où les Annamites préparaient des barrages. Le 25 mars, une petite flottille débarqua le lieutenant-colonel Carreau avec quelques troupes. Le tong-doc de Nam-Dinh, sommé de se rendre à bord du *Pluvier*, répondit par un refus. Le 26 fut employé à reconnaître la place. Le 27, à sept heures du matin, le bombardement commença par les canonnières et les pièces débarquées, dont le brave colonel Carreau, de l'infanterie de marine, rectifiait le tir quand il fut atteint au talon par un biscaïen. Le commandant Badens conduisit l'assaut contre la porte de l'est, enleva le redan, força le pont et enfonça la porte au moyen d'un pétard de dynamite. Les Annamites, au milieu desquels on crut reconnaître des réguliers chinois, étaient en fuite. Nous avions deux blessés. Le colonel Carreau mourut des suites de l'amputation de la jambe.

Le ministère français, tout en approuvant les faits accomplis, ne voulait pas encore s'engager à fond. Il ordonna au commandant Rivière de n'entreprendre aucune autre expédition à moins d'y être absolument contraint pour la sécurité de ses troupes.

Cependant l'ennemi était toujours bien informé de nos mouvements. Pendant la marche sur Nam-Dinh, Hanoï était attaqué par 4000 Annamites et Pavillons-Noirs qui profitaient du départ d'une partie de nos forces. Dans la nuit du 26 au 27 mars, ils attaquèrent la pagode royale vigoureusement défendue par le capitaine Retrouvey. Une sortie de la garnison de la Concession française, dirigée par le commandant Berthe de Villers, força nos adversaires à se réfugier sur la rive gauche du Song-Koï, où ils furent suivis et obligés à une retraite précipitée vers Bac-Ninh.

Mort de Rivière. — Rivière revint le 2 avril à Hanoï. Les Pavillons-Noirs se rapprochaient de nouveau de nos positions, occupaient tous les environs, canonnaient nos cantonnements et pénétraient nuitamment avec une grande audace dans la ville marchande. Le commandant concentra ses forces, fit venir de Haïphong une partie de la garnison d'infanterie de marine, et demanda à l'amiral Meyer, commandant la station navale de la Chine, quelques compagnies de débarquement. Dans les journées du 15 au 18 mai, des opérations de détail furent dirigées contre l'ennemi. Le 19, le commandant Rivière résolut de faire une sortie vers Phu-Hoaï, sur la route de Sontay, pour dégager la ville.

Deux compagnies d'infanterie de marine, les marins de la *Victorieuse*, du *Villars*, du *Léopard* et trois pièces de campagne quittèrent Hanoï à quatre heures du matin sous le commandement direct du chef de bataillon Berthe de Villers. Rivière accompagnait la colonne. L'action commença vers six heures du matin, près du marché de Can-Giay, qui devait donner son nom à la rencontre, et nos soldats enlevèrent le pont de Papier, jeté sur un arroyo qui coupe la route de Sontay. Notre artillerie ouvrit le feu contre les positions ennemies et nos troupes s'avancèrent, repoussant les Pavillons-Noirs. A ce moment tomba Berthe de Villers, frappé des blessures qui devaient l'emporter. Rivière prit alors le commandement direct de la colonne. Malheureusement, l'ennemi, supérieur en nombre, s'efforça de tourner notre droite pour s'emparer du pont de Papier et nous couper de Hanoï. Ordre fut donné aux marins de la *Victorieuse*, engagés à Trung-Thung, de rétrograder. La retraite commença sous un feu d'une extrême intensité. Le lieutenant d'infanterie de marine Héral de Brisis est tué avec plusieurs soldats; les lieutenants de vaisseau de Marolles et Clerc de l'état-major sont blessés. Bientôt le canon du *Villars* est compromis et tombe dans la rizière. Rivière pousse lui-même aux roues du canon avec l'aspirant Moulun pour le remettre sur la route et l'emporter. Le capitaine Jacquin, de l'infanterie de marine, l'aspirant Moulun, le commandant Rivière sont tués. Les Chinois se précipitent, décapitent les cadavres et ne s'arrêtent que devant le feu de l'échelon de retraite commandé par M. de Marolles, chef d'état-major, qui sauva le canon. La retraite continua et fut très pénible. Nos derniers soldats ne rentrèrent dans la Concession française qu'à neuf heures et demie du matin, suivis à distance par les Pavillons-Noirs. Nous avions 30 morts et 55 blessés.

Renforts envoyés au Tonkin. — La nouvelle de la mort du commandant Rivière impressionna douloureusement l'opinion publique. Le gouvernement déposa sur les bureaux des Chambres une demande de crédits qui furent votés. Le général Bouët, commandant supérieur des troupes en Cochinchine, reçut l'ordre de se rendre à Hanoï et de prendre la direction des troupes. Une escadre nouvelle, la division navale du Tonkin, fut créée et placée sous le commandement du contre-amiral Courbet. Elle se composait de deux cuirassés, le *Bayard* et l'*Atalante*, du croiseur *le Château-Renaud*, du *Kersaint*, du *Hamelin*, du *Parseval* et du *Drac*. En même temps, la direction politique et administrative de l'expédition fut donnée au docteur Harmand, ancien compagnon d'armes de Francis Garnier, et explorateur distingué de l'Indo-Chine, qui reçut le titre de commissaire général civil de la République.

Quand le général Bouët arriva à Hanoï, avec quelques renforts d'infanterie de marine envoyés de Saïgon et de la Nouvelle-Calédonie, et avec deux compagnies de tirailleurs annamites, la situation était grave. Dès les premiers jours de l'arrivée du général, les attaques des Annamites contre Hanoï et contre Haïphong, notre port de débarquement, furent vigoureusement repoussées. Il en fut de même à Nam-Dinh, où commandait le chef de bataillon Badens. Les renforts expédiés de Toulon par l'*Annamite*, le *Mytho* et la *Saône* portèrent l'effectif du corps expéditionnaire à 2500 hommes environ, y compris les tirailleurs annamites.

Le commissaire général civil, M. Harmand, arriva au Tonkin à la fin de juillet et s'entendit pour les opérations avec le général Bouët et l'amiral Courbet. Il fut décidé que l'escadre, avec des troupes de débarquement tirées de la Cochinchine, s'emparerait des forts de Thuan-An, situés à l'embouchure de la rivière de Hué, et s'efforcerait de pénétrer jusqu'à la capitale de l'Annam pour imposer un traité à la cour, tandis que le général Bouët reprendrait l'offensive au Tonkin.

Expédition sur Hué. — On apprit bientôt la mort du vieux souverain Tu-Duc, adversaire déclaré de l'influence française, notre ennemi acharné depuis le début de notre intervention dans l'extrême Orient. Cet événement ne pouvait empêcher notre action contre l'Annam. L'amiral Courbet se rendit à Thuan-An avec le *Bayard*, l'*Atalante*, le *Château-Renaud*, l'*Annamite*, le *Drac*, la *Vipère* et le *Lynx*.

Le 16 août, l'amiral reconnut la position des Annamites. Le 17 fut employé aux préparatifs. Le 18, à quatre heures de l'après-midi, le bombardement des forts annamites fut commencé. Le 20, nos troupes descendirent à terre. Les forts furent emportés après un brillant combat : nous n'avions que six blessés.

Traité de protectorat avec l'Annam. — La cour de Hué sollicita aussitôt un armistice qui fut accordé. M. Harmand, assisté de M. Palasne de Champeaux, administrateur des affaires indigènes, se rendit dans la capitale et imposa les conditions de la France. Elles furent acceptées par le traité du 25 août 1883. Ce traité reconnaissait entièrement notre protectorat sur l'Annam et le Tonkin, annexait la province du Binh-Thuan à la Cochinchine, nous donnait le droit d'occuper à titre permanent les forts de Thuan-An et plusieurs autres positions et ouvrait au commerce européen les ports de Tourane et de Xuanday. Un résident de France, installé à Hué, devait avoir le droit de voir le roi en audience personnelle. L'administration des douanes devait être remise entre nos mains et un traité de commerce spécial devait compléter les avantages consentis à la France par le traité politique.

Opérations au Tonkin. — Au Tonkin, les opérations militaires n'avaient pas été aussi heureuses. Le 15 août, le général Bouët s'était avancé en trois colonnes sur la route de Sontay et avait rencontré l'ennemi fortement retranché au village de Vuong et dans les villages avoisinants. La colonne de droite, commandée par le colonel Bichot, soutenue par la flottille, tourna la gauche de l'ennemi. Au centre, le commandant Coronnat, chef d'état-major, s'avança de Phu-Hoaï sur la pagode de Noï et s'y maintint jusqu'au lendemain. La colonne de gauche, sous la direction du lieutenant-colonel Révillon, de l'artillerie de marine, après s'être avancée contre les positions des Pavillons-Noirs, se trouva en présence de retranchements d'une très grande force, défendus par de nombreux ennemis. Le colonel Révillon, après des efforts répétés, ordonna la retraite et rétrograda jusqu'au pont de Papier, où se trouvait le général Bouët.

La journée du 15 août fut considérée par la presse étrangère comme un insuccès. Cependant, si l'on considère les résultats obtenus, il faut reconnaître que cette affaire nous donnait de sérieux résultats, car le lendemain on constata que l'ennemi s'était retiré au village de Phung, à quatorze kilomètres au delà des lignes attaquées, pour défendre le passage du Day; il renonçait ainsi à inquiéter et à brûler Hanoï, comme il essayait de le faire depuis le 19 mai.

Prise de Haï-Dzuong. — Quelques jours plus tard, le 19 août, Haï-Dzuong, ville d'une grande importance stratégique, une des clefs du Delta, tomba entre les mains du lieutenant-colonel Brionval qui s'était dirigé de Haïphong sur cette ville avec deux canonnières, 300 hommes d'infanterie de marine, 300 tirailleurs annamites et une demi-batterie. Il n'y eut qu'un combat insignifiant, et les Annamites se retirèrent, abandonnant leur trésor, 150 canons et beaucoup d'armes. La prise de Haï-Dzuong empêcha les Chinois de s'établir dans cette place dont ils appréciaient la valeur : on le vit bien au mois de novembre, quand ils s'acharnèrent à l'attaque de la citadelle et du réduit que nous y avons installé.

A la suite des combats du 15 août, le général Bouët demanda des renforts, qu'il pensait devoir être d'une division complète. Le ministère de la guerre envoya un régiment de marche, composé de deux bataillons de tirailleurs algériens et d'un bataillon de la légion étrangère, pendant que le département de la marine autorisait l'amiral Courbet à mettre à terre ses compagnies de débarquement et expédiait un bataillon d'infanterie de marine et un bataillon de fusiliers-marins. Des armes étaient transportées pour armer les auxiliaires indigènes qui formèrent le noyau des deux régiments de tirailleurs tonkinois.

Après la signature du traité du 25 août 1883, M. Harmand, commissaire général civil, retourna de Hué au Tonkin, où de graves difficultés ne tardèrent pas à naître entre le pouvoir civil et le commandement militaire. Le conflit arriva rapidement à l'état aigu, et, le 18 septembre, le général Bouët rentra en France. Pour cacher le véritable motif du retour du commandant des troupes, il fut décidé que le général viendrait à Paris en mission pour renseigner le gouvernement métropolitain sur les mesures militaires à prendre sur le Song-Koï.

Combat de Phung. — Avant son départ, le général Bouët avait livré le combat de Phung, le 1ᵉʳ septembre, où se distinguèrent nos soldats indigènes soutenus par une compagnie d'infanterie de marine et une section d'artillerie. Ils enlevèrent les positions occupées par les Pavillons-Noirs. Les Chinois profitèrent de la nuit pour battre en retraite. Les retranchements abandonnés par Luu-Vinh-Phuoc furent détruits et nos soldats rentrèrent à Hanoï, laissant à Ba-Giang ou Palan sur le fleuve Rouge, près de la naissance du Day, un poste fortifié pour dominer le cours d'eau et la route de Sontay[1].

Intervention armée des Chinois. — Le colonel d'infanterie de marine Bichot prit le commandement au moment du départ du général Bouët. La situation militaire était difficile; les Chinois, qui se décidaient à lever le masque, faisaient passer des réguliers au Tonkin, et se

---

[1]. Pendant toute cette période, nos officiers, secondés par le vicaire apostolique, Mgr Puginier, s'efforçaient de retrouver les dépouilles mortelles de Rivière et de ses infortunés compagnons. Le 8 octobre, on put ramener en France les corps du commandant Rivière, qui fut reconnu par M. Mondon, médecin de la marine, et du chef de bataillon Berthe de Villers.

montraient à Sontay, Bac-Ninh et Hong-Hoa. Néanmoins le colonel Bichot fit enlever et occuper Ninh-Binh.

Peu après, le commissaire général civil, M. Harmand, qui voulait établir à Quang-Yen un port de commerce important, s'entendit avec l'amiral Courbet, notre nouveau commandant en chef, pour installer dans cette place une compagnie d'infanterie de marine. Il pensait à prendre possession des lignes de Vung-Chuoa, dans le Tonkin méridional, sans attendre la ratification du traité du 25 août 1883, afin de couper les communications entre Hué et le delta du Song-Koï.

La nécessité de cencentrer toute l'autorité entre les mains du commandement paraissait de plus en plus évidente. L'heure du gouvernement civil n'était pas encore venue, M. Harmand le comprit et demanda à rentrer en France. L'amiral Courbet réunit alors les pouvoirs diplomatiques, civils et militaires. Presque au même moment, le 17 novembre, le marquis de Tseng, ambassadeur de Chine à Paris, se décidait à notifier officiellement la présence des forces impériales au Tonkin. Nous savions désormais qu'une lutte contre le Céleste-Empire se greffait sur notre action contre la cour de Hué.

Le 12 novembre, Haï-Dzuong, un des chefs du Delta, fut attaqué par des Chinois et des Annamites. Le 17, la ville eut à repousser un nouvel assaut. Le capitaine d'infanterie de marine Bertin, secondé par l'adjudant Geschwind, repoussa vigoureusement l'ennemi grâce au concours de deux canonnières, la *Carabine* et le *Lynx*.

Prise de Sontay. — L'amiral Courbet reçut les renforts envoyés de France et d'Algérie et put alors disposer d'environ 9000 hommes. Il se décida à marcher contre Sontay, situé à la naissance du Delta, et d'où Luu-Vinh-Phuoc et Hoang-Ké-Viem avaient leur base d'opérations contre Hanoï.

Deux colonnes furent constituées. La première (tirailleurs algériens, légion étrangère, un bataillon d'infanterie de marine, auxiliaires tonkinois, une compagnie de tirailleurs annamites, trois batteries, 5300 hommes environ) était sous le commandement du lieutenant-colonel Belin. La seconde (trois bataillons d'infanterie de marine, bataillon de fusiliers-marins, trois compagnies de tirailleurs annamites, quatre batteries, environ 2600 hommes) était dirigée par le colonel Bichot, commandant supérieur des troupes. La flottille devait appuyer les opérations.

Depuis l'arrivée du commandant Rivière au Tonkin, l'ennemi n'avait pas cessé d'accumuler les travaux autour de la citadelle de Sontay.

Le 13 décembre, les deux colonnes françaises se trouvaient réunies à proximité de leur objectif. Le 14, le corps expéditionnaire se mit en marche, le lieutenant-colonel Belin à gauche, le colonel Bichot à droite, et se concentra à la pagode de Thien-Loc; la flottille suivait à petite vitesse, sans dépasser la tête des troupes.

L'amiral Courbet reconnut les positions ennemies avec le colonel Bichot, commandant supérieur des troupes, le lieutenant-colonel Belin et le lieutenant-colonel Révillon, commandant de l'artillerie. D'après la disposition des ouvrages chinois, il décida de s'appuyer sur le fleuve, tant pour avoir une base d'opérations solide, surtout avec le concours des canonnières, que pour échapper à toutes les difficultés de ravitaillement en vivres comme en munitions. C'est aussi vers ce point que la porte nord-est de l'enceinte était le plus accessible.

Le commandant en chef fait avancer sur la branche sud de la digue qui relie Thien-Loc aux ouvrages de Phu-Sa les bataillons Dulieu et Reygasse (infanterie de marine), sur la branche nord les bataillons Roux et Chevallier (infanterie de marine). Vers dix heures et demie les avant-postes et les premiers ouvrages de l'ennemi étaient enlevés et nos soldats s'établissaient au village et à la pagode de Linh-Chien, situés à 5 ou 600 mètres des lignes de Phu-Sa dont le feu très vif gênait beaucoup nos mouvements. L'artillerie du corps expéditionnaire établie à Linh-Chien et l'artillerie de la flottille battirent alors Phu-Sa et réduisirent les pièces chinoises au silence.

Cependant les défenseurs de Sontay cherchèrent à opérer une diversion sur notre gauche, mais ils furent repoussés par une portion du bataillon Dulieu, le bataillon Reygasse et le bataillon Donnier (légion étrangère), envoyé comme renfort. Pendant toute la journée ce côté du champ de bataille fut le théâtre d'un combat indécis tandis que l'action principale se passait au nord, sur notre droite.

Sur ce point, au nord de Linh-Chien, le bataillon Jouneau (tirailleurs algériens) resté en réserve à Thien-Loc, se porta en avant, à droite des bataillons Roux et Chevallier, ce dernier se reliant au bataillon Dulieu. Les tirailleurs algériens arrivèrent jusqu'à 400 mètres environ de la digue de Phu-Sa et prirent position derrière une haie de bambous. La flottille et trois batteries d'artillerie cherchaient à préparer l'assaut par leurs obus. Vers quatre heures, le lieutenant-colonel Belin, qui dirigeait plus particulièrement l'opération sur notre droite, demanda l'autorisation d'attaquer et lança les tirailleurs algériens. Ceux-ci se précipitèrent avec furie. L'ennemi fait une résistance acharnée : chassé de la digue, il se retire derrière une barricade ; deux fois les tirailleurs algériens tentent l'assaut, deux fois ils sont repoussés. La nuit approchait. Le colonel Belin, d'accord avec l'amiral et le colonel Bichot, commandant supérieur, s'établit solidement sur les positions conquises qu'il fait fortifier.

La nuit du 14 au 15 fut employée par le colonel Bichot à réapprovisionner en munitions les différents corps et à faire une distribution aux troupes qui n'avaient pas eu le temps de manger depuis le matin.

Pendant la journée du 15, on occupa les retranchements abandonnés par l'ennemi.

Le 16, au jour, l'amiral, accompagné des colonels Bichot, Belin, Badens et Révillon, reconnut les positions ennemies et résolut de diriger une fausse attaque vers la porte nord de la citadelle où les Chinois avaient accumulé leurs plus puissants moyens de défense et de diriger le principal assaut contre la porte de l'ouest.

Quant à l'opération principale elle fut préparée par le bombardement lent et méthodique de la porte ouest et de la ville par la flottille et l'artillerie du corps de débarquement. Vers dix heures du matin, le commandant Dulieu avec ses légionnaires s'établit au hameau de Ha-Tray, dans des maisons situées à 300 mètres environ de la porte ouest, et pendant toute la journée, soutenu par les fusiliers-marins, il gagne incessamment du terrain. A cinq heures, nos premières lignes de tirailleurs n'étaient plus qu'à 100 mètres du fossé. L'amiral commande l'assaut, l'artillerie cesse son feu. La légion étrangère court vers la porte murée, le commandant Laguerre et ses marins, la compagnie Bauche, du bataillon Dulieu, vers la poterne de droite. Les troupes désignées pour rester en réserve trépignaient d'impatience et le colonel Bichot était obligé de se multiplier pour les empêcher de suivre leurs camarades. Malgré le feu de l'ennemi, malgré les obstacles accumulés, le soldat Minnaert de la légion étrangère, le quartier-maître Le Guirizec des fusiliers-marins, le caporal Mouziaux de l'infanterie de marine pénétrèrent les premiers dans la place et furent immédiatement suivis de masses nombreuses. A cinq heures quarante-cinq, l'amiral et son état-major pouvaient entrer dans la ville. L'ennemi fuyait en désordre, protégé par la nuit : il n'essayait même pas de défendre la citadelle qui fut occupée le lendemain.

Les pertes des Pavillons-Noirs ont été de plus de 1000 hommes tués; ils abandonnèrent plus de 100 canons, des armes, des munitions et la correspondance de Luu-Vinh-Phuoc. De notre côté, nous avions 83 tués dont 4 officiers, et 319 blessés dont 22 officiers.

Il faut encore des renforts. — Si important que fût notre succès, il ne pouvait pas terminer la guerre : la plus grande partie du delta du Song-Koï restait encore entre les mains de nos adversaires avec les places fortes de Bac-Ninh et de Hong-Hoa. Plus loin, dans la région montagneuse, était Langson et, sur le haut fleuve Rouge, Laokay. La Chine ne se sentait pas assez frappée pour renoncer à la suzeraineté sur l'Annam et pour consentir à nous avoir comme voisins. De son côté, la cour de Hué, voyant le Céleste-Empire s'engager à fond dans la lutte, ne cessait de nous créer des difficultés. L'oligarchie des lettrés et le parti militaire, souvent divisés entre eux, s'entendaient contre nous. Le malheureux successeur de Tu-Duc, Hiep-Hoa, coupable d'avoir subi le traité Harmand et d'avoir essayé de s'appuyer sur nous, fut empoisonné et remplacé par un jeune homme de quinze ans, Kien-Phuoc, intronisé sans notre participation (2 décembre 1883). Notre résident à Hué, M. de Champeaux, qui avait rompu les relations diplomatiques, était menacé à la légation. Pour parer à toutes les éventualités, la garnison de Thuan-An fut renforcée. M. Tricou, ambassadeur de France en Chine, se rendit à Hué. Les régents parurent se soumettre et, pour le moment, une tranquillité apparente régna dans la capitale.

L'amiral Courbet aurait désiré marcher sur Hong-Hoa aussitôt après la prise de Sontay. La baisse des eaux ne le permit pas. Il dut se borner à quelques expéditions de détail pour purger le pays des bandes de pillards qui l'infestaient. D'un autre côté, le gouvernement français ne pouvait se dissimuler que les forces envoyées au Tonkin étaient insuffisantes pour la tâche qui leur incombait. Une brigade de renfort fut envoyée avec le général de division Millot qui eut comme brigadiers les généraux Brière de l'Isle et de Négrier. L'effectif du corps expéditionnaire s'élevait maintenant à environ 16 000 hommes.

L'amiral Courbet en remit le commandement à son successeur le 12 février 1884. Il conservait la direction de l'escadre et mit son pavillon sur le *Bayard*.

Prise de Bac-Ninh. — Le général Millot dirigea d'abord ses opérations contre Bac-Ninh, ville située à 35 kilomètres de Hanoï, près du Song-Cau et du canal des Rapides, point stratégique bien choisi, dominant les routes de Thaï-Nguyen, Langson et Haï-Dzuong. Pendant la concentration du corps expéditionnaire, un bataillon de la légion étrangère s'établit aux Sept pagodes, dans l'angle formé par le Song-Cau et le canal des Rapides, et repoussa deux attaques des Chinois qui voulaient reprendre cette position dont l'occupation nous permettait d'entrer dans le Song-Cau avec les canonnières de la flottille.

Les Chinois avaient multiplié les forts autour de Bac-Ninh et avaient établi des travaux de défense sur les deux voies par lesquelles notre armée était attendue, la route de Hanoï et le cours du Song-Cau. L'enlèvement de ces ouvrages, par une marche directe, aurait entraîné de grands sacrifices d'hommes, le général Millot préféra tromper l'attente de l'ennemi, prendre ses positions à revers et menacer sa ligne de retraite, en concentrant tout le corps expéditionnaire au confluent du canal des Rapides et du Song-Cau pour faire tomber la place sous l'effort combiné des deux brigades et de la flottille remontant le Song-Cau.

Le 7 mars, le *Mousqueton* prit le contact avec l'ennemi, et la première brigade, venue de Hanoï, passa sur la rive gauche du fleuve Rouge. Cette opération fut terminée le lendemain à huit heures. Pendant que les troupes se dirigeaient vers le marché de Chi où elles devaient rencontrer la brigade de Négrier, partie par eau de Haï-Dzuong, le commandant Morel-Beaulieu avec les canonnières nous assurait la possession des voies fluviales et faisait évacuer les positions ennemies du canal des Rapides. Ces opérations prirent les journées des 7, 8, 9 et 10 mars. Le 11, les deux brigades se trouvaient sur la rive gauche du canal des Rapides et les Chinois se retiraient sur le Trung-Son, massif montagneux de 350 mètres d'altitude, situé au sud-est de Bac-Ninh. Toutes les positions des Impériaux tombèrent les jours suivants entre nos mains, presque toujours enlevés par des mouvements tournants, soigneusement préparés par le feu de l'artillerie. La flottille, sur notre droite, détruisait les barrages et s'avançait sur Bac-Ninh par le Song-Cau. Le Trung-Son tomba entre les mains de la première brigade pendant que le général de Négrier et la flottille s'emparaient de Dap-Cau sur la rivière et coupaient aux Chinois la route de Bac-Ninh. La prise du fort de Dap-Cau, le plus important des quatre ouvrages qui protégeaient les abords de Bac-Ninh, amena l'évacuation des autres retranchements et même celle de la ville. L'ennemi débandé était en pleine déroute et nos fuyards se dirigeaient, par un détour, sur les routes de Langson et de Thai-Nguyen. Bac-Ninh était pris (12 mars).

Dans la place nous trouvâmes une centaine de canons, dont plusieurs batteries Krupp, des fusils à tir rapide et de nombreux étendards.

Pendant la marche sur Bac-Ninh nous avions perdu 8 tués, dont 1 officier, et 59 blessés.

Après la prise de Bac-Ninh, le général de Négrier poussa une pointe sur la route de Langson, chassant devant lui les réguliers du Kouang-Si et les battant à Phu-Lang-Giang et à Lang-Kep. De son côté le général Brière de l'Isle s'empara de Yen-Thé et de Thai-Nguyen. Le corps expéditionnaire rentra alors à Hanoï pour préparer la marche sur Hong-Hoa.

Prise de Hong-Hoa. — Le 10 avril, chassés de retranchement en retranchement, les Célestes abandonnèrent Hong-Hoa et prirent la fuite après avoir incendié la ville. Le 13 avril, à une heure de l'après-midi, un bataillon entrait dans la citadelle où nous trouvâmes une trentaine de canons. L'ennemi avait fui devant le mouvement de la brigade Brière de l'Isle et devant le bombardement lent et précis de nos canons; il n'avait pas songé à défendre la ville qui est cependant très forte. Nous avions un tirailleur algérien blessé, cinq hommes dont trois artilleurs et onze coolies noyés.

Deux colonnes légères poursuivirent les Chinois. Le commandant Coronnat rasa la citadelle de Dong-Van, évacuée par nos adversaires. La place de Phu-Lan-Tao tomba également entre nos mains.

La période active de la conquête paraissait terminée. Le général Millot s'attacha alors à l'organisation du pays et à la création de deux régiments de tirailleurs tonkinois. Quant aux troupes, elles procédèrent à une série d'opérations de détail dont la plus importante fut, le 1ᵉʳ juin 1884, l'occupation de Tuyen-Quan, place qui domine le cours de la rivière Claire, affluent du fleuve Rouge.

Le traité Fournier. — On put croire bientôt que la Chine allait se décider à la paix. Un peu avant que nous

nous établissions à Tuyen-Quan, le vice-roi du Pé-tché-Li, le grand mandarin Li-Hung-Chang, qui avait engagé des négociations officieuses avec le capitaine de frégate Fournier, venait de signer le 11 mai, avec l'autorisation de la cour de Pékin, le premier traité de Tien-Tsin. Ce traité portait que la France respecterait et protégerait contre toute agression d'une nation quelconque et en toutes circonstances, les provinces méridionales de la Chine, limitrophes du Tonkin. De son côté le Céleste-Empire s'engageait à retirer immédiatement sur les frontières les garnisons chinoises du Tonkin; à respecter, dans le présent et dans l'avenir, les traités directement intervenus ou à intervenir entre la France et la cour de Hué. C'était dire, sans l'exprimer, que la Chine renonçait à la suzeraineté qu'elle avait revendiquée sur l'Annam et qui était la cause première du conflit entre Paris et Pékin. Le principe d'une indemnité de guerre dû par le Céleste-Empire était admis, mais la France déclarait en faire remise à cause de l'attitude conciliante du gouvernement chinois et de son négociateur. L'indemnité devait être remplacée par des facilités accordées au libre trafic sur les frontières du Tonkin et par des avantages particuliers à consentir par un traité de commerce à intervenir. Un quatrième article disait que le gouvernement français s'engageait à n'employer aucune expression de nature à porter atteinte au prestige du Céleste-Empire dans la rédaction du traité définitif qu'il allait signer avec l'Annam et qui abrogerait les traités antérieurs relatifs au Tonkin.

Tout paraissait devoir aboutir à la paix. Des dates pour l'évacuation du Tonkin par les Impériaux avaient été fixées et notifiées au général Millot et aux commandants chinois. Malheureusement le parti de la guerre, ennemi de Li-Hung-Chang, parvint à ressaisir l'influence à Pékin et un conflit éclata sur la route de Langson, à Bac-Lé, entre les réguliers du Kouang-Si et une faible colonne française.

La surprise de Bac-Lé. — Confiant dans la signature du traité de Tien-Tsin, le gouvernement métropolitain avait ordonné au général Millot d'envoyer le bataillon de fusiliers-marins à Madagascar et le bataillon de tirailleurs annamites à Saïgon. Le général en chef ne tarda pas à vouloir prendre possession des villes qui devaient être évacuées par les Chinois. Le lieutenant-colonel Dugenne, avec huit cents hommes environ, se dirigea sur Langson par la route mandarine.

Le 23 juin 1884, le détachement était arrivé au delà de Bac-Lé quand il se trouva en présence des réguliers chinois qui l'accueillirent à coups de fusil. Puis un parlementaire se présenta porteur d'une lettre des mandarins militaires. Ils déclaraient ne pas vouloir violer le traité de Tien-Tsin mais ils refusaient de se retirer sous prétexte qu'ils n'en avaient pas reçu l'ordre. Le commandant Crétin, chef d'état-major, entra en pourparlers avec les envoyés des mandarins. L'entrevue n'eut aucun résultat et le colonel Dugenne fit avertir les Chinois qu'il allait reprendre sa marche.

Une heure plus tard notre avant-garde se mit en mouvement et se heurta contre les réguliers. Le combat s'engagea et dura jusqu'à la fin de la journée. Le 24 juin il recommença à huit heures du matin. L'ennemi, profitant de sa supériorité numérique, nous entoura de toutes parts. Le lieutenant-colonel Dugenne ordonna la retraite, s'arrêta à Bac-Lé jusqu'au lendemain et rétrograda jusqu'à une forte position défensive où il attendit les renforts que lui conduisit le général de Négrier. Il put alors rentrer à Hanoï. Peu de temps après le général Millot demanda à rentrer en France et laissa le commandement au général Brière de l'Isle.

Le gouvernement de la République demanda satisfaction à la Chine et donna des instructions en ce sens à notre ambassadeur M. Patenôtre. Pour appuyer les observations de notre ministre plénipotentiaire, l'amiral Courbet reçut l'ordre de prendre le commandement supérieur de nos deux divisions navales de l'extrême Orient dont l'une avait pour chef le contre-amiral Lespès.

Difficultés avec l'Annam. — Il faut maintenant nous reporter à Hué et dire quelles étaient nos relations avec l'Annam. Nous avons laissé notre récit au départ de M. Tricou après l'avènement de Kien-Phuoc. Le cabinet français chargea M. Patenôtre, qui se rendait à Pékin, de s'arrêter à Hué pour modifier quelques clauses du traité Harmand. A la suite d'un ultimatum, les régents annamites signèrent une nouvelle convention le 6 juin 1884. Les modifications apportées par le traité Patenôtre au traité Harmand sont assez profondes. Le Binh-Thuan est rétrocédé à l'Annam, les trois provinces méridionales du Tonkin, celles de Thanh-Hoa, du Nghé-An et de Hatinh, sont rattachées à l'Annam. Cette concession est à regretter, car ces dernières provinces ont toujours fait partie du Tonkin; elles sont habitées par des populations remuantes, elles sont dévouées à l'oligarchie des lettrés et elles ont besoin d'être activement surveillées. Par contre, le nouveau traité donnait au résident français et à son escorte le droit de séjour dans l'enceinte de la citadelle de Hué.

A peine M. Patenôtre avait-il quitté l'Annam, après s'être fait remettre et avoir détruit le sceau impérial, signe de la suzeraineté de la Chine, donné autrefois à Tu-Duc, que le roi Kien-Phuoc mourut prématurément, le 31 juillet 1884, comme son malheureux prédécesseur Hiep-Hoa. Les régents s'empressèrent d'appeler au trône un autre enfant, Ung-Lich, jeune homme de quatorze ans, frère du monarque défunt. En vain M. le lieutenant-colonel Rheinart, notre résident, fit-il remarquer au premier régent Nguyen-Van-Tuong, qu'il ne pouvait, par suite du traité de protectorat, nommer un roi sans l'intervention du gouvernement de la République. Il ne fut pas écouté. M. Rheinart ne pouvait laisser un tel précédent s'établir sans protester et avertit le général Millot. Celui-ci envoya immédiatement à Hué son chef d'état-major, le lieutenant-colonel Guerrier, avec un bataillon et une batterie. Le 12 août, un ultimatum fut envoyé au conseil de régence, exigeant une lettre demandant l'autorisation d'élever au trône le prince Ung-Lich. Grâce à la fermeté des colonels Rheinart et Guerrier, la cour fit sa soumission et, le 17 août, la mission française pénétra dans le palais royal par la porte du milieu pour assister à la première réception du nouveau souverain. Ce détail d'étiquette avait une importance capitale, car, seules, les ambassades du Céleste-Empire avaient joui de cet honneur quand elles apportaient au roi d'Annam l'investiture du Fils du Ciel. Aux yeux d'un peuple aussi formaliste, nous montrions une fois de plus que nous entendions jouir des droits de suzerains.

Difficultés avec le Cambodge. — Dans le Cambodge, le gouvernement de Norodon ne s'inspirait guère des idées de l'administration française. Il ne considérait en toutes choses que l'intérêt personnel du prince et ne semblait pas se douter que les rois sont faits pour les peuples et non les peuples pour les rois. Aussi les dépenses de la cour augmentaient-elles chaque année, le monarque ajoutant au luxe asiatique les dépenses du bien-être de l'Europe : la magnifique contrée soumise à notre protégé souffrait de cet état de choses et aucune réforme ne lui était appliquée. Nos gouverneurs de la Cochinchine insistaient vainement pour obtenir quelques modifications heureuses dans la direction des affaires. Norodon promettait, signait des traités, mais ces actes restaient à l'état de lettre morte. Une ordonnance royale, signée en 1877, prononçait l'abolition de l'esclavage, elle n'était pas appliquée. Il avait fallu imposer plus d'une fois notre volonté pour empêcher la contrebande des armes de guerre, de l'opium, obtenir l'extradition de malfaiteurs, etc. Bref, la situation devint intolérable. Devant un dernier refus du roi de consentir à l'établissement d'une union douanière entre le Cambodge et les autres parties de l'Indo-Chine française, M. Thomson, gouverneur de la Cochinchine, se transporta à Phnum-Penh avec quelques troupes et obligea, le 17 juin 1884, Norodon à signer un dernier traité. Par l'article premier, le roi accepte toutes les réformes administratives, judiciaires, financières et commerciales, que la République française jugera utile de proposer pour faciliter l'exercice de son protectorat. Le résident de Phnum-Penh a pris le titre de résident général ; il établit les comptes de chaque exercice et est chef de tous les services. Il a la surveillance des mandarins cambodgiens. Les finances sont placées sous la direction d'agents français.

Enfin l'abolition de l'esclavage est de nouveau prononcée et la propriété individuelle est constituée, la terre cessant d'être la propriété exclusive du roi. La convention du 17 juin 1884 est une véritable révolution qu'il nous appartiendra de diriger pour en faire sortir tous les heureux résultats. Nous y arriverons en agissant avec prudence et en amenant chaque réforme à son heure. Le roi Norodon, sous la pression de quelques individus de son entourage, lésés dans leurs intérêts particuliers par l'intervention de plus en plus directe de la France dans le gouvernement du Cambodge, essaya d'empêcher par des protestations la ratification de la convention du 17 juin. Il ne fut point écouté, et cet acte, ratifié par le Parlement, est devenu obligatoire pour les deux parties contractantes.

Ainsi donc, au moment où nous sommes arrivés dans notre récit, c'est-à-dire vers le milieu de l'année 1884, nous trouvons que la Chine, après avoir signé le traité de Tien-Tsin, manque à sa parole sous la pression du parti militaire et oblige la France à continuer la guerre pour tirer vengeance du guet-apens de Bac-Lé. L'Annam, après une tentative d'affranchissement, marquée par l'intronisation à demi secrète du nouveau roi Ung-Lich, est obligé de reconnaître le protectorat et d'obtenir l'autorisation du général Millot pour régulariser la situation de son souverain. Enfin le Cambodge est contraint de consentir à l'extension de notre action sur les bords du Mékong.

Opérations de l'amiral Courbet. — Notre adversaire le plus puissant était toujours le Céleste-Empire. C'est aussi contre lui que furent portés les coups les plus vigoureux. L'amiral Courbet, sur les ordres venus de Paris, se proposa un double but : se saisir, à titre de gages, de Kélung et de Tamsui, ports septentrionaux de l'île de Formose, importants à cause de leurs mines de houille, détruire l'arsenal maritime de Fou-Tchéou, à l'embouchure de la rivière Min. L'amiral Courbet, laissant à son lieutenant, l'amiral Lespès, le soin d'atteindre le premier but, se tint embossé, depuis le 16 juillet, devant Fou-Tchéou. Les négociations engagées avec la Chine lui imposèrent une longue inaction. Elles échouèrent et, le 22 août, il reçut l'autorisation d'agir.

Le plan de l'amiral, longuement médité, avec cette méthode et cette science qui ont caractérisé toutes les opérations de ce vaillant officier général, trop tôt enlevé aux légitimes espérances de la France, était d'une hardiesse extrême. Dès le premier jour il était entré dans le Min et avait dépassé les défenses élevées par les Chinois pour empêcher l'accès du fleuve. Il se coupait ainsi toute retraite en cas d'insuccès et se condamnait à vaincre pour regagner la haute mer.

Bombardement de Fou-Tchéou. — Le 22 août, aussitôt après la réception des ordres de combat, l'amiral Courbet fit amener le pavillon du consulat français et prévint de l'ouverture des hostilités les autorités chinoises et les consuls étrangers. Il disposait, dans le Min, du *Volta*, portant son pavillon, du *Duguay-Trouin*, du *d'Estaing*, du *Lynx*, de la *Vipère*, de l'*Aspic*, et des torpilleurs 45 et 46, à l'entrée du fleuve, où ils ne pouvaient pénétrer à cause de leur tirant d'eau, du *Villars* et de la *Triomphante*, et au mouillage de Quantao, du *Château-Renaud* et de la *Saône*.

Les Chinois avaient 23 bâtiments, le *Yang-Ou*, le *Tchen-Hang*, le *Yong-Pao*, le *Fou-Po*, le *Fey-Yune*, le *Tsi-Ngan*, le *I-Sing*, le *Tchen-Ouëi*, le *Fou-Sing*, le *Fou-Sheng*, le *Kieu-Sheng* et 12 grandes jonques de guerre.

Le 23 août, les opérations commencèrent avec le flot, vers deux heures de l'après-midi. Dès le début, les torpilleurs 45 et 46 s'élancèrent sur le *Fou-Po* et le *Yang-Ou* et coulèrent ces bâtiments. En même temps l'*Aspic*, la *Vipère*, le *Lynx* attaquèrent les bâtiments qui se trouvaient devant l'arsenal, tandis que le *Duguay-Trouin*, le *Villars* et le *d'Estaing* devaient réduire les trois derniers navires chinois, battre les jonques de guerre et les batteries de terre qui dominaient l'arsenal. Ce plan fut exécuté avec un ensemble parfait : une demi-heure plus tard il ne restait plus que les débris de la flotte chinoise. Elle avait perdu 22 navires en y comprenant les jonques de guerre et 2000 officiers et matelots. Les bateaux-torpilles chinois, qui paradaient les jours précédents autour de nos bâtiments, avaient disparu avant l'action et s'étaient retirés, les uns dans le haut du fleuve où le tirant d'eau de nos canots à vapeur ne permettait pas de les poursuivre, les autres dans l'arroyo de la douane où ils furent rejoints et détruits. Le feu des batteries de l'arsenal et de la pagode de l'île Losing était éteint également.

Le 24, après avoir achevé la destruction des jonques, des épaves en ignition et des brûlots, le commandant en chef poursuivit le bombardement de l'arsenal et bouleversa la fonderie, l'ajustage, l'atelier de dessin, un croiseur en construction. La destruction complète de l'établissement ne put avoir lieu ; il aurait fallu pour cela des obus de 24 centimètres ou du moins de 19 centimètres, et on ne pouvait amener à portée le *Duguay-Trouin* et la *Triomphante* qui possédaient seuls des canons de ce dernier calibre.

La flotte chinoise coulée ou brûlée, les premiers établissements de l'arsenal détruits en partie, notre escadre devait descendre le Min sur un parcours de douze milles, et démanteler les ouvrages établis sur les rives. L'opération était d'autant plus périlleuse que, sur deux points, aux passes de Mingan et de Kimpaï, le fleuve se resserre, sa largeur est réduite à 4 ou 500 mètres, la navigation est difficile, et que des fortifications avaient été élevées par l'ennemi. Heureusement le plan audacieux de l'amiral nous permettait de prendre à revers la plupart des batteries, construites en vue de défendre l'entrée de la rivière et non d'empêcher la sortie d'une flotte victorieuse.

Le 25, les compagnies de débarquement du *Duguay-Trouin* et de la *Triomphante*, du *d'Estaing* et du *Villars* furent mises à terre pour détruire des batteries chinoises. Le bombardement des forts par l'escadre continuait.

Le 26, les batteries de la passe Mingan furent bouleversées et le 27, à deux heures et demie, tous les bâtiments avaient rallié la *Saône* et le *Château-Renaud*, restés en dehors de la passe de Kimpaï. Ces deux bâtiments avaient fait évacuer le camp de Quantao et empêché l'établissement d'un barrage dans la passe. Les jonques chargées de pierres, disposées dans ce but, avaient été rangées sur la rive. Elles furent détruites par la *Vipère* et l'*Aspic*, malgré le feu du camp retranché de Kimpaï.

Les opérations continuèrent le 28, dès le point du jour, et, après avoir réduit au silence plusieurs ouvrages, soit par l'action de l'artillerie de l'escadre, soit par celle des compagnies de débarquement, l'amiral Courbet franchit heureusement la passe de l'île Salamis où il craignait de trouver des torpilles.

Le 29, dès le commencement du flot, les bâtiments sortirent du Min sous la protection du *Duguay-Trouin* et de la *Triomphante* pour rallier le mouillage de Matsou.

Nos pertes ne s'élevaient qu'à dix tués, dont un officier, le lieutenant de vaisseau Bouët-Willaumez, et à 45 blessés dont 6 officiers.

Le bombardement de Fou-Tchéou devait causer à la Chine une perte de 25 à 30 millions de francs.

Opérations dans l'île Formose. — L'amiral Courbet avait également été chargé de s'emparer à titre de gage des ports de Kélung, de Tamsui et des mines de houille qui les avoisinent dans l'île de Formose. Il avait chargé l'amiral Lespès, son lieutenant, de cette opération. Dès le 3 août, le *Villars*, le *La Galissonnière* et la canonnière *le Lutin* étaient devant Kélung, et le 5 le port était bombardé, et les compagnies de débarquement détruisirent une partie des fortifications de l'ennemi. L'escadre avait ensuite rallié le pavillon de l'amiral Courbet pour prendre part à l'attaque de Fou-Tchéou.

Ce ne fut qu'après la destruction de la flotte chinoise que les opérations furent conduites avec vigueur contre les ports septentrionaux de Formose, quand les bâtiments de l'amiral Courbet purent joindre la division de l'amiral Lespès, et qu'un petit corps de débarquement, formé d'un régiment de marche d'infanterie de marine et de trois batteries d'artillerie fut mis à la disposition du commandant en chef.

Le 2 octobre, les troupes débarquées la veille, sous la protection de l'escadre, occupèrent le morne Saint-Clément et les jours suivants les forts qui dominent Kélung. La place fut enlevée et les ouvrages ennemis retournés. Malheureusement, l'amiral Lespès était moins favorisé de la fortune devant Tamsui où une tentative de débarquement échoua le 2 octobre. L'effectif des troupes mises à la disposition de l'amiral Courbet était insuffisant pour garder à la fois Kélung et renouveler l'attaque de Tamsui. Il se contenta de garder la première de ces villes et de Formose. Nos positions à terre furent même attaquées à plusieurs reprises, et, malgré l'arrivée de renforts, nos soldats furent presque constamment réduits à la défensive, faisant parfois des sorties heureuses, mais ne gagnant que peu de terrain. La mauvaise saison fut cause de maladies qui éprouvèrent beaucoup le corps expéditionnaire.

Succès au Tonkin. — Au Tonkin, le général Brière de l'Isle, successeur du général Millot, avait trouvé une situation assez embarrassée à cause des intrigues et des agissements des régents annamites. Des bandes de pirates profitaient de l'état troublé du pays pour piller les villages et durent être poursuivis par nos colonnes, surtout par les tirailleurs tonkinois qui venaient d'être organisés et étaient particulièrement aptes à cette guerre de partisans, sous l'habile direction de cadres européens.

Le général Brière de l'Isle allait avoir à repousser des attaques plus sérieuses, celles des forces du Kouang-Si. Les premières tentatives de l'ennemi se produisirent sur le Loch-Nan et furent repoussées par nos canonnières. Le commandant en chef prit aussitôt ses dispositions pour repousser les assaillants et envoya vers le nord quatre colonnes qui, sous le commandement supérieur du général de Négrier, s'emparèrent des importantes positions de Kep et de Chu. En même temps les troupes du Yunnan s'avançaient par la rivière Claire sur Tuyen-Quan, d'où elles furent repoussées. Une colonne, dirigée par le colonel Duchesne, nettoya le pays. Par ces opérations, nous préludions à la marche sur Langson et nous débarrassions la vallée supérieure du Song-Koï des bandes du Yunnan.

Acte de neutralité anglais. — Les opérations militaires devant Formose étaient gênées par les maladies et la mousson de nord-est. D'un autre côté, l'Angleterre, en présence de la prolongation des hostilités, promulgua le *Foreing enlistment act*, loi qui interdisait aux belligérants de se ravitailler en vivres, munitions et charbon dans les possessions britanniques. Cette mesure nous était beaucoup plus préjudiciable qu'aux Célestes. Pour parer à la fermeture des ports anglais, le gouvernement français établit des dépôts de charbon à Obock, à Mahé et à Pondichéry. C'est là une excellente mesure que nous devons continuer en vue de certaines éventualités pour l'avenir.

Courbet fait sauter les navires chinois. — L'amiral Courbet demandait en même temps de bloquer le Pé-tché-li, afin d'empêcher le ravitaillement de la Chine septentrionale et d'empêcher l'arrivée du riz, qui constitue la plus grande partie de l'impôt des provinces, à Pékin. En attendant cette autorisation, il se mit à la recherche d'une division chinoise de cinq navires sortie du Yang-tsé-Kiang. Il la rejoignit le 13 janvier 1885 et commença aussitôt la chasse. Trois bâtiments chinois réussirent à s'échapper; deux autres cherchèrent un refuge vers le port de Sheipou, et dans la nuit, deux canots porte-torpilles, commandés par le capitaine de frégate Gourdon et le lieutenant de vaisseau Duboc, pilotés par le lieutenant de vaisseau Ravel qui avait reconnu la passe, s'avancèrent sur les deux navires ennemis chinois et les coulèrent.

Le blocus du riz et l'occupation des îles Pescadores. — Après différentes opérations de détail, l'amiral Courbet reçut l'autorisation de commencer le blocus du Pé-tché-li et d'occuper les îles Pescadores, situées à l'ouest de Formose, pour servir de base d'opérations à sa flotte. Cette opération fut vigoureusement menée, entre le 29 et le 31 mars, par le chef de bataillon Lange, de l'infanterie de marine, commandant le corps de débarquement. Les préliminaires de la paix vinrent arrêter les progrès de l'amiral et amenèrent l'évacuation complète de Formose. Le blocus fut levé le 16 avril.

La marche sur Langson. — Au Tonkin, les échecs de Kep et de Chu avaient arrêté pendant un certain temps les opérations des réguliers chinois. Le général Brière de l'Isle, commandant en chef du corps expéditionnaire, prépara avec un soin minutieux la marche sur Langson. La plus grande difficulté consistait dans la préparation d'une route et dans le transport des convois de vivres et de munitions dans un pays montagneux et boisé où jamais armée européenne n'avait pénétré et sur lequel nous n'avions presque aucune donnée géographique.

Le général de Négrier repoussa d'abord les Célestes à Nui-Bop, le 3 janvier 1885, et leur infligea des pertes sérieuses.

Bientôt, le ministère de la guerre, ayant envoyé de nouveaux renforts, prit la direction des opérations le 7 janvier 1885. Dès le 31 décembre 1884, le gouvernement, comprenant la nécessité de concentrer tous les pouvoirs dans les mêmes mains, avait décidé que les fonctionnaires civils seraient soumis à l'autorité du général en chef.

La partie du corps expéditionnaire destinée à marcher contre Langson était partagée en deux brigades placées, la première sous le commandement du colonel Giovanninelli, la seconde sous la direction du général de Négrier. L'effectif s'élevait à 7000 hommes environ. Avant son départ pour Langson, le général Brière de l'Isle, commandant en chef, prévoyant une attaque des réguliers du Yunnan sur le fleuve Rouge et la rivière Claire, avait confié la défense de la place de Tuyen-Quan au chef de bataillon Dominé.

Plusieurs routes s'ouvraient devant le général Brière de l'Isle. Les Chinois nous attendaient surtout sur la route mandarine, suivie autrefois par la colonne Dugenne avant le guet-apens de Bac-Lé. Le commandant en chef résolut de tourner cette voie et dirigea le corps expéditionnaire vers une route de montagne, plus difficile pour la marche, mais ayant l'avantage de tourner les principales défenses de l'ennemi.

Prise de Langson. — Le mouvement commença le 3 février et, avant d'arriver à Langson, nous fûmes obligés de livrer plusieurs combats à Tay-Hoa, à Hao-Ha, à Dong-Song, à Deo-Quan, à Pho-Vi, à Bac-Viaï; nous arrivâmes le 13 devant Langson, et les Célestes, chassés de position en position, essayèrent de se rallier au marché de Ki-Lua, situé à peu de distance de la place. Quelques coups de canon eurent raison de cette dernière résistance[1].

Défense héroïque de Tuyen-Quan. Combat de Duoc. — Aussitôt après la prise de Langson, le commandant en chef, laissant le général de Négrier à Langson avec la seconde brigade, se dirigea à marches forcées vers Tuyen-Quan, sur la rivière Claire, où le chef de bataillon Dominé, avec 600 hommes assistés par la canonnière *la Mitrailleuse*, était assiégé par 15 000 Chinois depuis le 20 novembre 1884.

La défense de Tuyen-Quan demeurera toujours un des plus beaux faits d'armes de notre jeune armée.

L'ennemi se montra d'une grande audace et d'une telle habileté qu'on put supposer que ses opérations étaient dirigées par des ingénieurs européens. Les Chinois eurent en effet recours aux opérations de la guerre de mine et réussirent, non seulement à couper toutes les communications avec l'extérieur, mais à pousser leurs travaux souterrains jusque sous les murs de la place où ils pratiquèrent plusieurs brèches par l'explosion de mines. Le sergent Bobillot, chef du génie, fut blessé mortellement, le tiers de la garnison fut atteint par le feu de l'ennemi. Plusieurs sorties furent faites par les légionnaires ou par les tirailleurs tonkinois. Le 28 février 1885, nos soldats aperçurent enfin les fusées tricolores tirées par l'artillerie de la première brigade qui accourait de Langson à leur secours et indiquait ainsi son approche.

1. Nous avons perdu dans cette expédition le commandant Levrard, de l'artillerie de marine, et le sous-lieutenant Bossant, officier d'ordonnance du général en chef.

En prévision de l'arrivée du secours, Luu-Vinh-Phuoc, chef des Pavillons-Noirs, avait fait fortifier le défilé de Yuoc ou Duoc, que notre colonne devait franchir pour arriver à Tuyen-Quan.

Le 2 mars, la première brigade s'avança, éclairée par les tirailleurs tonkinois. Arrivés à 60 mètres des ouvrages chinois, ceux-ci sont accueillis par un feu roulant. Les tirailleurs algériens marchent à notre droite, l'infanterie de marine à notre gauche. L'assaut est préparé par l'artillerie. Tous nos hommes s'élancent la baïonnette au canon. Une mine, préparée en avant de l'ouvrage attaqué par les tirailleurs algériens, saute mettant de nombreux soldats hors de combat. Mais l'infanterie de marine s'empare de plusieurs retranchements. La nuit arrête notre offensive. Nuit terrible qu'il fallut passer à quelques mètres de l'ennemi, sans pouvoir faire un feu de bivouac ou même allumer une lumière. Le lendemain, 3 mars, les derniers ouvrages de l'ennemi furent enlevés et, à deux heures de l'après-midi, le général Brière de l'Isle pouvait féliciter le commandant Dominé de son héroïque résistance.

L'affaire de Langson : succès et retraite. — Revenons à Langson. Le général de Négrier, poursuivant ses succès, battit les Célestes en plusieurs rencontres, s'empara de la porte de Chine qu'il fit sauter pour frapper l'imagination des Impériaux et leur prouver notre puissance. Il s'avança jusqu'à Dong-Dang et à Dong-Bo ou Bang-Bo, position qui fut enlevée le 24 mars au matin. Vers trois heures de l'après-midi les Chinois reprirent l'offensive, et après une résistance acharnée le général de Négrier, devant les forces écrasantes de l'ennemi, ordonna la retraite sur Dong-Dang.

Le 25, le général de Négrier demeura avec son avant-garde devant la porte de Chine, attendant les Célestes qui ne se présentèrent pas. Le 26 il rentra à Ki-Lua et à Langson avec le gros de sa brigade.

Le 27 fut calme jusqu'à l'après-midi. Quelques renforts répartis entre les bataillons portèrent notre effectif à 3500 hommes.

Le 28 au matin, les réguliers du Kouang-Si s'avancèrent, dessinant, grâce à leur grande supériorité numérique, un double mouvement tournant. Le général de Négrier résista victorieusement jusqu'à trois heures de l'après-midi. A ce moment il fut blessé et laissa le commandement au lieutenant-colonel Herbinger. Celui-ci commanda la retraite à cinq heures du soir.

Cette retraite trop précipitée ne fut pas inquiétée par l'ennemi et la deuxième brigade rétrograda jusqu'à Kep et à Chu où elle fut recueillie par le colonel Borgnis-Desbordes, chargé du commandement en attendant l'arrivée du colonel Giovanninelli, promu général de brigade, et du général en chef. Celui-ci ordonna immédiatement de réoccuper une partie des positions abandonnées. A ce moment, survinrent l'armistice et la paix.

La paix avec la Chine. — La nouvelle de la retraite de Langson arriva à Paris le dimanche 29 mars et fut connue dans l'après-midi. Elle excita une douloureuse émotion qui eut son contre-coup le lendemain à la Chambre des députés. Le ministère, mis en minorité, succomba.

Sur ces entrefaites, M. Jules Ferry, profitant du succès précédemment obtenu à Langson, avait renoué des négociations avec la Chine pour conclure la paix sur les bases de la convention Fournier. Il les continua en attendant la formation du nouveau ministère, le ministère Brisson. Les préliminaires furent signés à Paris, le 4 avril, par M. Billot, directeur des affaires politiques au ministère des affaires étrangères, et M. Campbell, représentant du gouvernement chinois. L'évacuation du Tonkin par les forces impériales commença immédiatement.

Les négociations pour la paix eurent lieu à Tien-Tsin entre M. Patenôtre au nom de la France et Li-Hung-Chang et deux délégués du Tsong-Li-Yamen au nom du Céleste-Empire. Le traité fut signé le 9 juin. La Chine, malgré l'incident de Langson, qui aurait pu l'encourager à la résistance, se trouvait dans la nécessité de traiter. Les événements dont la Corée avait été récemment le théâtre mettaient le Tonkin au second rang des préoccupations des conseillers de l'impératrice régente. Le blocus du

Pé-tché-Li par la flotte de l'amiral Courbet empêchait l'arrivée dans le nord, c'est-à-dire vers la capitale, des envois de riz. Or, le riz est à la fois un produit alimentaire indispensable à la consommation des Asiatiques et représente la valeur de l'impôt, payé en nature pour la plus grande partie de sa quotité ; la disette de riz pouvait entraîner la révolte de certaines provinces et ne permettait pas de payer les troupes qui reçoivent en nourriture leur solde presque entière. D'un autre côté, nous savions que le Céleste-Empire voyait ses finances épuisées par les dépenses de la guerre et ne pouvait faire appel au crédit international. Pour lui, la paix s'imposait à bref délai.

Le nouveau traité de Tien-Tsin relève le Tonkin et l'Annam de l'antique suzeraineté chinoise ; il règle les rapports de bon voisinage de la France et du Céleste-Empire, la délimitation des frontières, ouvre à notre commerce deux points situés au delà de Laokay et de Langson, prévoit l'installation de consuls des deux puissances sur le territoire de leur voisin, l'ouverture de voies de communication ; et spécifie que, si la cour de Pékin juge à propos de faire de grands travaux publics, elle demandera de préférence le concours d'ingénieurs français.

Mort de l'amiral Courbet. — La joie de la paix fut troublée par la nouvelle de la mort du vaillant amiral Courbet, dont le *Bayard* ramena en France les dépouilles mortelles. Courbet était un de ces hommes qui, comme Chanzy, permettaient à la France de légitimes espérances dans le cas d'une guerre européenne. La fortune jalouse nous a ravi ces capitaines, mais ils ont laissé des élèves et des émules. Quant à nos marins et à nos soldats, ils ont montré, dans l'extrême Orient, de telles qualités militaires que la République, fière de leurs succès, peut désormais considérer l'avenir avec confiance.

Guet-apens de Hué. — La paix avec la Chine étant signée, le général de Courcy, nommé commandant en chef du corps expéditionnaire, avec les généraux Brière de l'Isle et de Négrier pour lieutenants, se rendit à Hué. Il débarqua à Thuan-An, avec un bataillon du 3ᵉ zouaves et deux compagnies du 11ᵉ chasseurs à pied, et arriva dans la capitale le 1er juillet. Il négociait pour régler les détails de la remise de ses lettres de créance au souverain quand, dans la nuit du 4 au 5, les Annamites attaquèrent à l'improviste nos soldats, sous les ordres du second régent Thuyet. Vivement repoussés, ils prirent la fuite, emmenant dans les montagnes à Cam-Lo le roi Ung-Lich. Le premier régent, Nguyen-Van-Thuong, fit sa soumission et protesta qu'il avait été étranger au guet-apens de son collègue. Nommé membre du gouvernement réorganisé, il ne tarda pas à donner de nouvelles preuves de sa fourberie et fut interné à Poulo-Condore. Des troubles éclatèrent sur plusieurs points du royaume. Le roi Ung-Lich fut alors déposé par le général de Courcy et remplacé par le prince Chanh-Mong, qui prit le nom de Donc Khanh ou *Union des deux Nations* (19 sept. 1885). Nguyen-Huu-Do, qui avait donné des gages certains de sa fidélité à la France, était chargé de la régence.

Conclusion. — Le Parlement vient d'affirmer à nouveau, dans la séance de la Chambre des députés du 24 décembre 1885, l'intention de conserver nos possessions de l'Indo-Chine et d'y organiser le protectorat de l'empire annamite. Les membres de la commission de délimitation des frontières du Tonkin se sont rencontrés avec les commissaires chinois : ils ont reconnu la frontière au nord de Langson, à Dong-Dang, à la Porte de Chine, à Cao-Bang, à That-Ké. Grâce à l'habileté du général Warnet qui a remplacé le général de Courcy, et que seconde le général Jamont, les bandes de pirates se dispersent ; les Pavillons Noirs ont disparu du Tonkin ; les tribus Muongs du haut fleuve se déclarent pour nous. Lao-Kay a été occupé sans coup férir par le colonel de Maussion. L'Annam reste troublé ; mais le rebelle Thuyet a été rejeté dans la montagne, où ses troupes se dissolvent. La Chine fait preuve de bonne foi et le traité de commerce, prévu par la paix de Tien-Tsin, a été signé par M. de Cogordan. On a pu rappeler une partie du corps expéditionnaire. Au contraire, les Anglais sont aux prises avec de graves difficultés dans la Birmanie, récemment envahie par eux.

PARTIE GÉOGRAPHIQUE

CHAPITRE PREMIER

GÉOGRAPHIE GÉNÉRALE

Situation et limites. — Les possessions indo-chinoises de la France comprennent la *Basse-Cochinchine*, capitale *Saïgon*, et les protectorats du *Cambodge*, capitale *Phnum-Penh*, de l'*Annam*, capitale *Hué*, et du *Tonkin*, capitale *Hanoï*. Elles s'étendent entre 8° et 23°20 de latitude nord et entre 100°30′ et 105°40′ de longitude orientale[1].

La Basse-Cochinchine est bornée à l'ouest par le golfe de Siam, au sud-est par la mer de Chine, à l'est par l'Annam et au nord par le Cambodge. Ce royaume est compris entre le Siam et le Laos au nord, le golfe de Siam à l'ouest, et des territoires occupés par des tribus sauvages, plus ou moins dépendantes de la cour de Hué à l'est.

L'Annam n'a pas de limites définies vers le Laos; il confine à la Basse-Cochinchine, à la mer de Chine, au Tonkin.

	LATITUDE.	LONGITUDE.
1. Basse-Cochinchine .	8° à 11°30 N.	102°5′55 à 105°9′55″ E.
Cambodge.	10°30′ à 14°	100°30′ à 104°30′
Annam.	10° à 20°	102 à 107°
Tonkin.	17°30′ à 23°20	101° à 105° 40′

Dans une étude aussi concise que celle ci, nous ne pouvons citer nos autorités. Nous les avons indiquées dans notre ouvrage, l'*Indo-Chine française contemporaine*, 2 vol. in-8, Challamel aîné, éditeur.

Le Tonkin occupe la partie septentrionale de nos possessions et s'étend entre le golfe du même nom, le Céleste-Empire et le Laos.

La superficie totale de la colonie et des protectorats est d'environ 460 000 kilomètres carrés: leur population de 18 millions d'habitants, soit 39 habitants par kilomètre carré[1]. Mais ces chiffres ne pourront être fixés avec précision qu'au moment où nous aurons pénétré le pays et où nous aurons pu nous livrer par nous-même à des travaux de statistique sérieux.

Le littoral. — La limite continentale du Siam et du Cambodge se trouve sur le golfe de Siam. Le littoral se dirige dans la direction générale du sud-ouest; on y rencontre les *îles Kokong*, *Samit*, la *pointe Samit*, la *baie de Kompong-Som*, l'embouchure de la rivière de Kampot, et la *baie de la Table*.

Alors commence, vers Hatien, la Cochinchine française. La côte suit la direction nord-sud jusqu'à la pointe de Camau; elle tourne alors brusquement dans la direction du nord-est et est coupée par les bouches du Mékong et du Donnaï au nombre de douze et dont les principales sont les bouches de Cua-Co-Chien, de Cua-Tien et de Can-Giau; cette dernière, véritable entrée de la rivière de Saïgon, par laquelle pénétra l'amiral Rigault de Genouilly, en 1858. Elle était autrefois munie d'un bateau feu fixe blanc, élevé de 10 mètres au-dessus de la mer, visible à 10 milles. Aujourd'hui un petit phare a été élevé sur la plage; un second est en voie de construction. On trouve ensuite le *cap Saint-Jacques*, surmonté d'un phare de première classe, au feu blanc et fixe, d'une portée de 28 milles, construit sur une colline de 140 mètres et haut de 8 mètres. A la *baie des Cocotiers*, située au pied du cap Saint-Jacques, atterrissent les câbles télégraphiques qui mettent Saïgon en communication avec Singapour, Hong-Kong, Hué, Haïphong, la Chine, le Japon et l'Europe.

1. Cochinchine française. . . .	60 000 km²	1 633 824 hab.
Cambodge.	100 000	1 500 000
Annam.	200 000	12 000 000
Tonkin.	100 000	4 000 000

La frontière de la Cochinchine et de la province annamite du Binh-Thuan est située près du cap Baké.

Peu après le cap *Baké*, la côte commence à décrire, jusqu'à l'entrée du golfe du Tonkin, un arc de cercle dont la convexité regarde la mer. On y rencontre la *pointe Kéga*, l'*île Vache*, la *petite Poulo-Cécir de mer* où s'élèvera un phare, l'*île Soulier* ou *Poulo-Sapate*, *Poulo-Cécir de terre*, le *cap Padaran*, les *baies de Phan-Rang* et de *Vung-Gang*, le faux *cap Varela*, la *baie de Camraigne*, un des plus beaux havres de l'Annam, le *port Vung-Ro*, le *cap Varela* ou de *la Pagode*, la rivière et le port de *Phu-Yen* ou *baie et port Xuanday*, la plus belle de toute la côte ouverte au commerce étranger par les traités de 1883 et de 1884, le *port de Quin-nhon* ou de *Thi-Naï*, ouvert par le traité de 1874, le *cap Batangan*, la *baie* et le *port de Tourane*, occupé par nos troupes de 1858 à 1860 et ouvert par le traité de 1883, le *cap Choumay*, le *mouillage de Thuan-An*, à l'entrée de la rivière de Hué, où atterrit le câble sous-marin, et les forts enlevés le 15 août 1883 et occupés depuis lors par une garnison française; le *cap Lay* et l'embouchure du Dong-Hoï. C'est au cap Lay, vers 17° de latitude environ, que commence le golfe du Tonkin, dont le littoral a 650 kilomètres environ, sans tenir compte des irrégularités du tracé.

La côte du golfe présente le mouillage de l'*île de Hon-Né*, le *Cua-Banfi*, le *Cua-Vich* qui renferme le *port de Hamat* et présente au sud le mont Trang (mont blanc) susceptible de devenir une forte position militaire, l'embouchure du Ngan-Son, la *baie de Vung-Chua*, le *Cua-Giang*, le *Cua-Trap*, le *Cua-Chinh* qui peut donner passage aux barques qui suivent un canal de navigation intérieure communiquant avec le Delta tonkinois par la brèche du Dien-Ho; le *Cua-Day*, qui marque le commencement du Delta.

Le Delta. — Les principales bouches du Delta sont le *Cua-Day*, le *Cua-Ba-Lai-Name*, le *Cua-Ba-Lai-Dong*, le *Cua-Traly*, le *Cua-Thai-Binh*, le *Cua-Van-Uc* (ces deux dernières bouches communiquent avec Haï-Dzuong), le *Cua-Cam*, entrée du port de Haïphong, le *Cua-Nam-Trieu* qui reçoit les embarcations pour Quang-Yen, le *Lach-Huyen* qui permet de remonter aux baies de Hong-Gay et de Fitze-Long, la *baie de Don-Son*, la *baie d'Along*, l'entrée profonde ou *baie de Lan-Ha* et un grand nombre d'îles ou d'îlots calcaires qui bordent la côte jusque vers le *cap Paklung*, où se termine le Tonkin.

Iles. — Dans le golfe de Siam, on rencontre plusieurs îles sur le littoral du Cambodge et de la Cochinchine. La plus importante est l'île de *Phu-Quoc*, plus étendue que la Martinique, habitée par un millier d'habitants, renfermant de belles forêts et quelques plans de caféiers. On avait pensé à comprendre Phu-Quoc parmi les îles destinées à la relégation des récidivistes. Ce projet ne peut avoir aucune suite, car il est impossible à des Européens de travailler manuellement sous cette latitude.

Au sud de l'embouchure du Mékong, à 180 kilomètres de la côte se trouve le groupe de *Poulo-Condore*, composé de deux îles, riches en produits agricoles. Un pénitencier est établi à la *Grande-Condore* ou *Connon*; il reçoit les condamnés à plus d'un an et à moins de dix ans de prison. Le groupe, cédé à la France par les traités de Versailles en 1787 et de Saïgon en 1862, a été occupé dès 1861.

Les principales îles de la côte de l'Annam sont Poulo-Cécir de mer, Poulo-Sapate, Poulo-Cécir de terre, Hon-Dat, Poulo-Gambir, Culao-Cham, Culao-Han, Bien-Son, Mé.

Les îles de la côte tonkinoise, depuis la province du Nghé-An, sont les îles Vung-Chua et Boissieux, Hon-Né, Hon-Do et, dans la baie de Don-Son, Norway; l'île boisée de la Cat-Bat, à l'embouchure du Lach-Huyen : c'est la plus grande du Tonkin; les îlots de la baie d'Along, les îles Gow-Tow ou des Pirates et une longue chaîne d'îles, d'îlots et de récifs de toute grandeur et de toute forme, dirigés parallèlement au littoral depuis la baie d'Along jusque vers la frontière chinoise. C'est dans ces dernières îles, encore peu connues, que la piraterie a trouvé et trouve encore un refuge contre les croisières françaises, car nos canonnières ne peuvent s'y aventurer sans pilote.

Orographie. — Le nord et le nord-ouest de l'empire khmer sont couverts par les dernières ramifications des chaînes de montagnes qui se détachent du plateau central asiatique et traversent du nord au sud l'Indo-Chine, en séparant les bassins des grands fleuves. Les provinces situées sur le golfe de Siam présentent aussi des collines d'une certaine importance. Les montagnes et les collines sont le plus souvent boisées et renferment des richesses minérales, du fer, des grès, des calcaires. La plus grande partie du pays est une plaine d'alluvions et renferme des conglomérats ferrugineux, appelés *bay-kriem* (pierre d'abeilles) par les Cambodgiens et *pierre de Bien-Hoa* par les Annamites.

La Basse-Cochinchine ne présente d'autres collines que celles des provinces de Bien-Hoa et de Baria et quelques pics granitiques; ceux-ci constituaient autrefois les îles du golfe, aujourd'hui comblé, qui s'avançait jadis jusque vers les fameuses ruines d'Angkor-Vat. Partout ailleurs, le sol est alluvionnaire : c'est comme le delta du Nil, un présent du fleuve, un pays conquis sur la mer. Sur certains points, le colmatage n'est pas encore terminé : de là l'existence de vastes cuvettes encore inondées, comme dans la presqu'île de Camau ou dans la plaine des Joncs.

Le Tonkin se divise en deux parties bien distinctes : d'une part, le delta avec ses grands fleuves, le Thaï-Binh et le Song-Koï, et les régions montagneuses du nord et du sud-ouest, d'autre part. La première forme un triangle isocèle dont la base est tracée par le littoral et dont le sommet se trouve à Sontay.

Au nord-ouest, les montagnes détachées du *plateau du Kouang-Si* forment la ligne de partage des eaux entre les fleuves de la Chine et ceux du Tonkin et séparent les vallées des affluents du Thaï-Binh. A l'ouest du fleuve Rouge, une chaîne de montagnes se détache du plateau du Yunnan et se dirige vers le sud-est; elle paraît être la ligne de partage des eaux entre le Mékong, à l'occident, et le fleuve du Tonkin, à l'est. Elle se prolonge à travers l'Annam jusqu'au Binh-Thuan; elle envoie alors ses derniers contreforts dans l'arrondissement français de Baria.

Les missionnaires ont souvent traversé la chaîne séparative du Mékong et de l'Annam, soit pour aller prêcher dans le Laos, soit pour se dérober par la fuite aux poursuites des successeurs de Gia-Long. Ils y ont signalé l'existence de passages faciles qui seront plus tard utilisés pour le commerce avec l'intérieur.

Hydrographie. — Fleuves. — Parmi les fleuves de l'Indo-Chine française, nous ne citerons que le *Mékong*, les deux *Vaïco*, la *rivière de Saïgon*, le *Donnaï* dans la Basse-Cochinchine, les rivières *Phanry*, de *Phu-Yen*, de *Quang-Nay*, de *Faï-Fo*, de *Tourane*, de *Hué*, *Viète*, de *Dong-Hoï*, le *Song-Gianh*, le *Song-Ca*, le *Song-Ma* dans l'Annam, le *Song-Koï* et le *Thaï-Binh* dans le Tonkin.

Le *Mékong*[1] ou *Cambodge* (3500 kilomètres), la plus grande artère fluviale de l'Indo-Chine, prend sa source vers le 33ᵉ ou le 34ᵉ degré de latitude nord, dans les monts du Kouen-Louen, près du Khou-Khou-Noor, et recueille ses eaux sur un parcours de plus de vingt degrés en latitude. Dans la partie supérieure de son cours, dans le Laos, le fleuve n'est qu'un torrent, coupé par plusieurs rapides et par des cascades quelquefois hautes de 15 mètres, profondément encaissé entre deux rives escarpées qui s'élèvent à plusieurs centaines de mètres au-dessus des eaux. Au sortir du Laos, dans sa partie moyenne, le Mékong se dirige au sud, franchit les *rapides de Sombor* et de *Kraché*, tourne brusquement à l'ouest jusqu'à Stung-Treng, pour revenir au sud et au sud-ouest. Il arrive ainsi à Phnum-Penh, capitale du Cambodge, et se divise en trois branches.

Les deux premières, appelées l'une *fleuve supérieur*, *fleuve antérieur* ou *Thiang-Giang*, et l'autre *fleuve inférieur*, *fleuve postérieur* ou *Hau-Giang*, coulent d'une manière permanente vers la mer de Chine. La troisième,

---

1. *Mékong*, en laotien mère fleuve; *Tonlé-Thom*, en cambodgien grand fleuve : nom thibétain *La-Kio* ou *Da-Kio*; *Lantzan-Kiang* ou *Kinlong-Kiang*, en chinois fleuve du Grand Dragon (nom chinois du cours supérieur).

large d'un kilomètre, communique avec le lac *Tonlé-Sap* (fleuve d'eau douce), situé au nord de la capitale du Cambodge. Pendant la crue du fleuve, les eaux de cette branche se dirigent vers le lac; puis, lorsque le niveau du fleuve s'abaisse, le courant change de direction et les eaux, accumulées dans ce réservoir naturel, s'écoulent vers la mer. C'est à ce moment que se fait la grande pêche d'été.

Le fleuve Supérieur arrose Vinh-Long, Mytho et Bentré, le fleuve Inférieur Chaudoc et Longxuyen. Il se déverse dans la mer par plusieurs embouchures qui reçoivent le tribut des deux Vaïco, de la rivière de Saïgon et du Donnaï.

Le Mékong est soumis à une crue annuelle qui commence en juin pour finir en février, et élève parfois le niveau des eaux à 12 mètres au-dessus de l'étiage. Les pays voisins sont alors inondés.

Une expédition française, dirigée par le commandant Doudart de Lagrée, a exploré le cours du Mékong, en 1866-1868. Ce chef remarquable, l'un des hommes qui ont le mieux préparé l'action de la France dans l'extrême Orient, mourut d'épuisement au Yunnan, le 12 mars 1868, et fut remplacé par le lieutenant de vaisseau Francis Garnier. Le monde savant voulut honorer les travaux de la commission française, qui reçut les félicitations et les récompenses de sociétés anglaises et de sociétés allemandes.

Tous les fleuves de la Basse-Cochinchine communiquent les uns avec les autres d'une manière permanente ou temporaire par des canaux naturels ou artificiels, appelés *arroyos*.

Le *Song-Koï*, ou *fleuve Rouge*, prend sa source en Chine dans le plateau du Yunnan, près de Tali-Fou, et coule dans la direction générale du sud-ouest; il arrose Mang-Hao et pénètre sur le territoire tonkinois, près de Laokay, et passe à Hong-Hoa, à Sontay, à Hanoï et à Hong-Yen. Au-dessus de Hanoï, le fleuve se bifurque et son bras le plus important, celui qui traverse la capitale, va se jeter à la mer par le *Cua-Balai-Dong*, le *Cua-Balai-Nam* et le

Cua-Lac. L'autre bras est le *Song-Hat* ou *Song-Day*, ou simplement le *Day*, situé plus au sud.

Deux ramifications du Song-Koï, le *Song-Giau* ou *rivière des Mûriers*, et le *canal de Bac-Ninh*, ou *canal des Rapides*, rejoignent au nord le delta du Thaï-Binh.

Le Song-Koï reçoit à droite la *rivière Noire* et à gauche la *rivière Claire*, toutes les deux sorties du Yunnan. La première rejoint le fleuve Rouge en aval de Hong-Hoa, la seconde en amont de Sontay ; elle arrose Tuyen-Quan.

La navigation du fleuve Rouge est assez difficile au delà de Hanoï ; le cours d'eau est souvent encombré par des bancs de sable ou par des rapides, et des pirogues de 4 à 5 tonnes peuvent seules atteindre Mang-Hao. Les transports doivent être suspendus pendant la saison sèche.

La crue de la saison pluvieuse commence vers la fin de mai et atteint 5 ou 6 mètres à Hanoï. Les eaux se répandent alors sur les provinces de Hanoï, Hong-Yen, Nam-Dinh et Ninh-Binh

Le *Thaï-Binh* prend naissance, suivant les uns, dans le lac Babé, situé dans la région inexplorée de la province de Caobang, et suivant les autres, dans le Kouang-Si. Il est connu sous le nom de *Song-Cau* dans la partie supérieure de son cours et passe à Thai-Nguyen. Il se ramifie dans les provinces de Haï-Dzuong et de Quang-Yen, et envoie au sud quelques arroyos vers le fleuve Rouge. Ses bras principaux sont le *Lach-Huyen* (branche de Quang-Yen), le *Song-Kiem*, le *Cua-Cam* (branche de Haïphong), le *Lach-Tray*, le *Lach-Van-Uc* et le *Thaï-Binh* qui baigne Haï-Dzuong. Le fleuve reçoit à gauche, dans la partie supérieure de son cours, le *Song-Thuong* et le *Luc-Ngan*, descendus du Kouang-Si.

Lacs. — Le Cambodge renferme le *Tonlé-Sap* ou *Grand-Lac*, situé entre le 12°25' et le 13°20' de latitude nord, entre le 101°20' et le 102°20' de longitude orientale. Son orientation est celle du nord-ouest au sud-est ; il est traversé par la frontière siamoise ; il a la forme d'une gourde.

La petite surface est désignée sous le nom de *Petit-Lac* et l'autre est plus particulièrement appelée le *Grand-Lac*.

Au sud de cette vaste dépression se trouve le *Véal-Phok* ou plaine de boue, formé par les alluvions du Mékong; c'est le Véal-Phok, qui sera d'abord colmaté par les apports du fleuve. Le Tonlé-Sap est soumis à des tempêtes fort redoutées des pêcheurs. Pendant l'inondation, le Grand-Lac s'étend sur une longueur d'au moins 150 kilomètres et sur une largeur moyenne d'environ 25 kilomètres; sa profondeur, à peu près uniforme, est de 12 à 14 mètres. Lors des sécheresses, le bassin, presque vidé, n'occupe que le sixième de la surface couverte par les grandes eaux; il est alors une fois moins grand que le lac de Genève.

Au Tonkin, dans la province de Caobang, se trouvent trois lacs, réunis par des canaux à la saison sèche et qui débordent pendant la saison des pluies pour former une seule nappe d'eau, appelée *lac Babé* (trois mers).

Climat. Salubrité. — Les possessions françaises de l'Indo-Chine, situées entre l'équateur et le tropique du Cancer, sont soumises au climat de la zone torride. Elles présentent, pour les Européens, les inconvénients inhérents à la chaleur, à l'humidité d'un sol en formation dans les deltas du Mékong et du Song-Koï, à des montagnes couvertes de forêts à mesure qu'on s'éloigne du rivage vers l'intérieur. Aussi ces contrées ne sont-elles pas et ne pourront-elles pas devenir des colonies de peuplement; elles seront toujours des établissements d'exploitation comme l'empire britannique de l'Inde.

Dans la Basse-Cochinchine, où la température moyenne annuelle est de 26°, 98 centigrades, le thermomètre s'élève à 35° pendant la saison sèche et à 20° au minimum pendant la saison des pluies. Au Tonkin, la moyenne annuelle thermométrique est de 24°,19 à Hanoï; le maximum est de 31°,4 en juin, le minimum de 14°,5 en janvier. Le climat de ce dernier pays est moins énervant que celui du bas Mékong, à cause des variations de la température. Des missionnaires habitant le pays depuis plus de vingt ans sont en excellente santé. Quand la Basse-Cochinchine ne connaît que deux saisons, celle des pluies et celle de la sécheresse, on distingue, dans le delta du fleuve Rouge, quatre saisons, plus ou moins rapprochées de celles de l'Europe : *l'été*, de mai en octobre, avec des pluies irrégulières et de fréquents orages ; l'*automne*, en octobre et en novembre, temps très sec, très agréable et très sain ; l'*hiver*, qui apparaît brusquement après une bourrasque de nord-est et dure de décembre à février, grands écarts de température dans la même journée ; le *printemps*, intermédiaire entre l'hiver et l'été, de février à mai.

Dans toute l'Indo-Chine les vents réguliers sont ceux des moussons ; d'octobre à mars souffle sur le Tonkin et la Cochinchine la mousson rafraîchissante du nord-est venant de la mer, de mars à octobre, la mousson de sud-ouest.

Le climat du Cambodge est presque semblable à celui de la Basse-Cochinchine. La température moyenne est de 28° centigrades ; elle tombe à 18° pendant les mois de novembre et de décembre ; son maximum est de 36°. Sur le Grand-Lac et ses abords, la température est élevée ; le matin seul est agréable ; dès dix heures la réverbération est insupportable et occasionne beaucoup d'ophtalmies.

Dans toute l'Indo-Chine, les restes de la végétation tropicale, soumis à une température élevée, dans des terrains inondés, ne tardent pas à se décomposer, en donnant naissance à des miasmes putrides et en favorisant l'éclosion de parasites microscopiques qui sont autant de causes de maladies. Certaines affections semblent surtout frapper les Européens, d'autres les Annamites, comme les maladies de la peau, la gale, une espèce de lèpre, l'éléphantiasis, la variole, le choléra, etc. ; elles sont dues spécialement au manque de soins hygiéniques les plus élémentaires et à la mauvaise disposition des maisons. D'autres font payer un douloureux tribut aux deux races, la dysenterie, la diarrhée chronique, la fièvre intermittente, la fièvre des bois, les maladies du foie, la phtisie et les maladies des yeux dues au refroidissement des nuits. La dysenterie est la plus redoutable maladie pour nos soldats ou nos colons, qui ont à craindre également les insolations.

Les Européens doivent faire la plus grande attention aux plaies les plus insignifiantes en apparence, aux écorchures, aux piqûres de moustiques qui peuvent dégénérer en plaies annamites très dangereuses et très longues à guérir.

Les deux grands ennemis des races indo-chinoises sont la *variole* et le *choléra;* ces affections sont attribuées par les Annamites à l'invasion des *con-ma-dau*, âmes des morts qui attirent les esprits des vivants. La médecine indigène, après avoir employé quelques simples ou quelques médicaments tirés du Céleste-Empire, a recours aux amulettes, aux incantations, à des processions solennelles avec un assourdissant accompagnement du gong et du tam-tam. La vaccine, introduite au prix de grands efforts dans la Basse-Cochinchine, demandée par les Cambodgiens, a considérablement diminué la mortalité provenant de la variole. Nous introduirons l'usage de l'inoculation dans les autres parties de notre empire. Quant au choléra, nous essayerons de juguler ses ravages en imposant aux indigènes, par des mesures de police, l'observation des prescriptions de l'hygiène.

Le bon choix des emplacements des postes, la construction de maisons saines, appropriées au climat, la réduction à deux années du temps normal de séjour dans nos possessions, la prudence dans l'usage des alcools, des boissons dites rafraîchissantes, des eaux crues, l'assainissement des villes par des travaux publics sagement conçus, la propreté maintenue dans les casernes, les hôpitaux, la construction de fosses étanches, la fuite des excès, l'emploi raisonné du régime quinique, de la ceinture de flanelle, du casque blanc, réduiront considérablement la mortalité des Européens. Au début de la conquête de la Basse-Cochinchine, la mortalité du corps expéditionnaire atteignait 11 pour 100; elle n'est plus que 5 pour 100. Les mêmes progrès seront obtenus au Tonkin. Ils le seront d'autant plus rapidement qu'on saura profiter de l'expérience acquise aux bouches du Mékong.

CHAPITRE II

LES INDIGÈNES

Deux races peuplent l'Indo-Chine française, la race annamite et la race cambodgienne. A côté d'elles, outre les Européens, vivent des tribus sauvages ou à demi sauvages, des Chinois et des émigrants asiatiques.

I. — LES ANNAMITES

Caractères physiques. — Des bouches du Mékong à la frontière chinoise, dans la Basse-Cochinchine, l'Annam et le Tonkin habite une seule famille ethnique. C'est la famille annamite du rameau indo-chinois de la race jaune.

Les indigènes sont petits, surtout dans la Cochinchine française ($1^m,59$ en moyenne pour l'homme, $1^m,52$ pour la femme). Ils sont nerveux, mais d'une apparence faible, et souvent maigres. Leurs membres inférieurs sont bien constitués : le premier orteil est assez séparé des autres doigts et presque opposable à ceux-ci, aussi les Chinois surnomment-ils les Annamites *giao-chi* ou doigts bifurqués. On les voit souvent accroupis, la pointe du pied appuyée sur le sol et le torse reposant sur les talons. Leur démarche est disgracieuse et ils portent les pieds en dehors. Les jambes sont très arquées, par suite de la mauvaise habitude des mères de porter leurs enfants à califourchon sur la hanche. Le bassin est peu développé, le buste long et maigre, la poitrine en saillie, mais bien faite. Les muscles du cou sont accentués, les épaules larges, les mains longues et étroites avec les phalanges des doigts noueuses. Ils laissent très longs leurs ongles minces et effilés. Leur force musculaire, essayée au dynamomètre, est peu considérable, mais ils jouissent du privilège de braver impunément un climat brûlant et de pouvoir ramer jusqu'à dix heures de suite au soleil. Le poids moyen du corps est de 55 kil. 6 chez l'homme et de 44 kil. 7 chez la femme.

Le crâne est arrondi, brachycéphale, son indice horizontal compris entre 0,83 et 0,85; sa capacité est évaluée à 1418 centimètres cubes chez l'homme, à 1383 chez la femme. L'ovale de la figure est presque en losange (eurygnathe) chez l'homme, le front est bas, l'angle externe des yeux plus haut que l'angle interne ; les paupières à demi closes couvrent des prunelles noires. La myopie paraît rare. Les joues sont relevées vers les tempes, le nez est épaté, trop large vers le front, la bouche moyenne, les lèvres assez épaisses, le menton court, les oreilles grandes et détachées de la tête. Les dents sont larges, droites, teintes en noir par la mastication du bétel ou par le laquage avec certaines drogues.

L'angle facial de Camper est de 76°24' chez l'homme, de 77° 4' chez la femme ; l'angle facial alvéolaire de Cloquet est de 75°46' chez l'homme, de 76°2' chez la femme. La barbe ne croît que vers l'âge de trente ans et demeure toujours rare; elle est noire, dure et raide et ne se montre qu'au menton et sur les lèvres. Les cheveux, noirs et longs, blanchissent relativement tard. La peau paraît épaisse. Le teint varie beaucoup, suivant le rang et les occupations, depuis la couleur de la cire jusqu'à celle de l'acajou et de la feuille morte : les Annamites établissent, sous ce rapport, une transition entre les Chinois et les Malais, mais ils sont plus clairs que les Cambodgiens.

L'Annamite tonkinois est plus grand, mieux proportionné et surtout plus élancé que l'habitant du bas Mékong. La moitié des Tonkinois atteignent 1^m,58, quelques-uns 1^m,60 et même 1^m,65. Le cou est moins trapu que chez l'indigène du Gia-Dinh, la tête moins grosse, les molaires moins saillantes, le prognathisme moins accusé. Le front est bas, la poitrine développée et les membres grêles. Les femmes sont en général plus jolies qu'à Saïgon.

Caractères moraux. — Les Annamites sont doux et dociles, capables cependant de résistance, réfléchis, timides, gais, dépensant rapidement leur salaire et se distinguant ainsi des Chinois, économes et âpres au gain. Cependant ils sont très attachés aux terrains qu'ils possèdent; ils abandonnent difficilement le village où ils sont nés, où habite leur famille et où sont les tombeaux de leurs ancêtres. Ils aiment le plaisir, le jeu, les représentations théâtrales [1].

Sous les dehors d'une bonhomie native, les Annamites ont une certaine facilité d'esprit, beaucoup de bon sens et un grand talent d'assimilation; ils se familiarisent rapidement avec les coutumes de la civilisation et sont avides d'apprendre, afin d'être considérés comme des lettrés, et d'entrer dans la classe des fonctionnaires. Certains Annamites montrent de l'esprit d'initiative. Le jury de l'Exposition de 1880, à Saïgon, signalait un indigène qui avait fait des plants de cacao avec des pieds fournis par le Jardin botanique; d'autres qui dirigeaient des exploitations agricoles comparables à certaines de nos bonnes fermes de la Bretagne et du Maine. Les indigènes se montrent capables d'imiter les procédés de nos industries; ils sont faciles à conduire, intelligents, actifs et perfectibles; ils sont même, sur ce point, supérieurs aux Chinois, lesquels, fiers de leur civilisation particulière, se montrent souvent rebelles aux instructions et aux conseils de leurs chefs. M. Fuchs, ingénieur en chef des mines, a reconnu l'aptitude des Annamites à apprendre un travail délicat et nouveau. Ils se mettent facilement et vite à la serrurerie, à la manœuvre des machines à vapeur. Dans les écoles françaises de la Cochinchine, les indigènes se sont conduits en élèves dociles, appliqués et patients. Ils nous donnent des interprètes, des secrétaires, des instituteurs, des dessinateurs, des employés pour les postes et les télégraphes, pour la régie d'opium, etc. Certains ont su devenir de véritables savants, écrire avec une certaine élégance dans notre

---

1. Les Annamites connaissent plusieurs jeux de hasard, les cartes chinoises, le *xoc-dia* ou jeu de la sapèque, le *co*, sorte de jeu d'échecs. Beaucoup d'indigènes se plaisent à enlever des cerfs volants.

langue et subir des examens devant nos jurys d'enseignement supérieur.

Les Annamites sont courageux. On les a vus, aux attaques de Tourane, de Saïgon, de Ki-Hoa, de Hanoï, de Nam-Dinh, de Thuan-An, de Sontay, de Bac-Ninh, se faire tuer et ne prendre la fuite que devant la marche offensive de nos colonnes. Aux lignes de Ki-Hoa, ils tentèrent même une attaque de nuit, et à l'assaut il y eut un combat corps à corps. Les tirailleurs annamites et les tirailleurs tonkinois, entrés à notre service, se sont montrés d'une grande bravoure; ils nous ont partout secondés et se sont révélés comme d'excellents éclaireurs ou flanqueurs. Les régiments tonkinois, quands ils seront complètement organisés comme le régiment annamite, recrutés sous la responsabilité des villages, nous donneront le moyen pratique de faire respecter partout notre domination.

Les Annamites sont, comme les anciens Gaulois, une race familière avec la mort. On n'a presque jamais vu un de ces hommes perdre le sang-froid devant les apprêts du supplice; ils le subissent avec une remarquable fermeté.

Très jaloux de se distinguer aux yeux de leurs semblables et d'acquérir de la réputation, les particuliers consentent souvent, dans les villages, à faire de grands sacrifices d'argent pour des travaux publics, à condition que leur nom restera attaché à ces travaux.

Les principaux défauts des Annamites sont, en grande partie, la conséquence du despotisme. Ils sont ignorants, mais, sauf les lettrés, ils n'ont jamais reçu d'instruction; ils sont craintifs, mais toujours ils sont sous le coup de la bastonnade ou d'atroces supplices; ils sont dissipateurs, mais pour qui amasseraient-ils, alors que la fortune est l'occasion de rapines et de persécutions? Ils sont menteurs, mais leurs chefs sont passés maîtres en fait de duplicité. L'action de la France combattra ces défauts dans tout l'ancien Annam, comme elle le fait déjà avec succès dans la Basse-Cochinchine. Un plus grand défaut des indigènes est leur inconstance : ils commencent facilement un travail, mais ils se rebutent à la première difficulté.

La politesse est raffinée et se ressent des coutumes serviles imposées à la population par les mandarins. Ceux-ci exigent que leurs inférieurs se prosternent devant eux. Nous avons trouvé cette coutume au Tonkin dans la dernière campagne comme au temps de Francis Garnier, comme à Saïgon en 1858.

Les Annamites aiment le luxe, les vêtements aux couleurs voyantes, les bijoux, les cérémonies, la parade. Le costume des hommes et celui des femmes sont à peu près semblables et se composent d'un pantalon et d'une robe tombant jusqu'aux genoux. La coiffure se compose d'un grand chapeau ou *salaco*, en paille de riz ou en feuilles de palmier vernies de deux pieds de diamètre, attaché sous le menton. Les cheveux sont portés longs, parfois enveloppés dans un crêpe de Chine en forme de turban.

On peut reprocher aux Annamites une grande malpropreté qui engendre la vermine. Ils ne quittent leurs vêtement que lorsque ceux-ci tombent en lambeaux. Aussi les affections cutanées sont-elles très fréquentes, surtout chez les enfants.

Les Annamites des deux sexes mâchent le bétel. Ils roulent un morceau de noix d'arec dans une feuille de bétel, légèrement recouverte d'un peu de chaux vive. Tous portent avec eux, dans la ceinture, leur tabac et leur boîte à bétel; lorsqu'ils reçoivent une visite, ils offrent à leurs hôtes la chique de bétel. L'usage de cette drogue noircit les dents et défigure pour nous les plus charmants visages. Le tabac est fumé en cigarettes ou dans des pipes à long tuyau et à petit foyer [1]. Le funeste usage de l'opium est beaucoup moins répandu qu'en Chine; la proportion des fumeurs, dont la plupart sont des Célestes, ne dépasse pas 5 pour 100 de la population mâle adulte.

---

1. Le bétel et la noix d'arec étant plus rares et plus chers au Tonkin qu'en Cochinchine, certains indigènes de ce pays ne font pas usage de ce masticatoire.

La passion du jeu n'est que trop répandue chez les indigènes, qui perdent en un jour leur salaire et jusqu'à leurs vêtements. Avant notre établissement, le jeu était une des causes des dettes qui réduisaient une partie de la population en servitude. Le code civil franco-annamite admet avec sagesse l'exception de jeu. Une distraction plus innocente et très appréciée est le théâtre dont les représentations, qui rappellent les mystères du moyen âge, sont mêlées de chœurs. Les pièces sont empruntées aux souvenirs héroïques ou mythologiques de la Chine. Les rôles de femmes sont remplis, comme en Grèce et à Rome, par des jeunes gens.

Nourriture. — La base de la nourriture est le riz bouilli, le poisson et les légumes. Les Annamites mangent peu de viande, seulement du porc et des poules; parfois le bœuf ou le buffle fait apparition sur les tables, mais seulement quand un accident oblige à l'abattre. Les sauces sont très variées et très épicées; l'une des plus employées est le *nuoc-mam*, fait avec de l'eau de mer, des épices et des petits poissons écrasés. L'Annamite est généralement sobre et boit rarement de l'eau-de-vie de riz. Les grands excès se font aux noces et aux repas de cérémonie, où l'on mange de la viande de porc, de buffle, des pâtisseries et la chair du crocodile. Il existe des parcs de ces sauriens à Mytho et dans certaines autres localités. Les Annamites attribuent à la viande de crocodiles des qualités aphrodisiaques.

Habitations. — Les maisons sont généralement groupées par hameaux dans des bosquets touffus, semés çà et là dans les rizières et sur le bord des arroyos. Au Tonkin, les villages, généralement de forme rectangulaire, sont entourés d'une levée de terre surmontée d'une haie vive de bambous, de cactus et de lianes et précédée d'un fossé rempli d'eau croupissante. Ainsi fortifiés, la plupart de ces villages pourraient soutenir un siège contre des Asiatiques; aux prises avec des troupes européennes, ils leur feraient subir des pertes sérieuses.

Les habitations, faites en bambous, construites souvent sur pilotis, couvertes en chaume, ont des murailles garnies de limon séché au soleil. Des cloisons en planches ou en nattes séparent les différentes pièces. Nos soldats ont donné aux maisons annamites le nom caractéristique de *paillottes*. L'ameublement est aussi rudimentaire que la demeure : quelques ustensiles de cuisine en terre, quelques planches servant de lits, de tables et de sièges, et c'est tout. Là vivent, pêle-mêle, hommes et animaux domestiques, chiens, porcs et volailles. Souvent des animaux sauvages, boas, rats, margouillats, se font les commensaux du logis. Il ne faut pas oublier les moustiques, dont le commerce est si désagréable.

Les riches Annamites possèdent seuls des maisons en briques, couvertes en tuiles, avec la charpente faite souvent en bois de prix, sculpté avec soin. A Saïgon et à Cholon, depuis la domination française, on voit les indigènes habiter des maisons à étages, construites sur des modèles européens.

Les pagodes, souvent belles et riches, surtout dans l'Annam et le Tonkin, sont construites avec des bois précieux, sculptés et dorés. A l'intérieur se trouvent les statues des divinités ou d'animaux symboliques, ayant leur rôle dans la mythologie bouddhique [1]; parmi ceux-ci se trouvent la grue et la tortue, dont la présence est un souhait de longévité pour les fidèles ou pour les princes qui ont reçu la dédicace du temple; car dans l'extrême Orient, comme autrefois dans l'Empire romain, les souverains reçoivent un véritable culte. Devant les simulacres des dieux, se trouve une table des sacrifices, laquée et dorée. Sur les murs, des plaques de marbres reçoivent des inscriptions dédicatoires, des maximes empruntées souvent à la doctrine de Confucius. Autour de la pagode sont souvent construits des hangars, véritables sacristies où sont renfermés les ornements, les accessoires pour les processions. Ces cérémonies se font en grande pompe, au son d'une musique désagréable pour des oreilles européennes, avec accompagnement du gong, du tam-tam et des pétards.

---

1. La statue du grand Bouddha dans une pagode de Hanoï a $3^m,50$ de hauteur. C'est un produit de l'industrie indigène ancienne

Les descriptions précédentes suffisent pour nous démontrer que nous ne pouvons pas rencontrer dans les pays annamites un seul monument se rapprochant, même à grande distance, des merveilles de l'architecture des Khmers. Les Annamites, comme les Chinois, construisent rarement des bâtiments à plusieurs étages; ils aiment mieux occuper un grand espace, où ils édifient des kiosques, de petites pagodes, des hangars aux poutres sculptées. Le bois est la matière le plus généralement employée.

La famille. — Les Annamites se marient en général de bonne heure. L'âge minimum, d'après le code franco-annamite qui a recueilli les traditions indigènes, a été fixé à seize ans pour l'homme et à quatorze ans pour la femme.

Quand un jeune homme a choisi son épouse, il la demande à ses parents qui font pressentir la famille de la jeune fille par un intermédiaire ou *mai-dong*. Les questions d'intérêt étant résolues, les fiançailles ont lieu. Puis viennent les épousailles avec des sacrifices faits aux ancêtres de la famille de la femme que va quitter la nouvelle épouse et aux ancêtres de la famille de l'époux, où elle va entrer. La cause de ces doubles sacrifices se trouve dans les croyances religieuses des Annamites que nous exposerons plus loin.

Dans la Basse-Cochinchine, l'administration française a essayé de régulariser la tenue des actes de mariage, de naissance et de décès pour assurer l'état des personnes. Les mesures qui ont été prises respectent absolument la liberté de conscience des conjoints et elles devront, un jour ou un autre, être étendues à tous les pays occupés par la race annamite ou cambodgienne.

Les mœurs admettent à côté du mariage de premier rang, caractérisé, comme la confarréation des Romains, par la pratique des cérémonies religieuses, des unions de second ordre, reconnues par le code civil franco-annamite, et qui confèrent aux enfants issus de ces alliances, les droits d'enfants légitimes. Les dissentiments entre les épouses de premier et de second rang sont d'ailleurs très rares, car l'homme qui a plusieurs femmes forme, à quelques exceptions près, avec chacune d'elles un ménage particulier, situé le plus souvent dans des localités différentes ; il arrive même fréquemment que les femmes ne se connaissent pas et n'ont entre elles aucune relation. Les Asiatiques et les indigènes ne prennent le plus souvent des femmes de second rang que pour les placer à la tête d'une maison de commerce éloignée où ils seraient obligés d'avoir un agent salarié beaucoup moins dévoué que l'associée que leur donne ce genre de mariage.

Une cause puissante de formation des unions de second ordre est la crainte des Annamites de ne pas avoir de postérité. Ils tiennent beaucoup en effet à avoir des fils qui rendront plus tard les honneurs funéraires à la lignée familiale et empêcheront les ancêtres d'être délaissés dans la vie future. Aussi l'homme qui n'a point de fils adopte-t-il en général un cadet d'une autre famille pour se créer une postérité religieuse et légale.

Comme au Cambodge, la politique impose la polygamie aux princes. Ils choisissent leurs épouses dans les familles des grands mandarins et s'assurent ainsi de la fidélité des grands.

Si les lois de l'Annam admettent la polygamie, elles sont très sévères contre les unions entre proches parents et elles considèrent comme incestueuses des alliances permises par le code civil français et par le droit canonique chrétien. Ces prohibitions s'expliquent par les mœurs du pays qui réunissent souvent dans une habitation commune ou dans un même village, sous la surveillance d'un même chef, plusieurs générations d'une même famille, et par la facilité avec laquelle peuvent se contracter les unions de second degré.

Le divorce peut s'obtenir pour sept cas divers dont quelques-uns propres à la législation asiatique. En dehors de ces cas, le mariage est censé indissoluble, mais en réalité les séparations sont fréquentes, de sorte que, dans la pratique, il y a des divorces par consentement mutuel.

Dans les temps reculés, la famille était soumise à l'autorité maritale et paternelle la plus absolue. Depuis, la rigueur du droit ancien s'est adoucie; les femmes et les enfants ont pu acquérir certains droits civils qui leur avaient été refusés autrefois.

Les funérailles sont une grave affaire pour les Annamites comme pour les Chinois, parce qu'elles se rattachent au culte des ancêtres. Le respect des tombeaux est général; leur entretien fait souvent l'objet de la donation d'un *huong-hoa*, bien immobilier laissé en nue propriété à l'aîné de la famille et dont le revenu doit être consacré au soin des sépultures et à l'offrande des sacrifices aux mânes de la lignée paternelle.

L'esclavage. — L'esclavage existe dans l'Annam, mais il est peu répandu et mitigé par le caractère généreux des habitants et les prescriptions de la loi, en général très douce. Les causes de l'esclavage sont au nombre de six : l'enlèvement des sauvages du Laos, l'esclavage de la peine, l'esclavage pour dettes, l'engagement des enfants par leurs parents, la piraterie et la naissance de condition servile. Nul doute que nous n'arrivions à détruire l'esclavage dans les contrées occupées par les Annamites comme nous l'avons extirpé de la Basse-Cochinchine.

Au Tonkin et sur les côtes de l'Annam, dans le golfe de Siam, la piraterie a régné jusque dans ces derniers temps, et si nous avons réussi à empêcher le honteux trafic des personnes et le pillage des biens sur les côtes du Cambodge et de la Basse-Cochinchine, il nous reste à faire régner la même police dans le golfe du Tonkin. Nous obtiendrons cet heureux résultat avec de la persévérance, moins encore par les efforts de nos croisières que par la surveillance des autorités indigènes, lesquelles se sont trop souvent rendues complices des forbans de la haute mer.

Religions. — Les différents cultes païens professés dans la Cochinchine, l'Annam et le Tonkin sont :

1° Le culte du Ciel ne comptant qu'un seul adorateur privilégié, le roi, en sa qualité de Fils du Ciel;

2° Le culte de Confucius ;

3° Le culte des esprits tutélaires rendu par les notables des villages à un esprit désigné par le roi ;

4° Le culte des ancêtres le plus répandu, c'est la conséquence du collectivisme familial des peuples orientaux ;

5° Le bouddhisme, en pleine décadence.

Les lettrés ont adopté la doctrine de Confucius. La morale enseignée par le philosophe chinois est pure, fondée sur la raison. Le but du législateur est de faire des hommes parfaits dans les relations de la vie de famille et de la vie sociale.

Chez le peuple, la véritable religion est le culte du foyer et des ancêtres divinisés qui ont, dans chaque demeure, un autel analogue à celui des lares et des pénates de la mythologie classique. On offre aux ancêtres des sacrifices, des repas, du bétel, des papiers d'or et d'argent, des habits, des piastres et des sapèques, etc. Il y a là évidemment, comme chez les Aryens, puis chez les Grecs et les Romains primitifs, une croyance confuse à la persistance de la vie au delà de la tombe, et à la continuation, dans une existence future, des conditions de la vie terrestre.

La principale fête religieuse est le *Têt* ou premier jour de l'an ; elle est marquée par une visite aux tombeaux qu'on orne de fleurs, par des sacrifices aux ancêtres, par des présents aux amis les plus intimes, par un repas des membres de la famille à côté de l'autel domestique et par des réjouissances qui durent un certain temps.

Le fanatisme religieux n'existe pas dans l'Indo-Chine Si les chrétiens ont été persécutés par la cour de Hué, c'est parce que celle-ci voyait dans les missionnaires des ennemis de l'empire et dans les chrétiens indigènes des alliés de l'étranger.

Le christianisme, prêché dès le dix-septième siècle, a rencontré comme principal obstacle le culte des ancêtres qui constitue un collectivisme familial opposé à l'individualisme chrétien. Il est cependant suivi par le vingtième de la population.

Le christianisme, en effet, ne rencontre pas de grandes difficultés pour se répandre au milieu des Annamites, disposés à croire sans beaucoup raisonner tout ce qui est mystérieux. Le culte des saints et celui des âmes du purgatoire s'accommodent assez bien des hommages nationaux rendus aux ancêtres, et la polygamie, peu répandue, n'est pas un grand obstacle pour l'introduction de la discipline catholique dans la famille.

Langue. — La langue annamite, comme la plupart des idiomes de l'Asie orientale, est une langue monosyllabique, dont les mots sont séparés, inflexibles et invariables. Chaque mot est une racine, ayant à la fois le caractère du substantif et celui du verbe; la manière dont on le place dans la phrase, l'intonation dans la prononciation (l'annamite est une langue chantante) marquent seules son sens catégorique et sa fonction grammaticale. Dans ces conditions, les mots ne peuvent être soumis qu'à des règles de syntaxe. La langue annamite n'a pas de patois et l'on remarque à peine une différence d'accentuation de certaines voyelles entre les provinces du bas Mékong et celles du Song-Koï. Vers la frontière chinoise seulement on constate l'influence de la langue du Céleste-Empire, et un méridional pourrait difficilement s'y faire comprendre.

Les lettrés se servent du chinois qui, devenu la langue officielle, a fourni à l'annamite, comme au japonais et au coréen, les termes pour exprimer les idées abstraites et joue ainsi le même rôle que l'arabe dans le turc, le persan et le malais. Les caractères idéographiques employés dans l'Annam sont d'origine chinoise. Les lettrés chinois et annamites peuvent s'entendre par l'intelligence des caractères représentant une même idée exprimée dans les deux idiomes par des vocables différents.

Lorsque les missionnaires portugais parurent dans la Cochinchine, ils appliquèrent, à l'imitation du Père Alexandre de Rhodes, les caractères latins à l'écriture de la langue annamite. L'écriture nouvelle s'appelle le *quoc-ngu*; elle a été généralisée depuis notre conquête et l'introduction de cet alphabet phonétique sera peut-être le plus grand des bienfaits apportés dans l'Indo-Chine par notre domination, comme dans l'antiquité l'introduction des caractères phéniciens chez les peuples du bassin méditerranéen fut l'instrument le plus rapide de la civilisation de l'Europe occidentale.

La langue annamite a produit quelques romans et quelques poèmes.

II. — LES CAMBODGIENS

Caractères physiques. — Le Cambodgien est plus grand, mieux proportionné et surtout plus robuste que l'Annamite. C'est le plus vigoureux des Indo-Chinois. Son corps est carré, ses épaules sont larges, son système musculaire bien développé; cependant on ne voit que très rarement ses muscles se dessiner à l'extérieur par des contours arrêtés comme chez les Européens. Son crâne est allongé, ovoïdal (dolichocéphale); son front plat ou bombé, fuyant sur les côtés; les bosses frontales sont peu développées. Ses yeux sont très peu ou à peine obliques; l'iris est foncé, la sclérotique ictérique, les sourcils légèrement arqués, fins et déliés; la paupière supérieure est toujours bridée dans l'angle interne de l'œil. Son nez épaté est un peu plus éminent et ses narines moins écartées et moins béantes que celles de l'Annamite. La bouche est moyenne, les dents petites et déchaussées, noires et projetées en avant par l'usage du bétel; le menton est rond, fuyant; les oreilles souvent un peu basses et trop écartées des parois osseuses. Ses pommettes sont moyennement saillantes et moins élevées que chez le peuple précédent. Ses cheveux ne présentent pas une coloration bien franche : châtains chez l'enfant, ils deviennent rarement très noirs; ils sont abondants et serrés, tantôt plats, tantôt légèrement ondulés; leur implantation descend très bas sur les tempes et sur le front. Ils ont peu ou point de barbe, qu'ils épilent. Le cou est normal, les épaules horizontales et larges; la poitrine bombée, les pectoraux saillants, les bras forts, la main large et osseuse, les doigts longs, les attaches grossières, contrairement aux Annamites et aux Chinois. Les jambes sont droites et parfaitement articulées sur le bassin, le mollet bien placé et très développé. Le teint du Cambodgien est jaunâtre comme celui de tous les rameaux de la race mongole et rappelle beaucoup celui des Malais.

Caractères moraux. — Les Cambodgiens sont doux, indolents, très portés au jeu. Très désintéressés, ils se prêtent mutuellement assistance pour les travaux des champs, mais ils n'aiment guère entrer en condition comme salariés ; ils se battent avec un certain courage, mais ils sont loin d'être aussi braves que les Annamites qui les ont chassés devant eux.

Les cases cambodgiennes rappellent les paillottes de la Cochinchine. La nourriture des deux peuples est à peu près semblable. L'habillement des hommes se compose d'une veste courte et étroite, avec des boutons d'or, d'argent ou de verre suivant la fortune. Les femmes ont en général une robe longue, ouverte vers la poitrine et serrée à la taille ; les seins sont cachés par une écharpe de soie. Les individus des deux sexes portent le langouti. Les Cambodgiennes ornent le lobe de l'oreille d'un disgracieux petit cylindre d'ivoire ou de bois. Quelques-unes portent des boucles d'oreilles en forme d'S. Les jeunes filles ont une longue chevelure, généralement noire, mais à l'époque du mariage elles sont rasées comme les hommes. Les Cambodgiens des deux sexes ont les dents laquées et noircies par l'usage du bétel. Le laquage des dents, comme le percement des oreilles, constituent d'importantes opérations qui se font avec le concours des bonzes, des parents et des amis. On rencontre dans le pays des fumeurs d'opium et des fumeurs de *kanchha* ou chanvre indien.

La famille. — Les cérémonies du mariage, longues et compliquées, sont précédées des fiançailles, à la suite desquelles le jeune homme vient habiter la maison de ses futurs beaux-parents pour y *faire le serviteur*. Il est alors aux ordres de ceux-ci. Dans les familles aisées la durée du stage est très courte ; dans les classes pauvres, le mariage est reculé d'un an, de plusieurs années même.

La polygamie est en usage, mais seulement chez les riches: elle reconnaît la supériorité des femmes de premier rang sur les femmes de second ou de troisième rang. Un homme peut avoir plusieurs femmes de chaque rang. La première femme est réputée être la mère de tous les enfants issus des mariages de tout ordre. Le divorce s'obtient avec une grande facilité. Le roi a un harem et, par politique, le peuple de filles de mandarins.

Les morts sont enterrés, mais plus tard ils sont exhumés et l'on procède à la crémation des dépouilles.

L'esclavage. — Les sources de l'esclavage étaient les mêmes que dans l'Annam. Il faut toutefois ajouter deux causes de servitude très curieuses. Les enfants des esclaves de la peine ou *néak-ngear* étaient la propriété du roi ainsi que les enfants jumeaux, ou ceux dont la naissance présentait quelque anomalie, comme les albinos ou les bossus. La situation des esclaves était d'ailleurs assez douce dans l'Indo-Chine, et la coutume cambodgienne, comme le code de Gia-Long, protégeait, dans une certaine mesure, ces malheureux et leur accordait quelques droits et la faculté de se racheter sous des conditions déterminées.

Religion. — La religion des Cambodgiens est un bouddhisme, mais un bouddhisme défiguré par de nombreuses superstitions étrangères à la doctrine philosophique de Çakyamouni, par les vestiges de l'ancien brahmanisme, par le culte des ancêtres et celui des esprits, communs à tous les peuples de la Chine et de l'Indo-Chine.

Les bonzes sont nombreux et jouissent d'importants privilèges. Ils se recrutent dans toutes les classes de la société, leurs vœux ne sont pas perpétuels. Ils sont soumis à une discipline sévère et sont placés sous la surveillance d'un grand pontife qui occupe un rang élevé à la cour[1].

---

[1] La race cambodgienne occupe en dehors du royaume les provinces aujourd'hui siamoises de Battambang, Angkor, Tonlé-Repou,

Langue. — Le cambodgien est une langue à tendance monosyllabique sans flexions. Il établit une transition entre la langue polysyllabique des îles de la Sonde et les langues monosyllabiques de la péninsule indo-chinoise. On y retrouve un certain nombre de mots venus du malais et contractés par ce procédé que le Khmer applique à tous les mots étrangers pour les plier à son génie, qui est monosyllabique. Le cambodgien est une langue *recto tono*. La pali, de source aryenne, a fourni aux Khmers une grande partie des vocables relatifs à la religion, que le peuple ne comprend guère et qui forment une sorte de langage officiel.

III. — LES CHINOIS

Les Chinois sont nombreux dans toute l'Indo-Chine et ils forment le groupe le plus important des Asiatiques étrangers. Ils se constituent en congrégations dont les chefs sont responsables de la conduite de leurs administrés. Ils se soutiennent mutuellement, comme les marchands phéniciens dans l'antiquité. En Cochinchine, on les rencontre surtout à Cholon, Saïgon, Sadec et Soctrang.

Les Célestes sont des commerçants habiles, des travailleurs adroits, âpres au gain, mais sachant néanmoins à l'occasion se contenter d'un faible bénéfice. Tout le petit et une partie du grand commerce sont entre leurs mains. Ils savent, aussi bien que les colons, se procurer les marchandises de l'Occident dans leur pays d'origine; quelques Chinois frètent des navires européens pour les Indes, la Réunion et la Chine. On assure que, pendant la période difficile des premières années de l'occupation de la Basse-Cochinchine, quand les négociants européens établis à Saïgon ne connaissaient les cours de Hong-Kong et de Shang-Haï que par des occasions irré-

Melu-Prey, Souren, Koutan. Les grands monuments khmers, merveilles de l'ancienne architecture orientale, se trouvent dans ces provinces, ce qui explique notre silence sur ce point.

gulières, les Chinois de Cholon possédaient un service de courriers avec Canton.

Le plus souvent, les Célestes ne font qu'un séjour passager dans la colonie. Quand ils ont acquis une certaine aisance, ils retournent dans leur patrie, abandonnant en Cochinchine la famille temporaire qu'ils s'étaient créée. Mais les riches laissent une certaine fortune à la femme qu'ils ont prise et aux enfants nés de leur union. Un des obstacles les plus puissants à l'établissement définitif des Chinois à l'étranger se trouve dans le culte des ancêtres, qui exige le retour de l'émigrant dans son pays natal pour rendre les hommages à la lignée familiale. Depuis un certain temps, quelques membres de la classe aisée se sont fixés à Cholon sans esprit de retour; plusieurs ont amené leur femme et, au mois de septembre 1882, un des plus grands négociants chinois a obtenu la naturalisation française.

Les Chinois nous ont rendu d'incontestables services au moment de notre établissement à Saïgon en servant d'intermédiaires entre notre administration et les Annamites. Il n'en est plus de même aujourd'hui. Leur caractère égoïste, envahisseur, accapareur, leur attachement à leurs coutumes, à leur religion, à leur langue, constituent des obstacles infranchissables à leur fusion avec les autres classes de la population, et entravent souvent notre action sur la race annamite. Ils sont parfois redoutables par leurs associations secrètes, dont la principale est celle du *ciel et de la terre*, et il a fallu que M. Le Myre de Vilers et, après lui, M. Thomson, fissent usage contre le mauvais vouloir des Célestes de leurs droits d'internement et de séquestre.

Dans le nord du Tonkin, l'action des Chinois est toute différente. Là, il y a une invasion lente des Fils du Ciel et toutes les contrées septentrionales, les districts montagneux ou les provinces du littoral se peuplent de Célestes qui épousent des femmes annamites et tendent à transformer graduellement le pays.

IV. — LES IMMIGRANTS ASIATIQUES

Les immigrants asiatiques ne se rencontrent guère que dans la Basse-Cochinchine. On y voit :

1° Les *Malabars*, Indous qui viennent presque tous de la côte de Coromandel, qui exercent à Saïgon les métiers de voituriers, de banquiers, de changeurs, de petits marchands, suivant leur caste ;

2° Les *Malais* qui exercent à Saïgon la profession de conducteurs de voitures et ont fondé une colonie assez importante à Chaudoc ;

3° Les *Tagals*, indigènes de Manille, reste des troupes espagnoles libérées dans le pays. Ces Asiatiques, dont le nombre devient de plus en plus restreint, habitent de préférence les arrondissements de Baria et de Bien-Hoa où ils se livrent à la chasse des bêtes fauves.

V. — LES TRIBUS SAUVAGES

Dans la Cochinchine on distingue particulièrement les *Moïs* et les *Chams*, et dans le Tonkin les *Muongs*.

Les Chams paraissent être d'origine malaise et provenir des débris de l'ancien royaume du Ciampa, conquis autrefois par les Annamites. On les rencontre dans quelques villages de la frontière septentrionale de la Cochinchine, vers Tayninh et surtout vers Chaudoc.

Les Moïs occupent le nord-est de notre colonie et les contrées situées entre le Cambodge et l'Annam. Ils habitent des villages formés de paillottes, dont le mobilier est très simple. Leur costume se compose d'une bande d'étoffe à laquelle les jeunes femmes ajoutent un carré d'étoffe suspendu au cou et cachant les seins ; quand elles sortent, elles prennent le costume annamite. Tous, hommes et femmes, ont les oreilles percées ; ils y portent des anneaux d'argent, de cuivre, ou même simplement de petites ficelles ; les plus riches portent au cou des colliers d'ambre.

Leur principale industrie est la culture du riz dans les *rays*, espaces de terrain déboisés par le feu. Ils vont vendre les produits de leur chasse à Baria contre du sel, du tabac, des noix d'arec et des ustensiles de ménage.

La plupart des hommes et quelques femmes comprennent l'annamite, mais tous se servent d'une langue spéciale, qu'ils appellent la langue *trao*. Cette langue, presque entièrement monosyllabique, n'a pas les différentes accentuations qui rendent si difficile l'annamite.

L'esprit de famille est très développé chez les Moïs; leur tendresse pour leurs enfants est remarquable. Les mariages se font de bonne heure et, bien qu'il n'y ait aucun contrat écrit, la coutume assure l'entretien des femmes.

Les Moïs sont petits; leur taille dépasse à peine celle des Lapons. La teinte de leur peau se rapproche de celle des Cambodgiens; le tatouage paraît inconnu. Le crâne est dolichocéphale; il ne subit pas dans l'enfance de déformation artificielle. La face a un prognathisme très prononcé; et cela donne à ce peuple un aspect farouche qui ne répond pas à son caractère doux et craintif.

La religion des Moïs est très rudimentaire; on ne trouve chez eux ni idoles ni pagodes; ils ne portent pas d'amulettes; ils croient cependant que l'omission de certaines pratiques traditionnelles peut porter malheur. Ils ont un certain culte pour leurs morts.

Les Moïs étrangers sont en relations suivies avec les Annamites depuis de longues années et n'en ont rien appris. Leur nombre est en décroissance, et cette race est probablement destinée à s'éteindre, comme toute race inférieure, rebelle à la civilisation en présence d'un peuple supérieur.

Au Tonkin, la population des montagnes est presque entièrement composée de sauvages. Au sud-ouest se trouvent les Muongs, qui paraissent être les descendants de la race autochtone et sont plus forts et plus intelligents que les Moïs. Ils se livrent à la chasse, à l'élève du bétail et à l'exploitation des forêts. Leur nombre s'élève à 300 000 ou 400 000 individus. L'écriture de ces peuples est syllabique, leur numération comprend neuf caractères; ils ignorent l'usage du zéro.

VI. — LES VILLES

1° Villes de Cochinchine. — *Saïgon*, capitale, résidence du gouverneur (10° 46′ 40″ latitude nord, 104° 21′ 45″ longitude est), sur la rive droite de la rivière de Saïgon, entre l'arroyo de l'Avalanche et l'arroyo Chinois; 13 000 habitants, 65 à 70 000 avec la banlieue; cour d'appel, vicariat apostolique.

La cité moderne, construite sur l'emplacement de l'ancienne ville annamite, presque détruite au moment de la conquête, présente des rues larges et bien alignées, des boulevards, des squares, de belles habitations et de grands édifices publics, palais du gouverneur, palais de justice, cathédrale, église de la Sainte-Enfance, hôpital, casernes, établissement des Messageries maritimes; jardin botanique; collèges d'Adran et Chasseloup-Laubat; statues de l'amiral Charner, de Francis Garnier; monument de Doudart de Lagrée. Dans la plaine des Tombeaux, monument de Pigneau de Béhaine.

Cholon, la ville chinoise, 40 000 habitants, à 6 kilomètres de Saïgon, reliée à la capitale par un tramway à vapeur.

Mytho, à 72 kilomètres de Saïgon, sur la rive gauche de la branche orientale du Mékong, au confluent de l'arroyo de la Poste, qui conduit à Saïgon par le Vaïco; 6000 habitants; citadelle, église catholique, ambulance de première classe, hôpital indigène, collège.

Vinh-Long, à 120 kilomètres de Saïgon, sur la rive droite du bras oriental du Mékong, en aval de Mytho; 5000 habitants.

Chaudoc, sur le Bassac, à 220 kilomètres de Saïgon citadelle commandant la frontière cambodgienne; 4500 habitants.

Hatien, à l'entrée d'une anse profonde, sur le golfe de Siam, séparée de la mer par une ligne d'écueils infranchissable pour les gros navires. Ce port fait un commerce de cabotage important avec le Siam et reçoit les productions de la côte du Cambodge et de l'île de Phu-Quoc, quelques barques de Kampot et de Singapour.

2° **Villes de l'Annam.** — *Hué*, capitale, 30 000 habitants, sur la rivière dé Hué, à 12 milles de la mer, composée de deux parties, la ville intérieure, forteresse construite à la Vauban, vers 1795, par le colonel Ollivier, résidence de la cour royale, et la ville extérieure ou ville marchande.

Xuanday, port d'un accès facile.

Tourane et *Quin-nhon*, ports ouverts au commerce international.

Feï-fo, port du Quang-Nam, appelé à un grand avenir commercial.

Cam-Lo, dans le Quang-Tri, où les Annamites avaient construit un fort pour échapper à l'action politique de la France.

3° **Villes du Tonkin.** — *Hanoï* (21°10′ latitude nord, 103° 28′ longitude est), à 556 kilomètres de Hué, sur la rive droite du bras principal du Song-Koï, à 85 kilomètres de la mer par le canal des Rapides, à 115 kilomètres par le passage des Bambous; 70 000 habitants. Citadelle construite par le colonel Ollivier. Capitale du Tonkin; ancienne capitale du royaume des Lê, quand celui-ci dominait l'Annam.

Bac-Ninh, à 35 kilomètres de Hanoï, près du Song-Cau et du canal des Rapides, point stratégique important sur les routes de Langson, Thaï-Nguyen et Haï-Dzuong. La ville comptait autrefois 10 à 12 000 habitants; la population actuelle ne dépasse pas 2500 âmes.

Langson, sur la frontière du nord-est.

Hong-Hoa, bourgade située à côté de la citadelle qui est la ville officielle.

Tuyen-Quan, sur la rivière Claire, ruinée aujourd'hui par les Chinois, lors du siège soutenu par le commandant Dominé, se relèvera de ses ruines, grâce à son excellente situation militaire et commerciale.

Thaï-Nguyen, dans une vallée pittoresque, sur les bords du Song-Cau.

Sontay, au sommet du Delta, près de la naissance du Day; la population est tombée de 12 000 à 4000 âmes.

Ninh-Binh, à la bifurcation du Day et de la rivière de Van-Sang; 4 à 5000 habitants.

Yen-Hoa, sur le Dao, entrepôt des produits des montagnes du Ngo-Quan.

Nam-Dinh, sur un arroyo qui joint le Day au Song-Koï, seconde ville commerciale du Tonkin. Trafic d'exportation pour les provinces méridionales de la Chine; 30 000 habitants.

Hong-Yen, ancien entrepôt du commerce des Espagnols et des Portugais; 2 à 3000 habitants.

Haï-Dzuong, 10 000 habitants, sur le Thaï-Binh, très éprouvée par la guerre, était autrefois la troisième ville du Tonkin.

Haïphong (20° 21' latitude nord, 106° 40' longitude est); port ouvert, depuis le traité du 15 mars 1874, entre le Cua-Cam et le Song-Tam-Bac. Population de 8 à 10 000 âmes.

Quang-Yen, bourg appelé à un grand avenir par sa situation maritime et militaire.

Laokay, à la frontière du Yunnan, sur le fleuve Rouge.

4° Villes du Cambodge. — *Phnum-Penh*, capitale, au confluent du Mékong et du bras du Tonlé-Sap, dans une excellente position commerciale, comptait autrefois 50 000 habitants.

Kampot, port du golfe de Siam, à 3 milles du rivage, sur le Stung-prey-Sroc.

Kampong-Luong, marché important, près de Phnum-Penh, sur le Mékong.

Oudong, ancienne capitale, sur le Mékong.

CHAPITRE III

GOUVERNEMENT ET ADMINISTRATION.

I. — COCHINCHINE.

Administration. — Depuis la conquête jusqu'en 1879, la Cochinchine française fut soumise au régime militaire et gouvernée par des officiers généraux institués par le chef de l'État, sur la proposition du ministre de la marine et des colonies.

Le gouverneur. — L'amiral Bonard, nommé par un décret impérial du 25 juin 1862, fut le premier qui reçut la qualification de gouverneur, tandis que ses prédécesseurs, les amiraux Rigault de Genouilly, Charner et Page, n'avaient eu que le titre de commandants en chef du corps expéditionnaire. Les gouverneurs militaires avaient les pouvoirs les plus étendus. Ils avaient le commandement des forces de terre et de mer, ils étaient les chefs de l'administration, de la justice, des finances et possédaient une partie du pouvoir législatif. Parmi les amiraux ou les généraux qui ont présidé au développement de la Cochinchine, il faut citer l'amiral de la Grandière qui réunit à nos possessions les trois provinces occidentales du pays.

Le gouvernement de la République, après avoir maintenu le régime militaire aussi longtemps que les nécessités de la domination l'exigèrent, voulut faire profiter notre colonie du régime civil, réclamé depuis longtemps par l'opinion publique. Un décret présidentiel du 13 mai 1879 chargea M. Le Myre de Vilers de son organisation.

Aujourd'hui, le gouverneur a la disposition des forces de terre et de mer; il dirige l'administration et a sous ses ordres le directeur de l'intérieur, le commandant supérieur des troupes, le commandant de la marine, le procureur général, et le commissaire, chef du service administratif.

Les deux conseils. — Le gouverneur est assisté d'un *conseil privé* et d'un *conseil colonial*. Le conseil privé est composé du commandant des troupes, du commandant de la marine, du directeur de l'intérieur, du procureur général, de deux conseillers titulaires et de deux conseillers adjoints choisis parmi les notables de la colonie.

Le conseil colonial, créé par décret du 8 février 1880, se compose de seize membres, dont six Annamites. Ses pouvoirs sont très étendus et participent à la fois des pouvoirs des conseils généraux de nos départements, et, en matière financière, des pouvoirs d'un parlement local.

Représentation au Parlement. — La Cochinchine, depuis 1871, nomme un député.

Conseils d'arrondissements. — Un arrêté du 12 mai 1882 a constitué des conseils d'arrondissement présidés par les administrateurs des affaires indigènes. Ces conseils, où siègent des conseillers annamites, élus par les notables des villages, ont su mériter notre confiance, s'occuper avec intelligence des intérêts de leurs cantons et consentir à de grands sacrifices pour l'instruction publique et l'ouverture de voies de communication.

L'administration générale est centralisée à Saïgon et placée sous les ordres du directeur de l'intérieur.

Il existe actuellement vingt et un arrondissements qui ont à leur tête des inspecteurs ou des administrateurs des affaires indigènes, assistés d'interprètes et de commis français ou annamites.

Communes. — Au moment de la conquête, nous avons trouvé la commune annamite fortement constituée. Chaque village forme une petite république oligarchique, avec deux classes d'habitants, les *inscrits* sur le livre de population et les *non inscrits*, formant la plèbe. Les inscrits possèdent seuls le droit de vote pour la nomination du conseil des notables chargé de l'administration de la commune : ce sont les citoyens actifs. L'indépendance administrative des villages était très grande dans tout l'Annam, et un officier royal, même un mandarin, gouverneur de province, ne pénétrait jamais sur son territoire pour faire les actes de son ministère sans se faire assister par les notables. Nous avons respecté autant que possible l'autonomie communale ; nous nous sommes contentés de surveiller la gestion des conseils élus et, pour détruire les abus du particularisme local, inhérent à ce système d'organisation, nous avons créé les conseils d'arrondissement. Cette sage conduite devra être suivie dans l'Annam et le Tonkin ; c'est la seule pratique rationnelle. Il faut éviter à tout prix dans l'Indo-Chine la centralisation à outrance de la métropole, autrement nos fonctionnaires seraient accablés sous le fardeau des affaires.

La ville de Saïgon est administrée par un maire et deux adjoints nommés par le gouverneur, assistés de quinze conseillers municipaux dont onze sont citoyens français et quatre indigènes. A Cholon est institué un conseil municipal composé d'un président, exerçant les fonctions de maire, de trois membres européens présentés par la Chambre de commerce et nommés par le gouverneur, de quatre membres annamites et de quatre membres chinois élus.

Justice. — Au début de notre établissement en Cochinchine tous les pouvoirs judiciaires furent concentrés entre les mains du gouverneur, représentant de l'empereur des Français qui, par le traité du 5 juin 1862, se trouvait substitué aux anciens souverains nationaux. Dans les arrondissements les administrateurs rendirent la justice aux indigènes et appliquèrent les prescriptions du code de Gia-Long, remarquable par sa sagesse. Les Européens furent soumis au Code civil, au Code de commerce et au Code pénal, appliqués par un tribunal de première instance, une cour impériale et une cour criminelle institués à Saïgon.

Quand la République eut substitué le gouvernement civil au pouvoir militaire, la Cochinchine fut divisée en plusieurs ressorts, constitués comme dans la métropole, et les magistrats connurent de toutes les causes, tant au civil qu'au criminel, que les parties fussent européennes ou indigènes. Pour les Annamites, on promulgua une législation rapprochée du Code civil français, tenant compte des mœurs et des coutumes de nos régnicoles. Ces mesures firent passer nos sujets sous le droit commun. Seulement le gouverneur reçut, pour prévenir toute tentative de rébellion, certains pouvoirs discrétionnaires de haute police, tels que le droit d'interner les indigènes à Poulo-Condore, de mettre leurs propriétés sous séquestre, et, dans certains cas, d'infliger des amendes aux communes ou aux congrégations chinoises.

Aujourd'hui, un procureur général est le chef du pouvoir judiciaire; son action s'étend sur toute la colonie et sur le tribunal français de Phnum-Penh au Cambodge. La cour d'appel de Saïgon comprend deux chambres, l'une plus spécialement chargée des affaires de droit européen, l'autre des affaires de droit indigène. Des tribunaux de première instance sont institués à Saïgon, Binh-Hoa (Saïgon-inspection), Bien-Hoa, Mytho, Bentré, Vinh-Long, Chaudoc, Soctrang et Phnum-Penh. La justice criminelle est rendue par des cours d'assises siégeant au chef-lieu des tribunaux avec l'assistance d'assesseurs, soit européens, soit indigènes, suivant l'état des accusés. Les condamnés aux travaux forcés sont dirigés sur Cayenne.

Finances. — Les dépenses et les recettes de la colonie sont votées par le Conseil colonial. Le budget est préparé par le directeur de l'intérieur. Il est arrêté et rendu exécutoire par le gouverneur. Le budget se divise en recettes ordinaires, recettes extraordinaires, dépenses ordinaires et extraordinaires, obligatoires et facultatives.

Les revenus de la colonie se composent :

1º Des *contributions directes* (impôt foncier des centres, impôt des rizières et des salines, impôt foncier des villages, impôt personnel des Annamites, patentes, capitation des Asiatiques étrangers);

2º Des *produits du domaine* (ventes de terrains domaniaux, locations et concessions temporaires, ventes de matériel);

3º Des *produits des forêts* (permis de coupe, droit sur les bois coupés, sur les huiles et résines, etc.);

4° Des *revenus indirects* (enregistrement, hypothèques, droits de phare et d'ancrage, droits d'entrepôt, droits sur l'opium, sur l'alcool de riz, sur l'exportation des riz, des buffles et des bœufs, etc.);

5° *Des recettes des postes et télégraphes.*

Le budget des recettes s'élevait, en 1884, à 4 990 090 piastres dont 3 575 800 piastres, soit les cinq septièmes pour les impôts indirects.

Le budget des dépenses obligatoires, y compris la subvention à la métropole, s'élevait la même année à 2 509 226 piastres 56 cents. Le gouvernement de la République contribue aux dépenses de la Cochinchine pour une somme de 4 798 533 francs, non compris la solde et les frais de passage de la garnison et d'un certain nombre de fonctionnaires qui sont à la charge du budget de la marine. La subvention versée par la colonie est de 2 millions de francs.

Armée et marine. — Le gouverneur a sous ses ordres les forces de terre et de mer. Auprès de lui est un conseil de défense, formé du commandant supérieur des troupes, du commandant supérieur de la marine, du directeur de l'intérieur, du commissaire de la marine chef du service administratif, du directeur de l'artillerie et d'un officier rapporteur désigné par le gouverneur. Le commandement supérieur des troupes est exercé par un général de brigade, le commandement supérieur de la marine par un capitaine de vaisseau. Saïgon possède un magnifique arsenal, placé sous les ordres du commandant de la marine. Les troupes comprennent un régiment de marche d'infanterie de marine, un régiment de tirailleurs annamites, deux batteries d'artillerie, des détachements de canonniers conducteurs, d'ouvriers d'artillerie et de gendarmerie. Les officiers et les troupes font normalement deux ans de séjour en Cochinchine.

Instruction publique. — Dès le 16 juillet 1864 une décision du gouvernement créa des écoles primaires dans les grands centres pour l'enseignement de l'écriture, de l'arithmétique et de la géométrie. Les interprètes de l'administration furent les premiers professeurs et obtinrent rapidement de bons résultats. Les frères des écoles chrétiennes furent ensuite appelés et restèrent dans la colonie jusqu'en 1881. Aujourd'hui l'instruction publique est placée dans les attributions du directeur de l'intérieur ; elle forme une division spéciale, confiée à un inspecteur primaire et elle est soumise à la surveillance d'une commission supérieure qui rappelle, par sa composition, les conseils départementaux de la France.

L'enseignement secondaire et l'enseignement primaire supérieur sont donnés au collège Chasseloup-Laubat, au collège de Mytho et au collège d'Adran. Des écoles primaires ont été fondées dans les principaux centres. Il existe une école municipale et une école primaire à Saïgon. En 1884, on comptait :

11 écoles françaises de garçons dirigées par des Français ;

7 écoles françaises de garçons dirigées par des indigènes ;

7 écoles françaises de filles dirigées par des Françaises ;

506 écoles de caractères latins pour les garçons ;

21 écoles de caractères latins pour les filles.

Pour faciliter l'étude de la lecture, l'administration s'efforce de répandre l'usage du *quoc-ngu*, système d'écriture avec les caractères latins qui substitue nos caractères phonétiques, aux caractères idéographiques chinois, si longs à apprendre.

La mission possède 64 écoles situées près des églises et surveillées par les curés des paroisses. L'institution Taberd, tenue par les missionnaires, reçoit les métis franco-annamites, les écoles de la Sainte-Enfance, dirigées à Saïgon et à Tan-Dinh par les sœurs de Saint-Paul-de-Chartres reçoivent les filles (pensionnat et orphelinat).

Saïgon possède un observatoire pour le service de la marine, un musée indo-chinois, une société académique (ancien comité agricole et industriel).

Organisation religieuse. — Nous avons parlé, dans la partie ethnographique, des religions des indigènes et des Asiatiques. Quant au christianisme, prêché dès le commencement du dix-septième siècle, et persécuté jusque dans ces dernières années, il possède aux bouches du Mékong deux missions, celle de la Basse-Cochinchine et celle du Cambodge. La Cochinchine française n'est pas soumise au Concordat. La colonie ne pourvoit qu'à l'entretien de l'évêché, du presbytère et de la cathédrale de Saïgon.

Le mahométisme est professé par les Malais, le brahmanisme par les émigrants indiens.

II. — ANNAM ET TONKIN.

Le roi d'Annam, sa cour, ses ministres, son administration. — Le gouvernement de l'Annam était la monarchie pure, absolue, sans contrôle, sans constitution. Le roi, souverain temporel, grand pontife et juge suprême, mandataire de la divinité, ne connaissait d'autres limites à son autorité que les coutumes traditionnelles. Mais le souverain, élevé dans le harem, écarté du pouvoir pendant sa jeunesse, ne pouvait se préparer à sa mission future et demeurait un instrument entre les mains des grands mandarins des lettres qui étaient tout-puissants.

Seuls, quelques grands princes, comme Gia-Long, ont joui du pouvoir personnel et l'ont exercé avec autorité.

Immédiatement au-dessous du roi est le conseil de censure qui peut faire des observations au prince lui-même et le conseil secret ou *Comat-Vien*. Les affaires soumises à l'examen du roi sont étudiées par le conseil royal. Il existe une cour suprême et une cour de justice de la famille royale. Le roi préside le tribunal suprême qui, joint au tribunal des censeurs et au tribunal du ministère des peines, constitue le tribunal des trois règles. Cette cour examine toutes les affaires judiciaires soumises au roi, et revise, dans sa session d'automne, tous les jugements des condamnés à mort.

Il y a six ministères, ceux de l'intérieur, des finances, des rites, de la guerre, de la justice ou des peines et des travaux publics. Chaque ministère ou grand tribunal est géré par un ministre assisté de deux premiers assesseurs, de deux seconds assesseurs, d'un secrétaire, de chefs de bureaux et d'employés.

La hiérarchie des fonctionnaires civils et des fonctionnaires militaires comprend neuf degrés dont chacun est divisé en deux classes.

L'Annam et le Tonkin comprennent vingt-cinq provinces dont douze pour l'Annam (Binh-Thuan, Binh-Hoa, Phu-Yen, Binh-Dinh, Quang-Ngoaï, Quang-Nam, Hué, Quang-Tri, Quang-Binh, Ha-Tinh, Nghé-An, Thanh-Hoa) et treize pour le Tonkin (Hanoï, Ninh-Binh, Nam-Dinh, Hong-Yen, Haï-Dzuong, Quang-Yen, Sontay, Hong-Hoa, Tuyen-Quan, Bac-Ninh, Thai-Nguyen, Langson et Caobang). Chaque province est subdivisée en *phus* ou départements, chaque phu en *huyens* ou arrondissements. Un *quang-bo* administre chaque province.

La justice est rendue par les préfets et les sous-préfets avec appel devant le lieutenant criminel de la province et devant le tribunal des trois règles, suivant les cas.

Les revenus de l'État se composent des contributions personnelles, des impôts fonciers et de quelques impôts indirects affermés, comme le droit sur l'opium.

Telle est l'organisation sur laquelle doit s'appuyer notre protectorat pour l'améliorer et la réformer.

Le protectorat. — Deux modes d'organisation peuvent être imposés à une contrée soumise par les armes. Dans le premier, le conquérant prend possession du pays, dépouille l'ancien monarque de ses attributions et pourvoit au gouvernement et à l'administration. C'est le régime appliqué à la Basse-Cochinchine depuis 1858. Dans le second, le vainqueur, après avoir occupé les points stratégiques, engage à son service des troupes indigènes et s'attribue le droit de haute police politique (droit d'internement des personnes, de séquestre des propriétés). Il laisse au titulaire du trône les honneurs souverains et l'administration du royaume sous le contrôle de représentants ou de résidents. C'est le système que nous appliquons au Cambodge, à l'Annam et au Tonkin avec quelques différences dans le mode d'application.

Les traités du 25 août 1883 et du 6 juin 1884 placent à Hué un commissaire général du gouvernement de la République, qui a le droit de voir en audience privée le monarque annamite. La mauvaise volonté de la cour, le guet-apens dirigé par le régent Thuyet nous ont forcés ensuite à concentrer tous les pouvoirs entre les mains de l'autorité militaire. Mais, dans l'esprit des premiers négociateurs, M. Harmand et M. Patenôtre, il y devait avoir une profonde différence entre le régime que nous appliquerions au Tonkin et celui qui serait suivi dans l'Annam. Dans le premier pays, notre action devait être plus forte, plus visible et nous conduirait rapidement à la transformation du protectorat en domination; dans le second, notre action devait être plus réservée. Les intrigues de la cour de Hué, les incidents du 5 août 1885 obligèrent à reviser le traité Patenôtre et à ne constituer qu'un seul protectorat pour l'Annam et le Tonkin.

Ce protectorat a été organisé par le décret du 27 janvier 1886. Il comprend l'Annam et le Tonkin; il constitue, au regard de la métropole, un service *autonome*, ayant son organisation, son budget et ses moyens propres. Toutes les dépenses des troupes de terre et de mer, de la flottille, des administrations civiles et militaires, sont supportées par ce budget.

Le chef du protectorat prend le titre de **résident général**. Il est investi de tous les pouvoirs de la République auprès de la cour de Hué, de l'exercice de tous ses droits sur l'Annam et le Tonkin, et relève du ministre des affaires étrangères. Il peut s'établir soit à Hanoï, soit à Hué. Il a pour lieutenants deux **résidents supérieurs**, l'un à Hanoï, l'autre à Hué. Il préside aux relations extérieures de l'Annam avec les autres pays; il a sous ses ordres les chefs des forces de terre et de mer et tous les services. Il nomme à tous les emplois *civils*, excepté celui de résident supérieur et quelques autres qui sont à la nomination du ministre des affaires étrangères. Il est assisté d'un **conseil du protectorat**, qui est présidé par lui et réside soit à Hué, soit à Hanoï. Il a le droit de correspondre directement avec le gouverneur de la Cochinchine et le représentant de la République à Pékin. Nulle opération militaire ne peut avoir lieu sans son assentiment. Les actes et décrets du roi d'Annam, destinés à être appliqués par les tribunaux français, sont contresignés par lui.

Par décret du 31 janvier, M. Paul Bert a été nommé résident général; par arrêté du ministre des affaires étrangères, en date du même jour, MM. Dillon et Vial, ont été nommés résidents supérieurs à Hué et à Hanoï. La réorganisation politique, militaire, judiciaire et financière de l'empire d'Annam va commencer.

Nous aurons bien des réformes à imposer. L'armée sera réorganisée et commandée par des officiers français; nous introduirons en temps utile le code franco-annamite en usage dans la Basse-Cochinchine; nos résidents placés à côté des ministres et des gouverneurs de provinces dirigeront ces fonctionnaires et s'opposeront aux exactions. Le gouvernement sera plus doux pour le peuple et inspiré par de plus sages traditions.

Les missions chrétiennes. — Les missions du Tonkin sont divisées en cinq vicariats apostoliques : le Tonkin occidental et le Tonkin méridional évangélisés par les Pères des missions étrangères; le Tonkin septentrional, le Tonkin oriental et le Tonkin central, par les dominicains espagnols. L'Annam appartient à la mission de la Cochinchine septentrionale, qui a son centre à Kim-Long, près de Hué.

III. — CAMBODGE.

Le roi du Cambodge, sa cour, ses ministres, son administration. — Comme les monarques annamites, ceux du Cambodge jouissaient d'une autorité illimitée, absolue; ils étaient les seuls gouvernants et les seuls propriétaires du royaume, nommaient à toutes les dignités; leurs décrets avaient force de loi; ils fixaient la quotité de l'impôt et avaient droit de vie et de mort, droit de grâce et de revision de tous les jugements.

Au-dessous du roi, certains membres de la famille royale, tels que le roi qui avait abdiqué, le premier prince et la première princesse du sang, exerçaient une autorité reconnue par les lois et les coutumes.

Il y avait cinq ministères : le ministère d'État, le ministère de la justice, le ministère du palais et des finances, le ministère des transports par terre ou ministère de la guerre, le ministère des transports par eau ou ministère de la marine.

Les cinquante-sept provinces étaient administrées par les gouverneurs qui rendaient aussi la justice.

Les impôts directs étaient la capitation des inscrits, l'impôt des rizières, l'impôt foncier des terres cultivables, la capitation des Chinois et des esclaves. Les impôts indirects portaient sur la pêche, l'opium, l'eau-de-vie de riz, l'introduction des esclaves et les douanes.

La population cambodgienne pouvait se partager en trois classes : les mandarins, les hommes libres et les esclaves.

Organisation du protectorat. — La convention du 17 juin 1884, signée par M. Thomson, au nom du gouvernement français, a étendu notre protectorat. Par l'article premier, le roi Norodon s'est engagé à accepter toutes les réformes administratives, judiciaires, financières et commerciales que la République française juge utile de proposer pour faciliter l'exercice de son autorité. Le représentant de la France a pris le titre de résident général ; chef de tous les services, il veille à l'application des règlements, il établit les comptes de tous les exercices, prépare le budget et le soumet au gouverneur de la Cochinchine, dont il reçoit les ordres. Certaines de ses décisions sont exécutoires par provision en attendant leur approbation par l'autorité supérieure. Un sous-résident remplace le résident général en cas d'absence, s'occupe spécialement de l'administration et est le résident particulier de la province de Phnum-Penh. Ces deux fonctionnaires sont préposés au maintien du bon ordre et au contrôle des autorités. Les mandarins cambodgiens continuent, sous ce contrôle, à administrer les provinces, excepté pour l'établissement de la perception de l'impôt, des douanes et des contributions indirectes, pour les travaux publics et, en général, pour les services exigeant une direction unique et des agents européens. Les dépenses d'administration du royaume et celles du protectorat restent à la charge du pays. L'abolition de l'esclavage est prononcée. La constitution de la propriété sera établie par l'autorité franco-cambodgienne. Une municipalité, composée de six Français et de Cambodgiens, a été créée à Phnum-Penh.

Provinces. — Le nombre des provinces, beaucoup trop considérable, a été ramené à huit (provinces de Phnum-Penh, Kampot, Pursat, Kampong-Chnang, Kratié, Kampong-Thom, Banam et Krauchmar). Ces huit provinces forment trente-deux arrondissements. Chaque province est placée sous le contrôle d'un résident français.

Justice. — La justice est rendue aux Européens par le tribunal de première instance de Phnum-Penh, avec appel à la cour de Saïgon. Pour les Cambodgiens, on organisera des tribunaux de paix dans chaque arrondissement, des tribunaux de résidence dans chaque province et un tribunal supérieur à Phnum-Penh. Les tribunaux de paix auront des juges cambodgiens, les autres des juges français avec voix prépondérante et des juges cambodgiens. Les peines prévues par notre code pénal pourront seules être prononcées; la torture est abolie; le droit de grâce reste une des prérogatives du souverain, mais les recours en grâce lui seront présentés par le résident général.

La juridiction contentieuse du Cambodge est attribuée au Conseil privé de Cochinchine.

CHAPITRE IV

GÉOGRAPHIE ÉCONOMIQUE.

La Faune : Animaux sauvages. Quadrupèdes. — Placée aux confins de trois régions zoologiques distinctes, la région indienne, la région malaise et la région chinoise, la faune de l'Indo-Chine emprunte aux animaux de ces trois régions des caractères qui leur sont propres, et tandis que certaines espèces, paraissant nettement distinctes, s'y trouvent réunies, comme les races humaines du type chinois et du type indien, d'autres espèces, moins bien délimitées, présentent des caractères de transition marquant le passage insensible d'une race à l'autre[1].

On trouve dans l'Indo-Chine française un assez grand nombre de quadrumanes très respectés des Cambodgiens, entre autres le douc (*simia nemoris*), le gibbon (*congiuong*), et des galéopithèques; les chéiroptères sont représentés par plusieurs espèces fort utiles pour la destruction des insectes, mais dont l'une, la grande roussette, ravage les bananiers dont elle dévore les fruits; les Cambodgiens et les Annamites, comme les habitants de l'île Maurice, apprécient beaucoup la chair de cet animal. La taupe, le hérisson représentent l'ordre des insectivores. Parmi les plantigrades, il convient de citer le blaireau et une espèce assez rare, l'ours malayanus (ours des cocotiers ou plus généralement ours à miel), grand amateur d'aliments gras ou sucrés; on l'apprivoise facilement. Les digitigrades présentent la loutre, le chien, le renard, la panthère, le léopard, le chat-tigre, la mangouste, le chat. La loutre est dressée pour la pêche, mais elle est surtout nuisible à cause de son goût pro-

---

1. Dr Gilbert Tirant, *Annales du Jardin botanique*, 3ᵉ fascicule, p. 145.

noncé pour le poisson. Une espèce de chiens est comestible; le chien indo-chinois a la tête du renard et le poil rougeâtre; les chiens de chasse (cho-san), trapus et musculeux, courent le cerf, le sanglier, même le bœuf et le buffle sauvages. Le renard musqué vit à l'état sauvage dans le nord du Tonkin, quelques individus sont élevés à l'état domestique dans les provinces de Nam-Dinh et de Ninh-Binh. Le chat présente au Cambodge une particularité curieuse, sa queue est tordue et appliquée sur l'arrière-train.

Les tigres sont très nombreux dans les forêts marécageuses et sur le bord des fleuves, dans les montagnes boisées de la chaîne annamitique et dans les hautes régions du Tonkin. Leur audace les a rendus fort redoutables pour les indigènes. Deux espèces de ces félins se partagent l'habitat indo-chinois, le tigre royal, long de deux mètres, a la peau rayée de grandes bandes noires et jaunes, et le tigre étoilé, plus petit que le précédent; il a la peau jaunâtre marquée de taches noires.

De nombreuses superstitions ont cours sur le tigre chez les Annamites, surtout chez ceux des villages forestiers menacés chaque jour. Il est interdit de murmurer le nom de l'animal, l'imprudent qui le prononcerait verrait enlever quelques-uns de ses porcs. Dans les premiers mois de l'année, les villages situés près des bois lui font le sacrifice d'un porc cru, qu'ils abandonnent sur un plateau avec un acte d'offrande scellé du cachet des notables: Ce papier, disent les indigènes, est emporté avec l'offrande par le tigre qui laisse en échange l'acte de l'année précédente. Si l'offrande était dédaignée par le seigneur tigre, ou s'il ne rendait pas cet acte, ce serait un très mauvais présage pour le village qui perdrait quelques-uns de ses habitants.

Le gouvernement de la Cochinchine paye une prime pour la destruction des bêtes fauves, tigres et panthères et a fait placer des pièges sur certains points[1]. Pour

1. En 1880, il a été tué 48 tigres et 22 panthères. Le crédit pour la destruction des animaux nuisibles était de 2500 piastres au budget de 1884.

aborder un tigre acculé, les Annamites s'avancent sur lui, portant à la main une claie de bambou destinée à leur servir de bouclier et à leur permettre de le frapper à coups de lance. Lorsqu'ils sont plusieurs réunis et exercés à cette chasse, ils attaquent le tigre sans grande appréhension et le tuent une fois sur deux. Ils déploient, dans ces occasions, un véritable courage, beaucoup de sang-froid et d'adresse. La cour de Hué aime beaucoup faire combattre des tigres contre des éléphants. Un spectacle de ce genre devait être donné à notre ambassadeur M. Patenôtre, mais le félin avait été tellement maltraité lors de sa capture qu'il fallut y renoncer.

Les chats-tigres et les mangoustes sont le fléau des basses-cours.

Les rongeurs sont nombreux; rats musqués, surmulots, rats noirs, écureuils, rats palmistes et plusieurs espèces non dénommées ravagent les aréquiers et les plantations, ou hantent les maisons où ils se trouvent avec l'inévitable souris.

Le pangolin, de l'ordre des édentés, revêtu d'une armure écailleuse, détruit une grande quantité de fourmis. C'est un animal à protéger.

Parmi les ruminants, plusieurs espèces de cerfs et de bœufs sauvages[1].

Les pachydermes sont assez nombreux; ce sont l'éléphant, le rhinocéros, le sanglier, le porc, le cheval.

L'éléphant existe à l'état sauvage au Cambodge, dans les arrondissements français de Bien-Hoa et de Baria. On le capture en l'attirant, à l'aide d'éléphants apprivoisés,

---

1. Les buffles sauvages sont des animaux fort dangereux.

Les Cambodgiens distinguent plusieurs espèces de bœufs sauvages. L'une d'elles, le *Khthing-pos*, ou bœuf à serpent, est l'objet de singulières croyances. D'après les indigènes, le khthing-pos se nourrit de serpents qu'il transperce de ses cornes longues, aiguës et recourbées comme celles du buffle, ou qu'il saisit par la queue quand ces reptiles se réfugient dans les trous; en projetant sa salive sur les serpents, ajoutent-ils, le khthing les fait tomber des arbres; il aurait la même puissance contre les hommes. Les cornes de cet animal, portées en talisman, passent pour préserver de la morsure des ophidiens.

dans des parcs préparés à l'avance. Cette chasse est fort dangereuse; l'animal blessé se précipite avec fureur sur ses ennemis; ceux-ci n'ont d'autre ressource que de monter rapidement sur un arbre, encore ne sont-ils pas sûrs de leur salut car l'éléphant déracine parfois avec sa trompe de grands arbustes. On chasse surtout ce pachyderme pour l'ivoire des défenses, car la viande est peu recherchée sauf la trompe qui, cuite sous la cendre, rappelle le goût de la langue de bœuf. La peau est souvent coupée en lanières et expédiée en Chine où on en fait des mets gélatineux très appréciés.

Comme les Siamois, les Cambodgiens ont en grande vénération l'éléphant blanc. Le rituel impose à l'éléphant sacré, comme les anciens Égyptiens au bœuf Apis, un certain nombre de marques distinctives; ses taches doivent être disposées dans un ordre déterminé.

Les éléphants sont fort dociles quand les cornacs sont bons pour eux. La nourriture de ces animaux se compose d'herbes, de feuilles et surtout de jeunes pousses de bambous et de cannes à sucre dont ils sont très friands. Les éléphants sauvages sont la terreur des paysans qui voient, en une nuit, dévaster par ces pachydermes de vastes espaces cultivés.

Le rhinocéros est l'hôte des forêts, au Cambodge et dans le pays des Moïs. La manière de chasser ces animaux est très hardie. Quatre ou cinq chasseurs exercés se réunissent, armés de longs bambous pointus durcis au feu. Ils se rendent sur le lieu où un rhinocéros a été signalé et, dès qu'ils aperçoivent la bête, ils se dirigent droit sur elle. De son côté, le rhinocéros s'avance vers les chasseurs, et, quand il ouvre sa large gueule, ceux-ci lui enfoncent dans la gorge les bambous effilés dont ils sont armés. Cela fait, les chasseurs s'esquivent promptement et tâchent de se réfugier sur des arbres voisins. L'animal blessé ne tarde pas à tomber, perdant le sang par ses blessures. Quand il est épuisé, les chasseurs l'achèvent. La corne du rhinocéros est considérée comme un précieux talisman et elle est souvent mêlée, en poudre, dans les médicaments.

Le sanglier ravage souvent les plantations de patates et de maïs. La chasse de cet animal est moins dangereuse que celle de son congénère d'Europe. Au Tonkin, sur la rivière Noire, on rencontre des individus qui ont jusqu'à 1^m,10 de hauteur.

Oiseaux. — La gent ailée est fort nombreuse dans l'Indo-Chine; les vautours détruisent les charognes, l'ibis et le faucon chassent les serpents, le hibou les rats ; l'aigle tacheté est quelquefois élevé comme oiseau de chasse; plusieurs sortes de perruches et de perroquets sont capturées par les indigènes; les hirondelles salanganes construisent leurs nids comestibles dans les provinces occidentales de la basse Cochinchine et dans les îlots du golfe de Siam. Le choalchue, appelé rossignol par les Européens, est un agréable chanteur, ainsi que le merle mandarin. On voit aussi le pigeon, le coq sauvage, la poule domestique, de nombreux troupeaux de canards et d'oies qui parcourent les champs récoltés, sous la garde d'hommes et de chiens, le héron cendré, le faisan bleu, le paon, le corbeau, la cigogne, le pélican, le marabout, facile à apprivoiser, et des espèces indigènes dont les plumes servent à la confection des éventails.

Reptiles. — Parmi les sauriens, on remarque le lézard, l'iguane, le varanus nebulosus, le gecko, le caméléon et le crocodile. Les Annamites parquent des crocodiles dans des enclos à Saïgon, à Mytho et à Cholon, car ils sont très friands de la chair de cet animal. Les ophidiens présentent plusieurs espèces venimeuses, comme le naja et le serpent-vert, et, parmi les espèces non venimeuses, le python. Les chéloniens sont représentés par la tortue franche et le trionyx lanifera, qui sont comestibles, et la tortue caret (à Phu-Quoc, à Poulo-Condore, dans la province de Thanh-Hoa). Les batraciens sont la grenouille et le crapaud.

Poissons et cétacés. — Sur les côtes, on rencontre des requins. Les Tonkinois tirent de la graisse de cet animal une huile pour l'éclairage. Les ailerons de requins desséchés sont utilisés par la cuisine indigène ou exportés vers la Chine.

En Cochinchine, les poissons de mer remontent le Mékong où la marée se fait sentir à une grande distance des côtes.

Une curieuse espèce de poisson est le *con-chia-ta* ou poisson de combat, que les indigènes font lutter entre eux; ils engagent des paris sur le résultat de la rencontre.

Sur plusieurs points des côtes de l'Indo-Chine se rencontrent des dauphins, des cachalots, des marsouins et d'autres cétacés souffleurs qui souvent s'échouent et reçoivent alors des indigènes le culte superstitieux de la baleine protectrice des naufragés.

Insectes, etc. — Parmi les invertébrés, nous ne citerons que le scorpion et les moustiques, la fourmi termite, le cancrelat et la sangsue.

Les abeilles sauvages sont nombreuses. Les indigènes établissent des sortes de ruches dans les forêts et font la récolte du miel et de la cire.

La flume est un mollusque qui donne la vraie nacre. Les zoophytes sont représentés par l'holothurie, très appréciée des indigènes, et par plusieurs madrépores qui, dans la Basse-Cochinchine, dépourvue de calcaire, servent à faire de la chaux. On trouve des huîtres sur certains points de la côte.

Animaux domestiques. — **Race bovine.** — Le bœuf, petit, bien proportionné, appartient au genre zébu; parqué et bien nourri, il fournit une bonne viande de boucherie dont les Annamites ne font cependant qu'un usage restreint. Dans les pays un peu élevés, les indigènes se servent des bœufs pour le labour et les attellent à leurs charrettes; dans certains cantons, on trouve des bœufs trotteurs qui peuvent suivre un cheval au trot pendant plusieurs heures. Accouplés et attelés à une voiture légère, ils peuvent faire dix et même quinze lieues par journée, si l'on a la précaution de faire une partie de la route la nuit.

La vache fournit peu de lait, de trois quarts de litre à 1 litre par jour, mais ce lait est de bonne qualité. Les Indo-Chinois éprouvent en général beaucoup de répugnance pour le laitage.

La viande de veau est de qualité inférieure.

Le buffle vient du Laos. Sa couleur tient du blanc cendré et du gris foncé; ses longues cornes noires sont recourbées en croissant. Il ne sert qu'au labourage et est indispensable pour le travail des rizières. Le buffle, docile avec les Annamites de la Basse-Cochinchine, s'inquiète à la vue d'un Européen; il est alors dangereux. Les buffles du Tonkin paraissent mieux se familiariser avec les étrangers.

Attelé à des chars grossiers et solides, le buffle fournit le seul moyen de transport possible dans la forêt pour les marchandises échangées avec les sauvages.

Les cornes et la peau de ces ruminants sont l'objet d'un grand commerce. Les cornes, qui peuvent recevoir un beau poli, sont exportées en Chine.

Le Cambodge est le principal marché d'où la Cochinchine française tire les bœufs pour l'alimentation des Européens, — plus de mille par mois. — Cependant, malgré la richesse des pâturages cambodgiens, la production est loin d'égaler la consommation. Quelques mesures ont été prises par le roi, sur la demande du gouverneur, pour favoriser la reproduction de l'espèce bovine, mais elles ne constituent qu'un palliatif insuffisant. La véritable solution de la question serait de créer en grand au Cambodge l'industrie de l'élevage. Elle conviendrait parfaitement à des Européens encore jeunes, intelligents, disposant de quelques capitaux, n'ayant pas d'appréhension pour une vie large, un peu aventureuse, dans un pays très giboyeux, où peu de fauves redoutables sont à craindre pour le bétail, où il serait facile d'obtenir de grandes concessions de terrain, où, grâce à la douceur, à l'apathie des indigènes, les attentats contre les blancs ne peuvent guère être provoqués que par l'injuste cupidité, la brutalité de ceux qui se croient tout permis vis-à-vis d'une race inférieure. Mais c'est surtout en Cochinchine même que doit se développer l'élevage. Le progrès obtenu est considérable depuis l'ouverture des routes et des chemins. Les indigènes pouvant substituer le traînage en voiture au portage à dos d'homme, trouvant à vendre le bétail pour la boucherie, ont aujourd'hui de nombreux troupeaux, surtout dans les arrondissements de Saïgon, Bien-Hoa et Travinh.

Race chevaline. — Les chevaux sont de petite taille (1m,20 au garrot) ; ils sont bien faits, énergiques, actifs, forts pour leur taille, s'ils sont bien nourris et bien soignés ; ils ont le pied sûr et résistent bien à la fatigue ; ils ressemblent aux poneys anglais ; leur tête est souvent forte. Le petit galop est leur allure familière. Les Annamites n'ont pas l'habitude de ferrer leurs chevaux, ce qui n'empêche pas ceux-ci de pouvoir faire de 40 à 50 kilomètres par jour, pendant une quinzaine au moins. L'âne est inconnu.

Race porcine. — En Cochinchine et au Cambodge, de nombreux porcs, appartenant à la race du Siam, sont élevés dans toutes les maisons, où ils sont nourris avec les résidus de la distillerie du riz et surtout avec le tronc des bananiers haché menu et mélangé à du riz cuit ou à certaines plantes très communes près des cours d'eau. La chair du porc est trop grasse et trop huileuse. Les indigènes de notre colonie ont reconnu cet inconvénient et, depuis notre occupation, ils ont fait des tentatives de croisement avec les grandes races européennes.

La race porcine du Tonkin a les pattes basses. Sa chair est plus fade que celle des espèces d'Europe. Chaque semaine, de 500 à 600 cochons sont expédiés de Haïphong à Hong-Kong. Kampot, dans le royaume du Cambodge, en envoie à Singapour 2500 environ par an.

Races ovine et caprine. — Les moutons sont rares et de petite espèce. Les chèvres, importées dans ces dernières années en Cochinchine, paraissent devoir se multiplier.

La flore. — La Basse-Cochinchine et le Tonkin possèdent la chaleur et l'eau, si nécessaires à la végétation, et un sol de formation récente, riche en humus apporté par le Mékong, le Song-Koï et le Thaï-Binh. Comme l'Égypte, la Mésopotamie, le Bengale, ces contrées réunissent toutes les conditions favorables à l'agriculture, donnent de magnifiques récoltes et ont toujours nourri l'empire d'Annam tout entier. Dans les parties élevées du pays, dans la chaîne séparative du royaume et du Laos, dans la région montagneuse du Tonkin, se voient des forêts riches en essences propres à la construction, à la marine ou à l'ornementation.

Les espèces alimentaires sont le riz[1], le maïs, l'igname, l'igname-patate, la patate, le millet, l'ananas, le chinchou, la canne à sucre, l'arbre à thé, les bourgeons d'aréquier, de palmier, de bananier, les jeunes pousses de bambou et de plusieurs graminées, le melon, la pastèque, la citrouille, la tomate, l'aubergine, le manioc, le haricot et les plantes importées d'Europe.

Les épices sont représentées par le poivre, la muscade, le girofle, la cannelle; les arbres fruitiers sont nombreux: le cocotier, le grenadier, le citronnier, le prunier malgache, le manguier, le bananier, l'oranger, le caféier, le letchi, le pamplemousse, le limon, le cacaoyer, la vigne, le carambolier, le cœur-de-bœuf, la badiane, la pomme-cannelle, le corossol, le caï-mitte, le jujubier, le jamrose, les eugenia, etc.

Les plantes industrielles, non moins variées, sont : le

---

[1]. La plante la plus importante de l'Indo-Chine est sans contredit le riz, nourriture habituelle des indigènes, qui tirent de ce végétal une liqueur fermentée. L'exportation de cette denrée, qui peut fournir un revenu net de 200 francs par hectare, est assurée en Chine et dans les pays voisins, où 400 millions d'habitants font du riz la base de leur alimentation. Il importe donc de favoriser la culture de cette plante. Le sol de l'Indo-Chine, sauf les parties montagneuses, est assez riche, le travail assez facile pour centupler la production actuelle, surtout maintenant que la cour de Hué ne pourra plus, comme autrefois, par un intérêt mal entendu, s'opposer au libre commerce de cette céréale.

Le riz cultivé dans l'Indo-Chine appartient à deux espèces : le riz gras ou gélatineux, surtout employé dans la fabrication de l'alcool de riz, et le riz ordinaire, mais les variétés sont nombreuses. Le riz du Tonkin est supérieur à celui de la Basse-Cochinchine; il est exporté, de Hong-Kong sur San-Francisco, sous la désignation de riz de Chine.

La production du riz tonkinois est de 35 ou 40 millions de piculs, celle de la Cochinchine de 800 000 tonneaux (les rizières occupaient, en 1883, 686 119 hectares dans notre colonie).

tabac, le mûrier, le bétel, l'aréquier, le chanvre, le thom, le coton, le ouatier, le mûrier à papier, l'ortie de Chine, l'arachide, le sésame, le curcuma, l'indigo, le safran, le cunao ou faux gambier, le guttier-cambodgia, l'arbre à gomme laque, le carthame, le rocouyer, le cardamome.

La flore pharmaceutique ne le cède en importance à celle d'aucune contrée tropicale; on rencontre dans l'Indo-Chine l'aloès, le gingembre, le ricin, la noix vomique, la fève de Saint-Ignace, le benjoin, le camphrier, le traï, la mélisse, la salsepareille, le hoang-nan, le souchet, le croton, l'acanthe, la gentiane, le camphre, le datura-stramonium, la saponaire, le mussanda, le hylang-hylang, etc.

Les plantes d'ornementation fournissent le cactus épineux, le papayer, le lotus, le rosier, le laurier, le nymphéa, le nelombium, les aroïdées, le nénufar, les tabernamontana, les gardenia, les ixora, les acanthes, les rubiacées, les malvacées, les cimmaroubées, les rutacées, les pendanées, les amarantacées, etc,

Les essences forestières présentent les ébéniers, l'isonandra Kantzii, sécrétant une espèce de gutta-percha, le guttier sauvage, le bois de fer, le dipterocarpus, le hopea, le shora, le tarretia, le manguier, etc. Le bambou est une véritable fortune pour les Indo-Chinois. Il sert aux constructions, aux ponts, aux clôtures; on en fait des vases, des nattes, des paniers, des bâtons, des barques, des chapeaux, des rames, du papier, etc.

Minéraux. — Le delta du Mékong et celui du Song-Koï sont formés par des alluvions modernes. La Basse-Cochinchine fut autrefois occupée par un golfe dont les eaux devaient s'avancer au delà du Tonlé-Sap jusqu'aux chaînes granitiques séparant le bassin du Ménam de celui du Mékong. Le golfe du Tonkin devait recouvrir le delta du Song-Koï et, d'après des documents chinois, Hanoï a été autrefois un port de mer.

Les deux golfes ont été comblés par les apports des fleuves, et certains sommets granitiques situés dans les deltas, comme le cap Thi-wan, le cap Saint-Jacques, les hauteurs de Baria et de Vinh-té en Cochinchine, le Gia-

Binh, les groupes Pagode, Éléphant, des Pachydermes, le Nui-Deo au Tonkin, devaient autrefois être des îles. Dans le Tonkin, comme aux bouches du Mékong, la rapidité du colmatage est extraordinaire. Sur ce dernier point, les salines de l'arrondissement de Soctrang, dont les produits sont très appréciés par les pêcheurs du Grand-Lac, devront être abandonnées, parce que la mer se retire annuellement de 250 mètres. Au Tonkin, les missionnaires débarqués depuis vingt ans ont vu les villages où ils avaient abordé passer à la situation de localités situées en deuxième ou troisième ligne dans les terres. Là aussi les salines sont menacées.

Les contrées montagneuses de l'Annam et du Tonkin renferment de l'or, de l'argent, du mercure, du cuivre, de l'étain, du zinc, du plomb, du fer, du bismuth, de l'arsenic, de l'alun, de la houille, du pétrole, du kaolin, du marbre, du salpêtre, du cristal de roche, du soufre, du jade, des pierres précieuses (?) et des eaux minérales.

L'ordre géologique des couches qui constituent la chaîne annamitique paraît être le suivant : grès et schistes permiens rougeâtres, terrain houiller ou grès et schistes rouges et gris, calcaire, et, vers le Laos, grès et schistes dévoniens.

Au Cambodge, on rencontre dans le sous-sol le conglomérat ferrugineux appelé *bay-kriem* ou *pierre de Bien-Hoa*, assez riche sur certains points pour servir de minerai de fer, le fer de la province de Kâmpong-Soai, et du kaolin entre le Mékong et la rivière du Grand-Lac.

Les riches gisements houillers du Tonkin, qui s'étendent sur une superficie d'un millier de kilomètres carrés, ont été l'objet d'une étude spéciale de MM. Fuchs, ingénieur en chef des mines, et Saladin, ingénieur civil des mines. Il est à présumer que le bassin du Tonkin et celui de Tourane, dans l'Annam [1], constituent deux anneaux d'une chaîne plus ou moins continue qui forme la ligne

---

1. La houille est signalée dans l'Annam, dans la vallée de la rivière de Hieou, dans le Thanh-Hoa et à Hong-Son dans la vallée de Tourane

de partage des eaux entre le Mékong d'une part, le fleuve Rouge et les rivières de l'Annam d'autre part. Ces mines peuvent assurer, pendant de longues années, le fonctionnement normal d'une exploitation régulière et proportionnée aux besoins de la consommation du combustible dans l'extrême Orient et à l'importance de la mise de fonds qu'exigeraient les travaux de premier établissement.

L'essai industriel des charbons a donné les meilleurs résultats ; ils soutiennent très bien la comparaison des houilles australiennes, et sont supérieurs aux lignites pyriteux du Japon ; ils se rapprochent tellement des houilles françaises qu'ils pourront prendre à Saïgon une importance comparable à celle qu'y ont actuellement les produits de la Grand'Combe.

D'après M. Fuchs, les charbons du Tonkin pourront fournir 100 000 tonnes par an. Ce chiffre s'accroîtra par la création de forges et d'aciéries à Saïgon, quand on pourra exploiter le puissant gîte de fer de Phnum-Dèck, au Cambodge.

Agriculture. — En général, le régime agricole de la petite propriété et de la petite culture domine dans les pays annamites, aussi bien dans la Basse-Cochinchine qu'au Tonkin. Chaque propriétaire exploite son champ, dont il consomme le produit et dont il vend la plus-value aux Chinois, qui se sont emparés du petit commerce. Au point de vue politique, l'extrême division du pays est une garantie contre les troubles et les révoltes. L'homme qui cultive sa terre pour nourrir sa famille ne demande au gouvernement que la tranquillité et la sécurité personnelle. L'expérience des premiers temps de notre domination aux bouches du Mékong, continuée depuis lors au Tonkin, prouve que les chefs de rebelles et les pirates se recrutent surtout parmi les vagabonds sans attache au sol. Les habitants des rives du Song-Koï et du Thaï-Binh, absorbés par la culture de leurs champs, n'ont pas pris les armes contre nous : autrement la conquête aurait été beaucoup plus difficile. Les habitudes laborieuses de la population contribueront beaucoup à la pacification du pays, où pas un pouce de terrain n'est perdu. Le respect absolu de la propriété indigène, la répression des exactions des mandarins, développeront chez les Annamites le désir de défricher des terres encore incultes. Sûrs de jouir du prix de leur travail, ces hommes ne craindront plus d'améliorer leurs procédés de culture, de laisser paraître leur aisance. C'est ce qui s'est produit dans la Basse-Cochinchine, où s'élèvent sur bien des points, à la place des paillottes, des constructions en maçonnerie d'une certaine importance et où, peu à peu, la tuile remplace le chaume, le mur en briques la clôture en pisé.

Le gouvernement français doit s'efforcer dans toute l'Indo-Chine, comme il l'a fait dans notre colonie, d'introduire des améliorations dans le mode de culture. Un jour ou un autre, il existera à Hanoï des établissements analogues au Jardin botanique de Saïgon et à son annexe, la Ferme des Mares. Là se trouvent à la fois une ferme-modèle, une promenade publique, un champ d'expériences et une collection des plus beaux spécimens de la faune cochinchinoise.

Les procédés de culture sont encore bien primitifs. Les indigènes se montrent négligents des ressources fournies par les engrais (sauf au Tonkin), ignorants des procédés perfectionnés d'irrigation, de drainage, d'assolement, d'amendement. Les outils des laboureurs sont fort simples : la bêche, la houe, une petite charrue en bois, très légère, sans roues, traînée par des buffles, une herse, sur laquelle on se tient debout en dirigeant son attelage, la faucille pour la culture du riz. Les Annamites connaissent la noria chinoise pour l'arrosage des rizières situées sur les collines, le fléau, le van. La production agricole du Tonkin se développera encore quand une ligne de navigation reliera tous les jours ou tous les deux jours les centres de population à Hanoï, la capitale administrative, et à Haïphong, le port d'exportation. L'établissement de cette ligne, subventionnée par le gouvernement, s'impose à bref délai : elle aura la même influence sur l'accroissement de la richesse publique que la compagnie des Messageries fluviales en Cochinchine.

Le Cambodge possède beaucoup de terres alluvionnaires,

mais elles sont moins riches que celles de la Cochinchine, parce qu'elles sont plus anciennes et plus élevées au-dessus du niveau des fleuves et des rivières. Les pâturages sont très beaux pendant la saison pluvieuse ; pendant la saison sèche, on ne trouve d'herbe fraîche que près des rivières ou des étangs. Les Cambodgiens ne connaissent pas les prairies artificielles. L'apathie des indigènes est telle, qu'ils négligent de profiter de la merveilleuse fécondité de leur sol. Ils se font chaque année un champ par l'incendie des forêts ou choisissent une clairière naturelle au milieu des bois et laissent la nature généreuse pourvoir à leurs besoins.

Industrie. — L'Annamite, surtout dans la Basse-Cochinchine, est presque entièrement adonné aux travaux agricoles et s'est laissé devancer dans les arts industriels par les Chinois. Ceux-ci ont accaparé tous les métiers. Au Tonkin, l'indigène peut égaler le Céleste ; il se fait volontiers maçon, charpentier, ébéniste, cordonnier, tailleur, brodeur, fondeur en cuivre ; il ne répugne qu'aux travaux souterrains des mines.

Une prescription de la loi annamite était très contraire au développement de l'industrie nationale. C'était celle qui autorisait le roi à requérir, pour son service personnel, les ouvriers qui se distinguaient dans un métier par leur habileté ou leur talent, au prix d'un salaire dérisoire.

La main-d'œuvre indigène est à bon marché dans toute l'Indo-Chine. Les femmes travaillent beaucoup. Elles se livrent aux occupations du ménage ; elles gardent les boutiques, égrènent le coton, repiquent et décortiquent le riz, portent les marchandises au marché et conduisent les barques ou sampans, comme les hommes, avec une habileté remarquable.

La pêche est une des principales industries des Indo-Chinois ; Annamites et Cambodgiens ont organisé sur les côtes, généralement à l'embouchure des fleuves, des pêcheries en bambous. A Phnum-Penh une pêche fructueuse est celle du commencement de l'année, d'une durée d'une ou deux semaines au maximum et portant sur des espèces de passage, les unes descendant du Tonlé-Sap vers la mer, les autres remontant le bras du Grand-Lac.

La pêche dans le Grand-Lac ou Tonlé-Sap, au Cambodge, occupe de 12 à 14 000 individus, Cambodgiens, Annamites, Malais, Siamois et quelques Chinois. Ces derniers préfèrent venir faire le commerce dans les villages temporaires qui se forment pendant la saison sur les côtes du lac. Les pêcheurs font des associations et partagent entre eux les poissons d'après des règles traditionnelles et spéciales au Grand-Lac.

Les poissons sont séchés, salés ou fumés; ils fournissent de l'huile, des vessies natatoires, le *nuoc-mam* et le *pro-hoc*, condiments fort appréciés des indigènes. Des bateaux-viviers transportent du poisson vivant à Saïgon et à Cholon.

Les Annamites fabriquent de l'eau-de-vie de riz, du sucre, de l'huile de coco; ils savent travailler le bronze et le fer, la soie, le cuir.

Les forêts pourront alimenter des scieries mécaniques, mais en général les bois sont débités par des scieurs de long. Les fleuves et les arroyos servent au flottage. L'ouverture de routes forestières décuplera l'exploitation dans les contrées élevées.

Les Annamites construisent rapidement et solidement leurs sampans et leurs barques de mer. Les mandarins khmers leur commandent des embarcations de luxe et les marchands de cette nation leurs barques de charge. Dans le delta du Song-Koï, où le bois fait défaut, les indigènes fabriquent, d'une manière fort ingénieuse, des barques en bambou tressé et enduit d'une couche imperméable. Ces embarcations, très légères et très maniables, peuvent porter une dizaine de personnes. Elles sont facilement transportables d'un arroyo à un autre. Tous les Tonkinois, même les enfants, se servent avec beaucoup d'adresse des rames en forme de palettes, ou de la perche, qu'on enfonce dans l'eau, à l'arrière de la nacelle.

La terre argileuse se rencontre presque partout, aussi chaque indigène sait-il fabriquer les briques dont il fait usage, mais il existe de véritables briquetiers, ou tuiliers, ou potiers; certaines briques, dites mandarines, sont très estimées.

Les Cambodgiens sont très habiles dans les industries extractives. Le fisc royal fait retirer du salpêtre du guano des chéiroptères établis dans les ruines des monuments khmers. La chaux est bien cuite et envoyée à Saïgon, car il n'y a pas de roches calcaires en Cochinchine. La chaux la plus appréciée est celle de la montagne de Kamlang (Phnum-Kamlang).

Les minerais de fer de Phnum-Dêck, dans la province de Kampong-Soai, exploités par la tribu des Kouys, considérés comme sauvages par les Cambodgiens, sont désignés sous les noms de pierre lourde et de pierre légère. La première est plus riche en métal, mais celui-ci est moins estimé, il est mou et ne convient pas à la fabrication des armes et des outils. La seconde, moins riche, donne un fer plus apprécié des indigènes, qui s'en servent pour les outils, les armes, les instruments tranchants, les outils d'agriculture et les lames de scie. Le minerai est un oxyde de fer contenant 70 pour 100 de métal; son rendement, par les procédés cambodgiens, qui rappellent la méthode catalane, est d'environ 65 à 66 pour 100. M. Fuchs considère le minerai de Phnum-Dêck comme un minerai de choix, se prêtant parfaitement aux nouvelles méthodes de la métallurgie du fer et pouvant donner, dans les meilleures conditions possibles, d'excellents aciers Bessemer ou Martin. D'après les calculs du savant ingénieur, le cubage du gîte est de 2 millions de mètres cubes de minerai, fournissant 6 ou 7 millions de tonnes.

Les véritables industries nationales des Annamites sont: la fabrication des nattes et des éventails, l'orfèvrerie et les incrustations. Les orfèvres royaux du Cambodge sont également très habiles.

Les incrustations de l'Annam et du Tonkin sont, en général, dirigées sur Hong-Kong et sur Saïgon pour l'exportation. L'apprentissage des incrusteurs est très long et commence dès l'enfance. A dix ou douze ans, les apprentis font déjà des travaux faciles et à vingt ans ils sont ouvriers. Le gain d'un incrusteur habile est de 1 franc à 1 fr. 50 par jour, plus la nourriture; mais, en général, ils préfèrent s'associer ou travailler à la pièce. Depuis l'arrivée des Européens, le prix des incrustations a augmenté de 50 pour 100 et cette proportion est dépassée pour les plus beaux travaux. Les incrustations du Tonkin sont surtout exportées sur Saïgon et Hong-Kong.

Commerce. — Les capitalistes français qui ont semé tant d'argent dans le monde, notre puissante épargne, qui s'est parfois engagée, sur la foi de fallacieuses promesses, dans des entreprises chimériques, doivent trouver, dans la création de lignes télégraphiques ou de chemins de fer ou de navigation, de sérieux bénéfices dans l'extrême Orient. Or, il ne faut pas l'oublier, la colonisation demande non seulement des bras, mais aussi et surtout des capitaux.

L'exemple de la Cochinchine montre que nos financiers sont parfois timides quand il s'agit de l'extrême Orient. Plus d'une fois, le gouvernement ou le conseil colonial de notre colonie ont dû, pour faire de grands travaux publics, pour créer des établissements de crédit, garantir un minimum d'intérêt ou assurer une subvention annuelle prise sur le budget local.

L'Indo-Chine française est située dans une heureuse situation commerciale, sur la route de l'Inde à la Chine, à proximité de Singapour et de Hong-Kong, des Philippines et de Batavia, limitrophe du Siam et des provinces méridionales du Céleste Empire. Enfin elle est le débouché naturel des produits du Laos.

La possession par la France de l'Annam et du Tonkin ne peut manquer d'attirer vers les côtes le commerce du Laos. « Le Song-Gianh est à quarante-cinq lieues de La-Kon, un des points principaux du Laos siamois. Nonkay, chef-lieu de ce même Laos, autre entrepôt important, est à soixante-quinze lieues du port de Cua-Trap. Mong-Pouen, marché des plus riches produits du bassin moyen du Mékong, est à six lieues de Lach-Vich. Luang-Prabang, clef stratégique et politique de toute la presqu'île indo-chinoise, surtout du bassin du Mékong, est à cent lieues de Lach-Vich. Alévy, centre politique et commercial du Laos birman, Poueul, un des entrepôts du Yunnan, marché du meilleur thé et de l'opium, Ling-Ngan, centre de la production métallurgique du Yunnan, tout l'ouest du Kouang-Si, ont leur débouché vers la mer par le Tonkin; enfin l'importante et populeuse province de Taeping est à 120 kilomètres de la baie d'Along et écoulait jadis par là ses produits. Quand on cherche à voir si ces divers points pourraient essayer de se relier à la mer par d'autres voies, on s'aperçoit bien vite qu'ils ne peuvent y songer : dans toute autre direction, la mer est à des distances de deux à quatre fois plus grandes[1]. »

Importations. — En Cochinchine, les importations comprennent surtout les métaux et les outils, le thé de la Chine, les vins et spiritueux de la France, la chaux et le poivre du Cambodge, le papier, l'opium, le tabac, les tissus anglais, les sucres raffinés, les porcelaines, les faïences, les poteries d'Europe et de la Chine, les huiles, les farines, la houille, les articles de Paris, les médecines chinoises, les conserves alimentaires et les salaisons d'Europe et de la Chine.

Les mêmes marchandises sont vendues au Cambodge et transitent généralement par Saïgon, une petite partie par Kampot.

Les importations pour le Tonkin portent principalement sur le thé de la Chine pour les classes supérieures, le thé du Yunnan pour les classes pauvres; les cotonnades et les fils de coton anglais; les soieries de la Chine; les flanelles, les draps légers, les couvertures, les velours de soie unis, la mercerie, la parfumerie, la verrerie commune d'Europe; la porcelaine de Chine; la quincaillerie, l'horlogerie, la miroiterie, les articles de Paris; les couleurs pour la teinture (vermillon et couleurs d'aniline), le tabac, l'opium de l'Inde, du Yunnan et du Kouang-Si, les médecines chinoises, le papier chinois, les objets des-

---

1. Colonel Laurent, *Conférence aux officiers de Saïgon*

tinés au culte (papier doré, baguettes de cire, parfums), le cuivre, l'alun; les sacs en paille pour le riz d'exportation et de petits lots d'allumettes suédoises, de bougies, de fer-blanc, de fer en barres, de cuivre en feuille (du Japon), de parapluies en coton, en soie, etc.

Exportations. — Les exportations cochinchinoises portent principalement sur le riz, qui en constitue les trois quarts de la valeur totale; sur le poisson sec et salé, la colle de poisson, le coton, les légumes secs (haricots de Baria) et du Cambodge, les peaux, les soies grèges, le poivre, les huiles, la graisse de porc, les noix d'arec, les cocos, l'indigo, les plumes, la cire et le miel, le cardamome, l'ivoire, l'écaille de tortue, le goudron, les cornes de cerf, le sel pour la saumure du poisson du Cambodge, les bois de teinture, de construction et d'ébénisterie, les chinoiseries et les incrustations, la gomme-gutte, la gomme laque, etc.

Le riz de Cochinchine est envoyé dans l'Amérique méridionale (Brésil, République argentine, Chili, Havane), à Java, à Manille, Singapour et Bourbon, où nos riz commencent à remplacer ceux de l'Inde anglaise. Un marché plein d'avenir est celui de la Chine, et déjà Hong-Kong enlève pour ce pays plus de 2,17 fois la quantité demandée par les autres ports réunis.

Les exportations se sont élevées, en 1883, à 5 307 703 fr.

Les exportations du Cambodge se font presque toutes par la Cochinchine française ou par Kampot. Elles comprennent le poivre, les peaux et les cornes de bœufs et de buffles, les bœufs pour la boucherie de Saïgon, le coton, le riz paddy, les feuilles de bétel fraîches, les nattes, les bois de construction, d'ébénisterie et de teinture, les résines, le poisson salé, l'huile de poisson, le fil de laiton pour le Laos. La valeur des exportations atteint un chiffre de 6 à 7 millions.

Le Tonkin exporte les métaux du Yunnan (étain, cuivre, mercure), le cristal de roche, les plantes médicinales, les plantes tinctoriales, le thé aggloméré en forme de briques, le cunao ou faux gambier, le sticklac, le cardamome sauvage, l'amidon de riz, l'huile ou vernis à laquer et les marchandises laquées, les étoffes ou tapis brodés, les meubles incrustés, le papier d'écorce de mûrier, le sel, les soies brutes, les arachides, l'huile de badiane, le papier, les cornes de cerf, les comestibles desséchés (crustacés, poissons, ailerons de requins, viande de porc salée ou fumée, œufs, champignons), les porcs, les volailles, les noix d'arec, les bambous, les rotins, la cannelle, les peaux de bœuf et de buffle.

Ports. Régime douanier. — Les principaux ports maritimes de la Cochinchine sont : Saïgon, Hatien, Rachgia, Camau, Cangio ; les principaux ports fluviaux : Mytho, Vinh-Long, Chaudoc, Sadec et Cholon.

Saïgon a été déclaré port franc par l'amiral Page, le 23 février 1860. Le mouvement du port a été, en 1883, de 530 navires jaugeant 555 916 tonneaux à l'entrée.

Les vapeurs forment environ les trois quarts du tonnage total des navires au long cours entrés dans le port. Le premier rang est occupé par la marine anglaise, le second par nos bâtiments, le troisième par la navigation allemande.

L'achèvement des quais de Saïgon est en cours d'exécution, une gare maritime est à l'étude. Le port possède un dock flottant.

Le port du Cambodge est Kampot, sur le golfe de Siam. Il fait le commerce du riz avec Camau, Rachgia et Hatien. Le mouvement commercial de cette place a atteint, en 1882, 49 465 piastres à l'importation et 10 895 piastres à l'exportation. Ce port reprendra son importance passée quand notre action se fera sentir dans les provinces maritimes et quand nos navires se substitueront aux jonques indigènes.

Les ports du Tonkin : Haïphong, Quang-Yen, Nam-Dinh, Ninh-Binh, Haï-Dzuong sont désormais ouverts au commerce international, ainsi que les ports de Xuanday, Quin-Nhon et Tourane dans le royaume d'Annam.

Avant l'établissement de services réguliers de bateaux à vapeur entre Saïgon et le Tonkin, les Chinois étaient, depuis des siècles, les maîtres absolus du trafic de l'Annam et du Tonkin. Au moment de la mousson de N.-O., des marchands de Canton se transportaient avec leurs agents et un assortiment de marchandises communes (thé, papier, porcelaine, etc.) vers l'Annam. Les chefs de maison restaient au port et écoulaient la pacotille, pendant que les employés parcouraient l'intérieur, pénétraient jusque dans la région montagneuse et dans la région forestière, achetant aux indigènes la récolte sur pied, livrable au moment de la moisson, d'avril en juin. Quand les achats étaient réunis, la mousson de S.-E. ramenait à Canton les fils du Ciel. Les Chinois ont désormais perdu ce monopole. Depuis l'ouverture de la ligne de Saïgon à Haïphong, des maisons de Cholon ont envoyé des représentants dans les ports. Annamites et Tonkinois, séduits par les prix plus élevés offerts par les habitants de notre colonie, ont conclu des marchés qui ont détourné vers la Basse-Cochinchine une grande partie du commerce des ports ouverts.

M. de Kergaradec évaluait à 20 millions de francs, dont 4 millions pour le Yunnan, la valeur des marchandises entrées ou sorties en 1880 par le port de Haïphong. Ce chiffre devait représenter les 4/5 du commerce général, qui s'élevait ainsi à 25 millions environ. Notre résident à Hanoï, après une très intéressante étude, déclarait que la valeur des importations pour le Tonkin pourrait s'élever annuellement à 150 millions quand le pays serait pacifié. Les exportations pourraient fournir un chiffre égal d'affaires, ce qui donnerait un mouvement commercial de 300 millions. Le port de Haïphong prendrait rang immédiatement après Shang-Haï, avant Hankow et Canton.

Il existe des projets d'établissement d'union douanière indo-chinoise avec détaxe pour la protection des produits de l'industrie nationale.

Commerce intérieur. — Les centres de commerce les plus importants de la Basse-Cochinchine sont ceux de Saïgon, Cholon, Mytho, Vinh-Long, Sadec, Chaudoc, Hatien, Rachgia, Bay-Kan; Tayninh pour les bois de construction et d'ébénisterie, Thu-dau-mot pour les huiles et résines forestières et les bois de construction des barques.

Les principales places de commerce du Cambodge sont Phnum-Penh, Banam pour le riz, Kampot pour le poivre, Kampong-Luong et Pursat pour le cardamome, Kampong-Luong pour la gomme-gutte, Kampong-Chuang pour les poteries et le sel, Cua-Sutin pour le coton, l'île de Khnoctru à l'entrée du Tonlé-Sap et Kratiè où se font les échanges avec le Laos.

La création de la ligne des messageries fluviales de la Cochinchine, qui dessert Phnum-Penh, le Grand Lac et Battambang, a plus que quadruplé le mouvement des échanges entre le Cambodge et la Cochinchine en permettant de transporter rapidement les marchandises à Saïgon et à Cholon. En 1872, les produits de provenance purement cambodgienne n'atteignaient pas la valeur de 100 000 piastres sur le marché de Saïgon; en 1882, ils ont atteint le chiffre de 400 000 piastres, sans compter les produits de la pêche du Grand-Lac.

Le commerce du Tonkin et de l'Annam a longtemps été gêné par des douanes intérieures qui séparaient les provinces, par les exactions des Pavillons-Noirs, par l'interdiction du commerce des grains. Notre domination va mettre fin à ces abus et ne laissera subsister que les douanes de la frontière, non plus dans un but prohibitif, mais dans un simple intérêt fiscal.

Le petit commerce intérieur et une partie du grand sont entre les mains des Chinois.

Commerce du fleuve Rouge et du Yunnan. — Les commerçants chinois et annamites ont toujours utilisé la voie du fleuve Rouge pour commercer avec le Yunnan. C'est par le Song-Koï que la grande province chinoise recevait le sel, les épices et le coton du Tonkin, les étoffes, le tabac, le papier de Canton, etc. Par le même fleuve descendaient les métaux exportés. Les embarcations chinoises ou annamites remontaient le fleuve jusqu'à Laokay. Les Tonkinois ne dépassaient pas ce point, les marchandises étaient transbordées sur des barques chinoises qui pénétraient jusqu'à Mang-Hao. Arrivés à cette dernière place, les divers produits étaient transportés à l'intérieur par des mulets ou des coolies.

Le commerce a été gêné par la rébellion musulmane du Yunnan et par les exactions des Pavillons-Noirs. Toutefois, M. de Kergaradec évaluait, en 1880, à 1 170 000 francs la valeur des marchandises expédiées de Hanoï sur le Yunnan, et à 2 055 000 francs les exportations de cette province. Les produits européens, cotonnades anglaises communes, camelots de couleur rouge, draps légers, rouges ou bleus, de provenance allemande, boutons de cuivre doré entraient pour 110 000 francs dans les importations ; le reste était fourni par le sel, le coton égrené brut, les crevettes sèches et le poisson salé du Tonkin, le tabac de Canton et de Fo-Kien, les papiers de couleur, les confiseries, les médecines de Canton, le musc, etc.

Les exportations du Yunnan comprenaient l'étain, le plomb, le thé, l'opium, la droguerie, le faux gambier, etc.

Commerce avec les tribus sauvages. — Les transactions commerciales sont rares chez les Moïs et ne se font que par le troc, sous l'empire de la nécessité. Le commerce consiste surtout en échanges de tabac, résine, torches de résine, huile de bois, roues pleines pour les voitures à bœufs, rotins, lattes en latanier, herbes médicinales, cire, miel, dépouilles d'animaux sauvages, paddy, sésame, bœufs, buffles et porcs contre du sel, des cotonnades rouges et blanches, des outils en fer, du laiton, de la verroterie, des fers de couperets, des clochettes, des grelots, de la chaux à bétel, des poteries vernissées, des noix d'arec sèches, des poissons salés ou fumés.

Monnaies. Établissements de crédit. — Nos établissements de l'extrême Orient ont adopté la piastre pour monnaie. Nous avons dû, comme les possessions britanniques voisines, Hong-Kong, Singapour et l'Inde, faire usage de l'étalon d'argent, pour nous conformer aux habitudes du marché de l'extrême Orient. Depuis 1879, on a mis en circulation une monnaie divisionnaire, au titre de 0,9, spéciale à notre colonie, qui a cours dans le Cambodge, l'Annam et le Tonkin, et qui est très bien acceptée dans les établissements européens voisins. Les pièces sont celles de 50, 20 et 10 cents en argent et de

1 cent en bronze. Les indigènes font usage des ligatures de sapèques en zinc.

Le taux de l'intérêt de l'argent est très élevé dans l'Indo-Chine. Sous les régimes précédents le taux légal était de 36 pour 100 dans les pays annamites et de 37,5 pour 100 au Cambodge, mais l'usure se donnait libre carrière. Des établissements de crédit européens fondés à Saïgon contribueront à abaisser le loyer de l'argent. La banque de l'Indo-Chine, dont le siège est à Paris et qui a deux succursales à Pondichéry et à Saïgon, a été autorisée à établir un comptoir au Tonkin.

Des chambres de commerce existent à Saïgon et à Haïphong.

Un comité industriel, organisé à Haïphong sur le modèle de celui de Saïgon, rendra les mêmes services que ce dernier.

Voies de communication. — 1° *Voies maritimes.* — La Cochinchine communique avec la métropole au moyen des transports de l'État qui partent de Toulon, des paquebots de la Compagnie des Messageries maritimes, dont les escales sont établies à Port-Saïd, Suez, Aden, Pointe-de-Galles, Singapour, Saïgon, Hong-Kong, Chang-Haï et le Japon, et des paquebots d'une compagnie anglaise, s'arrêtant à Singapour avec correspondance vers Saïgon. Une ligne réunit cette dernière ville à Poulo-Condore, une autre à Haïphong par Quin-nhon, Tourane et Xuanday.

Les communications de Haïphong avec Hong-Kong sont assez régulières, presque bihebdomadaires (compagnie Roque).

2° *Voies fluviales.* — Au début de notre conquête de la Basse-Cochinchine, les communications se faisaient presque exclusivement par eau, comme aujourd'hui encore au Tonkin. On a créé à Saïgon la ligne des *Messageries de Cochinchine* qui assure le service avec Mytho et Phnum-Penh par Vinh-Long, Sadec, Soctrang, Chaudoc et Bentré, et avec les postes voisins des embouchures Travint, Cantho et Soctrang.

Au Tonkin, les bâtiments remontent de Haïphong à Hong-Kong en empruntant le cours de différentes parties du fleuve Rouge : le Song-Tam-Bac, le Lach-Tray, le Lach-Van-Uc, le Thai-Binh et Cua-Loc et enfin le Song-Koï lui-même.

Les embarcations les plus variables par la forme et les dimensions circulent sans cesse sur les fleuves et les arroyos, dans toute l'Indo-Chine. On voit les grosses barques à côté des légers sampans. En général, les passagers et l'équipage se groupent autant que possible pour consacrer le plus grand espace au transport des marchandises.

Les barques de rivière sont conduites à la rame ; contrairement à nos habitudes, les indigènes, tournés vers la proue, les font mouvoir en poussant au lieu de tirer. Ils marquent quelquefois la cadence par un chant grave. Les femmes ne le cèdent en rien aux hommes pour l'habileté de la manœuvre et habituent de bonne heure les enfants à aider leurs parents. Les services fluviaux réguliers, très développés en Cochinchine depuis ces dernières années, tendent peu à peu à se substituer au batelage.

3° *Voies terrestres.* — Une grande voie, la *route royale*, traverse la Cochinchine, l'Annam et le Tonkin. Elle part de Hué, se dirige d'une part au sud, reliant à la capitale annamite les chefs-lieux des provinces.

Elle entre en Cochinchine et dessert Bien-Hoa, Saïgon, Cholon et Mytho. D'autre part elle se dirige de Hué sur le Tonkin, se bifurque à Hanoï pour conduire les voyageurs en Chine, au nord par Bac-Ninh et Langson et à l'est par Quang-Yen.

L'empereur Gia-Long avait multiplié les voies de communication qui venaient s'amorcer sur la route royale, dont l'importance était à la fois commerciale et stratégique.

Malheureusement, les successeurs de Gia-Long n'entretinrent pas les voies de communication, et elles sont actuellement dans un déplorable état : tout est à refaire.

En Cochinchine, le premier gouverneur civil, M. Le Myre de Vilers, a divisé les routes en routes coloniales, destinées à relier les centres les plus importants et à servir d'amorces aux routes d'arrondissement, en routes d'arrondissement, en chemins de grande communication et en chemins vicinaux. Il donna une vive impulsion aux travaux de viabilité. Les Annamites ont parfaitement compris les avantages qui leur étaient assurés par les bonnes voies de communication et beaucoup ont abandonné leur ancienne coutume de circuler presque exclusivement sur leurs sampans. De grands ponts ont été jetés à Saïgon sur l'arroyo chinois, sur les Vaïcos. En dehors de ces grands ponts on remarque, en Cochinchine, des petits ponts d'un genre tout particulier, en fer, composés d'éléments identiques et permettant de former, par leur réunion, des ponts de 6, 9, 12 et jusqu'à 27 mètres de portée. La construction en est facile. Il sera utile d'introduire l'emploi de ces ponts au Tonkin.

Un tramway à vapeur fonctionne entre Saïgon et Cholon, entre Saïgon et Mytho. La ligne de Saïgon à Phnum-Penh est à l'étude.

Les voies de communication font défaut au Cambodge, les routes ouvertes entre Phnum-Penh et Oudong, entre Phnum-Penh et Kampot ne sont pas entretenues. Les quelques voies capables de rendre des services sont établies sur les restes des grands travaux des anciens Khmers. L'extension de la puissance française mettra un terme à cette déplorable situation.

Au Tonkin, on utilise comme voies de communication les digues des fleuves ou des rizières.

Postes et télégraphes. — Dans tout l'Annam, le service des postes est fait par les *trams*, courriers choisis parmi les miliciens.

Dans la Basse-Cochinchine le service postal comprend cinq lignes : 1° la ligne de Saïgon à Bien-Hoa, Baria et au cap Saint-Jacques, avec embranchement de Baria à la frontière du Binh-Thuan; 2° la ligne de Saïgon à Thu-dau-mot; 3° la ligne de Saïgon à Tayninh; 4° la ligne de Saïgon à Hatien par Cholon, Mytho, Vinh-Long, Sadec, Longxuyen, Chaudoc et Hatien avec plusieurs embranchements; 5° les lignes fluviales entre Saïgon, les différents postes et Phnum-Penh.

Un service postal unit Saïgon à Haïphong avec escales

à Quin-nhon, Tourane, Thuan-An et Xuanday; une autre unit Saïgon à Singapour.

L'administration des postes fonctionne au Tonkin depuis le mois de septembre 1883; elle fait usage des trams annamites, des bateaux à vapeur et des bâtiments de commerce.

Saïgon est uni par le télégraphe à tous les postes et à tous les chefs-lieux d'arrondissement, à Kampong-Chuang, Kampong-Luong, Kathom, Kampot et Phnum-Penh (Cambodge), à Battambang et à Bangkok (Siam). Deux câbles partent du cap Saint-Jacques, l'un sur Singapour, l'autre sur Hong-Kong et sur le Tonkin avec atterrissement à Thuan-An (Annam) pour la ligne de Hué.

Hanoï est relié par des lignes aériennes à Haïphong, à Sontay, Hong-Hoa, Bac-Ninh, Phu-Lang-Thuong, Chu et Kep. Le réseau optique fait communiquer la capitale avec Nam-Durh, Ninh-Binh, la baie d'Along, Quang-Yen et Haï-Dzuong. Il sera par la suite remplacé par un réseau électrique.

CHAPITRE V

CONCLUSIONS.

Avenir politique. — La possession de l'Indo-Chine par la France modifie l'échiquier politique, militaire et commercial de l'extrême Orient. Elle nous donne un prestige colonial, une puissance que nous avions perdue depuis le traité de Paris en 1763. Elle engagera nécessairement les puissances maritimes occidentales à compter avec nous, car nous sommes désormais les voisins des Anglais de l'Inde, des Hollandais de Batavia et des Espagnols des Philippines.

Pour donner à notre nouvel empire toute la portée politique et militaire qu'il doit avoir, il ne faut pas hésiter à faire les dépenses nécessaires pour assurer sa sécurité dans le cas d'une grande guerre maritime, faire profiter notre marine des gisements de houille du Tonkin et nous donner une base d'opérations sur l'océan Pacifique et sur l'océan Indien. Saïgon doit devenir un des grands ports militaires de la France.

Nos relations avec le Siam doivent être dirigées de telle façon que nous assurions à cet État voisin sa pleine autonomie et que nous établissions ainsi entre l'Indoustan et l'Indo-Chine une puissance indépendante aussi nécessaire pour nous que l'Afghanistan peut l'être pour les Anglais contre les entreprises de la Russie dans l'Asie centrale.

Les Indo-Chinois et la conquête française. — Il est intéressant d'étudier la situation de la France en présence des peuples divers qui habitent cette vaste contrée. Nous ne rencontrons pas, comme au début de la conquête de l'Algérie, une race foncièrement ennemie, attachée jusqu'au fanatisme à sa croyance religieuse, à une législation basée sur un livre sacré, interprétée par des prêtres hostiles à toute réforme, tournant sans cesse les yeux vers un chef étranger, incarnant en lui l'autorité théocratique. Jamais une révolte n'a été présentée aux indigènes comme une guerre sainte, entreprise pour la défense de la foi. Les idées religieuses des Annamites et des Cambodgiens sont trop peu sérieuses pour nous faire craindre une action hostile, une guerre de croyance. Si nous savons respecter, chez les Annamites, non pas des dogmes qui n'existent pas, mais les usages ou les superstitions du culte des ancêtres, suites logiques du collectivisme familial, protéger les tombeaux, les pagodes, assurer la perpétuité des *huong-hoa,* nous n'aurons rien à craindre au point de vue religieux. Chez les Cambodgiens, plus attachés au bouddhisme que leurs voisins du sud et de l'est, habitués à l'action des bonzes, qui constituent un clergé national, nous ne rencontrerons pas davantage une hostilité systématique.

Plus difficile sera la surveillance des anciens mandarins et des lettrés, imbus des doctrines chinoises. Nous aurons longtemps en eux de secrets ennemis, car ils sentent instinctivement que la présence des Européens amènera fatalement, dans un avenir plus ou moins éloigné, la ruine de leur influence.

Leur résistance ne sera cependant pas invincible et les fonctionnaires que nous choisirons nous seront dévoués parce que le rêve de tous les indigènes est de participer au gouvernement et à l'administration. Il s'agira seulement de protéger nos adhérents contre la vengeance de leurs anciens chefs. Au Tonkin, ces derniers sont d'ailleurs détestés, car ils viennent de Hué et enlèvent aux provinciaux toutes les positions élevées et lucratives.

Nos premiers alliés, dans la Basse-Cochinchine comme au Tonkin, furent les chrétiens, surtout ceux qui avaient été évangélisés par les prêtres des missions étrangères Malheureusement la plupart de nos coreligionnaires appartiennent aux classes pauvres de la société. Nous regrettons ce fait, car il nous sera difficile de tirer un grand nombre de fonctionnaires du rang de ces fidèles de la première heure : leur situation sociale les a tenus à l'écart de l'administration et des études qui préparent les lettrés.

Au point de vue religieux, nous ne devons d'ailleurs faire aucune distinction entre les indigènes, catholiques ou païens, d'abord parce que la liberté de conscience nous le prescrit, ensuite, parce que la protection spéciale accordée aux chrétiens serait un privilège dans un pays presque entièrement païen. Bienveillants pour les catholiques, nos premiers adhérents, nous serons justes pour tous. Nous devrons sans doute négocier avec le Vatican la substitution de missionnaires français aux dominicains espagnols, hostiles à notre domination, dans les provinces tonkinoises soumises à l'influence de ces religieux étrangers.

Avenir du commerce. — Les faits constatés en Cochinchine, où le commerce se développe tous les jours, permettent de bien augurer de l'avenir économique de nos possessions indo-chinoises. Jusqu'à notre arrivée à Saïgon et jusqu'après l'occupation des provinces occidentales par l'amiral de la Grandière en 1867, la plupart des indigènes, pressurés par les autorités du pays, se contentaient de cultiver les produits nécessaires à leur subsistance. Ils ne pouvaient, dans ces conditions, rechercher les avantages qu'aurait pu leur procurer l'exportation. Seuls, les Chinois, qui parcouraient la Cochinchine et le Cambodge, achetaient des lots sans importance suffisante pour que la demande extérieure pût s'établir; souvent même les entreprises d'exportation ne furent que des essais, parfois onéreux ou ruineux. Le commerce fut paralysé également pendant la période de la conquête.

Plus tard, quelques maisons européennes ou chinoises se fondèrent dans la colonie et lui donnèrent une vitalité nouvelle par leurs connaissances pratiques et leur esprit de suite dans les affaires. Des relations régulières s'établirent alors avec les marchés voisins; les navires fréquentèrent plus souvent le port de Saïgon, et le commerce profita de ces occasions pour expédier de petits lots comme échantillons; mais les frets étaient très élevés et ne permirent pas de donner aux transactions un essor suffisant.

La concurrence maritime amena bientôt la baisse dans les prix de transport; il parut possible de faire de nouvelles tentatives; le commerce trouvait déjà plus de sécurité dans ses opérations, et, par la fréquence de ses communications, il lui fut aisé de se rendre un compte exact de ce qui se passait sur les marchés extérieurs. D'ailleurs les indigènes, voyant la facilité d'augmenter leurs bénéfices par une plus grande production, apportèrent de nouveaux soins à leurs cultures; c'est alors que les échanges eurent lieu avec le Tonkin, Hong-Kong et surtout Singapour.

Le traité de commerce qui sera signé avec la Chine développera le trafic avec les contrées méridionales du Céleste Empire. Nous nous emparerons de ce marché si nous savons nous plier aux goûts et aux habitudes des Asiatiques et ne pas vouloir leur imposer nos coutumes et nos modèles. Le producteur doit toujours avoir en vue la satisfaction du consommateur : c'est la meilleure chance de succès.

A. Bouinais et A. Paulus.

NOUVELLE-CALÉDONIE

ET DÉPENDANCES

CHAPITRE PREMIER

HISTOIRE ET GÉOGRAPHIE GÉNÉRALE

Découverte et occupation de la Nouvelle-Calédonie. — Les explorations du capitaine anglais Cook en Océanie avaient eu un grand retentissement en Angleterre et en France. Il avait découvert l'Australie en 1770 et la Nouvelle-Calédonie le 4 septembre 1774.

Les Anglais, ayant envoyé une expédition occuper l'Australie, La Pérouse reçut la mission d'explorer la Nouvelle-Calédonie et les îles voisines, « ces contrées pouvant, écrivait Louis XVI, ouvrir un nouveau champ aux spéculations du commerce ».

Le départ de cette expédition excita en France un grand enthousiasme; mais elle n'eut pas de résultat, La Pérouse ayant péri à Vanikoro.

D'Entrecasteaux fut vainement envoyé à sa recherche en 1791. Dumont-d'Urville releva la position des îles Loyalty en 1827 et en 1840. Une corvette porta en 1845 des missionnaires français en Calédonie. Enfin, malgré d'horribles scènes de cannibalisme, l'hydrographie du nord de l'île était terminée en 1851.

La France cherchait alors une contrée salubre où les condamnés pussent être établis sur des terres qu'ils mettraient en culture.

Le 24 septembre 1853, l'amiral Febvrier-Despointes

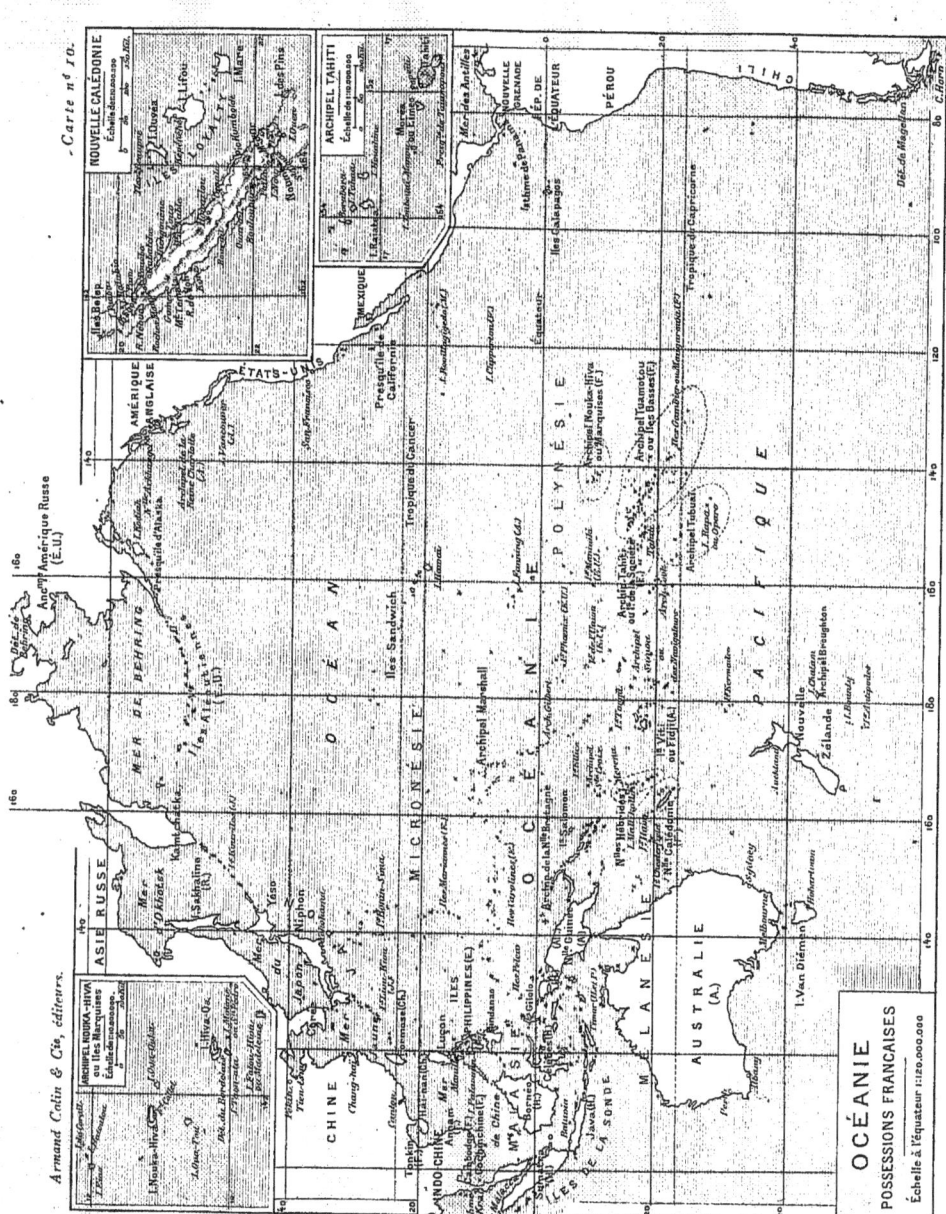

ALFRED RAMBAUD, LA FRANCE COLONIALE

prit possession de la *grande île* et, cinq jours après, de l'*île des Pins*.

Trois mois plus tard (janvier 1854), M. de Montravel découvrait la rade de *Nouméa* et, malgré le manque d'eau douce, il y établissait le chef-lieu de la colonie, en raison de la facilité de défendre ce point.

Cette possession ne fut d'abord qu'une annexe de nos établissements de l'Océanie, dont le centre était Tahiti; mais, en 1860, elle fut déclarée *colonie* et reçut un gouverneur. La France y attirait les émigrants par des concessions de terres, de vivres et d'outils, et les premiers colons furent des familles françaises, anglaises et allemandes qui ont fait souche dans le pays.

Géographie physique. Situation. — La Nouvelle-Calédonie est située en Océanie, dans l'océan Pacifique. Elle fait partie, comme l'Australie et la Nouvelle-Zélande, de la Mélanésie. Elle se compose d'un groupe d'îles qui sont la Calédonie ou Grande-Terre, l'île des Pins, les îles Loyalty, l'île Ouen, les îles Bélep, les îles Huon, les îles Chesterfield et un grand nombre d'ilots qui se rattachent au même groupe.

Elle s'étend, du sud-ouest au nord-ouest, entre les $20°,10'$ et $22°,26'$ de latitude méridionale et entre les méridiens $161°$ et $164°,25'$, à l'est du méridien de Paris. C'est, après l'Australie et la Nouvelle-Zélande, l'île la plus considérable du Pacifique.

Aspect général. — La Calédonie est trois fois plus grande que la Corse. Elle a 15 lieues de large et 75 lieues de long à vol d'oiseau. Pour en faire le tour par terre, les sinuosités du rivage sont telles que la route serait de 1000 kilomètres[1]. Sa forme est celle d'une ellipse allongée ou d'un long fuseau. Vue de la mer, elle ressemble à l'Ecosse, et c'est pourquoi Cook lui donna le nom de Nouvelle-Calédonie.

Comme aspect, c'est un entassement de montagnes

---

1. La superficie de la Nouvelle-Calédonie est de 2 102 193 hectares; celle de l'île des Pins de 15 000 environ; celle des Loyalty de 278 000. Ensemble : 2 210 000. Environ 20 000 kilomètres carrés. La Corse en a 8748.

s'élevant jusqu'à plus de 1600 mètres. C'est un soulèvevement de formation volcanique et sédimentaire dans la grande île, et madréporique aux Loyalty. Entre ces massifs montagneux, couverts de forêts, s'ouvrent des vallées, sur la côte Est, étroites et propres à la culture, sur la côte Ouest, plus larges et propres en outre à l'élevage des bestiaux. Des rivières et des cascades arrosent tout le pays. La partie nord se distingue par les roches de marbre, de quartz, de serpentine.

Les rivières coulent perpendiculairement à l'axe de l'île, sauf le *Diahot* ou grand fleuve, qui se rend à la mer entre deux rangées de montagnes suivant l'axe même de l'île.

Climat et saisons. — La salubrité du climat de la Nouvelle-Calédonie est désormais incontestable.

Pas de maladies, malgré les grands travaux de terrassement; pas d'endémies tropicales.

La température est de 25 à 35 degrés dans la saison chaude, de novembre en mars, et de 15 à 25° dans la saison fraîche, d'avril en octobre.

La brise du sud-est tempère les ardeurs de l'été et la pluie est assez fréquente pendant toute l'année.

Des ouragans (cyclones) se produisent tous les quatre ou cinq ans. La baisse du baromètre, signalée par le télégraphe, en annonce l'approche, et des mesures préservatrice sont prises pour fixer les toitures avec des chaînes et des madriers et pour clouer toutes les ouvertures des maisons.

Littoral et ports. — L'île est entourée dans toute sa longueur d'une formidable ceinture de corail, coupée de passes qu'il faut bien connaître pour y pénétrer. On voit combien l'exploration était difficile pour les bâtiments à voiles des premiers navigateurs. Ces récifs forment autour de l'île un *canal*, où la navigation côtière est à l'abri de la houle du large et s'accomplit sans danger. C'est un avantage inappréciable dans un pays où les routes et les transports par terre sont insuffisants.

La rade de Nouméa est vaste et d'un accès facile. Elle est formée par une *presqu'île*, qui présente dans ses découpures plusieurs anses pouvant recevoir des navires d'un fort tonnage, et par l'*île Nou*, qui court parallèlement à la côte, dont elle est séparée par un canal d'une longueur de trois milles et d'une largeur moyenne de un mille. Ce canal, qui a deux issues, offre un mouillage sûr et à l'abri de tous les vents. Des quais en pierre sont en partie construits. C'est là qu'accostent les grands paquebots.

Divisions administratives. — La Nouvelle-Calédonie est divisée en cinq *arrondissements* :

Le 1ᵉʳ a pour ch.-l. *Nouméa*, sur la côte sud-ouest ;
Le 2ᵉ — *Canala*, sur la côte est ;
Le 3ᵉ — *Houaïlou*, sur la même côte ;
Le 4ᵉ — *Touho*, sur la même côte ;
Le 5ᵉ — *Ouégoa*, au centre nord de l'île, sur la rive étroite du grand fleuve ou *Diahot*.

Les îles secondaires. — Le premier arrondissement comprend en outre, comme dépendances de la colonie, l'île Nou, l'île Ouen, l'île des Pins et le groupe de Loyalty.

L'*île Ouen*, habitée par environ 80 Canaques catholiques, contient beaucoup de fer chromé, de cobalt et de serpentine. Les habitants sont marins et pêcheurs.

L'*île des Pins* est située à 14 milles au sud-est de la Calédonie. Elle est de formation madréporique et couverte de forêts sur son littoral. Le *pic Nga* est le plus élevé de l'île.

Les indigènes, au nombre de 600, obéissent à une « chéfesse » qu'on appelle la reine Hortense, et à son époux Samuel. Ils sont robustes et bons marins. Tous sont chrétiens.

Près de la mission catholique sont les écoles. On y apprend le français et en outre la culture aux garçons et la couture aux filles. L'île produit des bois d'essences diverses. Le sandal y est devenu rare.

C'est dans cette île que les déportés furent internés en 1873, au nombre de 3408. Ils ont quitté le pays en 1880 et ont été remplacés par 720 Canaques faits prisonniers pendant la révolte de 1878-1879.

Localités principales. — Les principales localités, après les chefs-lieux cités, sont, dans le 1er arrondissement, le *Pont des Français*, la *Dumbéa*, centre de culture, le bourg de *Païta*, *Saint-Vincent* au milieu de belles plaines à pâturages, la *Baie du sud* avec ses exploitations forestières, les établissements des missionnaires français à *Saint-Louis*; sur la côte sud-est, aride et tourmentée, *Yaté* et *Unia*.

Après avoir visité *Thio*, centre des mines de nickel, dans le 2e arrondissement nous trouvons, autour de Canala, les premières grandes tribus canaques, au milieu de plantations de cocotiers et de bananiers. *Nakéty* est renommé pour ses cultures de café, d'ananas, pour ses mines d'antimoine et de nickel.

A *Moindou*, on est heureux de rencontrer un village de 120 colons libres qui, après les difficultés du début, sont parvenus à prospérer. Cette agglomération se relie à *Foawari*, pénitencier agricole, et à la *Foa*, centre mixte de colons libres de colons pénitentiaires et d'Indiens malabars.

Nous redescendons à la *Ouanéni*, où la culture de la canne est à reprendre, à *Bouloupari* et à *Torno*, centres d'élevage de troupeaux.

Après les stations de bétail de *Bourail* (3e arrondissement), du *cap Goulvain*, de *Poya* et *Muéo*, il faut traverser le centre de l'île et les forêts des montagnes, de Bourail à Houaïlou. Ces deux points sont les plus importants de l'île. De *Houaïlou* nous rencontrons les jolies vallées de la Tchamba, de la Pouéribouen. Nous admirons en route de splendides cascades. Partout les gisements de nickel alternent avec les cultures des Européens et des Canaques. *Pouembout* et *Koné* sont des vallées fertiles où l'agriculture se développera rapidement. De même à Voh, dans le 4e arrondissement, dont le principal port est *Touho*, sur la côte est. Au-dessus de ce port, s'ouvre la région de *Hienguène*, la plus pittoresque de l'île et la plus peuplée de tribus canaques.

On remonte la rivière pendant 5 kilomètres en embarcation, tandis que les gros navires mouillent au pied des

Tours Notre-Dame, blocs calcaires de 80 mètres de haut et d'un grand effet. Près de là sont d'admirables cavernes et des grottes, plus accessibles que celles de Houaïlou et d'Adio.

A *Wagap* se trouvent des gisements ardoisiers, des cultures de riz et de café. On y fait aussi l'élevage des moutons.

A *Tao*, commence, sur le littoral Est, la série des cascades mugissantes et, à *Panié*, la chaîne de rochers abrupts de 800 mètres de hauteur, sur le plan desquels on a essayé de faire un sentier en corniche.

A *Panié* et *Galarino*, des gisements aurifères ont été constatés.

Nous arrivons à *Ouégoa*, chef-lieu du 5e arrondissement. Il doit toute son importance à la mine de cuivre de la Balade, qui a produit jusqu'ici 40 000 tonnes de minerai à 18 pour 100. Cette mine est actuellement en chômage à cause du bas prix du cuivre. Elle a eu à sa disposition 300 condamnés pendant vingt ans.

Balade est la localité où débarquèrent les premiers Français et où la prise de possession de l'île fut officiellement proclamée en 1854. Des établissements de missionnaires français sont installés à *Pouébo*. La région est protégée par un fort et un poste militaire à *Oubatcha*, localité où l'on élève des chevaux estimés.

Mauguine est un territoire aurifère d'où l'on extrait pour 700 000 francs d'or. *Pam* est le port du Diahot pour les grands navires. Enfin, près de la pointe nord de la Calédonie, est l'île de *Paâba*, d'une superficie d'environ 5000 hectares, où l'on exploite l'amande de la noix de coco ou cobrah, dont on fait de l'huile, et les fibres de la noix, dont on fait le crin végétal.

Population. — La population libre est très disséminée dans ce pays de grands pâturages et de grandes cultures. On s'explique que la plus nombreuse population, en Australie comme en Calédonie, soit dans les villes. Melbourne a 270 000 habitants sur 900 000 ; donc plus du tiers de toute la colonie. Nouméa en a 3200 sur 4150. On forme cependant en ce moment des centres agricoles des villages sur divers points de l'île.

Le nombre des femmes n'atteint pas la moitié de celui des hommes.

La population civile était, en 1884, de 4150 personnes, dont 1200 fonctionnaires, officiers et employés. Elle ne s'accroît que de 900 personnes par an. Aussi ne saurait-on trop encourager l'immigration volontaire. Il faut ajouter à ce chiffre 1500 hommes de troupes et 10000 condamnés, soit en tout 15650 Européens.

La population indigène est de 40753 individus, c'est-à-dire 23123 sur la grande terre, 16250 aux Loyalty et 1380 à l'île des Pins. Les *Néo-Hébridais* sont au nombre de 2450. Les Malabars, Chinois, Africains au nombre de 250. Cela donne pour la population de couleur 43453 habitants. La colonie, avec ses 2102395 hectares, n'a donc à nourrir pour le moment que 59000 personnes, soit, à raison de 400000 hectares cultivables, 1 habitant par 7 hectares.

CHAPITRE II

LES INDIGÈNES

Canaques. — On appelle les Calédoniens *Canaques*. Ainsi que la plupart des indigènes des îles de l'Océanie, ils ont la peau couleur chocolat. Les pommettes sont plus saillantes que les nôtres, mais moins que celles des nègres. Ils ont les yeux noirs et la conjonctive oculaire rougeâtre, ce qui leur donne une expression farouche. A voir leurs grandes dents blanches proéminentes, ils paraissent toujours disposés à dévorer un membre humain. Ils diffèrent beaucoup des indigènes australiens, auxquels ils sont bien supérieurs.

Popinées. — Les femmes, qu'on appelle « popinées », sont très laides en général. Leur chevelure courte et crépue comme la chenille d'un casque de carabinier, leurs oreilles déchiquetées, leurs traits déformés, présentent un aspect peu séduisant. Souvent elles blanchissent leur chevelure avec de la chaux. Elles sont flétries de bonne heure, par suite tant des privations qu'elles endurent que des rudes travaux auxquels elles sont soumises.

Costume. — Le costume des Canaques est un pagne en étoffe, retenu par une ceinture. A Nouméa, ils portent en général le pantalon.

Le sauvage aime à alterner le costume d'Adam avec celui des Européens. Dans l'intérieur, on le rencontre vêtu d'un gilet avec un chapeau haut de forme sans pantalon. L'absence de bas est compensée par des jarretières garnies de coquilles aux genoux. Des bracelets au gras des bras, des colliers en poil de roussettes[1], des pendants d'oreilles en bois ou en écorce, gros comme un bouchon et passés dans le lobe de l'oreille, sont les parures ordinaires des chefs ou des guerriers ou des élégants. Ils ornent leur chevelure de verdure ou d'aigrettes de plumes, ou ils l'enveloppent dans une étoffe nouée en turban avec la corde de leur fronde.

Les femmes ne portent ni jarretières, ni bas. A Nouméa, elles sont vêtues d'un grand peignoir, sans taille, blanc ou de couleur brillante, ou à carreaux. Dans l'intérieur de l'île, elles n'ont qu'une ceinture frangée en fibres de cocotier, teintes avec des sucs. Elles se parent de colliers en pierres polies et percées, en graines, en poils de roussettes et de bracelets de coquilles.

Elles fument, comme les hommes, un tabac en figues, très âcre et très fort. Leur pipe et leur couteau ne quittent pas leur ceinture, et souvent leur pipe remplace dans le trou de leur oreille le rond de bois qu'elles y mettent ordinairement.

Les hommes portent la barbe comme attribut de la virilité. Mais après un deuil, après une réconciliation, après la rencontre d'un ami longtemps attendu, on casse une bouteille de verre, on prend un tesson et l'on se rase mutuellement.

1. Espèce de grande chauve-souris : voyez plus loin, page 548.

Le tatouage n'est que partiel. Il est plus en usage chez les femmes que chez les hommes. Elles se piquent dans la peau des brins d'herbe sèche, y mettent le feu et se font ainsi des petites tumeurs rondes et gaufrées disposées par rangées.

Alimentation. — Le Canaque se nourrit d'ignames, de taros, de patates, de bananes, de cocos, de cannes à sucre, de papayes, de poissons et de coquillages. L'eau de mer et les coquillages ajoutent aux aliments le sel qui leur manque.

Il élève des volailles et des porcs, mais pour en faire trafic avec les caboteurs, et ne peut les consommer lui-même, parce que ces aliments ne suffiraient pas à toute sa tribu.

La récolte des ignames et des taros est dévorée dans de grandes fêtes que les tribus se donnent entre elles. Dans l'intervalle de deux récoltes, le Canaque, mourant de faim, s'emploie chez les Européens qui le nourrissent, ou en est réduit à manger des fruits, des racines, des sauterelles ou de la terre. Cette terre est une stéatite molle en boulettes, se délitant avec la salive, ayant un goût légèrement sucré. Elle engourdit l'estomac, mais ne nourrit pas.

Cannibalisme. — Le Canaque vivant ainsi d'aliments végétaux, l'aliment azoté lui manquait. Son instinct lui disait que la viande enrichirait son sang, et voilà pourquoi, dans un pays dépourvu d'animaux et de gros gibier, il trouvait bon de manger son semblable. C'est ce qui avait lieu surtout dans les guerres entre tribus.

Usages. — Les popinées vont à la pêche, aux champs, aux corvées, et portent les fardeaux, pendant que leur seigneur et maître marche en avant, sa hache ou sa lance à la main. Les usages défendent aux femmes de s'approcher des hommes, même de leur mari, autrement qu'en rampant. Il est très impoli de demander à un Canaque des nouvelles de sa mère, de sa femme et surtout de sa sœur. Une femme se jette, avec son fardeau, dans les bois, si elle rencontre un homme, et surtout son frère, en chemin.

Il est prescrit par la civilité calédonienne de passer

devant les chefs et les invités; de s'asseoir quand ils se tiennent debout[1]; de ne pas ôter sa coiffure quand on a pris part à un enterrement; de montrer, à la façon des Cochinchinois, à son amphitryon, qu'on a le ventre plein jusqu'à l'excès.

Cases. — Les cases canaques sont construites en forme de ruches d'abeilles avec des bois, des écorces de l'arbre qu'on appelle *niaouli* et un toit d'herbes. On fait du feu au milieu, entre des pierres. Il n'y a qu'une petite ouverture qu'on obstrue le soir, afin de se préserver du froid et surtout des moustiques pendant la saison chaude.

Les cases des chefs ou celles d'apparat, où se réunit le conseil des anciens de la tribu, sont plus grandes et mieux faites. La toiture se relie au poteau central par un inextricable réseau de perches enchevêtrées. Le plafond se compose de grosses planches de houp, aux extrémités desquelles sont sculptées des têtes grimaçantes. Il en est de même des piliers. Des amulettes, des étoffes, des nœuds sortilégiques sont suspendus aux parois.

Ustensiles. — Les poteries canaques, en terre vernissée, ont été remplacées par des marmites en fer et les calebasses par des bouteilles.

Leurs haches en pierre polie ont cédé le pas aux haches en fer ou en acier; mais ils ont conservé comme armes la sagaie et le casse-tête en bois, engin terrible dans leur main. Ils se servent habilement de la fronde; leurs projectiles sont des pierres ovoïdes. Ils marquent au moyen de pierres tumulaires, à la place même où ils sont tombés, le nombre des guerriers tués dans les combats.

Les haches, les herminettes en pierre servaient à creuser des pirogues et à travailler le bois.

Les haches rondes étaient un attribut, un insigne de chef, et, lorsqu'on devait tuer un chef ennemi puissant, c'était avec une de ces haches de luxe qu'on lui faisait l'honneur de le frapper.

---

1. On voit que ces usages sont dictés par la défiance, car en marchant devant son invité ou en s'asseyant devant lui, on ne peut lui assener un coup de casse-tête.

Les pirogues sont à balancier. Elles sont simples ou doubles et sont creusées dans un seul tronc d'arbre. Elles sont manœuvrées à la pagaye et à la voile triangulaire en nattes.

Le seul instrument de musique est une flûte en roseau à deux trous. Les indigènes en jouent avec une égale facilité, tantôt par la bouche, tantôt par le *nez* en se bouchant l'une des narines avec le pouce.

Fêtes. — Pilou-Pilou. — Les Calédoniens aiment les réunions et les réjouissances, connues sous le nom de *pilou-pilou*. Ce sont des fêtes à l'occasion des récoltes, de la mort d'un chef, de la naissance du fils d'un chef ou des marchés d'échange, mais toujours des fêtes guerrières.

Religion. — Les Canaques croient à la vie future, puisqu'ils honorent les morts et surtout les chefs par des fêtes funéraires; ils croient aux esprits, aux revenants, aux sortilèges. Ils font aux esprits des offrandes d'ustensiles, d'étoffes, de fruits et de vivres. Leurs sorciers font la pluie ou la sécheresse, le vent ou le soleil. Les esprits de leurs aïeux vont tous dans une sorte de lieu de repos situé sous la mer. Quand il tonne, c'est que ces esprits reviennent irrités, et, afin de les éloigner, on promène sur le sommet des montagnes des torches allumées.

Ils ont les ablutions, les abstinences et la coutume du *tabou*.

Les femmes et les simples Canaques sont enterrés; mais les corps des chefs sont exposés dans les montagnes, soit parmi les branches d'un arbre, sur un treillis de lianes ou sur des nattes, soit sur les rochers[1].

Langage. — Les idiomes canaques, bien que dérivant d'une même origine, changent avec chaque tribu au point que deux tribus voisines se comprennent difficilement; mais les indigènes apprennent à parler un langage mélangé de français, d'anglais et de canaque : « le bichelamer », que tout le monde comprend en peu de temps.

---

1. L'administration française cherche à amener les indigènes à enterrer tous leurs morts dans des cimetières, par mesure de salubrité publique.

Les Canaques aiment à veiller très tard le soir, et les conteurs récitent de longues et poétiques légendes. Ils n'ont pas d'écriture ni de livres, mais ils gravent sur des bambous les faits qui les intéressent et, au moyen de cette représentation figurée, ils racontent les faits dont le souvenir doit se perpétuer.

Numération. — Un Canaque ne saurait compter jusqu'à 1000. Il se sert de nœuds qu'on fait à une corde ou de coches qu'on fait à un bâton comme la taille des boulangers. Il a tiré de la nature une méthode aussi simple qu'ingénieuse, et qu'on peut appeler *système vigésimal*, puisque la base en est le nombre 20. On réalise ce nombre en comptant les doigts des mains et les doigts des pieds, et l'on appelle le tout « un homme ». 40 doigts font deux hommes, et ainsi de suite.

En outre, la numération des Canaques change selon qu'il s'agit : d'êtres animés, 20 oiseaux ; d'êtres inanimés, 20 cocos ; d'êtres très grands, 20 navires.

Monnaie. — Ils ne veulent accepter ni la monnaie de cuivre ni la monnaie d'or. Ils prétendent qu'on leur a donné des sous neufs pour de l'or, dont ils ne savent d'ailleurs pas la valeur. Il faut tout traiter en comptant d'après leur numération, et s'il s'agit de payer 1 fr. 50, on dit : voilà trois *dix sous*. L'unité de monnaie est donc la pièce de 50 centimes.

La monnaie indigène consiste en perles faites avec la pointe diamantée de petits coquillages qu'ils usent jusqu'à ce qu'ils soient percés et qu'ils enfilent ; un mètre de ce chapelet vaut 50 francs.

Décadence de la race indigène. — La race canaque est en proie à bien des maladies. De 70 000 qu'elle comptait avant l'occupation, elle est tombée à 25 000 sur la grande terre, en moins d'un demi-siècle. Les causes de ce dépeuplement sont multiples : la dissémination des villages, le peu de relations entre eux, la dure condition des femmes, l'abus des spiritueux, le mauvais emploi des vêtements, la mauvaise alimentation, les maladies mal soignées ou contagieuses, la phtisie pulmonaire, tels sont les motifs qui entraînent la disparition d'une race qui nous serait désormais fort utile. Nous ne traquons pas les indigènes, comme les Anglais, les Espagnols, les Américains et les Australiens l'ont fait au début de leurs occupations. La France, humaine pour tous les peuples sauvages chez lesquels elle s'est établie, n'encourra jamais le reproche de vouloir *coloniser sur les tombes*.

Rapports des indigènes avec les blancs. — Insurrections. — Parmi la population coloniale, il y a beaucoup de jeunes *métis* garçons et filles. On les élève dans les écoles, dans les familles, et ceux qui, ayant perdu leurs parents, sont rentrés dans la tribu de leur mère pour retourner à la vie sauvage, vont être placés dans des ateliers européens. Les Canaques voulant reprendre et garder les métis orphelins, il n'est que temps, au contraire, de nous les assimiler.

Il n'y a pas en Calédonie de préjugés de castes et de démarcation entre les blancs et les sang-mêlés. Les jeunes filles métis font de bons mariages et ces unions sont généralement heureuses et fécondes.

Les Canaques sont comme de grands enfants, ils en ont aussi les révoltes, et c'est ainsi qu'éclata subitement une terrible insurrection.

La population blanche en se développant pénétrait de plus en plus dans l'intérieur, occupant les terres, amenant des troupeaux qui ravageaient les plantations canaques. Dans la nuit du 25 juin 1878, les massacres de colons commencèrent. Ils coûtèrent la vie à 200 personnes. La révolte ne fut apaisée qu'en mars 1879. Malgré d'aussi terribles épreuves, les colons montrèrent une énergique persévérance et la colonie reprit son essor.

CHAPITRE III

GOUVERNEMENT ET ADMINISTRATION.

Le gouverneur et les conseils. — La colonie est administrée par un gouverneur, assisté d'un *Conseil colo-*

nial composé des chefs d'administration et de deux notables.

Un *Conseil général* élu a été accordé, en 1885, à la colonie, qui est représentée en France par un délégué au Conseil supérieur des colonies.

Municipalité de Nouméa. — Le chef-lieu de la colonie, Nouméa, est une ville en formation qui ressemble à la fois à un camp, à une caserne, à un bourg, à une agglomération de nomades. La population urbaine, en 1885, était de 1800 civils dont 575 étrangers. En comptant les fonctionnaires et les troupes, le chiffre d'habitants atteindrait 3200. La ville était séparée de la rade et de ses faubourgs par des montagnes. On a rasé la montagne qui abritait le port. Les déblais ont servi à remblayer les marais et à faire les quais. La dépense a été de 500 000 francs. On a coupé les montagnes pour y percer des rues. Enfin on a amené de 13 kilomètres l'eau potable, et l'on vient d'augmenter le débit des réservoirs qui ne pouvaient fournir, par jour, que 500 litres d'eau pour 5000 habitants.

Nouméa est dotée d'un *Conseil municipal* depuis 1874. C'est de cette époque que date une ère d'améliorations pour la ville. On a créé des boulevards, un square, des rues, des quais importants, des trottoirs, des égouts. On a planté les rues; on les a éclairées, nivelées.

En 1876 et en 1877, Nouméa a eu deux expositions. La colonie a pris une part brillante à celle d'Anvers en 1885.

Une banque française est établie à Nouméa.

Une caisse d'épargne postale va enfin être installée.

Le service de santé et des hôpitaux est dirigé par le médecin en chef de la marine.

Justice. — La justice est organisée comme en France. Il y a, à Nouméa, un tribunal de première instance et un tribunal supérieur, servant à la fois comme cour d'appel et comme cour d'assises. Un tribunal et une chambre de commerce ont été institués. Enfin, des juges de paix sont établis pour les arrondissements, à Bourail, Ouégoa et Lifou.

Budget. — Le budget de la ville de Nouméa est de 500 000 francs, pour 1800 habitants civils.

Il y a dans l'intérieur neuf commissions municipales qui reçoivent ensemble une allocation de 70 000 francs. En outre, il y a 12 officiers de l'état civil.

Le budget de la colonie, qui était de 434 000 francs en 1870, atteint actuellement 2 325 000 francs. Comme il se solde avec des excédents, il ne pourra que se développer d'année en année.

Instruction publique. — Le premier budget de l'Instruction publique date de 1874 et s'élevait à 43 500 fr. En 1877, il était de près de 57 000 francs.

Actuellement l'administration y consacre 98 000 francs, et la municipalité de Nouméa 56 000 francs, soit 154 000 francs pour 4000 habitants civils.

Nulle part le désir d'instruction n'est aussi grand qu'aux colonies. Non seulement on en sent le besoin immédiat pour soi, mais on veut que les enfants soient ainsi mis à même de se suffire et de s'élever dans la société. L'administration accorde des bourses au collège de Nouméa, qui comprend cinq professeurs. Il exige un crédit de 31 000 francs et n'a que 15 élèves.

Les deux orphelinats, garçons et filles, coûtent 67 000 francs.

L'administration se propose de rétablir l'*école des arts et métiers*, sous les auspices de la direction d'artillerie, et de fonder également une école d'apprentis mineurs dont on a tout spécialement besoin, car notre vaste région minière calédonienne ne possède pas d'ingénieur des mines, envoyé par l'État.

Le nombre des écoles est de 45, comptant 1143 garçons et 1054 filles : total 2197 élèves, dont 1134 Européens et 1063 indigènes.

Administration pénitentiaire. — La Nouvelle-Calédonie a été choisie pour l'exécution de la peine des travaux forcés, en vertu de la loi de 1854. Le premier convoi de condamnés est arrivé le 8 mai 1864. À l'expiration de leur peine, ils sont forcés de résider dans la colonie.

Des déportés politiques ont été envoyés en Calédonie en 1873. Ils étaient au nombre de 3000 avec 450 femmes et enfants. Les grâces et l'amnistie ont fait rentrer en

France cet important contingent, et il n'est resté dans le pays que quelques familles, qui prospèrent.

Les condamnés aux travaux forcés sont au nombre de 7500 et les forçats libérés au nombre de 2500.

Les condamnés sont employés soit aux travaux publics, soit dans les pénitenciers agricoles. Ces établissements occupent 50 000 hectares, et on vient de leur en réserver 60 000 de plus, pour l'avenir : soit en tout 110 000 hectares.

Le principal de ces pénitenciers est celui de Bourail, qui comprend 800 condamnés : c'est la vallée la plus fertile de toute la Calédonie. C'est là surtout qu'on établit les condamnés sur les concessions de terres. Il y en a 425 de cette catégorie. Le pénitencier possède une usine à sucre, où les cannes sont employées à fabriquer principalement du rhum.

Là aussi est le couvent où l'on détient les femmes et les filles condamnées. On n'en envoie qu'une centaine par an. Lorsqu'un forçat concessionnaire veut se marier, il demande au couvent une femme qu'il choisit parmi les pensionnaires de l'établissement. Si celle-ci agrée la demande, un ménage vient s'ajouter aux 250 ménages déjà existants.

On a placé les libérés sans emploi à la presqu'île Ducos dans les terrains abandonnés par les déportés.

Les condamnés impotents sont réunis à l'île des Pins dans les anciennes concessions des déportés.

Enfin le pénitencier dépôt, le centre des condamnés, est à l'île Nou. Ils y sont au nombre de 3000. Il y a des ateliers, des magasins, des fermes, des prisons, un superbe hôpital, entouré de jardins anglais, sur une plage verdoyante où la musique des forçats joue à l'ombre de gigantesques banians.

A ce contingent de criminels, on va ajouter un certain nombre de récidivistes choisis qui seront internés, astreints au travail et auxquels en donnera des concessions de terres et les moyens de revenir au bien.

Domaine. — La Calédonie compte 2 102 195 hectares, dont 800 000 seulement sont propres à l'élevage sur lesquels il ne reste que 211 000 hectares disponibles. L'État s'étant réservé pour la colonisation pénitentiaire 110 000 hectares de terres à cultures, les terres à donner aux colons libres devront être prises sur les terrains désignés comme pâturages. Les demandes sont très nombreuses; car l'aliénation des terres se fait dans des conditions particulièrement favorables.

CHAPITRE IV

COLONISATION ET GÉOGRAPHIE ÉCONOMIQUE.

Concessions de terres. — A Nouméa, les terrains urbains, mis à prix à 100 francs l'*are*, ont atteint en ville 2000 francs et dans les faubourgs 200 francs. Dans l'intérieur, les terrains sont aliénés par voie de concession au prix de 24 francs par hectare, payables en 12 ans, soit 50 centimes par hectare et par an pendant trois ans, puis 1 franc; puis 2 fr. 50; puis 4 francs. On voit que les colons sont encouragés à leur début, et que l'on peut devenir à bon compte propriétaire foncier en Calédonie, dans un pays sain, splendide et soumis à la législation française. On se demande donc comment on a pu se laisser attirer par des réclames comme celles qui ont été effrontément renouvelées pour envoyer des émigrants dans la Nouvelle-Irlande, où ils sont morts de misère, de faim, de maladies et d'ulcères.

Ces avantages faits aux colons qui désirent acquérir pour 40 écus 10 journaux de terre au beau soleil sont plus grands encore pour l'immigrant dénué de ressources. L'arrêté du 27 mai 1884 porte :

Tout immigrant cultivateur a droit à une concession *gratuite* de 4 hectares de terres à cultures, de 20 hectares de pâturages et à un lot de 10 ares dans le village voisin. . la colonie accorde le passage gratuit de Nouméa au lieu . de la concession; la ration de vivres pour chaque membre de la famille pendant six mois; des outils, semences, animaux de basse-cour. Les concessionnaires sont tenus de résider quatre ou six ans consécutifs sur leur concession et de la *mettre en valeur*. La concession ne leur appartient définitivement qu'au bout de ces quatre ou six années.

Les militaires, marins et agents retraités ont droit aussi à la même concession.

2 hectares de terres à cultures sont donnés à tout enfant né dans l'intérieur de la colonie, ailleurs qu'à Nouméa. Le père jouit du terrain jusqu'à la majorité ou le mariage de l'enfant, époque où celui-ci doit habiter et exploiter pendant cinq ans sa concession.

Enfin tout artisan non cultivateur reçoit un lot de village de 20 ares.

Élevage. — En Calédonie, la location des terres à élevage est de 1 fr. 50 par an et par hectare. Il faut 3 hectares par tête de bétail. Or, ici comme en Australie, l'élevage du bétail a précédé l'agriculture. C'est la conséquence du manque de bras, de la présence des sauterelles et du fléau des inondations ou des ouragans. Il n'y a pas, dans ce pays, à préparer d'approvisionnements pour les troupeaux pendant l'hiver. Ils paissent toute l'année en liberté et passent la nuit en plein air. On en fait seulement le rassemblement et le recensement une fois par an. Les frais de garde sont presque nuls. Un bœuf coûte donc 4 fr. 50 par an de nourriture; au bout de quatre ans, après une dépense de 18 francs pour le terrain, il est bon pour la boucherie et rapporte 320 francs. Un troupeau décuple en huit ans. On a importé d'Australie, en 1859, 1000 têtes de bétail; aujourd'hui on compte en Calédonie environ 80 000 bêtes à cornes. On achète le bétail à raison de 90 francs la tête pour l'élevage.

Les moutons ne sont pas plus de 15 000. Une herbe mauvaise qui s'introduit dans leur laine et les fait dépérir en a jusqu'ici empêché l'élevage; mais on a préparé des pâtures débarrassées de cette mauvaise herbe, et l'introduction de béliers et de brebis de la bergerie de *Rambouillet*, sous la conduite d'un berger, va développer cette industrie ainsi que la production de la laine, qui est d'excellente qualité.

Les chevaux, au nombre de 1500, viennent d'Australie. Il en existe aussi une petite race venant de l'île Norfolk ; ces derniers, comme les ânes et les mulets dont la propagation facile est à développer à cause de la nature montagneuse du pays, rendent des services aux petits colons, comme bêtes de transport. Mais le cheval d'Australie fournira au pays une bonne race. Aussi l'amiral Courbet, pendant son gouvernement, a-t-il rendu un grand service à la colonie et aux éleveurs en décidant que la remonte de la gendarmerie et de l'artillerie serait faite avec les produits de la colonie.

Les chèvres, les porcs et les volailles sont en grand nombre et prospèrent admirablement.

Faune indigène. — La faune indigène est pauvre; autant la végétation est belle, autant cette nature est monotone par l'absence de la vie animale. Évidemment, il est heureux qu'il n'y ait ni reptile, ni fauve, ni animal malfaisant. Les oiseaux, bien qu'au nombre de 107 espèces, sont rares et chantent peu. Il y en a un spécial à la Calédonie, comme l'*apterix* ou *kiwi* est spécial à la Nouvelle-Zélande. Cet oiseau particulier, c'est le *kagou*[1]. Il a des ailes, mais ne vole pas. Quand il est poursuivi, il cache sa tête sous son aile et se croit invisible. Il se nourrit de vers : c'est le jardinier du pays.

Un mammifère, la *roussette*, ou renard volant ou vampire, est une grande chauve-souris frugivore, inoffensive et bonne à manger.

Comme gibier, le *notou* et le *dago*, sortes de gros pigeons, la tourterelle verte, la caille des colons et les canards sauvages sont assez abondants. Les cerfs ont été importés d'Europe dans les environs de Nouméa et se développent rapidement. On a aussi introduit des lièvres à Canala.

Parmi les insectes, il n'y a qu'un petit scorpion gris, le cent-pieds et une araignée qui soient nuisibles. Les

---

1. Rhynochetos jubatus.

moustiques sont plus gênants que dangereux, ainsi que les cancrelats. Les serpents du bord de la mer sont inoffensifs. On trouve aux Loyalty un crabe dont les pinces sont assez fortes pour ouvrir une noix de coco. J'en avais enfermé dans ma malle; pendant la nuit, ils ont rongé les planches et se sont échappés.

Enfin, dans la mer, on a à redouter plusieurs espèces de poissons nuisibles ou voraces, surtout le requin, qui se montre dans le port même de Nouméa.

Le *lamantin* est un animal inoffensif comme le phoque et dont la chair est bonne à manger. Il se nourrit d'herbes marines et n'a ni dents ni défenses.

Le *dugong* porte au contraire deux défenses à sa mâchoire supérieure.

Cultures européennes. — Les terres cultivées se vendent 500 francs l'hectare. Quant aux cultures vivrières, les haricots donnent deux récoltes par an ainsi que la patate et la pomme de terre. Les choux, les tomates, la salade, les pastèques, les pois, les fraises, viennent parfaitement. Avec le potager, le poulailler et la porcherie, les vivres du colon sont assurés. Le maïs est la principale culture. Il remplace le blé. Il donne, deux fois par an, 4 tonnes à l'hectare.

Le café est de première qualité. Il se vend à Nouméa 2 francs le kilogramme. Un hectare peut recevoir 2500 caféiers, qui produisent au bout de trois ans de 500 à 1000 kilogrammes. C'est l'une des principales productions du pays; la plante n'est attaquée ni par les sauterelles, ni par aucune maladie.

La canne à sucre produit à l'hectare 2000 francs et le riz 600 francs.

Le tabac est très cultivé. Le gouvernement encourage cette culture. Les colons ont à améliorer la production par des engrais potassiques.

La luzerne et les plantes fourragères donnent jusqu'à 8 coupes par an.

Enfin l'ananas produit 1500 fruits par hectare et donne 750 litres d'eau-de-vie, à 62 degrés, au prix d'au moins 1 franc le litre. Une grande plantation avec distillerie s'est introduite il y a quatre ans, afin de remplacer par l'eau-de-vie d'ananas les pertes que cause dans nos vignobles le *phylloxera*.

Le bananier, le cocotier, le manioc, font partie des cultures les plus essentielles de la colonie, et poussent sans aucun soin, ainsi que les fruits tropicaux : oranges, citrons, pêches, mangues, etc. La vanille vaut 80 francs le kilogramme.

Plantes ornementales. — Les plantes exotiques à feuillage ornemental qui donnent lieu en Belgique et en Allemagne à un commerce important, sont demandées à la Nouvelle-Calédonie et à nos autres colonies pour l'exportation.

Les aralias, les cycadées, les dracænas, les yuccas font l'ornement des forêts calédoniennes. Les grandes futaies en font l'utilité.

Essences forestières. — La Calédonie a des forêts immenses où croissent des arbres magnifiques : le *kaori* (un dammara) a 30 mètres sous branches, est très droit et donne une résine excellente. Le *niaouli* (*Melaleuca viridiflora*) est l'arbre calédonien par excellence. Une infusion de ses feuilles remplace le thé ou le laurier dans les sauces. Il assure la salubrité du pays ; aussi le propage-t-on en Algérie comme l'eucalyptus. Son fourreau d'écorce le préserve du feu et sert à faire des cases. Il produit l'essence de niaouli ou *huile de cajeput*, employée dans la parfumerie et en médecine contre les rhumatismes et les maladies de la vessie. En un mot, c'est un arbre précieux à tous les égards.

Les *caoutchoutiers* seraient à exploiter, car les produits de cet arbre sont devenus rares et chers en Europe.

Le *bancoulier* donne l'huile de camari et le *cocotier* l'huile de *coco*, de sorte qu'une savonnerie européenne, montée à Nouméa, fournit à toute la colonie le savon ordinaire.

Les *dammaras* et les *araucarias* font des colonnes superbes.

Le *houp* est un bois incorruptible servant à faire des pirogues et des piliers de cases.

L'*arbre à pain* donne annuellement des fruits savoureux et féculents.

Le suc de l'*arbre à goudron* (*Rhus atra*) engendre des plaies douloureuses, lorsqu'on débite sans précaution le bois vert.

Les arbres d'essence propres à l'ébénisterie se vendent en grume 10 francs le stère, et celles propres aux constructions 5 francs le stère.

Le *tamanou*, l'*ébène blanc*, le *chêne tigré*, le *bambou* et une foule de bois propres à tous usages abondent. La colonie consomme de 3 à 4000 mètres cubes de bois et dépense par an en Australie et en Amérique, 400 000 francs de bois qu'elle pourrait faire débiter dans ses propres forêts; mais elle n'a que deux exploitations et quelques petits chantiers forestiers. Les bois de la Nouvelle-Zélande et de l'Orégon, qui valent, tout débités, 25 francs le mètre cube *dans le pays d'origine*, sont donc amenés à Nouméa au prix de 100 à 150 francs et même plus. Il est temps que la main-d'œuvre vienne permettre l'exploitation, facilitée par les chutes d'eau naturelles, des forêts situées sur le bord de la mer le long de la côte nord-est.

Industries. — Les industries coloniales à créer sont une tannerie, une féculerie, des exploitations de bois, de pierre, de charbon, etc., etc.

Mais les principales ressources à attendre du pays sont dans les mines. La Calédonie est surtout un pays minier.

Mines. — Les principaux minerais exploités sont le cuivre, le nickel, l'or, l'antimoine, le cobalt et le chrome.

La houille, le fer, les pierres lithographiques, les pierres à bâtir et les pierres à chaux doivent compléter ces exploitations.

Il a été déclaré, jusqu'en 1885, 1160 mines couvrant 100 000 hectares; mais la plupart ne sont pas exploitées faute de capitaux.

L'exportation des minerais a dépassé 5 millions en 1884.

Le gisement de cuivre le plus important est celui de la Balade au Diahot. Il a fourni 36 000 tonnes. L'une des mines de cuivre donne jusqu'à 34 0/0 de minerai; mais, en ce moment, l'extraction est suspendue.

L'or a été exploité à Mauguine et à Galarino ; mais jusqu'ici les résultats n'ont pas été rémunérateurs. Les travaux ont repris à Mauguine ; mais il serait nécessaire de procéder à Galarino à des recherches mieux dirigées.

Une industrie qui reste française et doit devenir nationale, c'est celle du *nickel*, qu'on devrait appeler le *métal français*.

Les mines de nickel d'une seule société couvrent en Nouvelle-Calédonie 4000 hectares et sont réparties dans trois centres principaux : Canala, Houaïlou et Thio. Le minerai est fondu à Nouméa dans les hauts fourneaux. On y produit de la fonte de nickel sans soufre à 70 0/0, à raison de 4 à 5 000 kilos par jour. Ces fontes sont affinées dans l'usine de la Compagnie, qui livre du nickel à 6 francs le kilo, au lieu de 40 francs, ancien prix.

Cette industrie prendra un grand développement le jour où l'on se décidera à transformer notre monnaie de billon en monnaie de nickel.

L'*antimoine* est très abondant et de qualité supérieure. Il sert pour la fonte des caractères d'imprimerie et pour la thérapeutique. Son extraction est très facile. Il se fond dans les hauts fourneaux de Nakéty.

Le *chrome* est exploité au pied des monts d'Or. Les frais d'extraction sont de 12 francs par tonne rendue sur le bord de la mer, 50 francs de fret ordinaire, ce qui est un maximum, et la tonne se vendra 100 francs, ce qui laisse un beau bénéfice. Aussi les Compagnies qui exploitent en Calédonie le chrome et le cobalt sont-elles australiennes. Melbourne est le centre de ce commerce. Depuis deux ans le chrome est employé, en Allemagne et en Angleterre, au tannage des peaux. Ce nouveau procédé est appelé à faire une révolution dans l'industrie du cuir, à laquelle Bordeaux est si largement intéressée.

Le *cobalt* est d'une facilité d'exploitation exceptionnelle. Il se récolte en abondance sur le littoral sud de la Nouvelle-Calédonie. Il sert aux teintures en bleu pour porcelaine, émail, etc. On le fond à Nouméa.

Des gisements de *houille* ont été découverts en 1854 et en 1872, expérimentés en 1858. Les couches étaient irrégulières; l'eau se rencontrait très vite. La consommation était minime. Le charbon d'Australie est très bon marché. Pour ces motifs, on n'a pas exploité, mais on s'occupe de commencer des travaux qui feront ressortir l'importance de ces gisements. Les hauts fourneaux qui existent à Nouméa, les grands paquebots, les usines y trouveraient les ressources en combustible qui leur sont indispensables.

Nous ne parlerons pas des marbres, des serpentines, des jades, des ardoises. Nous nous bornerons à citer les *pierres lithographiques* de la presqu'île Ducos. Elles sont exemptes de quartz, de vermicelles, et se présentent en liteaux par plaques de 1^m,20 de long. Elles sont situées sur le bord de la mer.

Tel est l'ensemble des richesses minières de notre colonie. Elles sont assez importantes pour attirer l'attention des capitalistes français à une époque où l'argent est abondant et à bas prix.

Commerce. — Une chambre de commerce fonctionne à Nouméa, ainsi que des comités agricoles, industriels et commerciaux.

Les importations, en 1884, ont été de plus de 10 *millions* et les exportations de 6 *millions* 487 000 *francs*.

Le commerce d'échanges entre Nouméa et les autres ports de la colonie s'est élevé, en 1884, à 4 millions de francs. Le mouvement maritime a été en 1884 de 260 navires d'un tonnage de 120 000 tonneaux.

Un ligne de navigation française directe entre Marseille et Nouméa est établie depuis novembre 1885, et depuis lors un service à vapeur dessert les ports de l'Atlantique et la colonie. On réclame pour Nouméa un *bassin de carénage* et des ateliers de réparations pour les navires marchands. Les navires de guerre vont chaque année se réparer à Sydney et dépensent plusieurs centaines de mille francs au profit des Australiens. Pour que Nouméa, port français, reste tête de ligne des paquebots français subventionnés, il faut créer sans retard ce bassin et agrandir les quais et appontements.

Une ligne directe de steamers va fonctionner entre la

Cochinchine et la Calédonie avec escales en Australie. Désormais, d'ailleurs, tout navire à vapeur faisant le voyage entre Nouméa, Sydney et Saïgon, sera dégrevé des droits de phare, balisage, ancrage, etc. Cette sage mesure va mettre en relations la Nouvelle-Calédonie et l'Australie avec notre grande colonie indo-chinoise, et faciliter entre ces pays l'échange de leurs produits.

Voies de communications. — La Calédonie est, comme on l'a vu, habitée d'une extrémité à l'autre par des Européens établis dans le voisinage des indigènes. Il est facile de faire, sur les vapeurs bimensuels, ce qu'on appelle le « tour de côte »; mais la voie de terre est beaucoup plus longue et plus pénible.

Au delà de 80 kilomètres, on ne rencontre plus que des tronçons de routes en construction, puis des sentiers, par monts et par vaux. Tous les tronçons de route réunis peuvent s'évaluer à 300 kilomètres, et il en faudrait 1100. Les transactions commerciales sont facilitées par des services réguliers à vapeur et à voiles sur l'Australie, sur Bordeaux et le Havre, et par les paquebots-poste français de Marseille[1].

Un service de paquebots à vapeur relie entre eux tous les points de la côte au moins deux fois par mois. Les caboteurs à voiles sont nombreux. Par vapeur le fret coûte 45 francs la tonne de Nouméa au nord de l'île, et le passage 125 francs en première classe.

Postes et télégraphes. — Un réseau télégraphique et postal, comprenant 27 bureaux, met en communication avec le chef-lieu tous les ports de la côte et toutes les localités de l'île.

On s'occupe de relier par un câble sous-marin, de Brisbane à Nouméa, la Calédonie à l'Australie et par suite à la France.

[1]. Le fret est de 100 francs la tonne entre Marseille et Nouméa, et le prix du passage de : 1875 francs en 1re classe; 1500 francs en 2e classe; 655 francs en 3e classe, et 470 francs sur le pont.

CHAPITRE V

LES ILES LOYALTY ET AUTRES DÉPENDANCES
DE LA NOUVELLE-CALÉDONIE.

Iles Loyalty. — Un groupe d'îles alignées comme la Calédonie, du sud-est au nord-ouest, et peuplées de 16 250 Canaques, se trouve à 100 milles à l'est de la grande terre : ce sont les Loyalty. Elles n'ont que 70 mètres d'élévation au-dessus de la mer et constituent trois grands champignons coralligènes. La superficie est de 180 000 hectares pour *Lifou*, la principale, et de 98 600 hectares pour *Maré*. *Ouvéa* n'est qu'une langue de terre couverte de cocotiers.

Au nord-ouest d'Ouvéa, sont les *îles Beaupré*, découvertes, en 1793, par d'Entrecasteaux, allant à la recherche de La Pérouse.

Le chef-lieu de l'archipel est *Képénéhé*, dans l'île de Lifou, au fond de la baie du Sandal. C'est la résidence des autorités françaises. Il y a un bureau de poste, des missions catholiques et protestantes. Les navires de fort tonnage mouillent dans la baie. De hautes futaies poussent dans le corail. Les indigènes les ont sillonnées de routes très praticables. Le climat est des plus salubres et la chaleur y est toujours tempérée par la brise de mer.

Depuis la cessation de l'immigration Néo-Hébridaise, les gens des Loyalty viennent s'engager, à Nouméa, au service des Européens. Ils se franciseront ainsi, avec plus de profit pour eux et pour nous. Leurs cultures et leur alimentation sont semblables à peu près à celles de la grande terre. Ils laissent perdre une grande partie de la récolte d'oranges dont on pourrait cependant tirer parti soit sur place, soit pour l'exportation. Sans le cocotier, ces îles seraient inhabitables. Des indigènes boivent le lait de la noix de coco et recueillent l'eau de pluie dans une cuvette pratiquée à la base de l'arbre. Les puits qu'on a creusés sont une ressource indispensable pour les cas de sécheresse.

Lifou a 9000 habitants, dont 1800 catholiques et 7200 protestants. A *Maré*, on compte 5000 Canaques, dont 1100 catholiques et 3900 protestants. Enfin *Ouvéa* a 2245 habitants, dont 1240 catholiques et 1005 protestants. Ils sont habiles à construire des embarcations. Ils sont alliés par des mariages avec les gens de la tribu de Hienguène. Il est à remarquer que cette race, qui dépérit sur la grande terre, se multiplie aux Loyalty. Leur territoire est devenu trop restreint. Les Européens, qui ne sont pas plus d'une vingtaine, n'y font que le commerce d'échange.

Iles Bélep. — Le petit groupe des *Bélep*, au nord de la Calédonie, ne se compose que de deux îles : *Art* et *Pott*. La première a 15 kilomètres de long sur 5 de large et possède quelques terrains cultivables et miniers, des ruisseaux limpides, des plantations de cocotiers. Les habitants sont catholiques. Leur nombre s'est augmenté de 350 prisonniers canaques qui y ont été déportés et ont formé des villages.

Le port est *Ouala*. De là partent des pirogues qui viennent jusque sur la grande terre.

Iles Huon. — Un peu plus loin, dans le nord-ouest, les quatre îles *Huon*, *Surprise*, *Fabre* et *Le Leizour* forment le groupe *Huon*. Leur superficie varie de 400 à 1200 mètres de longueur sur 500 mètres de largeur. Les oiseaux s'y laissent tuer à coups de bâton. Les tortues y sont énormes et nombreuses. Le guano y abonde et y avait attiré, il y a quelques années, des industriels australiens.

Iles Chesterfield. — Les îles à guano aujourd'hui exploitées avec succès sont le groupe des *Chesterfield*, situé à 500 milles de la Calédonie. La *Seudre* en a pris possession, en 1878, à la suite de la découverte du guano ; on en a expédié à Maurice et à la Réunion environ 5000 tonnes. Il y en a un gisement de 135 000 tonnes. Les oiseaux, les tortues et le poisson y abondent, comme aux îles Huon. La végétation y est rabougrie.

Tel est l'ensemble de ces groupes d'îles et archipels qui constituent les dépendances de la Calédonie.

Les Nouvelles-Hébrides. — Cet ensemble de possessions resterait non seulement incomplet, mais fermé et bloqué, si la France n'y ajoutait pas cette autre dépendance naturelle encore inoccupée, qu'on nomme les Nouvelles-Hébrides. Toute autre nation venant s'y implanter nous barrerait la route de Tahiti et de Panama. Nous trouverions ainsi devant nous des barrières étrangères, comme nous avons laissé s'élever entre nous et nos possessions de l'Indo-Chine les Anglais, et fortifier tous les passages maritimes. L'archipel des Nouvelles-Hébrides est à deux jours de vapeur dans le nord-est de la Nouvelle-Calédonie, entre 8°30' et 12°15' de latitude sud, 165°20' et 167°40' de longitude est. Il a été découvert, en 1606, par l'Espagnol Fernandez de Quiros, qui appela l'île principale *Australie du Saint-Esprit*. Bougainville, cent soixante-deux ans plus tard, y ajoute plusieurs îles et nomme le groupe : les *Grandes Cyclades*. Enfin, six ans après lui, Cook achève la découverte et laisse à ces îles le nom de Nouvelles-Hébrides qui a prévalu. Le groupe se compose de grandes et nombreuses îles dont les unes, situées sous le vent, sont malsaines, et les autres, exposées aux vents régnants, sont plus salubres. Cet archipel, avec celui de La Pérouse, est habité par 50 000 Mélano-Polynésiens. Ces parages, remplis de souvenirs français, ont été explorés par nos navigateurs et sont fréquemment visités par les navires de la station navale de Calédonie.

Les Nouvelles-Hébrides comprennent, au sud, *Anatom, Tauna, Fotuna, Erromango;* au nord, *Vaté* ou *Sandwich*, qui a 40 kilomètres de tour et 3000 habitants, et où se sont établis en plus grand nombre les colons européens et surtout les Français; *Api, Mallicolo, Saint-Esprit, Ambrym, Aoba, Aurore* et *Pentecôte*, bien connues des Français, car toutes ces îles ont fourni à nos colons de bons travailleurs au moyen d'engagements qui viennent d'être interdits, ce dont profitent les Allemands des Samoa et les Anglais des Fidgi et du Queensland. Plus au nord, sont les îles *Banks*, comprenant *Sainte-Marie, Mota, Vanna Lava*, et les îles *Santa-Cruz*, c'est-à-dire

Tinakoro, Nitendi, Payu ou *Topua*, et *Vanikoro*, célèbre par le naufrage de La Pérouse.

Les Nouvelles-Hébrides sont de formation volcanique : Tanna et Ambrym possèdent des volcans en activité et des solfatares considérables.

La superficie des Nouvelles-Hébrides est au moins égale à celle du groupe calédonien tout entier.

Les mœurs des Canaques hébridais sont analogues à celles des Calédoniens et les productions du pays sont les mêmes, avec des terres plus fertiles. L'Angleterre, convoitant cette dépendance géologique de la Calédonie, amena la France à déclarer, en 1878, qu'aucune des deux nations ne s'annexerait cet archipel sans une entente réciproque préalable. On ne prévoyait pas alors que l'Allemagne viendrait s'implanter dans ces parages.

Aussi, en 1882, les colons de Nouméa résolurent d'occuper l'archipel commercialement. Ils formèrent en trois jours une Société, au capital de 500 000 francs, et acquirent, dans les principales îles du groupe, plus de 400 000 hectares de terres et les établissements déjà fondés par des particuliers.

En novembre 1884, le Parlement de la Nouvelle-Zélande était prêt à garantir les intérêts d'un capital de 25 millions destinés à l'exploitation des Hébrides par une compagnie anglo-australienne. Les colons de Nouméa envoyèrent un vapeur remorquant un vieux ponton, le *Chevert*, épave d'un bâtiment de guerre français, acquise par la Compagnie, occuper Mallicolo et, le 10 novembre, les indigènes se plaçaient sous la protection du pavillon tricolore flottant à l'unique mât du *Chevert*. Les établissements de nos compatriotes viennent d'être reconnus valables et définitifs par la France. Et l'on dira encore que les Français n'ont pas d'initiative [1] !

Ch. Lemire.

---

1. On ne peut terminer cette étude sans rappeler les grands services rendus par M. Higginson, naturalisé Français, soit à l'industrie calédonienne, soit à la colonisation des Hébrides (note de l'éditeur).

LES ILES TAHITI

CHAPITRE PREMIER

HISTOIRE.

La découverte. — Les îles de la Société, ainsi appelées par Cook pour rendre hommage à la Société royale de Géographie de Londres, se composent de deux groupes que les navigateurs ont désignés sous les noms d'*Iles du Vent* et d'*Iles sous le Vent*.

Le premier groupe, formé des îles *Tahiti* et *Moorea* et de quelques îlots adjacents, appartient à la France.

Le deuxième, formé des îles *Huahine*, *Raiatea-Tahaa* et *Borabora*, est soumis à un régime particulier dont il sera parlé plus loin.

Les historiens ne s'accordent pas sur la date de la découverte de Tahiti, que quelques-uns font remonter à 1605 pour en attribuer l'honneur à Quiros, qui l'aurait appelée *Sagittaria*, tandis que les autres prétendent que cet honneur revient à Wallis, qui l'a incontestablement visitée en 1767.

Tahiti a été visitée par Bougainville dix mois après Wallis et par Cook en 1769. Ce dernier y retourna une seconde fois pour observer le passage de Vénus. Le promontoire sur lequel il s'installa pour cette observation a reçu pour ce motif le nom de *pointe de Vénus*.

Les missions anglaises. — Le récit des découvertes faites à la fin du siècle dernier en Océanie ayant attiré l'attention de la Société des Missions de Londres, l'envoi de missionnaires à Tahiti fut décidé par cette grande et puissante corporation religieuse. Une trentaine de ministres ou prédicateurs, pour la plupart mariés, et choisis principalement à raison des professions manuelles qu'ils exerçaient, quittèrent l'Angleterre en 1797, sur un navire appelé *Duff*.

Ils se répandirent dans les différentes îles de la Société, où ils furent reçus avec bienveillance. Ils eurent cependant beaucoup de peine à convertir les indigènes, et leurs efforts dans ce sens furent souvent entourés de dangers provoqués par la rivalité des prêtres païens dont ils venaient détruire l'influence. Enfin, environ vingt-cinq ans après leur arrivée, à l'occasion d'une bataille dans laquelle les dieux païens négligèrent de donner la victoire à leurs partisans, la population brûla ses idoles, et, si elle ne devint pas encore chrétienne, elle adopta définitivement les cérémonies du culte protestant.

A partir de ce moment le pays était acquis à la civilisation, et les missionnaires se firent alors législateurs. Ils imprimèrent en 1825, sous le règne de Pomaré III, un code à la fois civil, criminel, administratif et religieux.

Pomaré IV continua, en l'accentuant, la protection que les missionnaires avaient trouvée auprès des deux précédents monarques. Le pays était déjà virtuellement placé sous leur domination, lorsque, en 1842, deux prêtres catholiques, MM. Carey et Laval, voulurent débarquer à Tahiti. Les missionnaires protestants, craignant évidemment que l'œuvre de ces nouveaux apôtres ne produisît, sinon de suite, au moins avec le temps, un déplacement d'influence à leur détriment dans la direction des affaires politiques du pays, décidèrent facilement la reine à s'opposer à ce débarquement. Tous les moyens, y compris la violence, furent mis en œuvre contre MM. Carey et Laval. Sur ces entrefaites, un navire de guerre français portant le pavillon de l'amiral du Petit-Thouars étant arrivé sur rade de Papeete, ceux-ci se prévalurent de leur nationalité auprès de cet officier général pour réclamer sa protection, qui leur fut immédiatement accordée.

Intervention française. — Traité de protectorat (1842). — M. l'amiral du Petit-Thouars, comprenant qu'au fond de la question de rivalité religieuse qui lui était soumise il y avait un intérêt de politique nationale, profita de l'occasion qui s'offrait pour faire d'abord reconnaître à tous nos nationaux le droit de débarquer et de circuler dans l'île comme les autres étrangers. Puis, des difficultés nouvelles ayant surgi par suite de l'intervention active d'un missionnaire, M. Pritchard, dans les négociations avec la reine, celle-ci, acceptant enfin les conseils de quelques résidents étrangers dont les intérêts souffraient du fait d'un gouvernement théocratique, se décida à solliciter le protectorat de la France.

Une convention fut signée, le 9 septembre 1842, par laquelle la reine et les chefs plaçaient le royaume sous l'autorité de la France.

Guerre de 1846. Deuxième traité de protectorat. — Malheureusement, les partisans de l'ancien système ayant ressaisi leur influence après le départ de M. du Petit-Thouars, décidèrent la reine à refuser de hisser le pavillon du protectorat. M. le capitaine de vaisseau Bruat, chargé d'exécuter le traité de 1842, prit alors possession de l'île au nom de la France, mais cet acte ne fut pas ratifié. Nos adversaires suscitèrent ensuite des conflits, qui ne purent se régler que par les armes, et l'île fut, particulièrement dans les districts qui avoisinent le chef-lieu, le théâtre de sanglants combats, auxquels mit fin la prise de Fautaua, dernier refuge des indigènes, le 17 septembre 1846.

A la suite de cette guerre et pour en prévenir le retour, M. Lavaud, alors gouverneur, fit avec la reine un acte additionnel à la convention de 1842. Par cet acte (19 juin 1847), l'autorité française avait le droit d'intervenir dans toutes les mesures prises à l'égard des indigènes, et toutes les lois les concernant ne pouvaient être légalement promulguées par la reine qu'avec le concours du gouverneur. La France ayant ainsi affirmé son autorité dans l'île, la paix n'a plus jamais été troublée.

Le premier soin du représentant de la France fut d'apporter dans la législation du pays les modifications que comportait le nouvel état social des indigènes. Aussi voit-on, en 1845, en 1848, en 1852, en 1855, le parlement tahitien édicter des lois pour organiser l'état civil et constituer la propriété qui ne reposaient que sur la tradition.

La reine Pomaré IV, inspirée par le commandant La Roncière, se décida à prendre, le 14 décembre 1865, une ordonnance prescrivant que tous les litiges, ainsi que tous les crimes, délits et contraventions, seraient désormais déférés aux tribunaux français et jugés d'après les règles de nos codes.

Les conséquences politiques de ce dernier acte étaient considérables, puisque l'attribut principal de la souveraineté, la dispensation de la justice, passait presque entièrement des mains de la royauté indigène dans celles de la puissance protectrice. On peut donc dire que dès 1866 Tahiti a été, de fait, annexé à la France.

La reine Pomaré IV étant morte, en 1877, sans avoir réglé l'ordre de succession au trône, le représentant de la France, n'ayant sans doute aucune instruction du gouvernement sur les mesures à prendre dans cette conjoncture, fit reconnaître la souveraineté du prince Ariiaue, fils aîné de la reine, sous le nom de Pomaré V.

Annexion à la France (1880). — Deux ans environ avant son avènement au trône, le prince Ariiaue avait épousé une jeune métis, Mlle Marau Johanna Salmon, fille d'un résidant anglais, depuis longtemps décédé, et d'une cheffesse tahitienne, Ariitaïmaï, fille elle-même de Tati, grand chef d'une division importante de l'île. Le gouvernement parut s'émouvoir des conséquences politiques de ce mariage qui pouvait affaiblir notre influence au profit de l'Angleterre. La possibilité d'une dénonciation par le nouveau roi du traité de 1842, et la nécessité pour la France de s'assurer la propriété d'un sol arrosé du sang de ses soldats et dont l'importance commerciale et stratégique se dessinait nettement dans l'avenir par le percement de l'isthme de Panama, décidèrent le gouvernement à annexer définitivement les territoires alors placés sous notre protectorat.

Par lettre du 9 septembre 1879, le commandant de Tahiti, M. le capitaine de vaisseau Planche, ayant été avisé des intentions de son gouvernement, fit auprès du roi et des chefs les démarches réclamées par ses instructions. Ces démarches, qui avaient pour objet, moyennant un sacrifice pécuniaire, d'obtenir l'abdication pure et simple de l'autorité indigène, étaient sur le point d'aboutir, lorsque les négociations furent interrompues par la nouvelle du remplacement du commandant de la colonie.

Les négociations furent reprises quelques mois plus tard par le nouveau commandant, M. Chessé, qui signa avec le roi et les chefs, le 29 juin 1880, une déclaration par laquelle le roi remettait complètement et pour toujours entre les mains de la France le gouvernement et l'administration de ses États, comme aussi tous ses droits et pouvoirs sur les îles de la Société et dépendances.

Tahiti était ainsi annexée à la France. Toutefois, Sa Majesté avait cru devoir faire suivre sa renonciation de certains vœux touchant le respect des lois et coutumes tahitiennes et le maintien des tribunaux tahitiens pour les contestations relatives à la propriété des terres entre indigènes. Or le gouvernement ayant ultérieurement interprété ces vœux comme constituant des réserves, cette interprétation a eu pour effet d'attribuer à la déclaration royale le caractère d'un véritable testament politique destiné à perpétuer dans l'administration du pays les manifestations de la souveraineté tahitienne qu'elle avait pour unique objet de supprimer.

CHAPITRE II

GEOGRAPHIE GÉNÉRALE DU GROUPE DU VENT.

Situation. — L'île Tahiti est située entre 17° 29′ 30″ et 17° 47′ de latitude sud, et entre 151° 29′ 53″ et 151° 56′

de longitude ouest. Elle présente sur une carte l'aspect d'une gourde, dont le ventre serait l'*île Tahiti* proprement dite, et le goulot la presqu'île de *Taïarapu*. Ces deux parties sont reliées entre elles par l'isthme de *Taravao*, dont la longueur est de 2200 mètres.

La superficie totale de Tahiti est de 104 215 hectares, dont les deux tiers pour l'île proprement dite. Son périmètre est de 191 kilomètres.

L'île Moorea primitivement désignée sous le nom de Eimeo, est située au nord-ouest de Tahiti à une distance de douze milles environ, dans sa partie la plus rapprochée.

Elle a une superficie totale de 13 237 hectares et son périmètre est de 48 kilomètres.

Géographie physique et pittoresque. — Les îles Tahiti et Moorea doivent, tant à raison de leur importance territoriale que de la hauteur de leurs montagnes et de la puissante végétation qui les couvre, être considérées comme les plus belles de nos possessions dans cette partie de l'Océanie.

Le voyageur qui veut jouir d'un des plus magnifiques spectacles que la nature puisse lui offrir doit gravir un des sommets de l'île Tahiti, parmi ceux qui sont accessibles, car il en est, l'*Orohena* par exemple, que nul pied humain n'a, dit-on, jamais foulé, et de là, regarder les paysages que son ascension a fait surgir à ses côtés. La variété des lieux et des couleurs est bien faite pour graver à jamais dans son esprit le panorama qui se déroule alors devant ses yeux éblouis. Derrière lui, les hauts pics infranchis, couverts d'une végétation particulière à ces altitudes, forment un altier rempart d'un bleu sombre, coupé par les lignes argentées des cascades et le noir des ravins profonds. Autour de lui, sur les flancs de toutes les collines, dans les vallées, comme sur les plateaux, une flore riche et puissante s'offre à sa vue; des arbres touffus dont les feuillages multiples empruntent en toutes saisons les couleurs de l'arc-en-ciel, mêlés aux fougères arborescentes des contrées tropicales et parmi lesquels les troncs élancés de quelques cocotiers, égarés sur ces hauteurs, se détachent et livrent à la brise leurs panaches ondoyants, forment de gracieux paysages. Son regard se dirigeant ensuite vers la mer, rencontre les contreforts des massifs qui forment l'axe de l'île, et suit leurs pentes douces dans leurs divisions capricieuses jusque sur le littoral, où elles viennent se fondre avec la plage où se trouvent les habitations. Dans la plupart des nombreux vallons, formés par les divisions de ces contreforts, coulent des ruisseaux dont le bruit sur les cailloux révèle seul la présence, cachés qu'ils sont par la végétation haute et serrée qui les protège. Tous ces ruisseaux se jettent à la mer, quelques-uns avec assez de force pour que leurs eaux, projetées par le courant à quelque distance de leur embouchure, fassent obstacle au travail invisible des polypes qui ont élevé autour de l'île une ceinture de corail, sur laquelle la mer vient se briser et qui forme un sûr rempart contre les cyclones et les ouragans.

Les teintes vertes ou azurées de la mer profonde, le ruban argenté des brisants, le sable doré de la plage, sont autant de séductions pour l'œil charmé du voyageur, qui comprend alors l'émotion et la surprise des premiers navigateurs qui ont dépeint ce pays du soleil.

Les montagnes de Tahiti dues à un soulèvement plutonien sont les plus élevées de l'océan Pacifique : le pic de l'*Orohena* atteint 2237 mètres et celui de l'*Aoraï* 2013 mètres.

L'île est arrosée par de nombreux cours d'eau. Ils sont pas navigables, se transforment pendant la saison des pluies en torrents et causent quelquefois des dégâts sur les plantations riveraines.

Le littoral de Tahiti est la seule partie de l'île qui soit habitée ; il y a bien, dans celles des vallées qui sont cultivées, quelques cases de colons chinois, destinées à disparaître avec les colons eux-mêmes, à l'expiration des baux de courte durée qu'ils font avec les propriétaires du sol. L'indigène préfère vivre sur la plage, car c'est dans la mer qu'il trouve principalement sa nourriture.

Les ports de Tahiti sont nombreux et presque tous sont

sûrs. Celui de Papeete, centre commercial des établissements, est profond et très spacieux. Les passes par lesquelles on y accède, au nombre de trois, sont assez étroites, mais elles suffisent pour des bâtiments à vapeur. Quant aux grands voiliers, il n'est pas prudent pour eux de s'y aventurer, et ils préfèrent attendre le moment favorable pour entrer par la grande passe du Nord, dite *passe de Papeete*.

L'île Moorea offre les même perspectives que Tahiti, amoindries toutefois, sa superficie n'étant que d'un tiers à peu près de celle de cette dernière île; mais si ses paysages sont moins étendus, elle rachète cette infériorité par une grande originalité dans ses montagnes. L'une d'elles est percée à jour d'un large trou, que la cosmogonie tahitienne attribue à la flèche d'un dieu. Cette flèche, lancée de Tahiti pour atteindre les îles sous le vent, aurait rencontré dans son trajet une montagne de Moorea et l'aurait traversée.

Climat, salubrité. — Le climat de Tahiti est très salubre et la chaleur supportable. Le thermomètre atteint quelquefois 32° à midi et descend rarement la nuit au-dessous de 15°. La température moyenne de la journée est de 24°. Il n'y a pas de différence bien marquée entre les saisons. Les mois de novembre, décembre et janvier sont les plus chauds et ceux pendant lesquels il pleut le plus abondamment: cependant la pluie tombe assez fréquemment pendant les autres mois de l'année pour qu'il soit difficile d'adopter une classification des saisons. Les qualifications de *saison sèche* et *saison humide* ne sont guère justifiées, bien qu'elles soient ordinairement employées par les habitants.

CHAPITRE III

LES HABITANTS.

Chiffre de la population. — La population de Tahiti et Moorea, tant indigène que blanche ou asiatique, était, à l'époque du dernier recensement, en 1882, de 11361 habitants dont 6304 hommes et 5057 femmes. Dans ce nombre l'élément blanc figure pour 1606 personnes, et l'élément asiatique pour 447. La population océanienne était donc de 9308 âmes. Ce chiffre accuse une augmentation sensible dans les mouvements de la population indigène depuis 22 ans. En effet, un recensement fait en 1860 en porte le nombre à 8283. Il y aurait donc, en tenant compte d'un petit contingent d'Océaniens étrangers, introduits pour les besoins de l'agriculture, une augmentation de près de 1000 habitants pendant cette période. Cette démonstration établit que, contrairement à ce qui a été fréquemment avancé, le contact de la race blanche avec les races polynésiennes n'a pas nécessairement pour effet de détruire ces dernières, et que l'introduction des vices des Européens dans la société tahitienne a peut-être trouvé dans l'importation simultanée de quelques-unes de leurs vertus des compensations suffisantes.

La population des îles de la Société n'est pas destinée à périr, mais ses modestes proportions font présumer qu'elle sera tôt ou tard complètement assimilée par la population blanche, dans laquelle elle se fondra, d'autant plus aisément qu'il y a, entre les deux races, parité d'intelligence et communauté d'aspirations. Les distinctions actuelles, basées sur la différence du langage et l'inégalité du niveau d'instruction, disparaîtront quand on le voudra. Elles n'existeraient plus, et la France aurait aujourd'hui dans nos établissements océaniens des populations véritablement françaises, si elle avait fait quelques efforts pour aider le budget local à introduire des instituteurs français dans chaque district où il y a une école.

Tous les indigènes savent lire et écrire, et ce n'est assurément pas leur faute s'ils ne lisent et n'écrivent que la langue tahitienne.

La famille indigène. — Par l'adoption du christianisme, la famille tahitienne, désormais basée sur le mariage, a été constituée; mais l'état civil n'existe que depuis 1852, date à laquelle l'assemblée législative indigène, sous le gouvernement de M. le capitaine de vaisseau Bonard, fit une loi prescrivant l'inscription des naissances, mariages et décès.

Cette loi n'ayant pas suffi, puisqu'elle ne disposait que pour l'avenir et que, nonobstant ses prescriptions, tous les indigènes existant lors de sa promulgation devaient rester sans état civil, fut complétée par l'assemblée législative de 1866, au moyen de la loi sur les actes de notoriété et la délivrance à chacun des habitants d'une carte appelée « popoa », sur laquelle étaient inscrits leurs noms, filiation et l'année approximative de leur naissance, le tout résultant de la notoriété publique.

Il existe dans les mœurs indigènes une habitude dont la signification a été l'objet de fréquentes méprises. L'extrême affection des natifs pour les petits enfants porte ceux qui n'en ont pas, ou qui en ont peu, à recevoir et à nourrir chez eux ceux de leurs parents ou même de leurs voisins plus encombrés, et à témoigner à ces nourrissons un attachement qui a fait confondre cet acte de charité ou de fantaisie, qui n'a pas même les effets d'une tutelle officieuse, avec une véritable adoption légale, donnant à l'adopté les droits d'un enfant légitime.

La propriété. — Lors de l'arrivée des Français à Tahiti en 1842, la propriété ne pouvait, aux termes des lois inspirées par les missionnaires, faire l'objet d'aucune transaction. Les ventes, donations ou locations étaient prohibées, non seulement entre Tahitiens et étrangers, mais même entre indigènes.

Au mois de mai 1845, sous le gouvernement de l'amiral Bruat, les prohibitions concernant les ventes, donations ou locations de terres furent levées. Toutefois, les transactions entre indigènes et étrangers étaient soumises à de nombreuses formalités ayant pour objet, en l'absence de titres des vendeurs, de suppléer à ces titres et de soustraire l'acquéreur à des revendications ultérieures.

Le 24 mars 1852, l'assemblée législative tahitienne, comprenant la nécessité de fixer l'assiette de la propriété qui ne reposait encore que sur la tradition, fit une loi prescrivant l'inscription des terres sur un registre ayant, sauf la précision, quelque analogie avec ceux tenus en

France par le service du cadastre. Mais cette loi, bien que successivement améliorée par d'autres tendant au même but, ne pouvant suffire aux exigences de la civilisation dont le flot montait, imposant à la propriété surtout des règles précises et uniformes pour tous les habitants, on comprit bientôt la nécessité de sortir définitivement du provisoire. Pénétrés de cette nécessité, la reine Pomaré IV et le commandant La Roncière rendent l'ordonnance du 14 décembre 1865, mémorable dans l'histoire tahitienne, par laquelle les codes français étaient promulgués, spécialement en ce qui concernait les règles relatives à la propriété du sol, pour toutes les actions fondées sur des droits acquis postérieurement à ladite ordonnance. Celle-ci fut elle-même convertie en loi par l'assemblée législative tahitienne le 28 mars 1866.

Il n'est peut-être pas inutile de remarquer ici que, lors de la présentation à la Chambre du projet de loi ratifiant l'annexion de Tahiti, le ministère s'est trompé en déclarant dans son rapport (séance du 20 novembre 1880) que la loi française était appliquée à Tahiti *sauf pour les contestations entre Tahitiens relatives à la propriété du sol.* Il n'existe aucune exception de ce genre. La loi française est toujours, le principe de la non-rétroactivité demeurant respecté, appliquée aux litiges entre Tahitiens sur les droits acquis depuis 1865. Cette erreur du Ministère explique, mieux que ne le font les prétendues réserves de la Déclaration royale, le maintien des juridictions indigènes dont l'action est absolument et nécessairement destructive des fondements mêmes de la propriété qui est replongée dans le chaos, au fur et à mesure que cette action s'exerce.

La direction des Colonies étudie en ce moment le moyen de remédier à cette situation. Tout fait espérer qu'un prochain décret va enfin donner satisfaction à des intérêts d'une importance capitale pour la colonisation de notre possession océanienne.

Il n'existe pas à Tahiti, ni à Moorea, de domaines d'une grande étendue pouvant être mis à la disposition des griculteurs. Le domaine de l'Etat est nul, et ce n'est que par l'intermédiaire de la *Caisse agricole*, ou directement des propriétaires, que les colons peuvent acquérir le sol.

Le prix de la terre en friche, c'est-à-dire couverte de la végétation et des arbres qui y sont venus naturellement, varie dans la plaine de 200 à 500 fr. l'hectare, selon sa proximité du chef-lieu.

La Religion. — Les habitants des îles Tahiti et Moorea sont en grande majorité protestants, le catholicisme ayant, malgré l'appui qu'il a trouvé auprès du plus grand nombre des commandants et hauts fonctionnaires du gouvernement, fait peu de progrès dans ces îles, depuis environ 40 ans qu'il y a été introduit.

Un décret du 23 janvier 1880 a créé dans les Établissements français de l'Océanie un Synode qui administre les églises protestantes.

L'église catholique est sous la direction d'un évêque *in partibus*.

Indépendamment de ces deux cultes, il en existe un troisième, le *Mormonisme* dont les adeptes sont des indigènes des Tuamotu réfugiés sur un plateau du district de Punaauia, où ils ont construit un temple. Ces disciples de Joseph Smith sont restés monogames.

Mœurs et coutumes des indigènes. — Le Tahitien est d'un caractère doux et conciliant. Il est peu enclin au travail, le climat et la fécondité du sol le prémunissant également contre le froid et la faim. Il est rêveur, contemplatif et voluptueux. Légalement monogame, son tempérament le pousse à la polygamie et les infractions à la fidélité conjugale sont sans grande importance aux yeux des époux. Il aime le jeu, la danse, les chants, et tout spectacle a pour lui un véritable attrait. Il recherche assez fréquemment aussi la boisson, à cause de l'ivresse qu'elle procure. La femme, ayant charge des enfants, du ménage, et préparant les aliments, travaille plus que l'homme.

L'affection des indigènes pour leurs enfants est poussée jusqu'aux dernières limites de la faiblesse. Ceux-ci sont les véritables maîtres de la maison. Leurs parents les consultent, même dans des circonstances graves, dès qu'ils ont atteint une dizaine d'années.

Les cases des indigènes sont en grande partie construites en bambous ou en branches d'arbres, fichés en terre, et attachés les uns aux autres sur un alignement déterminé, par des ficelles faites de l'écorce de *purau*. Elles sont généralement ovales, sans fenêtre, avec une seule porte, et couvertes en feuilles de *pandanus* ou de cocotiers. Pas de plancher ; mais une herbe appelée *aretu* couvre le sol. Pas de cloisons intérieures : dè là, des promiscuités inévitables où la morale ne trouve pas son compte.

Le mobilier de ces cases est peu encombrant : quelques lits, faits de quatre poteaux maintenus par quatre traverses liées ensemble par des cordes de fibres de coco (*nape*) sur lesquelles sont étendues des nattes ; quelques malles en bois de camphre ; des sièges taillés dans des troncs d'arbres, des ustensiles de pêche, harpons, lignes, filets, hameçons de nacre pour la bonite. Enfin des vases, des coupes faites d'une noix de coco sciée en deux, de larges bassins de bois pour le mélange du *poe*, complètent cet ameublement dans lequel on trouve parfois un hommage à la civilisation sous la forme d'une lampe, d'une chaise, d'une horloge ou d'une table.

Mais, à côté de ces cases, il en est d'autres qui donnent une haute idée des progrès des habitants. Depuis une dizaine d'années surtout, bon nombre d'indigènes ont adopté les constructions à l'européenne et leurs habitations rivalisent de confort et même d'élégance avec celles de la population blanche. Le mobilier de ces maisons est entièrement européen.

Les hommes et les femmes aimant beaucoup les fleurs, dont ils se parent journellement en les mettant derrière leurs oreilles, dans leurs cheveux ou sur leurs chapeaux, il y a devant presque chaque case quelques touffes de *tiare* (gardenia), d'*auti* (hibiscus), de *miri* (basilic) et autres plantes aux parfums pénétrants ou aux feuillages colorés, parmi lesquelles on remarque surtout diverses espèces de *ti* (dracéna).

Dans les districts avoisinant le chef-lieu, sur un parcours de trente kilomètres, les notables indigènes ont chevaux et voitures, généralement un char à bancs, quelquefois aussi un panier acheté d'occasion.

Leur costume est simple. Celui des hommes consiste en une bande d'étoffe bleue ou rouge, ornementée de dessins, appelée *pareu*, dont ils s'entourent les reins et qui tombe jusqu'au mollet. Par-dessus ce pareu, ils portent une chemise blanche flottant à la brise. Les femmes ont aussi le pareu qui leur tient lieu de jupon, une chemise et une robe à hausse-col, sans taille et à traîne. Un chapeau de paille de bambou, canne à sucre ou *pia* (arrowroot) est la coiffure adoptée par les deux sexes, qui ont la même indifférence pour les bas et les souliers dont l'usage est, comme celui du corset et du pantalon, obstinément rejeté, sauf par quelques membres de la haute aristocratie locale. Les femmes portent les cheveux, qu'elles ont généralement longs et ondulés, en deux nattes qui tombent sur leurs épaules.

Le préjugé de couleur, si puissant dans les anciennes colonies à esclaves, est naturellement inconnu à Tahiti; aussi la population n'est-elle pas divisée à raison de la différence des épidermes.

CHAPITRE IV

GOUVERNEMENT ET ADMINISTRATION.

Caractère de notre administration. — Contrairement à ce qui a été dit à la Chambre des députés, lors du vote sur l'annexion, Tahiti n'a jamais été régi par l'ordonnance du 27 août 1828 sur la Guyane, mais bien par l'ordonnance du 28 avril 1843 sur les îles Marquises, rendue applicable aux îles de la Société une première fois, le 13 avril 1845, par un arrêté de l'amiral Bruat, et une deuxième fois par le décret du 14 janvier 1860.

Les deux décrets du 28 décembre 1885 lui ont donné une constitution et y ont institué un *Conseil général*.

Aux termes du premier de ces décrets, le *gouverneur* exerce l'autorité militaire et l'autorité civile. Il est assisté d'un *Conseil privé* consultatif.

Le deuxième décret porte que le Conseil général qu'il institue sera composé de 18 membres ainsi répartis : 4 pour la ville de Papeete, 6 pour les îles Tahiti et Moorea, 2 pour les îles Marquises, 4 pour les îles Tuamotou, 1 pour les îles Gambier et enfin 1 pour les îles Tubuai et Rapa.

L'introduction du système parlementaire dans l'administration des établissements français de l'Océanie a été inaugurée par un arrêté local de 1880. Les résultats économiques ou sociaux de cette innovation ne sont pas tels qu'on puisse considérer ce régime comme un remède bien efficace à la stagnation chronique des affaires à Tahiti. Cela tient à plusieurs raisons, parmi lesquelles il faut citer le nombre trop restreint de citoyens capables de justifier pleinement par leurs connaissances administratives le choix des électeurs, après l'élimination de tous ceux que la loi déclare inéligibles. Il faut cependant reconnaître que l'une des causes principales du mauvais fonctionnement du système ne subsiste plus avec le décret du 18 décembre 1885, qui fait disparaître la dualité de liste des électeurs classés, par l'arrêté de 1880, en deux catégories, suivant l'origine. Les tendances séparatistes que cette classification maladroite devait favoriser ayant pris des proportions inquiétantes au sein du Conseil colonial, le gouverneur actuel, M. le commissaire de la marine Morau, dut intervenir pour en prévenir les fâcheux effets. Il en supprima plus tard la cause par la création provisoire d'un Conseil général élu par une liste unique d'électeurs. Cette mesure a été heureusement maintenue, ce dont on ne peut que féliciter le Conseil supérieur des colonies, et notamment le délégué de Tahiti, M. Frank Puaux.

L'administration de nos établissements n'est pas chose facile. L'une des causes des difficultés de cette tâche réside assurément dans l'insuffisance de l'organisation municipale qui est encore aujourd'hui, malgré l'annexion, ce que la loi de 1866 l'a faite. Les districts sont administrés par des *conseils municipaux* sans budget. Les travaux communaux sont exécutés au moyen de corvées, seulement à la charge des indigènes, qui n'en payent pas moins les impôts en argent réclamés aux Européens, sauf deux ou trois auxquels les soustraient naturellement les conditions de leur état social et le peu de valeur de leurs biens. Ces conseils municipaux ont des attributions judiciaires pour le règlement des litiges relatifs au sol. Les Français d'origine en sont exclus, malgré l'importance de leurs établissements industriels ou agricoles. La vie communale n'existe pas pour eux. Ce sont, dans un pays qui est aujourd'hui le leur autant que celui des indigènes, de véritables parias dans la commune : ils n'y ont guère d'autre droit que de se taire. Nous prenons, en ce moment, celui de parler, dans l'espoir d'être entendu de ceux qui tiennent entre leurs mains les destinées de la colonie.

Si les institutions du passé sont un obstacle à l'administration ressortissant à la direction de l'Intérieur, celle du service judiciaire n'est pas mieux favorisée. Le maintien des juges indigènes pour les questions de propriété des terres, avec l'obligation où ils sont d'appliquer la loi française, intraduite et intraduisible dans leur langue, et dont ils ne connaissent pas la première syllabe, a nécessairement les plus fâcheuses conséquences pour les droits qu'ils ont mission de sauvegarder. Fonctionnant dans ces conditions, la justice indigène est une parodie qu'il n'est ni prudent ni digne de laisser subsister.

L'île de Tahiti. — Tahiti est divisée en dix-huit districts. Chaque district est administré par un conseil municipal indigène ayant à peu près les mêmes attributions que ceux des communes de France, sauf pour les finances, le système financier actuel de la colonie ne comportant qu'un seul budget pour tous les établissements.

Dans chacune de ces divisions de l'île, il y a un centre de population ou village désigné par le nom du district.

On y trouve la maison commune, le temple ou l'église, quelquefois les deux, la maison d'école, et enfin l'habitation du chef.

Indépendamment de ces villages, il existe à Taravao, point stratégique très important et à cheval sur l'isthme de ce nom, un fort, gardé par des soldats d'infanterie de marine. Cet endroit est le siège d'une justice de paix dont la compétence s'étend sur tous les districts de la presqu'île et autres qui l'avoisinent. Les fonctionnaires du gouvernement sont à peu près les seuls habitants de cette localité.

La ville de Papeete. — Papeete, chef-lieu des établissements, est située au nord de Tahiti et n'est, à proprement parler, qu'un bourg ayant à peine 3500 habitants dont la moitié seulement sont français, l'autre moitié est cosmopolite ou indigène.

Vue de la mer, cette petite ville a un aspect particulier tout à fait en rapport avec son cadre. C'est à peine si l'on distingue les constructions à travers l'épais feuillage des arbres qui bordent les rues, et sans le clocher de l'église et la coupole du Palais-Royal, qui se détachent sur cette verdure, on pourrait croire qu'il n'y a d'autres maisons que celles situées sur les quais et qui sont principalement affectées aux besoins du commerce maritime des Établissements. Il n'en est pourtant pas ainsi : les habitations s'étendent jusqu'au pied des collines ; elles forment une quinzaine de rues.

Les routes. — A un kilomètre environ de Papeete à l'est, une allée connue sous le nom d'avenue de Fautaua part de la mer et se dirige dans l'intérieur de la vallée de ce nom, à l'extrémité de laquelle se voit, entre des pics élevés, la montagne du Diadème, ainsi appelée à cause des formes particulières de son sommet. Cette montagne, des flancs de laquelle s'échappe une haute cascade, est la promenade favorite des touristes.

Autour de l'île, y compris la presqu'île, une route dite de ceinture traverse la bande de terre du littoral où sont parsemées les habitations et forme l'unique voie de communication. Étant devenue insuffisante pour les besoins des populations agricoles disséminées entre Papeete et Mataiea, un résident français a demandé les concessions nécessaires à l'établissement sur cette route, d'un tramway à vapeur, du système Decauville. Ce projet sur lequel la Chambre d'agriculture et la Chambre de commerce ont émis un avis favorable, est actuellement soumis à l'autorité locale.

L'île Moorea. — Cette île est divisée en quatre districts appelés Papetoai, Haapiti, Afareaitu et Teaharoa, organisés administrativement comme ceux de Tahiti. C'est à Papetoai que résident les représentants de l'autorité française et les quelques Européens qui se sont fixés à Moorea. C'est également là que siège le juge de paix de l'île.

L'île possède une assez bonne route qui suit les contours de la plage.

Service postal. — Un petit bâtiment à vapeur, l'*Eva*, appartenant à une maison allemande, la *Société commerciale de l'Océanie*, fait, moyennant une légère subvention de la colonie, un service régulier entre les deux îles pour le transport du courrier hebdomadaire. Indépendamment de ce navire, de nombreuses embarcations appartenant principalement aux indigènes font presque journellement la traversée du chenal et apportent de Moorea des produits agricoles aux négociants, des provisions au marché, et retournent avec les objets achetés ou échangés.

Pour le service de la correspondance dans l'intérieur des deux îles, l'administration utilise les nombreux loisirs que la douceur des habitants laisse aux agents de police appelés *mutoi*. Ce sont ces agents qui font suivre le sac de lettres jusqu'à destination, en se le passant de district à district. Ce procédé renouvelé des Incas ne donne pas les meilleurs résultats.

Nous devons toutefois ajouter que le service sur le parcours de Papeete à Mataiea a lieu par une voiture publique, qui fait quotidiennement ce trajet, de sorte que les mutoi de ces districts ne sont chargés que de la distribution intérieure dans chaque localité.

Il n'existe encore aucun service télégraphique dans les établissements français de l'Océanie. Quelques téléphones privés y ont été dernièrement introduits.

CHAPITRE V

GÉOGRAPHIE ÉCONOMIQUE.

Faune. — En dehors des animaux domestiques introduits à Tahiti qui y ont prospéré, et du porc sauvage que les premiers navigateurs y ont trouvé, les quadrupèdes sont inconnus dans les îles de la Société.

On pourrait presque en dire autant des oiseaux. L'ornithologie de Tahiti est limitée à une sorte de pigeon appelé *rupe*, à une colombe verte, l'*oupa*, à un martin-pêcheur, le *ruro*, à un oiseau brun ayant la queue en éventail, appelé *itataï*, et enfin à deux oiseaux des plages, le *torea*, sorte de pluvier, et l'*otuu*, héron crabier de petite taille. Indépendamment des volatiles domestiques, poules, dindes, paons, canards, pintades qui y ont été acclimatés sans peine, des oiseaux exotiques ont été introduits avec succès, notamment des espèces de *becs de corail* qui ont multiplié avec une rapidité extraordinaire.

Les poissons de rivière sont le *nato*, sorte de truite d'un goût excellent, et un petit poisson noir appelé *oopu*. Les anguilles y sont très belles, et les ruisseaux fournissent encore une grosse crevette semblable aux *langostines* des côtes d'Espagne. Le poisson de mer abonde. Il y est de toutes formes et de toutes couleurs. Les plages tahitiennes peuvent à bon droit être considérées comme le paradis de l'ichtyophage et de l'ichtyologiste.

Flore. — Si la zoologie tahitienne ne peut, à raison de sa pauvreté, fournir matière à une longue description, il n'en est pas de même de la flore ; si bien qu'après avoir été bref pour la faune, parce qu'elle est à peu près nulle, nous sommes obligé d'être également bref pour la flore, parce qu'elle est trop riche. Disons d'ailleurs que le nombre des plantes auxquelles la botanique n'a pas encore donné un nom est considérable.

Minéralogie. — En dehors des pierres, qui ne sont guère utilisables, parce qu'elles sont ou trop molles ou trop dures, et que l'on remplace généralement par le corail pour les travaux de maçonnerie, la minéralogie n'offre aucun intérêt. Il n'y a pas trace de sels ou de combustibles. Quant aux métaux, la présence du fer a été constatée, mais dans de faibles proportions.

Disons toutefois que l'étude minéralogique des îles Tahiti et Moorea ne paraît pas avoir été sérieusement entreprise jusqu'à ce jour.

Cultures. — La grande culture n'est pas connue à Tahiti. Le seul domaine où elle serait possible est celui d'Atimaono, dont la superficie totale est d'environ 4000 hect. Il est actuellement affecté à l'élève du bétail.

De toutes les cultures adoptées à Tahiti et à Moorea, les seules qui aient quelque importance sont celles du coton, de la canne à sucre et du cocotier. Ensuite viennent la vanille, les fourrages, le café, le maïs, le tabac, les fruits et les légumes.

Le coton dit longue soie a été introduit à Tahiti il y a un peu plus de 20 ans et s'y est merveilleusement acclimaté. Les diverses plantations de ce textile, tant à Tahiti qu'à Moorea, forment un ensemble d'environ 500 hectares. Ce coton a longtemps obtenu des prix très élevés sur les marchés d'Europe; malheureusement le mélange d'espèces inférieures, venues des îles voisines, en a altéré la qualité, et il n'est pas aussi recherché aujourd'hui.

La canne à sucre est très haute et très riche en sucre. Elle a été trouvée croissant à l'état sauvage par Bougainville, Cook, et Bligh, qui l'ont répandue dans les autres colonies notamment aux Antilles, à l'île Bourbon et à l'île Maurice. Cette culture couvre environ 75 hectares seulement. Elle ne fournit pas le sucre nécessaire à la consommation locale, qui est obligée d'en introduire des Sandwich, des Fidji, de San Francisco et même d'Allemagne. Les usiniers font plutôt du rhum, sur lequel ils réalisent sans doute plus de bénéfices malgré l'élévation des impôts sur cette fabrication.

La culture du cocotier est en progrès : on compte environ deux cent cinquante mille de ces arbres dans les deux îles. Le cocotier ne rapporte guère avant la septième ou la huitième année. Comme il est planté à des intervalles d'environ 10 mètres, on utilise les espaces libres pour y mettre du coton, du maïs, du tabac, jusqu'à ce que le développement des arbres ne le permette plus. Généralement les plantations de cocotiers sont utilisées comme pâturages, l'herbe poussant très bien à l'ombre de leurs feuilles. Le coco est expédié en fruits, en amande desséchée, connue sous le nom de coprah, ou en fécule.

La culture de la vanille a pris une assez grande extension depuis quelques années. On compte environ quatre-vingts hectares de cette plante, dont le produit n'est malheureusement pas aussi apprécié que celui du Mexique ou de la Réunion.

Les autres cultures, fourrages, café, maïs, tabac, trouvent toutes leurs débouchés dans le pays.

On compte dans les deux îles environ 1200 chevaux, 20 ânes ou mulets, 400 moutons, 2500 bœufs, 550 chèvres, 11000 porcs et plus de 50000 volailles.

Industries. — En dehors des petites industries nécessaires à la vie sociale, il n'existe à Tahiti que trois usines à sucre, trois usines à égrener le coton, une usine pour la fécule de coco, deux brasseries de bière, une briqueterie et une distillerie de miel.

Les usines à sucre produisent annuellement 75 tonnes de sucre et 80000 litres de rhum. Deux sont situées à un kilomètre de Papeete à l'est, la troisième est à Mataiea. Cette dernière vient de substituer à un matériel défectueux, des appareils modernes venus d'Allemagne. Les deux autres sont moins bien outillées et c'est sans doute à l'insuffisance de leur matériel qu'il faut attribuer le haut prix des cassonades, qui ne peuvent sous ce rapport soutenir la concurrence avec celles importées bien que ces dernières aient à supporter des frets et un droit de 15 pour 100 *ad valorem* à l'entrée.

Les trois usines à égrener le coton sont situées l'une à Taone près de Papeete et les deux autres à Papeete même. Elles reçoivent le coton à l'état brut, séparent les graines des fibres, puis rendent le coton en balles prêtes pour l'expédition. Les graines sont également exportées et vendues en Europe. Elles fournissent une assez bonne huile et sont traitées de la même manière que le coprah. Bien que ces graines aient peu de valeur, elles se vendent aux navires qui ont besoin d'un fret de retour, toujours assez difficile à trouver.

La préparation de la fécule de coco est une industrie nouvelle à Tahiti. Cette denrée est, depuis longtemps, employée aux États-Unis, où elle fait l'objet d'un grand commerce. Elle est connue également dans tous les pays anglais, en Allemagne et en Espagne; mais ne l'est pas encore en France, où l'on tente actuellement de l'introduire. Cette fécule est l'amande de coco râpée et séchée à l'étuve. Elle se conserve bien dans les emballages en fer-blanc et peut être expédiée partout. Elle sert à tous les usages de la pâtisserie dans laquelle elle remplace l'amande ordinaire. Elle est également employée par les fabricants de biscuit. L'usine actuellement exploitée a été créée en 1883 dans le district de Punania et son propriétaire a maintenant deux concurrents dont l'un à Faaa et l'autre à Paea, qui viennent de recevoir l'outillage nécessaire à l'installation de leurs fabriques.

L'industrie de la bière est, après maints essais infructueux, en voie de prospérité à Tahiti. Deux brasseries ont été créées, l'une au village de Sainte-Amélie et l'autre près du fossé qui entoure la ville à l'est. Cette dernière est assez importante. Les produits sont bons et ont déjà fait une concurrence sérieuse aux bières importées.

Une briqueterie a été fondée à Fautaua et, malgré les difficultés de ses débuts, est parvenue à fournir aux constructeurs des briques à un prix assez modique pour inquiéter la concurrence étrangère.

Une petite distillerie existe à Paea. Elle utilise surtout le miel.

En résumé, si l'agriculture reste stationnaire, il est incontestable que l'industrie vient de faire un pas en avant.

Commerce. — Le commerce de Tahiti suit, depuis quelques années, une marche ascendante. Le mouvement commercial, tant à l'importation qu'à l'exportation, a atteint, d'après la statistique de l'année 1884, près de 9 500 000 fr., avec une différence de 500 000 fr. en faveur des importations.

Ces chiffres, comparés à ceux de l'année précédente, établissent que le mouvement commercial, en 1884, a augmenté de 2 150 000 fr. Il n'est malheureusement pas permis d'espérer de pareils résultats pour l'année 1885 : la crise qui a sévi sur les cotons, le coprah et la nacre sur les marchés d'Europe, a ralenti considérablement le mouvement des affaires et ferait plutôt craindre une diminution sur les chiffres de 1884.

Le commerce tahitien est principalement entre les mains des étrangers. En classant les maisons selon leur importance, on trouve que les Allemands y tiennent la première place; après eux viennent les Américains, les Anglais, puis les Français et enfin les Chinois. Cet état d'infériorité du commerce national, alors que nos compatriotes sont aussi intelligents et aussi entreprenants que leurs concurrents étrangers, tient à des causes diverses, parmi lesquelles il faut citer la timidité excessive des capitalistes français, dès qu'il s'agit d'une affaire éloignée, et l'absence de communications rapides et directes entre Tahiti et la France. Ces deux obstacles au développement des échanges entre la métropole et la colonie sont connexes ; la suppression du dernier en rapprochant les distances, ferait peu à peu disparaître le premier.

Tahiti est la seule colonie française qui ne soit pas reliée à la France par un service à vapeur, et l'on ne comprend guère la raison de cet ostracisme alors que la métropole pourrait facilement établir ces communications, non seulement sans aucuns frais, mais en réalisant des économies. Il suffirait en effet de supprimer l'aviso transport de la station qui fait actuellement la traversée de

Tahiti à la Nouvelle-Calédonie tous les cinq mois, et de donner la moitié ou au plus les deux tiers de ce qu'il coûte au budget colonial, à une ligne annexe des Messageries maritimes dont le service s'arrête actuellement à Nouméa.

Ce que la France n'a pas cru devoir faire jusqu'à présent pour s'assurer des débouchés à Tahiti, la Nouvelle-Zélande le fait en ce moment dans l'intérêt de son commerce. Depuis le mois de juillet 1885, un vapeur anglais, le *Janet Nicholl*, fait tous les deux mois la traversée de la Nouvelle-Zélande à Tahiti, avec escale aux îles Tonga, Samoa et Ratotonga.

Indépendamment de ce vapeur, Tahiti est relié à la Californie, tous les deux mois, par un navire de la Société commerciale de l'Océanie, le *Raiatea*, qui fait la traversée de Papeete à San Francisco en vingt et un jours, et retourne en vingt, avec escale aux îles Marquises.

Il n'est pas inutile de faire remarquer que tous les coassociés de la Société commerciale de l'Océanie sont d'anciens négociants de Tahiti, c'est-à-dire des personnes sachant où elles vont, et ce qu'elles font et que, si elles ont jugé l'entreprise bonne, à la condition d'être subventionnée, on ne voit pas pourquoi elle ne le serait pas pour des armateurs français. Ceux de nos compatriotes qui, dans la crise actuelle, trouvent avec peine un fret pour leurs navires, liront peut-être avec intérêt le renseignement qui précède. Des bâtiments de 3 à 400 tonneaux de jauge filant 10 nœuds, feraient la traversée en quinze jours et Tahiti ne serait plus qu'à trente ou trente-deux jours de Paris.

Le percement de l'isthme de Panama donnera une importance considérable à notre colonie du Pacifique, surtout si les navires y sont attirés par de grandes facilités de radoub et de ravitaillement. Il faudrait pour cela doter Papeete d'une cale sèche, pouvant recevoir les grands paquebots. Le ministère y a songé et a prescrit les études nécessaires. La colonie attend avec le plus vif intérêt, et non sans espoir, la décision qui sera prise à ce sujet.

CHAPITRE VI

LE GROUPE DES ILES SOUS LE VENT.

Les îles Huahine, Raiatea-Tahaa et Borabora sont situées à environ vingt lieues au nord de Tahiti et leur histoire est intimement liée à celle de cette dernière île dont elles sont une réduction au point de vue géographique et pittoresque.

L'une d'elles, *Raiatea-Tahaa*, est considérée, comme le berceau de la royauté et de la religion aux îles de la Société.

Elles ont été l'objet d'une convention entre la France et l'Angleterre, le 19 juin 1847. Par cet acte, les deux puissances s'engageaient à ne jamais prendre possession des susdites îles, sous quelque forme que ce soit, même à titre de protectorat, et à ne pas reconnaître que la souveraineté d'un chef ou d'un prince de Tahiti puisse s'étendre en même temps sur une ou plusieurs d'entre elles et réciproquement.

L'annexion de Tahiti ayant été décidée en 1879, on jugea avec raison que celle des *îles sous le vent* en était le complément nécessaire.

La protection de nos intérêts commerciaux, menacés par des établissements rivaux importants, notamment dans l'île de Raiatea-Tahaa, aussi bien que la nécessité de supprimer toute entrave à la surveillance générale de notre colonie, contraignent en effet la France à s'assurer la possession ou le protectorat de tout l'archipel de la Société.

Le consentement, au moins tacite, du cabinet anglais à cette annexion ayant sans doute été obtenu par la France, le commandant de Tahiti commença des négociations aux îles sous le vent, en vue de l'établissement de notre protectorat. Ces négociations aboutirent seulement dans l'île de Raiatea-Tahaa, dont le régent Tahitoe fit, en avril 1880, un traité par lequel notre protection était acceptée, mais à la condition expresse que l'autorité française ne pourrait, en aucun cas, intervenir dans les affaires temporelles ou spirituelles du peuple raiatéen qui entendait conserver seul le gouvernement du pays, aussi bien dans ses relations extérieures qu'intérieures, et à l'égard de tous les habitants, à quelque nationalité qu'ils appartinssent. On nous concédait seulement le droit de mettre les couleurs françaises en yacht dans le pavillon national. Cet acte place la France dans une situation pleine de dangers et c'est vainement qu'on en chercherait une semblable dans l'histoire des traités. Elle a, vis-à-vis des gouvernements étrangers, toutes les responsabilités qu'implique la présence de son pavillon, sans avoir le droit d'intervenir dans les affaires du pays où il flotte. Elle peut, elle doit prendre les armes pour le faire respecter et défendre ses protégés, mais il ne lui est pas permis de les empêcher de commettre les actes qui peuvent le compromettre et attirer sur eux les rigueurs d'autrui.

Voilà bientôt six ans que cette situation dure, bientôt six ans que le gouverneur de Tahiti réussit à force de précautions à empêcher des complications avec l'Allemagne et l'Angleterre, dont les sujets sont fréquemment en butte aux vexations des indigènes. Sa tâche a été grandement facilitée, jusqu'à l'année dernière, par le caractère conciliant du régent Tahitoe et de la reine. Mais un nouveau souverain a pris leur place. Acceptera-t-il notre intervention officieuse ou nous renverra-t-il à l'exécution pure et simple de la convention ? C'est ce que l'avenir décidera, à moins que la France, fatiguée du rôle aussi dangereux qu'effacé que lui attribue le traité de 1880, se décide à en exiger la modification dans un sens plus conforme à l'équité et aux principes des protectorats.

A. Goupil.

AUTRES ARCHIPELS OCÉANIENS

Les Gambier. — Les *Gambier* ont 30 kilomètres carrés et 550 habitants catholiques, relativement civilisés et placés sous le protectorat français depuis 1844. On s'y livre surtout à la pêche des huîtres perlières. C'est un ensemble circulaire d'îles dont les principales sont *Mangaréwa*, *Aukéna*, etc. [1]. On exporte la nacre à Papeete et de là en Amérique et en France.

Les missionnaires, dirigés par un *provicaire* apostolique, instruisent les enfants, garçons et filles, non en français, mais en tahitien et en mangaréwien.

Après l'annexion définitive de Tahiti, il était nécessaire que la situation de l'archipel des Gambier fût nettement réglée. Le vieux roi Putaïri, les chefs et le peuple s'assemblèrent en février 1881, et demandèrent à se donner à la France.

Le gouverneur de Tahiti se rendit à Mangaréwa et, dans l'assemblée des indigènes à la maison du résident français, en présence du commandant de l'aviso *le Guichen*, de l'état-major et des missionnaires, accueillit cette demande, le 23 février.

Cette assemblée s'occupa aussi de la revision des lois mangaréwiennes. Un nouveau règlement fut mis en vigueur comprenant un ensemble de dispositions civiles et pénales applicables aux diverses éventualités de la vie de ces peuples enfants. La presque totalité de ces prescriptions

1. Les quatre autres sont Okamaru, Akakawitaï, Tarawaï et Crescent.

est conforme aux lois françaises. Du reste, tout Mangarêwien peut, comme les Européens, se placer volontairement sous le régime de la législation française pure et simple.

Il y a un juge de paix français.

C'est le gouvernement du pays par le pays sous la haute autorité du résident français. Dans chaque district, l'assemblée, composée de tous les hommes de plus de 21 ans, nomme au suffrage universel les divers fonctionnaires appelés à présider à la vie communale : le grand chef, le conseil, les juges, les maîtres d'école et agents de police.

Les élections eurent lieu le jour qui suivit l'annexion.

On voit que ces peuples primitifs n'ont, en fait de droits politiques, rien à envier à la France.

Les îles Gambier fournissent annuellement pour un million de perles, de nacre ou de coprah.

Les Tubuaï. — L'archipel des Tubuaï est à 600 kilomètres de Tahiti et comprend cinq îles. *Tubuaï*, *Vavitou* et *Rapa*, les trois principales, n'ont que 700 habitants et 145 kilomètres carrés de superficie. En mars 1882, les 150 habitants de l'île Rapa demandèrent également à changer le protectorat en réunion complète à la France. Le roi Parima obtint cette satisfaction.

Les autres îles de l'archipel des Tubuaï ont été également annexées : elles sont administrées à peu près comme Tahiti ; l'unité est complète, l'action de la France est bien définie, à l'abri de toute contestation et de toute rivalité européenne.

On exporte des Tubuaï à Papeete des gâteaux de l'arrowroot, et divers autres produits.

Les Marquises. — Les îles *Marquises*, ou archipel de Mendana, sont au nord des Tuamotou. Elles ont été découvertes en partie, en 1595, par Alvaro de Mendano, qui allait fonder une colonie aux îles Salomon par ordre du marquis de Mendoza, vice-roi du Pérou. De là aussi le nom de *Marquises de Mendoza* donné au groupe des quatre îles du sud-est.

Pendant 190 ans, elles n'attirèrent pas les navigateurs ; mais, après que le capitaine Cook, en 1774, eut reconnu les îles de ce groupe, un Français, nommé Marchand, visita en 1791 le groupe du sud-ouest, comprenant *Nouka-hiva*.

Il lui donna le nom d'*Archipel de la Révolution* et en prit possession au nom de la France. Après une période de luttes entre les indigènes et les Américains, ces îles firent leur soumission à la France, le 1ᵉʳ mai 1842 entre les mains de l'amiral Dupetit-Thouars.

Cet archipel comprend au nord-ouest: *Nouka-hiva, Eiao, Oua-ouka* et *Oua-Pou;* au sud-est: *Hiva-Oa, Taouata, Fatou-Hiva, Motane* et *Fatou-okou.*

La superficie est de 1250 kilomètres carrés.

Ces îles sont volcaniques ; elles renferment beaucoup de sources d'eaux gazeuses.

Elles sont très saines, malgré la chaleur qui est de 28° à l'ombre et de 24° pendant la nuit. Il pleut de juin à septembre et la saison sèche a lieu de décembre en mars.

La population indigène, qui était de 6000 en 1872, est tombée à 5500. Les Européens ne sont que 131, dont 71 Français et 60 étrangers. Les Chinois y sont aussi nombreux que nous, c'est-à-dire 70. Comme en Tasmanie, comme en Calédonie, la population canaque tend à disparaître. Elle est fort belle physiquement et les femmes sont très gracieuses.

Les femmes des Marquises conservent un visage attrayant jusqu'à un âge avancé. Elles sont coquettes, et leur physionomie est expressive ; mais leurs chants et leurs danses sont monotones.

Le chef-lieu est Nouka-hiva, qui fut choisi en 1850 comme lieu de déportation. On y construisit le fort Collet sur une petite colline qui domine le port de Taiohaé. Cinq autres baies offrent de bons mouillages : elles sont circonscrites entre des hauteurs de 11 à 1200 mètres.

La population est d'un millier d'habitants.

Oua-pou possède une mission catholique. Les habitants sont assez nombreux. Les pics de l'île sont élancés comme des colonnes.

Dans le second groupe, Hiva-Oa renferme trente tribus canaques.

L'établissement de *Hoatahou* est situé dans l'île de Taou-ata.

Depuis 1797, les missionnaires protestants, et plus tard les missionnaires catholiques, ont christianisé ces populations, qui sont douces et intelligentes, mais indolentes et adonnées à la boisson.

Elles ont de nombreux points de ressemblance avec les autres peuplades de la Mélanésie et de la Calédonie. Leur langue contient des mots identiques. Elles ont, comme les Calédoniens, la coutume du tabou et celle des adoptions d'enfants. Dans les fêtes, elles aiment à s'orner de plumes, de bracelets, de coquilles de poissons. L'unité de leur système de numération est 20 ou deux fois 20. Cependant ils comptent mieux que les Calédoniens. Ils croient aux mauvais génies disposant des éléments de la nature, faisant la tempête, le soleil, la pluie. Ils font des offrandes d'aliments dans les cimetières. Leur dieu *Toupaï* est un dieu des combats.

Les écoles indigènes sont sous la direction des missionnaires et des religieuses de Saint-Joseph de Cluny, recevant un traitement de l'administration. L'école la plus fréquentée est celle de Taiohaé. Le budget de l'instruction publique est minime.

Quant à la population européenne, ce sont des individus de toutes nationalités, Français, Américains, Anglais, Chiliens, Péruviens. Leurs mœurs sont très relâchées. Ils ne cultivent que pour leurs besoins du coton, des patates et du tabac et ils élèvent des porcs et des volailles. Ils s'unissent plus ou moins légalement à des femmes indigènes et font souche de petits métis.

La plupart des Européens prennent les habitudes des Canaques. Il en résulte que, malgré ces éléments disparates, le gouvernement est simple et le *résident* français est facilement obéi, quoique ne disposant comme force armée que de trois gendarmes et d'une police de sept indigènes, avec un sergent canaque. Ce résident, dit M. Eyriaud des Vergues, remplit à la fois les fonctions d'ordonnateur, d'officier de l'état civil, de commissaire de l'inscription maritime. Il y a maintenant un juge de paix français.

Le *résident* a sous ses ordres un agent spécial qui est à la fois trésorier-payeur, receveur, percepteur, notaire et greffier.

Comme armée, le brigadier de gendarmerie commande sa brigade de deux gendarmes dont l'un est aussi huissier et l'autre comptable des vivres. Un pilote français est maître de port et interprète. Un artilleur de marine avec un canon de douze, quatre soldats et un sergent d'infanterie de marine, neuf agents de police indigènes avec un sergent interprète, complètent le personnel administratif, civil et militaire.

Les Marquises occupent le milieu de la route qui conduit de Panama en Malaisie, en Australie, en Chine, au Japon, en Indo-Chine. Elles sont à quinze jours de San Francisco. Leur régime administratif est celui de la loi française. Leur climat est favorable à l'Européen laborieux. Ces îles sont donc destinées à un grand avenir, auquel les Français devraient se préparer. Nous émigrons en Amérique, à la Plata, au Brésil ; nous négligeons les pays français et nous dérobons à notre patrie son patrimoine naturel.

Cependant les Marquises offrent aux colons sobres et industrieux une vie facile. Des concessions de terrains magnifiques leur sont accordées à un prix minime. Les bois de construction y sont abondants pour y élever les premiers abris d'immigrants sous un ciel toujours chaud.

Il y a plus de 2000 bœufs dans le pays. Un taureau ou une vache coûtent 100 francs, un mouton 20 francs, un bélier 15 francs, une brebis 25 francs, une chèvre 2 fr. 50, une poule de 1 fr. 25 à 2 fr. 50 et un porc 30 centimes la livre. Les Canaques se nourrissent principalement du fruit de l'arbre à pin (*artocarpus*) comme les Tahitiens, mais les Européens doivent manger de la viande. Le poisson d'ailleurs ne leur manque jamais. La culture est des plus faciles.

On estime que ces îles font annuellement pour deux millions et demi d'affaires, mais surtout avec San Francisco.

Outre les produits de consommation, le pays peut

fournir à l'exportation des ressources variées : la nacre des huîtres perlières, le poisson salé, le tabac, la laine, la canne à sucre, le mûrier à papier, le coprah, les cocos, les bananes, les oranges, les patates, l'huile de bancoul, le crin végétal, l'huile de coco, le coton, le fer, les nattes, filets, cordages, toiles de fabrication indigène, les plantes tinctoriales. Quand les navires passeront aux Marquises, toutes ces denrées seront demandées. Il leur faudra des animaux, des fruits, des vivres frais. Il serait donc temps que des colons allassent profiter de ces débouchés, mais il est nécessaire qu'ils soient en famille afin d'éviter de tomber au niveau des Canaques. A l'égard de ceux-ci on doit se montrer ferme et juste. Il ne faut tourner en dérision ni leurs coutumes bizarres, ni leurs superstitions puériles. Il faut les respecter et s'en faire respecter. Au lieu de leur inculquer nos vices, il faut les amener peu à peu à aimer et à adopter la civilisation française. Si les peuplades océaniennes commencent à entrer en relations les unes avec les autres et avec les Européens, ceux-ci commencent aussi à se grouper en Océanie par nationalités. Nous sommes venus des premiers: ne nous laissons pas prendre la place par nos rivaux.

On a vu avec quelle facilité on se rend de Marseille, de Brest, de Rochefort et de Bordeaux à Nouméa et de là à Tahiti, aux Marquises et aux Tuamotou. Des départs réguliers ont lieu toutes les six semaines et le service va devenir mensuel. Les passagers pour les Marquises passent donc par Papeete, à moins d'une occasion par la voie rapide de San Francisco à New-York et de là au Havre.

Les Tuamotou. — Les *Tuamotou* ou îles Basses, ou l'archipel Dangereux, entre les îles de la Société et les Marquises, comprennent 80 îles en deux groupes : celui de la *mer Mauvaise* au nord et celui de l'*archipel Dangereux* au sud. Ce sont des *atolls* ou îles basses entourées de récifs et corail. Leur superficie est de 8600 kilomètres carrés. Elles n'ont que 7270 habitants, la plupart vivant de la pêche. Ils sont chrétiens.

Ces îles ont été, en même temps que Tahiti, annexées à la France.

Les Wallis. — Enfin, auprès des îles Samoa (archipel des Navigateurs), se trouvent les *îles Wallis*, où il y aurait lieu de développer l'influence française. Elles comptent environ 3500 habitants. Les îles principales sont *Foutçuna* et *Ouvéa* et il paraît que ce sont ces insulaires qui sont venus peupler les Loyalty. L'une des trois îles de cette dépendance de la Calédonie a pris le nom d'Ouvéa et sa population présente les mêmes caractères que celle des Wallis, dont les types sont supérieurs à ceux de la Calédonie.

Avenir de nos possessions océaniennes. — En résumé, l'ensemble des établissements français en Océanie, abstraction faite de la Nouvelle-Calédonie et de ses dépendances, comprend 104 îles d'une superficie de 366 000 hectares peuplées de 25 250 âmes. L'importance de ces possessions est moins dans leur étendue et le chiffre de leur population que dans leur situation maritime et leurs facilités de colonisation. C'est aux familles françaises à en tirer parti et à y créer une seconde patrie pour notre race, au moment où le canal de Panama va encore rapprocher de nous ces pays si beaux et si fertiles que des câbles électriques relieront en même temps à l'Europe.

On voit que la France a conquis une large place dans cette région qui va devenir une Méditerranée océanienne.

Ainsi, la Nouvelle-Calédonie, Tahiti, les Gambier, forment maintenant des colonies françaises. Les Tubuaï, les Tuamotou, sont sous notre protectorat. Les Nouvelles-Hébrides, qui doivent être considérées comme une dépendance de la Nouvelle-Calédonie, deviendront officiellement une possession française, sous une administration coloniale sage et prévoyante. On peut dire qu'il existe une France océanienne. Saurons-nous développer et exploiter ce vaste domaine, au climat salubre, aux terres fertiles, aux habitants paisibles? ou bien nous condamnerons-nous à l'immobilité, à la stérilité, à la décadence irrémédiable?

Ch. Lemire.

TERRE-NEUVE

LES ILES SAINT-PIERRE ET MIQUELON.

PARTIE HISTORIQUE

Découverte de Terre-Neuve. — Vraisemblablement c'est aux Français qu'est due la découverte de Terre-Neuve. Les Danois et les Norvégiens réclament l'honneur d'avoir visité ces parages vers le onzième siècle; mais il est certain qu'à cette époque déjà les Normands et les Bretons fréquentaient les bancs pour la pêche de la morue et même de la baleine, qui, après avoir fréquenté, dans les premiers siècles du moyen âge, le golfe de Gascogne, avait décidément émigré vers les régions septentrionales.

Cependant ce n'est guère que vers le seizième siècle que commencèrent les voyages d'exploration. Le 24 juin 1497, un Vénitien, Cabot, reconnaissait la pointe la plus orientale de l'île qu'il dénommait *cap Bonavista*. En 1501, Corté Réal abordait la baie de la Conception et, continuant son exploration, par le nord-est, il parvint jusqu'au Labrador, qu'il dénomma *Terre du Laboureur*, d'où l'origine de son nom.

Bergeron, en 1505, et Jean Denis de Honfleur, en 1506, puis un Espagnol du nom de Gomez, en 1525, explorèrent successivement les rivages de l'île. Verazzano paraît avoir été l'explorateur le plus sérieux de l'époque.

Pendant le voyage qu'il fit, vers 1525, sous le patronage de
François Ier non seulement il reconnut l'île, mais il s'en
empara pour le compte du roi de France, en même temps
qu'il lui donnait le nom de Terre-Neuve qu'elle a conservé depuis.

Jacques Cartier suivit les traces de Verazzano neuf ans
plus tard. Il s'occupa surtout de reconnaître l'emplacement susceptible de faire de bons ports. Puis, Roberval
y fit le premier établissement.

**Rivalité avec l'Angleterre pour la possession de
Terre-Neuve.** — Jusqu'au commencement du dix-septième siècle, Terre-Neuve fut considérée comme appartenant à la France et à l'Angleterre, mais sans que l'une
ou l'autre des deux puissances inquiétât les sujets du
voisin.

D'ailleurs, avant cette époque, il n'y avait aucune organisation. Ce n'est que grâce aux encouragements de
Sully que la pêche de la morue prit quelques proportions.

Les navires partaient bien chaque année, des deux
côtés de la Manche, pour exercer la pêche, mais, dès la
mauvaise saison, chacun ralliait son port respectif.

Les efforts de Sully ne devaient point rester stériles,
car bientôt les armateurs fondèrent des pêcheries.

La colonie était en pleine prospérité quand, un beau
jour, la jalouse Angleterre réclama le droit de juridiction
sur les colons français. Nous prétendions, au contraire,
et avec juste raison que Terre-Neuve faisait partie de la
Nouvelle-France. Tel fut le commencement du conflit
qui n'a pris fin qu'à la perte de nos colonies d'Amérique.

Par le traité d'Utrecht (1713), nous avions cédé les
côtes sud et est de Terre-Neuve; mais nous conservions
le privilège exclusif de la pêche sur la partie orientale,
depuis le cap Bonavista jusqu'à la pointe la plus occidentale et, de là, jusqu'au cap Riche, sur la côte ouest,
sans pouvoir y faire d'autres constructions que des abris
pour les pêcheurs et des séchoirs pour le poisson.

Il nous reste Saint-Pierre et Miquelon. — Par le
traité de Paris (1763) nous cédions toutes nos possessions

de l'Amérique du Nord, sauf les îles Saint-Pierre et Miquelon, qui furent laissées pour servir d'asile à nos pêcheurs. Il nous était interdit de les fortifier et d'y entretenir une garnison supérieure à 50 hommes. Le droit de pêche sur les côtes de Terre-Neuve, qui nous avait été reconnu par le traité d'Utrecht, était confirmé. La prise de possession des îles Saint-Pierre et Miquelon eut lieu le 14 juillet 1763.

Fondation des pêcheries. — C'est à partir de cette époque que remonte la fondation de nos établissements de pêche sur ces îles. Le premier noyau fut formé avec des pêcheurs normands et bretons, auxquels vinrent se joindre plusieurs familles acadiennes qui avaient été déportées pendant la dernière guerre. En 1764, le chiffre des habitants dépassait un millier.

Trois ans plus tard, les produits de la pêche donnaient, bon an mal an, 60 000 quintaux de morue, et il était employé à cette industrie environ 220 bâtiments, jaugeant ensemble 24 000 tonneaux et montés par 8 000 marins.

Notre intervention dans la guerre de l'indépendance américaine (1778) vint arrêter la prospérité de nos pêcheries. Les Anglais, sous le commodore Evans, s'emparèrent des îles et détruisirent les constructions de fond en comble. Les habitants durent se réfugier en France.

Le traité de 1783. — **Nouvelles épreuves.** — La paix de 1783, qui termina cette guerre, nous rendit Saint-Pierre et Miquelon et nous donna le droit exclusif de la pêche sur la côte de Terre-Neuve, à partir du cap Saint-John, sur la côte est, pour de là s'étendre à tout le détroit de Belle-Ile jusqu'au cap Bay, situé à l'extrémité sud-ouest.

Le gouvernement français s'occupa aussitôt du rapatriement des colons qui s'étaient réfugiés dans la métropole, et, l'année suivante, plus de 318 navires, jaugeant ensemble 34 658 tonneaux et montés par 10 000 marins, au minimum, prenaient part à la pêche sur les bancs de Terre-Neuve.

Cette prospérité ne devait malheureusement pas durer :

de nouvelles épreuves attendaient cette industrie. Les Anglais s'emparèrent à deux reprises différentes (1793 et 1803) de ce groupe d'îles, qui ne nous fut rendu définitivement que le 30 mars 1814, par le traité de Paris. Aux termes de ce traité, nos droits sur Saint-Pierre et Miquelon étaient conservés; en outre, les avantages concédés par la paix de 1783, concernant les pêcheries sur les côtes de Terre-Neuve et les îles adjacentes, ainsi que dans le golfe Saint-Laurent, étaient remis en vigueur.

Ce n'est qu'en 1816 que le gouvernement français s'occupa de repeupler la colonie. Il fit, de nouveau, appel aux colons réfugiés en France. Ceux-ci, à peine arrivés, relevèrent le bourg de Saint-Pierre, qui avait été détruit en 1795. Une partie d'entre eux allèrent se fixer à Miquelon et y fondèrent le village de ce nom.

Les deux dernières guerres avaient abattu complètement les pêcheries françaises. Les Anglais en profitèrent pour faire prospérer les leurs; les capitaux de la Grande-Bretagne furent engagés en partie sur cette industrie, surtout après la campagne de 1814, qui rapporta à nos voisins plus de 1 200 000 quintaux de morue, représentant une valeur de 65 millions de francs.

L'année suivante, nos armateurs, un instant atterrés de la situation, relevèrent la tête et se mirent résolument à l'œuvre; aussi de 54 francs le quintal de morue tomba-t-il, en 1815 et 1816, à 16 et 17 francs. Ce fut la ruine de la grande pêche à Terre-Neuve pour les Anglais. On peut dire qu'ils ne se sont jamais relevés de ce coup terrible.

Le traité de 1814 ayant laissé plusieurs détails à élucider, une convention fut signée à Londres en 1857 entre les représentants des deux grands pays. Malheureusement, bien des points sont restés obscurs et, chaque année, nos pêcheurs rencontrent des obstacles sur les rivages de la grande terre pour l'exercice de leur industrie.

Une récente convention, destinée à délimiter plus exactement les droits des deux nations sur les pêcheries du littoral de Terre-Neuve, n'a pas été ratifiée par les Chambres anglaises.

PARTIE GÉOGRAPHIQUE

Position géographique. — Les îles Saint-Pierre et Miquelon comprennent un groupe d'îles dont les principales sont Saint-Pierre et Miquelon. Elles sont situées dans l'océan Atlantique septentrional, à 378 myriamètres de Brest.

Saint-Pierre gît par 46° 46′ 40″ de latitude nord et 56° 30′ 30″ de longitude ouest. En temps, l'heure de Saint-Pierre retarde sur celle de Paris de 3 heures 54 mites 2 secondes. Cette île n'a, dans sa plus grande longueur, que 7 kilomètres 1/2 et dans sa plus grande largeur 5 kilomètres 1/2. Sa circonférence est de 26 kilomètres et sa superficie de 2600 hectares.

Île Miquelon est située par 47° 05′ 36″ de latitude nord et 58° 40′ 30″ de longitude ouest. Elle est divisée en deux parties, dont la plus petite, appelée Langlade ou Petite-Miquelon, a 14 kilomètres de long sur 13 de large, avec une circonférence de 13 kilomètres. La Grande-Miquelon, appelée communément Miquelon, a la même longueur que Langlade, mais sa largeur n'est que de 11 kilomètres. Sa circonférence est 59 kilomètres. Elle est située au nord de Langlade.

Les deux Miquelons sont réunies par une langue de terre dont la largeur varie entre 300 et 900 mètres. Ces deux îles ont été séparées à plusieurs reprises et il ne paraît pas impossible que ce phénomène se reproduise à un moment donné.

Orographie. — Le sol des îles Saint-Pierre et Miquelon est montagneux. On trouve pourtant quelques plaines à Langlade et à Miquelon.

Géologie. — La nature du sol des îles Saint-Pierre et Miquelon appartient à la série granitique. A Saint-Pierre et dans les îlots voisins, le porphyre, le pétrosilex et le feldspath semblent dominer. On trouve aussi en plusieurs endroits des blocs erratiques, véritables poudingues, apportés autrefois par les glaces flottantes.

A Miquelon et à Langlade, les roches tiennent du type métamorphique ou schisteux cristallin. On les range dans la section des micaschistes. Des schistes ardoisiers ont été découverts, il y a quelques années, à Langlade; on a aussi trouvé à Miquelon des gisements de galène et d'ocre. Dans cette île, on a remarqué d'ailleurs que les montagnes possèdent beaucoup de quartzite, de siénite et de grès appartenant au terrain houiller.

Hydrographie. — L'hydrographie des îles Saint-Pierre et Miquelon est peu compliquée. Ses étangs que l'on y rencontre ne sont à proprement parler que des flaques d'eau qui donnent naissance à une infinité de petits ruisseaux que la fonte des neiges transforme en torrents.

Côtes et rades. — Les côtes de l'île Saint-Pierre sont très découpées, mais elles sont inabordables dans la plus grande partie de leurs cantons. La seule rade qu'elles offrent est celle de Saint-Pierre, comprise entre le *Cap à l'Aigle*, à l'est, la *Pointe à Philibert*, au sud-ouest, et l'*île aux Chiens*, au sud.

Cette rade communique avec la mer par trois passes :

1° La passe du *Nord-Est*, large de 900 mètres et présentant un fond de 10 à 20 mètres ;

2° La passe du *Sud-Est*, large de 500 mètres, avec un fond minimum de 7 mètres ;

3° La passe *aux Flétans*, qui a 400 mètres de large et une profondeur de 10 à 13 mètres.

La rade de Saint-Pierre, préservée du large par l'*île aux Chiens*, offre un excellent abri aux navires du plus fort tonnage. Les vents qu'elle redoute le plus sont ceux du nord-est. Sa longueur, du *Cap à l'Aigle* à la ligne que l'on tirerait de l'*île aux Moules* à la *Pointe aux Canons*, est de plus d'un mille.

Le *Barachois de Saint-Pierre*, dont l'entrée est située

entre l'*île aux Moules* et la *Pointe aux Canons*, pourrait recevoir une grande quantité de navires; mais malheureusement les bâtiments calant plus de 3^m,5 de tirant d'eau ne peuvent y entrer qu'à mer haute. Un projet de creusement est à l'étude au moment où nous écrivons ces lignes.

Il y a quelques années, le Barachois était exposé aux vents du sud-est et parfois même la sûreté des navires y était compromise. Pour remédier à cet inconvénient, on a construit une digue qui joindra plus tard la *Pointe Bertrand* à l'*île aux Moules*. Les navires seront ainsi complètement protégés.

Les îles secondaires et îlots. — *L'île aux Chiens* ferme la rade de Saint-Pierre. Elle ne mesure en circonférence que 4 kilomètres; elle est recouverte en partie par des graves; les habitants se livrent presque tous à la pêche de la morue. Comme édifice public, il n'y a que l'église et le presbytère à citer.

Toute la partie qui regarde Saint-Pierre est formée d'échoueries, destinées à servir de refuges aux *daris* et aux *waris* de pêche. Cette île tire son étymologie du chien de Terre-Neuve, que l'on y trouvait autrefois. Aujourd'hui, la race canine n'y est pas plus abondante que sur les autres points de nos possessions de Terre-Neuve.

Les autres îlots dépendant de Saint-Pierre sont : le *Grand Colombier*, au nord-est de l'île, montagne escarpée et d'un accès difficile, ainsi nommée à cause des *calculots* qui viennent l'habiter chaque année au printemps; un fait remarquable, c'est que jamais un de ces oiseaux n'a mis le pied sur une île voisine; l'*île aux Vainqueurs*, où il y a un lazaret; l'*île aux Pigeons*, à l'est, et l'*île Massacre*, en rade de Saint-Pierre.

Les bancs. — Saint-Pierre et Miquelon doivent leur importance aux richesses qu'offrent les bancs de sable et de rocs, qui s'élèvent à l'est et au sud, du fond de l'Océan et qui sont formés, en outre d'alluvions vaseuses, de débris d'animaux ou végétaux, apportés soit par le Gulf-Stream, soit par le courant polaire. Le plus grand, appelé *Grand banc de Terre-Neuve*, s'étend à près de 10 degrés du sud au nord; il a 500 kilomètres de long sur 360 de large, sous une profondeur d'eau de 30 à 45 mètres ; il est à quarante-huit heures de la côte. Viennent ensuite le *Banc de Saint-Pierre*, le plus rapproché du chef-lieu, à dix heures de la rade ; le *Banc à Vert* et le *Banquereau*.

Climat. Température. — Les hivers, aux îles Saint-Pierre et Miquelon, sont très froids. Le thermomètre descend parfois jusqu'à 26° au-dessous de zéro. Cependant cette température est exceptionnelle et l'on peut dire que la moyenne des froids varie entre 14 et 16°.

Le printemps ne commence guère qu'en mai ou juin. Juillet, août et septembre sont les mois de chaleur : le thermomètre monte alors jusqu'à 24°. Octobre a encore de belles journées ; mais novembre ramène les présages de l'hiver. Cependant ce n'est qu'à la fin de décembre que la neige tombe pour ne plus fondre qu'en avril.

Les vents du nord et du nord-est amènent des tempêtes soudaines qui se déchaînent et rendent la mer furieuse. La neige se convertit en poussière fine que l'on appelle *poudrin*. Ce poudrin, lancé des hauteurs dans la plaine, s'accumule en certains endroits et forme de véritables montagnes qui disparaissent et reparaissent tour à tour. Il pénètre par les moindres fissures jusque dans les appartements. Il est toujours imprudent, les jours de poudrin, de s'aventurer loin des habitations, car on a vu des cas de mort d'hommes. Cette poussière de glace empêche de voir et même de respirer.

En février et mars, les îles Saint-Pierre et Miquelon sont parfois enfermées dans un cercle de glaces. Celles-ci, chassées par les vents sud-est ou nord-est, viennent se souder à la terre et forment autour de l'île une croûte solide, qui empêche toute communication avec l'extérieur. En mars et avril, de gros icebergs passent au large, venant du nord. Leur présence est toujours signalée par un refroidissement de la température.

Au reste, les variations de température sont très fréquentes à Saint-Pierre et Miquelon.

L'originalité du climat de ces îles, ce sont les longs jours et les longues nuits. Au solstice d'été, les nuits ne durent pas plus de trois heures; encore sont-elles très claires. Les aurores boréales sont fréquentes en hiver.

Vents et brumes. — Les vents dominants sont ceux d'ouest; lorsqu'ils soufflent, le ciel s'éclaircit et devient beau. Les mauvais vents sont ceux que l'on désigne sous le nom d'*assuéties*; ils règnent de l'est au sud-ouest, par le sud, et sont généralement accompagnés de brume et de pluie. Les plus impétueux soufflent du nord-est au nord-ouest, par le nord; on les appelle *anordies*.

C'est pendant les mois de juin et de juillet, lorsque les vents soufflent du sud-est au sud-ouest, que la brume règne. Elle recouvre la terre souvent pendant dix et douze jours, ne laissant quelques échappées du ciel qu'à de rares intervalles. L'atterrissage pour les navires, à pareille époque, demande beaucoup de précautions.

Salubrité. — Le climat des îles Saint-Pierre et Miquelon est sain, mais il ne convient pas aux personnes délicates, par suite de la longueur des hivers. Les maladies épidémiques y sont inconnues. Les affections que l'on y rencontre doivent être attribuées aux habitudes et au genre de vie des habitants. Les plus fréquentes sont dues aux excès de boisson des marins pêcheurs.

Population. — En 1855, la population, des îles Saint-Pierre et Miquelon se composait de 2543 habitants, dont 501 appartenaient à l'élément flottant. En 1885, c'est-à-dire 30 ans plus tard, elle était de 5765, dont 1405 pour la population non sédentaire. Les 4560 habitants sédentaires se décomposaient comme suit : pour Saint-Pierre, 3514, pour l'île aux Chiens, 527, et pour Miquelon et Langlade, 519.

Outre la population flottante, il faut mentionner aussi les gérants, les marins des bâtiments pêcheurs et autres employés divers, qui ne séjournent dans la colonie que pendant la campagne de pêche. Leur nombre peut être fixé annuellement à 8000 individus.

Circonscriptions communales. — Elles sont au nombre de deux : Saint-Pierre et les îles voisines, et Miquelon avec Langlade.

L'île Saint-Pierre comprend la ville, la banlieue et les

terrains vagues relevant de la direction de l'Intérieur.

La ville s'étend devant le port, au pied de la montagne. Elle est divisée en deux parties : la ville en pierre et la ville en bois. La première, située au centre même de la commune, est ainsi appelée parce que les immeubles ne peuvent être construits qu'avec revêtements en pierres ou en briques et couvertures incombustibles. Cette mesure a été prise pour éviter les incendies. Dans la seconde partie, les propriétaires peuvent bâtir à leur gré.

Les rues de Saint-Pierre sont droites et suivent les directions nord-sud et est-ouest. Leur largeur doit être de 9 mètres dans la ville en bois et de 12 mètres dans la ville en pierre. Partout on a établi des bornes-fontaines et des prises d'eau. L'éclairage des rues se fait au moyen de lampes à pétrole.

Parmi les monuments publics, il faut citer l'église et le gouvernement, vastes constructions en bois ; le trésor et la poste, la direction du port, la direction de l'intérieur, l'hôpital, qui peut recevoir 100 malades, la gendarmerie, le palais de justice, la caserne des disciplinaires, etc., tous édifices récents et bâtis en briques ou en pierres.

La rade est entourée de magnifiques quais en bois, avec de nombreux appontements ou cales, destinés à faciliter les chargements et les déchargements des marchandises.

Trois routes carrossables permettent aujourd'hui de circuler d'un bout à l'autre de l'île. Ce sont, la *route de Gueydon*, qui suit la mer jusqu'au *cap à l'Aigle* ; la *route Iphigénie*, qui prend le nom de *Cléopatre* à partir du rond-point et va se terminer au village du *Savoyard* ; enfin, la *route de Lapanouze*, qui dessert le sifflet de brume de Galantry.

En dehors de la ville, les bords de la mer sont occupés par des graves, sur lesquelles on fait sécher la morue.

La ville de Miquelon est située au fond de l'anse de ce nom. Elle se compose de maisons en bois habitées par des pêcheurs. Depuis quelques années, sa population au lieu d'augmenter diminue ; la plupart des marins abandonnent la petite pêche pour aller sur les bancs, et leurs familles émigrent généralement pour Saint-Pierre.

Langlade, dépendance de Miquelon, est reliée avec elle par une route pour piétons. Ce hameau ne comprend qu'une douzaine de fermes, la gendarmerie et un pied-à-terre, joli petit chalet, pour le commandant. C'est un rendez-vous, l'été, pour les amateurs de villégiature. On y trouve des coteaux boisés et une végétation autrement pittoresque que sur n'importe quel autre point de Saint-Pierre et de Miquelon.

Régime administratif. — Les pouvoirs publics, aux îles Saint-Pierre et Miquelon, sont exercés par un commandant, qui est dépositaire de l'autorité du gouvernement et qui est chargé de l'exécution des décisions du *conseil général*, et de la *commission coloniale*.

Il est assisté d'un chef du service de l'intérieur et d'un chef du service judiciaire. Un chef du service administratif de la marine est préposé à l'administration et à la comptabilité des dépenses des services militaires et maritimes à la charge de l'État.

Le conseil général est composé de 12 membres élus, dont 9 pour Saint-Pierre, 1 pour l'île aux Chiens et 2 pour Miquelon et Langlade. Il est chargé de l'administration des ressources locales. Une commission coloniale est tirée du sein du conseil, pour étudier toutes les questions qui lui sont déférées par la législation en vigueur.

Un *conseil privé* est placé près du commandant pour l'éclairer de ses avis.

Nous avons dit que la colonie était partagée en deux sections communales. Chaque commune comporte un *conseil municipal*. A Saint-Pierre, ce corps est divisé en deux sections, dont une pour l'*île aux Chiens*. Ce corps se compose d'un maire, de 5 adjoints (dont un remplit les fonctions d'officier de l'état civil à l'île aux Chiens) et de 16 conseillers municipaux.

A Miquelon, il y a un maire, 2 adjoints et 12 conseillers municipaux.

La colonie n'élit ni sénateur, ni député. Elle envoie

un délégué pour la représenter à Paris, au *conseil supérieur des colonies.*

L'armée se compose d'un détachement de *disciplinaires des colonies*, commandé par un cadre tiré de l'infanterie de marine.

Il y a aux îles Saint-Pierre et Miquelon deux justices de paix, l'une à Miquelon et l'autre à Saint-Pierre. Dans cette dernière ville siège un juge de paix en titre; à Miquelon, les fonctions de juge de paix sont remplies par le commis de marine, chargé du service administratif.

La colonie comporte, en outre, un tribunal de première instance et un *conseil d'appel.* Tous deux ont leur siège à Saint-Pierre.

Saint-Pierre possède aussi une chambre de commerce et un tribunal de commerce.

Budget. — Le budget de la colonie, pour 1884, a été fixé à la somme de : 382 230 fr. 49.

Cultes. — La religion dominante est le catholicisme. Elle a à sa tête un *préfet apostolique*, qui est curé de Saint-Pierre, deux autres curés et un vicaire. Vient ensuite la religion protestante, pratiquée surtout par les Anglais et les Américains, qui entretiennent à leurs frais un temple et un pasteur.

Agriculture et ressources locales. — La stérilité naturelle des îles et la rigueur prolongée de l'hiver mettent de puissantes entraves au développement de l'exploitation du sol. Cependant, à force de persévérance, les habitants ont en quelque sorte vaincu la nature. Il y a peu de familles aujourd'hui qui ne possèdent un petit jardinet où l'on récolte les légumes nécessaires pour l'année. Il est à remarquer que la végétation se développe très rapidement dans ces parages; en moins de quatre mois (mai à octobre), elle a passé par toutes les phases de la vie végétale.

A Miquelon, le sol se prête mieux aux essais agricoles qu'à Saint-Pierre; encore les rochers et les tourbières occupent-ils la plus grande partie de la surface; aussi l'agriculture n'y fait point de grands progrès. Ce n'est guère qu'à Langlade que l'on s'occupe spécialement de culture. C'est le *Jardin* de la colonie, et l'on y comptait, en 1884, jusqu'à treize fermes; mais les fermiers préfèrent l'exploitation des pâturages à celle des céréales. Ceci tient à ce que les légumes venant de l'extérieur, notamment du Saint-Laurent, sont vendus sur place à des prix relativement bas.

La superficie des terres défrichées et mises en valeur atteint, pour l'ensemble des îles, 2550 hectares environ.

La chasse. — Elle apporte aussi un appoint sérieux à la nourriture des habitants. On trouve dans les deux îles une grande variété d'oiseaux, tels que la perdrix, surtout une espèce de perdrix, blanche l'hiver et grise l'été, — l'ortolan, la bécassine, le canard sauvage, le pluvier, le courlis et autres aquatiques.

Le gibier à poil manquait, mais des essais tentés depuis 1881 ont pleinement réussi. Aujourd'hui Langlade est couverte de lapins sauvages.

Un autre genre de chasse est celle au loup marin. Elle n'est guère exercée qu'à Langlade, sur les bords du Grand Barachois, et aussi sur les côtes de Miquelon. On retire un beau bénéfice de l'huile et de la peau de cet amphibie, mais sa chair ne vaut rien

La pêche. — La pêche à la morue s'ouvre officiellement le 1ᵉʳ avril et se clôture le 29 septembre, mais elle ne commence guère avant le 18 avril et se termine vers le milieu de septembre. Elle se fait, soit au filet de seine, soit à la ligne. On emploie comme *boittes* ou appâts le hareng, le capelan et l'encornet. On distingue entre la *grande pêche*, qui se fait dans les *bancs* à bord des goëlettes et autres navires, et la *petite pêche*, qui se fait sur les côtes, au moyen de *daris* et *waris*, sortes de pirogues.

La pêche de la morue doit sa prépondérance aux encouragements accordés par le gouvernement français, sous la forme de *primes à l'armement* et *primes sur les produits*.

Il faut ajouter que la pêche du hareng, du capelan et de l'encornet entre dans l'alimentation pour Saint-Pierre et Miquelon. En effet, si les Anglais ont la primeur des deux premières *boittes*, c'est-à-dire, s'ils pêchent le hareng ou le capelan avant qu'il n'arrive sur nos côtes et viennent le vendre à nos armateurs comme appât, il n'en est pas moins vrai que, lorsque ce poisson fait son apparition chez nous, on s'en sert non seulement pour la petite pêche et pour les navires qui se trouvent en retard, mais encore pour l'alimentation des habitants. Le capelan est séché, et la ménagère économe le conservera pour l'hiver. Quant à l'encornet, qui est la troisième *boitte*, il est pêché entièrement sur les côtes de nos îles et nous ne sommes en rien tributaires de nos voisins sous ce rapport. Les femmes, les enfants, tout le monde se livre à cette pêche, et il n'est pas rare de voir une petite embarcation prendre de 400 à 500 encornets dans une après-midi. Si l'on considère que l'encornet se vend de 0 fr. 05 à 0 fr. 10 pièce, on voit que c'est une belle journée gagnée pour la famille.

Citons aussi, parmi les ressources du pays, la pêche du homard. Ce crustacé est si abondant à Langlade et à Miquelon qu'on le harponne à l'aide d'un croc en fer emmanché au bout d'une gaule et qu'en rien de temps on en emplit une embarcation.

Industrie et commerce. — La pêche de la morue forme la branche la plus importante de nos expéditions commerciales. Outre le grand nombre de navires qu'elle emploie annuellement, elle occupe des milliers d'ouvriers de toutes professions ; elle procure un débouché considérable aux divers produits de notre sol et elle entretient une pépinière de marins destinés à alimenter notre marine de commerce et à former une réserve pour notre flotte de guerre.

En 1884 il y a eu dans le port de Saint-Pierre un mouvement maritime de 3364 entrées et de 3350 sorties, représentant un chiffre de 346 516 tonneaux. Les équipages français comportaient 8381 marins.

Pendant l'année 1884, la valeur totale des exportations a été de 14 639 226 francs : celle des importations de 12 692 425 francs, ce qui forme un total général de 29 331 654 francs.

Il est à remarquer que le mouvement commercial est en progrès continu. Il était :

```
en 1854 de. . . . . . . . . . . . .    7.779.091 fr.
   1864    . . . . . . . . . . . .   11.271.104
   1874    . . . . . . . . . . . .   19.465.297
   1884    . . . . . . . . . . . .   29.331.654
```

En trente ans, il a donc quadruplé. Il se fait surtout avec la France et les Antilles françaises.

Les principaux objets importés de France sont les étoffes, les effets confectionnés, les divers tissus de laine, la quincaillerie, le vin, le cidre, les alcools, le lard salé, les ustensiles de pêche, etc.

Les Anglais et les Américains importent surtout la volaille, le foin, la farine, le beurre, les légumes, le chauffage (charbon et bois) et les bois de construction.

Les grosses transactions concernant la morue, — *verte* ou salée, morue sèche, huile de foie de morue, etc., — se font en France, mais le commerce de détail se traite dans la colonie. Les Anglais de Terre-Neuve apportent à Saint-Pierre les deux premières *buittes*, c'est-à-dire l'appât pour la morue et, en échange, ils remportent des quantités considérables d'objets de toute espèce qu'ils achètent dans la colonie : de sorte que celle-ci devient un débouché très important pour les marchandises de toute provenance qui lui arrivent.

Importance de la colonie. — Les îles Saint-Pierre et Miquelon, dernier vestige de nos splendeurs d'Amérique, tiennent le troisième rang comme importance commerciale parmi toutes nos colonies. Comme revenu annuel, elles sont supérieures à plusieurs de nos départements métropolitains. Si on les compare à nos chefs-lieux de département, on remarque que, sur 86 chefs-lieux, 33 ont un revenu inférieur. Quant au mouvement de la navigation, il est supérieur à la plupart de nos ports français.

V. Nicolas.

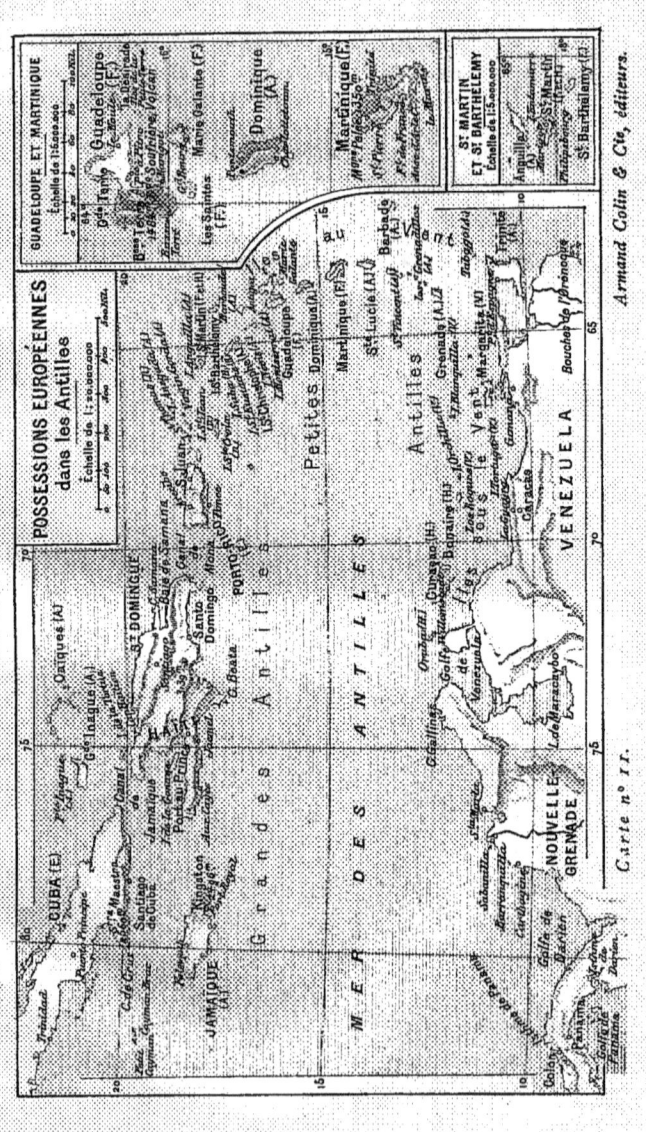

LA GUADELOUPE

ET SES DÉPENDANCES

CHAPITRE PREMIER

HISTOIRE

Jusqu'à la Révolution. — La Guadeloupe a été découverte par Christophe Colomb le 4 novembre 1493. Les Espagnols, sollicités seulement alors par l'attrait des mines d'or du Continent, n'y fondèrent aucun établissement, et ce ne fut que plus d'un siècle après, en 1635, que les sieurs de l'Olive et Duplessis, lieutenant de d'Enambuc, alors gouverneur de Saint-Christophe pour le compte de la *Compagnie des îles d'Amérique*, vinrent en prendre possession au nom de la France.

Les Français, outre Saint-Christophe et la Guadeloupe, occupèrent Saint-Domingue, la Grenade, les Grenadines, Saint-Vincent, la Martinique, la Dominique, Tabago, Saint-Barthélemy, Marie-Galante, les Saintes, Sainte-Lucie, Saint-Martin, Sainte-Croix. Il y eut tout un *archipel français*, et, encore aujourd'hui, dans presque toutes ces îles, notre langue est restée dominante.

La Guadeloupe était habitée, comme toutes les autres parties de l'archipel des Antilles, par les Caraïbes, qui l'appelaient *Karukera*. Ces indigènes provenaient eux-mêmes d'une migration de peuplades de l'Amérique du Sud, et s'étaient substitués aux populations primitives, qu'ils avaient chassées ou détruites. Les Caraïbes avaient des mœurs douces; ils ignoraient la propriété, même collective; ils ne connaissaient d'autre gouvernement que l'anarchie et, s'il leur arrivait parfois de se faire des guerres de tribu à tribu, c'était beaucoup moins pour étendre leur domination sur des territoires conquis, que pour se défendre contre les agressions de leurs voisins du dehors, ou pour assurer leur alimentation du lendemain, car ils pratiquaient le cannibalisme.

Les Caraïbes étaient encore dans l'âge de la *pierre polie*. Ils n'étaient pas dépourvus d'instincts artistiques, ainsi qu'en témoignent les spécimens retrouvés de leurs armes, de leurs ustensiles et des objets de leur culte.

L'Olive et Duplessis s'établirent sans difficulté dans le pays, et entretinrent d'abord de bonnes relations avec les indigènes. Mais, la mort de ce dernier étant survenue peu de temps après la prise de possession, l'Olive déclara la guerre aux Caraïbes. Cette guerre, qui ne devait se terminer que par la destruction complète de la race autochtone, mit, pendant de longues années, de sérieux obstacles aux progrès de la colonisation.

Comme il fallait constituer une population de travailleurs, on recourut, d'une part, au système des engagements contractés, pour *trente-six mois*, par des immigrants européens, qui étaient recrutés particulièrement à Dieppe, au Havre, à Saint-Malo, et qu'on appelait les *trente-six mois*, et, d'autre part, à l'établissement de l'esclavage, qui devint dans la suite, par une erreur à jamais déplorable, le principe fondamental de l'organisation coloniale. Européens engagés et noirs achetés étaient courbés, dans l'origine, sur la même glèbe, avec cette différence, toutefois, que ceux-là n'étaient esclaves qu'à temps, et que, ne faisant pas partie d'un patrimoine, ils ne trouvaient pas, comme ceux-ci, dans l'intérêt bien entendu du maître, une sorte de garantie contre les traitements excessifs.

La *Compagnie des Iles d'Amérique*, malgré les faveurs très grandes dont elle avait été l'objet de la part du gouvernement métropolitain, géra mal son domaine colonial. Elle fut dissoute en 1648, et la Guadeloupe fut vendue au sieur Houël, qui en était alors gouverneur, et à son beau-frère le marquis de Boisseret. Quelques années après, en 1664, Colbert ayant fondé une nouvelle compagnie, dite des *Indes occidentales*, les propriétaires des îles furent mis en demeure de faire remise de leurs titres et de leurs droits à des commissaires désignés à cet effet, moyennant remboursement de leurs avances. La Guadeloupe passa ainsi dans le capital social de la Compagnie, qui en resta propriétaire jusqu'en 1674, époque à laquelle cette société ayant été dissoute à son tour, la colonie fut réunie au domaine de la couronne et tous les Français purent aller s'y établir. Elle fut dès lors gouvernée par des lieutenants généraux, représentants directs du roi.

L'administration agitée et stérile des deux compagnies, de même que celle des seigneurs propriétaires, avait montré, en définitive, que l'initiative privée, si féconde qu'elle soit en tout ce qui est du ressort de l'activité individuelle, ne peut être utilement substituée à celle de l'État, pour les choses qui se rapportent à l'exercice de la souveraineté.

La Guadeloupe se distinguait des autres possessions françaises par un état social un peu plus démocratique, au moins en ce qui regardait la race blanche. On opposait volontiers les *bonnes gens* de la Guadeloupe aux *messieurs* de la Martinique et aux *seigneurs* de Saint-Domingue.

Dès 1666, on voit les Anglais diriger une expédition contre nos îles, et s'emparer des Saintes. Un ouragan dispersa leur flotte, et la résistance des habitants fit le reste. Les Anglais durent évacuer les positions qu'ils avaient occupées.

Pendant la guerre de la ligue d'Augsbourg, après avoir ravagé Saint-Martin et Saint-Barthélemy, ils s'emparèrent de Marie-Galante (1691), et vinrent débarquer dans le voisinage de la Basse-Terre. Ils furent repoussés par les troupes locales, et Marie-Galante même leur fut enlevée.

La guerre de la Succession d'Espagne amena de nouvelles alarmes. Les Anglais firent une autre descente à la Guadeloupe en 1703. Elle ne fut pas plus heureuse que les précédentes.

Le traité d'Utrecht nous enleva, dans les Antilles, Saint-Christophe. A partir de cette époque (1713), l'archipel français vécut dans une tranquillité relative, que vint troubler la guerre de Sept ans. En cette même année 1759 qui vit se décider, sur les champs de bataille lointains, le sort du Canada et de l'Inde, les Anglais débarquèrent à la Guadeloupe, sous les ordres du commodore Moore. Trop inférieurs en nombre, les défenseurs de la colonie durent consentir à une capitulation, qui fut signée, le 1er mai, par le gouverneur Nadau du Treil.

La colonie resta quatre ans au pouvoir des Anglais, qui s'attachèrent à y introduire une certaine prospérité matérielle. Au traité de Paris (1763), la France recouvrait la Guadeloupe et la Martinique, faible dédommagement des grandes pertes faites sur le continent américain; mais elle cédait définitivement à l'Angleterre, dans les Antilles, la Grenade, Saint-Vincent, la Dominique, Tabago.

Depuis la Révolution. — La Révolution fut marquée à la Guadeloupe, comme en France, par des luttes intérieures entre royalistes et patriotes.

La loi du 8 mars 1790 déclara les colonies partie intégrante de l'Empire français. Le décret du 28 mars 1792 appelait tous les hommes libres, sans distinction de couleur, à l'exercice des droits politiques. Le décret du 22 août 1792, confirmant une décision antérieure de la Constituante, accorda aux colonies une représentation dans le Parlement français.

Quand il fut manifeste que le mouvement des esprits ne s'arrêterait pas là, les partisans de l'ancien régime s'apprêtèrent à résister. Le bruit s'étant répandu que les armées autrichienne et prussienne étaient entrées à Paris, le drapeau blanc fut substitué, par les ordres du gouverneur d'Arrot, au drapeau tricolore; on expulsa les *patriotes* dont l'influence paraissait redoutable, et lorsque, quelque temps après, se présenta le nouveau gouverneur envoyé par la métropole, on refusa de le recevoir.

Les patriotes, encouragés par un officier qui avait reçu mission de rendre compte à la Convention de l'état des îles, le capitaine Lacrosse, contraignirent d'Arrot à se retirer, et le gouvernement de la colonie fut remis au nouveau titulaire, le général Collot.

L'un des premiers actes de ce gouverneur fut de promulguer la constitution de 1793. Mais, la guerre avec l'Angleterre ayant éclaté une fois encore, il s'agissait beaucoup moins, dès lors, d'appliquer une constitution que de préparer la défense.

Le 4 février 1794, par suite des troubles de Saint-Domingue, la Convention avait voté, à l'unanimité et par acclamation, l'abolition de l'esclavage.

Le 9 avril 1794, la flotte ennemie, composée d'un grand nombre de bâtiments, se présenta devant les Saintes. Ces positions enlevées, les Anglais vinrent débarquer à la Grande-Terre, d'où ils se répandirent dans la Guadeloupe proprement dite. Après une résistance qui, du moins, sauva l'honneur, le général Collot capitula et se retira aux États-Unis. Il ne revint en France qu'en 1800, pour passer devant un conseil de guerre, qui l'acquitta.

Les faits qui suivent méritent une mention spéciale, parce qu'ils constituent, bien que trop ignorés, une des pages les plus intéressantes de notre histoire coloniale.

La Convention avait l'habitude de se faire représenter, partout où il y avait une grande action à diriger, par des délégués. Ainsi fit-elle à l'égard des colonies.

Les commissaires désignés pour la Guadeloupe furent Victor Hugues et Chrétien. 1150 hommes, commandés par le général de division Aubert, s'embarquèrent avec eux.

Le navire expéditionnaire se trouva devant le Gosier, non loin de la Pointe-à-Pitre, le 2 juin 1794. Là on apprit que les Anglais étaient maîtres de l'île et que leur corps d'occupation était incomparablement supérieur aux forces françaises. Les chefs militaires opinaient pour une retraite pure et simple ou, tout au moins, pour un délai dans les opérations. Victor Hugues intervint. « Nous sommes partis de France, dit-il, pour venir à la Guadeloupe. Nous y voici ! Il m'importe peu que les Anglais y soient arrivés avant nous. Allons à terre ! »

Le débarquement a lieu. Victor Hugues appelle les

esclaves, proclame leur émancipation, les convie à marcher avec lui contre « ces coquins d'Anglais ». En ce qui concerne les colons royalistes qui seraient tentés de faire cause commune avec l'ennemi, il montre une guillotine qui a été dressée, à leur intention, sur le pont de son navire.

Ces exhortations et ces menaces produisent leur effet : *patriotes* de toute couleur suivent le délégué de la Convention. Les premiers engagements ne sont pas favorables. Les Anglais ont reçu de la Martinique un renfort de 10 000 hommes. La petite troupe de Victor Hugues est menacée d'un écrasement complet. Déjà on prononce le mot de capitulation. Le proconsul s'indigne ; il aborde un général qui doute du succès, lui crie qu'il n'est pas digne de commander à des républicains, lui arrache ses épaulettes, et déclare qu'il ira s'il le faut, lui Victor Hugues, tout seul à l'ennemi. Cette superbe confiance enhardit les plus hésitants ; les Français reprennent l'offensive. En peu de temps, les Anglais sont complètement expulsés de la Guadeloupe et de ses dépendances, sans pouvoir même obtenir que les émigrés français qui combattaient avec eux soient compris dans la capitulation.

Hugues ne se montra pas modéré dans la victoire ; il déploya à la Guadeloupe le système de la terreur ; sa guillotine, qu'il avait fait transporter à terre, ne resta pas inactive. Il sut du moins faire respecter le nom français : au milieu de ces mers où la puissance anglaise s'affirmait en dominatrice, il y eut un coin de terre qui devint, grâce à lui, le dernier asile de notre pavillon. Là furent armés des corsaires qui firent un mal considérable au commerce ennemi. Les Anglais renoncèrent, pendant la durée de l'administration de Victor Hugues, à toute entreprise sur la colonie et ses dépendances. Le représentant de la Convention les avait prévenus qu'il ferait fusiller autant de leurs prisonniers qu'il serait tiré de coups de canon sur le littoral des îles. Un jour, il n'avait pas reculé devant la grande République américaine ; à l'occasion d'un conflit maritime, il avait pris sur lui d'autoriser ses corsaires à courir sus aux bâtiments des États-Unis.

Hugues fut remplacé, en 1798, par le général Desfourneaux, puis par les agents du Directoire Jeannet, Laveaux et Bacot. Dans cette période, il faut citer une expédition infructueuse dirigée contre l'île hollandaise de Curaçao, et la prise par les Anglais, en 1801, de Saint-Martin.

D'après l'arrêté consulaire du 19 avril 1801, qui mettait en vigueur la constitution de l'an VIII, la Guadeloupe devait être gouvernée par trois magistrats : un capitaine général, commandant des forces de terre et de mer et représentant direct de l'autorité métropolitaine, un préfet, un commissaire de justice. Le soin d'inaugurer ce régime fut confié à Lacrosse, au préfet Lescalier, le même qui avait été précédemment chargé d'une mission à Madagascar, et au commissaire de justice Coster. Le contre-amiral Lacrosse, qui s'était signalé, dans le passé, comme un ardent ami des patriotes, arrivait, cette fois, avec d'autres dispositions. Les rigueurs inutiles qu'il exerça, dès le début de son administration, contre les anciens esclaves devenus citoyens, lui attirèrent la haine de l'élément populaire, sans lui procurer la confiance des anciens colons. Ceux-ci ne crurent pas à sa conversion, et plusieurs d'entre eux prirent le parti d'abandonner l'île, prévoyant, disaient-ils, que ces procédés allaient les exposer à des malheurs non moins grands que ceux dont ils avaient déjà souffert. Le mécontentement se propagea avec rapidité dans le pays. Les troupes, parmi lesquelles se trouvaient beaucoup d'affranchis, se soulevèrent. Un jour que Lacrosse passait une revue, des officiers le mirent en état d'arrestation et l'embarquèrent sur un navire qui alla le déposer à l'île anglaise de la Dominique.

Un gouvernement provisoire fut constitué. Il se composa, sur la demande des habitants, du chef de brigade Pélage, homme de couleur, l'officier le plus élevé en grade, et des conseillers Danois, Frasans et Corneille. Ces hommes étaient au péril, beaucoup plus qu'à l'honneur. Ils se proposaient, après avoir ramené le calme dans les esprits, de remettre la colonie à l'envoyé, quel qu'il fût, du premier Consul, en expliquant les circonstances qui les avaient amenés à accepter la responsabilité du pouvoir.

Les préliminaires du traité d'Amiens venaient d'être signés. Le premier Consul voulut profiter du repos relatif dont allait jouir l'Europe pour faire disparaître, même aux colonies, les derniers vestiges de l'agitation révolutionnaire. Il avait dit, « qu'à Saint-Domingue et à la Guadeloupe, il n'y avait plus d'esclaves, que tout y était libre, que tout y resterait libre ». Les instructions données au général Richepanse, pour la Guadeloupe, étaient-elles conformes à cette déclaration? Quand il arriva dans l'île, la population et les troupes, fatiguées des dissensions antérieures, l'attendaient avec impatience et vinrent au-devant de lui. On pense qu'il se trompa sur la nature de ces manifestations. A ses premiers actes, les affranchis comprirent qu'il s'agissait de les remettre en esclavage et, en même temps qu'ils faisaient appel à la République, ils se mirent en insurrection. Le nom du chef de bataillon Delgrès, qui, après avoir rédigé un éloquent appel à la postérité, se fit sauter dans un fort, avec trois cents des défenseurs de la liberté, est resté honoré à la Guadeloupe. On se souvient aussi de cet autre officier, Kirvan, qui, voyant perdue la cause pour laquelle il combattait, se fit creuser une fosse, s'y étendit, et se donna la mort. Un autre encore, Monnereau, le secrétaire de Delgrès, ayant eu, devant les juges, la facilité de se sauver en niant sa participation aux actes de son ancien chef, aima mieux subir la peine capitale.

Ces épisodes douloureux d'une lamentable histoire furent suivis d'un acte qui devait avoir, même au point de vue exclusivement politique, de funestes conséquences : le rétablissement officiel de l'esclavage à la Guadeloupe. La nouvelle de cet événement ralluma la guerre à Saint-Domingue et, dès lors, la plus riche et la plus belle des Antilles fut à jamais perdue pour la France.

Lacrosse fut restauré dans son gouvernement de la Guadeloupe, et le même homme, qui avait autrefois prêché dans cette colonie la propagande révolutionnaire, fut chargé d'y appliquer l'arrêté consulaire du 16 juin 1802, qui rétablissait aux Antilles le régime antérieur à 1789.

Il eut pour successeur le général Ernouf, sous le gouvernement duquel, après la rupture du traité d'Amiens en 1803, une attaque fut dirigée par les Anglais sur l'anse Deshaies. Cette tentative demeura sans résultat. Quelques années après, les hostilités recommencèrent. En 1809, les Anglais s'emparèrent de la Martinique et tentèrent, sans succès, une descente à la Guadeloupe. Enfin, en 1810, ils vinrent, en grand nombre, sous les ordres du général Georges Beckwith, débarquer à Sainte-Marie, d'où ils se portèrent sur la Basse-Terre. Après quelques combats, qui ne mirent pas sérieusement obstacle à la marche de l'ennemi, Ernouf capitula. La Guadeloupe tomba encore au pouvoir des Anglais, qui en restèrent maîtres jusqu'en 1813, époque à laquelle ils la cédèrent à la Suède. Cette cession ne reçut pas d'exécution effective : par le traité de Paris du 30 mai 1814, la colonie fut rétrocédée à l'Angleterre, qui la rendit à la France. Il ne fut pas facile de déterminer le gouverneur anglais Skinner à exécuter cette dernière partie du traité.

Pendant la période des Cent jours et avant que des désastres récents encore eussent été réparés, la Guadeloupe, qui avait alors pour gouverneur le comte de Linois, fut reprise par les Anglais, qui y restèrent jusqu'au traité de 1815.

A partir de cette époque, la paix avec l'Angleterre étant devenue définitive, la colonie n'eut plus à se défendre contre les attaques du dehors et ne subit que des transformations intérieures, résultant de l'application des divers systèmes de gouvernement qui y furent introduits par la métropole.

La Guadeloupe a donné naissance à un certain nombre de personnages connus, parmi lesquels on peut citer : le général Dugommier, qui reprit Toulon aux Anglais en 1793, Gobert, le fondateur des prix académiques pour l'histoire de France, le peintre Lethière, l'auteur de *Brutus condamnant ses fils à mort* et de la *Mort de Virginie*, les écrivains Léonard, Privat d'Anglemont, enfin Armand Barbès.

CHAPITRE II

GÉOGRAPHIE GÉNÉRALE

La Guadeloupe. — La Guadeloupe est située entre 16° 14′ 12″ et 15° 59′ 30″ de latitude nord; — 64° 4′ 22″ et 65° 51′ 30″ de longitude ouest. Elle est distante de la Martinique de 110 kilomètres.

La colonie se compose, non compris ses dépendances, de deux îles principales que sépare un bras de mer appelé la *Rivière Salée*, d'une largeur moyenne de 40 à 50 mètres, et qui ne peut être traversé que par les navires d'un faible tonnage. La partie située à l'ouest de ce détroit porte le nom de *Basse-Terre*[1] ou *Guadeloupe proprement dite*; la partie à l'est s'appelle la *Grande-Terre*.

Ces deux terres sont différentes par leur aspect et leur constitution géologique. Le soulèvement volcanique qui les a formées s'est accentué beaucoup plus à la Guadeloupe qu'à la Grande-Terre. Ici, le sol est plat, marécageux en quelques endroits; le calcaire et l'humus y dominent; ses ondulations sont marquées par des mamelons de peu d'élévation; il est presque complètement dépourvu de cours d'eau. Là, le terrain est volcanique, hérissé de montagnes boisées, et traversé par des rivières qui descendent des sommets de cascade en cascade. Parmi ces rivières, dont les embouchures mêmes

---

1. Ce serait plutôt la *Haute-Terre* qu'il faudrait dire, puisqu'elle est la plus montagneuse des deux îles; de même elle est plus étendue que la *Grande-Terre*, dont l'appellation, également impropre, s'explique par l'histoire de sa découverte. Désormais nous n'emploierons plus cette expression la *Basse-Terre* que pour désigner la ville chef-lieu.

sont rarement navigables, on peut citer la grande rivière *Goyave*, la *Lézarde*, la *Moustique*, la *Rivière Rose*, la *Rivière des Pères*, le *Galion*.

La plus haute montagne de la Guadeloupe est la *Soufrière*, qui atteint une élévation de 1559 mètres, et sur le dernier plateau de laquelle s'ouvre un cratère encore fumant.

A des altitudes diverses, on rencontre des sources d'eaux thermales sulfureuses ou minérales. Les plus recherchées de ces eaux sont, dans la commune de Sainte-Rose, celles de la *Ravine-Chaude* et de *Sofaïa*, dans la commune de Gourbeyre, celles de *Dolé* et, dans la commune de Bouillante, celles de *Bouillante*.

La superficie de la Guadeloupe proprement dite est de 94 631 hectares ; celle de la Grande-Terre, de 65 631 hectares.

Dépendances de la Guadeloupe. — *Marie-Galante*, ainsi appelée du nom du vaisseau monté par Colomb à sa deuxième expédition, la *Maria-Galanda*, est la plus importante des dépendances de la colonie. Sa superficie est de 14 927 hectares. Elle est située par 16° 3' de latitude nord et 63° 29' de longitude ouest, à six lieues au sud de la Grande-Terre. Son sol, de nature calcaire et sablonneuse, est arrosé par de petits cours d'eau ; il est couvert de mornes, dont le plus élevé, le *Morne Constant*, atteint 205 mètres. L'île, dans le sud et l'est, est hérissée de caps qui rendent la navigation assez dangereuse. La population de cette dépendance est active et industrieuse. Elle se livre à la pêche, à l'élève du bétail, au commerce du bois de campêche, à la culture de la canne, du café, du coton. Marie-Galante formait autrefois un petit gouvernement, dépendant de celui de la Guadeloupe et placé sous l'autorité d'un commandant particulier.

La *Désirade* est située par 16° 20' de latitude nord, et 63° 22' 51" de longitude ouest. Elle est distante de deux lieues de la *Pointe des Châteaux*, qui forme l'extrémité est de la Grande-Terre. Sa superficie est de 2720 hectares. Son sol, sablonneux et aride, est favorable à la culture du cotonnier et du maïs. Cette île jouit d'un climat très sain. On y trouve un hospice de lépreux, fondé en 1728, et qui reçoit les malades tant de la Guadeloupe que des colonies environnantes. A peu de distance de la Désirade s'élèvent les *îlots de la Petite-Terre,* dont l'un porte à son extrémité orientale un phare à feu fixe.

Les *Saintes,* que Christophe Colomb avait appelées *los Santos,* en commémoration de la fête de la Toussaint, sont un groupe d'îlots qui tirent toute leur importance des avantages qu'ils peuvent présenter au point de vue militaire. Cette circonstance leur a valu la dénomination de Gibraltar des Antilles.

Les principaux de ces îlots sont la *Terre-de-Haut,* la *Terre-de-Bas,* l'*Ilet-à-Cabrits,* le *Grand-Ilet.* Le port de la Terre-de-Haut est très sûr, très profond, et sert d'abri, pendant la saison d'hivernage, aux bâtiments de la division navale des Antilles, qui se trouvent dans les eaux de la Guadeloupe.

A la Terre-de-Haut se trouve un important ouvrage militaire, le *fort Napoléon,* de construction récente.

L'Ilet-à-Cabrits possède une maison centrale de correction et un lazaret, qui desservent toute la colonie.

Ces îlots sont d'une grande salubrité. Leur sol est rocailleux ou sablonneux. Leurs habitants se livrent surtout à la culture du coton et à l'industrie de la pêche. La superficie totale est de 1422 hectares.

Saint-Barthélemy est situé par 17° 5′ 35″ de latitude nord, et 65° 10′ 30″ de longitude ouest, à 40 lieues au nord-ouest de la Guadeloupe. L'île mesure 25 kilomètres de tour. Le chef-lieu de la dépendance est *Gustavia,* petite ville bien bâtie, et qui porte encore les traces d'une ancienne prospérité. Le port de Gustavia, qui fut autrefois le rendez-vous des corsaires français et anglais, est assez spacieux, mais peu profond. Le sol, rocailleux ou sablonneux, point arrosé, ne se prête guère qu'à la culture du coton, de l'ananas, et à l'élève du bétail. Il s'y trouve des mines de plomb et de zinc qui n'ont pas encore été utilement exploitées.

Cette île, qui avait appartenu dans le principe à la France, a été cédée à la Suède en 1784, puis rétrocédée à la France par le traité du 10 août 1877. La reprise de possession par les autorités françaises a eu lieu le 16 mars 1878.

Saint-Barthélemy possède une justice de paix à compétence étendue. Les seuls impôts qui y soient perçus consistent dans des taxes municipales.

Saint-Martin est situé à 45 lieues au nord-ouest de la Guadeloupe, par 18° 5′ 3″ de latitude nord. et 65° 23′ 25″ de longitude ouest. Occupée en même temps, en 1648, par les Français et les Hollandais, cette île a été partagée entre les deux nations, dans la proportion d'un tiers à la France. La partie française mesure une superficie de 5177 hectares. Elle a pour chef-lieu *le Marigot*, qui est le siège d'une justice de paix à compétence étendue.

Climatologie. — Le climat de la Guadeloupe est doux. La chaleur s'y élève souvent jusqu'à 30 et 32°; mais elle est atténuée, le jour, par la brise de mer et, la nuit, par la brise de terre. Le minimum de la température est de 17°. Il descend quelquefois plus bas dans les parties élevées de l'île.

L'année se divise en trois saisons distinctes et de durée irrégulière : la saison fraîche, la saison chaude et sèche, la saison chaude et pluvieuse. La première de ces périodes commence en décembre et finit en mars; la seconde commence en avril et finit en juillet; la troisième commence en juillet et finit en novembre.

Cette dernière saison porte le nom d'*hivernage*. C'est celle des grandes pluies et des vents violents. L'atmosphère est soumise, durant cette période, dans tout l'archipel des Antilles, à des perturbations qui ont causé trop souvent de considérables ravages.

La colonie a été plusieurs fois le théâtre de terribles ouragans. Ceux dont le souvenir est resté le plus fortement gravé dans les esprits sont : l'ouragan du 24 août 1832 et celui du 6 septembre 1865. La dépression barométrique a été de 36 millimètres pendant le premier de ces ouragans, et de 32 millimètres pendant le second.

Les jours sont à peu près d'égale durée en toute saison, sauf dans les mois de décembre et janvier, où ils sont un peu plus courts. Le soleil se lève vers 5 heures du matin, et se couche vers 6 heures du soir. Le crépuscule et l'aurore sont presque imperceptibles comme dans tous les pays tropicaux.

L'air est fortement imprégné d'humidité. Les observations recueillies pendant les années 1878 à 1883 ont donné une moyenne hygrométrique de 80 degrés.

Les tremblements de terre sont fréquents, mais ne se manifestent guère que par de légères secousses. Cependant, en 1843, le 8 février, un grand cataclysme s'est produit : la ville de la Pointe-à-Pitre a été renversée de fond en comble, plusieurs localités ont subi de grands dommages, et l'aspect même de la principale montagne de l'île a été modifié. Depuis cette époque, on a substitué, dans les villes, les constructions en bois ou en fer aux constructions en maçonnerie.

CHAPITRE III

GOUVERNEMENT ET ADMINISTRATION

Population. — La population totale de la Guadeloupe, non compris la garnison et la population flottante, se décompose comme suit :

Guadeloupe et Grande-Terre.	155 340 hab.
Marie-Galante.	17 074
Désirade.	1 058
Saintes.	1 707
Saint-Barthélemy.	2 942
Saint-Martin.	3 845
Total.	182 866

Dans cette population se trouve compris un nombre de 22 694 immigrants asiatiques ou africains[1].

Villes et bourgs. — La Guadeloupe se divise en trois

[1]. Voyez plus loin, au chapitre sur la Martinique, les éléments dont se compose notre population créole des Antilles.

arrondissements, onze cantons, trente-quatre communes. Le chef-lieu du premier arrondissement, et, en même temps, le chef-lieu de la colonie, est la *Basse-Terre*, siège du gouvernement local et de toutes les administrations. Cette ville, située au pied d'un des derniers contreforts de la Soufrière, a une population d'environ 8000 habitants. Elle avait autrefois une importance commerciale que le développement croissant de la Pointe-à-Pitre a progressivement absorbée. Son port, ouvert et insuffisamment abrité, ne reçoit plus guère, indépendamment des navires de l'État, des paquebots et des caboteurs, que quelques longs-courriers qui viennent apporter du charbon à une usine voisine.

La Basse-Terre possède une cour d'appel, un tribunal de première instance, un évêché, des chambres de commerce et d'agriculture, un jardin botanique, un hôpital militaire, des casernes.

Non loin du chef-lieu, on rencontre la commune de *Saint-Claude*, qui se prolonge, en des sites ravissants, jusqu'à une altitude de plus de 700 mètres au-dessus du niveau de la mer. C'est un des points les plus sains de la colonie. Là se trouvent la résidence de campagne du gouverneur, un hôpital militaire, un asile d'aliénés, un camp, qui s'appelle le *Camp Jacob*, du nom de son fondateur, l'amiral Jacob, et dont on a fait, pour les troupes arrivant d'Europe, ainsi que pour les malades des garnisons du littoral, un lieu d'acclimatement et de convalescence.

Le second arrondissement, le plus important au point de vue commercial et industriel, est celui de la Grande-Terre, qui a pour chef-lieu la *Pointe-à-Pitre*. Cette ville, bâtie par les Anglais pendant l'occupation de 1759 à 1763, a une population de 14 500 habitants. Son port, l'un des plus beaux de la mer des Antilles, est placé au fond de la baie que forme le rapprochement des deux îles de la Guadeloupe proprement dite et de la Grande-Terre, au milieu d'une ceinture d'îlots, qui l'abritent contre les vents du large. C'est par là que s'écoule ou que vient affluer sur les marchés intérieurs la presque totalité des produits de l'exportation et de l'importation. Il est probable que ce port verra s'accroître son importance commerciale, quand le percement de l'isthme de Panama sera un fait accompli.

La Pointe-à-Pitre est le siège d'une cour d'assises. Elle possède en outre un tribunal de première instance, un lycée, des chambres de commerce et d'agriculture, un hôtel-Dieu, une caisse d'épargne, un orphelinat, des casernes ; la Banque coloniale et l'agence du Crédit foncier y ont leurs bureaux.

A 28 kilomètres de la Pointe-à-Pitre, et dans le même arrondissement, se trouve la ville du *Moule*. Elle a un port où l'activité commerciale est assez développée, mais qui est exposé à de fréquents raz de marée.

Le troisième arrondissement est celui de Marie-Galante, qui comprend trois communes et dont le chef-lieu est le *Grand-Bourg*, petite ville d'un aspect agréable, qui n'a malheureusement qu'un port mal abrité et entouré de brisants.

Les communes les plus importantes sont ensuite, à la Guadeloupe proprement dite, la *Capesterre*, dont dépend le petit port de *Sainte-Marie;* à la Grande-Terre, le *Port-Louis*, où d'importantes fabriques de sucre alimentent le mouvement commercial.

Saint-Martin, la Désirade, Saint-Barthélemy forment chacune une commune ; les Saintes en forment deux.

Administration. — La Guadeloupe, comme toutes les autres colonies, a été longtemps placée sous un régime contraire au droit commun. C'était le principe de l'ancienne monarchie. Nous avons vu que la Révolution avait adopté des principes différents.

La constitution de l'an VIII et les régimes qui suivirent ramenèrent les colonies au système des lois d'exception.

Sous la seconde Restauration, leur administration fut confiée à un *gouverneur*, assisté de quatre chefs d'administration, l'élément délibérant étant représenté par un *conseil général*, investi seulement d'attributions consultatives (9 février 1827). Cette même organisation fut maintenue, mais considérablement élargie, par le gouvernement de Juillet, qui posa, dans la loi du 24 avril 1833, les principes d'une charte coloniale. Les conseils généraux prirent le nom de *conseils coloniaux;* ils durent être constitués par le suffrage restreint des censitaires ; ils reçurent le pouvoir de délibérer sur toutes les dépenses coloniales, y compris même celles à la charge de l'État, ainsi que sur les règles d'assiette et de perception de l'impôt; ils furent autorisés à exercer, de concert avec le représentant du pouvoir exécutif, diverses attributions qui sont aujourd'hui de la compétence exclusive de l'autorité centrale.

Au point de vue économique, l'ancien *pacte colonial* continuait d'être en vigueur, c'est-à-dire que les colonies restaient des marchés réservés, d'une manière plus ou moins exclusive, à la métropole, qui, par contre, garantissait à leurs produits un traitement de protection et de privilège.

Cet état de choses subsista, avec quelques modifications, jusqu'à la Révolution de 1848, qui abolit définitivement l'esclavage, supprima les conseils coloniaux, remplaça les gouverneurs par des commissaires généraux de la République, rétablit la représentation des colonies dans le Parlement français, et posa encore une fois le principe de leur assimilation aux départements du continent. Ces mesures n'avaient pas encore produit tous leurs effets quand arriva l'Empire, qui adopta d'autres règles organiques. La constitution du 14 janvier 1852 avait décidé que les colonies seraient régies par des sénatus-consultes. C'est en vertu de cette disposition que fut rendu le sénatus-consulte du 3 mai 1854, qui statua sur l'organisation des trois colonies de la Guadeloupe, de la Martinique et de la Réunion, et rétablit les conseils généraux.

Ce sénatus-consulte n'a été modifié, par celui du 4 juillet 1866, qu'en ce qui touche les attributions des conseils généraux, qui ont été élargies.

La République de 1870, en restituant aux colonies le suffrage universel et la représentation au Parlement, a laissé cependant subsister, dans leurs grandes lignes, les dévolutions de pouvoirs établies par les sénatus-consuites. Elle a maintenu également, en ce qui concerne l'organisation administrative, les règles posées par les anciennes ordonnances des 9 février 1827 et 22 août 1833.

Aux termes de ces actes, l'administration à la Guadeloupe est organisée d'après un système que le lecteur a déjà étudié à propos de l'île de la Réunion : gouverneur, chefs d'administration et de service, conseil privé, etc.

La compétence des pouvoirs métropolitains en matière législative et réglementaire est déterminée ainsi qu'il suit :

Les actes les plus importants de la vie sociale, tels que l'exercice des droits politiques, l'état civil des personnes, la distinction des biens et les modifications de la propriété, devaient être régis, d'après le sénatus-consulte de 1854, par des *sénatus-consultes*. Il est aujourd'hui statué par des *lois* sur cette série de matières, sans cependant que les lois générales votées sur ces objets puissent être considérées, en dehors de toute disposition spéciale, comme exécutoires de droit aux colonies. — Des *règlements d'administration publique* statuent sur des objets d'un ordre moins élevé, comme la législation civile, correctionnelle et de simple police, l'organisation judiciaire, l'exercice des cultes, le mode de recrutement des armées de terre et de mer, etc. — Aux simples *décrets* sont réservées les décisions concernant l'organisation des gardes nationales et milices, la police municipale, la grande et la petite voirie et, en général, tout ce qui n'est pas régi par d'autres règles de compétence spécialement établies.

Le *conseil général* est composé de trente-six membres.

Une *commission coloniale* fonctionne dans l'intervalle des sessions du conseil général.

Les *municipalités* existent à la Guadeloupe depuis l'époque de la Révolution française. Leur organisation a été réglée par un décret du 20 septembre 1837.

La loi du 28 mars 1882 a étendu à la colonie le principe proclamé en France, par la loi du 12 août 1872, de l'élection des maires et adjoints par les conseils municipaux.

Le régime municipal de la Guadeloupe est aujourd'hui le même que celui de France, la loi du 5 avril 1884 ayant été déclarée applicable à la colonie.

Cultes. — Presque toute la population professe la religion catholique. C'est une conséquence de l'interdiction qui, dans le début de la colonisation, était faite aux Compagnies de transporter aux îles des personnes attachées à tout autre culte. La religion protestante n'a guère de représentants qu'à Saint-Martin et à Saint-Barthélemy : ces deux dépendances ont chacune un consistoire.

Le clergé de la Guadeloupe est dirigé par un évêque, qui est suffragant de l'archevêché de Bordeaux. Les cures n'existent pas au sens concordataire, et sont confiées à des desservants qui relèvent exclusivement de l'évêque.

Le siège épiscopal de la Guadeloupe est vacant depuis deux ans, par suite de la suppression, au budget de l'État, du crédit affecté au traitement de l'évêque.

Instruction publique. — L'instruction publique a pris, depuis quelques années, un assez grand développement à la Guadeloupe. Autrefois les enfants des familles aisées étaient envoyés en France, dans les grands établissements universitaires. L'enseignement primaire, donné dans quelques rares institutions libres, était inaccessible au plus grand nombre.

La monarchie de Juillet fit, la première, quelques efforts pour faire pénétrer parmi les esclaves, dont l'affranchissement apparaissait dès lors comme une solution inévitable, les éléments de l'éducation primaire.

Le gouvernement de 1848, après avoir aboli l'esclavage, prescrivit l'établissement de nouvelles écoles et proclama le principe de l'enseignement primaire gratuit et obligatoire.

Aujourd'hui, l'enseignement primaire se donne gratuitement dans toutes les communes de la colonie. Les écoles, au nombre de 93, sont fréquentées par 11 981 élèves, dont 6631 garçons, et 5350 filles. Les instituteurs et institutrices sont fournis, pour le plus grand nombre, par deux congrégations : celle des frères de l'Instruction Chrétienne, dont la maison centrale est à

Ploërmel, et celle des sœurs de Saint-Joseph de Cluny.

La colonie et les communes contribuent à l'entretien d'une caisse spéciale destinée à faciliter l'agrandissement et la multiplication des écoles primaires.

Le principal établissement d'enseignement secondaire est le lycée de la Pointe-à-Pitre, qui a été fondé en 1883, et dont les débuts ont été pleins d'encourageantes promesses pour l'avenir. De pareils établissements ne sont pas seulement des foyers d'éducation locale ; leur influence pourrait s'étendre sur tout l'archipel des Antilles, où l'ancienne occupation française a laissé des racines qui n'ont pas été extirpées ; ils pourraient ainsi contribuer largement au rayonnement de l'esprit français, et à ce titre, ils méritent d'attirer la sollicitude particulière des pouvoirs publics de la métropole.

Le budget du lycée s'arrête, en recette et en dépense, pour l'année 1885, à la somme de 308 933 francs. Dans cette somme se trouve comprise une subvention coloniale de 177 658 francs. Le personnel de l'établissement est emprunté aux cadres de l'université de France, et jouit d'un traitement double de celui qu'il aurait eu dans la métropole.

Il existe à la Basse-Terre un établissement libre d'instruction secondaire, qui a été fondé en 1852 par le premier évêque de la Guadeloupe et qui, dirigé par des congréganistes, reste encore placé sous l'autorité de l'évêque. La même ville possède un pensionnat libre de jeunes filles tenu par les dames de Saint-Joseph de Cluny, et qui entretient des succursales à la Pointe-à-Pitre, au Moule, au Grand-Bourg,

L'enseignement professionnel est donné dans une école annexe de la direction d'artillerie, située à la Basse-Terre.

Les cours y sont faits par des officiers du corps de l'artillerie.

La surveillance générale du service de l'instruction publique est confiée, sous l'autorité du directeur de l'Intérieur, à un comité central institué à la Basse-Terre par un arrêté de 1881.

Des commissions spéciales sont chargées d'examiner

les candidats aux certificats d'études primaires, aux brevets de capacité pour l'enseignement primaire et secondaire, et aux certificats d'aptitude pour le baccalauréat ès lettres ou ès sciences. Ces derniers certificats peuvent être échangés, sans autres formalités que celle du payement des droits universitaires, contre des diplômes délivrés par la Faculté des lettres ou des sciences de Paris.

Budget. — Le budget de la Guadeloupe, pour l'année 1885, a été de 4 406 800 francs. Les plus fortes recettes de ce budget ont été fournies par les droits de sortie sur les denrées coloniales, qui ont formé un chiffre de 1 060 280 francs, et par l'impôt de consommation sur les spiritueux, dont le produit a été évalué à 1 190 000 francs. Une part importante des dépenses a été affectée aux travaux publics, dont les crédits s'élèvent à un total de 811 803 francs, et à l'instruction publique.

La Guadeloupe est une de ces anciennes possessions françaises dont l'organisation pourrait être, sans difficulté, assimilée à celle d'un département. Le conseil général de la colonie a exprimé dans ce sens des vœux qu'il renouvelle en toute occasion.

CHAPITRE IV

GÉOGRAPHIE ÉCONOMIQUE

Flore et faune. — On rencontre, à côté de quelques plantes d'Europe, de nombreux spécimens de la puissante végétation des tropiques. C'est d'abord le *baobab*, l'arbre géant, de la famille des malvacées, qui est d'ailleurs assez rare dans les différentes îles ; ce sont les palmiers, qui se divisent en une foule de variétés, depuis l'immense *palmiste* jusqu'au gracieux *latanier* ; ce sont les fougères, qui croissent partout dans les montagnes, et dont quelques-unes y atteignent les proportions de véritables arbres.

Dans les forêts s'élèvent de grands arbres propres à la construction ou à la menuiserie, le *courbaril*, le *gayac*, le *mahogani*, l'acajou du pays, le *bois de fer*, le *fromager*, etc.

Le *sablier*, ou arbre du diable, une euphorbiacée, et le *flamboyant*, tout rouge à l'époque de la floraison, décorent les places publiques.

Sur les bords de la mer pousse le *mancenillier*, de la famille des euphorbiacées, dont les romanciers ont dit tant de mal, mais qui rachète les fâcheuses propriétés de son suc corrosif, en fournissant un très beau bois d'ébénisterie.

Parmi les arbres fruitiers, on remarque : le *manguier*, de la famille des térébinthacées, l'abricotier du pays, des orangers, le *pommier-cannelle*, le *pommier-liane*, le *pommier-rose*, la *barbadine*, le *corossolier*, le *sapotillier*, de la famille des sapotées, des prunes de diverses espèces exotiques, etc.

La plupart de ces plantes atteignent de grandes proportions et n'ont rien de commun, quant à l'aspect, avec celles des vergers de France.

On trouve, dans les parties élevées de l'île, le fraisier, le framboisier, quelques pommiers. La vigne vient assez bien dans quelques terrains, et produit, notamment aux Saintes, d'excellents muscats.

Au nombre des plantes qui sont utilisées par l'industrie locale, il faut citer d'abord la canne à sucre, la principale source de la richesse coloniale; puis le *caféier*, le *cacaoyer*, le cotonnier, le *vanillier*, le *rocou*, le tabac, les *agaves*, la *ramie*, le *ricin*, etc.

Les plantes vivrières comprennent : les racines, comme le *manioc*, la *patate douce*, l'*igname*, le *couscous;* enfin l'*arbre à pain*, la *banane*, les légumes divers.

La faune terrestre est peu variée. Elle comprend, parmi les mammifères, l'*agouti*, le *racoune;* parmi les oiseaux, des tourterelles, des ramiers, une sorte de pigeon appelé *perdrix*, des oiseaux de mer et de marécage en assez grande abondance, de rares oiseaux de proie; parmi les reptiles, d'inoffensives couleuvres, à côté desquelles on ne voit pas de serpents venimeux, car ils ne se sont pas acclimatés dans les îles de la Guadeloupe. Les animaux de mer, poissons, chéloniens, crustacés, sont abondants et d'espèces multiples. Le requin est trop répandu dans les eaux de la colonie. On y rencontre aussi, à certaines époques, un assez grand nombre de baleines.

Cultures. — La Guadeloupe est un pays essentiellement agricole. La principale source de richesse de cette colonie est la culture de la canne à sucre, qui occupe une superficie de 25 295 hectares et emploie 52 294 travailleurs. Le nombre des plantations grandes et petites est de 1651. C'est dans les terrains plats de la Grande-Terre que se trouvent les plus belles de ces plantations. La production du sucre, pendant les années 1880 à 1884, a varié entre 50 et 59 millions de kilogrammes. Cette production a sensiblement diminué depuis, par suite des perturbations survenues dans les marchés.

Immédiatement après la culture de la canne à sucre, il faut placer celle du café, qui occupe une superficie de 5251 hectares, divisée en 761 plantations, et emploie un nombre de 6530 travailleurs. La récolte du café en 1883 a été de 704 956 kilogrammes.

Les autres cultures ont fourni, pour la même année 1883, les quantités suivantes : cacao, 189 058 kilogr.; vanille, 5506 kilogr.; rocou, 700 500 kilogr.; coton, 42 774 kilogr. Ces différentes denrées forment le principal aliment du commerce d'exportation.

La colonie produit en outre des vivres, dont la culture s'étend sur une surface de 6615 hectares, divisée en 6473 petites propriétés, et occupe un nombre de 23 149 travailleurs; le tabac, trop négligé pendant longtemps, et qui fait l'objet, depuis quelques années, d'utiles et persistants essais de préparation; les ananas, le ricin, le campêche. L'indigo, le gingembre, la casse, les agaves, viennent très bien dans toutes les terres, mais ne sont pas suffisamment exploités. Des essais concluants permettent d'en dire autant de la ramie, dont la culture pourra devenir très avantageuse, le jour où de bons procédés de décortication de ce textile auront été introduits dans le pays.

Les savanes et pâturages occupent une superficie de 12 200 hectares. Des efforts ont été faits, non sans succès, pour encourager le développement de l'élève du bétail. La Guadeloupe reste encore, néanmoins, dans une grande mesure, pour la fourniture des animaux de boucherie et des chevaux, tributaire de l'île espagnole de Porto-Rico.

Les forêts, qui ne sont pas régulièrement exploitées, s'étendent sur une surface de 55 984 hectares. Les terres en friches comprennent 33 323 hectares.

Le travail des champs est partagé entre les cultivateurs du pays et des immigrants recrutés au loin. Cette immigration, pour le fonctionnement de laquelle l'État et la colonie ont alloué longtemps de fortes subventions, a été alimentée d'abord par des Européens, puis par des Africains, par des Chinois, des Annamites, et enfin par des Hindous provenant de l'Inde anglaise. Ce dernier recrutement, qui vient d'ailleurs d'être suspendu, a subsisté après la suppression des précédents, et a fourni à la colonie le plus grand nombre des immigrants qui s'y trouvent encore.

L'engagement de travail des Hindous est de cinq années, à l'expiration desquels ces étrangers ont droit à leur rapatriement, à moins qu'ils n'obtiennent de l'administration locale l'autorisation de séjourner dans le pays. Ils reçoivent, suivant les sexes, un salaire de 12 fr. 50 ou 10 francs par mois, auquel il faut ajouter la nourriture, le logement, l'habillement, les soins médicaux.

Le total de ces prestations forme un chiffre qui n'est certainement pas inférieur au salaire des cultivateurs du pays, lequel est, en moyenne, de 1 fr. 50 par jour.

Le capital affecté aux cultures est de 145 765 550 francs, dont 65 067 750 représentent la valeur des terres, 70 000 000 celle des bâtiments et ustensiles, et 10 769 800 celle des animaux de trait et de bétail.

Industries. — La fabrication du sucre est la principale industrie de la colonie. Elle a fait, dans le passé, la fortune des grandes *habitations* et elle a pris, depuis quelques années, grâce à la création des usines centrales, une importance plus considérable que jamais.

Les usines centrales, dont les produits sont bien supérieurs, en quantité et en qualité, à ceux des anciennes habitations, représentent un capital considérable, à la formation duquel les obligataires ou actionnaires de la métropole ont contribué pour une bonne part. Elles sont au nombre de vingt, parmi lesquelles il faut citer : l'usine d'*Arbousier*, située à la Pointe-à-Pitre, et qui peut, certainement, être mise au nombre des plus belles fabriques de sucre existantes ; l'usine *Blanchet*, placée dans la commune du Morne-à-l'Eau ; les usines *Beauport*, au Port-Louis, *Duchassaing*, au Moule, *de Retz*, au Grand-Bourg, *Bologne*, à la Basse-Terre, etc.

La fabrication du tafia a produit pour l'année 1883, soit dans les distilleries annexes des usines, soit dans les établissements distincts, une quantité de 2 413 138 litres.

La préparation des autres produits de l'agriculture, café, cacao, rocou, vanille, quoiqu'elle ait une importance beaucoup moins grande, doit être également comprise dans le travail industriel de la colonie.

Saint-Martin exploite le sel et utilise la terre à poterie pour quelques travaux de céramique commune.

La pêche occupe, un peu partout, les populations du littoral. Celle de la baleine a pris, depuis quelques années, un assez grand développement. Aucune compagnie française ne s'est encore formée pour cette exploitation, qui n'a profité, jusqu'ici, qu'à des marins des États-Unis.

Enfin, sur plusieurs parties du littoral des îles, se trouvent, en abondance, des sables ferrugineux, pour l'exploitation desquels une concession a été faite il y a quelque temps, sans qu'elle ait été suivie d'une appropriation effective.

Navigation, commerce. — Le mouvement maritime de la Guadeloupe s'exprime, pour l'année 1883, par un nombre de 1081 entrées et sorties de navires de toutes dimensions. Dans ce chiffre, la marine française est représentée par 580 entrées et sorties. Les marchandises importées constituaient une valeur de 28 110 848 francs, dont 13 968 643 francs de marchandises françaises.

L'exportation totale a été de 32 235 938 francs, sur lesquels l'exportation en France a été de 19 041 731 francs.

Les nations étrangères avec lesquels la Guadeloupe entretient le plus de relations sont, après les États-Unis : l'Angleterre, la Suède et la Norwège, l'Autriche, l'Italie.

La colonie reçoit de France : des animaux vivants, chevaux et mulets, des machines, des engrais, des vins et liqueurs, des tissus, de la mercerie, des articles de Paris, de la bijouterie, du sucre raffiné, des conserves, et autres objets d'alimentation, etc. Elle envoie en France du sucre brut ou poudre blanche, du cacao, du café, du rocou, du rhum et du tafia, etc.

Elle reçoit des États-Unis : des bois, des animaux vivants, des viandes salées, de la farine, du tabac, des meubles, etc.

Le régime douanier de la colonie est moins sévère que celui de la métropole. Peu de temps après la mise en vigueur du sénatus-consulte du 4 juillet 1866, les droits de douane avaient été supprimés, à l'exception de ceux qui s'appliquaient aux denrées similaires de celles du pays. Toutes les marchandises, sans distinction de provenance, restaient soumises à un tarif d'octroi de mer. A ces droits d'octroi sont venus s'ajouter, il y a peu de temps, suivant une délibération du Conseil général, des droits de douane frappant quelques produits étrangers, notamment les tissus, dans la limite de 5 à 10 pour 100 *ad valorem*.

La plupart des droits de navigation et de port en vigueur en France existent également à la Guadeloupe, mais avec des tarifications différentes.

Un droit de tonnage de 2 francs par tonne était perçu, depuis 1869, pour les besoins spéciaux du port de la Pointe-à-Pitre. Il a été récemment supprimé.

Les relations entre la Guadeloupe et l'Europe sont assurées, d'une part, par les paquebots de la Compagnie générale transatlantique, qui ont un point d'attache à la

Pointe-à-Pitre et une escale à la Basse-Terre, et, d'autre part, par les bateaux de la Compagnie anglaise le *Royal Mail*, qui touchent seulement à la Basse-Terre. Au moyen de ces deux services, les échanges de correspondances peuvent se faire, à peu près, tous les huit jours.

La colonie correspond en outre avec l'Europe, les États-Unis et les îles voisines, par le moyen d'un câble télégraphique sous-marin qui est exploité par la Compagnie anglaise *West India and Panama Telegraph*. Le budget local fournit à cette Compagnie une subvention de 50 000 fr. par an.

Le tarif de dépêches pour l'Europe est de 14 fr. 05 par mot.

Des services réguliers de bateaux à vapeur relient les deux villes principales, la Basse-Terre et la Pointe-à-Pitre à la plupart des localités du littoral, et à la dépendance de Marie-Galante. Les voyages entre la Guadeloupe et les autres dépendances se font, régulièrement aussi, par des bateaux à voiles appartenant à des entrepreneurs subventionnés.

Les routes coloniales sont belles et, en général, bien entretenues. Elles sont au nombre de 12 et mesurent une longueur de 335 700 mètres. Les chemins vicinaux ont une longueur totale de 633 824 mètres.

Il est question, depuis un certain nombre d'années, de construire un chemin de fer d'intérêt public entre la Pointe-à-Pitre et le Moule. Mais ce projet n'est pas encore entré dans les voies de l'exécution.

Les deux seuls établissements de crédit sont la Banque coloniale et l'agence du Crédit foncier colonial.

Les lois relatives à la limitation du taux de l'intérêt de l'argent n'ont pas été promulguées à la Guadeloupe. Les cours de la Banque servent, en général, de règle aux opérations commerciales. L'intérêt, en matière civile, est le plus ordinairement de 8 à 10 pour 100.

A. Isaac.

LA MARTINIQUE

CHAPITRE PREMIER

HISTOIRE

La Martinique a été découverte par Christophe Colomb le 15 juin 1502.

Jusqu'à la Révolution. — C'est seulement au dix-septième siècle que deux gentilshommes français, MM. de l'Olive et Duplessis, qui couraient les aventures de la mer, s'y arrêtèrent. Ils débarquèrent à la Martinique, le 25 juin 1635, avec 550 hommes et y arborèrent les premiers le drapeau de la France.

Presque aussitôt ils abandonnèrent cette île trop accidentée et remplie de serpents et lui préférèrent la Guadeloupe.

Le 1er septembre 1635, d'Enambuc, gouverneur français de Saint-Christophe, vint à la Martinique avec 100 hommes éprouvés, habitués au travail de la terre et pourvus de tout ce qui devait servir à la culture des terres et à la construction des habitations. Il prit solennellement possession de l'île, le 15 du même mois, au nom de la *Compagnie des îles d'Amérique*.

Les Caraïbes furent défaits à plusieurs reprises. En 1664, il en restait à peine quelques-uns dans la colonie.

La « Compagnie des îles d'Amérique » ne fut pas heureuse dans ses spéculations ; aussi fut-elle réduite à vendre la Martinique ainsi que Sainte-Lucie, la Grenade et les Grenadilles, pour une somme de 60 000 livres, par contrat du 27 septembre 1650, à Duparquet, alors sénéchal de la Martinique.

A la mort de Duparquet, l'île échut à ses enfants mineurs, auxquels le roi accorda en même temps, par lettres patentes du 15 septembre 1658, les biens et les dignités du père. Des désordres ayant éclaté dans le gouvernement de ces colonies, Colbert rendit, en mai 1664, un édit qui organisait la Compagnie des Indes occidentales qui dura jusqu'en 1674.

C'est de la dissolution de la Compagnie que date le développement de cette colonie.

Elle était devenue déjà l'objet des convoitises des Anglais et des Hollandais. Les Anglais avaient, en effet, tenté à plusieurs reprises d'y débarquer, mais sans succès. Ainsi, une première fois, en 1666, lord Willoughby, gouverneur de la Barbade, avait été repoussé dans une tentative de débarquement à la Grand'Anse du Carbet. L'année suivante, une flotte anglaise, composée de neuf grandes frégates, sous le commandement de l'amiral Jones Harmant, avait encore échoué dans une tentative contre la ville de Saint-Pierre.

Quant aux Hollandais, leur célèbre amiral Ruyter, après y avoir débarqué 5 à 6000 hommes, sous la conduite du comte de Styrum, nommé, disait-on, par avance gouverneur de la colonie à conquérir, avait été obligé de s'éloigner précipitamment avec sa flotte, en abandonnant les blessés, une partie du matériel et l'étendard même du prince d'Orange.

En 1693, les Anglais firent une nouvelle expédition contre la Martinique. Débarqués au nombre de 3000 hommes, au lieu dit le Fonds-Canonville, entre Saint-Pierre et le Prêcheur, ils furent vigoureusement repoussés par les milices locales, auxquelles s'était jointe une troupe de noirs africains ; ils durent regagner leurs navires, en laissant leurs bagages, leurs munitions, 300 prisonniers et 5 ou 600 morts.

Pendant les négociations du traité de Ryswick, un corsaire anglais fit, en octobre 1697, deux descentes successives, la nuit, au Marigot et à Sainte-Marie. Il fut repoussé au Marigot par les habitants, à Sainte-Marie par les travailleurs de l'habitation Saint-Jacques, commandés par un moine dominicain, le P. Labat.

Après le traité d'Utrecht, conclu le 11 avril 1713, et qui enleva à la France Terre-Neuve, l'Acadie et Saint-Christophe, la sollicitude de la métropole pour les colonies qui lui restaient devint plus grande. La Martinique surtout bénéficia des excellentes dispositions du régent, pendant la minorité de Louis XV. On prit un certain nombre de mesures pour favoriser son agriculture et son commerce. Elle ne tarda pas, grâce à son excellente situation comme escale et à la sûreté de plusieurs de ses ports, à devenir le marché général des Antilles.

Pendant la guerre de Sept ans, la Martinique tomba au pouvoir des Anglais. Le 13 février 1762, ils s'en emparèrent et la gardèrent dix-sept mois. Ils ne la restituèrent qu'à la suite du traité de Paris, signé le 10 février 1763.

La colonie jouit alors d'une période de calme dont on profita pour lui reconstituer son ancienne suprématie. Elle fut l'objet de travaux importants de défense. La baie de Fort-Royal (aujourd'hui Fort-de-France) devint, en 1778, le centre des opérations maritimes des flottes françaises. La paix glorieuse de 1783 (traité de Versailles) donna un nouvel essor à sa prospérité.

Depuis la Révolution. — Nous avons vu plus haut, à propos de la Guadeloupe, quels changements considérables la Révolution française apporta dans la constitution coloniale (lois du 8 mars 1790, du 28 mars 1792, du 22 août 1792, du 4 février 1794).

Pour soutenir la lutte civile, qui menaçait d'avoir pour eux des suites très fâcheuses, les *aristocrates*, autrement dits les *planteurs*, résolurent d'inviter les Anglais à s'emparer de la Martinique. En janvier 1794, une escadre de quinze vaisseaux de ligne fut expédiée d'Angleterre et débarqua dans la colonie. Les planteurs se joignirent aux

Anglais, dont ils constituèrent l'avant-garde. Ils défirent le général Rochambeau, qui ne se rendit qu'après une lutte des plus héroïques et un siège de trente-deux jours (22 mars 1794).

La domination anglaise à la Martinique dura huit années.

L'île fut restituée à la France par la paix d'Amiens, en 1802. La loi consulaire du 20 mai y maintint l'esclavage, dont l'abolition avait été votée par la Convention, sans qu'on eût pu l'appliquer à cause de l'occupation anglaise. La colonie fut de nouveau attaquée, en janvier 1809, par 15 000 Anglais sous les ordres du général Beckwith et de l'amiral Cochrane. Après une résistance de vingt-sept jours, la garnison du fort Bourbon capitula, et, le 24 février 1809, la Martinique retomba au pouvoir des Anglais.

En exécution du traité de Paris (30 mai 1814), les Anglais évacuèrent la Martinique, du 2 au 9 décembre de la même année. Ils y reparurent un instant en 1815, à titre d'auxiliaires et en occupèrent même les forts jusqu'au mois d'avril 1816 ; mais le traité de novembre 1815 fit rentrer définitivement la Martinique sous la domination française.

Dès lors l'histoire de la Martinique se confond avec celle de la Guadeloupe.

Aujourd'hui la Martinique est représentée dans la législature métropolitaine par un sénateur et deux députés.

CHAPITRE II

GÉOGRAPHIE GÉNÉRALE

Situation géographique. — La Martinique est située dans l'océan Atlantique et fait partie du groupe des Petites-Antilles. Elle est placée entre 14° 23′ 42″ et 14° 52′ 47 de latitude nord et entre 63° 6′ 19″ et 63° 31′ 54 de longitude ouest du méridien de Paris. Elle se trouve à 48 kilomètres sud-est de St-Dominique, à 32 kilomètres nord de Sainte-Lucie; possessions anglaises, et à 108 kilomètres sud-est de notre colonie de la Guadeloupe et dépendances. Elle compose avec la Guadeloupe les derniers restes de nos possessions dans les Antilles.

Sa distance approximative du port de Brest est de 1270 lieues marines,

Elle a une superficie de 98 782 hectares (soit la moitié de toute la Guadeloupe), dont plus des deux tiers sont en montagnes. Les cultures occupent 42 445 hectares.

Sa plus grande longueur est de 64 kilomètres et sa largeur moyenne est d'environ 28 kilomètres. Sa circonférence est de 320 kilomètres.

Orographie. La Martinique est couverte de montagnes, qui lui donnent l'aspect le plus pittoresque. On y compte six volcans éteints qui sont : les *pitons du Carbet*, la *montagne Pelée*, les *Roches Carrées*, la *montagne du Vauclin*, le *Cratère du marin* et le *Morne-la-Plaine*.

Les plus hautes montagnes sont : la montagne Pelée (1350 mètres) et les pitons du Carbet (1207 mètres).

Cours d'eau. — On compte à la Martinique 75 cours d'eau, dont les plus importants et les seuls navigables sont : la *rivière Pilote* et la *rivière Salée;* deux canaux principaux, celui du *Lamantin* et celui de la *rivière Salée*. C'est par ces canaux que les communes du même nom communiquent avec la mer. Ils sont navigables en toute saison.

Géologie. — Le sol de cette île est très varié et d'une fertilité remarquable. Il est tantôt argileux ou ponceux, tantôt rocailleux ou tufacé; d'autres fois calcaire ou mélangé, marécageux ou alluvionnaire.

Sources thermales. — On trouve à la Martinique plusieurs sources thermales minérales : la *fontaine Chaude* ou de Messimy, sur les hauteurs du Prêcheur, à 8 kilomètres de Saint-Pierre, et dont les eaux (température de 34 à 35° centigrades) contiennent du carbonate de soude, du muriate de soude, du carbonate de chaux, du carbonate de magnésie, de la silice; la *fontaine Absalon*, dont les eaux possèdent la propriété des eaux gazeuses et ferrugineuses et dont la température est de 3°; celle de *Didier*, qui est à peu près de même température et de même nature; celle de *Moutte*, qui est la plus ferrugineuse de toutes.

Ces trois dernières sources sont situées aux environs de Fort-de-France.

Il y a aussi les sources du Pont-de-Chaînes, de l'Espérance, de Lareinty.

Climatologie. — La climatologie de la Martinique est celle de la Guadeloupe.

Les tremblements de terre sont fréquents à la Martinique, mais anodins. Ils se réduisent à quelques légères secousses. Le plus terrible dont on ait gardé le souvenir a été celui du 11 janvier 1839, qui a renversé la ville de Fort-de-France presque tout entière.

Le climat de l'île est très sain.

CHAPITRE III

GOUVERNEMENT ET ADMINISTRATION

Population. — La population était, au 31 décembre 1884, de 167 679 habitants dont 79 396 hommes et 88 283 femmes.

L'arrondissement de Saint-Pierre comprend 85 250 habitants, et celui de Fort-de-France, 82 397.

Ainsi qu'on l'a vu plus haut, la race autochtone à la Martinique était la race *caraïbe*. Il y eut aussi, à un certain moment, dans cette île des *Arrouages*, peuplades de la terre ferme qui faisaient la chasse aux Caraïbes et les enlevaient même pour nous les vendre.

Du temps de Duparquet, les Hollandais y introduisirent un certain nombre de sauvages brésiliens.

Aussitôt que les Français se furent établis à la Martinique à l'exclusion de toute autre race, ils y appelèrent un certain nombre d'*engagés* européens ou *trente-six mois*.

Plus tard, on recourut à la traite des nègres africains, si bien qu'en 1738, c'est-à-dire au moment où l'on cessa de faire venir des engagés d'Europe, la Martinique comptait 58 000 noirs de tout âge et de tout sexe.

On ne trouva plus dans cette colonie, comme à la Guadeloupe, que deux races : la race blanche et la race noire. Les blancs s'appelaient *créoles*. Dans la suite des temps, surtout depuis l'abolition de l'esclavage, cette expression s'appliqua à tous les Français, de quelque couleur qu'ils fussent, nés dans la colonie.

Il existait dans la colonie, au 31 décembre 1884, 12 922 travailleurs immigrants indous, 461 Chinois et 6 234 Africains, soit un total de 19 621.

Tout le reste, sur 168 000 habitants environ, compose la population *créole*.

Les éléments créoles peuvent se répartir à peu près dans les proportions suivantes : blancs, 5 000 ; — hommes de couleur (noirs et mulâtres) 143 000.

Depuis l'abolition de l'esclavage, l'état civil ne fait plus mention de la race de chaque individu. On comprend combien il est difficile, dans ces conditions, d'établir une proportion bien exacte. Quoi qu'il en soit, il est constant que la population de couleur, numériquement, va se développant, tandis que les blancs diminuent sensiblement. — J'ajouterai qu'aux points de vue matériel, intellectuel et moral, les progrès faits par la population de couleur ont dépassé les conceptions les plus hardies. Datant à proprement parler de l'époque où l'esclavage fut aboli avec toutes les entraves que cette institution leur opposaient, les hommes de couleur sont rapidement devenus, à force d'épargne et d'intelligence, propriétaires d'une fraction très importante du sol. C'est entre leurs mains qu'est aujourd'hui l'administration des intérêts de la colonie. On les trouve dans toutes les branches de l'administration et dans toutes les carrières ouvertes au mérite et au savoir. Il faut voir dans la puissance d'assimilation du génie français la cause des progrès que je signale et qui ont eu pour point de départ les principes de liberté et d'égalité, sincèrement propagés par la métropole dans cette colonie, et dont l'établissement du suffrage universel est la plus éclatante manifestation. Aussi les hommes de couleur sont restés et resteront fidèles à la France, à la République, dont ils n'ont jamais oublié les bienfaits.

Villes et bourgs. — Les deux centres les plus importants de la colonie sont Fort-de-France et Saint-Pierre. La première ville est le chef-lieu de l'île et la résidence du gouvernement. Saint-Pierre est la ville commerciale.

Fort-de-France compte 11 152 habitants (population urbaine), 15 529 (population totale). Cette ville, fondée en 1673, a été détruite presque entièrement par le tremblement de terre de 1839. Depuis cette époque, on n'y voit guère que des constructions en bois, à l'exception de quelques édifices, tels que l'église, la direction d'artillerie, etc.

Fort-de-France est le siège d'une cour d'appel, d'un tribunal de première instance, d'une justice de paix, d'une chambre de commerce.

Le port de Fort-de-France est un des plus beaux, des plus sûrs et des plus vastes des Antilles. Il est situé au fond d'une baie magnifique, et défendu par des forts assez importants, le fort Saint-Louis, le fort Tartenson, le fort Desaix, et par plusieurs fortins ou batteries.

La ville est plate, les rues tirées au cordeau. L'aspect en est très agréable.

Saint-Pierre est le centre du commerce de toute la colonie. C'est une ville bâtie en amphithéâtre, très longue; elle a 16 682 habitants population urbaine, 25 768 habitants population totale. Sa rade, qui a une forme semi-circulaire, comme la ville, est très belle et très fréquentée mais ouverte, ce qui oblige les navires à la fuir pendant les gros temps de l'hivernage pour aller chercher un abri à Fort-de-France.

Saint-Pierre est divisé en trois quartiers : le Mouillage, le Centre et le Fort. Les maisons de commerce se trouvent situées dans le quartier du Mouillage. C'est au Fort que se portèrent les premiers Européens qui débarquèrent à la Martinique.

Saint-Pierre fut fondée, en 1635, par d'Enambuc.

Cette ville est le siège d'une cour d'assises, d'un tribunal de première instance, de deux justices de paix (cantons du Fort et du Mouillage), d'une chambre de commerce. C'est la résidence de l'évêque de la colonie depuis 1853.

Elle possède un jardin des plantes qui est incontestablement le plus beau des Antilles et que complète un petit musée géologique, botanique et zoologique.

Saint-Pierre n'est protégée que par des fortins insignifiants, sa rade foraine ne lui permettant guère d'être une ville fortifiée.

La distance par terre de Saint-Pierre à Fort-de-France est de 52 kilomètres. Par mer, ces deux villes sont reliées entre elles au moyen d'un service de bateaux, fonctionnant deux fois par jour et effectuant ce trajet en 1 heure et quart.

Les environs de Saint-Pierre sont des plus pittoresques. On y trouve plusieurs endroits propres à la villégiature. On peut citer particulièrement le quartier des Trois-Ponts, le Morne-Rouge, le Fonds-Coré et la rivière Blanche.

Après ces deux villes, les localités les plus importantes par leur population sont : la *Trinité*, le *Français*, le *Lamantin*, le *Carbet*, le *Prêcheur*, le *Marin* et *Sainte-Marie*.

Administration. — L'administration de la Martinique est fondée sur les mêmes principes que celle de la Guadeloupe et de la Réunion.

Les 36 membres du conseil général sont élus :

4 pour le canton de Fort-de-France ;
3   —   du Lamantin ;
5   —   du Saint-Esprit ;
2   —   du Diamant ;
4   —   du Marin ;

4 pour le canton du Fort (Saint-Pierre) ;
4 — du Mouillage (Saint-Pierre);
4 — de la Basse-Pointe;
6 — de la Trinité;
—
36

La commission coloniale se compose de 7 membres.

L'organisation municipale est réglée par la loi métropolitaine du 5 avril 1884.

Les communes sont au nombre de 25. Ce sont celles de Fort-de-France, Lamantin, Saint-Esprit, Ducos, François, Rivière-Salée, Anses-d'Arlets, Diamant, Trois-Ilets, Sainte-Luce, Marin, Vauclin, Sainte-Anne et Rivière-Pilote, pour l'*arrondissement du Sud;* Saint-Pierre, Carbet, Prêcheur, Case-Pilote, Basse-Pointe, Macouba-Lorrain, Trinité, Sainte-Marie, Gros-Morne et Robert, pour l'*arrondissement du Nord*.

Il existe à la Martinique neuf justices de paix, deux tribunaux de première instance, une cour d'appel et une cour d'assises.

Les codes de la métropole sont en vigueur dans la colonie.

Le code pénal métropolitain est appliqué en entier dans la colonie, sauf quelques restrictions relatives aux pouvoirs du gouverneur, à la police du travail et à la répression du vagabondage.

Le code d'instruction criminelle colonial a été modifié par plusieurs lois et décrets, en dernier lieu par la loi du 27 juillet 1880.

L'autorité militaire est entre les mains du gouverneur.

Les troupes employées à la Martinique, sous les ordres d'un lieutenant-colonel d'infanterie de marine, commandant d'armes, consistent en quatre compagnies d'infanterie de marine, une batterie d'artillerie de marine, un détachement d'ouvriers d'artillerie de marine, une portion de compagnie du corps des disciplinaires des colonies, et une compagnie de gendarmerie, cette dernière empruntée au département de la guerre.

Les compagnies de sapeurs-pompiers ont été placées à Saint-Pierre et à Fort-de-France, dans les attributions de l'autorité militaire, dont elles relèvent directement.

Le régime de l'inscription maritime a été établi à la Martinique par le décret du 3 mai 1848.

La Martinique est le centre de la division navale de l'Atlantique nord, qui se compose actuellement d'un croiseur à batterie, d'un aviso de station et d'un éclaireur d'escadre placés sous les ordres d'un contre-amiral commandant en chef.

Cultes. — La population de la Martinique est catholique.

La colonie a été érigée en évêché par décret du 18 décembre 1850.

Le cadre du clergé colonial se compose d'un évêque, de 2 vicaires généraux et de 62 prêtres.

Des conseils de fabrique ont été organisés par arrêtés des 11 et 15 avril 1857.

On compte dans l'île 28 paroisses.

Il existe dans la colonie cinq congrégations religieuses : 1° les Pères du Saint-Esprit qui dirigent le séminaire-collège; 2° les frères de l'Institut de Ploërmel; 3° les sœurs de Saint-Joseph de Cluny, vouées à l'instruction; 4° les sœurs de Saint-Paul de Chartres, consacrées exclusivement au service des hôpitaux; 5° les sœurs de la Délivrande, vouées à l'instruction.

Instruction publique. — La Martinique est très largement dotée au point de vue de l'enseignement public.

La gratuité de l'enseignement primaire a été établie par une délibération du conseil général de la colonie du 24 février 1871. En dehors des écoles primaires gratuites de garçons et de filles dont sont pourvus tous les hameaux, bourgs et villes, il existe à la Martinique :

Pour l'enseignement supérieur, une école préparatoire de droit;

Pour l'enseignement secondaire, un lycée, où l'instruction est donnée par des professeurs de l'Université, et un séminaire-collège où elle est donnée par des Pères du Saint-Esprit ;

Un lycée de jeunes filles, où l'instruction est donnée conformément aux programmes arrêtés par le conseil supérieur de l'instruction publique pour l'enseignement secondaire des jeunes filles ;

Une école normale de garçons et une école normale de filles ;

Différentes écoles particulières de garçons et de filles. Des salles d'asile.

La colonie possède, en outre, une école d'arts et métiers, dirigée par des officiers d'artillerie, et elle entretient cinq bourses à l'école des arts et métiers de Châlons-sur-Marne. Elle entretient en outre un certain nombre de jeunes gens en France.

L'effectif des élèves inscrits dans les écoles communales, au 1er janvier 1885, était de 3953 garçons et 3040 filles.

L'enseignement, qui était autrefois confié par la colonie aux congréganistes, est depuis quelque temps, exclusivement confié aux laïques.

Sur un budget de 4 649 342 fr., la Martinique consacre à l'instruction publique 1 134 935 francs.

Presse. Bibliothèque. — Il se publie cinq journaux dans la colonie : à Fort-de-France, le *Moniteur de la Martinique*, paraissant le mardi et le vendredi.

A Saint-Pierre, les *Colonies*, les *Antilles*, la *Défense nationale* et le *Propagateur*. Chacun de ces journaux a son imprimerie. Ils paraissent tous les vendredis et les samedis.

L'imprimerie du gouvernement publie, en dehors du *Moniteur*, qui est le journal officiel de la colonie, le *Bulletin officiel* et mensuel des actes de l'administration, le *Bulletin scolaire* du service de l'instruction publique.

Une bibliothèque, due à la libéralité de M. V. Schœlcher, sénateur, et désignée sous le nom de Bibliothèque Schœlcher, existe dans la colonie depuis peu. Elle se compose de 9534 volumes. On y trouve en outre 1100 volumes que M. Cochinat, conservateur de ladite bibliothèque, a bien voulu mettre à la disposition des lecteurs.

CHAPITRE IV

GÉOGRAPHIE ÉCONOMIQUE

Flore et faune. — La flore et la faune sont à peu près celles de la Guadeloupe.

Seulement la Martinique a des serpents venimeux, parmi lesquels le *trigonocéphale* ou *serpent à fer de lance*, dont la morsure est mortelle.

Cultures. — Depuis quelques années, l'industrie agricole a fait de véritables progrès à la Martinique. La principale culture est celle de la canne à sucre, qui occupe une superficie de 25 000 hectares sur 45 000 hectares cultivés. Viennent ensuite les cultures dites *vivrières;* puis le cacao, le café, le coton, le tabac, etc.

Le nombre des travailleurs adonnés à la culture était, au 31 décembre 1882, de 71 407, dont 30 600 pour la culture de la canne à sucre. — Dans ce dernier nombre sont compris 12 000 Indiens amenés de Calcutta ou de Pondichéry et 6 000 Africains.

Sucre. — On compte dans l'île 500 habitations sucrières qui manipulent annuellement 249 676 tonnes de cannes, produisant 16 229 tonnes de sucre brut, plus 6 482 tonnes de mélasse, dont les deux tiers environ sont convertis en tafias dans les mêmes établissements.

Dix-sept usines centrales à sucre manipulent annuellement 454 024 tonnes de cannes, produisant 34 100 tonnes de sucre de premier, deuxième et troisième jets, et 16 185 tonnes de mélasse : ce qui donne un total de 50 329 tonnes de sucre et 22 667 tonnes de mélasse.

Ces chiffres sont les moyennes des résultats des campagnes sucrières de 1883 et 1884.

La comparaison de l'exportation du sucre s'établit ainsi pour les années 1884 et 1885 (1er janvier au 31 décembre inclusivement) :

	1884	1885
Sucre d'usine...	34 897 370 kil.	29 567 801 kil.
Sucre brut.....	14 472 684	9 218 403

154 distilleries existent dans la colonie. Elles traitent les mélasses indigènes et exotiques qui ont donné à l'exportation, pour l'année 1885, 18 180 943 litres contre 17 624 765 litres en 1884.

Cacao. — La culture du cacao date de 1664 à la Martinique. En 1727, un violent tremblement de terre détruisit, assure-t-on, presque tous les cacaoyers, qui constituaient une des principales exploitations agricoles du pays.

Aujourd'hui la culture du cacaoyer reprend faveur après avoir quelque peu sommeillé. La production exportée, en 1885, a été de 425 666 kilogrammes.

Elle avait été, en 1884, de 481 014 kilogrammes. Il faut dire qu'elle a été tardive en 1885.

Café. — Le café fut introduit à la Martinique, en 1720, par le capitaine Déclieux. Il s'y développa rapidement jusqu'en 1789, époque à laquelle il commença à décroître, sous l'influence d'un petit ver blanc et de l'appauvrissement de la terre.

C'est à peine si aujourd'hui la colonie produit assez de café pour sa consommation.

L'exportation de cette denrée a été, pour 1885, de 1908 kilogrammes contre 3084 en 1884. — Ce qui se vend dans le commerce européen sous la dénomination de café Martinique n'est généralement que du café de la Guadeloupe.

Bois. — La Martinique possède beaucoup de bois de construction, de charronnage, d'ébénisterie et de teinture, mais ils ne sont pas exploités pour l'exportation.

Le seul bois réellement exploité est le campêche, dont l'exportation s'est élevée, de 364665 kilogrammes, en 1884, à 1 090 025 kilogrammes, en 1885.

Productions diverses. — L'exportation de la casse s'est élevée, de 118 613 kilogrammes, en 1884, à 275 100 kilogrammes, en 1885.

L'île produit aussi du rocou, dont il a été exporté 814 kilogrammes, en 1884, et 1712, en 1885, des épices, girofle, cannelle, etc., dont la presque totalité est consommée dans le pays même. La culture du tabac à priser, dit de Macouba, dont la réputation était si universelle, a été presque entièrement abandonnée.

La culture de la vanille y est insignifiante.

Industries. — L'industrie du sucre et celle du tafia sont les deux plus importantes qui existent dans l'île. On peut néanmoins citer 6 briqueteries et poteries, 37 chaufourneries, 1 fabrique de chocolat, 1 d'allumettes, 1 de vermicelle, 1 minoterie, 1 tonnellerie mécanique, 2 scieries mécaniques, 1 fabrique de glace artificielle, etc.

Navigation, commerce. — La production réduite du sucre ayant coïncidé avec des cours constamment bas, et les prix de vente des spiritueux n'ayant pas toujours été rémunérateurs durant l'année 1885, la valeur totale de l'exportation s'est trouvée limitée à 21 443 882 francs, chiffre inférieur de 4 796 516 francs à la valeur des expéditions de toute sorte effectuées en 1884.

La valeur générale des importations a fléchi de près de 6 millions. Elle est de 21 905 243 contre 27 882 504 en 1884.

Le transport des marchandises s'est fait à l'importation par 912 bâtiments jaugeant ensemble 286 131 tonneaux et à l'exportation par 914 bâtiments jaugeant ensemble 285 741 tonneaux.

La Martinique entretient des relations commerciales particulièrement avec la France, Saint-Pierre et Miquelon, la Guadeloupe, Saint-Martin, la Guyane, Pondichéry, les États-Unis, l'Angleterre et ses colonies, Porto-Rico, Cuba, Santo-Domingo, Haïti, le Vénézuéla, Colon (Nouvelle-Grenade), etc.

Le mouvement d'importation des marchandises venant de France a été de 9 133 441 francs.

Celui d'exportation des marchandises expédiées en France a été de 15 210 060 francs.

Avec la France les relations ont lieu par voiliers et par vapeurs, ces derniers faisant un service régulier.

C'est la Compagnie générale transatlantique qui fait le service le plus direct entre la Martinique et la France.

Les départs des navires de cette compagnie ont lieu de Saint-Nazaire les 6 et 21 de chaque mois et de Bordeaux-Pauillac le 25.

Au retour, les départs ont lieu pour la France les 4, 12 et 23 de chaque mois. — La traversée a lieu en 14 jours.

La compagnie anglaise *Royal Mail* organise des départs pour l'Europe tous les samedis, de quinzaine en quinzaine, et les retours d'Europe tous les jeudis, de quinzaine en quinzaine.

Ces vapeurs assurent aussi le service entre la colonie et le reste de l'archipel des Antilles.

La Martinique est reliée aux Etats-Unis par deux lignes de bateaux américains qui passent à Saint-Pierre à des dates irrégulières et chargent particulièrement du sucre. Ils importent dans la colonie des chevaux de voitures, des mulets, des viandes fumées, de la farine, etc., etc.

Un service postal existe entre toutes les localités de la colonie; mais on n'y trouve qu'une ligne télégraphique (entre Fort-de-France et Saint-Pierre). Elle a été établie en 1866.

Les communications par télégraphe avec les Etats-Unis et l'Europe se font par un câble sous-marin qu'exploite la compagnie anglaise *West-India and Panama Telegraph*, moyennant une allocation annuelle, par la colonie, de 50 000 francs.

Par ce câble, la Martinique correspond avec les autres îles de l'archipel des Antilles.

La Martinique est pourvue de deux établissements de crédit : une Banque et un comptoir de la Société du « Crédit foncier colonial ».

Les monnaies françaises sont les seules qui aient cours forcé à la Martinique. On y trouve encore en circulation des pièces de monnaie de billon datant de Charles X et de Louis-Philippe.

Le système métrique a été mis en vigueur dans la colonie à partir du 1er juin 1828, sous la réserve de quelques modifications portant sur certaines mesures usuelles; mais un décret du 29 février 1844 a fait disparaître ces restrictions. Le système métrique des poids et mesures y est donc appliqué dans son intégrité.

Importance de la colonie. — La Martinique est un pays agréable et d'avenir. La richesse de son sol, sa situation topographique, la clémence de son climat, sa salubrité la font rechercher des étrangers.

Quand partout et toujours on prétend que le véritable esprit colonisateur est l'apanage en quelque sorte exclusif de l'Anglais, il n'est pas inutile de signaler de nombreuses possessions périclitant de jour en jour autour de la Martinique, dont la prospérité peut s'assombrir au milieu des crises industrielles et commerciales, si générales aujourd'hui, mais dont la vitalité est si puissante et dont l'esprit est resté si profondément et si passionnément français.

M. Hurard,
député de la Martinique.

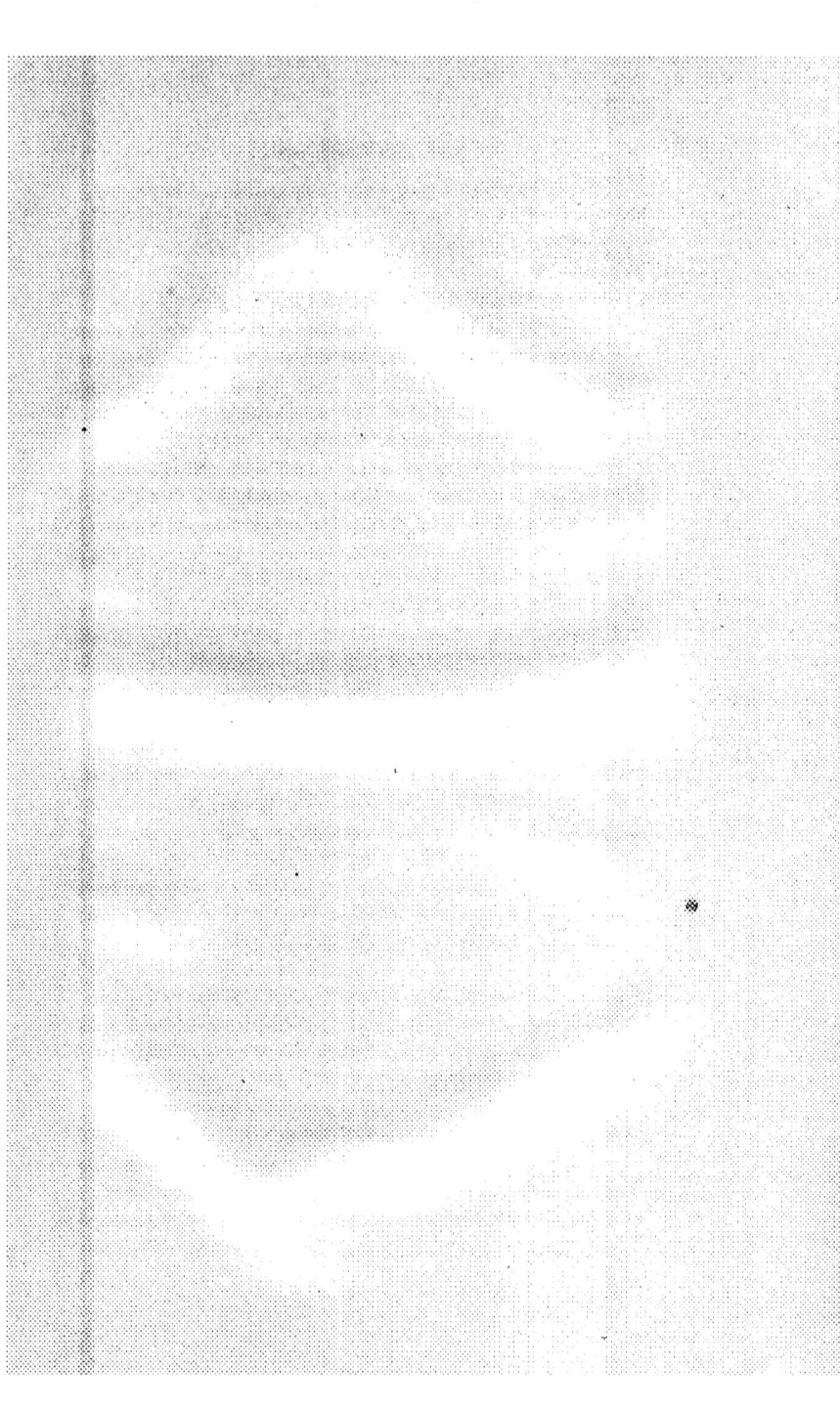

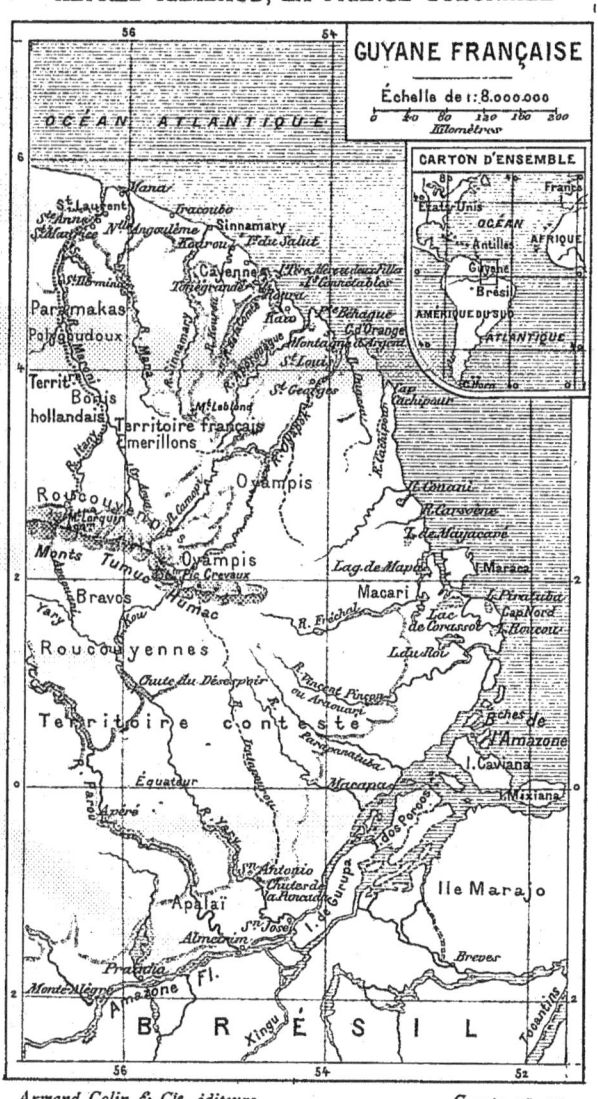

LA GUYANE[1]

CHAPITRE PREMIER

HISTOIRE

La découverte. — En l'année 1500, un compagnon de Christophe Colomb, qui se nommait Vincent Pinçon, arrivait d'Europe sur la côte du Brésil. De l'Amazone il remontait jusqu'à l'Orénoque, et découvrait ainsi, en une seule campagne, toute la série des Guyanes : la Guyane brésilienne, française, hollandaise, anglaise, vénézuélienne. Je ne dois parler ici que de la Guyane française.

Premières tentatives de colonisation. — Pendant cent cinquante ans, la Guyane ne fut guère visitée que par des aventuriers. En 1604, ce sont des Gascons[2] ; en 1626[3] et en 1643[4], des Rouennais ; en 1652[5] et 1664, des Parisiens. Ils débarquent peu nombreux à chaque fois,

---

1. M. Léveillé avait rédigé à notre intention un travail très étendu sur la Guyane et le système pénitentiaire. Nous avons dû le ramener aux proportions du présent volume. Ce que nous présentons au lecteur, c'est donc le résumé d'une œuvre plus vaste, qui sera publiée à part, et que recommandent la compétence de M. Léveillé sur les questions pénitentiaires et ses récentes études, sur le sol même de la Guyane.
2. Avec La Ravardière qui baptisa la Guyane du nom de *France équatoriale*.
3. Avec Thomas Lombart.
4. L'entreprise de 1643 était dirigée par Poncet de Brétigny, un fou furieux, qui torturait les Français comme les indigènes : si bien qu'ils se réunirent contre leur tyran et l'assassinèrent.
5. C'est l'entreprise toute féodale dite des *Douze seigneurs*, qui devaient être les douze pairs de cette nouvelle France et avoir sous leurs ordres une hiérarchie de seigneurs fieffés et de tenanciers.

légers d'argent, traînant à leur suite quelques centaines de blancs, qu'ils ont engagés pour trente-six mois, qu'ils payent mal, qu'ils nourrissent peu, mais qu'ils fouettent libéralement. Les chefs de ces expéditions ne sont pas des colons qui veulent défricher le sol, mais des oiseaux de proie en quête d'un butin. Ils vivent dans l'orgie ; ils se querellent entre eux ; ils brutalisent les indigènes ; bientôt ils disparaissent, dévorés par l'intempérance, par les discordes intestines et par la juste colère des Indiens.

C'est Colbert, le premier, qui s'inquiète sérieusement des affaires de la Guyane. Tout d'abord il crée, en 1664, la *Compagnie des Indes occidentales*, qu'il place sous le patronage du roi, et à laquelle sont concédées pour quarante ans toutes les possessions françaises, comprises entre l'Amazone et le Labrador. Colbert la supprime en 1674. Désormais il administrera lui-même. Sous son impulsion directe, la Guyane devient prospère ; c'est la période la plus heureuse qu'elle ait traversée. Colbert introduit dans la banlieue de Cayenne la culture de la canne, du coton, de l'indigo. On manquait de bras : d'une part, il se procure en Afrique par le moyen détestable, il est vrai, de la traite, quinze cents noirs ; d'autre part, il vide les bagnes de France. Il fait explorer l'intérieur du pays ; deux jésuites, les pères Grillet et Béchamel remontent bravement l'Approuague, descendent l'Oyapok et reviennent mourir épuisés après un pénible voyage de cinq mois.

L'élan était donné ; le mouvement continue quelque temps encore ; en 1716, la Guyane devance toutes nos autres possessions dans la plantation du café ; en 1750, elle essaie la culture du cacao. En un mot, elle s'efforce de produire les denrées d'exportation, dont le pacte colonial lui assurait l'écoulement sur le marché métropolitain.

L'expédition du Kourou (1763). — Après la paix de 1763, qui nous avait coûté le Canada et le Sénégal, Choiseul cherchait partout des compensations. Il tourne les yeux du côté de la France équinoxiale ; il se fait concéder par le roi toute la région comprise entre le Kourou et le Maroni avec faculté de l'inféoder aux cadets de sa famille. Le chevalier Turgot, frère du futur ministre de Louis XVI, est chargé d'organiser l'affaire. Il réunit 15 000 personnes qu'il recrute surtout en Alsace et en Lorraine, ou qu'il ramasse sur le pavé des grandes villes. Il promet à tous une fortune rapide. Les imprudents s'embarquent avec un lieutenant de Turgot, M. de Champvallon, qui les dépose sur la plage du Kourou, où rien n'était préparé pour les recevoir et où les pluies de l'hivernage les surprennent. Les navires avaient apporté des vivres, des médicaments, des outils ; mais les cargaisons avaient été gâtées pendant le voyage et l'humidité les acheva. Personne, au surplus, ne voulait travailler de ses mains. En quelques mois, la dysenterie et la faim tuèrent 12 000 individus. Ce fut un effroyable désastre. Le chevalier Turgot, qui était resté tranquillement à Versailles et dont l'imprévoyance avait causé tout le mal, accourut tardivement et révoqua M. de Champvallon. Cette révocation ne ressuscitait pas les victimes ; et cette fatale aventure a pesé longtemps et pèse encore aujourd'hui de tout son poids sur la Guyane.

Administration de Malouet. — Un jeune homme, M. de Malouet, avait vu partir de la Rochelle les malheureux émigrants ; il avait constaté l'incurie des organisateurs et prévu le dénouement du drame. Il obtint, en 1776, le gouvernement de Cayenne. Malouet avait une rare intelligence[1] ; il se dévoua corps et âme à ses fonctions ; il étudia soigneusement le pays qui lui était confié ; il fit ensuite à Surinam un long voyage d'instruction et en ramena l'ingénieur Guizan, dont il avait deviné les qualités et qui devint son collaborateur.

Malouet et Guizan mériteraient que la France leur dressât des statues, car ils furent d'éminents serviteurs de l'État. Ils voulaient fonder la fortune de la colonie sur l'agriculture. Ils avaient remarqué que la Guyane se divise naturellement en deux régions : la région du litto-

---

1. C'est lui qui inaugura à Cayenne la première *Assemblée coloniale.*

ral ou des terres basses, trop souvent couverte par les eaux, la région des terres hautes qui s'élève par échelons jusqu'aux monts Tumuc-Humac. Malouet et Guizan avaient résolu de s'attaquer de préférence aux terres basses, dont la préparation sans doute exigeait plus d'efforts, mais qui devaient en retour fournir de plus belles récoltes.

Le système de Malouet et de Guizan, qui consistait dans une vaste canalisation, n'avait rien de chimérique. Il a été, il est encore appliqué à Surinam et à Démérari.

Malouet ne garda son gouvernement que deux ans; et ce n'est pas en deux ans qu'un administrateur transforme l'économie rurale d'un pays.

La Révolution et l'Empire. — Il était à peine parti que la Révolution française éclata. La Guyane en fut secouée jusque dans ses fondements.

Pendant la Révolution, la colonie reçut de la métropole quelques victimes de nos discordes civiles, des prêtres insermentés, des vaincus de Fructidor. La plupart de ces proscrits avaient été frappés sans jugement par des adversaires politiques; ils avaient presque tous passé l'âge de la jeunesse et de la force; ils étaient brusquement privés du confortable de la vie; ils furent principalement dirigés sur Sinnamary, où la mort les décima. Les survivants, revenus en Europe, ne contribuèrent pas peu, par leurs récits, à décrier la colonie[1].

En 1802, Victor Hugues, le même qui avait aboli l'esclavage à la Guadeloupe, est chargé, par le premier consul, de le rétablir à la Guyane : les ateliers se reconstituent, la traite des nègres amène de nouveaux esclaves, et la colonie semble recouvrer sa prospérité. En 1809, elle est attaquée par les Portugais et les Anglais. Victor Hugues, moins énergique qu'autrefois à la Guadeloupe contre ces derniers, capitule en stipulant seulement que la Guyane sera remise non aux troupes britanniques, mais

---

1. Cependant, parmi les déportés marquants, Collot d'Herbois est le seul qui y ait succombé. Billaud-Varennes, Vadier, Barrère, Barthélemy, Pichegru, Barbé-Marbois, Tronçon-Ducoudray, Bourdon de l'Oise, se sont évadés ou ont survécu.

aux Portugais. Les traités de 1814 et 1815 nous la restituent.

Signalons la tentative de colonisation faite en 1823, dans le bassin du Mana, où des colons venus de France jettent les fondations d'une ville appelée la Nouvelle-Angoulême; ils en sont chassés par les fièvres.

La Guyane contemporaine. — Le gouvernement provisoire, par le décret du 27 avril 1848, abolit l'esclavage dans nos colonies, et, du même coup, le décret qui établissait le suffrage universel se trouva applicable aux affranchis. La République accordait ainsi aux noirs la liberté et le droit de suffrage. M. Schœlcher avait préparé avec Arago l'acte d'émancipation des esclaves; il est resté un demi-dieu pour cette race jeune qui a la mémoire du cœur. Comme les noirs sont beaucoup plus nombreux que les blancs et que la colonie possède depuis plusieurs années des municipalités élues et un conseil général doté d'une large autonomie, il est certain actuellement que les noirs sont les maîtres de la Guyane.

L'abolition subite de l'esclavage, si légitime qu'elle fût, ouvrit une crise violente. La prospérité de la colonie fut ébranlée. Du jour au lendemain, en effet, sans transition, les ateliers chômèrent faute de bras; les établissements sucriers furent fermés, et de grandes fortunes patrimoniales s'effondrèrent pour toujours. Quand je parcourais la campagne, il y a quelques mois, je rencontrais à chaque pas des vestiges du passé : ici des chaudières abandonnées, là des cheminées d'usine abattues; le sol était jonché de ruines, et je me demandais, anxieux : la Guyane pourra-t-elle jamais revivre?

Je n'ai pas l'intention de raconter par le menu la période contemporaine. Je parlerai plus loin des deux événements majeurs qui caractérisent à mes yeux la situation présente de la Guyane, je veux dire la découverte de l'or et l'introduction des condamnés.

CHAPITRE II

GÉOGRAPHIE GÉNÉRALE ET ÉCONOMIQUE

Aspect général. — Le 23 octobre 1884, le président du conseil supérieur de santé écrivait au ministre de la marine : « Sauf l'îlot de Cayenne qui s'avance dans la mer, sauf les trois îlots d'origine volcanique qui portent le nom d'îles du Salut, la Guyane tout entière, depuis la rivière du Maroni jusqu'au territoire contesté, n'est qu'un vaste marais, dans lequel les Européens ne peuvent ni vivre ni travailler. »

Je voudrais contredire cette description que je ne crois pas suffisamment exacte.

Quand le voyageur qui a traversé l'Atlantique arrive en Guyane et que, tournant le dos à l'Océan, il regarde du côté des Andes, qu'aperçoit-il devant lui ? Il voit, au premier plan, derrière un bourrelet de sable de largeur inégale et qui est rompu çà et là par le flot, une immense plaine, le plus souvent boisée, s'étendant jusqu'à quinze, vingt, quarante kilomètres au moins du rivage. Cette plaine, en général sèche l'été, inondée pendant l'hivernage, forme cuvette sur certains points, car son niveau est fréquemment inférieur au niveau des grandes marées. Cette plaine, où surgissent quelques rares mamelons, constitue les *terres basses*.

Mais, si le voyageur, tournant toujours le dos à l'Océan et regardant toujours du côté des Andes, pouvait percer du regard l'horizon, il apercevrait au loin, au second plan, par delà les terres basses, les *terres hautes* qui commencent. Elles lui apparaîtraient, s'élevant peu à peu, montant doucement vers le ciel, découpées en trois gradins successifs qu'on peut appeler, en marchant de l'est vers l'ouest, la *région des Cascades*, ou des *Sauts*, puis le *plateau central* de l'intérieur, enfin, la *chaîne des monts Tumuc-Humac*. Sur chacun des trois gradins, des mornes ou pitons se dressent isolés, ne dépassant guère 300 mètres au-dessus de la mer dans la région des Sauts, 500 mètres sur le plateau central, 1 000 à 1 200 mètres sur les monts Tumuc-Humac.

La Guyane n'est donc pas du tout un pays plat. Elle offre sans doute à l'Européen, qui descend de son navire, d'abord une terre basse; mais cette terre basse n'est que le rez-de-chaussée. La Guyane présente bientôt, à des altitudes progressivement croissantes, le triple et successif étage de ses terres hautes. L'histoire de la colonie s'est, il est vrai, principalement déroulée sur le littoral; les terres hautes ne sont guère parcourues que depuis trente ans, depuis qu'il y a des chercheurs d'or. Le rédacteur de l'avis du 23 octobre 1884, a pris la partie pour le tout, la terre basse pour toute la Guyane.

Littoral. — La côte est presque droite et ne présente ni échancrure profonde, ni rade, sauf celle où se trouve l'îlot qui supporte la ville de Cayenne. Elle n'a donc pas un bon port. Presque partout le littoral inondé, à deux ou trois lieues de profondeur, se confond avec les bancs de sable d'une mer fangeuse. Il n'est guère dessiné que par une ligne plus ou moins épaisse de palétuviers.

Signalons, à quelque distance du rivage, les *îles du Salut*.

Hydrographie. — La Guyane française est arrosée par une vingtaine de cours d'eau. Les plus importants, en allant du nord au sud, sont : le *Maroni*, avec ses deux affluents du *Tapanahoni* et de l'*Awa*; la *Mana*, qui peut recevoir les grands bâtiments jusqu'à 16 kilomètres de son embouchure; le *Sinnamary*, le *Kourou*, célèbres par les malheureuses tentatives de colonisation en 1798 et 1763; la *Cayenne*, qui a donné son nom à la rade de son embouchure; enfin, l'*Oyapok*. Tous ces fleuves, à une certaine distance de leur embouchure, sont malheureusement coupés, grâce aux terrasses successives de la Guyane, par des *sauts* et des *barres*.

Dans l'intérieur des terres sont les affluents, encore mal connus, de l'Orénoque et de l'Amazone. Le regretté docteur Crevaux, dans une de ses dernières explorations, a montré que l'*Yari*, affluent de l'Amazone, communique avec le Maroni et qu'on peut, par un travail de canalisation, ouvrir l'accès du plus grand bassin de l'Amérique méridionale. Dans les régions presque inexplorées se trouvent encore les lacs *Mepecucu*, *Macari* et *Mapa*.

Climatologie. — La Guyane est caractérisée par l'abondance des pluies et par la permanence d'une température élevée. Deux saisons s'y partagent l'année, comme dans les Antilles. La moyenne de la chaleur est de 28°; le maximum dépasse rarement 31°; le minimum ne s'abaisse guère au-dessous de 23°. Il pleut de 160 à 180 jours par an ; et la quantité d'eau tombée représente la hauteur considérable de 3 à 4 mètres.

La configuration du sol et le climat une fois indiqués, voyons les phénomènes réguliers qui vont se produire. Les pluies de l'hivernage s'abattent sur le pays. Une partie de ce torrent se jette dans les fleuves, en accélère le cours et se perd dans l'océan. Une autre partie lave et dénude le sommet des montagnes et des collines, enlève l'humus et l'entraîne au bas des vallées, où la végétation, sous la triple influence de l'eau, de la chaleur et d'une terre profonde, devient luxuriante. Enfin la majeure partie de cette masse liquide, roulant de gradin en gradin, se précipite des terres hautes sur les terres basses et s'accumule au bord de la mer dans l'immense cuvette, tapissée d'argile, qui la reçoit et qui la retient.

Quand l'hivernage a cessé, le soleil, qui n'est plus contrarié par la pluie, chauffe sans trêve ni merci la surface des terres basses; l'évaporation s'accomplit ; les plantes et les poissons périssent dans la vase où grouillent les reptiles; on cherche en vain le lac que parcouraient naguère les canots; il ne reste plus, sur beaucoup de points, qu'un marais fétide où trop souvent le voyageur imprudent s'enlise et trouve la mort.

De l'insalubrité de la Guyane pour les blancs. — J'aborde maintenant la question controversée de savoir si les blancs peuvent vivre, et surtout s'ils peuvent travailler la terre sous les tropiques. A l'instant où la métropole ne demanderait pas mieux que d'expédier là-bas quelques centaines de forçats blancs et quelques milliers de récidivistes, il importe que ce problème soit discuté à fond.

Dans cette partie délicate de ma tâche, je ne pouvais m'en rapporter à mes appréciations individuelles. Mais le ministère de la marine avait, à ma prière, donné l'ordre au conseil de santé de la Guyane de formuler son avis sur la salubrité ou l'insalubrité du pays ; et le savant rapporteur du conseil, M. le docteur Hache, qui habitait depuis huit ans la colonie, a bien voulu m'accompagner partout, m'éclairant de sa science. Dans les pages qui suivent, s'il y a, au point de vue médical et hygiénique, quelques idées neuves et justes, tout l'honneur doit lui en revenir ; je n'aurai été, en cette circonstance, qu'un auditeur fidèle.

Il semble tout d'abord que l'insalubrité de la Guyane ne puisse faire doute. L'administration pénitentiaire n'a-t-elle pas dû fermer l'un après l'autre presque tous les établissements qu'elle avait fondés ? Le décret de 1867, qui a suspendu l'envoi des forçats envoyés en Guyane, n'a-t-il pas été l'aveu d'une situation intenable ? Le conseil supérieur de santé métropolitain n'a-t-il pas rendu un jugement décisif dont j'ai rappelé les conclusions au début de cette notice ? Enfin le chiffre effroyable d'une mortalité qui a pu monter jusqu'à 65 pour 100 n'apporte-t-il pas au débat l'autorité d'un fait écrasant ?

Je ne crois pas que ces arguments soient aussi écrasants qu'on l'affirme. Je vais examiner de près cette mortalité qu'on invoque, en chercher les causes, en dégager la moyenne vraie et expliquer ce chiffre de 65 pour 100 qu'on agite comme un épouvantail.

La fièvre paludéenne. — Les forçats européens qui sont décédés en Guyane depuis 1853, ont été principalement enlevés par la fièvre paludéenne, par la dysenterie, par l'anémie, par la fièvre jaune. Je reconnais que les trois premières maladies sont endémiques dans notre colonie ; elles naissent sur place ; elles proviennent du sol ou du climat. Je pense, au contraire, que la fièvre jaune a toujours été importée du dehors ; elle est un accident; elle peut être tenue à distance par des quarantaines sévères.

Les maladies endémiques et les maladies exotiques ne sauraient donc être mises sur la même ligne, quand on veut, dans un pays déterminé, définir l'état normal et permanent de la santé publique.

La fièvre paludéenne procède à la façon d'une intoxication lente. Elle provient moins du marais que du défrichement d'un sol vierge, pour la première fois exposé au soleil. Je puis justifier cette opinion. Depuis que l'on ne défriche plus en Guyane, les fièvres paludéennes sont devenues moins nombreuses. En 1860, elles représentent les deux tiers des cas de maladie; aujourd'hui elles n'en représentent plus que un huitième à peine; cependant la surface des marais n'a pas été diminuée. Les noirs ou les peaux-rouges dressent impunément leurs carbets sur des bancs de sable, à la lisière même des marais; mais, quand ils déboisent, quand ils font un abatis pour planter le manioc, ils prennent la fièvre paludéenne. Les affections paludéennes proviennent, par conséquent, du défrichement et non du voisinage des marais. Le marais est inoffensif, surtout quand il est boisé.

La dysenterie. — La dysenterie est fréquente en Guyane; elle atteint ceux qui boivent des eaux impures, où se trouvent en suspension des matières organiques, végétales ou animales. Pendant plusieurs années, les soldats et les transportés buvaient, aux îles du Salut, l'eau de pluie qui avait d'abord lavé le sommet des plateaux; ils étaient éprouvés par la dysenterie. L'Administration construisit sur le plateau supérieur de l'île principale une vaste citerne maçonnée, où l'eau de pluie était recueillie telle qu'elle tombait du ciel; la dysenterie cessa.

Voilà donc une maladie qui a fait de grands ravages, — c'est la dysenterie qui a tué l'expédition de Kourou en 1764, — voilà une maladie due à la faute des hommes et qu'on élimine avec un peu de soin.

L'anémie. — D'où provient l'anémie qui épuise tant de transportés? Assurément la chaleur humide de la Guyane débilite les tempéraments; mais, avec une nourriture tonique et azotée, les Européens libres, qui peuvent se la payer, résistent. Les transportés blancs, qui n'obtiennent qu'une nourriture insuffisante en quantité et surtout en qualité, s'affaiblissent promptement.

Les cas de dysenterie et de fièvre paludéenne sont devenus plus rares dans les dernières années; les cas d'anémie au contraire plus nombreux.

La fièvre jaune. — On peut lutter contre l'anémie en renforçant la ration des hommes. On peut lutter contre la dysenterie en veillant aux eaux que les hommes boivent. On sait que le paludisme est surtout le résultat d'un premier défrichement. Peut-on lutter contre la fièvre jaune et d'où vient-elle? La fièvre jaune est endémique à la Nouvelle-Orléans, à Rio-de-Janeiro; elle s'y est acclimatée et tous les ans elle y sévit. Est-elle endémique dans la Guyane française? C'est un point débattu. Il est certain que les trois épidémies de fièvre jaune, qui ont éclaté dans la colonie, en 1850, en 1872, en 1885, et qui se sont prolongées plusieurs années, ont eu des causes précises; elles ne sont pas nées dans le pays même; elles y ont été apportées du dehors. On ne s'en garantit et on ne s'en débarrasse qu'au moyen de quarantaines rigoureuses.

La mortalité. — J'ai défini les principales maladies, c'est-à-dire les principales causes de mort qui enlèvent les transportés. Je vais discuter maintenant le résultat des maladies, c'est-à-dire le taux de la mortalité.

Si l'on défalque des statistiques officielles de la Guyane les années d'épidémie, où ont sévi des maladies importées du dehors, on ne rencontre plus que des mortalités de 6,7, de 4,7, de 5,9. Ces chiffres nous conduisent à une moyenne générale de 6 pour 100. Or, nous avons en France des maisons centrales d'une mortalité égale et même supérieure; il me suffira de citer les maisons centrales d'Aniane, de Nîmes, les pénitenciers de Corse.

J'ai tâché de fixer une moyenne normale; mais on comprend de reste que si, au lieu d'embrasser une série d'années, on ne vise qu'une opération isolée de défrichement ou une année isolée de culture d'un terrain déjà défriché, on constatera des résultats très différents. Une opération isolée de défrichement, exécutée d'après les méthodes anciennes, pourra coûter 20 pour 100 du personnel; une année isolée de culture ne coûtera guère que 5 pour 100. La moyenne générale de 6 pour 100 s'étend au contraire sur une longue période.

Et cependant, m'objectera-t-on, la *Montagne d'Argent* a occasionné une mortalité de 63 pour 100, le *Maroni* lui-même une mortalité de 29 pour 100! Je ne conteste pas ces chiffres spéciaux; je dis seulement qu'on en a forcé la portée. Ces deux épisodes correspondent à deux tentatives de défrichement, qui ont été d'ailleurs conduites avec une imprudence et un manque de suite tout à fait remarquables.

Superficie et limites. — La Guyane est bornée, au nord et à l'est, par l'Atlantique; au sud, par la ligne de partage des eaux entre les bassins de ses fleuves et le bassin de l'Amazone; à l'ouest, par le Maroni et le Tapanahoni qui la séparent de la Guyane hollandaise; au sud-est, par l'Oyapok, dont le cours forme précisément la frontière sujette à contestation. La superficie totale est d'environ 150 000 kilomètres carrés.

La Guyane contestée. — La frontière qui doit séparer la Guyane du Brésil au sud et au sud-ouest est indécise; cette situation fâcheuse dure depuis le dix-septième siècle. La diplomatie a dépensé sur cette question des trésors d'érudition; mais la question n'a point fait un pas. Ne serait-il pas temps que ce procès historique se liquidât par une bonne transaction entre deux peuples amis?

La difficulté est double. Nous prétendons en effet que nous sommes limités à l'ouest par le Rio-Negro et le Rio-Branco, au sud par l'Amazone. Le débat a surtout porté sur ce dernier point, la possession de l'intérieur du continent américain dans la direction de l'ouest ne présentant guère qu'un intérêt de lointain avenir.

Il est certain que, dès 1555, des Français construisaient sur l'Amazone, près de l'emplacement actuel de Macapa, le fort de Brest. Il est certain que le roi Henri IV concédait, en 1605, au comte de Soissons la vice-royauté de la contrée comprise entre l'Amazone et l'Orénoque. Il est certain que Jérôme d'Albuquerque reconnaissait, en 1614, que la rive septentrionale de l'Amazone était française, tandis que la rive méridionale était brésilienne.

Le conflit commence précisément lorsque les Portugais fondent la ville de Macapa et veulent s'étendre au nord du fleuve. Des négociations, qui n'aboutirent pas, s'engagent à Lisbonne en 1698. Notre ambassadeur demande nettement que l'Amazone soit la frontière des deux États. Les Portugais soutiennent que la frontière doit être reportée au delà du fleuve; et ils la placent successivement à l'Araouari, puis au Mayacaré, enfin au cap Orange.

Des traités nombreux sont intervenus qui compliquent cette affaire. Le traité d'Utrecht dispose, en 1713, que notre limite du sud est la « rivière d'Oyapok et Vincent Pinçon ». Mais le traité ne détermine pas l'emplacement de cette rivière; et, comme le mot *oyapok* signifie en guarani « embouchure de rivière », les chancelleries rivales relèvent aisément sur la côte d'Amérique plusieurs *oyapoks* entre lesquels il est embarrassant de choisir. Il y a notamment un Oyapok, qui débouche par 1°55′ latitude nord dans l'estuaire de l'Amazone et en dedans du cap Nord. Il y a un autre Oyapok qui débouche par 4°15′ latitude nord à la hauteur du cap Orange. Il faut remarquer que l'Oyapok du cap Orange ne s'est jamais appelé la rivière de Vincent Pinçon, et qu'au contraire Vincent Pinçon a justement découvert le Brésil en accostant au cap Nord. En 1732, une convention neutralise *provisoirement* la zone enfermée entre le Cachipour et le cap Nord, nous laissant par conséquent le libre usage de l'espace qui va du Cachipour au cap Orange. Le traité de Madrid adopte franchement, en 1801, la ligne du Carapanatuba par 0°10′ latitude nord; le traité d'Amiens y substitue en 1802 la ligne de l'Araouari ou Araguary, par 0°15′ latitude nord. Enfin le traité de Vienne, en 1815, complété par une convention de 1817, décide que la France recouvre toute la Guyane, du Maroni jusqu'à l'Oyapok du cap Orange, et qu'une décision ultérieure sera prise quant à la délimitation du territoire contesté.

La France et le Brésil ont parfois essayé de s'établir à demeure sur certains points du territoire contesté; mais les actes que l'un de ces deux états accomplissait soulevaient aussitôt les réclamations de l'autre, et les possessions sont toujours restées précaires. En 1836, nous installons un poste à Mapa; le Brésil nous adresse des représentations diplomatiques; nous évacuons Mapa. Les Brésiliens à leur tour s'y glissent après nous; nous protestons contre cette usurpation; en 1855, ils se retirent.

Le territoire contesté n'a point profité de cette anarchie. La sécurité des personnes et des biens n'y est pas garantie, comme elle le serait par un gouvernement reconnu. Les travaux publics les plus nécessaires ne s'y exécutent pas, car ils ne sont dotés par aucun budget. La population ne s'accroît pas; elle comprend, à côté de quelques colons intrépides, des déserteurs de l'armée brésilienne, des évadés, des Indiens demi-sauvages. Les richesses du sol ne sont guère exploitées, en dehors du manioc; et cependant il y a là des forêts et de vastes prairies, qui nourriraient plus de bétail que nos savanes du Kourou et du Maroni.

Il serait digne de la France et du Brésil de régler à l'amiable ce différend plus que séculaire. Je ne propose pas que les chancelleries rouvrent leurs cartons et recommencent leurs plaidoieries, fondées de part et d'autre sur le droit strict. Je propose au contraire que les plaidoieries, tant de fois entendues, cessent, et je désire que les cabinets de Paris et de Rio-Janeiro définissent enfin par une transaction équitable nos limites du sud et de l'ouest. Il y a, entre l'Atlantique, l'Amazone, le Rio-Negro et le Rio-Branco, à mettre en valeur un territoire plus vaste et plus riche que notre Guyane, arrosé par le *Cachipour*, le *Conani*, le *Mayacaré*, le *Carsoène*, la *Mapa*, les lacs de *Corassol*, *Piratuba*, *Roucou*, *Navo*, et auquel est adjacente la grande île de *Maraca*, sans compter les espaces encore inexplorés, les immenses forêts vierges dans l'intérieur des terres.

Population. — Le chiffre de notre population dans notre Guyane est sensiblement égal à ce qu'il était en

1877 : 25 000 à 28 000 habitants. Les Français métropolitains, troupes, fonctionnaires, employés sont environ 1500 ; les créoles blancs, 100 ; les créoles mulâtres, 15 000 ; les Indous, dont l'immigration a été interdite, en 1876 par le gouvernement anglo-indien,. 3000. Puis viennent les Annamites, 300 ; les Chinois, 300 ; les forçats, pour la plupart Arabes et Kabyles, 3500. Il faut y ajouter les nègres des bois (*Youcas, Polygoudoux, Boshs, Bonis*), descendants des anciens esclaves marrons, retournés presque entièrement à la vie sauvage, mêlant aux superstitions indiennes les superstitions originaires de l'Afrique, pratiquant le culte des mauvais esprits, formés en une sorte de confédération ou de confrérie religieuse, obéissant à un chef suprême et électif qu'ils appellent le *grand Man*. Ils sont au nombre de quelques milliers. Quant aux anciens habitants du pays, il faut distinguer les Indiens de la côte, ou *Galibis*, et les Indiens de l'intérieur, *Oyampis, Approuagues, Arouacas, Emérillons, Roucouyennes, Oyacoulets, Paramakas*, etc. Les premiers ne sont que quelques centaines et les seconds que quelques milliers. Et pourtant, au dix-huitième siècle encore, les jésuites, avant leur dissolution, avaient réussi à *réduire*, c'est-à-dire à grouper et à apprivoiser quelque 10 000 sauvages.

Lieux habités. — Il n'y a pas en Guyane une ville digne de ce nom, à part *Cayenne*, qui a 8000 habitants. *Saint-Laurent* du Maroni en a seulement 1000 ; *Mana*, 600 ; *Iracoubo*, 50 ; *Sinnamary*, 300 ; *Kourou*, 200 ; *Tonate*, 100 ; *Monsinery*, 150 ; *Touégrande*, 150 ; *Roura*, 100 ; *Kaw*, 100 ; *Approuage*, 200 ; *Saint-Georges*, 200, etc.

Gouvernement et administration. — La Guyane est administrée comme nos autres colonies. Elle a un gouverneur, un conseil privé, un conseil général. Elle a nos codes, nos lois, le suffrage universel, moyennant certaines conditions de résidence, la liberté de la presse, etc. Elle nomme un représentant à la Chambre des députés.

Faune. — La Guyane, en fait de mammifères, présente le *jaguar*, qui est assez rare, mais dont un échantillon est venu se faire tuer, il y a quelques années, dans les rues de Cayenne, par le soldat de garde à la porte de la prison ; le *tapir* ou *maïpouri*, ce pachyderme qui semble une réduction de l'éléphant et qui atteint la taille d'un veau ; l'*agouti*, un rongeur de la taille du lièvre ; le *tatou* à écaille, des biches, des chevreuils, des porcs sauvages. Le *vampire* est une énorme chauve-souris qui suce le sang des bestiaux et même des hommes endormis. Les singes, *ouistiti, tamarin, sapajou, singe roux* ou *hurleur*, présentent de nombreuses espèces. Des oiseaux aux plumages éclatants, mais sans ramage, *papes, évêques, cardinaux, colibris, oiseaux-mouches*, animent les forêts : l'*ibis à aigrette* fait la guerre aux insectes ; l'*urubu*, vautour noir, se charge de déblayer les immondices.

Les eaux douces sont infestées de *caïmans* et l'eau de mer de *requins*, funestes les uns et les autres à tant d'évasions. Le *gymnote*, anguille électrique, hante les ruisseaux et les marais. Le *boa constrictor* peut étouffer et avaler un bœuf. Le *serpent à sonnettes*, le *liane*, le *perroquet*, le *trage*, etc., sont les plus redoutables des reptiles venimeux : les indigènes ont des secrets, paraît-il, pour se garantir de leur piqûre ou la rendre inoffensive.

La Guyane abonde surtout en insectes ; elle a les *fulgores porte-croix*, les *fulgores porte-lanternes*, les papillons et mouches *à feu*, toute la tribu des mouches, coléoptères ou papillons phosphorescents ; elle a de nombreuses variétés de moustiques, depuis le petit *maringoin* jusqu'au gros *maque* ; elle a des *guêpes sans raison* à la piqûre douloureuse, des fourmis dites de *feu* à cause de leur âcre morsure, et qui, sur le passage de leurs colonnes serrées, détruisent tout ; la *mouche hominivore* qui, dans les narines de l'homme endormi, dépose ses larves qui rongent la victime et la font mourir par inflammation des méninges ; des *scorpions*, de la taille d'une écrevisse ; des *scolopendres* ou mille-pattes ; de nombreuses variétés d'araignées, parmi lesquelles l'*araignée crabe* qui, les pattes étendues, atteint huit pouces de diamètre.

Flore. — La Guyane renferme de nombreuses variétés de palmiers : cocotier, chou-palmiste, dattier, puripon, maripa, buche ; des bois précieux pour l'ébénisterie : angélique, bois de fer, ébène, gaïac, *assafras*, acajou, cèdres ; d'autres qui produisent des résines, des gommes, une sorte de caoutchouc, comme le *balata ;* on récolte dans les forêts le *quinquina*, la *salsepareille*, l'huile de *carapa*. Le bananier et l'arbre à pain contribuent à l'alimentation. On peut cultiver, à la Guyane, les plantes vivrières : maïs, mil, manioc, ignames, patates, chou caraïbe. La noix d'*arek*, la noix de *bancoule*, les pistachiers, etc., fournissent des huiles ; le roucou, l'indigo, le nopal, le coton, des teintures. Le café, le cacao, le tabac, la canne à sucre, toutes les épices, peuvent y prospérer.

Minéralogie. — La découverte de l'or. — La Guyane a le fer, la houille, le plomb, le cuivre, l'argent, les pierres précieuses, les pierres meulières, les argiles. On ne s'y intéresse qu'à l'exploitation de l'or.

Au seizième siècle, le bruit s'était répandu en Europe que, au centre de la Guyane, au bord d'un lac mystérieux, il existait une ville dont les maisons étaient construites avec des lingots d'or. La légende avait embelli les choses[1]. Cependant il est désormais avéré que l'or se trouve, soit en poudre, soit en filons, dans les alluvions et dans les quartz de la colonie. C'est un pauvre Indien, nommé Paoline, autrefois occupé dans les mines du Brésil, qui, ramassant de la salsepareille sur les rives du Haut-Approuague, crut reconnaître, en 1854, la présence du précieux métal. Le commandant du quartier, Félix Cony, se rendit aussitôt sur les lieux et vérifia la découverte de l'Indien. Mais les deux explorateurs ne profi-

---

1. On racontait que, quelque part dans l'intérieur des terres, était une ville d'une richesse fabuleuse ; son souverain était des pieds à la tête couvert de paillettes d'or ; on l'appelait *El Dorado* ou le doré. Pendant les seizième et dix-septième siècles, beaucoup d'aventuriers allèrent à la recherche de cette cité de l'or : bien peu en revinrent. Encore en 1720, un de nos gouverneurs de la Guyane, M. d'Orvilliers faisait partir une expédition à la conquête de l'Eldorado.

tèrent pas de leur expédition. Félix Cony fut, quelques mois après, assassiné par des rôdeurs, et Paoline s'éteignit dans la misère à l'hôpital de Cayenne.

La fièvre de l'or n'en gagna pas moins toute la Guyane ; et bientôt tous les travailleurs valides, qu'ils eussent la peau blanche ou la peau noire, désertant absolument tout autre métier, coururent aux pépites. Les *prospecteurs* se sont lancés dans toutes les directions, interrogeant avec plus d'ardeur que de science tous les terrains, retournant au fond des vallées les boues les plus malsaines, procédant au lavage des sables avec des instruments informes, nourris de vivres dont le transport à dos d'hommes et à longue distance avait quintuplé le prix, mais non la qualité. Ce fut une gigantesque loterie, qui enrichit quelques individus, mais qui en ruina et en tua un plus grand nombre.

L'industrie de l'or est peut-être à la veille d'une transformation radicale. D'habiles ingénieurs ont entrepris récemment d'extraire le métal, non plus des alluvions de la surface, mais des veines du quartz. Seulement le traitement du quartz aurifère exige l'établissement d'un outillage très coûteux. Il a fallu importer d'Europe et monter péniblement des machines assez puissantes pour broyer le quartz. Si ce procédé nouveau réussit — nous le saurons dans quelques mois, — la production de l'or se régularisera, et je crois que ce progrès technique profitera aux compagnies honnêtes et au budget local.

Quoi qu'il en soit de l'avenir, je ne saurais trop souligner ce fait significatif : dans notre colonie, l'homme ne remue la terre, il ne fouille plus le sol que pour y chercher de l'or. C'est, à la lettre, l'unique agriculture et l'unique industrie du pays. La Guyane n'est plus qu'un *placer*.

Commerce. — La Guyane est la moins productive de nos colonies. L'agriculture, nous l'avons vu, y est presque nulle. L'industrie, à part celle de l'or, n'y est représentée que par quelques scieries mécaniques et quelques briqueteries. Le chiffre du commerce va plutôt en décroissant : il atteignait 12 854 000 francs en 1867 ; il n'était plus, en 1883, que de 8 962 000. Les importations de France s'élèvent à 5 844 000 ; elles sont surtout destinées à l'entretien des troupes et des fonctionnaires : les ressources de la colonie sont si insuffisantes qu'il y a quelques années les chevaux de la gendarmerie étaient nourris avec du foin expédié de Bordeaux et revenant à 32 francs les 100 kilogrammes. Quant à l'exportation de la colonie, elle ne s'élèverait qu'à 300 000 francs, si l'on ne tenait compte de l'or : la colonie, d'après les chiffres officiels, en expédie annuellement en France 1800 kilogrammes, d'une valeur d'environ 5 millions ; mais, comme la fraude des droits sur l'or se pratique largement, il faut évaluer cette exportation à environ 5000 kilogrammes.

Les moyens de communication sont des plus défectueux ; peu de routes ; aucune ligne télégraphique, ni terrestre, ni sous-marine, ne relie la colonie au reste du monde. Une fois par mois, un vapeur de la Compagnie transatlantique touche à Cayenne ; un autre fait un service mensuel entre Cayenne et l'Orénoque ; un voilier américain, six fois par an, fait le service entre Cayenne et Boston. Enfin de petites goélettes, appelées *tapouyes*, mettent en relations, assez irrégulièrement, les différents points de la côte. Le mouvement de la navigation donne un total de 191 navires, dont 111 français et 80 étrangers.

CHAPITRE III

LE PROBLÈME PÉNITENTIAIRE

Nos lois d'expatriation. — Loi de 1854. — Nous avons décidé que nous expulserions de France les condamnés à la *déportation*, aux *travaux forcés* et à la *relégation*. Les lois de 1850, de 1854, de 1885 ont-elles créé des convicts utilisables dans nos possessions d'outre-mer ?

Les *déportés* sont des condamnés politiques. Ils ne sont pas obligés au travail ; ils gardent au plus haut degré l'esprit de retour ; ils attendent obstinément une amnistie qu'ils espèrent prochaine ; ils savent que, revenus dans la métropole, ils se reclasseront aisément ; ils sont regrettés par leurs amis ; ils rentreront fièrement dans leurs foyers. Les déportés n'ont jamais été pour la Guyane et pour la Nouvelle-Calédonie que des hôtes de passage. En dépit des textes, il n'y a point en France de châtiment perpétuel pour les condamnés politiques. Nous ne coloniserons jamais, nous n'avons jamais colonisé avec des déportés. Nous devrions abolir la déportation qui coûte cher et qui ne produit rien. Les conspirateurs, les émeutiers encourraient le bannissement ou la détention.

On peut au contraire coloniser avec des *forçats*. La loi de 1854 permet à l'administration de leur demander beaucoup. Les forçats, en effet, doivent être employés aux corvées les plus pénibles ; ils sont assujettis à la discipline militaire ; ils peuvent, après une période d'expiation, obtenir une concession de terres et l'autorisation de se marier ou de s'engager chez un patron. Le législateur de 1854 a donc bien combiné le type de la *transportation*.

Loi de 1885. — Je n'en dirai pas autant de la loi désormais célèbre du 27 mai 1885, qui a prescrit la *relégation* en Guyane ou en Calédonie des récidivistes d'habitude.

La loi, si remarquable, de 1854 avait été préparée par le ministère de la justice et par le ministère de la marine. La loi, si défectueuse, du 27 mai 1885 a été au contraire préparée par le ministère de l'intérieur seul, sans le concours actif ni de la justice, ni de la marine.

Il était facile de régler la situation des récidivistes de profession. Tout pouvait tenir en deux lignes limpides : 1° Il fallait décréter contre ces incorrigibles une peine unique, d'une force et d'une souplesse éprouvées, la *servitude pénale* anglaise ; 2° Il fallait tempérer la servitude pénale par la *mise en liberté conditionnelle*, qui eût joué le rôle d'une soupape de sûreté.

La loi de 1855, au contraire, décida que le récidiviste

d'habitude encourrait l'un après l'autre deux châtiments distincts : 1° le récidiviste d'abord devait subir en France, pendant quelques mois ou quelques années, la peine *temporaire* de l'emprisonnement ou de la reclusion ; 2° le récidiviste devait subir ensuite aux colonies la peine *perpétuelle* de la relégation. Si l'on rapproche les deux parties du système, il semble du moins que la peine temporaire de l'emprisonnement ou de la reclusion va constituer un châtiment inférieur, tandis que la peine perpétuelle de la relégation va constituer un châtiment plus dur.

Eh bien, non! Par une inversion hardie, le ministère de l'intérieur change tout cela : il déclare que l'emprisonnement ou la reclusion à temps constituera la peine principale, tandis que la relégation à vie constituera une peine simplement accessoire. Ce contresens initial une fois commis, il en tire aussitôt une conclusion doctrinale. Le récidiviste, qui aura terminé en France la peine d'emprisonnement ou de reclusion, sera considéré comme un *libéré* à l'instant où il débarquera dans la colonie. Cependant il n'est en réalité libéré que d'une première peine (l'emprisonnement ou la reclusion), il n'est pas libéré de la seconde peine (la relégation). Mais pour le ministère de l'intérieur la première peine seule doit compter, puisqu'il l'a qualifiée *principale ;* la seconde peine ne doit pas compter, puisqu'il l'a qualifiée *accessoire*. Et maintenant ce récidiviste, qui arrive dans la colonie à l'état de *libéré*, comment y sera-t-il traité? Le ministère de l'intérieur, avec un imperturbable sang-froid, déduit du malencontreux principe qu'il a posé des conséquences follement logiques. Puisque le relégué est un *libéré*, il circulera sans entrave dans toute la colonie; il travaillera ou ne travaillera pas, à son gré ; s'il tue ou s'il vole, il sera justiciable des tribunaux ordinaires ; il jouira, en un mot, du droit commun ; oui, cet homme, dont la métropole ne veut plus et qu'elle repousse loin d'elle, ce malfaiteur chevronné, étant un *libéré*, pourra sur une terre française se réclamer du droit commun des honnêtes gens!

Le système, que le ministère de l'intérieur avait ainsi bâti, n'était pas viable. Il contenait des erreurs énormes. Son organisation fantaisiste de la *relégation* notamment mettait en péril la sécurité et l'existence des colonies. Est-il besoin que je détaille ces erreurs?

Le projet n'imposait pas au relégué le travail; et par là il tuait d'avance toute colonisation par la relégation. Est-ce que l'exemple éclatant et récent des *déportés* oisifs de la Commune n'avait pas été décisif?

Le projet autorisait le récidiviste à circuler partout dans la colonie; et par là il rendait possible, dans la capitale de la Guyane ou de la Calédonie, cette concentration des masses dangereuses, dont le directeur de la sûreté générale au ministère de l'intérieur s'inquiète d'ordinaire et s'est toujours justement inquiété.

Mais le projet n'avait pas seulement pris à rebours et manqué le régime de la *relégation*. Il avait, comme à plaisir, porté le mal au maximum, en disposant que tous les repris de justice, qui auraient encouru un nombre déterminé de condamnations, devraient être sans exception possible, condamnés par les magistrats à l'expatriation perpétuelle. Il ne s'agissait plus dès lors d'introduire en Guyane ou en Calédonie quelques individus isolés, mais de déchaîner sur deux petites villes de cinq à dix mille âmes, Nouméa et Cayenne, une véritable invasion de barbares, et de quels barbares!

Il est trop clair qu'un tel projet n'organisait pas, il désorganisait la colonisation pénale, et, du même coup, il empêchait toute colonisation libre de s'établir ou de s'affermir en Guyane et en Calédonie.

Le vote favorable de la Chambre communiqua au système du ministère de l'intérieur une autorité qu'en lui-même ce système ne comportait pas.

C'est alors que j'entrepris contre le projet, qui n'avait plus besoin que de la ratification du Sénat, une campagne réfléchie, résolue, que j'ai entamée, que j'ai poursuivie et que je continuerai, dans l'intérêt du droit. Heureusement je ne fus pas seul à combattre. Les gouverneurs de la Guyane et de la Calédonie, qui n'avaient pas le désavantage d'être comme moi de simples théoriciens, signalèrent, de Nouméa et de Cayenne, les erreurs commises; et nos critiques se rencontrèrent dans un accord significatif.

Le Sénat, grâces lui en soient rendues, a profondément modifié l'économie du projet primitif.

Nous avons pu glisser dans une loi du 14 août 1885, due à l'initiative d'un vrai jurisconsulte, M. Bérenger, un tout petit paragraphe, permettant à l'administration de ne pas expatrier tous ceux que les tribunaux auraient dû condamner à la relégation et nous avons ainsi réduit de beaucoup, au double profit des finances métropolitaines et de la sécurité des colonies, le nombre des relégués.

Nous avons obtenu, dans la loi même du 27 mai, complétée par le règlement de novembre 1885, que les récidivistes qui n'auraient pas des moyens d'existence dûment constatés seraient astreints au cantonnement, au travail et à des juridictions spéciales. Le fameux droit commun des honnêtes gens n'a plus été réservé, d'après la loi du 27 mai complétée par le règlement de novembre, qu'aux récidivistes qui auraient à la fois des rentes et de bonnes mœurs. Je crois que, dans le monde des repris de justice, cette fleur des pois ne sera pas des plus abondantes; et, dès lors, presque tous les récidivistes seront, depuis la loi du 27 mai, à peu près assimilés aux forçats. Nous voilà loin des propositions aimables et désordonnées du ministère de l'intérieur.

Je me suis trop longuement étendu peut-être sur ce grave et difficile problème de législation. Mes conclusions du moins, seront brèves et claires.

Nous avons à l'heure actuelle trois peines qui se subissent dans nos possessions d'outre-mer : la *déportation* de la loi de 1850, la *transportation* de la loi de 1854, la *relégation* de la loi de 1885. C'est trop de deux.

La déportation est une peine coûteuse et inféconde qu'il faudrait abolir. Il y aurait lieu également de supprimer la relégation, si jeune qu'elle soit, mais qui ne se distingue plus en dernière analyse de la transportation que par l'étiquette du sac. Nous ne devrions conserver que la

du peu de succès de la transportation en Guyane, et je vais les dire comme je les vois :

1° Les colonies pénitentiaires changent trop souvent de chef. Le gouverneur qui arrive ignore presque toujours la législation criminelle; une fois débarqué, il se met à l'apprendre pour peu qu'il ait du zèle; et, quand il s'en est à peu près rendu maître, il est relevé de son commandement, à l'instant où il allait s'en montrer plus digne. Avec ce roulement perpétuel toutes les entreprises périclitent; ces mutations trop fréquentes dans le haut personnel de la Guyane expliquent en partie les tâtonnements incessants et fâcheux des premières années dans le choix des pénitenciers et dans le choix des cultures. M. Sarda, par exemple, veut s'installer au Maroni; l'amiral Fourichon ne veut pas du Maroni. M. de Montravel autorise plus tard l'ouverture de Kourou; le successeur de M. de Montravel laisse tomber Kourou. L'administration plante à Saint-Louis des caféiers; mais elle n'a pas pris la précaution de les abriter contre le vent et le soleil par un rideau d'arbustes plus forts; les caféiers souffrent; l'administration en désespère trop vite; et militairement elle ordonne qu'on les sabre; les caféiers résistent et repoussent; l'administration cette fois enjoint qu'on les brûle. Quand j'ai parcouru la plaine abandonnée de Saint-Louis, j'ai vu, de mes yeux vu, des caféiers vivants et vivaces que l'administration avait tour à tour plantés et condamnés deux fois à mort. Il importe que cette versatilité dans la conduite des affaires cesse. Il faut que le ministère de la marine, s'appuyant sur l'administration pénitentiaire, qui représente pour moi la stabilité, étudie à fond les opérations déterminées qui lui semblent avantageuses; il faut qu'il en arrête le plan et qu'il charge ensuite la *Pénitentiaire* de les réaliser envers et contre tous. Il convient, dès lors, en Guyane et en Calédonie, que les gouverneurs ne soient plus des nomades qui passent, mais des fonctionnaires qui durent et qui se consacrent pour plus de vingt-quatre mois à l'avancement et à la solution progressive des questions pénales.

2° Mais c'est dans la condition faite aux convicts que

se trouve là cause principale du mal. Je dois exprimer sur ce point capital toute ma pensée.

Deux idées dominent à mon sens la théorie de la répression :

La peine doit être dure, puisqu'elle est avant tout un châtiment.

Le coupable qui a donné des gages solides de retour au bien et qui notamment a désintéressé sa victime, doit être traité désormais avec douceur.

L'adoucissement de la peine au profit de qui le mérite, l'adoucissement aussi considérable qu'on voudra dans ce cas, c'est de la part de l'administration un acte aussi juste qu'habile. Mais l'adoucissement général et systématique de la peine au profit de tous les condamnés, qu'ils en soient dignes ou non, l'adoucissement toujours et partout substitué à la rigueur du code, c'est là une faute insigne. La peine de la transportation a malheureusement été, au profit de tous les condamnés bons ou mauvais, amollie jusqu'à l'excès ; et le ministère de la marine a fini par gâter en quelque sorte le forçat. Le forçat gâté n'a plus produit grand'chose.

Pourquoi donc se gênerait-il? L'administration exige de lui peu d'efforts; et en retour elle lui assure l'habillement, le logement, la nourriture. Sans doute, le forçat n'est pas logé dans des palais, il n'est pas habillé de soie, il n'a pas une nourriture fine, ni variée, ni même abondante; mais il s'accommode de cette existence paisible et étroite qui ne lui impose qu'une fatigue légère. J'interpellais un jour l'un de ces hommes qui, couché sur sa brouette, faisait une sieste prolongée ; je lui demandais pourquoi il se croisait les bras : « Bah! me répondit-il avec un sens profond des choses et une claire intelligence des mystères du budget, pourquoi m'épuiserais-je? à cette heure les paysans de France travaillent pour moi! » Ce philosophe à la brouette avait raison; il avait compris qu'en somme il était entretenu par les contribuables de la métropole. J'ai vu des condamnés parfaitement notés, qui pouvaient, par conséquent, réclamer une concession de terres, refuser la concession qui leur était offerte.

Cependant le concessionnaire est soustrait à la discipline irritante du camp; il jouit d'une véritable indépendance; mais il s'expose précisément aux charges, aux labeurs et aux risques de la vie libre. Et ces sages, acceptant un repos sans dignité, préféraient que le brave et honnête paysan de France continuât à travailler pour eux. Quelques convicts, moins francs que mon philosophe, sollicitent hypocritement une concession; ils touchent de l'administration pendant trente mois les vivres gratuits auxquels ils ont droit en attendant la mise en rapport de leur champ; ils égratignent un peu le sol, parce qu'il faut simuler le mouvement; puis, quand les trente mois sont finis ou près de finir, ils déclarent tout à coup qu'ils ne sont décidément pas nés pour l'agriculture; et ils retournent au camp pour y reprendre leur place. Objecterez-vous que l'administration devrait sévir contre ces fainéants? Mais comment voulez-vous qu'elle sévisse? Depuis 1880, l'emploi des châtiments corporels est interdit. Depuis 1854, les forçats ne redoutent plus, même au cas de crimes ou de délits nouveaux, l'emprisonnement ou la reclusion, puisque la peine, théoriquement supérieure, qu'ils subissent empêche l'exécution immédiate des peines moins sévères. L'administration ne peut que les mettre en cellule; mais ils n'y sont enfermés que pour un délai limité; et ils y sont plus oisifs encore qu'en plein air.

J'estime que l'administration devrait réformer le système qu'elle pratique, parce qu'il ne convient pas que des indignes se jouent de sa bienveillance. Je crois qu'en fait de nourriture la Pénitentiaire ne devrait strictement fournir aux condamnés que le pain, étant entendu, s'ils veulent du vin, de la viande, des légumes, qu'ils achèteront ces suppléments par une dépense effective de force. Je conçois que l'on aide généreusement les coupables d'hier qui voudraient demain commencer une nouvelle vie; mais il me répugne de constituer, aux frais de tous, une véritable retraite aux travailleurs privilégiés du crime.

J'ai le regret de le dire : le régime des camps est trop

doux. Il faudrait inspirer aux convicts le désir ardent, non d'y rester, mais d'en sortir; il faudrait que l'engagement chez un patron ou que la concession leur parût, par comparaison, un bienfait. L'octroi des concessions avec trente mois de vivres est d'ailleurs une combinaison imprudente; il vaudrait mieux accorder aux transportés une terre déjà en rapport sans les trente mois de vivres gratuits. Il faudrait enfin corriger la loi de 1854 qui dispense virtuellement les forçats de l'emprisonnement ou de la reclusion. Du jour où l'administration aurait notifié aux condamnés valides qu'ils ne mangeront désormais qu'en proportion de la besogne abattue, je me persuade qu'ils produiraient davantage; et, ce jour-là, la main-d'œuvre pénale deviendrait féconde, tant en Guyane qu'en Calédonie.

3° Il est en Guyane une troisième cause qui explique l'affaissement des établissements pénitentiaires. C'est le décret de 1867. Depuis 1867 les Européens sont dirigés sur la Calédonie, et la Guyane ne reçoit plus en principe que des Arabes ou quelques noirs. Avant le décret, les Européens exerçaient dans la colonie tous les métiers qu'ils avaient appris en France. L'administration avait ainsi sous la main d'excellents ouvriers de toute sorte. Saint-Laurent du Maroni, me disait-on même, était alors un centre brillant où toutes les professions étaient représentées. Mais la valeur technique du personnel a baissé d'une façon incroyable depuis 1867; les Arabes peuvent bien planter ou couper la canne, mais ils ne sont ni maçons, ni menuisiers, ni peintres, ni serruriers, ni mécaniciens. Les édifices ne sont plus réparés en temps utile, parce qu'à la lettre les ouvriers d'art manquent. Les fonctionnaires, qui ont vu le décret de 1867 porter de tels fruits, ont proposé que le décret fût abrogé et que la métropole reprît aussitôt que possible l'envoi des forçats blancs en Guyane.

Dans le dernier rapport présenté à la Chambre des députés, en 1885, je lis cette phrase : « M. le ministre de l'Intérieur nous a dit que M. Léveillé, revenu de sa mission, concluait à ce que l'on envoyât les récidivistes en

Guyane. » Il y a dans ces deux lignes une traduction peu fidèle de ma pensée. Envoyer les récidivistes en Guyane cela signifie qu'il faut les y envoyer tous; et l'on sait que la commission de la Chambre, qui pendant trois ans a soutenu avec une regrettable ténacité la doctrine de la relégation obligatoire, n'y allait pas de main morte au point de vue du nombre des relégables. J'ai au contraire indiqué très expressément au gouvernement qu'il pouvait envoyer la première année un millier d'hommes au plus, à la condition encore d'observer certaines règles d'hygiène, au premier rang desquelles je place la création de pénitenciers maritimes en France et l'anticipation des départs en vertu de l'article 12. Je recommandais très formellement qu'on ne dirigeât pas sur la Guyane des masses d'Européens, sous peine d'amener un désastre et d'aggraver les épidémies qui pouvaient survenir. Je ne suis pas de ceux qui jouent témérairement avec la terre de la Guyane. Loin donc de réclamer une importation indéfinie de convicts au Maroni, je suppliais qu'on n'y introduisît que des convois limités et espacés.

J'ai proposé que le gouvernement épargnât du moins aux habitants de Cayenne le contact immédiat des futurs condamnés. J'ai demandé que l'on séparât de la Guyane libre une province pénitentiaire, qui serait enfermée entre le Mana et la frontière hollandaise, et que l'on pourrait appeler la province du Maroni.

La réalisation du plan que j'avais, dès mon retour d'Amérique, soumis au ministère de la marine, est nécessairement ajournée par suite d'un incident qui vient de se produire. La fièvre jaune s'est étendue une troisième fois sur la Guyane au cours de l'année 1885; et le gouvernement, en dépit de toutes les lois et de tous les règlements si impératifs qu'ils soient, n'embarquera pas d'ici longtemps des convois d'Européens à destination d'un pays contaminé.

4° La Pénitentiaire s'est efforcée de constituer la famille en mariant les forçats. Elle leur a cherché des épouses partout; mais elle ne pouvait frapper à toutes les portes. Elle a rencontré dans les prisons de France, elle ne pouvait hélas! rencontrer que là, quelques femmes, qui ont eu le courage d'accepter l'aventure qu'on leur offrait. Ces fiancées résignées ou hardies ont traversé l'océan ; elles ont été dotées d'un trousseau et de quelques centaines de francs ; elles ont fini par s'unir là-bas avec quelque malheureux convict. Voilà les mariages du Maroni.

Je pense que le gouvernement, en poursuivant cette tâche de marier les condamnés du bagne à des condamnées de la maison centrale, est entré dans une mauvaise voie.

J'aimerais mieux essayer de marier les forçats avec des filles indigènes de la région, qu'on trouverait en nombre et presque sur place. La Calédonie recruterait des femmes dans certaines îles du Pacifique, la Guyane dans le haut de l'Amazone. La tare originelle n'existerait plus chez les ascendants que d'un côté ; et les enfants viendraient au monde plus robustes et d'un acclimatement plus facile.

J'ai peu d'enthousiasme pour les unions administratives entre blancs et blanches. Je crois que la solution de ce problème très spécial, à la fois psychologique et physiologique, est dans la pratique d'un métissage savamment ordonné.

Je n'approuve pas non plus que les condamnés ne soient autorisés à prendre femme qu'après plusieurs années de séjour dans la colonie. Si nous voulons constituer une race résistante, c'est dans le plein de sa force qu'il faut marier l'homme.

Conclusions. — La Guyane a presque toujours été, je crains qu'elle ne soit longtemps encore, la plus malheureuse de nos colonies.

L'affranchissement des noirs était commandé par le droit. Mais cette mesure a ruiné de fond en comble les anciennes familles. Le pays jusqu'à ce jour n'a pu, sur des bases nouvelles, reconstituer sa fortune économique.

L'exploitation de l'or a tiré du sol des millions que les *placériens* ont immédiatement exportés ; l'exploitation de l'or est aujourd'hui la seule industrie vivante sur cette terre qui n'a plus même d'agriculture.

La *transportation* des forçats n'a pas davantage enrichi la Guyane.

La *déportation* des condamnés politiques n'a pas profité à la colonie, car les déportés n'ont jamais perdu l'espoir bientôt réalisé de revenir en France.

La *relégation* ne profitera que si elle est dirigée par une administration ferme, connaissant les colonies, possédant une loi claire, armée d'un plan de campagne intelligemment dressé.

Les malfaiteurs, frappés pour une première faute, devraient tous être maintenus en France, et dépendre du ministère de l'intérieur, qui s'efforcerait de les amender dans ses prisons.

Au contraire, les récidivistes, tenus pour incorrigibles, devraient être seuls expulsés du continent, et dépendre exclusivement, dès le jour de la condamnation, du ministère de la marine, qui mettrait leurs bras au service de la colonisation.

Les tiraillements qui se sont produits à Cayenne (aussi bien qu'à Nouméa) entre les fonctionnaires de l'État et les représentants élus des populations, dans la question notamment des propriétés domaniales et de leur meilleur emploi, doivent cesser au plus tôt; car il importe, dans l'intérêt supérieur du développement des colonies, que le gouvernement central et les conseils généraux unissent sans arrière-pensée leurs efforts, et ne les dépensent plus en controverses aussi passionnées que stériles.

LES ILES KERGUELEN

Bien que l'*île de la Désolation* ait été découverte en 1772, par le lieutenant de vaisseau Kerguelen, et que, l'année suivante, nous en ayons pris possession, on ne comprendrait pas beaucoup l'intérêt qu'on peut avoir à la compter au nombre de nos colonies, si, dans certaines circonstances données, les routes de l'Inde, par Suez, le canal de Mozambique et le large des Mascareignes, étant coupées par des croisières ennemies, on n'avait intérêt à s'enfoncer dans l'extrême sud pour gagner l'Océanie. A ce point de vue, Kerguelen peut offrir quelques ressources; encore seraient-elles bien bornées, car aucun quadrupède ne saurait vivre dans ce climat humide de ces énormes glaciers, au milieu de ces montagnes escarpées où ne poussent que des mousses et des lichens et cette crucifère la *Pringlea* dont les qualités antiscorbutiques peuvent être précieuses pour un équipage épuisé par une longue croisière.

Située à peu près à égale distance de l'Afrique et de l'Australie, au milieu d'une mer couverte de varechs, l'archipel Kerguelen ne comprend pas moins de 290 îles ou rochers. C'est un des derniers débris d'un vaste continent submergé qui se relie par un plateau sous-marin aux îles du Prince Edouard, Crozet, Saint-Paul et Amsterdam.

Les rivages de Kerguelen, au moins sur sa côte orientale, car l'occidentale n'a jamais été visitée que par des pêcheurs peu en état de procéder à des observations et à des levers scientifiques, est très découpée et présente une multitude de presqu'îles entre lesquelles on trouve de précieux mouillages. A l'intérieur, le sol est bossué par une énorme chaîne de montagnes, dont les pics les plus élevés atteignent près de 2000 mètres, et qui offrent les formes les plus variées : terrasses, pics aigus, dômes, plateaux, cônes effilés, arcades naturelles. Glaciers et nevés courent au milieu de rochers volcaniques, de basaltes et de collines cratériformes. On comprend de reste, qu'un pays aussi rude, continuellement balayé par des vents qui soufflent en tempête, n'ait guère d'autres habitants que les oiseaux de mer : frégates, pétrels, albatros ou pingouins. Quant aux phoques à fourrure, quant aux éléphants de mer et aux cétacés qui avaient attiré les pêcheurs dans ces parages désolés, ils ont presque entièrement disparu et sont allés chercher au milieu des glaces et des banquises australes un refuge plus assuré. Le 6 janvier 1774, la frégate l'*Oiseau* que commandait M. de Rosnovet, prit possession de l'archipel Kerguelen au nom du roi de France ; trois ans plus tard, Cook, pendant sa croisière dans les mers australes, débarqua dans le havre même où était descendu l'officier français et lui donna le nom de Christmas Harbour. Depuis, ce furent principalement des baleiniers qui s'arrêtèrent à Kerguelen et pour retrouver des explorateurs sérieux, il nous faut descendre jusqu'à James Clarke Ross qui, en 1840, séjourna deux mois entiers dans l'archipel, et recueillit sur sa flore les observations les plus nombreuses et les plus nouvelles. En 1874, le *Challenger*, au cours d'un voyage scientifique autour du monde, puis le vaisseau allemand l'*Arcona* visitèrent ce groupe. Enfin, pour l'observation du passage de Vénus sur le soleil, trois missions scientifiques, anglaise, américaine et allemande y firent un séjour de quelque durée et rapportèrent des observations qui concordent avec celles qu'on possédait déjà sur le peu d'avenir, sur l'absence de ressources des îles Kerguelen.

Gabriel Marcel.

CONCLUSION

IMPORTANCE ET UTILITÉ DE NOS COLONIES

Comparaison de notre histoire coloniale avec celle de l'Angleterre. — Nous ne pouvons songer à comparer l'empire colonial de la France avec celui de l'Angleterre. Celle-ci recueille les avantages tandis que nous supportons les désavantages d'une géographie et d'une histoire toutes différentes. Ce qui a fait la supériorité de l'Angleterre sur tous ses concurrents coloniaux, c'est, avant tout, sa situation insulaire, qui la rend presque invulnérable. Depuis Guillaume le Conquérant, elle n'a jamais subi d'invasion; jamais une armée ennemie, aux portes de sa capitale, ne l'a obligée à se racheter au prix d'une partie de ses possessions d'outre-mer; jamais une complication dans la politique européenne n'est venue partager son attention et l'empêcher de consacrer tous ses efforts au développement de sa marine, de ses établissements et de son commerce. Elle a toujours acquis, et, à part la sécession des colonies américaines, jamais perdu. Au contraire, la France, la Hollande, l'Espagne, le Portugal, les quatre autres puissances coloniales des derniers siècles, ont eu des destinées analogues : c'est en Europe surtout que ces quatre nations ont perdu leurs colonies. Leurs découvertes ont commencé plus tôt que celles de l'Angleterre, et leur empire a été d'abord plus vaste que le sien; mais elles en ont été en partie dépouillées, pour les causes les plus diverses en apparence, mais qui se ramènent toutes à une cause unique : les complications de leur situation européenne. C'est toujours la même puissance, l'Angleterre, qui s'est trouvée au moment voulu pour recueillir leurs dépouilles; en sorte que l'empire britannique est surtout composé des débris des autres empires. A la France, elle a enlevé l'Amérique du Nord, une partie des Antilles, l'île de France, l'empire des Indes; à la Hollande, une partie de la Guyane, le Cap, Ceylan à l'Espagne, la Jamaïque, la Trinité, etc.; aux Portugais, plusieurs points sur côte d'Afrique ou de l'Indoustan.

C'est cette situation unique de l'Angleterre, au point de vue historique et géographique, qui a fait d'elle la première puissance coloniale du globe. Cependant, comme nous avons lutté avec une ténacité égale à la sienne, nous avons fini par redevenir la seconde.

Sécurité relative des possessions d'outre-mer à l'époque présente. — La rivalité entre les puissances maritimes ou celles qui tendent à le devenir n'a point cessé avec le progrès de la civilisation. Elle a pris une autre forme. Autrefois chacun des concurrents songeait surtout à ravir les colonies des autres : aujourd'hui on songe surtout à en créer de nouvelles, soit sur les rivages déserts, soit chez les nations barbares. Depuis les guerres de la Révolution et de l'Empire, pendant lesquelles l'Angleterre s'est fait largement la main, on ne peut citer un seul exemple d'une colonie enlevée à une puissance européenne par une autre puissance. L'Angleterre s'est démesurément accrue dans l'Indoustan et dans l'Indo-Chine ; elle a créé ses florissants établissements de l'Australie et de la Nouvelle-Zélande ; elle a pris pied sur de nombreux points des rivages africains, dans les îles et archipels de toutes les mers, et renforcé, par l'acquisition de Chypre et l'occupation de l'Égypte, sa situation dans la Méditerranée. La France a lutté dans l'Afrique du nord, au Sénégal, à Madagascar, dans l'Indo-Chine; elle a acquis d'importantes possessions à la Guinée, au Congo, dans l'océan Indien ou dans le Pacifique.

En outre, jusqu'à nos jours, cinq puissances seulement avaient vraiment une politique coloniale ; mais de nouvelles nations se sont jetées dans la lutte. L'Allemagne, à peine en possession de son unité, a marqué sa part dans le golfe de Guinée, à Angra-Pequeña, dans la baie de Sainte-Lucie, dans les archipels océaniens; l'Italie, dont l'avènement date d'une époque tout aussi récente, a convoité la Tripolitaine et tenté son établissement dans la mer Rouge ; la Belgique elle-même, pays neutre en Europe, devient en Afrique puissance coloniale, ou du moins son prince, par une sorte d'union personnelle, joint à la couronne de Belgique celle du Congo, et devient l'arbitre d'une région trente ou quarante fois grande comme la métropole.

Or, les nouvelles acquisitions de l'Angleterre, de la France et de leurs nouvelles rivales n'ont point entraîné, comme elles l'auraient fait autrefois, de guerres à la fois européennes et coloniales. En cette matière, une sorte de droit des gens a tendu à prévaloir : le récent congrès de Berlin en a posé les principes essentiels; il a déterminé à quelles conditions un peuple européen pourrait être considéré comme maître d'une terre revendiquée par lui; pour prévenir les guerres de l'avenir, il a posé en règle que certains grands fleuves, certaines grandes artères du commerce universel, le Niger et le Congo en Afrique, aussi bien que le Danube en Europe, ne pourraient devenir la propriété exclusive d'une seule puissance. C'est par une décision européenne, par une sorte de transaction que la plus vaste des contrées encore inoccupées de l'ancien monde, le bassin du Congo, a pu être pacifiquement partagé entre la France, le Portugal et l'Association internationale. Enfin un conflit, qui a mis toutes les chancelleries en émoi, s'est terminé par un arbitrage : l'affaire des Carolines n'a pas servi de pendant aux affaires des Malouïnes ou de la baie de Nootka qui, au dix-huitième siècle, pour des intérêts à peine plus considérables, ont rompu ou mis en péril la paix de l'Europe.

Plusieurs causes ont contribué à dépouiller la rivalité coloniale de son ancienne âpreté. D'abord les mêmes circonstances, qui rendraient si redoutable à tous la rupture de la paix européenne et qui contiennent les ambitions continentales par la perspective de l'effroyable mêlée de nations qui suivrait la première démarche imprudente, ont fait comprendre la nécessité de ne créer nulle part, ni hors d'Europe, ni en Europe, des cas de conflit. En second lieu, l'enjeu de la guerre coloniale n'a plus la même valeur qu'autrefois : on n'aurait plus à lutter pour des empires, comme celui de l'Indoustan, de l'Amérique du Nord ou de l'Amérique du Sud; les combattants ne verraient plus miroiter devant leurs yeux les richesses fabuleuses du Grand Mogol, les terres fertiles et sans limites de la Nouvelle-France ou de la Nouvelle-Angleterre, les mines du Pérou ou du Mexique. Les territoires qu'on peut encore se disputer, plages jusqu'à présent stériles, îlots de richesses médiocres, régions inconnues de l'Afrique centrale, ne seraient plus un prix suffisant pour de tels combats. En troisième lieu, l'abolition de l'ancien système commercial et de l'ancien système colonial a diminué aussi la vivacité des ambitions. C'est précisément la puissance autrefois la plus exclusive, la plus jalouse et la plus violente, qui, par conviction et par intérêt, s'est faite le champion des doctrines du libre-échange, et l'on conviendra que, si elle n'a rien perdu de son esprit d'entreprise et de son ardeur au gain, il y a un abîme entre l'Angleterre de Cromwell, de Guillaume III, des deux Pitt, qui en 160 ans a fait dix-sept guerres européennes[1], et l'Angleterre de Cobden et de Gladstone. Or, grâce aux doctrines du libre-échange, une nation n'est plus nécessairement exclue du trafic des régions qu'elle ne possède pas.

Sans doute, les colonies assurent encore à leurs possesseurs de sérieux avantages ; mais ces avantages ont pour corollaires des charges ; la balance des droits et des devoirs de la mère patrie ne lui laisse plus qu'un bénéfice facile à évaluer et qui ne prête plus aux vastes illusions. Chaque nation fait le bilan de ce que lui rapportent et de ce que lui coûtent les colonies, et se préoccupe des responsabilités qu'elles font peser sur elle. L'Angleterre, qui autrefois ne songeait qu'à s'enrichir aux dépens de l'Indoustan, reconnaît aujourd'hui qu'elle a des devoirs envers lui. La Grande-Bretagne dans les Indes, au Canada et en Australie, la France en Algérie et dans l'Indo-Chine, la Hollande aux îles de la Sonde, l'Espagne et le Portugal eux-mêmes dans leurs établissements des Antilles et d'Afrique, admettent que le gouvernement des colonies doit avoir pour objet principal l'intérêt des colonies. La plus puissante de ces nations semble avoir pour politique, si nous en croyons les publicistes du parti libéral, de préparer l'émancipation future de ses dépendances de race anglaise et d'agir comme tutrice plutôt que comme maîtresse de l'Indoustan. Dans les rapports de la métropole et de ses établissements se sont introduites, en même temps que des principes nouveaux d'économie politique, des doctrines nouvelles de morale politique : elles condamnent les anciennes pratiques d'exclusion rigoureuse à l'égard du commerce étranger, d'exploitation sans contrôle à l'égard des colons, de convoitise sans frein à l'égard des rivaux politiques.

Dans ces conditions, l'acquisition d'une colonie vaut encore les risques d'une guerre peu dangereuse contre des sauvages et

---

[1]. Guerre de Cromwell contre la Hollande (1652-54); contre l'Espagne (1655-59) ; guerre de Charles II contre la Hollande (1665); guerres de Guillaume III contre la France (ligue d'Augsbourg et la succession d'Espagne : 1688 et 1700-1713) guerres contre l'Espagne (1718-1720 et 1739-1748) et contre la France (1743-48); guerre de Sept Ans (1756-63); guerre de l'indépendance américaine (1776-83); intervention en Hollande (1787); guerre contre la Révolution française (1793-1802) ; première guerre contre Napoléon (1803-1814); deuxième guerre contre Napoléon (1815); deux guerres contre le Danemark (1801 et 1807) ; attaque contre Constantinople (1807); guerre contre la Russie (1809); sans parler de la guerre contre les États-Unis (1812-1815).

des barbares : elle ne vaut plus les risques d'une guerre européenne. Il est donc probable que, si nous sommes encore appelés à voir des luttes entre Européens et indigènes, aux colonies, nous en verrons beaucoup moins entre Européens à l'occasion des colonies. Les établissements des diverses nations civilisées ont donc acquis un degré de stabilité qu'ils n'ont point eu jusqu'à la fin des guerres du premier empire. Les traités de 1815, qui n'ont pas réussi à fixer la géographie définitive de l'Europe, ont cependant inauguré, pour les possessions hors d'Europe, une ère d'apaisement relatif. En particulier, nous pouvons espérer que l'empire colonial que nous avons élevé dans le courant de ce siècle, est moins exposé aux cataclysmes qui, en 1713, en 1763, en 1814, c'est-à-dire jusqu'à trois fois et à des intervalles à peu près réguliers d'un demi-siècle, ont démembré nos premiers empires coloniaux. Ce que nous possédons aujourd'hui, nous le possédons avec une sécurité relative.

Importance réelle de notre empire colonial : superficie et population. — En rassemblant les données statistiques relatives aux divers colonies et protectorats de la France, nous pouvons essayer de nous faire une idée de l'empire qu'elle possède aujourd'hui au delà des mers. Deux éléments devraient d'abord être déterminés : la superficie et la population. Le premier de ces éléments est le moins important, car, dans le total, figureraient des régions presque désertes à côté de pays très peuplés et très riches. Le chiffre de la population est, au contraire en général, le signe le moins trompeur de la valeur réelle d'un pays.

Pour la superficie, en joignant à l'Algérie, au Sénégal et aux colonies proprement dites, nos protectorats sur la Tunisie, le Cambodge, l'Annam et le Tonkin, nous arriverions à un total d'environ 1 800 000 kilomètres carrés, et, en y ajoutant le Congo et le protectorat sur Madagascar, à un total d'environ 3 millions de kilomètres carrés : c'est près de six fois la superficie de la France, qui en compte 528 572. Pour la population, en prenant les mêmes territoires, nous arriverions à un total d'environ 24 millions et demi d'habitants ; ce qui était à peu près la population de la France à l'époque de la Révolution. Madagascar y ajouterait environ 4 millions d'habitants et le Congo une quantité, encore inconnue. On peut donc, à la rigueur, dresser le tableau suivant :

	Kil. carrés.	Habitants.
Algérie	670 000	3 310 412
Tunisie	140 000	1 500 000
Sénégal (non compris les pays protégés)	300 000?	197 000 ?
Guinée et Gabon	200 000?	200 000 ?
Congo français	750 000?	?
Réunion	2 600	169 493
Mayotte	370	11 900
Nossi-Bé	293	9 539
Sainte-Marie	155	7 287
Madagascar et autres dépendances	600 000?	4 000 000?
Obock et Cheïk-Saïd	10 000?	22 000
Inde française	508	282 723
Cochinchine	60 000	1 633 824
Cambodge	100 000	1 500 000
Tonkin [1]	200 000?	12 000 000?
Annam	100 000?	4 000 000?
Nouvelle-Calédonie et dépendances (sans les Nouvelles-Hébrides)	20 000	60 000
Tahiti et dépendances	3 638	25 030
Saint-Pierre et Miquelon	235	5 765
Martinique	988	167 679
Guadeloupe et dépendances	1 866	182 866
Guyane (sans les territoires contestés)	150 000	28 000

L'empire britannique s'étend sur plus de 21 millions de kilomètres carrés et il compte une population de près de 270 millions d'âmes, entre le quart et le cinquième du genre humain tout entier. Par une autre considération, il peut exciter notre envie ; cette population comprend près de dix millions d'habitants de sang européen et principalement anglais, tandis que nous n'arrivons pas à un million d'hommes qu'on puisse regarder comme colons français ; et il faut y comprendre les étrangers domiciliés dans nos possessions de l'Afrique du nord et les descendants des travailleurs africains de nos îles.

Sous le double rapport de la superficie et de la population, c'est avec les autres puissances colonisatrices que nous devons chercher des comparaisons. Parmi celles-ci, une seule peut aujourd'hui nous disputer le second rang, et elle le possédait sans conteste avant nos dernières acquisitions. C'est la Hol-

---

1. Aucun recensement n'ayant été fait ni au Tonkin, ni dans l'Annam, ces chiffres ne sont qu'approximatifs.

lande : elle possède outre-mer 28 604 549 citoyens ou sujets, sur une superficie de près de 2 millions de kilomètres carrés. Viennent ensuite l'Espagne, avec 7 957 000 colons de toute race sur une superficie de 427 673 kilomètres, et le Portugal, avec 3 529 200 habitants sur 1 825 000 kilomètres.

Commerce de la France avec ses colonies. — On estime que notre commerce avec toutes nos colonies, moins l'Algérie et la Tunisie, s'est élevé pour l'année 1883, à 480 millions de francs ; en y ajoutant, pour l'Algérie 400 millions, pour la Tunisie 35 millions, chiffre destiné à s'accroître beaucoup, on arrive à un total de 915 millions. La totalité du commerce de la France, tant à l'importation qu'à l'exportation, étant d'environ 8 milliards (chiffre du commerce *spécial*), on voit que le commerce des colonies fait plus que la dixième partie de celui de la métropole. Pour environ 550 millions, il se fait uniquement avec la métropole. Ce chiffre de 550 (457 suivant d'autres données) est inférieur à celui que nous avons avec l'Angleterre (1500 millions), avec la Belgique (963 millions) ; avec l'Allemagne (787 millions), avec les États-Unis (705 millions), peut-être l'Italie (504 millions et l'Espagne (443 millions); mais nos colons réunis constituent pour nous un meilleur client que n'importe laquelle des autres nations des deux mondes, même la Suisse, la Russie, l'Autriche, la Turquie, etc.

Les colonies anglaises ont un commerce d'environ 11 milliards 600 millions ; sur ce chiffre, leur commerce avec la métropole compte pour 4 milliards 400 millions, et l'importation anglaise dans ces colonies y entre pour plus de 2 milliards.

La comparaison des chiffres français et anglais, pour le commerce, donne donc la même impression que l'étude comparée de la superficie et de la population.

Cependant il est bon de noter que la plupart de nos colonies, surtout celles qui ont été acquises en ce siècle, sont en progrès. L'Algérie, en 1840, ne faisait qu'un commerce de 25 millions ; il s'est élevé en 1882 à 435 millions et, quoiqu'il ait faibli dans les dernières années, le chiffre de 1884 est encore beau : 380 millions. Le Sénégal, de 1818 à 1823, ne donnait qu'un chiffre de 2 500 000 francs ; de 1834 à 1835, il s'élève à 17 millions ; en 1879, il dépasse 33 millions ; d'après la dernière statistique, il atteint 39 400 000 francs. La Réunion donnait, en 1822, 16 800 000 francs ; en 1883, 49 millions. La Martinique, en 1822, 30 millions ; en 1883, 66 600 000. La Guadeloupe, en 1822, 30 millions ; en 1883, 58 400 000. A part la Guyane, on peut signaler la même progression pour toutes les autres colonies. Les îles Saint-Pierre et Miquelon ont progressé de 8 millions, en 1854, à 29 millions en 1884.

Un lieu commun qu'affectionnent les adversaires de l'expansion au dehors, c'est que nous créons des colonies qui profiteront, non à notre commerce, mais à celui des étrangers, Anglais, Allemands, Américains, Chinois. On ne peut rien affirmer pour les établissements nouvellement formés en Indo-Chine, tant qu'ils ne seront pas sortis de la période de guerre et d'organisation pour entrer dans une période normale. Pourtant on pourrait se rassurer sur leur avenir, en constatant ce qui se passe dans toutes les autres colonies. Bien que les doctrines du libre échange soient largement appliquées à ces pays, bien que la loi de 1861 ait mis fin à l'ancien *pacte colonial* qui nous assurait le marché à peu près exclusif de nos établissements, bien que la loi de 1866 ait ouvert l'Algérie aux navires de toutes nations, bien que la loi de 1867 ait autorisé l'entrée en franchise des importations étrangères en Algérie, nos colonies n'ont pas cessé de faire avec la France la plus grande partie de leur commerce. Sur un chiffre de 400 millions[1], l'Algérie fait 251 millions de trafic avec la France; la Guadeloupe, sur 58 millions, fait des affaires avec la métropole pour 28; la Martinique, sur 66 millions, pour 35; la Réunion, sur 49 millions, pour 32. Nous avons les deux tiers du commerce de la Guyane, plus de la moitié de celui de nos établissements de Guinée, les quatre cinquièmes de celui des îles voisines de Madagascar, les quatre septièmes de celui de la Nouvelle-Calédonie, les trois cinquièmes de celui du Sénégal, la presque totalité de celui de Saint-Pierre et Miquelon. Quant à nos établissements de l'Inde, perdus dans l'immensité des possessions anglaises, il ne serait pas étonnant que tout leur commerce se fît avec l'Indoustan britannique, l'Australie ou la Grande-Bretagne : cependant, sur un chiffre de 26 600 000, ils font 10 millions et demi d'affaires avec nous, notre importation dans les cinq villes indoues étant, on le reconnaît, très faible.

Les chiffres indiqués ci-dessus, pour les Antilles françaises et la Réunion, gagneraient à être mis en regard des chiffres anglais pour des objets susceptibles de comparaison. Les Antilles françaises (Martinique, Guadeloupe et dépendances), en 1883, d'après les chiffres relevés et les conclusions formulées par

1. Nous prenons les chiffres de 1883. Les chiffres de 1884 et 1885, à cause de la crise actuelle, présentent pour la plupart des colonies une baisse notable, mais cela ne change rien à la *proportion* que nous essayons d'établir.

M. Félix Faure, député, ancien sous-secrétaire d'État des colonies, ont importé pour un chiffre de 58 679 818 francs : sur lequel les importations françaises figurent pour 28 832 747 ; soit 49.15 pour 100. — Les Antilles anglaises (Jamaïque, Barbades, Trinité, etc.), dans la même période, ont importé pour un chiffre de 107 177 100 francs, sur lequel les importations anglaises figurent pour 70 463 550 : soit 42.16 pour 100[1].

Autre comparaison non moins probante ; l'île Maurice a importé pour un chiffre de 69 157 150, sur lequel les importations anglaises figurent pour 22 095 725 : soit 31.95 pour 100. L'île de la Réunion a importé pour un chiffre de 26 757 506, sur lequel les importations françaises figurent pour 13 472 794 : soit 49.97 pour 100. A conditions égales, l'Angleterre n'a pas le tiers des importations de sa dépendance ; la France a la moitié.

Avantages recueillis par notre marine marchande. — Dans la question du commerce d'une métropole avec des colonies, le rôle de la marine marchande a une certaine importance. Si le pavillon français couvrait la plupart des marchandises, françaises ou étrangères, qu'importent ou qu'exportent nos colonies, on pourrait affirmer que les colonies contribuent à la prospérité de l'une de nos plus grandes industries nationales : les transports. Or, à ce point de vue, notre supériorité *relative* sur l'Angleterre est incontestable. En 1882, le total des entrées et sorties de navires dans tous les ports des colonies anglaises se chiffre par 9 748 281 tonneaux : la marine anglaise compte dans ce total pour 8 482 818 : soit 87 pour 100, ce qui est une belle proportion. Le total des entrées et sorties pour nos colonies se chiffre par 1 315 144 tonneaux ; la marine française compte dans ce total pour 1 255 532 : soit 95.40 pour 100 : proportion encore plus belle. En réalité, la presque totalité du commerce des colonies françaises se fait sous pavillon français. La subsistance de cent mille marins, l'industrie de nos constructeurs sont donc liées en grande partie à notre trafic avec nos colonies.

Comparaison entre certaines colonies françaises et anglaises ; prépondérance de la France en Afrique.
Sur d'autres points, nous pouvons encore accepter la compa-

---

[1]. La population totale des Antilles françaises est de 364 884 habitants ; celle des Antilles anglaises est de 1 223 551 habitants. Le chiffre de la population dans celles-ci est triple de la population des Antilles françaises, mais le chiffre des importations n'est pas le double : autre preuve que nos colonies n'ont rien à envier aux colonies similaires de la Grande-Bretagne.

raison avec l'empire britannique. On peut comparer, par exemple, l'Algérie et la colonie du Cap : toutes deux se prêtent à la colonisation agricole; dans toutes deux, l'élément européen est en minorité au milieu de l'élément indigène ; dans toutes deux il importe de distinguer un élément, anglais au Cap, français en Algérie, qui se trouve en présence d'autres éléments européens ; là, les Hollandais, ici, les Espagnols, Italiens, Maltais, etc. Nous avons commencé la conquête de l'Algérie seulement en 1830 ; et la colonisation seulement vers 1840 ; et auparavant, il n'y avait là aucune population européenne. Les Anglais ont conquis le Cap en 1806, et ils y ont trouvé la colonisation commencée par les Hollandais. On ne peut assimiler les indigènes du Cap à ceux de l'Algérie, ni pour la densité de la population, ni pour la valeur guerrière, ni pour la perfection de l'armement, ni pour le fanatisme religieux, ni pour la ténacité de leur résistance. Aujourd'hui, cependant, il y a en Algérie 425 000 Européens : il n'y en a que 280 000 au Cap. En Algérie, les Français ont la supériorité numérique sur les autres Européens : 227 000 contre 197 000 ; au Cap, les Anglais sont en minorité au milieu des anciens colons hollandais. En Algérie, nous nous assimilons les étrangers européens et nous pouvons, si nous le voulons bien, nous assimiler les indigènes, au moins ceux qui ont une vie sédentaire : les Anglais sont encore loin de cette perspective.

Le Cap est une colonie hollandaise bien plus qu'anglaise ; l'Algérie est une colonie française. Bien plus, grâce à sa situation exceptionnelle à trente-six heures de Marseille, elle n'est que la France prolongée au delà de la Méditerranée.

Veut-on comparer, au point de vue de l'habileté militaire et de la rapidité des opérations, au point de vue du peu de destructions opérées par la guerre, la façon dont la France a conduit l'expédition de Tunisie et la façon dont les Anglais ont mené celle d'Égypte, la situation morale que nous ont acquis notre administration, grâce aux bienfaits qui en résultent pour les populations indigènes, avec la situation morale faite aux Anglais dans l'Égypte appauvrie, désorganisée, démembrée ?

La comparaison du Sénégal français avec le Sénégal anglais; de la Réunion, dont l'importance s'accroît de nos droits sur Madagascar, avec l'île Maurice ; de la Guinée française, depuis la prise de possession du Congo, avec la Guinée anglaise, achèverait de montrer dans la France la première puissance coloniale du monde africain.

Utilité de ses colonies pour la France. — Si l'on

ne compte comme colonies utiles que celles où la race française peut se livrer au travail agricole, notre empire actuel est vraiment pauvre. Nous avons perdu au dix-huitième siècle l'Amérique du Nord ; puis nous avons négligé d'occuper la Nouvelle-Zélande ou l'Australie : il ne restait plus à coloniser que l'Afrique du Nord et la Nouvelle-Calédonie : c'est ce que nous avons fait. Madagascar aussi peut être une colonie agricole, non pour nous, Français de France, mais pour les Français de la Réunion et de Maurice, déjà acclimatés dans ces parages. Toutes nos autres colonies ne peuvent être que des colonies de plantation ou des colonies de commerce.

Réduites à cet usage, sont-elles sans valeur? D'abord, si nous ne pouvons y cultiver la terre, nous pouvons y faire cultiver, nous pouvons y commercer. On a fait grand bruit d'une certaine zone torride dans laquelle toutes nos colonies, surtout les plus récemment acquises, sont placées. Dans les notices ci-dessus, on a vu ce que pensent de la possibilité de vivre en ces régions des hommes qui les ont explorées, qui y ont trafiqué, qui y ont fait la guerre. Le Congo, dont surtout on nous faisait un épouvantail, Stanley, le rival de Savorgnan de Brazza, constate qu'on peut y vivre en s'interdisant des excès, des imprudences, dangereux même en nos climats.

Colonies agricoles, comme l'Algérie, colonies de plantation, comme les Antilles, la Réunion et l'Inde française, colonies de commerce, comme la Guinée ou l'Indo-Chine, toutes sont utiles.

Au point de vue économique, elles accroissent le chiffre de nos importations et de nos exportations; elles constituent un de ces débouchés que nous cherchons partout pour les produits de notre industrie; elles contribuent à l'entretien de notre marine marchande.

Les colonies où notre race, à un titre quelconque, est établie sont des marchés assurés pour nous. M. Leroy-Beaulieu en a indiqué la cause dans le passage suivant :

« Il n'est pas besoin de pacte colonial pour assurer les relations régulières de la métropole et des colonies. On n'a que faire, dans ce cas, de mesures artificielles. Les liens naturels du langage, de la race, de la capitalisation, la communauté d'éducation, d'idées, de mœurs, l'analogie des besoins et des goûts, ce sont là les meilleures garanties.... Séparée de l'Angleterre, l'Amérique ne lui reste pas moins unie par l'échange continuel des produits....

« On sait les périls nombreux d'un commerce à l'exportation, surtout avec des pays lointains. Ces périls sont beaucoup moindres avec les colonies. La métropole n'a pas à redouter de se trouver en guerre avec elles; elle peut attendre de leurs magistrats, de leurs administrateurs, une justice équitable et un traitement impartial. Les goûts également sont plus stables et moins changeants dans ces sociétés jeunes et analogues à la mère-patrie par leurs éléments constitutifs. Les colons ont, sauf les différences de climat, des mœurs semblables à ceux des habitants du vieux pays. Tous les produits de ce dernier ont plus de chance de leur plaire que les produits étrangers. Le commerce entre la métropole et les colonies a donc quelque chose de cette régularité et de cette permanence dont jouit le commerce intérieur, et cependant il offre cet avantage spécial de porter sur des articles très différents, produits sous des climats très divers, et en même temps d'être rapidement progressif par le développement prompt et ininterrompu des colonies, grâce aux privilèges naturels qui leur sont propres [1]. »

On a raison d'attacher un haut prix aux *anciennes colonies*, comme le Canada, la Louisiane, la Dominique, Saint-Domingue, l'île Maurice, ou aux *colonies spontanées*, comme les groupes français de la République Argentine, des États-Unis, etc. Cependant elles ne remplacent pas complètement les colonies placées sous les lois de la mère patrie. Les anciennes colonies peuvent être régies par des gouvernements qui ont intérêt à éloigner notre commerce par des droits excessifs; tel est le cas du Canada. Les colonies spontanées, ne formant pas corps, sont destinées à se fondre et à s'absorber dans la masse environnante; au bout d'une génération, les Français de la République Argentine, deviennent des Argentins et des Français des États-Unis des Américains; ils oublient la langue maternelle, ceux-là pour l'espagnol, ceux-ci pour l'anglais.

Notre commerce ne peut donc espérer une situation vraiment privilégiée que là où règnent les lois françaises [2].

1. *De la colonisation chez les peuples modernes*, p. 563.
2. *The Chamber of commerce Journal*, du 4 avril 1885, n° 38, p. 84, donne des chiffres qui montrent que les colonies de la Grande-Bretagne, étant donné leur population relativement faible, sont cependant pour elle de meilleurs débouchés que les pays indépendants les plus riches et les plus liés avec elle :

« Dans l'Amérique anglaise du Nord, les chiffres de la consommation de produits anglais s'élèvent, en dépit des tarifs, à 2 livres sterling par tête et par an, ou quatre fois autant que les États-Unis. Aux Indes occidentales, elle est comme au Canada de 2 livres sterling par tête. Dans les établissements des détroits et à Hong-Kong, cette consommation arrive à 10 et même jusqu'à 14 livres sterling et par tête. En Australie de 8 à 10 livres sterling. En Afrique (Cap et Natal) 3 à 6 livres sterling par tête.

« La valeur relative de ces marchés est indiquée par ce fait que les

CONCLUSION.

Les colonies vraiment françaises, fussent-elles des colonies non agricoles, nous rendent des services qui ne peuvent pas s'évaluer par les chiffres des importations ou des exportations. Croit-on que le commerce français serait aussi florissant qu'il l'est relativement, au Mexique, dans les Antilles, dans l'Amérique du Sud, si, en 1814, nous avions perdu la Guadeloupe et la Martinique; aux bouches du Saint-Laurent, si nous n'avions pas conservé deux petits îlots sur lesquels flottent le drapeau tricolore; dans la Méditerranée, si nous n'avions pas occupé le littoral algérien; dans l'Afrique de l'ouest, si, après le naufrage de la *Méduse*, nous avions renoncé à reprendre pied sur les bords du Sénégal; dans l'océan Indien, si la Réunion avait suivi les destinées de Maurice; dans l'Indoustan, si nous n'avions pas gardé les cinq villes et de nombreuses loges; dans les mers de Chine, si, depuis 1860, nous ne dominions pas à l'embouchure du Mékong; dans le Pacifique, si nous avions montré la même négligence pour Tahiti ou la Nouvelle-Calédonie que pour la Nouvelle-Zélande.

Il n'y a pas de commerce sans une marine marchande; pas de marine marchande, si celle-ci n'est pas protégée par une marine de guerre, et nous l'avons bien vu, au temps de Henri IV, sur les côtes de l'Indoustan; pas de marine de guerre, si celle-ci n'a point des points de relâche, de refuge, de ravitaillement. Ce qui nous a obligés à occuper Obock, c'est que, dans la guerre de 1870-71, l'Angleterre, pour faire acte de neutralité entre la France et l'Allemagne, nous avait fait fermer son port d'Aden comme récemment, pendant la guerre de Chine, à la suite d'un nouvel acte de neutralité, elle nous a fermé ses ports de Singapour et de Hong-Kong.

L'Amérique, dit-on, n'a pas de colonies, et elle fait un grand

États-Unis, avec 50 millions d'âmes, reçoivent à peine plus de nos exportations que le Canada et l'Australie qui n'ont que 7 1/2 millions d'habitants. — Voilà, ajoute ce journal, une preuve palpable que *le commerce suit le drapeau* (trade follow the flag).

« Pendant les trente dernières années nous avons perdu 4 millions d'émigrants qui, *aux États-Unis*, n'ont consommé que pour 3 millions de livres sterling d'articles manufacturés anglais par an, tandis que, si nous les avions attirés sous le drapeau anglais, non seulement ils seraient restés nos concitoyens, mais ils auraient acheté chaque année pour 18 à 20 millions sterling de nos marchandises. Ainsi le manque d'initiative du bureau d'émigration nous a fait perdre 15 à 17 millions de vente par année. » Or, si cette loi est constante dans les rapports de la Grande-Bretagne avec ses colonies, elle doit produire également ses effets dans les rapports de la France avec ses colonies.

commerce. Mais d'abord elle est s'assuré des établissemer.
sur la côte ouest d'Afrique et dans les archipels océaniens; ensuite est-ce que nous présentons comme elle, sur les deux océans Atlantique et Pacifique, cet immense développement de littoral, avec ces ports de guerre et ces arsenaux qui menacent, d'une part la Chine et tout l'extrême Orient, d'autre part les Antilles et toute l'Amérique du Sud. L'Allemagne n'a pas de colonies (ou plutôt n'en avait pas, car elle s'est montrée assez ardente récemment à la curée coloniale), et elle fait un grand trafic avec l'Amérique du Nord; mais avons-nous comme elle, dans cette dernière région, deux millions d'Allemands nés en Allemagne, sans compter plusieurs millions de fils d'Allemands, tous électeurs, imprimant à la politique américaine une direction favorable aux intérêts de la mère patrie, développant dans la patrie adoptive le goût des produits de l'industrie allemande et assurant, par eux seuls, à celle-ci un marché considérable? Nous émigrons moins que les Allemands; est-ce une raison pour renoncer à nous assurer par d'autres moyens les avantages que leur procure le flot croissant de leur émigration?

À défaut de colonisation spontanée, c'est grâce aux colonies fondées par l'État français que nous faisons encore figure dans le monde. On prétend qu'en dispersant nos établissements nous dispersons nos forces : en réalité, nous ne faisons qu'étendre le théâtre de la guerre. Au dix-huitième siècle, puis pendant les guerres de la Révolution et de l'Empire, est-ce que l'Inde française, le Canada, les Antilles, les îles Maurice et de la Réunion n'ont pas contribué de loin à la défense de la métropole? Les vingt mille hommes que l'Angleterre a dû pousser contre Québec, ceux que Lally-Tollendal et Bussy retenaient entre Madras et Pondichéry n'ont-ils pas manqué aux champs de bataille de la guerre de Sept Ans? Les forces que Victor Hugues, le commissaire de la Convention, tenait en échec dans les Antilles, celles que les milices et les corsaires des deux îles-sœurs tenaient en échec dans l'océan Indien, ces régiments anglais que commandèrent Wellesley et Wellington et qui, dans leurs batailles contre Tippo-Saïb et les Mahrattes, croyaient encore combattre les Français, ne seraient-ils pas venus ajouter leur effort à cette poussée des grandes coalitions sous laquelle fléchissaient les frontières de France!

Grâce à nos colonies dans toutes les parties du monde, à nos escadres des mers de Chine, du Pacifique, des Antilles, les flottes ennemies, dans une nouvelle guerre, seront obligées, elles aussi, de s'éparpiller, d'emmener des troupes de débarquement aux quatre points du monde; car, avant de rien tenter contre nos côtes, il leur faudra pourvoir à la sûreté non seulement des nouvelles acquisitions, mais de ces centaines de navires marchands que le droit de la guerre mettrait, sur toutes les mers, à la discrétion de nos cuirassés. Voilà pourquoi on a pu dire que ce n'est peut-être ni dans la Manche, ni dans la Méditerranée, mais dans l'océan Indien ou dans le les mers de Chine que se livreront les grandes batailles navales.

Nos colonies n'ajoutent pas seulement, loin d'y rien ôter, à notre force défensive : elles ajoutent aussi à notre force offensive. Le souvenir de la guerre du Mexique est encore, avec raison, impopulaire chez nous; mais ne le considérons qu'au point de vue purement militaire : M. de Mahy rappelait récemment au Parlement que la possession de la Guadeloupe et de la Martinique a seule permis de concentrer nos forces et de préparer la campagne. Dans une guerre plus juste aurions-nous pu faire aussi facilement reconnaître nos droits sur Madagascar si notre flotte n'avait eu un point d'appui à la Réunion et notre armée le concours des volontaires de l'île? Sans l'arsenal, le port, les milices de Saïgon, l'expédition du Tonkin n'aurait-elle pas coûté plus d'efforts et de sacrifices? Que de fois, dans la guerre du Mexique, la guerre de France, celle du Tonkin, les volontaires de nos colonies sont venus combattre à nos côtés[1]! Si le Parlement français vote

---

1. L'Angleterre est très fière du concours que, dans des circonstances analogues, par exemple dans la guerre du Soudan, lui prêtent les volontaires de ses colonies. Voici ce qu'on lit dans le *Graphic* du 7 mars 1885, page 238 :

« Le contingent australien de l'expédition envoyée par la Nouvelle-Galles du Sud a quitté Sydney mardi. — Samedi les troupes ont été passées en revue par le gouverneur, lord Augustus Loftus, et dimanche des services spéciaux ont été célébrés dans la cathédrale anglicane et dans la cathédrale catholique romaine. — Mardi a été observé comme un jour de fête général. Les rues par lesquelles devaient passer les troupes étaient encombrées de monde. — Les troupes ont été escortées par un corps de 600 marins et hommes de troupe de la marine appartenant aux navires de la station, Sur le quai, le gouverneur a fait aux troupes un discours entraînant, faisant allusion à ce que, pour la première fois dans la grande histoire de l'empire britannique, une colonie éloignée envoyait avec enthousiasme, à ses propres frais, un contingent de troupes entièrement équipées pour aider les forces impériales dans la rude guerre qu'elles font pour

cette loi sur le service militaire qui est réclamée avec instance par les populations de nos îles, quels admirables éléments de recrutement trouvera dans les citoyens de couleur, surtout pour les guerres intertropicales, notre future armée coloniale. Et c'est pour d'autres champs de bataille aussi qu'on peut compter sur eux.

La France aurait tort de désespérer de l'utilité et de l'avenir de son œuvre. Elle est presque la seule nation qui se soit approchée de la solution pour le problème de l'administration des races étrangères; elle ne les détruit pas, comme ont fait trop souvent les autres peuples; elle sait mieux que personne se les assimiler. Depuis qu'elle a des troupes algériennes, sénégalaises, annamites, leurs fastes militaires ont déjà de glorieux souvenirs, sans qu'une seule révolte les ait ternis. Du jour où elle a proclamé la liberté politique pour elle-même, elle l'a donnée aussi à ses colonies. Elle seule, jusqu'à présent, a osé concevoir la métropole et les colonies comme formant une seule patrie, un seul État; non seulement elle a doté ses dépendances de représentations locales, mais, par une politique qui remonte au décret du 22 août 1792, elle leur a assuré une représentation dans son Parlement. Français de France ou Français d'Afrique, des Antilles, de l'océan Indien, de l'Indo-Chine, et, aussi bien, Indous, Sénégalais, Océaniens, Kabyles ou Arabes élevés à la cité française, tous, sous les lois délibérées en commun, ont les mêmes devoirs et, tous, les mêmes droits.

Alfred RAMBAUD.

supprimer des cruautés inénarrables et pour l'établissement de l'ordre et de la justice dans un pays injustement gouverné. — « Ce que vous « faites, continua-t-il, c'est pour prouver au monde l'unité de ce « puissant et invincible empire dont vous êtes membres... Notre « sérieux espoir, c'est que vous aurez le glorieux privilège de partager « le triomphe, comme les travaux, et que vous reviendrez vers nous « couronnés de la reconnaissance de l'Angleterre, comme vous êtes « maintenant entourés de ses sympathies. » L'enthousiasme public de la colonie se maintient à l'état de fièvre; le nombre des volontaires a atteint six fois la force demandée, et il y a eu un flot continu de contributions en argent et en nature. »

TABLE DES MATIÈRES

PRÉFACE
INTRODUCTION HISTORIQUE
Par M. Alfred Rambaud.

I. Jusqu'à Henri IV. — Les plus anciens explorateurs français. page I. — Jean Cousin, II. — Paulmier de Gonneville. — Les Ango et le groupe dieppois, III. — Les compagnons français de Magellan, IV. — François Ier. — Les Français dans l'Amérique du Nord : Jacques Cartier à Terre-Neuve et au Canada, V. — Les entreprises de Coligny, VI. — Villegagnon au Brésil, VII. — Jean Ribaud et Laudonnière à la Floride, VIII.

II. Jusqu'au traité d'Utrecht (1713). — Projets et entreprises de Henri IV, XI. — Les Français à la Guyane. — Colonisation de la Nouvelle-France : Champlain, XII. — Projets et entreprises de Richelieu, XIII. — Le Canada repris aux Anglais. — Les Français dans la mer des Antilles, XIV. — Les Français au Sénégal. — Les Français dans la mer des Indes. — La Nouvelle-France sous Colbert, XV. — Cavelier de la Salle : le Mississipi, la Louisiane, XVI. — Autres colonies françaises sous Colbert, XVIII. — Situation de notre empire colonial à la mort de Colbert, XIX. — La Nouvelle-France attaquée par les Anglais. — Le traité d'Utrecht, XX.

III. Jusqu'au traité de Paris (1763). — Progrès du Canada et de la Louisiane. — L'île de France, XX. — Premiers établissements dans l'Indoustan, XXI. — Gouvernement de Martin et de Dumas. — Gouvernement de Dupleix — Prise de Madras, XXII. — Bataille de San-Thomé, XXIII. — Traité d'Aix-la-Chapelle. — Guerre pour la succession du Dekkan et du Carnatic, XXIV. — Disgrâce de Dupleix. — Traité Godeheu. — Rivalité des Français et des Anglais dans l'Indoustan, aux Antilles et dans l'Amérique du Nord, XXV. — La guerre de Sept Ans. — Perte du Canada, XXVI. — Perte de l'Indoustan, XXVIII. — Traité de Paris 1763, XXIX.

IV. Jusqu'à l'époque présente. — Découvertes des Français sous Louis XVI. — Madagascar et l'Indo-Chine. — La guerre d'Amérique et le traité de Versailles (1783), XXX. — Les colonies pendant la Révolution. — Les colonies sous le Consulat et l'Empire, XXXII. — Le traité de Paris (1814), XXXIII. — Ce qui nous reste des colonies perdues, XXXV.

L'ALGÉRIE

Par M. Pierre Foncin.

PARTIE HISTORIQUE.

Chapitre premier : Jusqu'à la prise d'Alger (1830). — La Berbérie, 1. — Temps primitifs. Maures et Numides (Berbères). — Domination carthaginoise, 2. — Conquête romaine (200 av. J.-C.). — La conquête romaine comparée à la conquête française. — Administration romaine : elle n'assimile pas les Berbères, 4. — Résistance sourde et révoltes des Berbères. — Caractère de l'œuvre romaine, 6. — Dominations diverses. Les Vandales. — Les Byzantins, 7. — Première invasion arabe. — Dynasties berbères : du huitième au onzième siècle, 8. — Seconde invasion arabe et nouvelles dynasties berbères. — Les Zianides de Tlemcen, 9. — Domination turque, 10.

Chapitre II : Depuis la prise d'Alger. — Conquête d'Alger par les Français (1830), 11. — Occupation du littoral algérien (1830-1834), 12. — Zouaves et Bureaux arabes. — L'Atlas Tellien. Abd-el-Kader, 13. — Abd-el-Kader maître de la province d'Oran (1833-1836). — Les deux sièges de Constantine (1836-1837), 14. — Bugeaud et Abd-el-Kader. Traité de la Tafna (1836-1839), 15. — Conquête du Tell et des hauts plateaux (1839-1843). — Guerre du Maroc et soumission d'Abd-el-Kader (1843-1847), 16. — Extension de la conquête. Soumission du Sahara algérien (1848-1885), 17. — Sécurité actuelle. Moyens de la maintenir, 18.

PARTIE GÉOGRAPHIQUE.

Chapitre premier : Géographie générale. — Situation, limites et superficie, 19. — Relief général du sol : les montagnes, 20. — Aperçu géologique. — Le littoral : caps, golfes, îles, 21. — Les cours d'eau telliens. — Les chotts, 22. — Les eaux du versant saharien. Caractère général du climat, 23. — Vents et brises. — Pluies et brumes, 24. — Température. — Lumière. — Salubrité, 25. — Situation centrale de l'Algérie, 26. — Imperfection des régions naturelles de l'Algérie, 27. — Les régions naturelles complétées par les chemins de fer, 28. — Les trois provinces, 29. — Alger, centre naturel et capitale de l'Algérie, 30.

Chapitre II : Les indigènes. — Berbères et Arabes, 31. — Les indigènes sédentaires. La Grande Kabylie, 32. — Les Kabyles. — Agriculture et industrie des Kabyles, 33. — Institutions des Kabyles 34. —

Autres tribus sédentaires du Tell. — L'Aurès et les Aurasiens, 35. — Ksouriens, 36. — Les Mzabites. — Les nomades, 37. — Les Touareg, 39. — Les semi-nomades. — Organisation sociale des indigènes : la tribu, 40. — La famille, 41. — La propriété. — Les Marabouts, 42. — Les Aïssaoua. — Les Maures, 44. — Les Israélites. — Coulouglilis. — Nègres, 45. — Diversité des races. Unité de la religion et de la langue, 46.

Chapitre III : Gouvernement et administration. — Les débuts de l'administration française en Algérie (1830-1834), 47. — Les gouverneurs généraux militaires et les bureaux arabes. — Premier essai de gouvernement civil (1848-1851), 48. — Retour au régime militaire (1851-1858), 49. — Le ministère de l'Algérie (1858-1860). — Le royaume arabe (1860-1870), 50. — Retour au régime civil (1870). — L'organisation actuelle : le gouvernement général, 51. — L'administration départementale, 53. — L'administration communale, 54. — Difficultés spéciales à l'administration algérienne. — Naturalisation et état civil, 55. — L'armée et la sécurité, 56. — Justice européenne, 58. — Justice musulmane. — Impôts : leur perception; leur affectation, 59. — Octroi de mer, 60. — Budget de l'Algérie, 61. — Prisons et dépôts de mendicité. — Assistance et santé publiques, 62. — Institutions de prévoyance, 63. — Cultes. — Instruction publique : administration. — Enseignement supérieur, 64. — Enseignement secondaire. — Enseignement primaire, 65. — De l'enseignement des indigènes, 66. — Ecoles pour les indigènes. 67.

Chapitre IV : Géographie économique et colonisation. — Statistique : Population indigène. — Population israélite. — Population étrangère européenne, 69. — Population française. — Histoire de la colonisation. Débuts, 70. — Le régime des concessions. — Les colons de 1848, 71. — Les grandes compagnies. — Les Alsaciens-Lorrains en Algérie, 72. — La colonisation pendant ces dernières années. — Difficultés de la colonisation en Algérie, 73. — Les terres et la propriété, 74. — L'act Torrens, 75. — Les villes, 76. — La végétation, 77. — L'agriculture algérienne : céréales. — Culture de la vigne, 78. — Exploitation des forêts. — Cultures diverses, 79. — Elève des animaux. — Travaux publics agricoles, 80. — Industries minières, carrières, eaux minérales. — Industries diverses, 81. — Routes. — Chemins de fer : réseau rationnel des voies ferrées, 82. — Postes et télégraphes. — Ports et phares, 84. — Services maritimes et navigation, 85. — Régime commercial, — Commerce, 86. — Ce que l'Algérie coûte à la France. — Situation exceptionnelle de l'Algérie, 87. — Ce que l'Algérie rapporte à la France, 88. — Avenir de l'Algérie. — Assimiler progressivement l'Algérie à la France, 91.

LA TUNISIE

Par M. Jacques Tissot.

PARTIE HISTORIQUE.

Chapitre premier : Jusqu'à l'intervention française de 1881.
— Temps primitifs, 93. — Domination carthaginoise, 94. — Conquête et domination romaine, 95. Dominations diverses. — Les Vandales et les Byzantins, 96. — Les Arabes. — Croisade de saint Louis et expéditions européennes. — Les Turcs, 97. — La dynastie husséïnite. La Tunisie indépendante, 98. — Traités avec la France, 99. — Rapports entre la Tunisie et la France depuis 1830. Tentatives de réformes, 100. — La question tunisienne au Congrès de Berlin, 103. — Dernières années de l'ancien régime tunisien, 104.

Chapitre II : Intervention française et occupation de la Régence. — Causes de l'intervention, 105. — Rôle de M. Roustan, consul général de France. 107. — Les hostilités contre les Khroumirs, 108. — Entrée des Français dans la Régence, 109. — Débarquement à Bizerte. — Essais d'intervention étrangère, 110. — Traité du Bardo, 111. — Première pacification de la Régence. — Rappel d'une partie des troupes, 112. — Nouvelle agitation. — Insurrection de Sfax et ses suites, 113. — Occupation de Kérouan, 115. — Pacification définitive du pays. — Attaques de la presse contre M. Roustan, 116.

PARTIE GÉOGRAPHIQUE.

Chapitre premier : Géographie générale. — Situation, limites et superficie. — Littoral : caps, golfes, îles, 119. — Relief général du sol : les montagnes, 120. — Régime des eaux : les cours d'eau. — Les lacs et chotts, 121. — Climat, température, saisons, 123. — Salubrité, 124.

Chapitre II : Les habitants. — Chiffre total de la population. — Population étrangère européenne. — Population française, 125. — Les Maltais, 126. — Les Israélites. — Les Berbères, Arabes et Maures, 127. — Les tribus tunisiennes, 128. — Les villes. — Tunis et ses environs, 129. — Les villes de l'intérieur, 134. — Kérouan. — Les théologiens de Kérouan, 135. — Les villes de la côte, 136. — Les villes de la région des oasis, 138

Chapitre III : Gouvernement et administration. — Comment nous gouvernons la Tunisie, 139. — Le pouvoir du bey, 140. — Le résident général de France à Tunis. — Les ministres du bey, 141. — Les divisions administratives : caïds, khalifas, cheikhs, 142. — Les contrôleurs civils, 143. — Les municipalités. — Le service de la santé, 145. — Les principales réformes : 1° Création d'une justice française et suppression des capitulations, 146. — Affaire Ben Ayad. — Affaire de l'Enfida, 148. — 2° Réforme des finances : conversion et nouvelle unification de la dette, 150. — Le nouveau budget, 151. — 3° Réforme de l'instruction publique, 153. — Prospérité financière de la Tunisie, 156.

Chapitre IV : Géographie économique. Colonisation et ressources de la Tunisie. — La végétation, 158. — Oasis : palmiers, etc., 159. — Les acquisitions de terres, 160. — Les plantations de vignes. — La main-d'œuvre. Le prix de la terre, 161. — Les huiles, les alfas, 162. — Exploitation et produits des forêts. — Les animaux sauvages, 163. — Les animaux domestiques. — Élève des animaux, 164. — Produits de la mer : coraux, éponges, pêcheries. — Industries minières : or, fer, plomb, 165. — Marbres et argiles, 166. — Sources minérales. — Industrie indigène, 167. — Commerce, 168. — Conclusion ; avenir de la colonie, 168.

SÉNÉGAL ET DÉPENDANCES ET SOUDAN FRANÇAIS

Par M. le commandant L. ARCHINARD.

PARTIE HISTORIQUE.

Jusqu'à l'arrivée de M. Faidherbe, 171. — Gouvernement de M. Faidherbe, 172. — Mouvement d'expansion vers l'Est, 174. — Les campagnes sur le haut Sénégal et le haut Niger, 175.

PARTIE GÉOGRAPHIQUE.

Chapitre premier : Géographie générale. — De France au Sénégal. — Le littoral : Dakar, Gorée, Rufisque, 180. — Dépendances du Sénégal. Les rivières du sud, 181. — Du Sénégal au Niger, 182. — Le fleuve Sénégal : 1° la barre du Sénégal. — 2° Le bas Fleuve, 183. — Saint-Louis, 184. — 3° Le moyen Sénégal, 185. — 4° Le haut Fleuve, 188. — Le haut Niger, 190.

Chapitre II : Les Indigènes. Les races. — Race berbère. — Race arabe, 192. — Pourognes. — Race peulhe, 193. — Toucouleurs. — Race mandingue, 195. — Race Ouolof-Sérère, 196. — Les castes, 198. — Ouvriers, 199. — Chasseurs et pêcheurs, 200. — Constructions des noirs, 201. — Guerriers. — Esclaves, 203. — La famille chez les noirs du Soudan, mœurs, coutumes, 209. — Religion, 213.

Chapitre III : Gouvernement et administration. — Divisions politiques et administratives, 215. — Député, conseil colonial, conseils municipaux, droit électoral. — Forces militaires et maritimes, 217. — Organisation judiciaire, 218. — Organisation financière. — Budget de la colonie. — Navigation et douanes, 219. — Instruction publique. — Organisation religieuse. — Travaux publics, 220.

Chapitre IV : Géographie économique. — Agriculture et commerce, 221. — But que la France doit se proposer d'atteindre dans le Soudan occidental. 223.

LA GUINÉE DU NORD

Par MM. A. Brétignère et Médard Béraud.

Chapitre premier : Établissements de la Côte-d'Or : Grand Bassam et Assinie, par M. A. Brétignère.

Historique, 226. — Description du pays, 227. — Climat, 229. — Population, 230. — Mines d'or, 231. — Huile et amandes de palme, 232. — Commerce, 233. — Cultures. — Administration. — Avenir de la colonie, 235.

Chapitre II : Établissements de la Côte des Esclaves : Porto-Novo, Kotonou, Grand-Popo, par M. Médard Béraud.

Historique, 237. — Les voisins de nos possessions, 238. — Description du pays. — Climat — Population, 240. — Productions du pays. — Établissements de commerce européen, 241. — Instruction publique, 242. — Avenir de la colonie, 243.

L'OUEST AFRICAIN : LE GABON ET LE CONGO FRANÇAIS

Par M. Dutreuil de Rhins.

PARTIE HISTORIQUE.

Ce qu'on entend par l'Ouest africain, 244. — Histoire de notre établissement au Gabon. — Insignifiance jusqu'à ce jour de notre colonie du Gabon, 245. — Premiers voyages d'exploration. — La première mission de Savorgnan de Brazza, 247. — Rôle de l'Association internationale africaine, 248. — Deuxième mission de Savorgnan de Brazza, 249. — Ratification du traité avec le roi Makoko et vote des crédits par les Chambres, 250. — La Mission de l'Ouest africain : son organisation, 252. — Ses résultats scientifiques, 254. — Liste des stations fondées par la Mission, 257. — La convention avec l'Association internationale, 259. — La conférence internationale de Berlin, 260. — La question d'organisation, 263.

PARTIE GÉOGRAPHIQUE.

Chapitre premier : Géographie générale. — Aspect général de l'Ouest africain. — Les cours d'eau, 264. — Le relief du sol et les montagnes. — Le littoral, 268. — Climat et salubrité, 269.

Chapitre II : Les indigènes. — Ethnographie, 270. — État social et politique, 271. — Densité de la population. — Industries, mœurs et coutumes, 272.

Chapitre III : Géographie économique. — Productions naturelles. Faune, 273. — Flore, 274. — État présent et avenir du commerce dans l'Ouest africain, 276.

TABLE DES MATIÈRES.

L'ÎLE DE LA RÉUNION
Par M. Jacob de Cordemoy.

Chapitre premier : Histoire. — La découverte. — Occupation de l'île de la Réunion, 279. — Occupation de l'île Maurice. — La Bourdonnais gouverneur des deux îles, 280. — Époque de la Révolution et de l'Empire. — Séparation des deux colonies, 281.

Chapitre II : Géographie générale. — Situation géographique, 282. — Montagnes. — Cours d'eau. — Climat. Pluies et vents. Température, 283. — Salubrité. — Sources thermales, 284. — Aspect du pays, 285.

Chapitre III : Les habitants. — Population. Ethnographie, 285. — Émancipation des esclaves. — Immigration, 286.

Chapitre IV : Gouvernement et administration. — Divisions administratives. — Administration. — Lois et justice, 288. — Religion. — Instruction publique, 289. — Budget, 290. — Douanes. — Représentation coloniale, 291.

Chapitre V : Géographie économique. — Cultures, 291. — Animaux. — Industrie et commerce. — Travaux publics, 292. — Navigation. Ports. — Institutions de crédit, 293. — Avenir de la colonie, 294. — Comparaison avec l'île Maurice, 295.

MADAGASCAR ET ILES VOISINES
Par M. Gabriel Marcel.

PARTIE HISTORIQUE.

Chapitre premier : Jusqu'à la fin du second Empire. — Premières tentatives sur Madagascar. Les Portugais, 296. — Les Hollandais et les Anglais, 297. — Les Français. — Richelieu et Rigault, 298. — Pronis. — Etienne de Flacourt, 299. — Colbert et la Compagnie des Indes, 300. — Madagascar fait retour à la couronne, 301. — Madagascar au dix-huitième siècle, 303. — Béniowski, 304. — Madagascar pendant la Révolution et l'Empire. — Prétentions anglaises après 1815. — Farquhar, 306. — Madagascar et la Restauration, 307. — La reine Ranavalo. — Madagascar et la monarchie de Juillet, 308. — Français à Madagascar : Lastelle, Laborde, Lambert, 309. — Madagascar et le second Empire, 310. — Radama II, 311. — Les missions britanniques, 312.

Chapitre II : L'expédition de 1882-1885. — Causes de l'expédition, 313. — La rupture, 317. — Premières opérations. — Le contre-amiral Pierre, 318. — Discussions dans les Chambres, 320. Opérations de l'amiral Miot. — Nouvelles discussions dans les Chambres, 321. — Dernières opérations, 322. — Conditions de la paix, 323. — Nos futurs colons à Madagascar, 325.

PARTIE GÉOGRAPHIQUE.

Chapitre premier : Géographie générale de Madagascar. — Situation, 327. — Superficie. — Relief du sol. Montagnes. — Régime des eaux, 328. — Climat. — Rades et ports, 329.

Chapitre II : Les indigènes de Madagascar. — Races. — Population, 330. — Les Hovas, 331. — Habitations, mobilier, costume. — La famille: polygamie, 332. — Idées religieuses. — État politique, 333. — Influence de la civilisation européenne, 334.

Chapitre III : Géographie économique de Madagascar. — Productions naturelles. Flore, 335. — Faune, 337. — Richesses minérales, 339. — Ressources de l'île, 340.

Chapitre IV : Les satellites de Madagascar : possessions françaises. — Nosy-Bé, 341. — Les Comores, 342. — Mayotte, 343. — Sainte-Marie, 344.

LA MER ROUGE : OBOCK ET CHEÏK-SAÏD

Par M. Paul Soleillet.

Chapitre premier : Obock et la baie de Tadjourah. — Traités qui nous ont valu ces possessions, 345. — Géographie de la colonie. — Climat, 346. — Faune et flore. — Les indigènes. Races, 347. — Mœurs et coutumes des indigènes, 348. — Lieux habités, 350. — Utilité de cette colonie. — 1° Obock port de relâche, 351. — 2° Obock colonie française, 351. — 3° Obock centre de commerce maritime. — 4° Obock tête de ligne d'une route commerciale vers l'Ethiopie méridionale, 354. — Relations actuelles de Tadjourah avec l'Abyssinie, 355. — Ce qu'est pour nous l'Abyssinie, 356. — Avenir de nos relations avec l'Abyssinie, 357.

Chapitre II : Cheïk-Saïd et autres points sur la mer Rouge. — Situation de Cheïk-Saïd. — Histoire de notre établissement à Cheïk-Saïd, 360. — Importance de Cheïk-Saïd. — Edd, Amfilah, baie d'Adulis, 361,

L'INDE FRANÇAISE

Par M. Henri Deloncle.

Chapitre premier : Histoire, 362.

Chapitre II : Géographie générale. — Situation géographique et topographique. — Territoire de Pondichéry, 363. — Territoire de Karikal, 365. — Territoire de Yanaon, 366. — Territoire de Mahé, 367. — Territoire de Chandernagor. — Climat, 368. — Faune, 370. — Flore, 371. — Mines de lignite de Bahour, 372.

Chapitre III : Les habitants. — Chiffre de la population, 373. — Les indigènes. — Les castes, 375. — Les langues, 381.

Chapitre IV : Gouvernement et administration. — Le gouvernement. Droits politiques, 382. — Organisation judiciaire, 383. — Instruction publique, 384. — Organisation religieuse. — Organisation municipale, 390. — Impôts, 391. — Organisation financière, 392. — Administrations diverses.

Chapitre V : Géographie économique. — Cultures, 394. — Industrie, 396. — Navigabilité, 398. — Chemins de fer. — Commerce, 400. — Statistique du commerce, 405. — La classe ouvrière, 406. — Immigration et émigration. — Monnaies, poids et mesures. — Institutions de crédit, 407. — Postes, télégraphes, routes, 409.

L'INDO-CHINE FRANÇAISE

Par M. le capitaine A. Bouinais et M. A. Paulus.

PARTIE HISTORIQUE.

Chapitre premier : Jusqu'au traité de 1874. — Aux dix-septième et dix-huitième siècles, 410. — Première guerre avec l'Annam, 411. — Traité de Saïgon, 1862. — Occupation des provinces occidentales (1867), 412. — Protectorat sur le Cambodge (1863), 413. — Premier projet de protectorat sur l'Annam. — M. Dupuis, 414. — Francis Garnier, 415. — Prise de Hanoï par Garnier. — Conquête du Delta. Mort de Garnier, 417. — La politique d'abandon, 418. — Le traité de 1874, 419.

Chapitre II : Depuis le traité de 1874. — Difficultés pour l'exécution du traité, 422. — L'Annam se rapproche de la Chine. — Mission de Rivière. Nouvelle prise de Hanoï, 423. — Le marquis de Tseng. — Le traité Bourée. — Nouvelle conquête du Delta, 425. — Mort de Rivière, 426. — Renforts envoyés au Tonkin, 428. — Expédition sur Hué. — Traité de protectorat avec l'Annam. — Opérations au Tonkin, 429. — Prise de Haï-Dzuong, 430. — Combat de Phung. — Intervention armée des Chinois, 431. — Prise de Sontay, 432. — Il faut encore des renforts, 435. — Prise de Bac-Ninh, 436. — Prise de Hong-Hoa — Le traité Fournier, 438. — La surprise de Bac-Lé, 439. — Difficultés avec l'Annam, 440. — Difficultés avec le Cambodge, 442. — Opérations de l'amiral Courbet, 443. — Bombardement de Fou-Tchéou, 444. — Opérations dans l'île Formose, 446. — Succès au Tonkin, 447. — Acte de neutralité anglais. — Courbet fait sauter les navires chinois. — Le blocus du riz et l'occupations des îles Pescadores, 448. — La marche sur

Langson, 449. — Prise de Langson. — Défense héroïque de Tuyen-Quan. Combat de Duoc, 450. — L'affaire de Langson : succès et retraite, 451. — La paix avec la Chine, 452. — Mort de l'amiral Courbet. — Guet-apens de Hué, 453. — Conclusion, 454.

PARTIE GÉOGRAPHIQUE.

Chapitre premier : Géographie générale. — Situation et limites, 455. — Le littoral, 456. — Le Delta, 457. — Iles, 458. — Orographie, 459. — Hydrographie. Fleuves, 460. — Lacs, 462. — Climat. Salubrité, 463.

Chapitre II : Les Indigènes. — I. Les Annamites : — Caractères physiques, 466. — Caractères moraux, 467. — Nourriture. — Habitations. — La famille, 475. — L'esclavage. — Religion, 478. — Langue. — II. Les Cambodgiens. — Caractères physiques, 479. — Caractères moraux. — La famille, 480. — L'esclavage. — Religion. — Langue, 481. — III. Les Chinois, 481. — IV. Les immigrants asiatiques, 483. — V. Les tribus sauvages, 483. — VI. Les villes : 1° Villes de Cochinchine, 485. — 2° Villes de l'Annam. — 3° Villes du Tonkin, 486. — 4° Villes du Cambodge, 487.

Chapitre III : Gouvernement et administration. — I. Cochinchine : — Administration, 488. — Le gouverneur, 488. — Les deux conseils. — Représentation au Parlement. — Conseils d'arrondissement. — Communes, 489. — Justice, 490. — Finances, 491. — Armée et marine. — Instruction publique, 491. — Organisation religieuse, 492. — II. Annam et Tonkin : — Le roi d'Annam, sa cour, ses ministres, son administration, 493. — Le protectorat, 494. — Les missions chrétiennes, 496. — III. Cambodge : — Le roi du Cambodge, sa cour, ses ministres, son administration, 496. — Organisation du protectorat, 497. — Provinces. — Justice, 498.

Chapitre IV : Géographie économique. — La Faune : Animaux sauvages. Quadrupèdes, 500. — Oiseaux. — Reptiles. — Poissons et cétacés, 504. — Insectes, etc. — Animaux domestiques : Race bovine. 505. — Race chevaline. — Race porcine. — Races ovine et caprine. — La flore, 507. — Minéraux, 509. — Agriculture, 511. — Industrie, 515. — Commerce 516. — Importations, 517. — Exportations, 518. — Ports. Régime douanier, 519. — Commerce intérieur, 520. — Commerce du fleuve Rouge et du Yunnan, 521. — Commerce avec les tribus sauvages, — Monnaies. Établissements de crédit, 522. — Voies de communication, 523. — Postes et télégraphes, 525.

Chapitre V : Conclusion. — Avenir politique, 526. — Les Indo-Chinois et la conquête française, 527. — Avenir du commerce, 528.

TABLE DES MATIÈRES. 711

NOUVELLE-CALÉDONIE ET DÉPENDANCES

Par M. Ch. Lemire.

Chapitre premier : Histoire et géographie générale. — Découverte et occupation de la Nouvelle-Calédonie, 530. — Géographie physique. Situation — Aspect général, 531. — Climat et saisons. — Littoral et ports, 532. — Divisions administratives. — Les îles secondaires, 533. — Localités principales, 534. — Population, 535.

Chapitre II : Les Indigènes. — Canaques. — Popinées, 536. — Costume, 537. — Alimentation. — Cannibalisme. — Usages, 538. — Cases. — Ustensiles, 539. — Fêtes. Pilou-Pilou. — Religion. — Langage, 540. — Numération. — Monnaies. — Décadence de la race indigène, 541. — Rapports des indigènes avec les blancs. Insurrections, 542.

Chapitre III : Gouvernement et administration. — Le gouverneur et les conseils, 542. — Municipalité de Nouméa. — Justice. — Budget, 543. — Instruction publique. — Administration pénitentiaire, 544. — Domaine, 545.

Chapitre IV : Colonisation et géographie économique. — Concessions de terres, 546. — Élevage, 547. — Faune indigène, 548. — Cultures européennes, 549. — Plantes ornementales. — Essences forestières, 550. — Industries, — Mines, 551. — Commerce, 553 — Voies de communications. — Postes et télégraphes, 554.

Chapitre V : Les îles Loyalty et autres dépendances de la Nouvelle-Calédonie. — Iles Loyalty, 555. — Iles Bélep. — Iles Huon. — Iles Chesterfield, 556. — Les Nouvelles-Hébrides, 557.

LES ILES TAHITI

Par M. A. Goupil.

Chapitre premier : Histoire. — La découverte. — Les missions anglaises, 559. — Intervention française. Traité de protectorat (1842). — Guerre de 1846. Deuxième traité du protectorat, 561. — Annexion à la France (1880), 562.

Chapitre II : Géographie générale du groupe du Vent. — Situation et superficie, 563. — Géographie physique et pittoresque, 564. — Climat, salubrité, 566.

Chapitre III : Les habitants. — Chiffre de la population, 566. — La famille indigène, 567. — La propriété, 568. — Les religions. Mœurs et coutumes des indigènes, 570.

Chapitre IV. Gouvernement et administration. — Caractère de notre administration, 572, — L'île de Tahiti, 574. — La ville de Papeete. — Les routes, 575. — L'île Moorea. — Service postal, 576.

Chapitre V : Géographie économique. — Faune. — Flore, 577. — Minéralogie. — Cultures, 578. — Industries, 579. — Commerce, 581.

Chapitre VI : Groupe des îles sous le Vent.

AUTRES ARCHIPELS OCÉANIENS

Par M. Ch. Lemire.

Les Gambier, 585. — Les Tubuaï. — Les Marquises, 586. — Les Tuamotou, 590. — Les Wallis. — Avenir de nos possessions océaniennes, 591.

TERRE-NEUVE : SAINT-PIERRE ET MIQUELON

Par M. le lieutenant Nicolas.

Partie historique. — Découverte de Terre-Neuve, 592. — Rivalité avec l'Angleterre pour la possession de Terre-Neuve. — Il nous reste Saint-Pierre et Miquelon, 593. — Fondation des pêcheries. — Le traité de 1783. Nouvelles épreuves, 594.

Partie géographique. — Position géographique. — Orographie, 596. — Géologie. — Hydrographie. — Côtes et rades, 597. — Les îles secondaires et îlots. — Les bancs, 598. — Climat et température, 599. — Vents et brumes. — Salubrité. — Population. — Circonscriptions communales, 600. — Régime administratif, 602. — Budget. — Cultes. Agriculture et ressources locales, 603. — La chasse. — La pêche, 604. — Industrie et commerce, 605. — Importance de la colonie, 606.

LA GUADELOUPE ET SES DÉPENDANCES

Par M. Isaac.

Chapitre premier : Histoire. — Jusqu'à la Révolution, 607. — Depuis la Révolution et l'Empire, 610.

Chapitre II : Géographie générale. — La Guadeloupe, 616. — Dépendances de la Guadeloupe, 617. — Climatologie, 619.

Chapitre III : Gouvernement et administration. — Population. — Villes et bourgs, 620. — Administration, 622. — Cultes. — Instruction publique, 625. — Budget, 627.

TABLE DES MATIÈRES.

Chapitre IV : Géographie économique. — Flore et faune, 627 —Cultures, 629. — Industries, 630. — Navigation, commerce, 631.

LA MARTINIQUE
Par M. Hurard.

Chapitre premier : Histoire. — Jusqu'à la Révolution, 634. — Depuis la Révolution, 636.

Chapitre II. Géographie générale. — Situation géographique 637. — Orographie. — Cours d'eau. — Géologie. — Sources thermales 638. — Climatologie, 639.

Chapitre III. Gouvernement et administration. — Population, 639. — Villes et bourgs, 641. — Administration, 642. — Cultes. — Instruction publique, 644. — Presse. Bibliothèque, 645.

Chapitre IV : Géographie économique. — Flore et faune. — Cultures. — Sucre, 646. — Cacao. — Café. — Bois, 647. — Productions diverses. — Industries. — Navigation. Commerce, 648. — Importance de la colonie, 650.

LA GUYANE
Par M. J. Léveillé.

Chapitre premier : Histoire. — La découverte. — Premières tentatives de colonisation, 651. — L'expédition du Kourou (1763), 652. — Administration de Malouet, 653. — La Révolution et l'Empire, 654. — La Guyane contemporaine, 655.

Chapitre II : Géographie générale et économique. — Aspect général, 656. — Littoral. — Hydrographie, 657. — Climatologie. — De l'insalubrité de la Guyane pour les blancs, 658. — La fièvre paludéenne, 659. — La dysenterie. — L'anémie, 660. — La fièvre jaune. — La mortalité, 661. — Superficie et limites. — La Guyane contestée, 662. — Population, 664. — Lieux habités. — Gouvernement et administration. — Faune, 665. — Flore. — Minéralogie. — La découverte de l'or, 667. — Commerce, 668.

Chapitre III : Le problème pénitentiaire. — Nos lois d'expatriation. — Loi de 1854, 669. — Loi de 1885, 670. — Résultats obtenus, 674. — Causes de cette situation, 675. — Conclusions, 681.

ILES KERGUELEN . . . . par M. Gabriel Marcel.

CONCLUSION

Par M. Alfred RAMBAUD.

Importance et utilité de nos colonies. — Comparaison de notre histoire coloniale avec celle de l'Angleterre, 685. — Sécurité relative des possessions d'outre-mer à l'époque présente, 686. — Importance réelle de notre empire colonial: superficie et population, 689. — Commerce de la France avec ses colonies, 691. — Avantages recueillis par notre marine marchande. — Comparaison entre certaines colonies françaises et anglaises; prépondérance de la France en Afrique, 693. — Utilité de ses colonies pour la France, 694.

TABLE DES CARTES

Carte pour servir à l'histoire de l'Amérique du Nord depuis le traité d'Utrecht (1713) jusqu'au traité de Paris (1763). — Terre-Neuve, Saint-Pierre et Miquelon.	I
Algérie et Tunisie. — Environs d'Alger.	XXXIX
Sénégal et dépendances du Soudan français. — Environs de Saint-Louis.	171
Possessions européennes de la côte de Guinée.	226
Ouest africain, Gabon et Congo français, territoire libre du Congo.	244
Madagascar, Ile de la Réunion. — Baie de Diego Suarez.	296
Possessions européennes dans la mer rouge et le golfe d'Aden.	344
Carte de l'Indoustan à l'époque de Dupleix.	362
Indo-Chine française, Cochinchine, Tonkin, Cambodge, Annam.	410
Océanie, possessions françaises. — Archipel Nouka-Hiva, Nouvelle-Calédonie. — Archipel Tahiti.	530
Possessions européennes dans les Antilles : Guadeloupe et Martinique. — Saint-Martin et Saint-Barthélemy.	606
Guyane française.	650

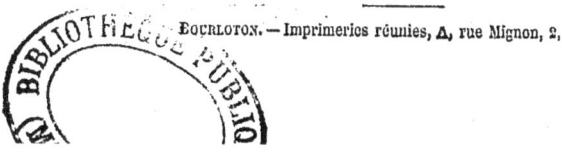

BOURLOTON. — Imprimeries réunies, A, rue Mignon, 2, Paris.

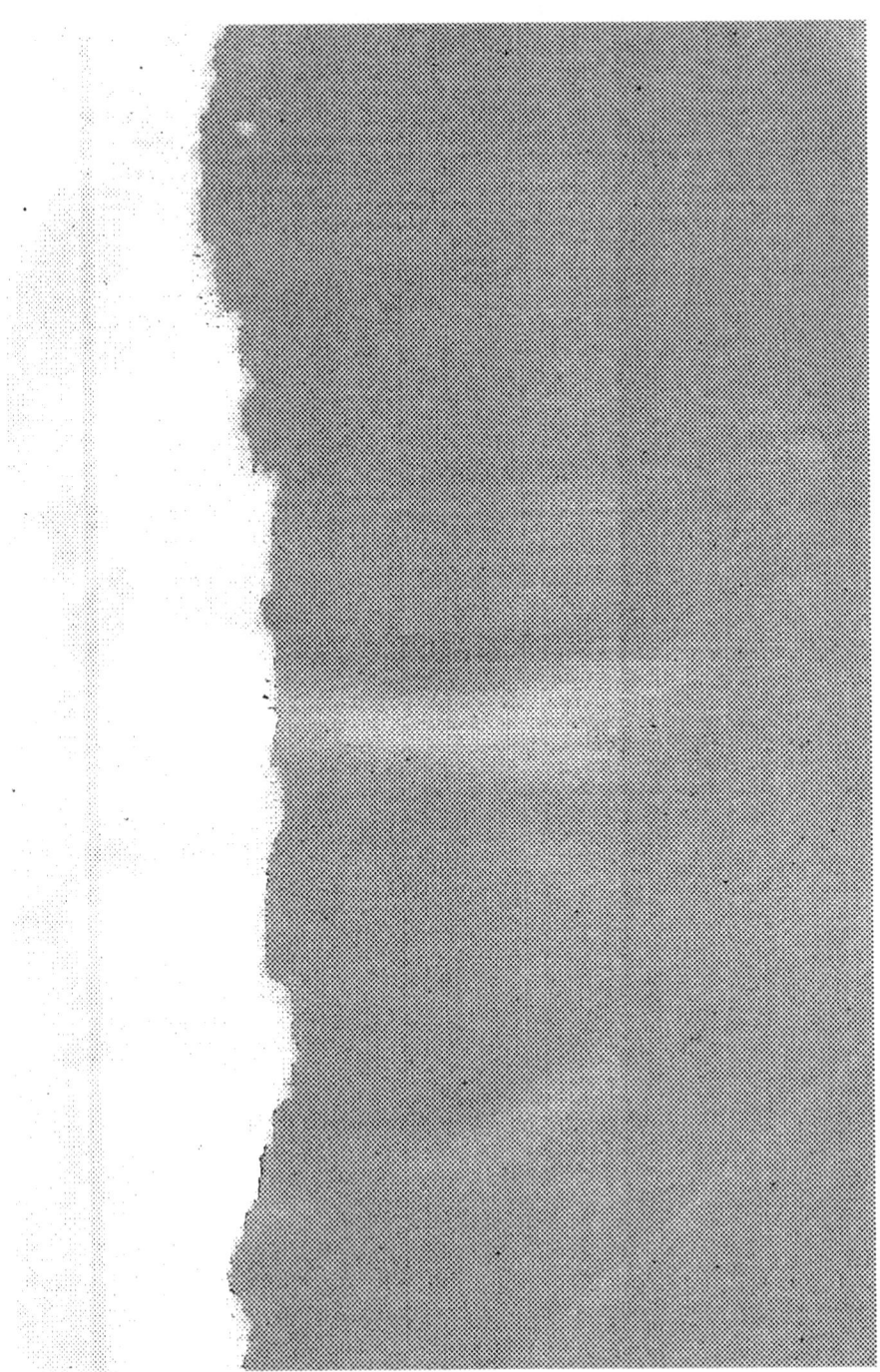

La Divine Comédie de Dante Alighieri, traduction de M. Henri Dauphin, conseiller à la Cour d'appel d'Amiens, 1 vol. gr. in-8°, broché, 10 fr; relié 15 fr.

Ce travail si nouveau, si individuel est de la traduction, frappé de la difficulté que présentent à la lecture les poèmes italiens, par suite des allusions continuelles qu'il contient à des coutumes, à des événements historiques et à des personnages contemporains qu'il son auteur, s'est ingénieusement avisé de rendre son travail compte de ces autres styles poétiques qui en modifiant singulièrement la lecture. Elles rendent compte de jeux de mots de l'argot, de rebus de dénouements historiques, etc. Enfin par-ci par-là.

Quant à la traduction elle-même, elle est faite avec un profond respect de la pensée du grand poète florentin et en même temps avec le désir de rendre accessibles à tous les beautés de cette œuvre trop peu connue du grand public de notre pays.

Histoire générale de l'Europe par la géographie politique, par Edward A. Freeman, membre honoraire du collège de la Trinité, à Oxford, traduite de l'anglais par M. Gustave Lefèvre, avec une préface par M. Ernest Lavisse, 1 vol. in-8° et atlas in-4° 1/3 cartes, broché, 30 fr; relié 40 fr.

Le livre de M. Freeman est accompagné un Atlas qui aide le lecteur à suivre ses transformations politiques de notre continent. Le traducteur a ajouté à l'ouvrage original un index pour chaque chapitre. M. A. Lavisse, dans une *avant-propos* qui ne comprend pas moins de 75 pages, a fait ce qu'il fallait faire, un magnifique tableau des faits de l'histoire et il a marqué les directions en caractérisant chacune d'elle. C'est une sorte de philosophie de l'histoire mise en lumière, un titre précieux à M. Lavisse des historiens et de la *jeunesse* française.

Histoire de la Civilisation française depuis les Origines jusqu'à nos jours, par M. Alfred Rambaud, professeur à la Faculté des lettres de Paris, 2 vol. in-18 Jésus, broché 8 fr; relié 14 fr.

Dans son *Histoire de la Civilisation française*, M. Alfred Rambaud n'a pas retracé seulement les faits historiques des annales de notre pays; avènement et mort des souverains, guerres civiles ou étrangères, mais a tenu avec le développement et la vie de la nation française en conciliant intimement les connaissances propres à éclairer de vives lumières les faits journaux et les grandes époques de notre histoire.

C'est la première fois que l'on présente, sous une forme accessible à tous et dans une vue d'ensemble, les résultats des recherches, des monographies, des études et des meilleurs travaux récents des mettres de la science, une multitude des institutions de notre patrie. Dans ce beau tableau de notre évolution nationale.

Histoire de la Civilisation contemporaine en France, par M. Seignobos, 1 vol. in-18 Jésus de 750 pages, broché 3 fr; relié 5 fr.

Ce volume contenant M. Seignobos, l'auteur, expose les conditions et les progrès qui se sont accomplis en France depuis la fin de la Révolution française jusqu'à nos jours. Il étudie les grandes institutions politiques, administratives et judiciaires, la vie sociale et la vie économique de notre pays, l'industrie des ouvrages et commerce, l'industrie et l'agriculture, la question de la plus prête de cette histoire que les meilleures publications pour le lecteur désirant à l'étudier la question de la plus près.

Géographie générale, par M. P. Foncin, inspecteur général de l'Enseignement secondaire, 1 vol. in-4° carré de 440 pages, avec 100 cartes en couleurs, planches en regard du texte, gravures de produits, relief du sol, hydrographie, voies de communication, industrie et commerce, *index alphabétique* contenant 4 125 noms. Édition sténotypée, relié 12 fr.

Ce n'est pas au moyen des cartes d'un atlas et d'un tout le texte d'une géographie politique, très belle.

M. Foncin a compris dès longtemps avec ses collaborateurs les conditions essentiellement nouvelles, les géographies administratives et judiciaires. Les limites ne conviennent ni aux programmes primitifs, mais à ce qu'il pouvait être en géographie, est le corps même, là, les manuels de la géographie, qui contiennent nécessairement un plus petit caractère au lieu de toutes les communes, les chefs-lieux de quelques cantons, les pages nous-mêmes, les grandes villes. La première *Partie du manuel* est destinée à montrer l'exemple.

Géographie historique contenant 18 leçons présentant chacune une carte au regard du texte, et 30 figures, par Le Mayf, 1 vol. in-4° cartonné 5 fr.

Cet ouvrage est divisé en douze parties. *Histoire ancienne*, *Histoire du moyen âge, histoire et géographie contemporaines*. Dans chacune de ces grandes parties, la *Géographie*, l'histoire politique et l'histoire économique, les changements de ses cartes, et l'œuvre et l'ouvrage ainsi de la civilisation de façon aussi frappante que possible, et soit dans un ouvrage, en le mettant en rapport, d'une façon sociale et politique, l'histoire extérieure.

www.ingramcontent.com/pod-product-compliance
Lightning Source LLC
Chambersburg PA
CBHW052036290426
44IICB000IIB/1524